RILKE UND RUSSLAND

Briefe
Erinnerungen
Gedichte

Herausgegeben von
Konstantin Asadowski

Insel Verlag

Aus dem Russischen
von Ulrike Hirschberg

Erste Auflage 1986
Insel Verlag Frankfurt am Main 1986
Für alle Rilke-Texte:
© Insel Verlag Frankfurt am Main 1986
Alle Rechte vorbehalten
Lizenzausgabe für die Bundesrepublik Deutschland,
West-Berlin, Österreich und die Schweiz
Für die Ausgabe und Übersetzung:
© Aufbau-Verlag Berlin und Weimar 1986
Quellenhinweise am Schluß des Bandes
Printed in the German Democratic Republic
ISBN 3–458–15900–2

Einführung

Es ist nicht außergewöhnlich, daß Schriftsteller und Dichter aus fremdsprachigen Kulturen schöpfen. Dafür gibt es in der Geschichte der Literatur viele Beispiele. Dennoch ist Rilke, dem Rußland die »Wendung ins eigentlich Eigene«[1] brachte, ohne Zweifel eine einmalige Erscheinung. In den Jahren 1899–1902 nahm der Dichter besonders gierig, beharrlich und zielgerichtet all das auf, was ihm das Bild seiner »geistigen Heimat« näherbrachte. 1920 schrieb er an Leopold von Schlözer: »... was verdankt ich Rußland –, es hat mich zu dem gemacht, was ich bin, von dort ging ich innerlich aus, alle Heimat meines Instinkts, all mein innerer Ursprung ist *dort*!«[2]

Lou Andreas-Salomé hat er 1903 bekannt: »Daß Rußland meine Heimat ist, gehört zu jenen großen und geheimnisvollen Sicherheiten, aus denen ich lebe...«[3] Rilkes Leidenschaft für Rußland war in der Tat verborgen, verschleiert, zutiefst intim – vor allem in den letzten Jahren seines Lebens. Er offenbarte das »Geheimnis« dieser Beziehung selten und nur gegenüber Menschen, denen er sich geistig verwandt fühlte. Vor allem russische Freunde des Dichters bezeugen den eigentümlichen Charakter seiner Haltung zu ihrem Land. So erinnert sich Julia Sasonowa: »Über Rußland sprach er immer in bewegender Zärtlichkeit.«[4] Und Marina Zwetajewa schrieb, daß Rilke [sie nannte ihn »deutscher Orpheus«] »Rußland mit aller Unzugehörigkeit des Bluts und mit freier Leidenschaft des Geistes«[5] liebte.

Die Liebe zu Rußland war eines der stärksten und steten Gefühle Rilkes. Er gab sie bis zum Ende seines Lebens nicht auf. Wo liegen die Ursachen für diese »Leidenschaft des Geistes«? Worin besteht ihre Bedeutung für die deutsche Kultur? Diesen Fragen wollen wir uns jetzt widmen.

I

Rilkes Bekanntschaft mit der russischen Kultur begann lange vor seiner ersten Reise nach Rußland. Daß er bereits in seinen Kinder- und Jugendjahren Berührung mit Rußland hatte, erwähnte zum erstenmal Carl Sieber, der Schwiegersohn des Dichters, in seinem Buch »René Rilke. Die Jugend Rainer Maria Rilkes«.[6] In einer Rezension zu diesem Buch schrieb der tschechische Wissenschaftler A. Mágr: »Zu dem Thema Rilke und Rußland erfährt man, daß Rilke als Schüler der Linzer Handelsakademie (1891/92) Tolstoi zu lesen begonnen hat. Über die aus mündlicher Tradition bekanntgewordene Beziehung zu Julius Zeyer, der dem jungen Rilke von Rußland erzählt haben soll, wird nichts mitgeteilt.«[7] Selbst wenn wir annehmen, daß Rilke in dieser Zeit andere russische Autoren gelesen hat, müssen seine Kenntnisse lückenhaft und zufällig gewesen sein.

Im September 1896 siedelte Rilke von Prag, wo er seine Kindheit und Jugend verbracht hatte, nach München über. Er war zwanzig Jahre alt und hatte bereits drei Gedichtbände (»Leben und Lieder«, »Larenopfer«, »Traumgekrönt«) verfaßt, aus denen seine außergewöhnliche Begabung sprach. Ein ausgereifter Künstler war Rilke zu diesem Zeitpunkt freilich noch nicht. In der bayrischen Hauptstadt schloß er eine Reihe für ihn wichtiger Bekanntschaften, u. a. mit dem Romancier Jakob Wassermann, der sich ernsthaft bemühte, ihn für die russische Literatur zu interessieren. »Jedenfalls hatte ich nur wenig und schlecht gelesen, als Jakob Was-

sermann mir im Jahre 1897 von ›Niels Lyhne‹
sprach. Ich glaube, er nannte mir damals auch Tur-
genieff und Dostojewski.«[8] In Wassermanns Wohnung lernte Rilke am 12. Mai 1897 eine Frau kennen, die in seinem weiteren Leben eine bestimmende
Rolle spielen sollte: Lou Andreas-Salomé. 1924
schrieb Rilke der Fürstin Thurn und Taxis: »Sie
wissen . . ., daß meine ganze Entwicklung ohne den
Einfluß dieser außerordentlichen Frau nicht die
Wege hätte nehmen können, die zu manchem geführt haben.«[9] In einem Brief an Lou Andreas-
Salomé gestand er: ». . . daß in einem besonderen Jahr, als es gar nicht weiter ging oder vielmehr nirgends anfangen konnte, . . . Du gekommen
bist –: das kann nur einmal sein, wie es nur eine
Geburt gibt . . .«[10]

Lou (Louise) Salomé wurde 1861 in Petersburg
in der Familie eines Generals in russischen Diensten geboren. Ihre Familie stammte aus einem Hu-
genottengeschlecht, war nach Deutschland emigriert und hatte die deutsche Staatsbürgerschaft
angenommen. 1810 siedelte Lou Salomés Großvater mit seiner Familie aus dem Baltikum nach
Rußland über. Ihr Vater, Gustav Salomé, war ein
treuer Untertan Nikolaus I.

Während der sechziger und siebziger Jahre wurde
in der Hauptstadt des russischen Imperiums die
Unzufriedenheit der Bevölkerung mit der Selbst-
herrschaft immer spürbarer. Es »gärte« in den verschiedenen Schichten der Gesellschaft; die Bewegung der Volkstümler, der revolutionär gesinnten
Rasnotschinzen-Intelligenz, gewann stetig an Breite.
Von der Aussichtslosigkeit des »Gangs ins Volk«
überzeugt, ging ein Teil der Volkstümler in der
zweiten Hälfte der siebziger Jahre zur Taktik des
individuellen Terrors über (»Narodnaja wolja«).
Der Widerhall der gesellschaftlichen Ereignisse er-

reichte auch das Generalshaus, wo Lou im Kreise ihrer deutschen Familie aufwuchs. Sie kam kaum in Berührung mit der russischen Wirklichkeit; der aufrührerische Geist, der sie schon früh auszeichnete, wurde jedoch bis zu einem gewissen Grade durch diese Vorgänge genährt. Der »Protestantismus« und der »Ungehorsam« der jungen Louise richteten sich übrigens in erster Linie gegen die religiösen und sittlichen Lebensnormen. Eine der stärksten Erschütterungen ihrer Kindheit war, wie sich Lou im ersten Kapitel ihres »Lebensrückblickes« erinnert hat, der Verlust des Glaubens.[11]

Im Herbst des Jahres 1880 fuhr Lou Salomé zum Studium nach Westeuropa. An der Züricher Universität hörte sie Vorlesungen bekannter Professoren über Theologie, Philosophie, Kulturgeschichte. Die Jahre 1880–1882 waren eine Zeit intensiven inneren Reifens. 1882 knüpfte Lou Salomé in Rom eine enge Verbindung zu Malwida von Meysenbug an, die durch ihre langjährige Freundschaft mit Alexander Herzen bekannt geworden ist (sie war die Erzieherin seiner Tochter Olga). In diesem Kreis lernte Lou Salomé Nietzsche kennen – eine für beide folgenreiche Begegnung. Bereits nach wenigen Tagen wurde offenkundig, daß die geistigen Bestrebungen und Interessen beider weitgehend übereinstimmten. Am engsten waren ihre Beziehungen im Sommer des Jahres 1882; im Herbst kam es zu Differenzen, dann zum Bruch, den Nietzsche sehr schmerzlich empfunden hat. Anfang des Jahres 1883 schrieb Nietzsche den ersten Teil seines Buches »Also sprach Zarathustra«, in dem an mehreren Stellen die Gespräche mit Lou und ihre Person nachwirken.[12] Lou Salomé war ihrerseits in diesen Monaten von einigen Ideen Nietzsches zutiefst erfüllt; später verfaßte sie eine der ersten Monographien über den deutschen Philosophen (»Friedrich Nietzsche in seinen Werken«, Wien 1894).

1887 heiratete Lou Salomé den Gelehrten Friedrich Carl Andreas, dessen Forschungsgebiet die Religionen des Orients waren. Von diesem Zeitpunkt an blieb das Leben Lou Salomés endgültig mit der deutschen Kultur verbunden. Ihr erstes, wenig gelungenes Werk – der Roman »Im Kampf um Gott« – stammt aus dem Jahre 1884. 1890 publizierte die gerade gegründete Zeitschrift »Freie Bühne«, das Organ der deutschen Naturalisten, Artikel, in denen Lou Andreas-Salomé für Ibsen Partei ergreift. Damit wurde sie in den literarischen Kreisen Deutschlands bekannt. Themen der folgenden Arbeiten waren aktuelle philosophische, religiöse und ethische Probleme. Sie schrieb über die Herkunft der Religion, über die Befreiung der Frau, über zeitgenössische Dramatik. In den neunziger Jahren hatte sie regen Umgang mit prominenten Schriftstellern, Kritikern, Dramatikern. Zu ihrem Bekanntenkreis gehörten August Strindberg, Gerhart Hauptmann, Richard Dehmel, Max Halbe sowie führende Vertreter des deutschen Naturalismus: Otto Brahm, die Brüder Hart, Maximilian Harden.

Lou Andreas-Salomé interessierte sich auch für die russische Literatur und schrieb über sie. Oft fuhr sie nach Petersburg, wo ihre Mutter und ein Teil ihrer Verwandtschaft lebten. Sie war mit einigen Petersburger Literaten persönlich bekannt, u. a. mit Ljubow Gurewitsch, der Herausgeberin der Zeitschrift »Sewerny westnik« (»Bote des Nordens«), und deren eigentlichem Leiter, Akim Wolynski (Pseudonym von A. L. Flexer). In der Geschichte der russischen Journalistik der neunziger Jahre nimmt der »Sewerny westnik« einen besonderen Platz ein. Nach der Umgestaltung der Zeitschrift im Jahre 1891 zählten viele der führenden russischen Symbolisten zu ihren Mitarbeitern: Balmont, Hippius, Mereshkowski, Minski, Sologub. In der Zeitschrift erschienen auch Beiträge von Tolstoi, Leskow und Gorki. Wolynski wandte sich gegen die tendenziöse Engstirnigkeit und den Utilitarismus der Kritik der Volkstümler und gegen ihren geistigen Führer, N. K. Michailowski. Er verfocht die Prinzipien des philosophischen Idealismus und der sogenannten freien Ästhetik. Dabei stützte er sich in vielem auf die neuesten geistigen und künstlerischen Strömungen in Westeuropa. Gegenüber den Symbolisten verhielt er sich jedoch zurückhaltend und lehnte es ab, sich zum Theoretiker des russischen Symbolismus machen zu lassen.

Bereits 1896 wurde im »Sewerny westnik« (Nr. 3 bis 5) eine Übersetzung des Nietzsche-Buches von Lou Andreas-Salomé abgedruckt. Als Lou Andreas-Salomé sich im Frühjahr 1897 in Petersburg aufhielt, nahm sie persönlichen Kontakt mit der Redaktion auf. In einem Brief an die Schriftstellerin L. Wilkina teilte Ljubow Gurewitsch am 18. Mai 1897 mit: »Interessant war in der letzten Zeit nur die Bekanntschaft mit Lou Andreas-Salomé, die etwa drei Wochen in Rußland war, zu uns in die Redaktion kam und sich als eine sehr charmante, kluge und feinsinnige Frau erwies.«[13]

Lou Andreas-Salomé lernte auch Wolynski kennen und lud ihn nach München ein. (Wolynski arbeitete damals an einem Buch über Leonardo da Vinci und beabsichtigte, nach Westeuropa zu fahren, um Material zu sammeln.) Mitte Juni traf Wolynski in Wolfratshausen ein, einer kleinen Sommerfrische im oberen Isartal, wo Lou Andreas-Salomé, Frieda von Bülow und Rilke den Sommer verbrachten.[14] (Zeitweilig kamen auch Lous Mann sowie der Architekt und Kunstwissenschaftler

August Endell hinzu.) Bis Mitte Juli trieben Wolynski und Lou Andreas-Salomé »eingehende russische
Studien«.[15] Lou Andreas-Salomé schrieb in dieser
Zeit mit Unterstützung ihres Petersburger Gastes
einige Arbeiten über Rußland und die russische
Literatur, die in der deutschen Presse veröffentlicht wurden. In dem großen Aufsatz »Russische
Dichtung und Kultur« legt sie ihre Auffassung
über das Wesen des russischen Menschen dar und
wertet das Schaffen vieler zeitgenössischer russischer Schriftsteller und Kritiker (auch aus dem Lager der Symbolisten). Unter den Kritikern wird
Wolynski besonders hervorgehoben. Die Bedeutung seines Buches »Russische Kritiker«[16] sieht sie
darin, »daß ... zum ersten und einzigen Mal die
Kritik das geleistet hat, was sie seit Puschkin bis
heute zu leisten versäumte«. Ljubow Gurewitsch
und die Zeitschrift »Sewerny westnik« erwähnt Lou
Andreas-Salomé ebenfalls. Sie betont: »Was ich
hier über russische Dichtung und Kultur aussage,
ist nicht so sehr das Resultat abstrakter, gelehrter
Studien zwischen Büchern und am Schreibtisch als
vielmehr von literarischen und persönlichen Eindrücken jeder Art, die mit einem längeren Aufenthalt in meiner russischen Heimat zusammenhängen.«[17]

Den Ansichten Wolynskis ist auch die Betrach-
tung »Russische Philosophie und semitischer Geist«
verpflichtet, in der sich die Autorin mit den nach
ihrer Meinung bedeutendsten Repräsentanten der
russischen »Universitätsphilosophie« (N. J. Grot,
A. A. Koslow, W. S. Solowjow) und ihren weniger
namhaften Vertretern (A. I. Wedenski, W. W. Lessewitsch, L. M. Lopatin, J. N. Trubezkoi, S. N. Trubezkoi, G. I. Tschelpanow u. a.) befaßt. »Meine
Kenntnisse über den gegenwärtigen Stand der russischen akademischen Philosophie«, unterstreicht

Lou Andreas-Salomé, »verdanke ich meinen persönlichen Gesprächen mit A. L. Wolynski, die ich mit ihm während meines letzten Aufenthaltes in Rußland geführt habe.«[18] Wolynskis Arbeiten über Leskow[19] bilden schließlich die Grundlage ihres Aufsatzes »Das russische Heiligenbild und sein Dichter«.[20] Im Verlauf des Aufenthaltes in Wolfratshausen hat Lou Andreas-Salomé zudem die kleine romantische Skizze »Amor« geschrieben, die unter ihrem und Wolynskis Namen im Septemberheft des »Sewerny westnik« erschien.[21] Diese Zeitschrift publizierte Ende 1897, Anfang 1898 drei weitere Arbeiten von ihr.[22]

Rilke nahm bereits damals regen Anteil an Lou Andreas-Salomés Studien und fertigte die Reinschriften von zwei Aufsätzen an. Er beteiligte sich an den Gesprächen zwischen Wolynski und Lou Andreas-Salomé. Die Begegnung mit dem Petersburger Literaten brachte ihm neue Kenntnisse über die russische Kultur und führte sogar dazu, daß schon bald ein Werk des jungen Dichters in Rußland veröffentlicht wurde: die Erzählung »Alle in einer«[23].

In seinen bisher nicht publizierten Erinnerungen an Lou Andreas-Salomé, die er 1923 niederschrieb, erwähnt Wolynski auch Rilke. »Das raffinierte Äußere dieses Menschen im Pinturi-Stil«, heißt es, diente ihm als Modell für die Gestalt des Jünglings in seinem Buch »Leonardo da Vinci« (Petersburg 1899).

So erwachte unter dem Einfluß von Lou Andreas-Salomé Rilkes Interesse für Rußland. Es war ihm bisher fast unbekannt geblieben, doch vergingen kaum zwei Jahre, bis er in dieses Land reiste.

II

In die zweite Hälfte der neunziger Jahre fiel die
Blüte der Neuromantik in Deutschland. Der in den
achtziger Jahren begonnene Kampf der »Modernen« für die »neue« Weltanschauung und die
»neue« Kunst ging weiter. Nietzsche folgend, lehn-
ten die Neuromantiker den traditionellen christlichen Gott entschieden ab und suchten nach einer
»neuen Religiosität«. Sie verbanden diese mit der
»Ursprünglichkeit« und der »Natürlichkeit«, die
nach ihrer Überzeugung in der »geistlosen« prag-
matischen Welt ihrer Zeit verlorengegangen waren.

Eine irrationale »Seele« wurde dabei zum eigentümlichen Zentrum des Weltbildes der Neuromantiker. In der »Seele« verkörperten sich ihre Träume
von einer künftigen in Harmonie lebenden Menschheit, ihre Sehnsucht nach »Natürlichkeit«. Die
Suche nach einer Grundlage für ihre Ideale führte
die Neuromantiker in die Vergangenheit – zu den
alten Zivilisationen des Ostens – und zur »Entdek-
kung« Rußlands, wo nach ihrer Überzeugung der
abstrakte Begriff »Seele« seine Realität in der »russischen Seele« fand. Die geistigen Bestrebungen
bestimmter Teile der westeuropäischen Intelligenz
waren somit ein günstiger Nährboden für das Entstehen und die Verbreitung russophiler Intentionen.
Sie fühlten sich allerdings weniger zum Rußland
ihrer Zeit hingezogen, das bereits durch die Entwicklung des Kapitalismus geprägt wurde; sie idealisierten vielmehr das patriarchalische Rußland. Es
stellte sich ihnen als ein Land dar, das im Gegensatz zum alternden »zivilisierten« Europa voller
Zukunft ist. Diese Anschauung wurde von einigen philosophischen Schriftstellern begründet. Für
Friedrich Nietzsche zum Beispiel war Rußland »die
einzige Macht, die heute Dauer im Leibe hat, die

warten kann, die etwas noch versprechen kann – Rußland der Gegensatz-Begriff zu der erbärmlichen europäischen Kleinstaaterei und Nervosität, die mit der Gründung des deutschen Reiches in einen kritischen Zustand eingetreten ist«[24]. Und der französische Schriftsteller Melchior de Vogüé, dessen berühmte Abhandlung »Le roman russe« auch in Deutschland entscheidend dazu beitrug, die russische Literatur des 19. Jahrhunderts bekannt zu machen, bezeichnete das russische Volk als ein »sehr junges und sehr naives«[25]. Nina Hoffmann, Autorin der ersten in Deutschland erschienenen Dostojewskimonographie, schrieb über das russische Volk: »Wir haben da wohl mit Halbbarbaren zu tun, aber mit jungen, ungebrochenen Kräften, mit einem Volk, das wir erst kennenlernen, demgegenüber wir manches ›umlernen‹ müssen.«[26] Lou Andreas-Salomé vertrat ähnliche Ansichten. Im Aufsatz »Leo Tolstoi, unser Zeitgenosse« heißt es: »Im russischen Wesen liegt ganz unstreitig eine tief vertrauende Einfalt und eine menschenliebende Passivität, die mit einer gewissen Seite des Evangeliums übereinstimmt: sie ist die tiefste Quelle für die Religiosität der Russen. Grade im Volk hat dieselbe über einen Wust von Aberglauben und stumpf vererbten Dogmenglauben weg sich eine warme und lebendige Kraft herausgestaltet, in der es seine eigenen urrussischen Ideale anbetet. Die byzantinische Form liegt darüber gepreßt wie ein goldener juwelenbesetzter Panzer, aber unter ihm schlägt ein ganz kindlich russisches Herz.«[27]

In den bereits erwähnten Arbeiten aus dem Sommer 1897 verbindet sie die russische Seele mit dem Element des Schöpferischen; so heißt es in ihrem Aufsatz »Das russische Heiligenbild und sein Dichter«: »...in Rußland spiegelt sich noch, was in reifern differenziertern Kulturen nicht mehr möglich ist, in der naiven Metaphysik des Volkes, wie in einem plastischen Gottesbilde, alles Sehnen und Wünschen, alle Kraft und Herzenswärme des russischen Menschen und spricht sich *schaffend* in ihr aus.«[28] Und im Aufsatz »Russische Philosophie und semitischer Geist« spricht sie vom »russischen Geist mit seiner naiven Hingebung an alles, was sich konkret darstellt, und mit seiner tiefkünstlerischen Fähigkeit, sich Jegliches bildhaft zu vergegenwärtigen«[29].

Diese Ausführungen sind eine typische Erscheinung der neuromantischen Legende über die »russische Seele« und beeinflußten den jungen Rilke in hohem Maße. In jenen Jahren war sein Weltempfinden durch ein sehr starkes inneres Aufbegehren gegen seine gesellschaftliche Umwelt und deren sittliche Grundsätze gekennzeichnet. Dieses Aufbegehren veränderte zunächst Rilkes religiöses Erleben. Der 1896 begonnene Gedichtzyklus »Christus-Visionen« zeugt davon, daß sein Suchen nach einem neuen religiösen und künstlerischen Standpunkt zur völligen Verneinung aller traditionellen christlichen Vorstellungen führte. Der Gott in den »Christus-Visionen« ist allgegenwärtig: er erscheint als ein realer Mensch aus Fleisch und Blut, ändert ständig sein Antlitz, wandelt im abgerissenen Kleid unter seinen Mitmenschen, teilt ihre Leiden und steht vor allem den Kindern nahe.

In gleichem Harm und in gleichen Hemden
will ich frierend mit Freunden gehn,
aber vor den Seelenfremden
will ich festlich und fürstlich stehn:
Mal mich im Purpur dieses Blutes,
das wund von Wehen und Wundern war,
und mit der Mitra meines Mutes
hülle mir mein armes Haar.

Und alles Leuchten der Liebe – legs
an den Rand meiner Hände,
daß ich den Himmel ganz verschwende
an alle Kinder – unterwegs . . .[30]

Rilke war immer davon überzeugt, daß seine
Zeit, in der die Menschen Gott und damit die »Natürlichkeit« verloren hätten, eine Spätepoche der
Menschheit sei, ihre »Reife«. Um den Gott wieder-
zugewinnen, müsse man umkehren. »Wir sind nicht
mehr Naive; aber wir müssen uns befehlen, primi-
tiv zu werden, damit wir bei jenen beginnen können, die es von Herzen waren.«[31] Nach seiner Überzeugung sind es vor allem die Künstler, die diesen
Weg gehen. Ihre »Art zu sein« – so Rilke in dem
Aufsatz »Über Kunst« – »hat etwas Naives und
Unwillkürliches und ähnelt jener Zeit des Unbewußten an, deren bestes Merkmal ein freudiges
Vertrauen ist – der Kindheit«[32]. Strebten die Menschen nach einer solchen Haltung im Leben, könnten sie »Vollkommenheit« erlangen, zur Kindheit
zurückfinden und damit zu Gott (»Ich bin die Kindheit, die Erinnerung«, spricht der Gott in den »Christus-Visionen«[33]). Hier wird deutlich, daß Rilke
sich nicht mit den Antworten begnügte, die er in
den Arbeiten von Lou Andreas-Salomé finden
konnte. Er suchte immer hartnäckiger mit geistiger Ausdruckskraft nach Gott. Seit 1898 standen
seine religionsphilosophischen Überlegungen mit
ästhetischen Gedanken im engsten Zusammenhang.
Die in dieser Zeit entwickelten Ansichten über
Kunst, Künstlertum und Kunstverständnis legte er
am überzeugendsten in seinem »Florenzer Tagebuch« (1898) dar. Rilke ging wie früher von der
Abwesenheit Gottes in der Gegenwart aus. Jetzt
glaubte er aber zu wissen, wie man den Gott den
Menschen wiedergeben könne. Potentiell existiere

Gott überall, in jedem beliebigen Ding, er sei der irrationale Kern der Dinge, ihre »Seele«; er sei veränderlich und unfaßbar, er offenbare sich niemals vollends. Der einzige, der ihn in den Dingen »entdecken« und sichtbar machen kann, sei der Künstler. Nach Rilkes Überzeugung »baut« der Künstler im schöpferischen Akt »an diesem Gott«. »Mit jedem Schauen«, schreibt Rilke, »mit jedem Erkennen, in jeder seiner leisen Freuden fügt er ihm eine Macht und einen Namen zu, damit der Gott endlich in einem späten Urenkel sich vollende, mit allen Mächten und allen Namen geschmückt. Das ist die Pflicht des Künstlers.«[34]

Rilke sah damals sein Künstlerideal insbesondere von Michelangelo verkörpert. Nach seiner Überzeugung ist der Künstler ein »Ausnahmemensch«: »Der Schaffende ist der weitere Mensch, der, über welchen hinaus die Zukunft liegt. Der Künstler wird nicht in aller Zeit neben dem Menschen bestehen. Bis der Künstler, der Beweglichere, Tiefere, reif und gattungskräftig wird, bis er lebt, was er jetzt träumt, verarmt der Mensch und stirbt nach und nach aus. Der Künstler ist die Ewigkeit, welche hineinragt in die Tage.« – »Wisset denn, daß die Kunst ist: das Mittel Einzelner, Einsamer, sich selbst zu erfüllen. Was Napoleon nach außen war, das ist jeder Künstler nach innen. . . . Wisset denn, daß der Künstler für sich schafft – einzig für sich.«[35] Er müsse über ernste Schöpferkraft verfügen und nach Einsamkeit, nach einer asketischen Existenz streben, damit diese Kraft zum Tragen kommt.

Über Rodin schrieb Rilke 1903 an Lou Andreas-Salomé: »O was für ein einsamer ist dieser Greis . . .« In diesem Brief heißt es weiter: »Sein tägliches Leben und die Menschen, die hineingehören, liegen da wie ein leeres Bette, durch das er nicht mehr strömt; aber das hat nichts trauriges an sich; denn nebenan hört man das große Rauschen und den gewaltigen Gang des Stromes, der sich nicht an zwei Arme teilen wollte. Und ich glaube, Lou, so muß es sein; dieses ist ein Leben und das andere ein anderes ...«[36] Lou Andreas-Salomé widersprach. Sie vertrat die Auffassung, daß Kunst und Leben nicht am weitesten kommen, »wenn sie zweierlei sind, sondern wenn sie statt des Kompromisses (dem sie ja nie entgehen können, weil Künstler Menschen sind) denjenigen Punkt des Zusammenschlusses finden, wo eins dem andern zum Produktivpunkt dient«[37]. Rilke konnte diesen Punkt nie finden. Er trachtete ständig nach einer Lebensführung, die alles Äußerliche, Zerstreuende, Überflüssige von ihm fernhielt, da er sich ganz seinem künstlerischen Auftrag verpflichtet fühlte. Wenn ihm schien, die Anforderungen des Lebens und die Ansprüche anderer Menschen hinderten ihn, die ihm aufgetragene dichterische Aufgabe zu erfüllen, versuchte er, sich ihnen zu entziehen. Mit erschütternder Aufrichtigkeit schreibt er darüber in einigen seiner Briefe.

Rilke und Lou Andreas-Salomé gingen von Oktober 1897 an in Berlin intensiv ihren gemeinsamen Interessen nach. Sie bereiteten sich zusammen auf die Reise nach Rußland vor, lasen russische Autoren, beschäftigten sich mit der Sprache. Im Verlaufe dieser Studien und Auseinandersetzungen kamen sie einander geistig noch näher. Obwohl sie in vieler Hinsicht eine gemeinsame Position einnahmen, waren die Hoffnungen, die sie mit der bevorstehenden Reise verbanden, nicht identisch. Lou Andreas-Salomé glaubte, im patriarchalischen Rußland werde ihre Idee vom primitiven Volk bestätigt, wo sich – im Gegensatz zum rationalistischen Westen – religiöse Elemente der alten nichtzivilisierten Völker erhalten hätten, wo Gott nicht gestorben sei, sondern in unmittelbarer Nähe der Menschen weiterlebe, wo schlechthin noch menschliche Verhältnisse herrschen: »... zartestes Naturgcfühl und Mitlcbcn mit dcm Naturganzcn, cine kindliche Unmittelbarkeit von Mensch zu Mensch und viel einfache Güte allem Menschlichen gegenüber ... Dies sind Züge, die dem heutigen modernen Menschen, dem alt und müde gewordenen Kulturmenschen unwillkürlich zusagen, die ihm jedenfalls weit mehr wohltun und wohlgefallen als die harte frische Nüchternheit der tatkräftigen und immer etwas bornierten mittlern Kulturphasen, wo einem die Dinge gleichsam geharnischt und in Reih und Glied geordnet zu Leibe rücken...«[38] Rilke hingegen hoffte, im frommen und ergebenen russischen Menschen (den er sich vorstellte) Elemente eines echten Schöpfertums entdecken zu können, das letztlich die für die westliche Welt als notwendig begriffene Erneuerung bewirken werde.

Beide ersehnten eine Begegnung mit Tolstoi. Rilkes Tolstoibild war bereits vor der ersten Reise ziemlich fest umrissen. Er wollte in ihm den ewigen Russen, den gütigen Greis, einen Menschen mit einem gewaltigen schöpferischen Vermögen, einen Künstler-Schöpfer in der Art Michelangelos verkörpert sehen. Lou Andreas-Salomé schreibt in ihren Erinnerungen: »Obgleich wir nicht zu allererst Tula und Tolstoj aufsuchten, bildete doch seine Gestalt gewissermaßen das Eingangstor zu Rußland für uns. Denn wenn's auch bereits früher Dostojewskij gewesen war, der Rainer die Tiefen menschlicher Seelen an Russen erschlossen, so wurde es doch Tolstoj, der ihm gleichsam den Russen als solchen verkörperte – infolge der Gewalt seiner dichterischen Eindringlichkeit in allen Schilderungen.«[39]

Die erste Reise nach Rußland, an der Lou Andreas-Salomé, ihr Mann und Rilke teilnahmen, war für die Zeit des russischen Osterfestes vorgesehen. Wenige Tage vor der Abreise (25. April 1899) schrieb Rilke an seine Bekannte, die Schriftstellerin Frieda von Bülow: »Jetzt füllen die Vorbereitungen für Rußland uns allen Zeit und Sinn. Die Sorgen um die Vollgültigkeit der Pässe, das Studium der Baedeker und die letzten Besorgungen in der Stadt. Trotzdem die Reise so lange bevorstand, werden die letzten Tage eng – wie das schon geht. Wir werden 24 Stunden in Warschau ausruhen und in Moskau und St. Petersburg die aufgesparten Schaukräfte verbrauchen. Für beide Städte habe ich mich mit einer Reihe von Anempfehlungen versehen; in Moskau an moderne Künstler, in Petersburg überdies an einen Verleger und an den Inspektor der kaiserlichen Theater. Möglicherweise kommen wir auch zu Lew Tolstoi.«[40]

III

Erfüllt von verwirrenden, aber verlockenden Hoffnungen, trafen Rilke und seine Mitreisenden am 27. April (Gründonnerstag) in Moskau ein. Sie nahmen Quartier im Großen Moskauer Hof, der sich am Woskressenski-Platz (heute Swerdlow-Platz) gegenüber dem Iberischen Tor befand. 1925 berichtete Rilke in einem Gespräch mit Witold Hulewicz, dem polnischen Literaten und Übersetzer seiner Werke, über die ersten Stunden seines Aufenthaltes in Moskau: »Als ich das erste Mal ... nach Rußland kam, ging ich nach einem kurzen Aufenthalt im Gasthaus trotz meiner Ermüdung sofort in die Stadt. Ich traf auf dieses: in der Dämmerung ragten die riesigen Konturen einer Kirche empor, an den Seiten im Nebel zwei kleine silberne Kapellen, auf den Stufen warteten Pilger auf die Öffnung der Türen. Dieser für mich ungewohnte Anblick erschütterte mich in der Tiefe: zum ersten Mal in meinem Leben hatte ich ein unausdrückbares Gefühl, etwas wie ›Heimgefühl‹ – ich fühlte mit großer Kraft die Zugehörigkeit zu etwas, mein Gott, zu etwas in dieser Welt.«[41]

Lou Andreas-Salomé hielt in einem Kalender Einzelheiten des reichhaltigen Reiseprogramms fest. Die folgenden Ausführungen beruhen – falls nicht anders angemerkt – auf ihren Tagesnotizen.[42] Am Morgen des 28. April begab sich Rilke zu dem Maler Leonid Pasternak, dem er ein Empfehlungsschreiben übergab. Dank der Bemühungen Pasternaks konnten die Reisenden schon am Abend Lew Tolstoi in seinem Moskauer Haus besuchen. ». . . gestern waren wir bei Graf Leo Tolstoi zum Tee und blieben zwei Stunden tief erfreut von der Güte und Menschlichkeit des Grafen. Gerührt von der rührenden Einfachheit seines Entgegenkommens und wie gesegnet von dem großen Greise, der so jugendlich gut sein und zürnen kann!« schrieb Rilke am folgenden Tage seiner Mutter.[43] Es versteht sich, daß Tolstoi, der den Ritus der Rechtgläubigen scharf ablehnte, jene Begeisterung nicht teilen konnte, mit der Lou Andreas-Salomé und Rilke über ihre ersten russischen Eindrücke sprachen. Er »erzürnte sich« über seine Gäste, und wie Lou Andreas-Salomé sich erinnert, ermahnte er sie, »abergläubischem Volkstreiben nicht noch durch dessen Miteifer zu huldigen«[44].

Am 29. April waren Rilke, Lou Andreas-Salomé und ihr Mann bei Leonid Pasternak und dem Bildhauer Pawel Trubezkoi.[45] Dann begann das Osterfest. Fast die ganze Nacht vom 29. zum 30. April gingen sie im Kreml umher; sie hörten die Feiertagsglocken, beobachteten die Prozession und den festlichen Gottesdienst. Diese »heilige Nacht« hinterließ in der empfindsamen Natur Rilkes den stärksten Eindruck. Er war zutiefst erschüttert. Alle Hoffnungen und Träume, die er mit Rußland verband, schienen ihm auf einmal der Verwirklichung nahe. Für immer blieben ihm die Menge betender Gläubiger vor dem Kircheneingang, die kleinen Kapellen mit den von der Zeit dunkel gewordenen Ikonen, der eigentümliche orthodoxe Gottesdienst – also vor allem die äußeren, rituellen Momente des russischen Osterfestes – in Erinnerung. Dies entsprach dem religiösen Gemüt des Dichters. Ihm schien damals, er erlange erneut die Integrität seiner Kinderjahre wieder und damit »Gott«, nach dem er in Deutschland vergeblich gesucht hatte. ». . . meine ganze Kindheit«, schrieb Rilke 1902 an Alexej S. Suworin, »die, von den Jahren einer bangen und verworrenen Jugend überflutet, mir verlorengegangen war, tauchte wieder auf wie eine versunkene Stadt, und als ich in einer Osternacht mit meiner kleinen Kerze auf dem Kreml stand, da schlug die Glocke auf dem ›Iwan Welikij‹ so gewaltig und groß, daß ich glaubte, das Herz des Landes schlagen zu hören, das auf seine Zukunft wartet von Tag zu Tag.«[46]

1904 erinnert sich Rilke in einem Brief an Lou Andreas-Salomé: »Mir war ein einziges Mal Ostern; das war damals in jener langen, ungewöhnlichen, ungemeinen, erregten Nacht, da alles Volk sich drängte, und als der Иванъ Великій mich schlug in der Dunkelheit, Schlag für Schlag. Das war mein Ostern, und ich glaube es reicht für ein ganzes Leben aus; die Botschaft ist mir in jener Moskauer Nacht seltsam groß gegeben worden, ist mir ins Blut gegeben worden und ins Herz. Ich weiß es jetzt: Христосъ воскресъ!«[47] Die Botschaft, von der Rilke hier spricht, vermittelte ihm wohl nicht nur eine religiöse Offenbarung. Er fühlte sich in eine menschliche Gemeinschaft aufgenommen und endlich im Glauben an seine Mission als Künstler und Schöpfer bestärkt und bestätigt.

In den folgenden drei Tagen wanderten Rilke und Professor Andreas durch die Stadt. Besondere Aufmerksamkeit widmeten sie den zahlreichen Kirchen und Kathedralen. Lou schloß sich ihnen wegen einer Erkältung nur beim Besuch der Tretjakow-Galerie, der Erlöserkirche sowie des Hauses der Bojaren Romanow an.

In der Nacht vom 2. zum 3. Mai reisten Rilke und seine Gefährten nach Petersburg, wo sie bis Mitte Juni blieben. In dieser Zeit begegnete der Dichter einigen Vertretern der hauptstädtischen Intelligenz (unter anderem Friedrich Groes, Friedrich Fiedler und vermutlich Wladimir G. Korolenko), besuchte die Isaak-Kathedrale, das Museum Alexander III., das Winterpalais, Galerien, Theater und Bibliotheken. Besonders gern weilte er in der Ermitage.

Am Abend des 25. Mai fuhren Rilke und Lou Andreas-Salomé noch einmal für drei Tage nach Moskau. Sie besichtigten wiederum den Kreml und seine Kathedralen, besuchten das Historische Museum, das Stroganow-Museum und die Tretjakow-Galerie, weilten auf dem Gut Ostankino (27. Mai), flanierten im Alexander-Garten und auf der Petrowka. Lou Andreas-Salomé hat auch einen Besuch bei dem Maler Viktor Wasnezow vermerkt.

Briefe aus diesen Tagen belegen, in welch kurzer Zeit sich Rilkes Vorstellungen von Rußland, vom Wesen des »russischen Menschen« zu einem System entwickelten. Nach seinem Besuch bei Ilja Repin am 18. Mai schrieb Rilke an Jelena Woronina, daß

Repin Künstler und Russe in einem sei, und er sieht in dieser Einheit eine tiefe innere Unvermeidlichkeit.[48] Im Brief an den Dichter Hugo Salus vom nachfolgenden Tag zeichnete Rilke ein fast analoges Bild von Tolstoi. »Ich bin seit drei Wochen in Rußland wie seit drei Jahren so gern und gut. Moskau war das erste Ziel. Ostern die erste Freude. Tolstoi, den ich besucht habe, der erste Mensch, der ›ewige Russe‹. Und seither so viel des Neuen und in meinem Gefühl noch namenlosen Erlebens. Man kann es schwer sagen, wie neu dieses Land ist, wie zukünftig.«[49] Am 20. Mai teilte Rilke der Schriftstellerin Franziska Reventlow mit: »Es ist ein tägliches seltsames Erleben unter diesem Volke voll Ehrfurcht und Frömmigkeit, und ich freue mich tief dieser neuen Erfahrung.«[50] Und schließlich schrieb er an Emil Faktor: »Ihr Brief hat einen weiten Weg machen müssen. Ich bin seit fünf Wochen in Rußland und wie in der Heimat meiner leisesten Wünsche und meiner dunkelsten Gedanken. In Moskau merkte ich es zuerst: Dieses ist das Land des unvollendeten Gottes, und aus allen Gebärden des Volkes strömt die Wärme seines Werdens wie ein unendlicher Segen aus.«[51]

Aus den Zitaten geht hervor, daß Rilke schon in den ersten Stunden seines Aufenthaltes in Rußland nur das zu »entdecken« suchte, was insgeheim seinen Erwartungen entsprach. In einem Brief an Frieda von Bülow erinnert der Dichter an seine erste bedeutende Bildungsreise im Frühjahr 1898 in die Toskana: »... ich empfinde meinen Aufenthalt in Rußland als eine seltsame Ergänzung jenes Florentiner Frühlings, von dessen Einfluß und Erfolg ich Dir erzählt habe.«[52] Dem damals im »Florenzer Tagebuch« und im Aufsatz »Über Kunst« entworfenen Künstlerideal stellte er nunmehr den »wahren« Russen gleich. Beide wurden ihm zum

Antipoden des westeuropäischen »zivilisierten« Menschen. Da er alle Eigenschaften, die er seinem Künstler-Menschen zugeordnet hatte, im russischen Menschen zu finden glaubte, übertrug Rilke dem russischen Volk Aufgaben, die er von Michelangelo realisiert sah: Gott zu erschaffen – ohne im geringsten daran zu zweifeln, daß dieses »Künstler-Volk« zu einer solchen Mission berufen sei.

Diese Ansichten Rilkes sind als eine eigentümliche Variation zur Legende von der »russischen Seele« und der »Gotterwähltheit des russischen Volkes« anzusehen. Rilke hat Rußland wenige Jahre vor der Revolution des Jahres 1905 besucht, aber das reale Leben, die schweren Verhältnisse, die den Russen veranlaßten, in die Kirche zu gehen und sich fanatisch dem Gebet hinzugeben, die sozialen Veränderungen, die an der Grenze des Jahrhunderts in der Gesellschaft zutage traten – all das lag nicht in seinem Blickfeld. Er deutete die Rückständigkeit des patriarchalischen Bauernlandes, die intellektuelle Dunkelheit des Volkes als sanfte Frömmigkeit, als eine Emanation des »dunklen« russischen Gottes. Rilke sowie Lou Andreas-Salomé übertrugen ihre persönliche, verinnerlichte Beziehung zum Akt des geistigen Selbstausdrucks auf die russischen Menschen und idealisierten dadurch Rußland in hohem Grade. Beide fühlten sich – wie es ihre Briefe und ihre Berichte kundtun – zum russischen Volk hingezogen, aber sie verliehen ihm Züge, die ihm nicht eigen waren. Dokumente dieses Bandes belegen, daß Rilkes russische Bekannte (zum Beispiel Alexander N. Benois, Sofja Schill) immer wieder versuchten, den Dichter auf die sozialen und politischen Verhältnisse in ihrem Land hinzuweisen. Doch Rilke hielt bis ans Lebensende an »seinem« Rußlandbild fest.

Man muß noch einen wichtigen Umstand erwähnen: Mit dem ersten Aufenthalt in Rußland ging eine schwierige Phase in Rilkes Leben zu Ende. Er hatte lange vergeblich darum gerungen, die innere Einheit wiederzuerlangen, die im Umherirren der Jugendjahre verlorengegangen war, und nach einer in sich schlüssigen Weltanschauung, nach strengen moralischen und künstlerischen Kriterien gestrebt. Mit Rußland glaubte er jenen Stützpunkt, den er qualvoll gesucht hatte, gefunden zu haben. »Ich fühle«, schrieb Rilke am 9. Juni 1899 an Jelena Woronina, »daß die russischen Dinge die besten Bilder und Namen für meine persönlichen Gefühle und Geständnisse sind. Und daß ich mit ihnen – sobald ich sie nur gründlich erfaßt habe – alles aussprechen werde, was in meiner Kunst nach Klang und Klarheit drängt.«[53]

Diese Worte beweisen, daß Rußland für Rilke nicht ausschließlich jenes oft zitierte »heilige Land« war. Er sah im russischen Volk das Gegenbild zu den von der modernen Zivilisation entstellten Menschen Westeuropas. Das Land erschien ihm als eine märchenhaft weite und brüderliche Welt, die von Gott, von ästhetischen Idealen, ja »von Zukunft erfüllt« sei.

IV

Bald nach der Rückkehr in die Heimat nahmen Rilke und Lou Andreas-Salomé ihr intensives Studium der russischen Kultur wieder auf. Frieda von Bülow, deren Gäste sie im August und September 1899 waren, berichtete: »Von Lou und Rainer hab ich bei diesem sechswöchigen Zusammensein äußerst wenig gehabt. Nach der längeren russischen Reise, die sie in diesem Frühjahr (inkl. Loumann) unternommen, hatten sie sich mit Leib und Seele dem Studium des Russischen verschrieben und lernten mit phänomenalem Fleiß den ganzen Tag: Sprache, Literatur, Kunstgeschichte, Weltgeschichte, Kulturgeschichte von Rußland, als ob sie sich für ein fürchterliches Examen vorbereiten müßten. Kamen wir dann bei den Mahlzeiten zusammen, so waren sie so erschöpft und müde, daß es zu *anregender* Unterhaltung nicht mehr langte.«[54]

Rilke erlebte in diesen Monaten einen schöpferischen Aufschwung: Er schrieb den Gedichtkreis »Die Zaren«. (Diese 1906 in Paris überarbeiteten sechs Gedichte wurden in die zweite Ausgabe des »Buches der Bilder« aufgenommen.) Vom 20. September bis 14. Oktober entstanden die »Gebete« (ursprüngliche Fassung des ersten Teils vom »Stunden-Buch«). Zwischen dem 9. und dem 21. November verfaßte er »Das Buch vom lieben Gott und Anderes« sowie die Novelle »Das Haus«. Im November nahm er auch seine Tagebuchaufzeichnungen für Lou Andreas-Salomé wieder auf, und »in einer stürmischen Herbstnacht« wurde die erste Fassung der »Weise von Liebe und Tod des Cornets Christoph Rilke« niedergeschrieben.[55]

Insbesondere im »Buch vom mönchischen Leben« und in den Geschichten »Vom lieben Gott und Anderes« erhielt sein Rußlanderlebnis dichterische Form. Rilke konzipierte die Gedichte als Gebete eines russischen Mönches. In der ersten Fassung ist der Mönch in berichtenden Zwischentexten eingeführt. In einem Brief an seinen Metropoliten stellt er sich vor: »Ich bin im Kloster, das den Anargyren / geweiht ist, Mönch . . . / Ich schau ins Land, ich lausche, bete, lese / und male manchmal einen Nikolaus / oder die Heiligste im Stoglaf-Stile . . .«[56] Rilke sah sich wohl selbst in den Tagen, da er diese Gedichte schrieb, als eine Verkörperung seines Helden, als einen in sich vertieften Künstler, der Religiosität und Schöpferkraft in sich vereint.

Nach Rilkes Auffassung sind »alle Erlebnisse« des russischen Volkes »religiöser Natur«, dabei kommt seiner Meinung nach dem Künstler eine besondere Rolle zu: »Unzählige Madonnen schaut das Volk in die hohlen Ikone hinein, und seine schöpferische Sehnsucht belebt beständig mit milden Gesichtern die leeren Ovale. Hier muß der Künstler einsetzen, indem er, ohne an der gewohnten Form zu rühren, innerhalb der goldenen Krusten die Visionen des Volkes erfüllt; und indem er ihm Gelegenheit gibt, auch über diesen neuen Bildinhalt hinaus zu träumen, hat er Aussicht von Schönheit zu Schönheit aufzusteigen und dabei das ganze Volk mitzuerheben in die reifen Wirklichkeiten seiner Seele.«[57]

Rilkes Gottesvorstellung wird nicht von biblischen Darstellungen geprägt. Gott ist für ihn »hinter den Dingen«, »dort, wo es ganz warm und dunkel wird«,[58] und im Prozeß des ewigen Werdens begriffen. Im ersten Teil des »Stunden-Buchs« finden sich die Epitheta »werdend« und »dunkel« häufig. Rilke stellt die byzantinisch-russische Ikonenmalerei (deren Hauptelement der dunkle Hintergrund ist) der italienischen Renaissance gegenüber:

Ich habe viele Brüder in Sutanen
im Süden, wo in Klöstern Lorbeer steht.
Ich weiß, wie menschlich sie Madonnen planen,
und träume oft von jungen Tizianen,
durch die der Gott in Gluten geht.

Doch wie ich mich auch in mich selber neige:
Mein Gott ist dunkel und wie ein Gewebe
von hundert Wurzeln, welche schweigsam trinken.
Nur, daß ich mich aus *seiner* Wärme hebe,
mehr weiß ich nicht, weil alle meine Zweige
tief unten ruhn und nur im Winde winken.[59]

Während in Rußland der erste Tag, der »Schöpfertag«, dauere, ist die weltlich orientierte Epoche der Renaissance für ihn eine vergangene:

Der Ast vom Baume Gott, der über Italien reicht,
hat schon geblüht.
Er hätte vielleicht
sich schon gerne, mit Früchten gefüllt, verfrüht,
doch er wurde mitten im Blühen müd,
und er wird keine Früchte haben.[60]

Die zahllosen Bilder sind in sich widersprüchlich und unpassend für Gott, da sie sinnlich Wahrnehmbares bezeichnen:

Du bist der raunende Verrußte,
auf allen Öfen schläfst du breit.

Du bist der Schlichte, welcher sparte.
Du bist der Bauer mit dem Barte
von Ewigkeit zu Ewigkeit.

Du bist ein Rad, an dem ich stehe:

Du bist der Alte, dem die Haare
vom Ruß versengt sind und verbrannt,
Du bist der große Unscheinbare,
mit deinem Hammer in der Hand.

Du bist der Schmied, das Lied der Jahre,
der immer an dem Amboß stand.

Du bist das Kloster zu den Wundenmalen.[61]

Auch das lyrische Ich wird in polar entgegengesetzten Positionen gezeigt. Einerseits strebt es nach der Erkenntnis Gottes, will sich ihm gegenüber behaupten, ihn sogar erst erschaffen:

Ich bin, du Ängstlicher. Hörst du mich nicht
mit allen meinen Sinnen an dir branden?
Meine Gefühle, welche Flügel fanden,
umkreisen weiß dein Angesicht.

Ich will dich immer spiegeln in ganzer Gestalt,
und will niemals blind sein oder zu alt
um dein schweres schwankendes Bild zu halten.
Ich will mich entfalten.

Werkleute sind wir: Knappen, Jünger, Meister,
und bauen Dich, Du hohes Mittelschiff . . .[62]

Andererseits ist Gott so gewaltig, daß er das Ich
auszulöschen droht:

Du bist so groß, daß ich schon nicht mehr bin,
wenn ich mich nur in deine Nähe stelle.
Du bist so dunkel, meine kleine Helle
an deinem Saum hat keinen Sinn.
Dein Wille geht wie eine Welle
und jeder Tag ertrinkt darin.[63]

Schon diese wenigen Beispiele verdeutlichen, daß
Rilke im »Stunden-Buch« die Beziehungen zwischen
Gott und Künstler widersprüchlicher interpretiert
hat als im Tagebuch und in Aufsätzen. Er bemüht
sich beharrlich, seine Ansichten zu einem ästhetischen System zu erheben und ein Weltbild zu
bauen. Rilke sah die Gegensätze seiner Zeit, und
eine Wende, eine Erneuerung schien ihm unabding-
bar. Seine Vorstellungen von einer menschlicheren
Zukunft werden in folgenden Zeilen deutlich:

Alles wird wieder groß sein und gewaltig.
Die Lande einfach und die Wasser faltig,
die Bäume riesig und sehr klein die Mauern;

und in den Tälern, stark und vielgestaltig,
ein Volk von Hirten und von Ackerbauern.

Und keine Kirchen, welche Gott umklammern . . .
die Häuser gastlich allen Einlaßklopfern
und ein Gefühl von unbegrenzten Opfern
in allem Handeln und in dir und mir.[64]

Die Erzählung »Von Einem, der die Steine belauscht« aus den »Geschichten vom lieben Gott«
nimmt das Michelangelo-Thema direkt und in besonderer Breite auf. Michelangelo ist für Rilke wie
früher das Symbol des Schöpfers geistiger, überhaupt künstlerischer Werte für die kommende Zeit.
Der Meister steht nach der Meinung Rilkes ununterbrochen in Verbindung mit Gott, ja, er arbeitet an dessen Befreiung. »›Michelangelo‹, rief Gott
in Bangigkeit: ›wer ist im Stein?‹ Michelangelo
horchte auf; seine Hände zitterten. Dann antwortete er dumpf: ›Du, mein Gott, wer denn sonst.
Aber ich kann nicht zu dir.‹ Und da fühlte Gott,
daß er auch im *Steine* sei, und es wurde ihm ängstlich und enge. Der ganze Himmel war nur ein
Stein, und er war mitten drin eingeschlossen und
hoffte auf die Hände Michelangelos, die ihn befreien würden, und er hörte sie kommen, aber noch
weit.«[65] Nunmehr erkennt Michelangelo – ein de-
mütiger und frommer Mensch – seine völlige Ab-
hängigkeit von Gott. Rilke verleiht dieser poetischen Figur Züge, die er beharrlich auch dem
russischen Menschen zusprach: »Er fühlte eine nie
gekannte Demut in sich und hatte selbst den
Wunsch, irgendwie klein zu sein. Und eine Stimme
kam: ›Michelangelo, wer ist in dir?‹ Und der Mann
in der schmalen Kammer legte die Stirn schwer in
die Hände und sagte leise: ›Du mein Gott, wer denn
sonst.‹ «[66] Das Thema des russischen Künstler-

Menschen klingt auch in weiteren Geschichten des Buches an: »Wie der alte Timofei singend starb« und »Das Lied von der Gerechtigkeit«. In beiden tritt an die Stelle Michelangelos der Volks–sänger.

Da Rilke das russische Volk als gewaltigen Schöpfer geistlicher Werke betrachtete, interessierte er sich für dessen Schaffen besonders. Er widmete seine Aufmerksamkeit auch der Folklore, Ethnographie und den Volksbräuchen. Wie Sophie Brutzer schreibt, las Rilke Bücher deutscher Forscher über die russische Mythologie (Schwenck, Schiefner, Hanuš). »Aus dem Werke von W. R. S. Ralston ›The songs of the russian people‹ machte Rilke sich ausführliche Auszüge über russische Volksgebräuche und russischen Volksglauben. ... Besonders eingehend sind die Aufzeichnungen über den russischen Totenkult in Rußland. Anschließend folgen Notizen über russische Mythologie und Geister- und Dämonenglauben bei den Russen. Die Auszüge aus Ralston finden ihren Abschluß mit einer Probe aus einem Skopzen-Gebet...«[67] Beharrlich suchte Rilke in der Dichtung und in den Bräuchen des russischen Volkes jene heidnischen Elemente, die sich mit seinem pantheistischen Weltgefühl berührten: das übersetzte Gebet stellt eine Hymne auf die von Geistern bevölkerte Natur dar. In Rilkes Betrachtungen zu Friedrich Nietzsches »Die Geburt der Tragödie«, die wahrscheinlich im März 1900 entstanden, findet sich eine vieldeutige Notiz: »Sollte das dionysische Element nicht in dem Chorowod der Russen noch das bewegende sein? Während die Sänge der Sitzenden – Gestalten aus den Bylinen schwer und körperhaft hinstellen, brechen alle Grenzen ein vor dem Ansturm jener flutenden Lieder, die die Ringe der Reigenden treiben und verschlingen.«[68] Indem Rilke Bräuche des rus-

sischen Volkes denen alter heidnischer Völker an-
näherte, sah er – gleich Lou Andreas-Salomé – den
Reigen als rituelles orgastisches Sakrament.

Besonders interessierte Rilke die »Mär von Igors
Heerfahrt«, mit der er sich zum erstenmal Anfang
1900 bekannt machte. Er war vor allem von den
Trägern der Volksdichtung, von den Volkssängern,
Erzählern, deren Urbild der legendäre Bojan war,
begeistert. Sie verkörperten für ihn das ersehnte
»Altertum«. Die im russischen Volk lebende Poesie
sah der Dichter als das überzeugendste Beispiel der
»Mission« dieses Landes an, wo im Gegensatz zum
»alternden« Westen noch der erste Tag dauere,
»der Tag Gottes«. Im Artikel »Russische Kunst«,
den Rilke einige Wochen nach den »Geschichten
vom lieben Gott« schrieb, heißt es: »Erst in den
Siebzigerjahren hat man seine [Rußlands] ältesten
Sagen aus dem Barte zitternd singender Greise gelöst, und erst damit ist sein Altertum abgeschlossen.
Sein Homer ist eben gestorben.«[69] Ein volkstüm-
licher Homer war für Rilke sein Held Timofei, der
behutsam die alten Lieder seinem Sohn weitergibt,
und der ukrainische Kobsarspieler Ostap Weresai,
der mit seinem Gesang das Volk zum Kampf gegen
die polnischen Eroberer aufforderte.

Mit dem Aufsatz »Russische Kunst« wollte Rilke
eine Reihe von Arbeiten über diese Thematik ein-
leiten. Unter anderem kündigte er im Frühjahr
1900 Essays über Iwanow, Kramskoi und Wassiljew an, die ihn neben Viktor Wasnezow, der
zunächst Rilkes Blick für andere Maler völlig ver-
sperrt hatte, besonders begeisterten. Trotz umfang-
reicher Vorstudien sind sie nicht geschrieben worden. Es erschien im November 1902 lediglich noch
der Ende 1901 in Westerwede entworfene Aufsatz
»Moderne russische Kunstbestrebungen«.[70]

Der Aufsatz »Russische Kunst« offenbart insbesondere, wie einseitig und mangelhaft Rilkes Kenntnisse auf diesem Gebiet damals waren. Im ersten Teil legt Rilke seine Anschauungen über das russische Volk dar, wobei besonders hervorgehoben wird, daß Rußland und Europa sich völlig fremd geblieben seien. Als größte Schöpfungen der altrussischen bildenden Kunst betrachtet er die Ikonen, und der überzeugendste Vertreter der zeitgenössischen Malerei ist für ihn Viktor Wasnezow. Diesem ist der gesamte zweite Teil des Artikels gewidmet. Rilke war von Wasnezow hingerissen, weil dieser westliche Einflüsse überwunden habe und in seinen an die traditionelle Ikonenmalerei angelehnten Arbeiten »russischer Geist« und »russischer Gott« lebten. Diese Einschätzung gründet sich hauptsächlich auf die Einstellung der »Mir iskusstwa«, deren Redaktionsleiter Djagilew und Filossofow 1899–1900 Wasnezow nachdrücklich hervorhoben.[71]

Daß Rilkes Vorstellungen vom »wahren Russentum« seine Beschäftigung mit russischer Kultur und Kunst entscheidend eingrenzten, beweisen in besonderem Maße seine Beziehungen zu russischen Literaten. Rilke hatte Ende Februar 1900 von Sofja Schill zwei Bändchen mit Versen des Bauerndichters Spiridon D. Droshshin erhalten. Ihn nahm sofort »diese reife Einfachheit« ein, »in der sich ein tiefer und stiller, einsamer Mensch verrät«, und er übersetzte vier Gedichte Droshshins. Diese Hinwendung verstärkte sich noch, nachdem Sofja Schill Einzelheiten aus Droshshins Leben mitgeteilt hatte. Als Bauer, der sommers seinen Acker pflügte und winters Verse schrieb, entsprach er Rilkes Bild vom russischen Künstler-Menschen. Droshshin war für ihn die Verkörperung des Volkssängers, des russischen Homer, in dessen Liedern das Altertum wiedererklingt, und er stellte ihn dem Künstler-Asketen aus dem »Buch vom mönchischen

Leben« sowie dem Kobsarspieler Ostap Weresai und dem alten Timofei aus den »Geschichten vom lieben Gott« gleich. In Droshshins Versen entdeckte er sogar ein zeremonielles »dionysisches« Element – die Bewegung der Tanzenden, das Klingen der Balalaika und Vibrieren von Stimmen, d. h. Elemente des »Heidentums«, das er auch im russischen Volk zu sehen glaubte.

Aus Droshshins Erinnerungen geht hervor, daß er die wahren Ursachen für Rilkes Interesse an seiner Person nicht ahnte. Rilke löste die Beziehungen zu Droshshin nach dem Aufenthalt mit Lou Andreas-Salomé bei ihm allmählich. Dies deutet darauf, daß er sich der Gegensätze zwischen ihm und dem Bauerndichter bewußt wurde.

Lew Tolstoi und Droshshin blieben die einzigen russischen Dichter, die Rilke in Rußland auf eigene Initiative kennenlernte (eine Bekanntschaft mit den Volkstümlerschriftstellern Sassodimski und Potapenko kam offensichtlich nicht zustande). Da seine Begeisterung relativ lange allein diesen beiden »rein russischen« Dichtern galt (er vereinte in diesem Zusammenhang dem Rang nach unvereinbare Persönlichkeiten!), ging er an demokratisch-realistischen Erzählern wie Wikenti W. Weressajew, Nikolai G. Garin-Michailowski, Alexander I. Kuprin, Iwan A. Bunin, Leonid N. Andrejew vorbei. Aus diesem Kreis konnte nur Gorki seine Aufmerksamkeit wecken. Er zeigte auch kein besonderes Interesse an den Vertretern des damals in Rußland aufkommenden Symbolismus, mit denen er doch allem Anschein nach viel Gemeinsames hätte haben müssen.

Seit Herbst 1899 lebte Rilke in Schmargendorf und bereitete sich auf eine neue Reise nach Rußland vor. Er teilte seiner Mutter am 5. Dezember

1899 mit: »Du weißt, daß ich dieses ganze Jahr russischen Studien gewidmet habe . . ., um diesmal studienhalber im Besitze der Sprache und sonstiger Vorkenntnisse das südliche Rußland zu bereisen . . . ich bin an der hiesigen Universität für russische Fächer inskribiert und möchte gern bis zum Zeitpunkt meiner russischen Reise regelmäßig die Kollegien hören . . . Ich lese jeden Tag 2–3 Stunden russisch und 3–4 Stunden französisch über Rußland.«[72] Und eine Eintragung in seinem Tagebuch vom 2. Dezember lautet: »In diesen Tagen hab ich mich ganz dem Russischen zugewendet, das ja auch lange genug verlassen war. Ich las außerdem mit großem inneren Erfolge: Melchior de Vogüé, ›Le roman russe‹. In meinen Notizen habe ich alles Bemerkenswerte dieses feinen Buches zurückbehalten. Von den ersten Anfängen wird man bis zu Tolstoi geführt, der mit großer Gerechtigkeit besprochen wird. – Gleich darauf las ich Dostojewskis ersten Roman ›Arme Leute‹, jenes Buch, welchem Nekrassow und Bielinski so begeisterte Anerkennung zuwandten. Und – ich weiß kein Buch, welches ich daneben nennen könnte . . .«[73] Lou Andreas-Salomé las im Januar 1900 Anatole Leroy-Beaulieus Werk »Das Reich der Zaren und die Russen« und machte sich dazu Notizen.[74] Sicherlich hat sich auch Rilke damals mit der mehrbändigen Studie vertraut gemacht.

Zu Beginn des Jahres 1900 beherrschte Rilke die russische Sprache so gut, daß er die ersten Übersetzungen in Angriff nehmen konnte. Er hoffte, er könne auf diese Tätigkeit in Zukunft einen Teil seiner Existenz gründen. Rilke übersetzte damals außer den Droshshin-Gedichten zwei »Gebete« von Lermontow, Sologubs Erzählung »Der Wurm«, Fofanows Gedicht »Frühling und Nacht«.

Als bedeutendste Arbeit Rilkes auf diesem Gebiet ist zweifellos die Übersetzung von Tschechows

»Möwe« anzusehen. (Gegenwärtig gilt sie als verloren.) Rilke war jedoch weit davon entfernt, sich für Tschechow zu begeistern. Er schreibt von einem Mangel an Aktion in den ersten Akten der »Möwe«, wirft dem Autor Langatmigkeit, ja überhaupt Unvermögen vor, das künstlerische Zeitmaß einzuhalten. Rilke, der sich zu Maeterlincks Auffassung vom Dramatischen bekennt, erscheint Tschechow – trotz gewisser Gemeinsamkeiten mit dem belgischen Dramatiker – ein wenig prosaisch, alltäglich, und einige seiner Gestalten hält er sogar für komisch.[75]

V

Die zweite Reise nach Rußland (9. Mai bis 22. August 1900) unternahmen Rilke und Lou Andreas-Salomé allein. Die ersten drei Wochen verbrachten sie in Moskau. Die Atmosphäre dieser Tage beschrieb Rilke seiner Mutter wie folgt: ». . . ich muß die Zeit hier benutzen und komme nach Hause nur um zu schlafen. Es gibt so unendlich viel hier zu sehen, Menschen und Dinge sind im gleichen Maße bedeutend und eigentümlich, und jeder Tag bringt Überraschungen und Erfahrungen mit sich, die tief in das Erleben eingreifen. Alles Menschliche ist nah und wach, und so fühlt man sich unbeschreiblich zuhause in der Güte dieser Menschen und in ihrer leisen unaufdringlichen Sorgfalt. Durch meine Kenntnis der Sprache, die ich nun, (wenn auch nicht spreche) sodoch Wort für Wort verstehe, bin ich allen Erscheinungen viel näher gekommen, alles ist mir verwandter und verständlicher geworden. Dank der ausgezeichneten Verbindungen, die ich anknüpfen durfte, stehen mir alle Kreise offen; und aus einem Kreise von Arbeitern fahre ich zu irgend einem Fürsten, um mit ihm zu speisen oder irgend etwas zu besichtigen. Überall, in allen Sammlungen, Museen werden wir vom Direktor oder sonst einer orientierten Persönlichkeit empfangen, und Du kannst Dir denken, wie man unter so sachverständiger Leitung alles besser und intimer sieht, als wenn man jedes Objekt mühsam in dem Reichtum der Schränke finden und isolieren soll.«[76]

Lou Andreas-Salomé erwähnt in ihren Tagesnotizen am häufigsten Pawel I. Nowgorodzew, Sergej A. Lewizki, Fürst Schachowskoi und dessen Lebensgefährtin Lidija W. Lepeschkina sowie Sofja Schill. Nowgorodzew, der Ausbildung nach Jurist, war Privatdozent an der Moskauer Universität. Er veröffentlichte Artikel über philosophische Themen, später trat er als Politiker hervor. Die beiden Reisenden trafen sich einige Male mit ihm; zum Beispiel begleitete Nowgorodzew sie am 25. Mai auf einem Spaziergang durch den Kreml. Sergej Lewizki gehörte zu den »Volkstümlern« unter den Vertretern der russischen Intelligenz. Er war damals Mitglied einiger Organisationen, die für die kulturelle Entwicklung des Volkes kämpften, und gehörte 1897 zu den Gründern der Abendschule für Arbeiter in der Pretschistenka-Gasse, deren Vorsitz er übernahm. Rilke und Lou Andreas-Salomé trafen im Mai 1900 mehrmals mit Lewizki zusammen, am 18. Mai waren sie bei ihm zu Besuch.[77]

Auch Sergej Schachowskoi besuchte mit Rilke und Lou Andreas-Salomé den Kreml und Museen. Bei Lidija Lepeschkina begegneten sie am 14. Mai dem Arzt und Kunstkritiker Sergej Golouschew (Sergej Glagol) sowie der Theaterkritikerin, Schriftstellerin und Übersetzerin Raschel Chin. Dank des Umgangs mit diesem Kreis hat Rilke auch mit dem Theaterkritiker Jakow Fejgin, Herausgeber des

»Kurier«, Bekanntschaft geschlossen. Rilkes Korrespondenz mit Fejgin ging leider verloren. Als einen indirekten Beweis für diese Beziehung kann man die Veröffentlichung von Rilkes Erzählung »Die Flucht« (Übersetzung: Olga Pribytkowa) im »Kurier« (17. Juni 1900) werten.

Gleichfalls in diesem Kreis lernten sie den Historiker für westliche Literatur Nikolai Storoshenko kennen, der Rilke später bei den Studien über Iwanow beriet.

Sofja Schill, die an der Pretschistenka Kurse abhielt, machte ihre deutschen Freunde mit Arbeitern bekannt. Mit einem der Teilnehmer (Smirnow) hat Rilke später einige Briefe gewechselt. Sofja Schill hoffte, diese Kontakte würden die Gäste auf das reale Leben der einfachen Russen orientieren. Doch beide suchten in den Arbeitern nur »die Seele des Ackerbauern«[78].

In den Aufzeichnungen Lou Andreas-Salomés werden schließlich noch Natalja Golzewa und die Bildhauerin Golubkina[79] erwähnt. Die Frau Viktor Golzews (Publizist, Kritiker und Redakteur der Zeitschrift »Russkaja mysl«, ein naher Freund Tschechows) war an der Abendschule für Arbeiter auf der Pretschistenka als Lehrerin und Helferin Sergej Lewizkis tätig. Sie war durch die gemeinsame Arbeit eng mit Sofja Schill befreundet.

Mit Leonid Pasternak trafen sich Rilke und Lou Andreas-Salomé – den Notizen nach zu urteilen – seltener als im Jahre zuvor. Dank Pasternaks Vermittlung konnte Rilke in diesen Tagen Kontakte zu dem Kunstwissenschaftler Pawel D. Ettinger anknüpfen, der bis zum Jahre 1902 neben Alexander Benois sein bester Informant über das Kunstleben Rußlands war.

Unter dem Datum des 16. Mai vermerkte Lou Andreas-Salomé unter anderem: »Wasnezow besucht und getroffen.« Es ist zu vermuten, daß ein Besuch bei dem Maler Viktor Wasnezow den Hintergrund für diese Eintragung bildet. In Lou Andreas-Salomés russischem Tagebuch finden sich folgende Aufzeichnungen: »Mir kommt schon Wasnjetzoff diesmal ... anders vor als voriges Jahr.« »Ich finde ihn diesmal viel größer in seinen profanen Bildern, und ich begreife es, daß das Volk Kramskoi ihm vorzieht.«[80] Den uns zugänglichen Rilke-Dokumenten konnten wir jedoch nichts über Charakter und Verlauf einer persönlichen Begegnung mit diesem Künstler entnehmen.

Noch stärker als während ihrer ersten Reise zogen die Sehenswürdigkeiten des Kreml Rilke und Lou Andreas-Salomé an. Sie besichtigten die Waffen- und die Schatzkammer, den »Terem« (die Zarinnengemächer), nahmen an Gottesdiensten in der Uspenski- und der Blagoweschtschenski-Kathedrale teil, besuchten das Tschudow-Kloster.

Im Historischen Museum waren sie am 10. Mai, und am 18. besuchten sie mit Schachowskoi das Museum für Handel, Industrie und Heimindustrie. Nach dem Gut Ostankino fuhren sie am 24. Mai, wo sie erneut das berühmte historische Schloß besichtigten. Auch das Kloster Nowo-Dewitschi suchten sie auf (27. Mai). Darüber hinaus gingen Rilke und Lou mehrmals in die Tretjakow-Galerie und besichtigten am 15. Mai die Schtschukin-Sammlung westlicher und östlicher Malerei.

Der Traum, im Moskauer Künstlertheater Aufführungen von Tschechowstücken zu sehen, ging leider nicht in Erfüllung, da das Ensemble gerade eine Gastspielreise unternahm. Rilke und Lou Andreas-Salomé besuchten dafür am 13. Mai das sogenannte Maly-Theater. Sie sahen »Verstand schafft Leiden« von Gribojedow und »Das Abschiedssouper« von Schnitzler.

Am 31. Mai nahmen Rilke und Lou Andreas-Salomé Abschied von Moskau. Erstes Ziel ihrer großen Reise durch Südrußland war Jasnaja Poljana, wo sie am 1. Juni ein weiteres Mal Tolstoi aufsuchten. Anschließend fuhren sie über Tula für etwa zwei Wochen nach Kiew. Die Hauptstadt der Ukraine bezauberte sie jedoch nicht in jeder Hinsicht. Rilke schrieb an seine Mutter: »Kiew ist mir unlieb deshalb, weil es durch den Einfluß jahrhundertelanger Polenherrschaft manches von jenem russischen Wesen, das ich so liebe, eingebüßt hat, es ist polnisch, d. h. international geworden, hat elektrische Bahnen, breite Straßen mit großen Magazinen, eine und eine halbe Welt, große Hotels usf.«[81] Dafür beeindruckten Kiews Heiligtümer Rilke und Lou Andreas-Salomé um so stärker. Sie besichtigten die Sophien- und die Wladimir-Kathedrale (in der letzteren bewunderten sie die Malereien Viktor Wasnezows und Nesterows) sowie die Dreiheiligen-, die Andreas-, die Kirillow- und die Desjatinnaja-Kirche. Die beiden Kathedralen suchten sie ebenso wie das Petscherski-Höhlenkloster mehrmals auf. »Stundenweit wandert man heute noch in den Gängen (nicht höher als ein Mann mittlerer Größe und nicht mehr als schulterbreit) an den Zellen vorbei, wo die Heiligen und Wundertäter und die von heiligem Wahnsinn Vereinsamten lebten ... Dieses ist das heiligste Kloster im ganzen Reiche. Ich habe, eine brennende Kerze in Händen, alle diese Gänge durchschritten, einmal allein und einmal im betenden Volke«, schrieb Rilke an die Mutter.[82]

Rilke und Lou Andreas-Salomé spazierten nahezu täglich durch die Gärten und Parkanlagen Kiews (im berühmten »Kupetscheski Sad« hörten sie sich Zigeunerlieder an), badeten einige Male im Dnepr und besichtigten weitere Sehenswürdigkeiten (Goldenes Tor, den alten Stadtteil Podol und das Widubezki-Kloster).

Die Pilgerscharen, die zum Pfingstfest in das Petscherski-Kloster strömten, begeisterten sie besonders. Einen Kobsaren (in der Art Ostap Weresais), in dessen Liedern sie die Romantik der ältesten russischen Stimmungen zu spüren hofften, trafen sie jedoch nicht.

Am 17. Juni reisten beide auf dem Dneprdampfer »Mogutschi« nach Krementschug. Dann fuhren sie mit der Eisenbahn in östlicher Richtung durch die Ukraine. Während ihres dreitägigen Aufenthaltes in Poltawa (19.–21. Juni) unternahmen sie Fahrten und Spaziergänge in nahegelegene Dörfer. Über Charkow, Woronesh und Koslow gelangten sie am 23. Juni nach Saratow, wo sie einen Tag verbrachten. Sie besichtigten die Stadt, und Rilke besuchte das Radischtschew-Museum (eine bedeutende periphere Sammlung westlicher Malerei). »Hier ist es recht orientalisch und seltsam«, hatte Rilke der Mutter aus Saratow mitgeteilt.[83] Auf dem Dampfer »Alexander Newski« wolgaaufwärts änderte sich jedoch ihre Stimmung. Je weiter sie fuhren, um so mehr beeindruckte sie die Landschaft. Rilke wurde sie zum Sinnbild für Landschaft schlechthin: »Auf der Wolga, diesem ruhig rollenden Meer, Tage zu sein und Nächte, viele Tage und viele Nächte: ein breit-breiter Strom, hoher, hoher Wald an dem einen Ufer, an der anderen Seite tiefes Heideland, darin auch große Städte nur wie Hütten und Zelte stehen. – Man lernt alle Dimensionen um. Man erfährt: Land ist groß, Wasser ist etwas Großes, und groß vor allem ist der Himmel. Was ich bisher sah, war nur ein Bild von Land und Fluß und Welt. Hier aber ist alles selbst. – Mir ist, als hätte ich der Schöpfung zugesehen; wenige Worte für alles Sein, die Dinge in den Maßen Gott-vaters...«[84] Lou Andreas-Salomé notierte in ihrem Tagebuch: »Hier möchte ich bleiben für immer. Die Wolga gleicht hier, wie so oft, kaum mehr einem Fluß, so meer-artig und weit umfangen ist sie... was ich als ihren stärksten, erschütternden Reiz empfinde und was so selten sich zu einem vereinigt: Die Mischung von Intensität und Weite.«[85] – Nach kurzen Aufenthalten in Samara, Stawropol und Simbirsk trafen Rilke und Lou Andreas-Salomé am 28. Juni in Kasan ein. Sie bestiegen ein anderes Schiff, da sie sich noch nicht von der Wolga trennen wollten. Nächste Zwischenstation war Nishni Nowgorod. Die berühmte Jahrmarktsstadt, »die außerdem auch eine der ältesten russischen Städte ist, mit Kirchen und Heiligtümern und einem Kreml«[86] gefiel ihnen sehr.

Die Schiffsreise endete am 2. Juli in Jaroslawl. Rilke und Lou Andreas-Salomé besichtigten die Stadt. Ein Fuhrmann brachte sie nach Kresto-Bogorodskoje, einem Dorf, das fünf Werst vor der Stadt auf einem Wolgahügel lag. Sie mieteten eine neue, noch nicht bewohnte Isba (»umlaufende Bank, ein Samowar, breiter, frisch für uns gefüllter Heusack am Boden machten den Innenraum fertig«) und »durften... für einen Augenblick heimisch werden«[87]. Stundenlang schlenderten sie an der Wolga entlang, sammelten Blumen und hörten sich Dorfgeschichten an. Am 5. Juli fuhren sie noch einmal nach Jaroslawl und besuchten die Nikolai-Mokry-Kirche sowie die Uspenski-Kathedrale. In ihrem Tagebuch notierte Lou Andreas-Salomé vom Abschiedsabend: »Ich treffe die Makarowna [Bäuerin, mit der sie sich befreundeten] auf einer mir noch unbekannt gebliebenen hochhalmigen Wiese mähend hinter ihrer Isba. Diese Wiese mit der Landschaft dahinter ist wie ein Traum. Ich nehme Blumen und höre die Makarowna noch einmal sprechen: diesmal warm und überströmend, und fühle, wie lieb sie uns gewonnen hat. Der Regen strömt. Dann folgt das entsetzlich traurige Packen. So geht man doch nur von zuhause fort.«[88] Rilke schrieb seiner Mutter am 6. Juli: »In einer kleinen Hütte, Bauer unter Bauern habe ich 3 Tage gelebt, ohne Bett geschlafen und die kargen Mahlzeiten geteilt, die meine Wirte in ihre schwere Arbeitszeit da und dort einschoben. Da das Wetter gut war, hatte das primitive Wohnen viele Schönheit und die Kargheit des materiellen Lebens entsprach meinen geringen Ansprüchen.«[89]

Die Ankunft »im herrlichen Moskau« am 6. Juli war für Rilke und Lou Andreas-Salomé »wie ein Heimkommen«. Sie stiegen im »Nowomoskowskoje podworje« ab und konnten sich am Blick auf den Kreml (»Moskaus Schönstes«) nicht genug ergötzen. In den folgenden Tagen suchten sie mehrmals die Privatsammlungen von Soldatenkow und Zwetkow auf und lasen unter anderem Kolzow und Gorki. Von ihren Bekannten hielt sich zu dieser Zeit nur Sergej Schachowskoi – ihr »bester Berater und liebenswürdigster Freund«[90] – in Moskau auf. Eine Notiz in Lou Andreas-Salomés Tagebuch gibt Aufschluß über ihre Stimmung in diesen Tagen: »Unfähig von Rußland fortzugehen: Plan, nochmals abzureisen nach der Wolga; mit Schachowskoi die Route der Uralbahn bis Челябин[ск]ъ besprochen. Unter Tränen aufgeben müssen, Geld langt nicht. Endlich nochmals ins Dorf . . . [zu Droshshin]«[91]

Am 18. Juli trafen Rilke und Lou Andreas-Salomé in Nisowka ein. Über den Aufenthalt bei Droshshin schrieb Rilke an seine Mutter: »In seiner kleinen Hütte, die er eben neu aufgebaut hat, mit seinen Büchern und Bildern habe ich gerne und gut gewohnt; die Fenster der Stuben sehen in den Garten, darin er sein Gemüse und seine Rosen pflegt, und weiter auf die Scheune, darin das Heu seiner Wiesen überwintert. Er ist Starost des kleinen Dorfes, darin alle zu ihm mit großer Verehrung aufsehen, tut sommers die gewöhnliche Bauernarbeit und wird in jedem Winter, wenn die Hände von den Feldern abgeschnitten sind, wieder Dichter; als solcher ist er in ganz Rußland bekannt und neben die ersten Volksdichter gestellt, die sein Vaterland geboren hat. Seine Art ist schlicht und gütig. Er ist 52 Jahre alt, hat Weib und vier Töchter und sogar schon ein kleines Enkelsöhnchen, auf das er, da ihm eigene Söhne fehlen, viele Hoffnung setzt. Er kennt alle älteren russischen Schriftsteller persönlich, hat von ihnen Bilder und Briefe und eine Bibliothek, um die man ihn wohl beneiden kann. Und wie reizend sieht diese dichterische Umgebung innerhalb der kleinen Balkenhütte aus. Die Landschaft vor den Fenstern, weite Wiesen, auf welchen Orakelblumen handgroß und die blauen Glocken wie Tulpen stehen, hält den vielen Büchern das Gleichgewicht.«[92]

Als Droshshin seine Gäste zu Nikolai A. Tolstoi (dem Gutsherrn der Gegend) nach Nowinki brachte, fand Rilke in dessen Haus »so liebe und sympathische Aufnahme«, daß er die restlichen Tage »aus der Hütte ins Schloß« übersiedelte und »alle Bequemlichkeiten des schönen Hauses und alle Freuden des reichen Parkes« dankbar genoß. Diese Familie schien Rilke »echt russisch, sehr konservativ und so tiefgläubig«, »daß alle Ereignisse ... mit irgendwelchen Wundern, geheimnisvollen Gebeten und ihren leisen Erfüllungen verknüpft sind«. Er ließ sich von Nadeshda A. Tolstoi (der Mutter Nikolai Tolstois) »von den seltsamen Zusammenhängen in ihrem Leben und im Leben ihrer Vorfahren« erzählen.[93] Nikolai Tolstoi (er betätigte sich als »lyrischer Dichter und nicht unbegabter und gewandter

Zeichner«) bewunderte Rilkes Verse und seine Kenntnisse der russischen Kunst. Wie tief Rilke Nikolai Tolstois Verständnis für seine Dichtungen berührte, geht aus einer Tagebuchnotiz vom 4. September 1900 hervor. Er hatte im Worpsweder Kreis seinen »Spielmann« [Ich war ein Kind und träumte viel ...] gelesen und war enttäuscht über Carl Hauptmanns geringes Verständnis: »Wie anders hat Nikolai Tolstoi diese Verse verstanden! Wieviel mehr als Dichter ...«[94]

Die Aufenthalte bei Droshshin und Nikolai Tolstoi haben Rilke und Lou Andreas-Salomé endgültig zum patriarchalischen Rußland neigen lassen. Folgender Auszug aus dem Rilkebuch der Marie von Thurn und Taxis macht deutlich, in welchem Maße den Dichter in späteren Jahren noch Eindrücke aus jenen Tagen bewegten: »Er erzählte von Rußland; es war sehr eindrucksvoll, ihn die Einsamkeiten der Wolga beschreiben zu hören, wenn man tagelang auf einem Schiff den Fluß hinabfährt, und mitten in der Melancholie der unermeßlich weiten Ebenen plötzlich ein riesiger Wald vor einem aufsteigt, ›aufsteigt wie die Nacht‹. Dann: seine Erlebnisse und Erfahrungen mit russischen Bauern, ihre biblische Größe, ihr Fatalismus, die Traurigkeit ihrer Gesänge, der bäuerliche Dichter, der sich mit Rilke photographieren lassen wollte, die alte Großmutter, die Gott dankte, daß sie noch vor ihrem Tod einen Gast empfangen durfte; und die etwas jüngere, noch hübsche Bäuerin, die an der Tür der verlassenen Hütte eines verlorenen Dorfes mitten in der Steppe, wo er die Nacht verbrachte, ihm ihr Leben mit so viel Einfachheit und Größe erzählte, daß der Dichter sie wie seinesgleichen nahm und mit dieser unbekannten Frau, die er zum erstenmal in seinem Leben sah und sicher niemals wiedersehen sollte, sprach, wie er niemals zuvor mit einem Menschen gesprochen hatte...«[95]

Von Nowinki fuhren Rilke und Lou Andreas-Salomé nach Nowgorod Weliki, wo sie zwei Tage (25./26. Juli) verbrachten; sie besichtigten den dortigen Kreml mit der Sophien-Kathedrale sowie das Museum und fuhren zum Jurjew-Kloster. Anschlie ßend reisten sie nach Petersburg.

Am 28. Juli begab sich Lou Andreas-Salomé zu ihren Verwandten nach Finnland. Bis zu ihrer Rückkehr (22. August) arbeitete Rilke fast täglich in der Bibliothek. Er beschäftigte sich vor allem mit dem »altrussischen Leben und einigen Künstlern der jüngsten Vergangenheit«. Hefte mit sorgfältigen Auszügen aus kunstgeschichtlichen Abhandlungen von Sabelin, Gneditsch und Nowizki, Briefen und Aufzeichnungen Iwan Kramskois sowie zahlreichen Bildbeschreibungen (unter anderem von Arbeiten Lewitans, Iwanows, Wasnezows, Repins, Kramskois und Wassiljews) zeugen von der Intensität dieser Studien. Um später darin fortfahren zu können, erwarb er eine Reihe russischer Bücher.[96] Rilke ging auch häufig in das Museum Alexander III. und besuchte Anatoli Kramskoi, der ihm unbekannte Arbeiten seines Vaters zeigte.

Dank der Vermittlung von Friedrich Groes lernte er den Maler und Kunstkritiker Alexander N. Benois (Mitarbeiter der »Mir iskusstwa«) und den jungen Literaten Wassili G. Jantschewezki (Sonderkorrespondent der »Nowoje wremja«) kennen.

Am 4. August schrieb Rilke Lou Andreas-Salomé: »Du glaubst nicht, wie lang die Tage in Petersburg sein können. Und dabei geht doch nicht viel hinein. Ein fortwährendes Unterwegssein ist das Leben hier, wobei die Ziele alle leiden. Man geht, geht, fährt, fährt und, wo immer man auch ankommt, ist der erste Eindruck der der eigenen

Müdigkeit. Dazu kommt, daß man die weitesten Wege fast immer umsonst macht.«[97] Rilkes Stimmung beruhte wohl stärker auf der Veränderung seiner Beziehung zu ihr als auf »den fast feindlichen Eindrücken dieser schweren Stadt«[98]. Er wollte weiterhin in enger Gemeinschaft mit der Freundin leben, während ihr im Verlauf der Reise immer stärker bewußt wurde, daß dies nicht möglich war. Sie besprach mit ihm den »Gedanken eines Aufenthaltes in Worpswede«, da »Eile« not tue, daß er in »Freiheit und Weite« käme.[99] Aber nicht nur der Mensch Rilke, sondern auch der Dichter war in eine schwere Krise geraten. Als zu Beginn des zweiten Aufenthaltes in Rußland »angesichts des japanischen Bildes im Oberlichtsaal« im Schtschukin-Museum ein Gedicht entstanden war, hatte er sich vorgenommen: »Ja, alles, was wirklich geschaut wurde, muß Gedicht werden.«[100] Rückblickend warf·er sich vor: »Unzählige Gedichte habe ich nicht erhört.« Er suchte die Ursachen zu ergründen: »Entweder ich habe seither nichts mehr geschaut, wirklich, mit ganzem Wesen geschaut, oder mein Schauen hängt überhaupt nicht so fest mit dem Schaffen zusammen, als ich damals empfand. Denn dann war nur Klang in mir: einmal in Poltawa, abends, ... einmal in Saratow..., inmitten der Wolgawasser später, ... aber ich weiß kein Wort aus dem Gewebe dieser Klänge, ja ich kann mich nicht mehr erinnern, ob sie mit Worten gingen. Dagegen kam es vor Kasan abends zum Lied ... Aber es schien mir wie ein Unrecht, meine innere, mit allem zusammenhängende Froheit in diesen Worten auszusprechen, die damals gerade ihren Sinn an der täglichen Wirklichkeit verloren hatten. So war ich dankbar, als mein Klang erlosch, und sein Sinn traf mich erst viel später in Moskau wieder an, als Landschaft.«[101]

Rilke fuhr in seinem Tagebuch fort: »Aber dies ist nicht die Summe der Reise. Das Unerhörte ist dennoch in mir. Ich habe ja alles doch erlebt, ich habe doch sicher mehr als geträumt.«[102]

Lou Andreas-Salomé beendete viele Jahre später in ihrem »Lebensrückblick« das Kapitel »Das Erlebnis Rußland« mit den Worten: »Wir hatten in Rußland mehr empfangen als Rußland allein und durften es verlassen.«[103]

VI

Nach der Rückkehr aus Rußland lebte Rilke einige Zeit im Künstlerdorf Worpswede. Mit seinem Gastgeber, dem Maler Heinrich Vogeler, stand er seit der ersten Begegnung im Frühjahr 1898 in Florenz in freundschaftlicher Verbindung. Vogeler hatte für die »Insel« zu Rilkes Gedicht »Die Heiligen Drei Könige« eine Zeichnung angefertigt und den Band »Mir zur Feier« ausgestattet. Rilke konnte auch zu den anderen Mitgliedern der Gruppe bereits nach wenigen Tagen herzliche Kontakte aufnehmen. Vor allem suchte er immer wieder die Nähe der Malerin Paula Becker und der Bildhauerin Clara Westhoff. Er erzählte viel von Rußland und bemühte sich, seine Zuhörer für russische Kunst und Literatur zu interessieren. In dieser Zeit begann der Dichter eine wirklich bedeutende Rolle als Vermittler zwischen russischen und deutschen Künstlern zu spielen. Er versuchte auf die Worpsweder Künstler seinen Enthusiasmus für Kramskoi, Lewitan, Iwanow, Viktor Wasnezow und die Ikonenmalerei zu übertragen und machte andererseits russische Bekannte auf Vogeler und dessen Freunde aufmerksam. Seine Bemühungen waren nicht vergeblich: »Mir iskusstwa« veröffentlichte – offensichtlich auf Grund der Mitteilungen Rilkes – Reproduktionen von Vogelers Arbeiten, und auch in anderen Kunstzeitschriften erschienen Hinweise auf diesen Künstler.

Bereits 1899 hatte Rilke versucht, deutsche Zeitschriften für Artikel über russische Themen zu gewinnen, und dem Organ der Wiener Sezessionisten »Ver Sacrum« vorgeschlagen, ein Heft Rußland zu widmen. Leider konnte er damals lediglich von Richard Muther, dem wohl kompetentesten deutschen Kunstwissenschaftler jener Zeit (Redakteur für bildende Kunst bei der Wiener Wochenschrift »Die Zeit«), einen Auftrag erhalten. Der daraufhin Anfang Januar 1900 geschriebene Aufsatz »Russische Kunst« erschien erst am 19. Oktober 1901 in der »Zeit«. Es ist anzunehmen, daß einige Urteile Muthers über russische Kunst der Gegenwart entscheidend durch Gespräche mit Rilke beeinflußt wurden. Zum Beispiel bezeichnete er wie Rilke Viktor Wasnezow als »größte Erscheinung« unter den Malern Rußlands.[104]

Der bereits erwähnte Aufsatz »Moderne russische Kunstbestrebungen« belegt, daß Rilke neben Wasnezow noch andere Maler für sich entdeckte. Er hatte ihre Werke auf der zweiten Rußlandreise während zahlreicher Galeriebesuche eingehend betrachtet und darüber hinaus viel über russische Kunst gelesen, sich weiterhin mit ihrer Geschichte beschäftigt und Kunstzeitschriften (besonders »Mir iskusstwa«) verfolgt. Wertvolle Anregungen vermittelte ihm auch die Korrespondenz mit Leonid Pasternak, Pawel Ettinger und Alexander Benois. Auf Grund der reicheren Kenntnisse konnte Rilke ein wesentlich differenzierteres Bild der russischen Kunstentwicklung entwerfen. Ausgewogener ist es jedoch kaum, da sich immer wieder seine eigentümlichen Ansichten über Wesen und Charakter der Russen geltend machen. Insbesondere die Äußerungen über Kramskoi, Lewitan, Wassiljew und Gay sind dadurch geprägt. In der Einschätzung von Künstlern wie Lewizki, den Djagilew vor dem Vergessen bewahrt hatte, Wenezianow, der von Benois wiederentdeckt worden war, und Maljutin, über den Ettinger berichtet hatte, folgt Rilke jedoch mehr dem Urteil seiner russischen Freunde.

Nach dem zweiten Aufenthalt in Rußland verstärkte Rilke seine Bemühungen, russische Kunst in Deutschland bekannt zu machen, wesentlich. Wenn Rilke seine Pläne auch nur zu einem geringen Teil realisieren konnte, zeitigte sein Bestreben, Interesse und Begeisterung zu wecken, durchaus Wirkungen. Zu bedauern ist, daß die Ausstellung russischer Gegenwartsmalerei in den Räumen der Berliner Sezessionsbühne nicht zustande kam. Auch das ehrgeizige Vorhaben, Alexander Benois' »Geschichte der russischen Malerei des 19. Jahrhunderts« zu übersetzen und zu veröffentlichen, scheiterte. Dafür gelang es Rilke, das Schaffen Sergej W. Maljutins zu propagieren. Maljutin, ein talentierter Graphiker, der viel und erfolgreich auf dem Gebiet der angewandten Kunst arbeitete und später ein bekannter sowjetischer Porträtmaler wurde, illustrierte in dieser Zeit vornehmlich Märchen- und Kinderbücher. Seine hellen und strahlenden Bilder sind von einem volkstümlichen Schönheitsverständnis und von Einflüssen der modernen Malerei geprägt. Daß Maljutins Manier mit der dekorativen Sprache des Jugendstils korrespondierte, der um 1900 in Deutschland seine Blütezeit erlebte, förderte die Aufnahme seiner Illustrationen in Museen, privaten Sammlungen und Ausstellungen.

Anfang Oktober 1900 war Rilke nach Berlin zurückgekehrt. In den folgenden Monaten erreichte seine Hingabe an alles Russische einen neuen Höhepunkt. Er stürzte sich wieder eifrig in russische Studien und wollte vor allem die Essays über Iwanow, Kramskoi und Wassiljew voranbringen. Am 18. Oktober schrieb er an Paula Becker: »Sie wissen, was mir diese Studien, welche ich neben meine persönlichste Arbeit gegründet habe, bedeuten; den Alltag, das Dauernde, den Weg, auf welchen ich aus jedem Fluge zurückkomme ... Mir ist ja Rußland doch das geworden, was Ihnen Ihre Landschaft bedeutet: Heimat und Himmel.«[105]

»Unversehens« entstanden Ende November, Anfang Dezember sechs Gedichte in russischer Sprache, die seine Eindrücke von der russischen Landschaft und von den russischen Menschen unmittelbar zum Ausdruck bringen.

Rilke hatte bereits im Juli und August Droshshin und Sofja Schill mit Briefen in ihrer Muttersprache überrascht. Als auch Leonid Pasternak einen erhielt, konnte er die Erfolge Rilkes nicht genug bewundern und zeigte diesen (offenbar verschollenen) Brief allen Bekannten.

Rilkes russische Gedichte sind in erster Linie als Aussagen über sein Rußlanderlebnis zu werten. Unter diesem Aspekt ist der im zweiten Lied entwickelte Gegensatz zwischen Rußland (weites Land, dessen Volk Gott wie einen Bruder aufnahm) und dem Süden (»wo alles leer und heiter ist«) aufschlußreich. Auch im »Buch vom mönchischen Leben« werden beide einander gegenübergestellt, doch bleibt es beim Festhalten gewisser Unterschiede, während nunmehr alles außer Rußland als bedeutungslos angesehen wird. Das Gedicht »Feuersbrunst« gibt eine Stimmung wieder, die Rilke auf der Fahrt vom Gut Nikolai Tolstois zu Droshshin überkam. Es ist ebenso wie das Gedicht »Antlitz« für Rilkes Idealisierung des einfachen russischen

Bauern charakteristisch, dessen Fatalismus und Duldertum, dessen Hingabe an die Arbeit und dessen Frömmigkeit für den Dichter wahres Russentum verkörperten.

Das vierte Gedicht, »Der Morgen«, ist wahrscheinlich eine Reminiszenz an den ersten Morgen in Nisowka. Hier wird noch einmal ausgesprochen, was Rußland für Rilke bedeutete und welche Botschaft er dort empfing: ».. . wir erhoben uns aus der Hand Gottes, . . . alles Vergangene ward zur Sage, . . . und wir müssen jetzt beginnen. . . . Mache dir keine Sorge und fürchte den Untergang nicht, . . . wir werden sein und Gott wird sein.«[106]

Im Gedicht »Der Greis« gibt Rilke schließlich seinen innigsten Gedanken über den russischen Künstler-Menschen Ausdruck. In diesen Zeilen finden sich – wie im Gedicht »Das Antlitz« – starke Anklänge an den ersten Teil des »Stunden-Buchs«. (Im »Buch vom mönchischen Leben« ist die Gestalt des Bauern und des Greises in Bildern für Gott aufgehoben.)

Lou Andreas-Salomé, wahrscheinlich der einzige Mensch, der diese Verse zu Lebzeiten Rilkes kannte, schreibt, daß sie, »obwohl grammatikalisch arg, doch irgendwie unbegreiflich dichterisch sind«[107]. Man muß jedoch hinzufügen, daß die beiden letzten Gedichte (im April 1901 entstanden), von denen Lou Andreas-Salomé offensichtlich nichts wußte, bereits ernsthaftere Versuche der Eigenschöpfung in einer fremden Sprache darstellen. Da Rilke die russische Sprache inzwischen noch besser beherrschte, bleiben grammatische Fehler fast aus, es gleicht sich auch die Silben-Ton-Organisation der russischen Versmaße aus, mit der der Dichter noch wenige Monate vorher schwer zurechtkam. Bemerkenswert sind die Komplikation des Bildes, das größere Gefühl für das semantische Feld eines jeden Wortes, die Umkehrmetapher (»und es gibt keinen Wind, der aufschließt / die großen Himmel meiner Augen«[108]).

Nicht zuletzt, weil in diesen Versen der unmittelbare Bezug zu Rußland fehlt, sprechen sie dafür, daß Rilkes Bemühen, sich die russische Sprache für seinen künstlerischen Ausdruck anzueignen, nicht vergeblich war. Seine Fähigkeit, kraft seiner poetischen Intuition in fremden Sprachen zu schöpfen, stellte er später vor allem in den französischen Gedichten unter Beweis.

Rilke setzte in dieser Zeit auch seine Übertragungen aus dem Russischen fort. Er bemühte sich um die Übersetzungsrechte für Tolstois Drama »Der lebende Leichnam«. Dieses Vorhaben ließ sich nicht verwirklichen, da Tolstoi das Werk zurückzog. Wie aus einem Schreiben an Benois vom 28. Juli 1901 hervorgeht, übersetzte Rilke auch einen Abschnitt aus Dostojewskis Roman »Arme Leute«. Es kam jedoch nicht zur Publikation, und das Manuskript ging später verloren. Ob Rilke Benois' Anregungen folgte, Mereshkowskis Aufsätze über Tolstoi und Dostojewski oder Erzählungen von Leonid Andrejew bzw. Fragmente aus Dostojewskis »Tagebuch eines Schriftstellers« zu übertragen, ist nicht bekannt.

Kurz nach der Rückkehr aus Worpswede hatte Rilke seiner Mutter berichtet, daß er sich auf eine dritte russische Reise vorbereite, »welche um das Ende des Winters geplant«[109] sei. Auch in Briefen nach Rußland war davon immer wieder die Rede. Am 7. Februar 1901 teilte er der Mutter mit, daß er sie sofort nach seiner Rückkehr aus Rußland besuchen werde. Neun Tage später schrieb er ihr jedoch: ».. . unerwartete Umstände brachten es mit sich, daß ich in diesem Jahr nicht nach Rußland gehe.«[110] Rilke sah sich insbesondere durch den

Bruch mit Lou und den Entschluß, Clara Westhoff zu heiraten, genötigt, seine Pläne zu ändern. In Briefen aus späteren Jahren wird noch mehrfach der Wunsch laut, nach Rußland zu fahren, aber eine weitere Reise kam nicht zustande.

Da Rilke und seine Frau über kein festes eigenes Einkommen verfügten, waren sie oft in finanziellen Nöten. Diese Sorgen wuchsen erheblich, als Rilke zu Beginn des Jahres 1902 von Prager Verwandten erfuhr, das Studienstipendium werde nur noch bis zum Sommer gezahlt. Verzweifelt suchte er eine Anstellung, die ihm und seiner Familie eine bescheidene Existenz sichern konnte. In Deutschland erwiesen sich jedoch alle seine Bemühungen als ergebnislos.[111] In dieser Zeit reifte in ihm der Gedanke, für immer nach Rußland umzusiedeln. Er trug diesen Plan seinen russischen Briefpartnern vor und unternahm einige konkrete Schritte zu seiner Verwirklichung. Unter anderem versuchte Rilke die Unterstützung des bekannten russischen Verlegers Alexej S. Suworin zu gewinnen und schlug seine Mitarbeit an der Zeitung »Nowoje wremja« vor.

Aller Wahrscheinlichkeit nach hat Suworin diesen Brief nicht beantwortet. Auch Leonid Pasternak, Pawel Ettinger und Alexander Benois konnten Rilke keine Arbeit vermitteln. Insbesondere Benois riet ihm entschieden davon ab, nach Rußland überzusiedeln.[112]

Rilkes Pläne änderten sich bald. Richard Muther hatte ihn beauftragt, ein Buch über Rodin zu schreiben, und am 26. August 1902 reiste der Dichter nach Paris; seine Frau folgte ihm Anfang Oktober. Damit endete die fünfjährige »russische« Periode seines Lebens.

In einem kurz vor seinem Tode geschriebenen Brief gesteht Rilke einer »jungen Freundin« ein: »Rußland (Sie erkennen das in meinen Büchern wie etwa dem ›Stunden-Buch‹) wurde, in gewissem Sinne, die Grundlage meines Erlebens und Empfangens, ebenso wie, vom Jahre 1902 ab, Paris – das unvergleichliche – zur Basis für mein Gestaltenwollen geworden ist.«[113]

Tatsächlich hat Rilke in Paris relativ rasch neue ästhetische Ansatzpunkte gefunden. In dieser Zeit übte Auguste Rodin eine außerordentliche Wirkung auf den Dichter aus. Die Skulpturen des Meisters regten ihn an, die Gesetzmäßigkeiten der plastischen Kunst auf die Literatur zu übertragen. Das »Ding« wurde zum zentralen Begriff seiner neuen Dichtung. Er sah nunmehr im schöpferischen Akt einen Prozeß der »Verdinglichung«. Und der Kunstgegenstand war für ihn ebenso real wie Dinge in der Natur. »Nur die Dinge reden zu mir. Rodins Dinge, die Dinge an den gothischen Kathedralen, die antikischen Dinge, alle Dinge, die vollkommene Dinge sind. Sie wiesen mich auf die Vorbilder hin; auf die bewegte lebendige Welt, einfach und ohne Deutung gesehen als Anlaß zu Dingen«, schreibt Rilke an Lou Andreas-Salomé im August 1903.[114]

Nach wie vor nimmt der Künstler in seinen Ansichten eine dominierende Stellung ein. Ihm obliegt es aber nicht mehr, »Gott« zu erschaffen, er soll Dinge bauen, sie mit anderen Mitteln neu hervorbringen und dabei ihr Wesen freilegen, geduldig und eifrig Formen vervollkommnen. Auf diese Weise, meint Rilke, erringe er Reife und wirkliche Meisterschaft. Das Muster eines derartigen Künstlers ist für ihn Rodin.

Auf den ersten Blick scheinen diese Anschauun-

gen Rilkes im Widerspruch zu seinen früheren zu
stehen. Tatsächlich bilden die »Neuen Gedichte«,
die sich durch die völlige Auflösung des individuellen »Ichs« im objektiv existierenden »Ding«
und einen komplizierten Aufbau auszeichnen, einen
Kontrast zu den ganz persönlichen Gebeten des
»Stunden-Buches«, die angesichts des späten Schaffens Rilkes fast wie formlose, unbearbeitete Impro-
visationen anmuten. Wenn man sich jedoch an die
eigenartige »Religiosität« des Dichters erinnert,
wird deutlich, daß sein neuerliches Suchen in engem
Zusammenhang mit den Ansichten aus der »russischen« Periode stand. Der »dunkle russische« Gott
(»der Dinge tiefer Inbegriff«),[115] war in der beseel-
ten Natur aufgelöst. Rilke hielt auch nach 1902
daran fest, daß Natur und Gott eine untrennbare
Einheit bilden. Das Schwergewicht verlagert sich
aber von Gott, der für Rilke den irrationalen Kern
des Seins bildet, auf die äußere Hülle des Seins –
das »Ding«. Während der Dichter im »Stunden-
Buch« zeigen wollte, was Gott ist, versucht er in
den »Neuen Gedichten« zu ergründen, wie »das
Herz der Dinge schlägt«, ohne Gott zu erwähnen.
Rilke schwächt gewissermaßen das religiös-philosophische Moment ab, um das ästhetische hervorzu-
heben. Der Versuch der spontanen Selbstdarstellung, der die ersten zwei Bücher des »Stunden-
Buches« kennzeichnete, wird durch das Streben
nach »Objektivierung« und »Materialisierung« ab-
gelöst. In seinem Rodinbuch schreibt Rilke über
die Bildhauerkunst des romanischen Mittelalters,
deren Werke ihn in Paris tief beeindruckten: »Und
wer diese Gebilde sah, der empfand, daß sie nicht
aus einer Laune geboren waren, nicht aus einem
spielerischen Versuch, neue, unerhörte Formen zu
finden. Die Not hat sie geschaffen. Aus der Angst
vor den unsichtbaren Gerichten eines schweren

Glaubens hatte man sich zu diesem Sichtbaren gerettet, vor dem Ungewissen flüchtete man zu dieser
Verwirklichung.«[116] Diese Worte geben zweifellos
eigene Erfahrungen wieder.

Rilke verwarf die Anschauungen, die er in den
Jahren der engen Verbindung mit Lou Andreas-
Salomé und der russischen Reisen gewonnen hatte,
nicht. Einige bewahrte er in ihrem ursprünglichen
Gehalt bis an sein Lebensende, andere wurden ab-
gewandelt und befruchteten sein neues Suchen.[117]
Zum Beispiel wurde Rilkes Rodinbild von seinen
Anschauungen über den russischen Künstler-Men-
schen bestimmt. Er sah in Rodin den ernsten, ge-
sammelten Arbeiter, der »tief wie ein Knecht« seinen
Weg geht und tagaus, tagein sein Handwerk ausübt.

Rilke versuchte auch in anderer Hinsicht, seine
neuen ästhetischen Einsichten im Einklang mit früheren Gedanken darzulegen. Außerordentlich aufschlußreich ist sein Brief an Lou Andreas-Salomé
vom 15. August 1903: »... groß sind ja auch die
gotischen Dinge, die, obwohl sie zeitlich viel näher
stehen, ebenso entlegen sind, ebenso namenlos,
ebenso selbständig in ihrer Einsamkeit, ursprungs-
los wie die Dinge in der Natur. Sie und was aus
den Händen Rodins kam, führte uns bis zu den
fernsten Kunst-Dingen hin, bis zu dem Vorgriechi-
schen, in dessen Wesen eine skulpturale Rücksichts-
losigkeit liegt, eine Dinghaftigkeit, schwer wie aus
Blei, bergartig und hart. Verwandtschaften deckten
sich auf, die so noch niemand empfunden hat,
Zusammenhänge banden sich und schlossen die
Ströme, die durch die Zeiten gehen, und die Geschichte unendlicher Geschlechter von Dingen ließ
sich unter der Menschengeschichte ahnen, wie ein
Gefüge langsamerer und ruhigerer Entwicklungen,
die tiefer, inniger und unbeirrter geschehen. In
diese Geschichte, Lou, wird sich vielleicht einmal

der russische Mensch einfügen, welcher, wie Rodin
es als ein Schaffender tut, als ein Werdender und
Duldender von den Dingen abstammt und ihnen
verwandt ist, blutsverwandt. Das Abwartende in
dem Charakter des russischen Menschen (das des
Deutschen sich wichtig fühlende Geschäftigkeit am
Unwichtigen Trägheit nennt –) erhielte so eine
neue und sichere Aufklärung: vielleicht ist der
Russe gemacht, die Menschen-Geschichte vorbei-
gehen zu lassen, um später in die Harmonie der
Dinge einzufallen mit seinem singenden Herzen.
Nur zu dauern hat er, auszuhalten und wie der
Geigenspieler, dem noch kein Zeichen gegeben ist,
im Orchester zu sitzen, vorsichtig sein Instrument
haltend, damit ihm nichts widerfahre. Immer mehr
und von immer innigerer Zustimmung erfüllt, trage
ich meine Zuneigung für dieses weite, heilige Land
in mir, als einen neuen Grund für Einsamkeit und
als ein hohes Hindernis zu den anderen.«[118]
Diese Äußerung entspricht Rilkes Vorstellungen
um 1900. In seinem Schaffen drängen sich jedoch
neue Wirklichkeitseindrücke in den Vordergrund.
Dies beweist vor allem der dritte Teil des »Stunden-Buches«. Das »Buch von der Armut und vom
Tode« unterscheidet sich wesentlich von den beiden ersten Büchern. Es wurde vom 13. bis 20. April
1903 in Viareggio geschrieben, acht Monate nach
seiner Ankunft in Paris. Diese Metropole vermittelte Rilke große Kunsterlebnisse, wurde ihm aber
zugleich zu einem Ort der Verlassenheit, des Ent-
setzens, der Angst und der Armut. Die schweren
Bedrängnisse, die ihm daraus erwuchsen (im einzelnen in Briefen an Lou vom Sommer 1903 geschildert), bewirkten eine stärkere Hinwendung zur
Realität. Einzelne Gedichte des »Buches von der
Armut und vom Tode« sind nach wie vor als Gebete an Gott entworfen, der allerdings dem »dunk-

len«, »werdenden« Gott des »Buches vom mönchischen Leben« nicht mehr ähnlich ist. Hier geht es um den Gott der Elenden und Beladenen, den Gott derer, die ausgeschlossen sind und in der Welt keinen Platz finden (Rilke rechnet sich selbst dazu). Das lyrische Ich ist sich des Bezuges zu Gott nicht mehr sicher:

> Geh ich in dir jetzt? Bin ich im Basalte
> wie ein noch ungefundenes Metall?
> Ehrfürchtig füll ich deine Felsenfalte
> und deine Härte fühl ich überall.
>
> Oder ist das die Angst, in der ich bin?
> die tiefe Angst der übergroßen Städte,
> in die du mich gestellt hast bis ans Kinn.

Hier wird ein Naturding zur Metapher für Gott. Aus ihr wird die Lebensangst hergeleitet, die den Großstadtbewohner überfallen kann. Da die Städte dem Menschen ein entwürdigendes Leben aufzwingen, folgt die Bitte an Gott:

> Mach mich zum Wächter deiner Weiten,
> mach mich zum Horchenden am Stein,
> gieb mir die Augen auszubreiten
> auf deiner Meere Einsamsein;
> laß mich der Flüsse Gang begleiten
> aus dem Geschrei zu beiden Seiten
> weit in den Klang der Nacht hinein.[119]

In anderen Versen empört sich Rilke über den Reichtum und rühmt die Armut und die Einfachheit des Lebens (die ihn auch in Rußland maßlos entzückt haben) als moralische Bedingung menschlicher Erneuerung. Selbst Gott ist der »tiefste Mittellose«:

Du bist der Arme, du der Mittellose,
du bist der Stein, der keine Stätte hat,
du bist der fortgeworfene Leprose,
der mit der Klapper umgeht, vor der Stadt.[120]

Das »Buch von der Armut und vom Tode« ist
ein wesentlicher Vorgriff auf die »Aufzeichnungen
des Malte Laurids Brigge«, das Rußlanderlebnis
gewinnt darin keine konkrete Gestalt mehr.

Im Sommer 1903 sandte Rilke die Reinschrift des
zweiten und dritten Teils des »Stunden-Buches«
Lou Andreas-Salomé als Geschenk. Das Titelblatt
der ersten Auflage des »Stunden-Buches« (Ende
1905) trug die Widmung: »Gelegt in die Hände
von Lou«.

In den ersten Pariser Jahren fühlte sich Rilke
weiterhin allem Russischen tief verbunden. Er
kaufte sich russische Bücher und setzte seine Studien fort. Auch im Gedankenaustausch mit Freunden ist das Rußlandthema stets gegenwärtig. Im
August 1903 bekundete er zum Beispiel Lou Andreas-Salomé: »Ich bin in Paris Rußland nicht aus-
drückbar nähergekommen und doch denke ich
irgendwie, daß ich mich auch jetzt in Rom, im An-
gesichte der antikischen Dinge, auf Russisches vorbereite und darauf, dorthin wiederzukehren.«[121]

Mit nicht erlahmender Aufmerksamkeit verfolgte
er alle Ereignisse in Rußland. Besonders bedrük-
kend war für ihn der 1904 ausgebrochene Russisch-
Japanische Krieg. Am 17. März 1904 schrieb Rilke
an Lou Andreas-Salomé: »Daß dieses Unheil kommen mußte, diese Last, dieses Leiden für Tausende,
die den Krieg alle so fühlen wie Garschin ihn gefühlt hat: als auferlegtes Leid. . . . Was geht jetzt
in allen diesen Menschen vor, die man so plötzlich
nach Osten geschickt hat aus ihren stillen ver-
schneiten Dörfern und Vorstädten?«[122]

Kummer über den Krieg und Mitgefühl mit dem russischen Volk sprechen auch aus seinem Brief an Lou vom 16. August 1904: »...jetzt, wo Rußland Leid um Leid über sich ruft, scheint mir alles Meine so gering, kaum der Rede wert. Bist Du vielleicht dort in Deiner großen, schweren Heimat, so wird ihr Weinen und Wehklagen Dich ganz erfüllen. Und ich wollte es wäre meine Heimat auch. Und ich hätte das Recht, jeden Schlag zu fühlen und Leid zu sein von diesem großen Leide.«[123]

Da Rilke gesellschaftliche Thematik stets mied, sind diese Stimmungen in seiner Dichtung begreiflicherweise wenig spürbar. Überhaupt spiegelt sich sein Verhältnis zu Rußland in seinem damaligen Schaffen kaum wider. Auch das im August 1907 verfaßte Gedicht »Nächtliche Fahrt (Sankt Petersburg)« ist nur bedingt als Ausnahme zu werten. Es ist in erster Linie für die »Neuen Gedichte« repräsentativ: Rilke versucht, mit den Mitteln der Gedichtplastik das verborgene innere Leben einer nächtlichen Stadt wiederzugeben. Nur einzelne Details und der Untertitel lassen darauf schließen, daß von Petersburg die Rede ist.

Besonders reich an russischen Reminiszenzen ist das Buch »Die Aufzeichnungen des Malte Laurids Brigge«; es ist anzunehmen, daß sie alle indirekt mit realen Fakten aus Rilkes Biographie verbunden sind. So die Episode mit den beiden Petersburger Hotelnachbarn des Helden. (Es ist nicht ausgeschlossen, daß ihr eine wirkliche Begebenheit zu grunde liegt, da sie während der weißen Nächte im August spielt und Rilke um diese Zeit tatsächlich in einem Petersburger Hotel gewohnt hat.) Diese Fakten werden von ihm jedoch offenkundig willkürlich gehandhabt. (Beide Nachbarn heißen Nikolai Kusmitsch, der eine spielt Geige, der andere liest Puschkin und Nekrassow.) Der Roman enthält noch einige andere »russische« Begebenheiten: die Erzählung von den Schulins, einer netten und konfusen Familie, die in der Kindheit des Helden in seiner Nachbarschaft wohnt; die Geschichte vom »Ende des Grischa Otrepjow« u. ä.

Die Bezüge auf Eindrücke der »russischen« Periode sind damit jedoch nicht erschöpft. In dem Brief an Lou Andreas-Salomé vom 17. März 1904 erwähnte Rilke den Beginn einer größeren Arbeit, »eine Art 2. Teil vom Lieben-Gott-Buch«[124]. Diese Äußerung verdeutlicht, daß Rilke damals noch keine klaren Vorstellungen vom Aufbau und vom Verlauf der »Aufzeichnungen des Malte Laurids Brigge« hatte. Man kann jedoch die Hauptfigur des Romans in folgender Hinsicht mit Helden der »Geschichten vom lieben Gott« gleichsetzen: Malte stellt sich wie Michelangelo und die russischen Volkssänger der Aufgabe, sich dem werdenden Gott in harter Arbeit und erkennendem Bemühn zu nähern und »ihn zu bauen«.

In den ursprünglich für den Schluß des Romans entworfenen Tolstoi-Passagen wird Malte mit einem Künstler konfrontiert, der aus Ungeduld und Stolz der Kunst und damit dem werdenden Gott eine Absage erteilt habe und dadurch unfruchtbar geworden sei. Tolstoi habe »das Herzwerk« verlassen, »das sein eigenes war, um sich verzweifelt an allen Gewerben zu üben, die er nicht konnte«, da es nicht zu verantworten sei, »daß er das Schicksal Eingebildeter und Erfundener beschriebe, während die Wirklichen das ihre nicht bewältigen konnten«.[125] Statt, wie ihm aufgegeben, im eigenen Innern Gott zu bilden, habe er eingreifen wollen in das Dasein der anderen; aus der »namenlosen Angst seiner inneren Gefahr«, sich nicht vollenden zu können, habe er sich »zu dem fertigen Gott« entschlossen, »zu dem verabredeten

Gott derer, die keinen machen können und doch einen brauchen«.[126] Da nach Rilkes Auffassung der werdende Gott dem Menschen *die* Aufgabe gebe (»Wenn Gott *ist*, so ist alles getan und wir sind triste ...«), sei damit Tolstois Leben sinnlos geworden. Diese Kritik macht deutlich, daß der späte Tolstoi für Rilke kaum mehr »den Russen als solchen« verkörpern konnte.

Rilke vertrat die Auffassung, Kunst müsse von jedem Zwang, jeder Bestimmung (außer der, Gott zu erschaffen) frei sein. Er konnte sich daher »den Künstler als den Gehorchenden, Geduldigen, auf langsame Entwicklung Eingestellten, nicht und in keinem Punkte unter den Umstürzlern« vorstellen. Der Revolutionär stehe für ihn grundsätzlich im Widerspruch zum Künstler, schrieb er nach der Begegnung mit Gorki.[127]

Diese Kunstprogrammatik schloß auch eine Verherrlichung des Krieges aus. Rilke gehörte nie zum Kreis derjenigen Intellektuellen, die den ersten Weltkrieg rechtfertigten. (Die in den ersten Kriegstagen aus dem Glauben, nun sei »endlich ein Gott« und »die Ernte« beginne, entstandenen »Fünf Gesänge« nimmt er wenig später als Irrtum zurück.[128])

Rilke verurteilte »Dauer und Wahnsinn« des Krieges immer schärfer. Wie aus seinen Briefen hervorgeht, ordnete er die unabdingbare Erneuerung der Menschheit nicht mehr einer unabsehbaren Zukunft zu. So schrieb er an Katharina Kippenberg: »Der Krieg, in seiner jetzigen Phase, ist mir wieder etwas verständlicher geworden, seit er, trotz seiner gewaltigen Schlachtfelder, immer noch mehr überall in dem endgültigen Ringen der zwei gewaltigen Parteien besteht, von denen die eine, kurzsichtige, die kleinen, bösen und habgierigen Gewinste aus ihm zu schlagen sich anmaßen will, während die andere große menschliche Partei in seinem unendlichen Verhängnis das mächtigste und unwidersprechlichste Gebot zur Änderung aller menschlichen Dinge erkennt und sich, durch alle Länder hin, bereit erklärt, zu gehorchen. Nie, soweit wir die Geschichte sehen können, ist die Menschheit so im Ganzen umformbar geworden wie in diesem ihrem schrecklichsten Schmelzofen, wären nur die reinen Bildnerhände da: jetzt wäre sie Wachs in ihnen.«[129]

Zunächst hoffte Rilke, die »Wende« bahne sich mit der russischen Oktoberrevolution an: »Ich werde nichts feiern in meinem Hotelzimmer, wäre nicht der Gedanke an das herrliche Rußland, ich hätte keinen, der mir zuversichtlich und erbaulich wäre. Wie erkenn ich's nun wieder. Dieser Aufruf der Regierung vorgestern, mit der Überschrift: ›an alle, die leiden und ausgenutzt worden sind‹. . . . dies als Sprache einer Regierung: neue Zeit, Zukunft, endlich!«[130]

Rilke hatte auch viel von der Revolution in Deutschland erhofft und nahm an den Ereignissen in München Anteil.[131] Unter anderem lud er Münchner Revolutionäre zu sich ein. Oskar Maria Graf berichtete über einen dieser Abende: »In seine Atelierwohnung in der Ainmillerstraße kamen aktive Revolutionäre wie Toller oder der Kommunist Kurella mit seinem jungen Kreis, kamen Schriftsteller und bürgerliche Männer, die es aufrichtig mit der Revolution meinten. Sie wußten, daß Rilke über den Krieg, den er tief verabscheute, der ihn schöpferisch völlig lahmgelegt und fast zermalmt hatte, nie ein Wort in der Öffentlichkeit hatte verlauten lassen... Denk' ich an die Besuche der Münchner Revolutionäre bei ihm, so rückt jedesmal etwas gleichzeit Frappierendes und Komisches in meine Erinnerung. Schlicht, mit einer fast zärtlichen Interessiertheit bot er sich jedem. Diese scheinbar so rauh-realistischen Männer aber verwandelten sich in seiner Gegenwart im Nu. Unwillkürlich nahmen sie Rilkes Art an, ja sie redeten sogar mit einem Male so wie er, was mitunter besonders lächerlich wirkte.«[132] Rilke kam bald zu der Auffassung, daß die »unerhörten Möglichkeiten« des 8. November nicht genutzt worden seien. »Aber der Sturm war nicht da, und so wies es sich, daß man kein Recht hatte, eigene Zukunft für eine gemeinsame aufzugeben«, schrieb er am 13. Januar 1919 an Lou Andreas-Salomé.[133] Rilkes Zuversicht »auf einen neuen reinen Anfang« schwand rasch, und er sonderte das eigene Dasein von den öffentlichen Ereignissen wieder ab. Wenige Wochen nach seiner Abreise in die Schweiz (am 11. Juni 1919) schrieb er an Aline Dietrichstein, daß er »wirkliche Veränderung und Erneuerung« »zu teilen und mitzumachen . . . ja nur zu bereit gewesen wäre«. Der geistige Mensch müßte ja von vornherein ein Gegner und Leugner der Revolution sein, da er wisse, wie langsam sich alle Veränderungen von dauernder Bedeutung vollziehen, wie unscheinbar sie sind, wie die Natur (die geistige) Gewalt kaum irgendwo aufkommen läßt in ihrem aufbauenden Betreiben. Und doch werde der geistige Mensch ungeduldig, wenn er sehe, in »wie verfehlten und verfahrenen Verhältnissen die menschlichen Dinge sich gefallen«. Das Leben könne sich vielfach »überhaupt nicht mehr geltend machen, verdrängt wie es ist, durch lauter sekundäre, in ihrem Bestand träge gewordene Einrichtungen, – wer wünschte da nicht oft einen großen Sturm, der alles Hinderliche und Hinfällige niederrisse . . .« Rilke fuhr fort: ». . . es wäre das einzig denkbare Gegengewicht des fürchterlichen Krieges gewesen, wenn eine neue, zum Anderssein bereite Gesinnung der Menschlichkeit . . . aufgetreten und durchge-

drungen wäre.« Das Überwiegen materieller Bestrebungen und untergeordneter, ja rachgieriger
Impulse habe die reinere Zukunft dieses am Ende
völlig sinnlosen Andrangs jedoch zerstört, »in dessen Wirbeln viele Schuldlose und fast alle *die* un-
tergegangen sind, die eine zwar ungeduldige, aber
edle Vision der Menschlichkeit vorauszutragen
meinten«. Für Rilke ist der Geistige der Zukunft
»verbündet und zugeschworen, nicht im Sinne des
Revolutionärs, der von heute auf morgen eine befreite (was heißt Freiheit?) und glückliche (was
heißt Glück?) Menschheit herzustellen sich anmaßen möchte, aber in jenem anderen geduldigen
Verstand, daß er in den Herzen jene leisen, heimlichen, zitternden Verwandlungen vorbereitet, aus
denen allein die Verständigungen und Einigkeiten
einer geklärten Ferne hervorgehen werden«.[134]
Nach der Lektüre von Vogelers Broschüre »Ex-
pressionismus der Liebe« äußert Rilke in einem Brief
an Anni Mewes: »Den Antrieb begreif ich wohl, wer
hätte ihn nicht, – wer wünschte nicht das Gut-ma-
chen, das Anders-machen, den unmittelbarsten und
gemeinsamsten Entschluß zur Menschlichkeit? Nun
ist er ja aber nicht gefaßt worden, weder in Rußland noch anderswo, und er konnte ja wohl auch
nicht gefaßt werden, weil kein Gott dahinter steht,
der ihn hervortriebe.«[135] Wenn Rilke damals auch
die Auffassung vertrat, die Entwicklung in Rußland nach der Oktoberrevolution zeige, daß auf
diesem Wege keine neue Brüderlichkeit einge-
leitet werden könne, so hielt er doch nach wie vor
an der Vorstellung fest, daß es die Aufgabe und
Sendung dieses Landes sei, die »fernste Zukunft«
vorzubereiten. Als er 1921 Alexander Bloks »Sky-
then« erhielt, schrieb er dem Übersetzer Reinhold
von Walter, er sehe in diesem Werk »Zeugnisse
für eine Tatsache«, von der er »in allen diesen ent-

setzlichen Jahren gehofft habe, daß sie so und nicht anders auf jenem ... so gründlich geheiligten russischen Boden bestehen möge: Rußland hat eben, seiner tiefen Aufgabe und Begabung nach, als einziges Land das ganze unendliche Leid auf sich genommen und verwandelt sich in ihm. Welches das Ergebnis seines Überstehens auf dem Grund dieses Leids sein wird, ist unabsehlich, aber von diesem westlichen Sich-daran-Vorbeidrücken wird es ganz und gar verschieden sein.«[136]

Rilkes bekannteste Spätwerke (»Duineser Elegien« und »Sonette an Orpheus«) lassen den Nachklang der Erinnerungen an Rußland fast gänzlich vermissen. Die einzige Ausnahme ist das 20. Sonett des ersten Teils der »Sonette«, das eine Rilke und Lou Andreas-Salomé unvergeßliche Impression von der zweiten russischen Reise wiedergibt.[137]

Erwähnung verdienen auch einige Übersetzungen Rilkes; vor allem die des »Igorliedes«, die er 1904 in Rom beendete (teilweise 1930, vollständig 1952 veröffentlicht). In erster Linie um die Wiedergabe des poetischen Gehalts des Originals bemüht, übertrug Rilke das »Igorlied« in lyrische Prosa. Abgesehen von den verlorengegangenen Übertragungen der »Möwe« und der »Armen Leute« ist dies die bedeutendste und größte Leistung des Dichters als Übersetzer aus dem Russischen. Rilke hat auch eines der schönsten Gedichte der russischen Poesie, Lermontows »Einsam tret ich auf den Weg, den leeren« (1919), mit erstaunlicher Präzision und tiefer Einfühlung in den Geist des Originals ins Deutsche übertragen. Schließlich übersetzte er 1919 auf Bitte von Fega Frisch – selbst Übersetzerin von Prosawerken Fjodor Sologubs – Tjutschews Gedicht »Seherische Seele mein« (unveröffentlicht) und Sologubs [?] »Säh ich, Herz, dich vor mir liegen«. Rilkes Brief an Fega Frisch vom 2. April 1919 lagen auch die Übertragungen von zwei Gedichten Sinaida Hippius' bei, von denen bisher nur »Ljubow' odna« (»Liebe ist nur Eine«) veröffentlicht ist.[138]

Auf seinen ständigen Reisen in Europa begegnete Rilke oft russischen Menschen, darunter alten Freunden wie Alexander Benois und Leonid Pasternak. Er schloß auch neue Bekanntschaften mit russischen Künstlern, Schriftstellern, Schauspielern, ja er suchte diese Kontakte. Er ließ keine Möglichkeit aus, Gastspiele russischer Ensembles, Theateraufführungen russischer Stücke oder russische Ausstellungen zu besuchen. Im Sommer 1905 erlebte er in einem Berliner Theater die Aufführung von Gorkis »Nachtasyl«, und in einem Brief an Leonid Pasternak vom März 1906 gab er eine erregende Besprechung von Alexej Tolstois Drama »Zar Fjodor«, das er während eines Gastspiels des Moskauer Künstlertheaters in Berlin sah. Als Rilke im April 1907 zur Erholung auf Capri weilte, lernte er Maxim Gorki kennen.

Große Beachtung fanden bei Rilke die Aufführungen des »Russischen Balletts« von Sergej Djagilew. Wie Marie von Thurn und Taxis berichtet, war Rilke von der Meisterschaft Nishinskis im Ballett »Spektrum der Rose«, das er 1910 in Paris sah, überaus begeistert und wollte für den Tänzer sogar ein Stück beziehungsweise Gedichte schreiben. 1912 begegnete Rilke während eines Aufenthaltes in Venedig dem russischen Künstler Alexander N. Wolkow-Muromzow. Marie von Thurn und Taxis schreibt in ihrem Rilkebuch: »Rilke unterhielt sich sehr gern mit dem Russen, dessen eigenartige Ansichten sich zuweilen mit denen Rodins zu berühren schienen.«[139] Mehrere Jahre stand Rilke mit dem Tänzerehepaar Sacharow in freundschaftlichen Beziehungen. Er hatte Alexander Sacharow im September 1913 in München kennengelernt.».. . gebannt vom Zauber des russischen Tänzers machte er [Rilke] in dessen Begleitung einen längeren Spaziergang und gelangte mit ihm zu seinem Hotel, um ihm einen wahren Talisman, eine Ikone zu schenken, die er von seiner letzten Rußlandreise als Andenken an diese mitgebracht hatte«, erinnert sich Clothild Sacharow.[140]

Während eines Erholungsaufenthaltes in Herrenchiemsee begegnete er im Juni 1917 Sophie Liebknecht, mit der er während der Haftzeit ihres Mannes korrespondierte. Er erläuterte ihr einige seiner Gedichte und schickte ihr deren Abschriften. Am 2. Juli 1919 schrieb er ihr u. a.: »Übrigens beschämen Sie mich: denn für Sie, obwohl in bangen und bekümmerten Tagen, ist alles da, und mir (der ich's doch verhältnismäßig gut habe) ist das Größte entfremdet und entstellt vor dem Hintergrund des allgemeinen Unheils . . .«[141]

Im August 1920 verkehrte Rilke in Genf mit dem bekannten Schauspieler George Pitojew: ».. . sehe ich Pitoeff fast täglich. Sie wissen, den Russen, der hier das wunderbare Theater geschaffen hat, an dessen Versuch und Gelingen ich so unmittelbaren Anteil habe. Zum ersten Mal erkenn ich die Arbeit des Schauspielers genau in der Zentralität, Unabhängigkeit und Größe, in der, innerhalb eines anderen Kunstgebiets, die Arbeit Rodins herrlich und rein unabhängig war . . .«[142]

Rilkes »Testament« aus dem Jahre 1921 enthält ein weiteres Zeugnis seiner lebenslangen Hingabe an Rußland: »Die Heimsuchungen seiner Kindheit hatten es mit sich gebracht, daß er, bis an das Ende seines zweiten Jahrzehnts, in der Voraussetzung lebte, einzeln und allein, einer ihm feindseligen Welt gegenüberzustehen, ein täglich Aufgelehnter wider die Übermacht Aller. Aus dem Unrecht sol-

cher Einstellung konnte, selbst bei echten Bewegt-
heiten, nur Entstelltes, Krankhaftes hervorgehen.
Rußland, nicht in langsamer Überredung, über
Nacht – wörtlich: über die erste moskauer Nacht –
löste ihn sanft aus dem bösen Zauber dieser Befan-
genheit. Ohne sich dessen zu rühmen, unbemüht,
wie durch eine reine Herzensjahreszeit bereitete ihm
das versöhnliche Land unerschöpfliche Beweise des
Gegenteils. Wie glaubte er ihm; wie entzückte es
ihn, brüderlich zu sein. Und wenn er auch im Bekenntnis dieses Einklangs (vielleicht weil er nicht
auf russischer Erde bleiben durfte) immer ein Anfänger geblieben ist, er vergißt ihn nie, er weiß ihn,
er übt ihn aus.«[143]

VIII

1925/26 wurde Rilke erneut von einer tiefen Sehnsucht nach Rußland erfaßt. Während seines letzten
Aufenthaltes in Paris (Januar bis August 1925)
interessierte er sich mit einer Hingabe, die kaum
geringer war als fünfundzwanzig Jahre zuvor, für
alles Russische, schloß neue Bekanntschaften mit
Russen und traf wieder mit alten Freunden zusam-
men. Unter anderem begegnete er dem Schriftsteller
Iwan Bunin (»auf sehr angenehme Weise«, wie er in
einem Brief an Lew P. Struwe am 25. Februar 1926
berichtet[144]) und dem Dichter und Kritiker Michail
O. Zetlin, der eine Auswahl seiner Gedichte ins
Russische übertragen und herausgeben wollte (einige
Rilke-Gedichte hatte er bereits früher übersetzt).
Begeistert besuchte er die Vorstellungen des
Puppentheaters, dessen Leiterin Julia Sasonowa
war, und knüpfte Kontakte zu den Künstlern und
Schauspielern. »Das Zusammentreffen mit Julie
Sasonowa und ihrer Künstlertruppe war nicht die
einzige Gelegenheit, die russischen Erinnerungen

aufzufrischen, die Rilke während seines Pariser Aufenthaltes geboten wurde. Jene Erinnerungen waren in ihm so lebendig, daß er damals daran dachte, einen Bericht über seine russischen Reisen zu schreiben. So wie er sich nach dem Krieg unwiderstehlich nach Paris gedrängt fühlte, bis dieser Wunsch erfüllt wurde, so war er jetzt von der Sehnsucht gequält, in sich das ›russische Wunder‹ seiner Jugend wieder aufleben zu lassen, indem er die Erlebnisse der fernen Reisen von 1899 und 1900 wieder erneuerte«, bemerkt Maurice Betz in »Rilke in Frankreich«.[145]

Schließlich stellte Rilke im Herbst 1926 die junge russische Studentin Jewgenija Tschernoswitowa als Sekretärin ein.[146]

Besondere Erwähnung verdienen die Beziehungen, die sich 1926 zwischen Rilke und zwei der größten russischen Dichter des 20. Jahrhunderts – Boris Pasternak und Marina Zwetajewa – entwickelten.

Boris Pasternak, der Rilke nur ein einziges Mal (am 31. Mai 1900) sah, waren zweifellos die Erinnerungen seiner Familie an die Aufenthalte des jungen deutschen Dichters in Rußland vertraut. Bereits in seiner Jugendzeit hatte er in der häuslichen Bibliothek Rilkes Bücher (»Mir zur Feier« und »Stunden-Buch«) mit Widmungen für seinen Vater entdeckt; und er blieb bis zu seinem Lebensende ein treuer und glühender Verehrer des deutschen Dichters. Die Liebe und das ehrfurchtsvolle Verhältnis Pasternaks zu Rilke wird durch zahlreiche Zeugnisse belegt. »Ich war immer der Ansicht«, schrieb Pasternak vor seinem Tode, »daß ich in meinen eigenen Versuchen, in meinem ganzen Schaffen nichts weiter getan habe, als ihn [Rilke] zu übersetzen oder seine Motive zu variieren, ohne etwas zu seiner Welt hinzuzufügen und immer in seinem Fahrwasser schwimmend.«[147]

Oskar Maria Graf, der Pasternak im Sommer 1934 während des I. Unionskongresses der sowjetischen Schriftsteller in Moskau kennenlernte, erinnert sich:

»Pasternak saß neben mir. Er wandte mir lächelnd sein schönes braungebranntes, scharf geschnittenes Gesicht mit den dunklen lebhaften Augen zu und sagte in bezug auf meine Aufmachung: ›Bavarski...?‹

›Ja!... München...‹, nickte ich, breit lachend.

›München‹, wiederholte er russisch akzentuiert, und seine Augen strahlten seltsam glücklich. ›Da war lange Rilke...‹ Jemand flüsterte mir von hinten ins Ohr, Pasternak sei Poet und habe viel von Rilke übersetzt.

›Rilke!‹ – rief ich und sah dem Dichter in die Augen.

›Sie haben ihn gekannt?‹ fragte er.

›Ja, eine Zeitlang‹, gab ich zurück: ›Sie auch?‹

›Leider – ich nicht, mein Vater‹, nickte er wiederum so rührend beglückt und setzte hinzu: ›Rilke ist ganz russisch... Wie Gogol... Wie Tolstoi!‹ Er sagte es fast verlegen, leise, ungewöhnlich innig.«[148]

Die große Verehrung Boris Pasternaks für Rilke spricht am deutlichsten aus seinem langen und einzigen Brief an ihn vom 12. April 1926, in dem er seinem »Lieblingsdichter« Marina Zwetajewa vorstellt. Marina Zwetajewa lebte damals in Frankreich und stand in dieser Zeit Pasternak besonders nahe: Ihr 1922 aufgenommener Briefwechsel erreichte im Frühjahr 1926 seinen Höhepunkt.[149]

Die Beziehungen zwischen Rilke und Marina Zwetajewa waren intensiver, obwohl es ihnen nicht ein einziges Mal beschieden war, sich zu sehen. Marina Zwetajewa war von Kind auf in Deutschland verliebt, und der Geist der deutschen romantischen Poesie hatte ihre Erziehung mitgeprägt.[150] Schon bevor sich – für sie unerwartet – ihr Briefwechsel mit Rilke entspann, hatte sie Rilke gelesen. Sie sah (ähnlich wie Boris Pasternak) in Rilke das Symbol der Dichtung selbst, die Verkörperung der höchsten Geistigkeit. »Sie, die verkörperte Dichtung« – mit diesen Worten begann sie ihr Gespräch mit ihm. Auch nach seinem Tod hielt sie an dieser Auffassung fest. 1927 schrieb sie an Anna Teskova: »He Дичтер (Рильке) – Geist der Dichtung«[151] und 1930 an den französischen Schriftsteller Charles Vildrac: »Uns beide verbindet *Verwandtschaft*; Sie lieben doch Rußland und Pasternak; und vor allem Rilke, der kein Dichter, sondern die *Dichtung* selbst ist.«[152]

Marina Zwetajewa schrieb in ihrem ersten Brief an Rilke, er sei »eine Naturerscheinung«. Mit den gleichen Worten hatte sie sich am 11. Februar 1923 an Pasternak gewandt.[153] Und diese Worte wiederholen sich nicht zufällig. »Natur« war ein Schlüsselbegriff in Marina Zwetajewas Anschauungen über die Dichtung und das Leben. Sie hatte sich einige Bestrebungen der Neuromantik gründlich und auf ihre Weise zu eigen gemacht: das Pathos des Kampfes um Gott, die Auflehnung gegen das Rationale, den Kult der »Seele«. Im Geiste jener Zeit verwendete sie auch häufig den Begriff »Natur«, der man damals besondere Eigenschaften zubilligte, die vergöttert und spiritualisiert wurde. (Diese Tendenz prägte auch Rilkes Weltanschauung wesentlich mit.) In den zwanziger Jahren bildeten Seele und Natur für Marina Zwetajewa eine Einheit, bisweilen waren sie gegenseitig austauschbar. »... außer der Natur, d. h. der Seele, und der Seele, d. h. der Natur, berührt mich nichts weiter«, schrieb sie am 12. Dezember 1927 an Anna Teskova.[154] Die Natur in allen ihren Erscheinungsformen war für Marina Zwetajewa die Quelle des Lebens, des Schöpfertums, der Dichtung. »Der Dichter ist *Natur* und nicht Weltanschauung«, erklärte sie klar und kategorisch in einem ihrer Briefe an Wera Bunina.[155]

Eine Dichtung, in der nicht die Natur (mit anderen Worten – die Seele) verkörpert ist, gab es für Marina Zwetajewa nicht. Nach ihrer Meinung wurde die Seele gedemütigt, entwertet, sei schutzlos, und sie hielt es stets für ihre Pflicht als Dichterin, diese Seele zu verteidigen und zu preisen. Die Gegenwart war Marina Zwetajewa verhaßt, sie erschien ihr als ein Reich der philiströsen Starrheit und Gewöhnlichkeit, in dem Lüge und Falschheit regierten. Nicht zufällig schrieb sie in ihrem ersten Brief an Rilke: »Ihr Name reimt nicht mit der Zeit.«[156] Alles, was Marina Zwetajewa geistlos und alltäglich vorkam, war für sie die »Welt der Körper« – im Gegensatz zur Welt der Dichtung (»Seele«). Der Antagonismus von »Seele« und »Körper«, den sie bewußt vertiefte, fast verabsolutierte, wurde zu einem Hauptmotiv ihres Schaffens. Darauf beruhte auch ihre Auffassung von der Liebe.

Die Welt der wirklichen Liebe konnte für Marina Zwetajewa nur dort sein, wo sich Seelen annähern. Sie verkündete immer wieder ihre Ablehnung der Liebe im üblichen Sinne des Wortes – ihre »Nicht-Liebe der Liebe«. »Liebe ehre und achte ich nicht«, heißt es in ihrem Brief an Rilke vom 3. Juni 1926.[157] »Liebe haßt den Dichter«, offenbarte sie einen Monat später.[158] An Boris Pasternak schrieb Marina Zwetajewa am 10. Juli 1926 von dem »ursprünglichen unersättlichen Haß der Psyche auf Eva, von der nichts in mir ist. Von Psyche dagegen – alles.« An anderer Stelle lesen wir in diesem Brief: »Ich verstehe den Leib nicht als solchen, ich erkenne ihm keine Rechte zu.«[159] Bemerkenswert sind ihre Worte vom 23. Mai 1938 (kurz vor dem Überfall Hitlerdeutschlands auf die Tschechoslowakei): *»Die Tschechei empfinde ich mit freiem Geist, über den – die Körper keine Macht haben.«*[160]

Marina Zwetajewa machte den Briefdialog mit Rilke sofort zu einem Gespräch zwischen Liebenden. Sie gab dieser Bekanntschaft von Anfang an eine »amouröse« Richtung, weil ihr das, was sie mit Rilke verband, der geistigen Intensität nach als etwas Außergewöhnliches erschien. Dem Wort »Liebe« verlieh die Dichterin dabei einen besonderen, »idealen« Sinn. Wenn Marina Zwetajewa sagte »ich liebe dich«, dann schloß sie darin alle Emotionen der Liebe ein. Und je leidenschaftlicher und sinnlicher ihre Rede im »gewöhnlichen«, üblichen Sinne, desto größer der geistige und poetische Gehalt ihrer Worte. Marina Zwetajewa befürchtete, Rilke könnte sie »für allgemein-leidenschaftlich (Leidenschaft – Leibeigenschaft)« halten, und betonte: »Ich klinge ganz anders als Leidenschaft.«[161] In einem Gedicht aus dem Jahre 1922 lesen wir: »In einer Welt, wo sich umkehrt der Flüsse Lauf, / Am Ufer des Flusses / In die scheinbare Hand nehmen / Den Schein einer anderen Hand.«[162]

Durch »Küsse ohne Lippen«, »Händedrücken ohne Hände« entstand für Marina Zwetajewa eine neue Realität, »die Realität der Seele«. Sie empfand diese als ebenso wirklich wie die von ihr abgelehnte »Welt der Körper«. Die Berührung »im Wort«, »im Geist« war für sie eine nicht weniger reale Handlung als die Berührung von Händen. »Liebe lebt von Worten und stirbt an Taten«, erklärte Rilke und beteuerte, daß sie auch von ihm außer Worten nichts erwarte. (»Nur das Wort, was für mich schon Ding ist – will ich.«)[163]

Marina Zwetajewa hat in ihrer Dichtung (zu-

weilen auch in ihrem Leben) Situationen heraufbe-
schworen, in denen eine Begegnung der Liebenden
unmöglich ist. Das Treffen »über die Entfernung«,
»der Kuß über Hunderte trennender Werst hinweg« waren ihr wertvoller und wesentlicher als
körperliche Nähe.[164] »Je weiter von mir – desto
weiter *in* mich«, schrieb sie Rilke am 22. August.[165]
Gewöhnliche »irdische« Beziehungen zwischen Liebenden werden damit völlig aufgehoben. Liebe
wird zum Unerreichbaren, Nichtrealisierbaren, Un-
möglichen. All das ist im Grunde nichts anderes
als ein romantischer Komplex, der auf dem Gegensatz von Wirklichkeit und Ideal beruht. In einem
Brief Marina Zwetajewas an den jungen Dichter
Anatoli Steiger heißt es: »Vergessen Sie nicht, daß
die vermeintliche Unmöglichkeit des Dings das
erste Anzeichen seiner Natürlichkeit ist, selbstverständlich – in einer anderen Welt.«[166]

»Dort«, »in einer anderen Welt«, bedeutet in
ihrer Sprache »in der Welt der Seelen«.

In dem Briefwechsel mit Rilke (wie auch in ihren
Briefen an Boris Pasternak, Steiger und einige andere) spricht Marina Zwetajewa als Künstlerin. Sie
bemüht sich, jedem Brief etwas Einmaliges, Indi-
viduelles zu verleihen, ihn vor allem zu einer
Offenbarung der »Seele« zu machen, erfüllt ihn mit
ihrer ganzen Leidenschaft, ihrer Impulsivität und
ihrem Ungestüm.

Die Höhenflüge und tragischen Rückschläge im
»Lebensschöpfertum« Marina Zwetajewas sind eng
mit ihrer romantischen Weltauffassung verbunden.
Überzeugt, daß »die Einbildung die Welt re-
giert«[167], verfuhr sie manchmal mit der Realität zu
frei. Ihre Schwester Anastassija wirft Marina eine
gewisse Eigenwilligkeit und ungenaue Darstellung
gemeinsamer Bekannter vor: ». . . Gewesenes über-
ging sie und schuf sich ihre eigene Vergangen-

heit.«[168] Nicht selten vergaß sie den realen Menschen und ließ sich allein von dem Bild leiten, das die Inspiration ihr eingab. Dafür mußte sie büßen. Ihre Beziehungen zu Rilke sind in dieser Hinsicht ein prägnantes Beispiel. Durch die unerwartete Bekanntschaft mit ihrem »liebsten Dichter« bis ins Innerste aufgewühlt, überließ sie sich – fast ekstatisch – dem Flug ihrer Phantasie und konnte deshalb nicht erfassen, daß Rilke schwer erkrankt war. Rilkes wiederholte Versuche, sie auf seinen Zustand aufmerksam zu machen, kränkten Marina Zwetajewa. Sie sah darin Anzeichen seines Wunsches, sie um seines Seelenheiles willen von sich fernzuhalten. Zugleich warf sie ihm vor, er könne nicht begreifen, unter welch schwierigen Umständen sie leben müsse.

Anfangs brachte Rilke Marina Zwetajewa ebenfalls ein starkes Gefühl entgegen. Ihre Ansichten über den Dichter und Menschen (oder besser – über den »Dichter-Menschen«), über die Natur als Quelle der Dichtung, über die Liebe waren ihm höchst verständlich und kamen seinem Empfinden nahe. Das Gefühl der geistigen Nähe und des Einvernehmens, das beide von Anfang an verband, bestimmte Charakter, Stil und Intonation ihrer Korrespondenz. Der gesamte Dialog zwischen Marina Zwetajewa und Rilke erweckt den Eindruck, als seien beide Verschwörer, die Geheimnisse teilen, von denen in ihrer Umgebung niemand etwas ahnt. Beide erkennen im anderen den ebenbürtigen und geistesverwandten Künstler an. Es ist ein Gespräch und ein Wettbewerb zwischen Gleichen (davon hat besonders Marina Zwetajewa immer geträumt). »Von denen, die mir an Kraft ebenbürtig waren, bin ich nur Rilke und Pasternak begegnet«, schreibt sie neun Jahre später.[169]

Der Briefwechsel zwischen Rilke und Marina

Zwetajewa, für den die traditionelle Bezeichnung »Briefprosa« kaum Gültigkeit hat, kommt einer Dichtung nahe. Wie alle echten dichterischen Werke enthält er das Moment des Unausgesprochenen, des Spiels. Der Leser wird mit einer Art Geheimsprache, einer »Zeichensprache« konfrontiert, die von ihm Überlegung und Hineindenken erfordert. Das Musterbeispiel für diesen esoterischen Stil ist Rilkes wunderbare, an die russische Dichterin gerichtete »Elegie«, die einen untrennbaren Bestandteil ihres Briefwechsels bildet.[170] »Ich nenne sie – ›Marina-Elegie‹, sie schließt den Kreis der ›Duineser Elegien‹ und wird irgendwann einmal (nach meinem Tode) darin aufgenommen werden: ihren Abschluß bilden... Das ist mein Geheimnis mit R[ilke], seins – mit mir«, schrieb Marina Zwetajewa am 14. November 1936 an Anna Teskova.[171] Rilke legte in diesem Gedicht seine innigsten Gedanken über Natur und Sein, über Dichtung und Liebe, über die verlorene und zu gewinnende Ganzheit dar. Die »Elegie« – in der ausgefeilten, zuweilen verschlüsselten Sprache des späten Rilke geschrieben – kann von den »anderen« im Grunde genommen nicht bis ins letzte erschlossen werden. Charakteristisch sind sich wiederholende Worte und Wendungen wie »wir«, »uns«, »wir, Marina«. Rilke hat sich und seine Briefpartnerin ziemlich treffend als »Zeichengeber« (»Zeichengeber, sonst nichts«) definiert.[172] Nicht umsonst hat Marina Zwetajewa bei der Lektüre der »Elegie« vor allem diesen Worten Beachtung geschenkt. Der Schlußteil der »Elegie« bestärkte Marina Zwetajewas Verdacht, daß Rilke ihre Auffassung von der Liebe nicht teile. Sie wollte jedoch den Glauben an eine Übereinstimmung in diesem Punkt bewahrt wissen und antwortete: »Und doch heißt es nicht anders als: ich liebe Dich.«[173]

Marina Zwetajewas Brief vom 2. August bewirkte eine deutliche Wandlung in ihrem Dialog. Ihre Rückhaltlosigkeit und Rigorosität, der Überschwang ihrer Gefühle, ihre Weigerung, Konventionen zu akzeptieren, fanden bei Rilke keinen Anklang. Er verstand den geistigen Sinn ihrer Zuneigung sehr wohl, widersetzte sich jedoch ihrem Bestreben, den Beziehungen die Züge eines »Romans« zu verleihen.[174]

Marina Zwetajewas Brief vom 22. August hat Rilke anscheinend nicht beantwortet. Sie selbst erwähnt diese Tatsache in einem Brief an Jewgenija Tschernoswitowa. »Auf meinen letzten Brief (aus der Vendée) hat er nicht geantwortet. Ich sandte ihn nach Ragaz, wissen Sie, ob er ihn bekommen hat?«[175] Rilke beantwortete auch ihre Karte aus Paris nicht, obgleich er in Sierre, wo er sich bis Ende November aufhielt (Hotel Bellevue), und im Sanatorium Val-Mont, das er im Dezember wieder aufsuchte, noch Briefe geschrieben hat.

Für beide Dichter war diese Verbindung dennoch ein bedeutungsvolles und einzigartiges Ereignis. Besonders für Marina Zwetajewa: Rilkes Briefe bildeten im Sommer 1926 den Hauptinhalt ihres Lebens, die Quelle ihrer Freude und ihres Leids. »An Rilke schreibe ich nicht. Zu groß die Qual. Fruchtlos. Es verwirrt mich, macht mir das Dichten unmöglich. ... Er – braucht mich nicht. Mir – tut es weh«, heißt es in einem Brief an Pasternak (29. Mai).[176] Ihr schien damals, Rilke sei der einzige, mit dem sie sprechen könne, ohne befürchten zu müssen, daß sie unverstanden bliebe. Alles, was Marina Zwetajewa liebte und was sie unablässig anzog (Dichter, Deutschland, deutsche Sprache), verkörperte sich in diesen Monaten in der Gestalt Rilkes. Jahre danach gestand sie ein: »R. war mein letztes Deutsch. Meine Lieblingssprache, mein

Lieblingsland ... wie Rußland (Wolga-Welt) das Seine.«[177] »*Meine Sache*« – so kennzeichnete Marina ihre Beziehungen zu anderen Menschen (an Rilke am 14. Juni); das gleiche hätte sie auch von ihrer Verbindung zu ihm sagen können. Sie hütete sie wie ein »Geheimnis« und weihte – solange Rilke lebte – keinen Menschen (außer Boris Pasternak) ein. Das war zweifelsohne der stürmischste und bewegendste all ihrer »Briefromane«.

Rilke erwähnt seine neue Bekanntschaft in keinem der Briefe vom Sommer 1926. Seine Zuneigung zu Marina Zwetajewa wurde – besonders in der Anfangszeit – nicht nur durch die Kraft ihrer dichterischen Selbstdarstellung geweckt. Das unerwartete Aufgehen des »Sterns« Marina an seinem »Himmel«, dem Pasternaks Brief vorausgegangen war, mußte zwangsläufig dazu führen, daß sich seine permanente nostalgische Sehnsucht nach Rußland erneut verstärkte. Man kann sagen, daß er seine tiefe Sympathie für Rußland unwillkürlich auf Marina Zwetajewa übertrug und offenbar insgeheim hoffte, in ihrer Person das »Teure« und »Verwandte« zu gewinnen, das er nach wie vor mit dem verband, was für ihn Rußland bedeutete. Marina Zwetajewa empfand ebenso; in einem ihrer Briefe lesen wir: »Ich bin die letzte Freude Rilkes und seine letzte *russische* Freude – sein letztes Rußland und seine letzte Freundschaft.«[178]

Am 29. Dezember 1926 starb Rilke in Val-Mont (Schweiz) an Leukämie. Auf seinem Schreibtisch lag Aksakows »Familienchronik«, die er nicht mehr zu Ende lesen konnte. Einer der letzten Briefe, die Rilke auf dem Sterbebett mühsam mit dem Bleistift hinkritzelte, war an Lou Andreas-Salomé gerichtet. Er endete mit den russisch geschriebenen Worten: »Прощай, Дорогая моя«[179].

Briefe

1. Rilke an Jelena M. Woronina

Arco in Südtirol,
Villa Florida, am 9. März [18]99

Meine liebe Helene Woronin,

Ihr Brief war lieb wie alles, was ich von Ihnen
weiß, und ich hab ihn in Dankbarkeit und Freude
empfangen. Ich beantworte ihn nicht ganz so ausführlich, als ich möchte; denn ich möchte mir nichts
vorwegnehmen von jenen mündlichen Antworten,
welche sich ungeduldig genug auf Ihre mündlichen
Fragen freuen. Denn es ist nunmehr bestimmt, daß
ich nach dem 20. April für die russischen Ostern
mit Lou Andreas-Salomé und ihrem Mann Dr. Andreas nach St. Petersburg reise – für 4 oder 5 Wochen. Wie ein großes Versprechen empfinde ich
diese Hoffnung, welche sich, vorausgesetzt, daß
kein dunkler Deus ex machina sich vor die Sonne
senkt, bald erfüllen wird. Der neue Norden, seine
Sitten und Geselligkeiten, seine Kämpfe und Künste, die Wunder und Weiten des russischen Reiches: das alles mutet mich an wie eine neue Schönheit, die mir noch geschenkt werden soll zu jenem
besten Besitz, dessen Vertraute Sie mir in tiefen
Tagen geworden sind.

Und wie gut, zu denken, daß es *Ihre* Heimat ist,
die zuerst nach den großen Gaben des Säens und
der Sonne mich bereichern wird mit ihren Eigen-
arten. Denn in unserem Schauen liegt unser wahr-
stes Erwerben. Wollte Gott, daß unsere Hände
wären, wie unsere Augen sind: so bereit im Erfassen, so sorglos im Loslassen aller Dinge; dann
könnten wir wahrlich reich werden. Reich aber
werden wir nicht dadurch, daß etwas in unseren

Händen wohnt und welkt, sondern dadurch, daß alles durch ihren Griff hinströmt wie durch das festliche Tor des Einzugs und der Heimkehr. Nicht ein Sarg sollen uns die Hände sein: ein Bett nur, darin die Dinge dämmernden Schlaf und Träume tun, aus deren Tiefen heraus ihre liebsten Verborgenheiten reden. Jenseits der Hände aber sollen die Dinge weiterwandern, stämmig und stark, und wir sollen von ihnen nichts behalten als das mutige Morgenlied, das hinter ihren verhallenden Schritten schwebt und schimmert.

Denn Besitz ist Armut und Angst; Besessenhaben allein ist unbesorgtes Besitzen!

Aber auch um Ihretwillen freue ich mich meiner verheißenen Reise. Denn wenn dieses hier auch meine Sprache ist, Ihnen gegenüber hab ich Mühe, sie zu schreiben. Ein jedes Wort ist wie ein wildes Roß, das mich aus dem Sattel schüttelt und mich, den am Bügel Hangenden, eine Weile Weges mitschleift. Ich kann meine Worte Ihnen gegenüber nur zähmen, wenn ich ihnen den Klang wie einen Zügel anlegen darf und wenn mein Blick ihren kurzen Sprung begleitet. Ich habe damals zu Ihnen, liebe Helene Woronin, *gesprochen*, deshalb fällt es mir jetzt schwer, Ihnen zu *schreiben*. Das sind zwei verschiedene Sprachen, deren eine nur lang und breit ist, deren andere – das mündliche Wort – aber noch eine dritte Dimension: die Höhe, besitzt. Und alle Farbe der Fläche ersetzt nie das, was sie nachahmt: die Fröhlichkeit und Freiheit der Form (im plastischen Sinne).

Doch jetzt muß ich Ihnen noch sagen, daß ich in Arco auf der Schwelle Italiens schreibe und nicht Hoffnung habe, durch das große Tor zu treten – anders als im Traum. Ich war nur 14 Tage in dem frühen Frühling dieser Berge und kehre in dieser Woche noch über Wien und Prag langsam nach

Schmargendorf bei Berlin zurück, so daß ich nach dem 20. März dort wieder eintreffe.

Es gibt noch manches in Berlin zu tun, und viele Pflichten greifen über die Alpen nach mir. Ein neues altes Buch, »die Prager Geschichten«, von welchen ich Ihnen oft gesprochen habe, steht auch bevor. Es ist lang vor Viareggio geschrieben und mutet mich wie unbestimmte Vergangenheit an. Gleichwohl send ich's Ihnen, sobald ich es habe. Sie werden es zu lesen verstehen.

Und dann schreiben Sie mir noch einmal. Sagen Sie mir, daß Sie bestimmt in St. Petersburg sein werden zu jener Zeit. Und vielleicht wissen Sie von einem Hôtel oder einer Pension, wo man billig und nicht zu bescheiden wohnt? Dann raten Sie mir!

Auf Wiedersehen um Ostern, meine liebe Helene Woronin. Ich wünsche es so. Und ich sage mir zur Zuversicht: Wünsche sind die Erinnerungen aus unserer Zukunft!

Ganz der Ihre:
Rainer Maria Rilke

Briefadresse beständig:
Schmargendorf bei Berlin,
Villa Waldfrieden.

2. Rilke an Jelena M. Woronina

Moskau, am 20. April [2. Mai 18]99

Liebe Helene Woronin,
meine Stimme ist in den Kremlglocken verlorengegangen, und mein Auge sieht nach dem Goldglanz der Kuppeln nichts mehr . . . Heute abends fahren wir nach St. Petersburg. Da freu ich mich auf die Stille des Wiedersehens und denke gern an die sanfte Dämmerung guter Gespräche. Darf ich

Sie bald aufsuchen? Etwa schon Donnerstag? Und wann? Schreiben Sie mir kurze Antwort an die Adresse der Frau Generalin L. von Salomé, Exzellenz, St. Petersburg, Griechischer Prospekt 5. Bitte!

Bisher war Rußland keine Enttäuschung für mich – im Gegenteil. Und die nächsten Tage sind als reich verbürgt durch die Freude, Sie wieder zu begrüßen.

So viel Lieb-Vertrautes kommt mir inmitten fremden Landes: werte Freunde und die Madonna und sogar der sonnige Frühling auch!

Ihr:
Rainer Maria Rilke

3.   Rilke an Leonid O. Pasternak

Moskau, am 20. April [2. Mai 18]99

Sehr verehrter Herr Professor,

vor meiner Abreise nach St. Petersburg, welche heute abends stattfindet, drängt es mich, Ihnen nochmals sehr herzlich für die freundliche Aufnahme und für jeden Rat zu danken. Die Stunden bei Ihnen gehören zu den besten und reichsten des Moskauer Aufenthaltes!

Ich kann Sie nur bitten, wenn Sie einmal nach Berlin kommen sollten, sich meiner zu erinnern. Mein Name möge Ihnen auch einfallen, wenn Sie irgendeines Dienstes in Wien oder Berlin bedürfen: ich bin täglich bereit, Ihnen gefällig zu sein.

Meine Adresse ist für die nächsten Wochen: per Adresse Frau Generalin L. von Salomé, Exzellenz, St. Petersburg, Griechischer Prospekt 5.

Und später immer: Schmargendorf *bei* Berlin, Villa Waldfrieden.

Jede Nachricht von Ihnen werde ich froh begrüßen und mit demselben Danke erwidern, mit dem
ich Ihrer großen Liebenswürdigkeit begegne.

In Verehrung
Ihr ergebenster
Rainer Maria Rilke

4. Lou Andreas-Salomé an Friedrich F. Fiedler

[St. Petersburg, den 22. April
⟨4. Mai⟩ 1899]

Sehr geehrter Herr,
  sind Sie noch in St. Petersburg? Ich bin jetzt auf
einige Wochen hier und würde mich freuen, Sie
persönlich kennenzulernen. Meine Adresse lautet:
Griechischer Prospekt 5, ich wohne bei meiner
Mutter, Generalin L. v. Salomé. Wollen Sie mir
Tag und Stunde nennen, an denen wir uns sprechen könnten?
  Mit mir ist ein junger Freund hier, dem Ihre
Übersetzung der Gedichte Nadsons sehr gefallen
hat; er würde sich zu unserm Zusammentreffen
ebenfalls einfinden und ist der deutsche Lyriker
R. M. Rilke.

Mit besten Grüßen
Lou Andreas-Salomé

5. Lou Andreas-Salomé an Friedrich F. Fiedler

[Petersburg, den 22. April
⟨4. Mai⟩ 1899]

Sehr geehrter Herr,
  in aller Eile: ich hoffe am Sonnabend zwischen
2–3 mit Herrn R. M. Rilke zu Ihnen kommen zu

können; falls Unerwartetes dazwischentritt, benachrichtige ich Sie.

Mit besten Grüßen
Lou Andreas-Salomé

6. Rilke an Jelena M. Woronina

St. Petersburg, Ligowka [3] 5,
Nacht von Dienstag auf Mittwoch, [10. Mai 1899,]
½ 2 Uhr

Meine Seele breitet sich aus und ist über meiner Braut und über Ihnen und über Viareggio – und spricht: »Laßt euch nicht verwirren von der Oberfläche des Lebens. In den Tiefen ist Einfachheit und Einfalt. Denn es gibt nur *ein* Ereignis, mit dem die Stunden wie hundert Spiegel spielen. Das Ereignis heißt: Schönheit.«

Wir haben es wieder erfahren, liebe Helene. Schon bangte mir, meine Klagen könnten das Gefühl unserer Festtage überschatten, da wird – in Ihrem lieben Freundesbrief – offenbar, daß sich der Sinn jener heiligen Zeit erst jetzt vollendet hat: in Ihrem Geben und in meinem dunklen Dürftigsein.

Nun werden wir uns in die Augen lächeln, wenn wir nebeneinander stehen – so ganz gleich groß vor dem Leben – wie die Menschen sonst nur vor Gott sein dürfen. So gerecht gegeneinander und so ruhig wie die beiden Schalen einer wachsamen Waage, über welche die gleiche Last wie ein Frieden kam.

Sie haben recht. Wir müssen nicht *gegeneinander* dankbar sein – sondern gegen diese neue Form unserer Schönheit. –

Sie haben so vieles gefühlt, eh ich es aussprach; ich habe ja auch immer schon vieles von dem Wesen des Menschen, den ich meine, zu Ihnen getra-

90

gen. ... Wenn (nach Jahren vielleicht erst, aber doch gewiß) alles erfüllt ist und ich Ihnen meine Gefährtin bringen darf, dann werden Sie fühlen, Helene, wie oft wir früher schon – gleichsam zu dreien beisammen waren!

— — — — — — — — — — — — — — — —

Erwarten Sie, liebste Freundin, Ihren Dichter Freitag. Um unsere Stunde wieder – zwischen 8 und 9; und wenn es geht, räumen Sie ihm auch am Sonntag den Abend ein; er ist von 3 Uhr an frei an diesem Tage und möchte sein Alleinsein so gern zu Ihnen tragen – wenigstens für eine Stunde, bitte!

Auf Wiedersehen in unserer Dämmerung – Freitag also.

Rainer Maria

Mittwoch
½ 9 morgens, – Nachschrift:
Frohe Morgenstunden nach klarem Erwachen!

7.   Rilke an Jelena M. Woronina

[St. Petersburg,] Donnerstag, d[en] 29. Apr[il]
[11. Mai 1899] um 3 Uhr

Denken Sie, meine liebe Helene, da gibt es auf einmal ein offenes Volkstheater am Ende der Welt (d. h. im Taurischen Garten), in welchem heute abends Gogols »Taras Bulba« soll gegeben werden. Es wurde verabredet, daß wir alle zusammen hingehen, und ich glaube, es wird bei dieser Bestimmung des Abends bleiben. So werde ich Sie wohl nicht vor morgen, Freitag, bald nach 8 Uhr wiedersehen – und ich bin schon recht ungeduldig danach ... Heute habe ich ein wenig Kopfschmerzen, die wohl aus der sommerlichen Wärme dieser Tage stammen. Im übrigen bin ich der Sonne froh und voll Dankbarkeit über alles, was ich schaue und empfinde und träume . . .

Ihr
Rainer Maria

Eben fallen mir diese Verse ein

Für Helene:

Ich höre von weit – von weit
die Uhr aus Ihrem Gemache.
Sie singt in sinniger Sprache
und spricht
als ob sie noch andres bedeute
als Zeit.
Wie wenn Perlen zerreißen
aus einem reichen Geschmeid;
Silben der Zärtlichkeit –
so müssen die Elfen heißen . . .
Wie ich ihrer mich freute
wenn sie begann
und in klaren runden
Schlägen ihr Geläute
über die Stirne der Stunden
wie ein Lächeln rann . . .

8. Rilke an Friedrich F. Fiedler

St. Petersburg, Ligowka 35,
maison Versailles,
1. [13.] Mai [18]99

Sehr verehrter Herr Fiedler, Sie haben mir mit Ihren feinen und verständigen Übersetzungen eine gute Begleitung für die vergangene Woche mitgegeben. Dafür herzlichen Dank! Und nun Weiteres: Ich komme Mitte nächster Woche mit Frau Lou

Andreas-Salomé zu Ihnen. Sie läßt Sie grüßen und bitten, uns bis dahin die Adressen einzelner interessanter russ. Schriftsteller vorzubereiten. Wir möchten gerne mit dem einen oder anderen (nicht in so großem Kreise, als es neulich möglich gewesen wäre) in persönliche Berührung treten. Sie helfen uns gewiß dazu?

Vielleicht schreiben Sie uns früher noch die Adresse Potapenkos und teilen uns zugleich mit, an welchem Tage inmitten der nächsten Woche Sie uns erwarten wollen. In ausgezeichneter Wertschätzung Ihr

ergebenster
Rainer Maria Rilke

9. Rilke an Friedrich F. Fiedler

[Petersburg, den 4. ⟨16.⟩ Mai 1899]

Sehr geehrter Herr Fiedler,

gerade zu Donnerstag 2 Uhr sind wir bei Repin angemeldet. Schade! Wir müssen also einen andern Tag verabreden. Etwa den nächsten Sonntag?

Mit herzlichen Grüßen.

Ihr
Rainer Maria Rilke

10. Rilke an Jelena M. Woronina

St. Petersburg, Ligowka 35,
Dienstag, [16. Mai 1899,] 3 Uhr

So bitte ich Sie: liebe Helene, denken Sie nicht darüber nach, wenn ich heute nicht komme. Ich bin so müde. Alle meine Kraft ist versammelt, um die

Augenlider offenzuhalten. Den ganzen Morgen hab ich in meiner Stube gefroren, und bei dem ersten Schritt über die Gasse fiel mich die schwere Schwüle des Tages an. Meine Gedanken haben die Segel eingezogen in dieser Windstille, und meine Gefühle schlafen am Strand von allem. Und haben Träume. Und sind Ihnen träumend nah, Helene.

Schreiben Sie mir einmal. Ob Sie vielleicht Freitag Zeit hätten, in die Eremitage zu kommen? Sie ist bis 3 Uhr offen.

Ihr
Rainer Maria

11.   Rilke an Jelena M. Woronina

St. Petersburg,
Donnerstag, am 6. [18.] Mai [1899], abends

Bis zum Augenblick, meine liebste Freundin, habe ich die Absicht gehabt, zu Ihnen zu kommen. Ich unterlasse es zuletzt, obwohl nichts mich verhindert und obwohl ich weiß, daß ich Freitag und Samstag versagt bin – Ich bin nicht krank, nur müde ... Es wird nötig sein, meinen Aufenthalt hier doch zu verkürzen; denn ich muß nach neuen Nachrichten aus Berlin anfangs Juni (und dort ist schon der 18. Mai!) zurück sein – oder ich *soll* es wenigstens. Und es wird so kommen: Ich werde in den Rest dieser Woche und den Verlauf der folgenden eine Menge »Sehenswertes« legen müssen – eng zusammen. Und unter dem Einfluß dieses Schauens werde ich so, wie ich in Florenz war, ehe Sie kamen: ein Reisender, nichts weiter. Sogar etwas weniger als irgendein Reisender; nicht so unermüdlich und interessiert.

Verzeihen Sie mir das, Helene. Nun können wir

morgen auch *nicht* in die Eremitage. Sie ist jeden Freitag geschlossen! Und eine von den kleinen Galerien mit privatem Charakter (Semenow oder Stroganoff) möchte ich erst allein gesehen haben, damit ich Sie dann führen kann. Damit ich Sie überraschen kann mit ein paar Fernsichten in kleine heimliche Bilder, die man sonst übersieht. Damit ich Sie froh machen kann wie mit Geschenken, Helene. Kann ich es noch?

Den morgigen Abend kommt Besuch zu mir, Sonnabend ist eine gemeinsame Verabredung, nur Sonntag – wollen Sie mir Sonntag schenken, liebe Helene? Ich bin von 2 bis 5 Uhr und dann wieder zu unserem Abend frei. Zu *unserem* Abend!

Liebe Helene, wenn es nicht so weit wäre bis zu Ihrem Hause. Dann käme ich heute trotz alledem – aber der weite Weg durch Lärm und Leute ... und wissen Sie, wie müde ich bin! ...

Heute waren wir bei Repin. Und das war gut. Er ist Künstler im Gefühl. Bei diesen Menschen ist es so: Ihre Augen sind schöpferisch. Sie fassen jeden, den sie erblicken, zusammen, halten ihn mit den fernsten Möglichkeiten seiner Persönlichkeit fest und lassen ihn erst ganz vollendet los.

Sehen Sie, das ist wieder ein Russe, dieser Repin. Und diese wahren Russen sind alle wie Menschen, die einem in der Dämmerung sagen, was die anderen im Lichte leugnen. Ihre Sprache ist mir nur Klang – aber ich muß mir keinen Sinn dazu erfinden; es gibt Stunden, wo der Klang selber Bedeutung wird und Bild und Ausdruck. Und jetzt weiß ich, daß das *russische Stunden* sind und daß ich russische Stunden *sehr* liebhabe.

Fühlen Sie mich nah, meine liebe Helene! Denn wenn ich Ihr Dichter sein darf, so müssen Sie mir auch die Macht zuschreiben, zu Ihnen zu kommen in der Dämmerung: ohne Gestalt, bei Ihnen ein-

zutreten mit dem Abendrot zugleich, und Gast zu
sein in Ihrem tiefen Gefühle und in Ihrer einsam-
sten Freude!

Und Sonntag? Können wir zwischen 2 und 5 etwas gemeinsam tun? Ich denke mir eine Ausfahrt
so schön, wenn das Wetter es zuläßt. Aber bitte
geben Sie mir bestimmt einen kleinen Raum im
Sonntag, ja?

Ihr
Rainer Maria

12.   Rilke an Jelena M. Woronina

[St. Petersburg,]
Samstag, am 8. [20.] Mai [18]99

Lied für Helene

Wir alle brauchen solchen warmen Regen
wie er in diesen Nächten flutend fiel, –
so muß der Himmel seine Hände legen
in unsrer Seelen sanftes Saitenspiel
damit ein Frühling drin beginnt.
Dann laß den Wind
allein mit Deinem Liede,
und sei nicht bang, daß er es Dir entreißt:
Aus Deiner ersten Furcht kommt lauter Friede
wenn Du Dein Lied auf Flügeln weißt.

— — — — — — — — — — — — — — —

Morgen um 2½ komm ich bestimmt, liebe Helene,
müd oder nicht müd – jedenfalls aber freudig des
Wiedersehens. Diese Verse hab ich Ihnen eben auf-
geschrieben. Mir ist, sie müßten sich singen lassen
nach irgendeiner heimlichen Melodie.

Rainer Maria

13.   Rilke an Friedrich F. Fiedler

St. Petersburg, Ligowka 35,
am 9. [21.] Mai 1899

Verehrter Herr Fiedler,
Dank Ihrer Mitteilung. Wir werden also übermorgen, Dienstag, zwischen 2 und 3 Uhr zu Ihnen
kommen.
Mit ergebenem Gruß

Ihr
Rainer Maria Rilke

14.   Rilke an Jelena M. Woronina

St. Petersburg, Ligowka 35,
am 28. Mai (8. [9.] Juni) [18]99

Meine liebe Helene,
nach meiner Rückkehr von Moskau kam ein großer Fleiß über mich und eine große Einsamkeit.
Ich vertiefte mich in allerlei Mappen, besah alte
russische Heiligenbilder, studierte die Darstellung
Christi in der russ. Kirche und die Madonnen und
lernte, wie die Владимирская sich von jener von
Smolensk unterscheide. Auch heute noch erscheinen
mir diese Dinge von der höchsten Wichtigkeit, ja
als das einzige, was zu erfahren überhaupt wert ist.
Ich würde keine Mühe scheuen, alles zu sehen, kennenzulernen und zu untersuchen, was mit diesen
Darstellungen in Beziehung steht, und die großen
Bände des Werkes von Ровинскiй, die ich in der
Kunstakademie besichtigte, genügten mir keines-
wegs. Ich habe sogar die Kunstgeschichte von
Гнѣдичъ durchgelesen (trotzdem sie mir von An-
fang an mangelhaft erschien) und bemühe mich

eben mit den ersten Lieferungen der neuen Kunstgeschichte von Новицкий, die einigermaßen gründ-
licher erscheint. Wenn Sie, meine liebe Helene,
meinen, dieser Eifer würde nicht lange vorhalten:
ich gebe zu, es werden auch wieder andere Dinge
zu ihrem Rechte kommen, aber ich kann Ihnen versichern, daß das Studium dieser russischen Dinge
die *dauernde* Beschäftigung für mich bleiben wird,
zu der ich aus allen Zerstreuungen und Versuchen
zurückkehren – am liebsten möchte ich sagen: heimkehren werde. Dafür ist das Russische so geeignet.
Es ist die letzte, heimlichste Stube im Herzen Gottes. Seine schönsten Schätze sind darin. Und sie
liegen nicht verstaubt und müßig herum – sie sind
alle im Gebrauch jener tiefen Frömmigkeit, aus
welcher heraus Wunder und Werke kamen seit
Anbeginn.

Sehen Sie, liebe Helene, in Ihrem Rußland fühlte
ich zum ersten Mal den Ruf, zu forschen und zu
finden. Eine geradezu wissenschaftliche Neigung,
die mir überall durch die Menge des vorhandenen
Materials erstickt und entfremdet wurde, bleibt
diesen unberührten Rätseln gegenüber wach, vor
denen man sich als der erste fühlt. Über alle Dinge
bei uns ist so viel geschrieben (Gutes und Schlech-
tes), daß die Dinge gar keine Meinung mehr haben –
sondern nur als imaginäre Kreuzungspunkte gewisser geistreicher Theorien erscheinen. Wer etwas
über sie sagen will, spricht eigentlich nur von den
Ansichten seiner Vorgänger in diesem Fach und
verliert sich in einem halbpolemischen Geist, der
dem naiv-produktiven, mit welchem jedes Ding begriffen sein will, gerade entgegensteht.

Hier zum ersten Mal kommt man vor die Dinge,
gewinnt ein direktes Verhältnis zu ihnen und bleibt
mit allem in einem beständigen Verkehr, der fast
gegenseitig erscheint, obwohl man in jedem Sinne

der Gast und der Beschenkte aller Dinge bleibt. Meine liebste Helene: Alles ist so gut in Ihrem Rußland. Sogar der sonst sehr häßliche Umstand, daß so viele moderne Russen [sich] ihrer Heimat entfremden, für das Ausland schwärmen und seine flache oder endende Eigenart nachahmen! Denn da diese versäumen, die Schönheiten ihrer Heimat zu erfassen und zu benützen, hoffe ich – der Fremde –, immer mehr der Vertraute russischen Wesens zu werden und der Verkünder seiner hundert Herrlichkeiten. Das ist keine Hingabe an eine Aufgabe, Helene. Es ist für mich etwas Unwillkürliches: Ich fühle, daß die russischen Dinge die besten Bilder und Namen für meine persönlichen Gefühle und Geständnisse sind. Und daß ich mit ihnen – sobald ich sie nur gründlich erfaßt habe – alles aussprechen werde, was in meiner Kunst nach Klang und Klarheit drängt.

Sie fühlen also, welche Bedeutung diese russischen Wochen für mich gewonnen haben. Um einen unabsehbaren Kreis ist meine Kunst reicher und mächtiger geworden, und ich kehre heim an der Spitze eines langen Zuges und schimmernder Beute. Moskau hat mich reich beschenkt, reich beschenkt hat mich die Madonna von Kasan und der heilige Sergei und die heilige Warwara. Reich beschenkt hat mich die Einsamkeit hinter allem Schauen; aber einen lieben lichten Besitz bringe ich aus einer gewissen stillen Stube mit, in der eine Uhr mit silberner Stimme wundersame Stunden zählt . . .

Leben Sie wohl, liebe Helene. Auf Wiedersehen – wenn Sie durch Berlin kommen. Bitte schreiben Sie mir dann. Und in allem Russischen erwächst uns eine neue Gemeinsamkeit. Ich werde Ihnen oft schreiben, und Sie dürfen nicht böse sein, wenn ich Sie dann und wann nach russ. Bildern oder Büchern fragen werde. Ich werde vieles brauchen. Bis Sonn-

tag oder Montag bin ich hier. Dann fahre ich auf
kleinem Umweg nach Schmargendorf, von wo ich
Ihnen den Abdruck aus dem »Pan« schicke. Und
sonst noch, was ich finde. Leben Sie wohl, liebe,
liebe Freundin, und vergessen Sie nicht, daß Rußland schön und reich und voll Gottes ist!

Ihr
Rainer Maria

»Миръ Искусства« sende ich morgen!

15.   Rilke an Jelena M. Woronina

St. Petersburg, am 3. [15.] Juni [18]99

Meine liebe Helene,
    noch diesen Gruß vor der Abreise, und er beglei-
tet die Hefte von »Миръ Искисства«. Ich gehe
recht schweren Herzens über die Grenze, und nur
das tröstet mich: daß ich innerlich so voll Rußland
bin – und so mit seiner Schönheit beschenkt, daß
ich das Ausland kaum bemerken werde. Ich schreibe
Ihnen von dort bald und mehr. Leben Sie wohl,
meine liebe Helene.

Ihr
Rainer Maria

16.   Rilke an Jelena M. Woronina

Schmargendorf bei Berlin,
Waldfrieden, am 27. July [18]99

Meine liebe Helene,
    ehe ich von Schmargendorf abreise (und das wird
sich in diesen Tagen vollziehen), einige kurze

Worte. Kurz: denn ich habe eine Menge zu tun,
und wenn es Sie freut – auch Russisches. Ich war
nicht ganz träge, verbrachte manche Stunde in Gesellschaft einer Grammatik und bin dabei, Puschkin und Lermontow im Original zu lesen. Es kommt
schon vor, daß ich plötzlich eine Zeile, auch zwei,
ganz leicht verstehe, und das ist jedesmal ein kleines intimes Fest. Beim »Onegin« habe ich begonnen, aber ich bin ganz in den »Dämon« geraten
und im »Dämon« in die Stelle:

Толпу духовъ моихъ служебныхъ
Я приведу къ твоимъ стопамъ
Прислужницъ легкихъ и волшебныхъ
Тебѣ, красавица, я дамъ; . . .
. . .

und so fort; Sie wissen schon: es ist des Dämon
schöner schimmernder Schwur, der zu jener seligen und mächtigen Beschwörung ansteigt wie zu
einem rauschenden Bergesgipfel, der vorn steil ab-
fällt, erschreckt von der Unendlichkeit des Meeres,
das vor ihm beginnt . . .
Und so ist überhaupt, scheint mir jetzt, der Sinn
dieses ganzen wunderbaren und unendlich bewег-
ten Gedichtes: ein beständiges Auf-Höhen-Steigen,
wobei man dann zweierlei starke Empfindungen in
sich fühlt gleich kämpfenden Adlern: das Freiheits-
und Höhengefühl, ja, ich will sogar sagen, das Flü-
gelgefühl, das man in Wind- und Wolkennähe ver-
spürt, und die große schmerzlich-selige Sehnsucht
der Abgründe, das Gerufenwerden von unten aus
den Tiefen der Tiefen und aus dem undenkbaren
Dunkel des Todes heraus. Diese beiden verwirrenden Widerkräfte, unter deren Einfluß man seine
Schwere verliert, aber auch damit alles Erdenhafte
und Erdenhaftende, so daß man nicht mehr unter-

scheidet zwischen Fall und Flug, zwischen aufwärts und abwärts, zwischen dem Tod und jener maßlosen Steigerung und Stärkung unserer Seelen und Sinne, die wir uns als das verklärte, königlichere Leben erträumen. Diese beiden Sensationen (und Sie sehen, es sind fast die Grundgedanken unseres Daseins) erfüllen diese strahlenden Verse bis zum Rand, und zwar einfach und schlicht, fern von aller Moral oder Deutung oder Gelehrtheit oder Betonung, eben nur so, mit jener ruhigen Notwendigkeit des Großen! Und so stolz! Liebe Helene, wissen Sie, wie stolz alles Russische ist, und haben Sie manchmal nachgedacht darüber, daß Stolz und Demut fast dasselbe ist, ja, daß man die Ähnlichkeit der beiden geradezu zum Maßstab ihrer Echtheit und Wahrhaftigkeit machen kann? Und haben Sie auch gefühlt, daß diese Erkenntnis angesichts Rußlands, *nur* angesichts Rußlands möglich ist? Vor der kleinen Kapelle der Иверская in Moskau: dort sind die Knieenden größer als die, welche stehen, und die sich verneigen, richten sich riesig auf: so ist es in Rußland.

Und Sie können mir glauben, meine liebe Helene, daß kein Tag vergeht, da ich nicht wiederkehre zu diesen Eindrücken und mich gleichsam wärme an ihrer Einfachheit und ihrer innigen Einfalt. Ich entfremde den deutschen Dingen immer mehr, und bis ich die Sprache kenne und kann, werde ich mich ganz Russe fühlen. Dann werde ich mich vor der Знаменская (die liebe ich vor allen) verneigen, tief, dreimal und auf rechtgläubige Art. Nicht aus rechtgläubiger Gesinnung heraus, nur aus dem Gefühl dieses Stolzes und dieser Demut, Bekenner geworden zu sein und dies jederzeit und weshalb nicht in einer Kirche (wenn es gerade eine Kirche ist) zu bezeugen. Freilich nicht in der Isaakskathedrale; vielleicht in der kleinen Kirche, die

Васнецовъ in Abramtzow gebaut hat oder in Село Останкино oder so ... irgendwo, wo die Madonnen willig und bereit sind, alle Herrlichkeit zu haben, die man von ihrer Frauheit und Jungfräulichkeit träumt... Irgendwo, wo Sich-Verneigen nicht Gottesdienst ist und nicht Cultus ... sondern eine Gebärde der Macht und der Milde zugleich. Etwas, was sich nur mittelbar auf Bilder und Kreuze bezieht und für sich eine Bedeutung und Beziehung hat zu dem, der es tut, zu seiner Sehnsucht, zu seiner Liebe, zu dem Erleben seines Gemütes. Ist das etwas nach außen Beabsichtigtes, wenn so ein russischer Bauer sich verneigt?, bewahre; er geht in die Kirche, und wie er sich neigt und neigt, beginnt er den Gott in sich zu wiegen, zu wiegen mit seiner Bewegung, wie ein Kind, das sich beruhigen soll; denn sein Gott ist in ihm wie ein liebes Kind in der Wiege, und vielleicht ist es gerade unruhig geworden aus irgendeinem Grunde: so wiegt er es, auf ab, auf ab.

Aber, meine liebe Helene, mir fällt ein, was ich heute noch alles soll, und ich zwinge mich, den Brief irgendwie zu beenden. Natürlich tu ich das mit einer Bitte: Sehen Sie, ich wünschte mir so sehr die 3 Bogatyrs von Wasnetzow, welche im Heft 1/2 von »Міръ искусства« erschienen sind; aber gerade dieses Heft ist vergriffen, und obwohl es wieder aufgelegt werden *soll*, ist mir das zweifelhaft. In der Redaktion war auch nichts mehr zu erlangen (ich ließ Herrn Diaghilew durch meinen Bekannten Грусъ, Федоръ Ивановичъ fragen – umsonst). Vielleicht haben Sie auch dieses Heft, das ja als Probeheft oft gratis verschickt worden ist noch vor dem Abonnement, doppelt und können mir die Reproduktion der 3 Bogatyrs schicken. Ich wüßte Ihnen viel Dank dafür, liebe Helene. Wie nah sind sie mir jetzt, Ilia der Muromer und Dobryna Nikititsch, vor allem aber trotz seiner Übeltaten der verloren und dunkel sinnende Aljoscha Popowitsch, welchen Wasnetzow so ohnegleichen gemalt hat; voll Heimlichkeit und tief in Träumerei, wie als wenn er bei der Geliebten säße am Abend mitten in Röte und dem Dufte roter Rosen ... und doch ist er zu Pferd und erwartet den Feind! ... Und nun wollte ich beginnen, mit Ihnen zu sprechen von diesem Aljoscha wie von einem gemeinsamen Freunde (sollten wir ihn nicht kennen?), aber ich muß enden.

Und an diesem Ende bitte ich Sie: schreiben Sie mir, wenn ein neues Heft von »Мiръ Искусства« oder sonst eine Zeitschrift etwas besonders Interessantes enthält; ich würde es mir in diesem Falle kommen lassen. Und sonst: mich interessiert (was ist »interessieren« übrigens für ein schwaches, abgenütztes Wort) alles, was wirklich russisch ist, ohne Seitenblicke ins Ausland, so auf sich gesetzt, vertrauend tief und tätig in seinem Grunde. Ich habe auch sonst viel gelesen Tolstoj, dessen kleine Skizze »Luzern« mir besonders imponiert hat, Dostojewski (in dessen »Brüder Karamasow« ich noch lese) hat mich mit seinen »Weißen Nächten« (was sind die wundersam!) entzückt, und Garschin hat auch begonnen, mich zu gewinnen! Also! Und immer nur die Trauer, all das noch deutsch lesen zu müssen in dieser mangelhaften Übersetzung und in dieser unintimen und kanzleifrommen Sprache, in welcher alle Zärtlichkeiten hart oder läppisch klingen, die im Russischen wie Nachtigallen in nächtlichen Wipfeln loben und locken ... Ich liebe das Deutsche (die Sprache nämlich, nicht die Menschen) trotzdem, Sie verstehen mich, aber ich fühle, daß wir vieles nicht einmal im festlichsten Augenblick ausdrücken können, was die Russen im Tage und zur Begrüßung aussprechen!

Lesen Sie wenig Deutsches, liebste Helene; lassen Sie Nietzsche sein, bitte. Jedesmal wenn es mir einfällt am Abend, daß Sie ihn lesen wollten, kann ich nicht einschlafen! Wozu das? Gehen Sie bald auf das Land, kaufen Sie das Gütchen und warten Sie auf das Glück, wie man auf eine Ernte wartet, die man nach Recht und Regel ausgesäet hat! Von außen kommt nichts für Rußland. Sie werden auch nie Philosophen haben, wie Deutschland. Solche meine ich, die sagen: so ist die Welt, so ist der Mensch, und so und so ist sein Weg, Ziel, Rock, Hut oder Gott! Da kommen gleich hundert, tausend und mehr, streiten sich um das, widerlegen, stimmen bei, und auf einmal gibt es für tausend wirklich nur *einen* Weg, *ein* Ziel, einen Hut, Rock und Gott; das ist eine wahnsinnige Verarmung. Bei Ihnen ist jeder ein Philosoph, ein Denker, ein Deuter, ein Dichter, wenn Sie wollen. Denn er hat seine Meinung über die Dinge, und die nahen und fernen, die sogenannten Großen und Kleinen sind gleich vor seiner sanften Gerechtigkeit. Aber er verlangt nicht, daß einer oder zehn oder hundert auf seine Seite treten und seine Ansicht bestätigen und teilen. Im Gegenteil, er fühlte sich nachgeäfft, gestört, verspottet durch eine Anhängerschaft. Er ist – Er und *verlangt* von jedem, das heißt: er *verlangt* nichts (dazu ist er zu stolz), sagen wir also, er nimmt von jedem an, daß er ebenso *Eines* und ein Einsames sei wie er selbst. Dieses aber ist der Mensch von in tausend Jahren und von – vielleicht *vor* tausend Jahren: kurz, der Mensch, nicht der seiende und nicht der vergangene, nicht der aus naher Zukunft, der dauernde, ewige, *immer mögliche* wunderbare Mensch: fühlen Sie Rußland?

Liebe Freundin, wenn ich als Prophet gekommen wäre, ich würde mein Leben lang Rußland predigen als das auserwählte Land, über welchem Gottes schwere Bildhauerhand wie eine große weise Verzögerung liegt; *alles* soll diesem Lande geschehen, was ihm not tut; aber langsamer sollen seine Schicksale sich erfüllen und klarer. Nicht in zitternden ungewissen Takten, wie in breiten Atemzügen trinkt es seinen Fortschritt ein, und sein weiter Brustkorb hebt sich herrlich und ruhig ...

Doch nun hab ich Sie ermüdet, liebe Helene; nicht wahr? Das kommt, weil ich so lange nichts von Ihnen gehört und Ihnen auch nicht geschrieben habe, da sammelt sich eine Welt an! Nun nehmen Sie's gut auf und schreiben Sie mir recht, recht bald! Wann reisen Sie? Seh ich Sie bald? Ich bin von jetzt ab in Meiningen. Adresse – Deutschland, auf dem Bibersberg bei Meiningen. Auf Wiedersehen. Fühlen Sie, wie sehr herzlich ich der Ihre bin:

Rainer Maria

Haben Sie die »Lieder der Mädchen«, die ich vor mehr als 3 Wochen nach Finnland sandte, bekommen?? Ungeschwärzt?

N.B.: Bis ich wieder nach Rußland komme, dann müssen Sie meine russische Anrede belohnen. Ich küsse Ihnen die Hand und neige die Stirn Ihrem Kusse – das macht mich zum Russen?!

17.   Jelena M. Woronina an Rilke

[Mustamäki,] 17./29. July [18]99

O Sie lieber, törichter Dichter, kann man nun für etwas so schwärmen wie Sie für Rußland?! Es verging mir der Atem, bis ich zum Ende Ihres Briefes ankam, und bin noch jetzt betäubt. Freilich danke ich vieltausendmal für dieses Stückchen Ihrer Seele – aber wollen Sie mir glauben, daß ich ohnedem, eben heute, im Begriff war, Ihnen zu schreiben? Und da bekomme ich plötzlich noch diese schönen, interessanten, langen Seiten – und fühle mich ganz beschämt! Daß ich mit keinem einzigen Wort auf Ihr Geschenk geantwortet habe, welches schon so lange her ohne jedem Schaden hier angekommen ist! Zu der Zeit war ich in Moskau, aber bin jetzt schon längst zurück – und hatte seitdem einige sehr ruhige Tage, wo ich lesen konnte, so lesen, wie es die allerbeste Lektüre verdient. Diese Lieder sind ja reizend – das wissen Sie –, ich hatte es aber beim Vorlesen nicht so gut herausbekommen. Das nenne ich Kunst, und solche Kunst genieße ich – und beneide Ihnen, daß Sie den Menschen so schöne Sachen schenken können! Wie möchte ich wissen, ob Sie jetzt was schreiben – oder lernen Sie nur? Schreiben Sie eine poème, auf deutsch natürlich, aber so voll russischer Stimmungen wie »Евгений Онегин«. Ich kann es mir ganz gut denken . . .

Über Nietzsche habe ich ganz herzlich gelacht; ich habe ihn [mir] noch gar nicht verschafft, komme aber gewiß dazu – oder noch eher zum Buche »Nietzsche, sein Leben etc.«. Ich lese Deutsch ganz gerne, weil ich eine schrecklich *große* Achtung vor den Deutschen habe – und die Sprache hängt ja ganz vom Autor ab; ich liebe sie manchmal *so sehr*! – Wollen Sie mir nicht einmal – wenn Sie Zeit haben – einige deutsche Zeitschriften (Literatur oder auch Kunst) nennen? Ich würde mir eines davon verschaffen, weil in der »Jugend« so wenig ist. Die »Богатыри« verspreche ich nächstens zu schicken, sobald ich in die Stadt komme. Wissen Sie, daß »Мир искусства« ein neues Kleid bekom-

men hat? Die »Fische« sind so sehr karikaturi-
siert worden, daß man etwas Neues ausgedacht
hat.

Nun will ich Ihnen heute noch sagen, daß ich in
diesem Jahre wahrscheinlich nicht ins Ausland
komme. Wir haben einen schönen Sommer – und
ich habe keinen rechten Grund und auch gar keine
Stimmung, zu meiner Schwester nach Frankreich
zu reisen. Wenn es doch geschieht, dann viel später im Herbst – und dies ist mehr als problema-
tisch. So bedauere ich voraus, nicht noch einen
Blick von Ihnen in diesem Jahre zu bekommen,
wer weiß aber, ob Sie auch dann und da gewesen
wären...

Leben Sie wohl, lieber Dichter, ich sage Ihnen
doch auf Wiedersehen, in der Hoffnung, Sie nicht
aus den Augen zu verlieren (dies ist russisch). Kommen Sie einmal im Winter nach Petersburg, wenn
Sie da noch was zu tun finden. Dieser Frühling war
so schlecht und rauh... Und kann ich Ihnen bis
dahin nicht noch was besorgen? – Nochmals aus
vollem Herzen: danke.

Helene W.

18.   Rilke an Lew N. Tolstoi

Meiningen, auf dem Bibersberg,
am 8. September 1899

Hochverehrter Herr Graf,
    als an jenem bedeutenden Abende in Moskau
uns dreien: Frau Lou Andreas-Salomé, Dr. F. C.
Andreas und mir, der tiefe Eindruck Ihrer Persönlichkeit geschenkt ward, wie etwas, was uns in
einem breiten einfachen Gefühle zusammenschloß:
da mochte in uns schon der Wunsch entstanden

sein, später noch einmal mit dem oder jenem Buche bei Ihnen uns einzufinden, um die durch Ihre Güte so schön und schlicht begründete Nähe dauernd zu bewähren.

Nun interessierten Sie, hochverehrter Herr Graf, damals die »Babi's«; daran knüpfen wir an, indem wir Ihnen die (damals gleichfalls erwähnte) Broschüre überreichen; Frau Lou Andreas-Salomé legt ihr letztes Buch bei, und ich schließe ein kleines Buch an, welches vielen dunklen Gefühlen entsprang, die mich an meine slawische Heimat, Prag, binden.

So treten wir noch einmal zu dritt und doch einzelner bei Ihnen, hochverehrter Herr Graf, ein, und Ihre liebe und bereite Güte muß sich unseren stilleren, geduldigeren Büchern nicht so hilfreich verästen wie bei jenem späten Besuche der drei Fremden, deren Gemeinsamkeit vor Ihnen nur in der großen und aufrichtigen Verehrung bestand, deren wir Sie aufs neue versichern.

Rainer Maria Rilke

19. Lew N. Tolstoi an Rilke

Jasnaja Poljana, 13. [25.] September 1899

Sehr geehrter Herr,
ich habe die Sendung mit den Büchern Frau Lou Andreas-Salomés, dem Buch über die Babiten und das Ihre erhalten. Ich hatte noch nicht die Zeit, alles zu lesen; nur die ersten drei Erzählungen Frau Lou Andreas' habe ich gelesen, die mir sehr gefallen haben. Ich werde unverzüglich auch die anderen lesen und danke Ihnen für die Bücher und Ihren Brief. Mit Vergnügen erinnere ich mich der angenehmen und interessanten Unterhaltung, die

ich mit Ihnen und Ihren Freunden hatte, als Sie bei mir in Moskau waren.

Empfangen Sie, sehr geehrter Herr, die Versicherung meiner aufrichtigen Zuneigung.

Lew Tolstoi

20. Rilke an Jelena M. Woronina

Schmargendorf bei Berlin,
Villa Waldfrieden,
am 17. Sept[ember] 1899

Meine liebe Helene,

ich bin eben von Meiningen zurückgekehrt und richte meine Wohnung für den Winter ein: da kommen die »Богатыри« an. Sie werden einen Rahmen, schlicht, aus rotem Holz bekommen und über einem kleinen Kästchen hängen, welches ich in Moskau, in der Mamontowschen Niederlage gekauft habe. Aus Kästchen, Kreuzen, Bildern fügt sich so allmählich eine fromme russische Ecke in meinem Arbeitszimmer; und von da aus soll russische Art es immer breiter überfluten. Nebenan liegt ein kleines Stübchen mit schrägem Dach, Heiligenbildern und einer groben Bank, welches ich mir vorbehalte, um Tee zu trinken, eine Dämmerung lang über die Dinge nachzudenken bis hinunter zu Gott – oder selten jemanden darin zu empfangen, der, gleich mir, Lust hat, leise zu sein, Tee zu trinken und nichts von der Welt draußen zu wissen, welche doch nicht die Welt ist.

Und hinten auf den »Богатыри« schreiben Sie auch dieses Wort »Welt«. Liebe Helene, ich danke Ihnen für diese überraschende Nachricht. Ihre Worte sind kurz, und ich muß sie nehmen, wie sie sind, ohne zu wissen, *welche* Welt für Sie beginnt. Doch ich wünsche, daß es keine fremde sei, darin

Sie sich verlieren, sondern *Ihre* Welt, jene, in der Sie bisher nur selten und momentan gelebt haben und die nun breit wird um Sie, ein Raum für alle Ihre schönen Wünsche und Werte, eine unermeßliche Möglichkeit Ihrem Wesen, das sich nach Erfüllung sehnt wie nach einem tieferen Sinn seiner reichen Gebärden. – Ich habe nie gezweifelt, daß Sie diese Welt nicht auch *allein* finden und ausfüllen können. Nun Sie dieselbe bei jemandem offen und wartend gefunden haben, ist es selig für Sie geworden, dieses Schicksal; denn was Ihnen im ersteren einsamen Falle ungewiß geworden wäre, dessen dürfen Sie jetzt sicher sein: wenn Sie in *Ihre* Welt eingehen mit diesem Schritt, dann werden Sie jemanden glücklich machen und nicht Zeit finden, daran zu denken, wie glücklich Sie selber sind; aber in der Tat werden zwei glückliche Menschen anstelle eines einzigen. Das ist besser: Das Glück fliegt zwischen ihnen hin und wieder, wie ein Ball zwischen frohen und sicheren Fängern; dem Einsamen, der sich allein des Spieles freut, kann es leicht über die Mauer fliegen, gerade wenn er seinen besten Wurf versucht.

Aber schließlich handelt es sich auch nicht um das Glück, sondern um etwas Namenloses, weniger von Laune und Licht Abhängiges, Unzufälliges, nicht um eine gute überraschende Fügung, sondern um eine stille tägliche Bestätigung großer Gesetze; nicht um ein flüchtiges Verlorengehen, sondern um ein ruhiges Sichgefundenhaben zu *einem* Werke, nicht um einen Wellenschlag mit steilen Höhepunkten, sondern um ein Bewegtwerden aus der Tiefe, die sich vernehmlicher zu regen beginnt . . .

Und darum wünsche ich Ihnen auch nicht Glück, Helene, wie man in solchen Fällen pflegt. Ich wünsche Ihnen, was ich Ihnen schon einmal mit

Worten und im Gefühle in Viareggio gewünscht habe: das Leben. Ich wünsche Ihnen: *Ihr* Leben. Und es ist diesem Wunsche gleichgültig, in *welcher* Welt Sie wohnen: wenn es sich nur darin erfüllt.

Mit Dank und in aufrichtiger treuer Gesinnung
Ihr
Rainer Maria Rilke

21.   Rilke an Lew N. Tolstoi

[Berlin,] den 31. Dezember 1899

Hochverehrter Herr Graf, wir haben die ganze Zeit Anteil an Ihrem Leiden genommen und finden uns am Rande des Jahres mit Wünschen für Ihre Genesung ein: Gott, Ihr eigener Wille und die Wünsche derjenigen, welche Ihrer bedürfen und welche Sie lieben, werden Ihnen volle Gesundung schenken.

In tiefster Verehrung
Rainer Maria Rilke

22.   Rilke an Sofja N. Schill

Schmargendorf [bei Berlin]
Sonntag [Ende Januar 1900]

Sehr verehrte liebe Софія Николаевна,
   es tut mir unendlich leid, daß Sie Kopfschmerzen haben; hoffentlich sind Sie gut untergebracht in der neuen Pension, in einem ruhigen Zimmer, so daß Sie sich heimlich fühlen darin. Ich wollte Ihnen heute einen Band *Novalis* bringen, so zum Durchblättern, aber es ist besser, wenn Sie jetzt

nicht lesen und nur der Ruhe pflegen! Wenn nicht
früher allein, komme ich Mittwoch mit Frau *Lou*
zu Ihnen. Wie gut, Sie noch in Berlin zu wissen.
Auf Wiedersehen!
In treuer und herzlicher Verehrung
Ihr ergebener
Rainer Maria Rilke

23.   Rilke an Leonid O. Pasternak

Schmargendorf *bei* Berlin,
Villa Waldfrieden, am 5. Febr[uar] 1900

Sehr verehrter Herr Professor,
    immer schon wollte ich Ihnen schreiben; ich
verschob es, um Ihnen gleichzeitig mein neues
Buch mitsenden zu können, welches heute als заказное abgeht und hoffentlich ohne Anstand die
Grenze passiert und in Ihre Hände gelangt. Es ist
ein Buch mit Versen, zu welchem Heinrich Vogeler – Worpswede (dessen Namen Sie vielleicht
kennen), Buchschmuck gezeichnet hat. Vielleicht
kann es Ihnen sympathisch sein. –
    Nun muß ich Ihnen zunächst erzählen, daß Ruß-
land mir, wie ich es Ihnen auch vorausgesagt habe,
mehr als flüchtiges Ereignis war, daß ich seit
August vorigen Jahres fast ausschließlich damit
beschäftigt bin, russische Geschichte, Kunst, Kultur
und nicht zu vergessen: Ihre schöne, unvergleichliche Sprache zu studieren; wenn ich auch noch
nicht sprechen kann, lese ich doch ziemlich mühelos Ihre großen (Ihre so großen) Dichter! Auch
verstehe ich das meiste, was man sagt. Und was für
eine Freude ist es, Lermontoffsche Verse oder Tolstois Prosa im Original zu lesen. Wie genieße ich
das! Das nächste Resultat dieser Studien ist, daß ich

mich ungemein nach Moskau sehne, und wenn nichts Besonderes passiert, bin ich auch am 1. russ. April bei Ihnen, um diesmal länger, als ein Eingeweihter und Wissender in Ihrem Kreise zu verweilen. Ich will vieles von Rußland schreiben, und wenn ich es bis jetzt nicht getan habe, so geschah es, weil ich mich gründlich dafür vorbereiten wollte und empfand, daß nur ein ganz tiefes Eindringen es möglich macht, diesen Stoff in all seiner Bedeutung darzustellen. – Mit den Wiener Sezessionisten war zunächst auch nichts anzufangen: Dr. Zweybrück trat zurück, und dann wechselte alle Monate die Redaktion. Auf meinen Vorschlag, ein russisches Heft zu veranstalten, ging man zwar begeistert ein, gab aber so ungenaue Zusicherungen, daß ich nichts beginnen konnte. Und ab 1900 soll »Ver Sacrum« gar *nur* für die Mitglieder der »Gesellschaft bildender Künstler« erscheinen. Trotzdem stehen mir jetzt für meine russische Reise andere Organe offen, in denen ich viel von Rußland, das ich wirklich wie eine Heimat liebe, erzählen werde, und auch mit »Ver Sacrum« wird noch etwas zu machen sein, bis die Verhältnisse sich einigermaßen geklärt haben! Ich hätte schon so gerne etwas veranstaltet, aber es ist wichtig, nichts zu überstürzen, wenn man das Fremde hier günstig einführen will. Wie freue ich mich darauf, Sie wiederzusehen. Ohne die Hast meines letzten Dortseins . . . Diesmal reise ich wohl auch in die Krim und nach Kiew . . . Ich fühle mich angesichts dieser Zukunft wie ein Kind vor Weihnachten. Wie geht es Ihnen, verehrter Professor? Bitte schreiben Sie mir ein paar Zeilen – es darf nun Russisch sein! – Ob mein Buch ankommt und sonst etwas – – ob Sie noch meiner sich erinnern? Ich tue es oft und gern und съ благодарностю!

Dem Prinzen wird – hör ich – ein schönes neues

Atelier gebaut . . . sagen Sie ihm viele Empfehlungen und daß ich auch *ihm* gerne mein Buch
geschickt hätte, wenn ich nicht wüßte, daß er
Deutsch nicht liest! Ich freue mich auf eine Nachricht von Ihnen, verehrter Herr Professor, und
schreibe Ihnen bald wieder, wenn Sie erlauben:
И прошу, пишите по русский!

In aufrichtiger Verehrung Ihr
Rainer Maria Rilke

Viele Grüße von meinen Freunden Dr. Andreas
und Frau, die auch wieder mitkommen.

24.   Leonid O. Pasternak an Rilke

Moskau, 1. [13.] Februar 1900

⌐Sehr verehrter Herr Rainer Maria Rilke!¬
    Mit Vergnügen habe ich Ihren sehr interessanten
Brief gelesen, dem so viel jünglinghafte Frische und
jugendlicher Überschwang entströmt, so viel echte
Begeisterung für die bevorstehende Reise und das
Kennenlernen eines neuen, unbekannten und eigentümlichen Landes wie Rußland!
    Mit ebendemselben Vergnügen nahm ich einige
Tage nach Ihrem Brief Ihr wunderschönes Geschenk entgegen, Ihren Gedichtband. Für beides
herzlichen Dank. Ich gestehe, ich habe mit nichts
ein solches Entgegenkommen verdient, Sie sind zu
liebenswürdig, zu gütig!
    Im übrigen wundert es nicht sonderlich; Sie sind
Dichter, und einem Dichter ist es, wie überhaupt
allen Künstlern, angeboren, sich bezaubern zu lassen und alles zu überhöhen. So begreife ich auch
diese Erklärung.

Die Ausstattung Ihres Buches ist vortrefflich, kunstvoll und von großem Geschmack: leicht und neuartig (der Name Vogeler ist mir bekannt). Über die inneren Werte des Buches vermag ich bis jetzt sehr wenig zu sagen: Ich beherrsche die deutsche Sprache nicht so gut (die Sprache der Poesie ist noch schwerer), und ich habe noch nicht alles gelesen; was ich aber gelesen und verstanden habe, das ist sehr, sehr lebendig und poetisch. Nochmals Dank für Ihre Sendung.

Ich freue mich schon sehr auf Ihr Kommen und darauf, daß ich Ihnen dann für Ihre Aufmerksamkeit mit einem Händedruck danken kann.

Meine Gesundheit war in letzter Zeit etwas angegriffen: ich kränkelte. Jetzt fühle ich mich, Gott sei Dank, besser. Nun, bleiben Sie gesund und glücklich, und gebe Ihnen Gott weitere Erfolge!

Ihr Sie sehr verehrender L. Pasternak

Fürst Trubezkoi habe ich Ihre Grüße überbracht. [Nachschrift auf Seite 4 des Originals.]

Herzliche Grüße von mir an Herrn und Frau Andreas, und vielen Dank. [Nachschrift auf Seite 1 des Originals.]

25. Sofja N. Schill an Rilke

Petersburg, Pessky, 8ᵗᵉ Straße, Nr. 57
2./15. [14.] Februar 1900

Geehrter Herr Rainer, mit diesem Briefe werden Sie ein paar kleine Bücher bekommen, leider aber nicht Чехов, sondern nur ein Buch über Крамской und »Слово о Полку« und Gedichte von Тютчев.

Ich hoffe, daß dieser Liebling von Тургенев auch Ihr Liebling wird. Wenngleich seine politischen Gedichte wie zum Beispiel »Декабристам« einen ganz falschen Urteil über Rußlands beste Hoffnungen und beste Männer zeigen, so sind doch in dem kleinen Bande viele echte Perlen der russischen Dichtkunst, die vielleicht Ihnen besonders gefallen werden, weil sie so stimmungsvoll sind.

Mit meiner Gesundheit geht es leider schlecht, und diesen Brief schreibe ich Ihnen wieder im Bette liegend. Da ich mich immer schwach fühlte, wandte ich mich zum Professor Pavloff, und er war entrüstet, als er hörte, daß man mir so schnell aus dem Bett und aus dem Sanatorium erlaubt hat herauszukommen. Er sagte, es sei eine Sünde. Und jetzt liege ich wieder in Kompressen und habe Fieber. So daß es gar nicht zu wissen ist, wie bald wieder das gut wird, was mit dem zu frühen Aufstehen in mir verdorben ist. Nicht wahr, wie traurig? Das sind schlechte Leute dort im Sanatorium, daß sie die Kranken so wenig pflegen.

Ich möchte so gerne einen Brief von Ihnen haben. Jetzt fehlen mir die angenehmen Stunden, welche Sie mir in Berlin mit Ihren Besuchen geschenkt haben. Wie geht es mit der Übersetzung von Чехов. In der neuen Nummer des Journals »Жизнь« ist seine neue Erzählung. Vielleicht können Sie die Zeitschrift in der russischen Lesehalle in der Flensburger Straße bekommen.

Wie geht es Frau Andreas? Bitte meine besten und innigsten Wünsche ihr zu überbringen. Wenn Sie wüßten, wieviel Schnee in diesem Jahre bei uns fällt! Ich freue mich darauf, und meine Mutter ist unzufrieden, da so viel zu bezahlen ist, um ihn vor dem Hause und aus dem Hofe herauszufahren, und unser дворник ist stundenlang beschäftigt, die

Fußwege zu reinigen. Aber wenn man aus dem Fenster sieht, freut man sich über den schönen Winter.

Wenn Sie mir schreiben, lieber Herr Rilke, bitte nennen Sie mir *das Buch* über *den Maler* Перов, welches Sie kennen. Jetzt ist hier in Petersburg eine sehr interessante Kunstausstellung, welche von dem Journal »Мир искусства« arrangiert ist. Ich weiß nicht, ob ich dazu kommen werde, sie zu besuchen.

Ich wünsche Ihnen alles Schöne und Gute, lieber Herr Rilke, hoffe, daß bald ein Brief aus Schmargendorf meine traurigen Augen erfreuen wird und mich wieder erinnern wird an meine lieben Freunde im Auslande. Wie schade, daß ich nicht so gut deutsch schreiben kann, um frei meine Gedanken auszudrücken, immer fehlen die Ausdrücke.

Mit den wärmsten Grüßen Ihre Sie hochachtende
Sophia Schill

26. Rilke an Sofja N. Schill

Schmargendorf bei Berlin,
am 16. Febr[uar] 1900

Vielverehrte liebe Софія Николаевна,

als so lange keine Nachricht von Ihnen eintraf (morgen sind es schon 14 Tage, seit wir Abschied genommen), hatte ich gleich die Befürchtung, daß Sie leidend angekommen sind! Und nun sehe ich aus Ihrem lieben Briefe, wie recht ich mit meinem Argwohn hatte. Man hat sich ganz unverantwortlich gegen Sie benommen in diesem Sanatorium, und es ist traurig, daß wir diesen Zuständen gegenüber ganz machtlos waren! O bitte schonen Sie sich jetzt nur, liebe Софія Николаевна! Es läßt sich gewiß noch manche Vorsicht nachholen, und Ihre gesunde und gute Konstitution wird jedenfalls trotz allem die Oberhand behalten. Freilich ist alles das recht traurig, zumal man es nicht durchdenken kann ohne ein häßliches Gefühl gegen jene gewissenlosen Menschen, die das alles verschuldet haben! – Wie gerne würde ich für ein Stündchen zu Ihnen kommen, um Sie ein wenig zu zerstreuen, Ihnen zu erzählen von Vergangenheiten und von den Zukünften, die so seltsam tief und dunkel sind, und von Ihnen hören, wie schön Rußland ist und was für eine heimatliche Art über allen seinen Dingen und Gebräuchen waltet! Aber ich könnte nicht zu Ihnen kommen, selbst wenn Sie noch in der Kurfürstenstraße wären; gleich nach Ihrer Abreise brach bei mir eine Art Influenza mit Fieber aus, und ich habe mich noch nicht ganz davon erholt. Frau Lou mußte sich auch gleich darauf mit demselben Übel zu Bette legen und darf noch nicht aufstehen, obwohl es schon viel besser geht. So war das für uns alle eine böse Zeit. Dr. Andreas ist der einzige, der wohlauf ist, und durch ihn schicke ich heute noch Ihren Brief zu Frau Lou. Wie wird sie Sie bedauern, um Ihres Leidens willen! Sie ließ mir sagen, wenn ich Ihnen schreiben sollte, möge ich viele und die herzlichsten Grüße von ihr anfügen. Das tue ich nun auch. Wir denken ja so oft an Sie, und mir ist oft bange nachmittags, daß ich meine Tasse Café nicht bei Ihnen trinken kann ... Wenn wir nur bald vernehmen dürften, daß es Ihnen besser geht. Bitte, schreiben Sie mir oft, wenn auch nur ein Wort über Ihr Befinden; zunächst sollte das Fieber nachlassen, das wäre von Wichtigkeit; denn das greift Sie jedenfalls auch stark an. So wäre es ja beinahe besser gewesen, Sie hätten alles in Petersburg machen lassen; aber wer hätte das auch ahnen können, daß man mit solcher Nachlässigkeit vorgehen würde. –

Was Sie brauchen, schreiben Sie mir nur. Soweit es in meiner Macht ist, werde ich nach wie vor Ihre lieben Wünsche zu erfüllen trachten. Das Buch über Перовъ dürfte französisch und russisch sein im Text. Der Titel lautet nach dem Katalog der königlichen Bibliothek:

Vassilij *Perof, sa vie et son œuvre*, 60 phototypies sans retouche d'après les tableaux du maître, *Text par N. Sobko*, publié par D. Rovinski. – 1 Band in 4°.

Die Bücher, welche Sie mir in Ihrem lieben Schreiben anmelden, werden jedenfalls heute noch ankommen (Drucksachen kommen stets etwas langsamer als Briefe), und ich freue mich ganz unbeschreiblich, sie zu empfangen. Ich lese jetzt viel Puschkin und Lermontof, die mich durch ihren Klang, wie durch Zauber, festhalten! Die ganze Zeit konnte ich nichts arbeiten, aber seit es mir besser geht, habe ich mich rasch Чеховъ zugewandt, und eben, als Ihr Brief eintraf, habe ich die Übersetzung des 1. Aktes vollendet. Leider scheint mir der geschriebene Text doch an vielen Stellen ungewiß, und ich würde später doch sehr gern in ein gedrucktes Exemplar Einsicht nehmen, wenn ich ein solches leihweise doch irgendwie erhalten dürfte. Die Arbeit macht mir Freude und gelingt, glaub ich, nicht schlecht. Wenn nur Маша nicht schnupfen wollte! –

Der Verleger, welchem ich von »Чайка« schrieb, hat sich noch nicht entschieden; ich hörte, daß für das Deutsche ein gewisser Czumikow von Tschechof die Autorisation hat, alles zu übersetzen. Doch das würde in diesem Falle höchstens die Buchausgabe beeinträchtigen! – Ich schreibe sehr bald wieder. Und verleumden Sie nicht Ihr gutes Deutsch,

das mir sehr sympathisch klingt. Wenn ich so gut
Russisch schriebe, würde ich wohl schon russische
Gedichte versuchen. Das erscheint mir überhaupt
als das Höchste: russische Verse machen zu können.
Wer das dürfte! Mit herzlichsten Grüßen in Dank-
barkeit und großer treuer Verehrung Ihr ergebener

Rainer Maria Rilke

27.   Rilke an Sofja N. Schill

Schmargendorf bei Berlin, am 23. Februar 1900

Liebe, vielverehrte София Николаевна,
    zuerst: wie geht es Ihnen? Ich habe viel und
immer mit dem innigen Wunsche an Sie gedacht,
daß Ihre endgültige Genesung sich mit jedem Tage
bestätige. – Wenn ich dies erführe: kaum vermag
ich Ihnen zu sagen, wie froh diese Nachricht mich
machen würde. Sie haben mir durch die reiche
Büchersendung meine Tage angenehm bereichert
und jeden bis an den Rand mit Wertvollem gefüllt.
Was mich am meisten gefreut hat, um es vorweg
zu sagen: С. Д. Дрожжинъ. *Das* war eine *große*
Überraschung für mich; diese reife Einfachheit, in
der sich ein tiefer und stiller, einsamer Mensch
verrät, vereint mit so viel Klang, Gewandtheit und
Bewegung im Rhythmus. Ich habe gleich einiges
übersetzt. In meinem nächsten Briefe füge ich eine
Übersetzung bei und nenne Ihnen diejenigen Gedichte, welche mir am besten gefallen. Es sind
nicht wenige. Voll Musik ist das alles und voll –
Tanz. Die »Пѣсни о горе и радость« enthalten
die Bewegung tanzender Gruppen und das Zittern
der Balalaika und das Schwingen der Stimmen,
welches darüber liegt. – Wie sympathisch geschaut

sind alle Dorfbilder, wie erlebt sind die festlichen Abende, und wie hingeweint ist alle Sehnsucht dieses reifenden Herzens! Es sind noch 3 Büchlein von Дрожжинъ auf dem Umschlag verzeichnet; könnten Sie mir diese verschaffen? Ich möchte einiges daraus übersetzen und gelegentlich hier in einer Zeitschrift (etwa der »Gesellschaft«) ein oder das andere übersetzte Gedicht abdrucken lassen. – Ich bin sehr unbescheiden, nicht wahr? Aber ich muß noch unbescheidener werden; ich brauche nämlich *dringend* Tschechoffs »Чайка«, möglichst auch »Onkel Wanja«. Es hat sich nämlich einer der ersten deutschen Verleger sehr für die Stücke interessiert, und er wünscht *dringend, sie zu lesen*. Die undeutliche Abschrift der »Чайка« kann ich ihm nicht geben, auch will er auch »Onkel Wanja« sehen. Er liest selbst nicht Russisch, hat aber einen russisch-baltischen Herrn im Verlag, der Einsicht zu nehmen bestimmt ist. Das könnte den Stücken den Weg bedeutend erleichtern, wenn es mir gelänge, diesen Mann dafür zu gewinnen! Aber man muß das Eisen schmieden, solang es warm ist ... nicht wahr? Bitte, liebste Софія Николаевна, *seien Sie mir nicht böse* – (das mit Дрожжинъ hat Zeit), aber lassen Sie *umgehend* auf meine Kosten ein Exemplar mit Чеховъ's Dramen kaufen und senden Sie mir es rasch ein. Es handelt sich darum, daß die Sache nicht wieder einschläft ... Ich arbeite fleißig, und – so Gott will – vollende ich vor 15. März die Übersetzung der »Чайка«.

Von den übrigen Büchern hat mich das »Слово« ungemein interessiert; das schönste darin ist die Klage der Jaroslavna und gleich im Anfang der stolze, unübertreffliche Vergleich mit den 10 Falken über den Schwänen ... Der hat nicht seinesgleichen. – Тютчевъ ist sehr formgewandt und schön, besonders in den kleinen 8zeiligen Landschaftsstimmungen. – Sehr interessant ist es, von Kramskois Schicksalen zu lesen – er ist einer von denen, die nicht wie Sorin umsonst »gewollt« haben; sein Wille war über vielem Gesetz! – O ich möchte Ihnen über jedes der gesandten Bücher vieles sagen – und werde es auch noch mal tun. Heute wollte ich nur die Bitte wegen Чеховъ als dringend aussprechen; wenn möglich, erfüllen Sie dieselbe, nicht wahr? Im Dienste der Sache selbst! – Im voraus herzlichsten Dank – für diese Mühe! –

Frau Lous Brief haben Sie wohl? Sie ist wieder ziemlich wohl, wenn auch noch nicht ganz. Die Influenza ist nicht leicht zu überwinden. Sie sendet Ihnen tausend Grüße!

Gestern hab ich ein schönes Gedicht Фофановъ's übersetzt. Ich füg es hier an, vielleicht kennen Sie es nicht?

Весна и ночь! Вдали мерцанье,
Зари негаснущей огни.
И въ рощe, въ спутанной тѣни,
Неясныхъ звуковъ трепетанье . . .

И не поймешь – гдѣ день погасъ,
Гдѣ жизнь еще пугливо бьется?
Гдѣ новый день для слезъ проснется?
И что безгрѣшнѣй въ этотъ часъ:

Земля ли въ зелени цвѣтущей,
Иль небо въ аломъ янтарѣ?
И ближе молодость къ зарѣ,
И ближе к сердцу Вездѣсущій!

Душа, отвыкшая отъ грезъ,
Готова вѣрить вешней ночи;
И алчетъ умъ и жаждутъ слезъ
Не разъ обманутые очи.

И жизнь влечетъ, и вновь меня
Томитъ весны больная ласка
Какъ недосказанная сказка
У догорѣвшаго огня.

Ist das nicht schön? – Schreiben Sie bald Gutes
von sich – wir erwarten es in inniger Besorgnis.
Und (ich vergaß neulich zu bitten) schreiben Sie
russisch. Wir können's ja lesen!
In aufrichtiger Verehrung

Ihr Rainer Maria Rilke

28.   Sofja N. Schill an Rilke

Petersburg, den 15. [27.] Februar 1900

Geehrter Herr Rainer. Wahrscheinlich ist mein
erster Brief, den ich gleich nach meiner Ankunft
Ihnen geschickt habe, auf der Post verloren; ich
schrieb Ihnen, daß der Band der dramatischen
Werke von Чеховъ nirgends zu finden ist und das
Manuskript mit Mühe gefunden war. Soeben ist
meine Mutter wieder in die Stadt gefahren und
will in dem Magazin nachfragen, man hat versprochen, wenn es möglich ist, das Buch zu finden;
die Auflage ist aber ausverkauft. Wenn also das
Buch zu finden ist, bekommen Sie es diese Tage. –
Sie schrieben in dem ersten Brief, daß ein Herr
Чумиковъ von Чеховъ die Autorisation hat, alles
zu übersetzen; es kann aber nicht sein; Rußland hat
keine literarische Konvention (литературная кон-
венція) mit anderen Ländern, also jeder, wer es
will, kann Чеховъ übersetzen, ohne seine Autorisation oder mit Autorisation, das hat gar keinen
Unterschied. Ebenso wie jeder Russe alle ausländi-

sche Bücher übersetzen kann. So daß, auch in diesem Falle, es Ihnen ganz freisteht, wenn auch den ganzen Чехов zu übersetzen, es kann Ihnen das niemand verbieten. Natürlich hier ist nur *die* Frage, wer es der erste tut und wer es am besten versteht.

Es freut mich sehr, daß die »Чайка« in Ihren Händen ist und durch Sie dem deutschen Publikum einmal bekannt wird. Wünsche Ihnen, mit demselben Mut alle 5 Akten zu überwinden. Es ist doch eine große und schwierige Arbeit. – Vielleicht, wenn in Petersburg kein Exemplar der dram. Werke von Чехов sich findet, schreiben Sie an den Autor selbst? Es wird etwas lange dauern, aber er hat doch gewiß einige Exemplare bei sich und schickt Ihnen einen.

Ihre Bewunderung von Спиридон Дмитрич Дрожжин war für mich sehr unerwartet. Er scheint mir nicht so bedeutend. Wir haben eine Reihe von solchen Poeten aus dem Volke, Дрожжин, Суриков und andere, sie haben alle dieselbe Art, denselben Vers und sind nur die Epigonen (sozusagen) von Кольцов, welcher diese Art von Gedichten zum ersten Male in unsere Literatur eingeführt hat. Кольцов ist viel talentvoller, ярче и свежее, und die neueren wiederholen nur, was er schon gesagt hat. Суриков ist derjenige, welcher am meisten noch individuell ist. – So schade, ich weiß gar nicht, wie lange ich noch in Petersburg bleiben werde; vielleicht noch sehr lange, und da werde ich gar nicht Ihnen die Adresse von Дрожжин geben können, die Adresse ist in meinen Moskauer Sachen, irgendwo eingepackt, und im Gedächtnis habe ich sie nicht. – Mit meiner Gesundheit geht es immer nicht gut, Fieber, Schwäche, liege immer noch zu Bett, und vielleicht wird das noch einige Wochen dauern. Wie Sie sehen, muß ich für das frühe Aufstehen nicht wenig zahlen.

Den Brief von Frau Andreas-Salomé habe ich bekommen. Bitte, seien Sie so gut und danken Sie Frau Lou recht herzlich für ihre liebe Teilnahme. Hoffentlich hat die böse Influenza das liebe Schmargendorf endlich verlassen. Ich denke, es gibt nichts Schlechteres, als krank zu sein. Ich möchte so gerne schreiben, arbeiten – aber wenn ich einen Brief geschrieben habe, werde ich ganz müde.

Schreiben Sie mir bitte recht bald. Es wird mich sehr freuen, Ihre Übersetzung von Дрожжин zu bekommen. Es ist ein sehr lieber Mensch: er hatte einmal eine sehr gute Stelle in Харьков, in einem Büchermagazin, bekam gute Gage, und doch hielt er es in der Stadt nicht aus und verließ die Stelle, um wieder in sein Dorf zurückzukommen, und jetzt ist er froh und heiter und pflügt seinen Acker wie jeder Bauer. Er ist schon mehr als 50 Jahre alt, aber sieht viel jünger aus und liebt sehr den engl. Poeten Burns, den er schrecklich steif Борнс ausspricht; er kennt nicht die englische Sprache und hat Burns nur in Übersetzung gelesen.

Mit den besten Wünschen und Grüßen Ihre Sie hochachtende

S. S.

29.   Rilke an Leonid O. Pasternak

Schmargendorf bei Berlin, am 3. März 1900

Sehr verehrter Herr Professor,
    ich danke Ihnen auf das allerherzlichste für Ihren lieben Brief, der mir das angenehme Gefühl gibt, daß Sie sich meiner noch in Freundlichkeit erinnern. Daß mein Buch Ihnen lieb ist, macht mich froh! Alles Mitgeteilte hat für mich das lebhafteste Interesse, denn ich bin Ihnen in meinen täglichen Arbei-

ten sehr nahe und beschäftige mich *nur* mit Rußland. Ich beabsichtige, meinen bevorstehenden Aufenthalt in Moskau vorzüglich dazu zu verwenden, Studien zu machen für eine Reihe von Essays monographischer Art, die einzelne russische Künstler behandeln. Beginnen möchte ich mit Alexander Andrejewitsch Iwanow und mit Kramskoi; über letzteren möchte ich am liebsten ein ganzes Buch schreiben! –

Doch heute ist es vor allem eine dringende Bitte, die mich zu Ihnen führt. Ich habe eben Чеховъ's »Чайка« übersetzt, da ich mir vorgenommen habe, Чеховъ, den man bei uns als Novellisten sehr schätzt, als Dramatiker bekannt zu machen, eventuell auch aufführen zu lassen. Nun hat sich ein Verlag gefunden, der sich für die Чеховъ'schen Dramen interessiert und wünscht, ich möchte ihm *sofort* ein russisches Exemplar der beiden Чеховъ'schen Stücke (»Чайка« und »Onkel Wanja«) vorlegen. Nun ist die »Чайка« nur in einer undeutlichen russischen Abschrift in meinen Händen, die ich dem Verlag nicht gut geben kann, »Onkel Wanja« hab ich überhaupt nicht. Es wäre aber sehr wichtig, das Ansuchen des Verlags zu befriedigen, solange das Interesse nicht wieder einschläft, deshalb wäre es mir *dringend* notwendig, ein russ. Exemplar, enthaltend »Чайка« und »Onkel Wanja«, zu erhalten – auf die rascheste Weise. Man schreibt mir aus St. Petersburg, daß die Ausgabe vergriffen sei, vielleicht aber, denke ich, ist in Moskau noch irgendwo ein Exemplar aufzutreiben – in diesem Fall darf ich Sie, sehr verehrter Herr Professor, bitten, ein solches in meinem Namen zu kaufen und möglichst umgehend herzusenden. Sollte keines mehr käuflich sein, vielleicht kann ich eines für einen Monat *geliehen* bekommen; ich würde es pünktlich und tadellos zurückstellen. Verzeihen Sie, sehr verehrter Herr Professor, diese Belästigung, aber ich habe mich dieser Sache nun mal angenommen und möchte sie gern erfolgreich zu Ende führen. – Es wäre so schön, wenn wir Tschechow hier als Dramatiker gut einführen könnten! Diese Hilfe eilt einigermaßen, außerdem brauche ich noch einen Rat, den Sie mir *gelegentlich, wenn Sie Zeit haben,* schreiben wollen. Ich möchte während meines nächsten Aufenthaltes in Rußland einige photographische Aufnahmen machen von Gebäuden, Intérieurs, Landschaften, Menschen usw., zum Teil, um selbst die persönlichen Erinnerungen mit ihnen zu unterstützen, anderenteils auch, um in verschiedenen Zeitschriften Aufsätze mit Reproduktionen veröffentlichen zu können. Nun raten Sie mir: Soll ich den Apparat *erst in Moskau kaufen,* um eventuelle Anstände auf der Grenze zu vermeiden – und wenn ja – bekommt man in Moskau *gute* Apparate? Dann ferner, ist es möglich (vielleicht von der Kunstschule aus), *eine Erlaubnis zum Photographieren* zu erhalten, damit man nicht etwa daran verhindert wird durch Polizei und sich ausweisen kann und bestätigen, daß die Aufnahmen zu künstlerischen Zwecken geschehen? Wie tut man das am besten? Raten Sie mir? Wahrscheinlich photographieren Sie ja selbst und haben Erfahrung darin. – Verzeihen Sie, daß ich diesmal mit so vielen Bitten Sie überfalle – *der* »Чеховъ« *ist zunächst das wichtigste* – das andere eilt nicht so. Am besten fügte es sich, wenn Sie selbst ein Exemplar der Чеховъ'schen Stücke besitzen sollten – dann leihen Sie mir's für einen Monat, sonst muß man versuchen, es aufzutreiben! Herzlichsten Dank im voraus. Ich freue mich auf Ihre Nachricht (natürlich russisch!) und bleibe in aufrichtiger Verehrung und bereit zu jeder Gegenleistung Ihr dankbarst ergebener

Rainer Maria Rilke

30. Rilke an Sofja N. Schill

Schmargendorf bei Berlin, Villa Waldfrieden,
am 5. März 1900

Sehr verehrte София Николаевна, wir sind sehr
traurig über Ihre Nachricht. Daß Sie immer noch zu
Bett sind, mit Fieber und Schwäche, ist so unerwartet nach dem guten Verlauf, welchen die Sache hier
genommen hat, und ganz unerklärlich für uns. Hätten Sie uns doch nur recht viel über sich, über Ihr
Befinden geschrieben, damit wir, besser unterrichtet, das traurige Gefühl verlören, Ihnen so ferne
zu sein. Alles andere ist vollkommen unwichtig
neben dem: daß Sie recht bald wieder Ihre Gesundheit haben, für die Sie hier ein so tapferes
Opfer gebracht haben – fast umsonst. Wenn Sie
nur jetzt einen verständigen Arzt haben, der das,
was ohne Ihr Verschulden durch den unverzeih-
lichen Leichtsinn des Sanatoriums geschehen ist,
gründlich behandelt! Spüren Sie einen Fortschritt,
eine Besserung? Denken Sie nicht an die Arbeit
jetzt, und regen Sie sich nicht auf, wenn Ihre Hand
an der Feder schnell müde wird: wenden Sie nur
allen Willen und alle Kraft Ihrem Körper zu; was
Sie jetzt versäumen, wird im Augenblick nachge-
holt sein, wenn Sie erst wieder fieberfrei und bei
Kräften sind. Es war auch recht dumm von mir,
daß ich Sie während dieser Zeit mit der dringenden Bitte um den Чеховъ belästigte – verzeihen
Sie; ich habe an Professor Pasternak nach Moskau
geschrieben, es könnte ja sein, daß er selbst zufällig
ein Exemplar des vergriffenen Buches besitzt. Heute
aber schreibe ich auch noch an Чеховъ selbst, um
auf alle Fälle gesichert zu sein.

Die Übersetzung der »Чайка« ist fertig. Ich habe
gerne daran gearbeitet und viel dabei gelernt.

Sonntag vor acht Tagen hab ich das Stück bei Frau Lou vorgelesen, und nun übersehe ich es erst klar und kann mir nicht verhehlen, daß seine Aufführung hier nicht ohne Gefahr ist, denn viele Gestalten sind stark an die Grenze der Übertreibung geführt, und es ist leicht möglich, daß das hiesige Publikum sie für Karikaturen hält, obwohl sie ernst gemeint und empfunden sind. Auch ist es auffallend, daß die drei Akte mit den langen Gesprächen kaum einen Fortschritt enthalten und daß während ihres Verlaufes die handelnden Personen leichthin im Stil einer Komödie entworfen werden, in schwachen andeutenden Konturen – bis im letzten Akte die bewegte Handlung als Schlußkatastrophe von Ereignissen erscheint, in deren Stürmen *andere* Personen als die, welche wir aus den drei Akten ungefähr kennen, gestanden haben müssen. Faßt man die handelnden Gestalten im Sinne der ersten Akte auf, nämlich komödienhaft, so sind sie unfähig, den IV. Akt zu betreten, andererseits glaube ich kaum, daß man mit einer ernsten Auffassung durch die zögernden Szenen jenes ersten Teiles wird durchkommen können.

Ich sage das alles, weil es mir wichtig erscheint, daß wir Чеховъ auf dem Theater mit einem *sicheren* Erfolg einführen – dazu ist vielleicht (soweit ich den Inhalt kenne) »Onkel Wanja« geeigneter. Die Buchausgabe ist den beiden Sachen ja wohl ziemlich gewiß und jedenfalls von großem Interesse für die vielen deutschen Verehrer Чеховъ's, die gar nicht ahnen, daß er auch Stücke geschrieben hat. Im Laufe dieser Woche sende ich die »Чайка«-Übersetzung dem Verleger zur Ansicht ein und werde Ihnen jedesfalls seine Meinung mitteilen. Sobald ich »Onkel Wanja« (sei es nun von welcher Seite immer) erhalte, mache ich mich sofort an die Übertragung und reiche, ehe ich nach

Rußland reise, beide Stücke bei der Sezessionsbühne des Dr. Zickel ein. Dann müssen wir abwarten, was weiter geschieht. Einer Aufführung ist die
»Чайка« ja wohl wert, aber sie ist nicht geeignet,
einen Dichter bei einem fremden Volke als Dramatiker einzuführen. Ich persönlich habe freilich sehr
den Wunsch, das Stück in Moskau auf dem Theater zu sehen: ich bin überzeugt, daß es dort nicht
versagt.

Von großer Bedeutung für mich war unter den
Büchern, die Sie zuerst schickten, das kleine Buch
über Kramskoi. Über ihn möcht ich (und werde ich,
so Gott will) einen Essay schreiben, der vielleicht
sogar ein Buch wird. Natürlich erst, bis ich in Moskau war und auch alles andere, was auf ihn Bezug
hat, gelesen habe. Der Brief, in welchem er Гаршинъ's Frage nach dem »Христосъ въ пустынѣ«
beantwortet mit jener anderen Frage: »...Хри-
стосъ ли это?«, ist eines der ergreifendsten künstlerischen Dokumente, wertvoller als hundert Bücher über Leben und Menschheit und Kunst. Mit
welcher innigen Erregung hab ich dieses Leben
begleitet, das nur wie die erste Morgenstunde eines
breiten Daseins anmutet, das über Jahrhunderte
geplant war. Ein ähnliches Gefühl hat mich über-
kommen, als ich gestern (gleich nachdem ich es
empfing) in dankbarer Freude Ihre Broschüre über
A. A. Ивановъ las. Es scheint: die russischen Menschen leben Fragmente unendlich langer und mächtiger Lebensläufe, und wenn sie auch nur einen
Augenblick darin verweilen, so liegen doch über
diesen Minuten die Dimensionen gigantischer Ab-
sichten und hastloser Entwicklungen ... Und das
eben ist es, was uns aus allen ihren Leben so ewig,
so zukünftig berührt. Eine merkwürdige Rolle muß
dieser einsame Arbeiter, dieser Vorläufer in dem
unruhigen, auf das Heute gewandten Rom ge-

spielt haben! Ich freue mich, daß ich das Büchlein habe lesen dürfen – herzlichen Dank! – Ich
lege nun noch 2 Übersetzungen Дрожжинъ'scher
Gedichte bei. Sollte seine Nachahmerschaft nicht
zunächst darin bestehen, daß hinter ihm und
Кольцовъ und Суриковъ die Vergangenheit singt,
die Zeit der Былины und Пѣсни, gegen die jeder
russische Dichter mit seinem stillen Nachdenklich-
sein aufgeht wie mit einem Fenster auf das Meer
hinaus. Nun, verehrte Софія Николаевна, schreiben Sie uns *bald*, auf russisch und *vor allem über
sich*; wenn's nur 3 Worte sind. Womöglich gute
Worte, die wir feiern dürfen! Ja? Voll herzlicher
Verehrung

Ihr ergebenster
Rainer Maria Rilke

Милая Софія Николаевна! Ich füge diesem Brief
nur noch einen innigen Gruß hinzu, ganz traurig
über Ihr Kranksein, das nicht aufhören will. Wir
denken viel an Sie und möchten so gern hören, daß
es Ihnen besser geht. Schreiben Sie uns nicht viel,
aber über Ihr Befinden – jede Kleinigkeit davon ist
uns wertvoll.

Васъ цѣлуетъ ваша Frau Lou

31.   Rilke an Anton P. Tschechow

Schmargendorf bei Berlin, 5. März 1900

Sehr verehrter Herr Tschechow,
   soeben habe ich die Übersetzung der »Möwe«
beendet und hoffe, Ihr Stück wird in meiner Übersetzung nicht nur als Buch erscheinen, sondern auch
auf der Bühne aufgeführt werden. Bei der Übersetzung des Stückes mußte ich mich mit einem

Manuskript begnügen; in nächster Zeit brauche ich jedoch unbedingt ein Druckexemplar Ihrer dramatischen Werke, um so mehr, da ich auch den »Onkel Wanja« übersetzen möchte. Doch alle meine Anstrengungen, eine Ausgabe Ihrer Stücke zu bekommen, erwiesen sich als vergebens, und so besitze ich die Kühnheit, mich direkt an Sie zu wenden und Sie um die Gefälligkeit zu bitten, mir ein Exemplar zu schicken, was mir bei der Verwirklichung meines Vorhabens sehr helfen würde.

Nehmen Sie, sehr verehrter Herr Tschechow, die Versicherung meiner tiefen Dankbarkeit und aufrichtigen Hochachtung entgegen, mit der ich verbleibe

Ihr sehr ergebener
Rainer Maria Rilke

32. Sofja N. Schill an Rilke

Petersburg, 25. Februar [8. März] 1900

Mein lieber Freund, Herr Rainer!

Ihr lieber Brief hat mich sehr gerührt; danke, es geht mir jetzt besser. Nachdem ich fast vier Wochen gelegen habe, habe ich mich ein wenig erholt, und jetzt gehe ich sogar schon an die Luft und fahre im Schlitten aus. Doch ich werde noch etwa zwei Wochen in Petersburg bleiben, dann begebe ich mich nach meinem geliebten Belokamennaja. Gestern habe ich sogar mit meiner Schwester eine Gemäldeausstellung besucht, die Djagilew veranstaltet; unter den vielen Werken junger Künstler nahmen sich Lewitans Bilder wie Perlen oder Sterne erster Größe aus; sie sind so gut, daß man die Ausstellung ungern verläßt. Obwohl meine Gesundheit noch anfällig ist, freue ich mich, daß ich wieder ein wenig am Leben der Leute teilhaben kann. Morgen abend möchte ich eine Fahrt zu einer Vorlesung unseres Philosophen Wl. Solowjow wagen. – Mit welcher Freude las ich, daß Sie die »Möwe« beendet haben. Ich gratuliere Ihnen dazu von ganzem Herzen; das war keine geringe Arbeit, habe ich recht? Aber alles, was Sie mir dann über dieses Stück schreiben, hat mich sehr betrübt, und ich bedauere aufrichtig, daß Sie die »Möwe« nicht in der Aufführung des Künstlertheaters gesehen haben und wohl auch nicht sehen werden. Sie sind, so scheint es, von dem Stück enttäuscht und spüren darin keine Einheit, jedoch erzeugt auf unserer Bühne gerade diese Einfachheit und Alltäglichkeit des ersten Aktes den mächtigen Eindruck von etwas so Lebendigem und Wahrhaftigem, daß die meisten Zuschauer meinen, alles geschehe nicht auf der Bühne, sondern mitten unter ihnen. Das Element des Komischen, das Sie in diesem Stück finden, entspricht ganz unserer russischen Wirklichkeit, ja ich denke, auch in anderen Ländern verläuft das Leben in diesem Ton, und alles, was es an Tragischem gibt, verbirgt sich hinter leeren Gesprächen über leere Dinge. Auf der Bühne des Künstlertheaters würden Sie sehen, was für einen Eindruck unter diesen Umständen die ruhelose, Mißachtung leidende Figur des Konstantin hervorruft; Sie spüren von der ersten Szene an, wieviel sich schon in seiner Seele angestaut hat, wie tief die Ursachen seines Unglücks liegen. Doch *das* ist bei fast *jedem* jungen angehenden Schriftsteller so. Und wenn sich das junge Mädchen in den Schriftsteller verliebt, so merken Sie, wie im Herzen dieses Menschen die Furcht zunimmt; es scheint, als habe er im Stück nichts zu sagen, doch allein seine melancholische Gestalt und sein unruhiges

Umherwandern besagen, daß in diesem gewöhnlichen Leben mit seinen Koffern, Mittagessen, Kartenspielen in jedem Moment eine Katastrophe ausbrechen und ein junges, talentiertes Leben zerstört werden kann. Und die Möwe selbst? Und der Schriftsteller? Hier ist so viel Wahrheit und so viel Tragisches – mir scheint, jedem Schauspieler müßte die Seele brennen in dem Verlangen, diese Bilder zu gestalten. Es tut mir sehr, sehr leid, daß Sie meinen, die »Möwe« wird keinen Erfolg in Berlin haben; aber auch in Petersburg ist sie durchgefallen, und als man sie in Moskau sah, vermochte man kaum zu glauben, daß es möglich ist, eine solche Sache durchfallen zu lassen. Doch im »Onkel Wanja« gibt es ebenso viele (wenn nicht noch mehr) Gespräche, so daß dieses Stück wohl kaum die deutschen Zuschauer ansprechen wird. Mir ist überhaupt der Unterschied zwischen den deutschen Ansprüchen und Geschmacksrichtungen und den unseren nicht recht verständlich; wie soll man denn sonst erklären, daß die »Armen Leute« von Dostojewski gelesen werden und im Ausland ihre Verehrer finden? Oder halten sich im Westen in der Bühnenkunst immer noch die alten Traditionen, welche Maeterlinck bekämpft? Nun, bei uns werden auch Stücke gespielt mit »Inhalt«, mit »Fabel«, mit Täuschung, Mord, Vergiftung und Klagegeschrei über alle fünf Akte des Dramas hinweg, aber trotzdem werden Tschechows Stücke mit großem Erfolg gegeben, ja es ist sogar schwer, Eintrittskarten zu bekommen und in die Vorstellung zu gelangen. Was meine persönliche Ansicht betrifft, so ist Ihnen bekannt, daß ich Tschechows Dramen als ein neues Wort auf diesem Gebiet und als einen Sieg der künstlerischen Wahrheit über die Routine empfinde. – Sie wissen, daß Tolstoi den »Onkel Wanja« gesehen hat und zufrieden blieb, nur fand er, daß die Moral nicht genügend hervortritt; oje, das sieht ihm ähnlich! –

Ich bin Ihnen sehr dankbar für die Zusendung Ihrer Droshshin-Übersetzung, und ich hoffe, Sie werden das deutsche Publikum mit ihm bekannt machen. Doch ist die Übersetzung nicht besser als das Original? ...

Ich wollte Sie noch um etwas bitten, wenn Sie nach Rußland kommen, bringen Sie mir die »Auferstehung« des Grafen Tolstoi mit, die *ungekürzte* Londoner russische Ausgabe. Das Geld werde ich Ihnen mit Dank hier zurückerstatten. Der Zoll hat mich nicht sehr durchsucht, und das Büchlein kann man auch in die Tasche stecken. Ich habe es sehr bedauert, daß ich den Roman nicht gekauft habe.

Ich hoffe, wir sehen uns bald wieder und werden schrecklich viel über verschiedene Dinge streiten. Sobald ich nach Moskau komme und mich erholt habe, gehe ich sofort daran, für Sie eine Wohnung zu suchen, und aus purem Egoismus in der Nähe meiner eigenen Wohnung.

Alles Gute!

Ihre aufrichtig ergebene Sofja Schill

33.   Sofja N. Schill an Lou Andreas-Salomé

Petersburg, 25. Februar [8. März] 1900

Meine liebe ⌐Madame Lou⌐.

Ich danke Ihnen herzlich für Ihr wohlwollendes Gedenken; verzeihen Sie mir, daß ich Ihren Brief bis jetzt nicht beantwortet habe, doch Sie wissen selbst, ein kranker Mensch schreibt nicht gern, wenn keine Besserung eintritt. Jetzt bin ich Gott sei Dank wieder auf den Beinen und fühle mich bedeutend besser als in jenen Tagen, da ich von Berlin zurückgekehrt war und das quälende Fieber überwinden mußte. Professor Pawlow war sehr aufmerksam zu mir und sagte, es wäre jetzt besser, etwas länger »liegen zu bleiben«, als »zu früh aufzustehen«. Ich brachte meine ganze Geduld auf, befolgte diesen Rat und blieb bis vergangenen Sonntag liegen. Ich hoffe, nun wird die Besserung rasche Fortschritte machen, heute will ich Pawlow noch aufsuchen. – Verzeihen Sie mir, daß ich soviel über meine Gesundheit schreibe, doch ich tue dies nur, weil Sie mich darum gebeten haben.

Heute ist der erste Tag, an dem es etwas wärmer ist, sonst gab es immerzu Fröste um –20 und –15 Grad. Es liegt hoher Schnee – und man sagt, das wird der Ernte zugute kommen, geb's Gott unserem hungernden Volk. In Petersburg habe ich bis jetzt kaum jemanden gesehen, und deshalb kann ich Ihnen keine Neuigkeiten über die hiesige literarische Welt mitteilen. Es zieht mich schrecklich nach Moskau, doch will ich noch bis Mitte März hier bleiben.

Es würde mich sehr freuen, meine Liebe, wenn Sie mir noch hierher schrieben, wann Sie in Moskau zu sein beabsichtigen und wie lange Sie dort bleiben wollen, denn dann würde ich mich gleich nach meiner Ankunft bemühen, für Sie eine Unterkunft zu finden. Sobald es mir gelungen ist, schreibe ich Ihnen nach Berlin oder auch nach Petersburg, falls Sie mir Ihre Petersburger Adresse zuschicken.

Ich küsse Sie herzlich und wünsche Ihnen viel Freude und Glück. Bitte grüßen Sie Ihren Gatten.

Ihre Sie liebende Sofja Schill

Schmargendorf bei Berlin,
Villa Waldfrieden, am 16. März 1900

Liebe, verehrte Софія Николаевна,
   wir haben uns so sehr über Ihre Briefe gefreut!
Die gute Nachricht von Ihrem Befinden ist ja so ein
Ereignis für uns, an welchem wir mit dem herzlichsten Gefühl teilnehmen; aber wagen Sie auch nicht
gleich zu viel? Ausgehen, ausfahren und besonders
Ausstellungen besuchen (das letztere strengt doch
selbst ganz Gesunde über die Maßen an!), das sind
viele Anforderungen, welche Sie Ihrem entwöhn-
ten Körper zumuten, und alle auf einmal. Seien Sie
noch eine Weile vorsichtig und zunächst ein wenig
mißtrauisch gegen Ihre Kräfte, damit nicht irgendeine Erkältung sich einstellt. – Ich kann mir denken, wie sehr es Sie freut, wieder an allem Interessanten teilzunehmen, von dem Sie eine ganze
Weile, durch Ihr Fernsein schon, ausgeschlossen
waren. Wie gerne hätte ich die Bilder Левитанъ's
gesehen und die Ausstellung überhaupt, jedenfalls
war auch sonst viel Merkwürdiges vorhanden. Ich
kann Ihnen gar nicht sagen, wie sehr ich mich darauf freue, russische Bilder zu sehen, die Tretjakow-
Galerie zu durchwandern und alles nachzuholen,
was mir vor einem Jahr infolge Flüchtigkeit und
Fremdheit verlorengehen mußte.
   Das alles ist mir ja so sympathisch und vertraut
und ruft – wie niemals Dinge vorher – gute Heimat-
gefühle in mir wach. Sie dürfen auch nicht glauben, daß mir die »Чайка« unlieb geworden ist oder
daß ich bereue, mich an ihr bemüht zu haben. Ich
bin überzeugt, daß der Eindruck, den Sie schildern,
dem meinen sehr ähnlich wäre, wenn es mir vergönnt gewesen wäre, das Stück auf dem Moskauer

Theater zu sehen. Dort hat es gewiß stark gewirkt, und alle seine Vorzüge kamen bei einem verständnisvollen Spiel jedenfalls *so* zur Geltung, daß seine Mängel nicht Raum hatten, sich deutlich zu machen. Ich stimme mit Ihnen ganz darin überein, daß Чеховъ jedesfalls ein moderner Künstler ist, wenn er die Absicht hat, die Tragödien des Alltags mit ihrer banalen Breite, hinter welcher die großen Katastrophen sich entwickeln, künstlerisch darzustellen. Auch unseren dramatischen Künstlern ist es ganz klar, daß alle Katastrophen unter großen Ereignissen und pathetischen Menschen relativ kleiner wirken, während sie sich furchtbar hoch über dem Alltag türmen, um mit unendlichem Getöse über ihm zusammenzubrechen.

Aber wenn es schon not tut, das Leben des Alltags auf der Szene darzustellen, mit allen seinen Kleinlichkeiten und konventionellen Gebärden, leeren Worten, langweiligen Spielen und den abgeschmackten Falschheiten des täglichen Verkehrs, so müssen doch alle diese Erscheinungen auf der Bühne von den tatsächlichen Vorgängen, denen sie nachgemacht sind, sich durch das Tempo ihrer Entwicklung unterscheiden. Denken Sie nur: der Alltag, wie er wirklich vor sich geht, rechnet auf *ein Leben* und läßt sich Zeit – der Alltag auf der Szene muß *in einem Abend* sich vollenden. Dementsprechend müssen alle Maße sich verschieben. Die Szenen auf der Bühne dürfen keineswegs gleich lang sein wie die vorbildlichen Szenen in der Wirklichkeit, und das Publikum soll nicht das Gefühl *dieser* Wirklichkeit von der Bühne her empfangen, da diese Wirklichkeit ja jedem auch sonst zugänglich ist. Der Eindruck von Langerweile z. B. wird *nicht* durch Szenen hervorgerufen, die tatsächlich langweilig *sind*, sondern nur durch *solche*, höchst interessante Momente, in denen die Merkmale der

Langenweile sich kondensiert vorfinden; durch diese wird dann dem Beschauer nicht das ihm wohlbekannte Gefühl der Langenweile vermittelt, sondern ein ihn anregender überraschender Superlativ dieses Gefühls. Und ähnlich mit allen dargestellten Empfindungen. Wie ja auch z. B. aus einem Bild heraus die Häßlichkeit nicht als Häßlichkeit über den Beschauer kommen darf, sondern nur als der neue, der Schönheit abgerungene Ausdruck für eine Unentschlossenheit der Form, für einen notwendigen Übergang zu einer anderen, von uns noch nicht erfahrenen Schönheitsmöglichkeit. Bei dem Porträt eines häßlichen Mannes sollen wir nur den Eindruck haben, als wären seine Züge unvollendet, unterwegs zu einer neuen Einheit, die wir durch die Verworrenheit seines Gesichtes hindurch ahnen können. Und wie der Künstler durch sein Vertieftsein in die Details dieses Gesichtes nicht von seiner Häßlichkeit erfuhr, so muß die gesetzmäßige Beziehung dieser Details das Ganze so verklären, daß der Beschauer es befriedigt und ohne an Häßlichkeit zu denken, empfängt. Künstler und Beschauer verhalten sich zueinander in diesem Falle wie zwei Kinder, die einander flüsternd ein Ereignis erzählen, von dem die Großen meinen, daß es sündhaft sei. Sie erzählen es, und es ist schön und rein: zwischen ihnen ist kein Wissen von Sünde. Und das ist es, was ich gegen die ersten 3 Akte bei Чеховъ habe, daß er den Alltag im Tempo des Alltags gibt, ohne künstlerische Verarbeitung, ohne Gewalt. Der Künstler, dem es gelingt, uns die Töne langer, leerer Tage *alle* in einer Bühnenstunde zu zeigen, der wird in uns das Leiden einer öden Ewigkeit erwecken, während der zufällige, einfach auf die Szene übertragene Ausschnitt aus dem Alltag nur wie dieser selbst wirkt -- langweilig und unangenehm. -- Es läßt sich darüber sehr viel sagen, da dieses Tempo der Ereignisse in allen Künsten von großer Bedeutung ist. Das macht ja z. B. die »Auferstehung« so wunderbar, daß wir in einer Stunde auf der Etappe oder im Gefängnis den Umriß vieler Tage überschauen und unwillkürlich durch die Art der erwähnten Ereignisse (es sind niemals überflüssige aufgezählt) Jahrhunderte menschlicher Entwicklung zu erfahren meinen. – Übrigens ist die »Auferstehung« ein sehr bedeutendes Buch voll künstlerischer Werte; und wenn man überlegt, daß es nicht unter dem Einsetzen dieses großen Künstlertums entstanden ist, sondern in einem steten Kampf *gegen* dasselbe fortschreitet, so kann man die übermenschliche Gewalt dieser künstlerischen Kraft ermessen, welche, trotz aller Gegenwehr des greisen Tolstoi, so wunderbar mächtig bleibt über einzelnen Teilen des Werkes. – Wir haben es eben erst nach der einzigen vollständ. deutschen (aber leider sehr schlechten) Übersetzung kennengelernt. Ich werde die vollst. Londoner Ausgabe (russ.) für Sie bestellen und Ihnen dieselbe herzlich gerne mitbringen.

Was unsere Reise betrifft: wir werden erst gegen Ende des deutschen April (um die Mitte des russischen also) nach Moskau kommen, nach den russ. Ostern. Wir freuen uns schon so sehr darauf, Sie recht gesund in Ihrem Heim wiederzusehen und unter Ihrer Vermittelung dem lieben Moskau noch näher zu kommen. Aber bitte, suchen Sie *keine* Wohnung für uns. Wir werden wieder in unseren alten Stuben in der Большая гостиница absteigen. Sie sind uns so lieb geworden, und wir würden nicht glauben, in Moskau zu sein, wenn nicht wieder das silberne Kapellchen der Ивѣрская vor unseren Fenstern stünde. Es wird so mehr wie eine Wiederkehr sein! – Und nun schreiben Sie uns recht bald wieder, viel Gutes von sich und natürlich russisch! Das liest sich so schön! – Frau Lou dankt vielmals für den Brief und sendet herzliche Grüße. In gleicher Dankbarkeit und in herzlicher Verehrung schließt sich an

Ihr sehr ergebener
Rainer Maria Rilke

35. Leonid O. Pasternak an Rilke

Moskau, Hochschule für Malerei, Bildhauerei
und Architektur, Mjasnizkaja-Str.
12. [25.] März 1900

Sehr geehrter Herr Rilke!

Verzeihen Sie, daß ich Ihnen so lange nicht geantwortet habe – ich war sehr beschäftigt und bin noch jetzt nicht ganz frei von meinen Verpflichtungen, und weil ich Sie nicht auf Antwort warten lassen will, diktiere ich diesen Brief während meiner Arbeit.

Ich wollte Ihre Bitte betreffs Tschechows »Möwe« und »Onkel Wanja« sofort erfüllen, doch zu meinem Bedauern kann man nirgends auch nur ein Exemplar bekommen, da die ganze Auflage vergriffen ist.

In den Geschäften, wo ich mich nach diesen Werken Tschechows erkundigte, sagte man mir, es solle in Kürze eine neue Auflage erscheinen.

Außerdem habe ich einen Freund von mir und Tschechow, den Maler Lewitan, gebeten, mir die »Möwe« und den »Onkel Wanja« zu besorgen, und er hat deshalb an Tschechow geschrieben.

Sobald ich eine Antwort erhalte, werde ich Sie selbstverständlich sofort unterrichten.

Was Ihre zweite Bitte anbelangt wegen des Photoapparates, so habe ich einen solchen, doch leider einen sehr schlechten, den Sie schwerlich nutzen können. Zweifellos können Sie hier in Moskau einen kleinen Apparat kaufen, doch Sie werden sicher einsehen, daß Sie in Berlin einen neueren, vollkommeneren Apparat viel eher und billiger erstehen können als hier in Moskau. Obwohl es auch hier welche gibt. Die Erlaubnis zum Photographieren bekommen Sie leicht, Sie müssen sich deshalb nur an den Moskauer Oberpolizeimeister wenden.

Alles Gute

Ihr Sie verehrender L. Pasternak

36. Sofja N. Schill an Rilke

Moskau, 24. März [6. April] 1900

Mein Freund, lieber Herr Rainer!

Herzlichen Dank für Ihren langen lieben Brief – ich sehe, Sie opfern mir nach wie vor Ihre freie Zeit. Verzeihen Sie, daß ich so lange nicht geantwortet habe, doch Sie wissen, ich bin inzwischen nach Moskau übergesiedelt; es gab viele Schwierigkeiten, und noch jetzt ist nicht alles in Ordnung. Die letzte Zeit in Petersburg war ich schrecklich müde – ich mußte verschiedene interessante und uninteressante Leute besuchen, zwei Referate bei einer Gesellschaft halten, meine literarischen Arbeiten vorbereiten – mit einem Wort, ich war völlig erschöpft, und der Brief, den ich an Sie zu schreiben begann, blieb unbeendet und wurde verlegt. Unterdessen habe ich Ihnen viel Interessantes zu berichten. Ich schrieb über Sie und Ihre beabsichtigte Reise an Spiridon Dmitrijewitsch Droshshin und erhielt Antwort: Er freut sich sehr, Sie bei sich zu sehen und Sie kennenzulernen. Seine Adresse: mit der Nikolajewskaja-Eisenbahnlinie, Station

Sawidowo, Dorf Nisowka. Vielleicht finden Sie die Möglichkeit, für ein oder zwei Tage zu ihm zu fahren; es ist nicht weit von Twer; nur sollte man den Zug so wählen, daß man nicht des Nachts in Sawidowo ankommt. Dort werden Sie das wahre russische Leben kennenlernen, das einfache, unkultivierte Dorf, seinen ganzen Schmutz, seine Armut und Unsauberkeit. Wenn Sie dort gewesen sind, werden Sie ganz bestimmt Ihre Meinung über Rußland in vielem ändern, Sie werden sich über Ihre Begeisterung entsetzen und vielleicht mit einem ganz anderen Gefühl auf Ihre Heimat schauen, wo die Leute trotz alledem wenigstens wie Menschen leben und nicht wie Tiere. Droshshin ist ein prächtiger Mensch, seine Bekanntschaft zu schließen ist interessant. Bald erscheint seine Autobiographie, wenn Sie kommen, wird sie bestimmt schon erhältlich sein; er versprach, sie mir zu schicken. – Sollten Sie Mitte April in Petersburg sein, möchten Sie da nicht den ehrwürdigen Volkstümler-Schriftsteller Sassodimski kennenlernen? Er wohnt in der Sergijewskaja 61, Wohnung Nr. 12. Wir sind mit Pawel Wladimirowitsch sehr eng befreundet; ich habe ihm von Ihnen erzählt, und er würde Sie sehr gern empfangen. Das ist ein alter Mann, einer der letzten Mohikaner der sechziger Jahre . . . Mit welch brennender Ungeduld erwarte ich Sie in Moskau. Kommen Sie so schnell als möglich. Es ist beinahe *ganz sicher*, daß das Künstlertheater nach Ostern spielen wird, insgesamt nur vierzehn Tage, sie werden die »Möwe« und den »Onkel Wanja«, »Zar Fjodor«, die »Versunkene Glocke« und »Einsame Menschen« (Hauptmann) geben. Ist es möglich, daß Sie zu dieser Zeit nicht hier sind? Schreiben Sie mir unbedingt, wann Sie in Moskau zu sein gedenken; man muß die Eintrittskarten sehr früh besorgen, ich lasse mich einschreiben, sonst werden Sie nichts sehen. Überlegen Sie nur, plötzlich sitzen wir gemeinsam im Theater und genießen das großartige Spiel! Man sagte mir, die Aufführung von »Onkel Wanja« sei so gut, einfach wunderbar und das Spiel mache einen so tiefen Eindruck, daß das Publikum zwischen den Akten schweigt und sich nicht unterhalten mag! – Ich habe eine große Bitte an Sie, mein lieber Freund. Schicken Sie mir doch bitte, wenn es möglich ist, als Drucksache die Nummer der ⌐Literatur-Zeitung⌐, in der Georg Simmels Essay über Maeterlincks »Sagesse et destinée« enthalten ist. Eine Zeitschrift schlug mir vor, über dieses Buch zu schreiben, und ich würde gern diese wunderbare Einführung von Simmel übersetzen. Wenn Sie kommen, gebe ich sie Ihnen zurück. Hat der liebe und ehrenwerte Simmel noch etwas Interessantes geschrieben? Gibt es keine Fortsetzung von jenem Artikel über den Pessimismus, den Sie mir zu lesen gaben? Wenn irgendwo dieser Artikel *vollständig* zu haben ist, kaufen Sie ihn bitte für mich?

Übermitteln Sie der lieben ⌐Madame Lou⌐ meinen heißesten, innigsten Gruß. Es ist schrecklich, daß ich ihren Brief nicht beantworte; sagen Sie ihr bitte, daß ich vor Müdigkeit sterbe; die Leute, die bei mir gewohnt haben, haben alles verschmutzt und ruiniert, und nun putzen und putzen wir drei Tage – seit ich wieder in Moskau bin – und es wird einfach nicht sauber. Ich schreibe, sobald ich nur ein wenig zu mir gekommen bin.

Bitte, erfreuen Sie mich so bald als möglich mit einem Brief! Wie geht es Ihnen in Ihrem Wäldchen? Schön ist es bei Ihnen, glaube ich.

Ich wünsche Ihnen alles Lichte und Fröhliche und verbleibe

Ihre Sofja Schill

37. Rilke an Sofja N. Schill

Schmargendorf bei Berlin,
Villa Waldfrieden, am 10. April 1900

Liebe, verehrte Софія Николаевна, wir haben
schon sehr auf Ihren Brief gewartet und sind herzlich froh, nun Gutes von Ihnen zu hören. Denn
Gutes ist es ja trotz aller Ermüdung, welche Sie
sich in St. Petersburg zugezogen haben und von
welcher Sie sich gar nicht ausruhen können. Sie
sind wieder zu Hause in Ihrem lieben Moskau, werden sich Ihr kleines Heim wieder wohnlich machen
und darin den Moskauer Frühling erwarten, dessen
wunderbares siegreiches Kommen ich im vorigen
Jahr gefühlt habe. Und wenn Ihnen die Einsamkeit jetzt ungewohnt ist, so glaube ich, werden Sie
auch das Alleinsein bald wieder liebhaben, das
Alleinsein mit den Dingen und Gedanken, jene
wunderbare Stille, in der das eigene Blut zu klingen beginnt und Melodien zu entfalten. – Sie wissen ja: ich bin ein Liebling der Einsamkeit und
kann von ihr nur leise und im Vertrauen reden ...
Ja, Sie sind recht glücklich, da Sie schon in Moskau
sind; wir wissen immer noch nicht ganz genau,
wann wir reisen werden, seit jener Influenza im
Februar haben wir uns (durch Einfluß des schlechten Wetters wohl) immer noch nicht ganz erholt,
und durch dieses fortwährende Unfähigsein zur
Arbeit ist manches zurückgeblieben, was durchaus
vorher noch vollendet werden muß. Ich für meinen
Teil habe noch so viel zu tun, daß ich gar nicht
weiß, wie ich fertig werden soll.

Indessen, wenn nichts weiter dazwischenkommt,
so reisen wir wohl in den letzten Tagen unseres
April (also etwa am 16. oder 17. April russischen
Stils), u. zw. ohne irgendwelchen Aufenthalt direkt

nach Moskau, wo wir versuchen werden, unsere alten Zimmer in der Большая гостиница zu bekommen. – Wenn das Glück es will, erreichen wir dann noch einige Vorstellungen des interessanten Literarischen Theaters. Karten zu nehmen ist aber doch zu gewagt, da wir ja jetzt noch nicht mit Gewißheit sagen können, ob wir in den genannten Tagen eintreffen. Es wäre freilich sehr schade, das Theater ganz zu versäumen, allein ich hoffe sehr zuversichtlich, daß wir wirklich unser Wiedersehen bei »Дядя Ваня« begehen auf eine so feierliche, künstlerische Art. Ich bin all die Zeit mit russischen Dingen beschäftigt, und es tut mir nur sehr leid, daß ich »Дядя Ваня« nicht habe, sonst hätte ich jetzt gewiß auch dieses Stück übersetzt. Professor Pasternack, der sich sehr liebenswürdig für mich bemüht hat, konnte auch kein Exemplar mehr auftreiben, doch hat er Herrn Левитанъ veranlaßt, in dieser Sache an Чеховъ zu schreiben, was mir sehr wertvoll ist, da Чеховъ auf meine eigene Bitte immer noch nicht geantwortet hat. Vielleicht erhalte ich es doch noch vor der Abreise. Das Manuskript der »Чайка«-Übersetzung liegt noch beim Verleger, der sich noch nicht entschieden hat; bei uns geht das alles so erbärmlich langsam! Die Langsamkeit und Bummelei an Redaktionen und bei Verlagen kann einen zum Verzweifeln bringen. – Es freut mich, daß C. Дрожжинъ schon von mir weiß. Die beiden übersetzten Gedichte, welche ich Ihnen neulich geschickt habe, werden in der Osterfestnummer das »Prager Tagblatt« gedruckt. Zu Дрожжинъ werden wir wohl erst spät, im Juni etwa, auf der Rückreise kommen; in dieser Zeit ist es ja aber auch schöner auf dem Dorfe. Denken Sie nicht, daß es ein russisches Dorf gibt, elend genug, um meine Meinung und Empfindung zu Rußland umzustürzen; ich denke mir: überall ist dasselbe

Quantum Schmutz, und wo man es (wie in unserer Kultur) nicht mehr *sieht*, da hat es sich eben auf das geistige Gebiet zurückgezogen – um so schlimmer!

Gleichzeitig mit diesem Briefe geht an Sie als Drucksache Simmels Aufsatz über »sagesse et destinée« sowie sein Essay über den Pessimismus (I. und II. Teil) an Sie ab. Hoffentlich kommen die Zeitungsausschnitte heil durch die Zensur. – Sonst hat Simmel in den mir bekannten Zeitschriften seither nichts veröffentlicht, wenn ich einmal etwas irgendwo finden sollte aus seiner Feder, schick ich's Ihnen natürlich. –

Nun kommt ja Ihr Kaiser nach Moskau für die Ostertage und versammelt allen Adel des Reiches um sich ... Da möcht ich mich in die Wand des Kreml hinter ein altes Bild stellen und durch seine Augen diese glänzende Versammlung sehen, in der gewiß noch viel Stolz und Schönheit als Erbtum der großen Vergangenheit auflebt. – Frau Lou grüßt Sie auf das innigste und allerherzlichste. Sie freut sich auf das nahe Wiedersehen ebenso wie Ihr in Verehrung ergebener

Rainer Maria Rilke

38.   Rilke an Leonid O. Pasternak

Schmargendorf bei Berlin,
Villa Waldfrieden, am 10. April 1900

Sehr verehrter Herr Professor,
    ich will Ihnen nur in Kürze danken, daß Sie trotz Ihrer starken Beschäftigung sich in meiner Sache bemüht und mir geschrieben haben. Wie freundlich ist das von Ihnen. Gerade der Umstand, daß Левитанъ (den ich übrigens nach seinen Bildern kenne und über alles verehre) an Чеховъ geschrie-

ben hat, läßt mich hoffen, daß ich nun doch noch
ein Exemplar von »Дядя Ваня« erhalten werde,
vielleicht noch rechtzeitig genug, um vor meiner
Abreise nach Moskau mit der Übersetzung zu beginnen. Wenn ich doch dann in Moskau Gelegenheit hätte, dieses Drama auf der Bühne, wo es, wie
ich höre, so erschütternd wirkt, zu sehen! Überhaupt, was wünsche ich mir jetzt, da ich gut vorbereitet nach Moskau komme, nicht alles zu sehen!
Am öftesten werde ich wohl in der Tretjakow-
Galerie sein, um mich für meine Essays vorzubereiten, in denen ich einige russische Künstler (wie
ich Ihnen schon schrieb) zu schildern und zu feiern
gedenke.

Einen großen Essay über Kramskoi, einen über
A. A. Iwanow und dann über Ф. А. Васильевъ
einen – zu diesen Plänen werde ich zunächst meine
Studien und Beobachtungen hinleiten. – Wenn man
von diesen Künstlern spricht, spricht man von russischer Kunst, von der allerrussischesten vielleicht,
und doch wird man gerade da imstande sein, vieles
auszusagen, was sich auf *jedes* künstlerische Schaffen und jenen geheimen Anlaß bezieht, aus welchem es entspringt.

In das Wesen irgendeines Volkes sich vertiefen
heißt immer vom Wesentlichen abweichen, sich
verlieren, sich vom letzten Ziel entfernen um klei-
nerer zeitlicher Ziele willen. Indessen geht man
durch das Erkennen russischer Art gerade auf das
tiefste Menschliche und deshalb: auf Gott selber
zu!

Wenn ich Ihnen sagen könnte, wie sehr ich das
empfinde! –

Nun, wir werden wohl bald davon sprechen. Ich
denke, daß wir in etwa 4 Wochen nach Moskau
kommen werden – bald nach Ostern jedesfalls.
Wenn der Kaiser in Moskau ist, werden die Oster-

tage besonders festlich sein, und da er (wie die Zeitungen berichten) den ganzen Adel dort um sich versammelt, wird es in den Sälen des Kreml manchen malerischen prachtvollen Moment geben. Schade, daß *ich das* nicht sehe!

Ich danke Ihnen, sehr verehrter Herr Professor, auch für Ihren Rat bezüglich des photographischen Apparates. Ich werde einen »Kodak«-Apparat nun doch hier in Berlin kaufen und hoffe, daß ich ihn unbeanstandet über die Grenze bringe.

Sie haben mich mit Ihrer Mitteilung, daß Aufnahmen bewilligt werden, sehr beruhigt; so werde ich diesmal neben vielen unsagbaren Erinnerungen auch solche mitbringen, die bildhaft von den Schönheiten erzählen, von denen die Feder doch nur träumen kann.

Jedesfalls schreibe ich Ihnen nochmals, ehe ich reise.

In Dankbarkeit und Verehrung Ihr sehr ergebener

Rainer Maria Rilke

39.   Sofja N. Schill an Lou Andreas-Salomé

Moskau, 2. [15.] April 1900

Meine liebe ⌈Madame Lou⌉.

Mit großer Verspätung soll dieser Brief Sie zum herrlichen Fest des Frühlings und zum neuerwachenden Leben beglückwünschen: Leider konnte ich nicht früher schreiben. Ich gab zuwenig acht auf mich beim Saubermachen der Wohnung, habe mir dabei ganz sicher wieder geschadet, und die alte Geschichte begann von vorn – Schwäche, Schmerzen usw. Ich mußte einige Tage geduldig das Bett hüten, Umschläge machen und mir selbst

versprechen, in Zukunft vorsichtiger zu sein. – Bei
Ihnen läuten bereits die Osterglocken, auch bei uns
in Moskau ist es trotz der Karwoche irgendwie
fröhlich: Sonne und blauer Himmel, im Kreml ist
der Zar eingetroffen, gestern und vorgestern weh-
ten Fahnen an der Einfahrt, und die große Glocke
ertönte anläßlich seiner Ankunft. Doch die Bäume
sind noch kahl, eben erst ist das Eis auf der
Moskwa gebrochen, und die Luft ist recht frisch. –
Wie Sie sich denken können, vergeht diese Woche
bei uns in reger Geschäftigkeit: man muß in der
Kirche sein, wo solch wundersame Gebete gesun-
gen werden, zu Hause müssen die Osterbrötchen
und das Osterlamm bereitet werden, auch die Eier
müssen zum Ostersonntag bemalt sein. All das
macht man nicht, weil man ohne dem nicht aus-
kommen kann, sondern einfach wegen des gewissen
patriarchalischen Reizes, der mit dieser Geschäftigkeit verbunden ist und an die glückliche Zeit der
ersten Kindheit und an den reinen Glauben jener
Jahre erinnert. In dieser Woche muß ich mich noch
auf das Abendmahl vorbereiten, weil ich es mir so
gelobt habe, als ich in Berlin in der Klinik lag. Dazu muß man gesund und stark sein! – Ich kann
Ihnen kaum sagen, wie mich der Gedanke an Ihre
baldige Ankunft freut. Ich warte auf Sie wie auf
meine eigenen Verwandten. Es ist jedoch furchtbar
schade, daß Ihr Mann nicht mit Ihnen kommen
wird, vielleicht gelingt es ihm noch, sich loszurei-
ßen? Wenn Sie es wünschen, werde ich liebend
gern für Sie eine Unterkunft suchen, damit Sie länger hier bleiben können. – Wie ich hörte, wird das
Ensemble des Künstlertheaters nach dem 20. April
unseres Kalenders in Moskau sein, das heißt, Sie
werden es hier antreffen. – Herr Rainer wird mit
Ihrem Brief eine Grußkarte erhalten; teilen Sie ihm
bitte mit, daß der Brief und der Artikel von Sim-

mel angekommen sind; vielen, vielen Dank. – Wegen meines schlechten Gesundheitszustandes kann ich immer noch nicht mit der Arbeit beginnen, die sich unglaublich angehäuft hat; doch ich will mich lieber noch ein wenig schonen. Zur Zeit lese ich nichts Besonderes; unlängst brachte mir meine alte Freundin (sie schreibt auch) zum Spaß, damit ich nicht schwermütig werde, den Roman ⌐»Halbthier« M[adame] Böhlau[1]. Sie kennen ihn bestimmt. Und so las ich, als ich auf dem Diwan lag, diese zwar talentiert gemachte, aber verlogene Geschichte und empörte mich schrecklich über die Beschränktheit, Lüge und die Übertreibungen in diesem Roman. Welch ein Talent und was für armselige Gedanken, so wenig ernsthaftes Verständnis fürs Leben. Mir schien, eine der handelnden Personen gleicht Ihnen, meine Liebe, und der Gedanke erbitterte mich, in diesem Lügengespinst Ihrem Porträt zu begegnen. Es kann sein, ich irre mich.

Ich küsse Sie herzlich und wünsche Ihnen alles Lichte und Heitere. Meine Verehrung Ihrem Gatten. Ihre Sie liebende

Sofja Schill

40. Alexej P. Maltzew an Rilke

Berlin, N., Tegeler Landstraße, 2. V. 1900
»Kaiser Alexander-Heim« – vis-à-vis dem
Russischen Kirchhof

Sehr geehrter Herr!

Indem ich Ihnen danke für die liebenswürdige Übersendung Ihres Buches nebst Brief, füge ich anbei einige Empfehlungen: in Petersburg an den Professor der geistl. Akademie Pokrowski; er ist gleichzeitig Direktor des archäolog. Institut zu

St. Petersburg und hält oft öffentliche Vorlesungen über Ikonographie im Museum Alexanders III. zu St. Petersburg.

In Moskau an Herrn Green, der beim Besuche des Rumjanzew-Museums behilflich sein kann, und an den Namestnik des Troize-Sergiewschen Lawra, Archimandriten Pawel, und Professor Sawitnewitsch zu Kijew. Mit dem Wunsche, daß Sie diese interessante Reise erfolgreich vollenden mögen, verbleibe ich in vorzüglichster Hochachtung

Ihr ergebenster
Propst A. Maltzew

41.   Rilke an Leonid O. Pasternak

Moskau,
Воздвиженка, Мебл. комн. »Америка«,
(противъ дома Морозова)
am 5. [18.] Mai 1900, Vormittag ½ 12 Uhr

Sehr verehrter Herr Professor,
nach einigen Irrfahrten sind wir in dem oben genannten Haus abgestiegen, und dieses bleibt für den Rest des Moskauer Aufenthaltes unsere Adresse. Ich wollte eben selbst bei Ihnen vorkommen, aber der heftige Gewitterregen verhindert mich daran.

Vielleicht haben Sie die große Freundlichkeit, mir auf einer Karte zu schreiben, ob wir Левитанъ (und vielleicht auch Сѣровъ) besuchen dürfen und wann das sein könnte. Mir ginge damit ein großer Wunsch in Erfüllung.

Ich war schon bei den Передвижники, und dort haben die neuen Bilder von Левитанъ mir den größten Eindruck gemacht. Wenn es möglich ist, möchte ich auch den Fürsten Trubetzkoi besuchen.

Ich versuche nächster Tage wieder bei Ihnen
vorzukommen; es gibt ungeheuer viel in Moskau zu
sehen; ich gedenke noch etwa 10 Tage hier zu sein,
fürchte aber, daß auch dieser längere Aufenthalt
nicht reichen wird zur Erfüllung aller meiner Ab-
sichten und Arbeiten.

Bis zum Wiedersehen grüßt Sie in vorzüglicher
Wertschätzung Ihr sehr ergebener

Rainer Maria Rilke

42. Rilke an Pawel D. Ettinger

Moskau, Wosdwiženka, Haus Amerika,
am 21./8. Mai 1900

Sehr geehrter Herr,
    wir müssen die nächsten Tage ganz der Besichti-
gung verschiedener Kirchen und alter Ikone widmen, da sich uns ein Führer, der später abreist, zur
Verfügung gestellt hat. Da mir russische Kirchen-
kunst von besonderem Interesse ist, kann ich nicht
sagen, wie lang mich diese Besichtigungen bean-
spruchen werden, und bitte Sie, mich vorläufig an
keinem bestimmten Tag zu erwarten. Ich werde
mir erlauben, Ihnen schriftlich zu sagen, wann ich
von Ihrer liebenswürdigen Aufforderung Gebrauch
machen werde, und freue mich sehr auf dieses Wiedersehen. In bester Wertschätzung Ihr ergebener:

Rainer Maria Rilke

43. Sergej I. Schachowskoi an Rilke

Moskau, Twerskoi-Boulevard,
Romanowsches Haus, 17. [30.] Mai 1900

Mein Herr, sehr verehrter Herr Rilke!

Es ist mir leider nicht gelungen, eine passende Person zum Packen Ihrer Sachen ausfindig zu machen. In meinem Hotel sind einige Bedienstete weg, und aus diesem Grunde konnte ich niemand finden. Gestern wollte ich Ihnen einen bekannten Packer schicken, doch auch er sagte ab, denn er hatte für heute schon eine Arbeit angenommen. Ich wiederhole, in Ihrem Hotel findet sich bestimmt ein Diener, der alles ausgezeichnet einpackt. Sie müssen nur unbedingt darauf achten, daß die harten Gegenstände in Zeitungspapier gewickelt und zwischen Heu gelegt werden. Die Kiste muß man zweimal gut in eine Bastmatte einnähen.

Einen ausführlichen Fahrplan werde ich heute für Sie zusammenstellen, vorerst teile ich Ihnen mit, daß Sie nach Kiew mit der Moskau–Kursker Eisenbahn (der Südlichen) fahren müssen, mit dem Zug, der 12^{10} von Moskau abgeht.

Ich schicke Ihnen eine Lampe zum Photographieren. Wenn Sie es für nötig erachten, auf meinen Brief zu antworten, schreiben Sie bitte in Ihrer Muttersprache. Denken Sie daran, daß ich heute um 16^{00} zu Hause bin und nur zu dieser Zeit Ihre Antwort lesen kann.

Erlauben Sie mir, Ihnen alles Gute zu wünschen, und übermitteln Sie bitte meine herzlichsten Grüße der verehrten Madame Andreas. Mit Hochachtung und Verehrung verbleibe ich

Fürst S. Schachowskoi

44. Rilke an Pawel D. Ettinger

Sehr geehrter Herr Ettinger,

die letzten Tage waren durch eine Reihe von
Pflichten, durch eine Reise nach dem Sergei-
Troitzki-Kloster so sehr in Anspruch genommen,
daß ich nicht dazu kam, Ihre liebenswürdigen Besuche zu erwidern. D[as] h[eißt], ich hätte es wohl
können, wenn ich mich begnügt hätte, für zehn Minuten in aller Hast vorzukommen, aber damit hätte
ich doch jener Güte, mit welcher Sie mich über-
häufen, kein volles Gegengewicht, keinen irgendein
ebenbürtigen Dank gegeben.

Ich gedachte bis Ende dieser Woche in Moskau
zu bleiben, muß aber, durch Umstände gedrängt,
heute um 12 Uhr weiter nach Kiew reisen; daraus
ergibt sich eine neue Notwendigkeit zur Eile. Ich
kann nicht einmal Herrn Professor Pasternak adieu
sagen kommen; ich schreibe ihm gleich von Kiew
aus. Bitte vermitteln Sie ihm Abschiedsgrüße und
mein herzliches Bedauern, ihn nicht mehr gesehen
zu haben.

Wie sehr bleibe ich nun vollends Ihr Schuldner.
Die Wolfschen »Извѣстія«, die Exlibris und Ив. Е.
Забелинъ's interessantes Büchlein über russ. Archi-
tektur u. Wrubels Plakat nehme ich dankbarst nach
Kiew mit. Die anderen Sachen, die ich mit großem
Interesse durchgesehen habe, begleiten diesen Brief
zurück.

Sobald ich heimgekehrt bin, werde ich versuchen,
durch Übersendung meines jüngsten, von Heinrich
Vogeler, Worpswede, geschmückten Buches einen
kleinen Dank zu leisten. Vor allem aber bitte ich
Sie, meiner, trotz aller bisherigen Undankbarkeit
meinerseits, freundlich zu gedenken und versichert

zu sein von der größten Wertschätzung und Ergebenheit

Ihres:
Rainer Maria Rilke

45. Rilke an Sofja N. Schill

Tula, am 20. Mai [2. Juni] 1900

Liebe Софія Николаевна,
  die liebe Stunde mit Ihnen war das letzte Stein-
chen in dem bunten Mosaik unserer Moskauer Tage.
Am nächsten Tage war alles von der Eile der Abreise gefärbt, und Moskau, so lieb es uns ist, ver-
blich neben der Erwartung des vielen Bevorstehenden. Wir ahnten gar nicht, wie nahe unsere liebste
Erfüllung uns war. Im Zuge fanden wir Prof.
Пастернакъ, der nach Odessa reiste, und als wir
dem von unserer Unentschiedenheit sprachen, ob
wir versuchen sollten, *Tolstoj* doch jetzt zu sehen,
teilte er uns mit, es müsse sich im Zuge ein guter
Bekannter des Hauses Tolstoj befinden, ein Herr
Буланже, welcher von dem jeweiligen Aufenthalt
des Grafen unterrichtet sein müsse. Herr Буланже
war es auch wirklich, der uns mit der größten Liebenswürdigkeit raten wollte. Wir entschlossen uns,
in Tula zu bleiben und am nächsten Morgen bis
Лазарево zu fahren und von dort mit Wagen auf
das Gut der Obolenskijs nach Пирогово, wo der
Graf sich, wie Herr Буланже meinte, aller Wahrscheinlichkeit nach noch aufhalten mußte. Herr
Буланже hatte vor 2 Tagen die Gräfin nach Jasnaja begleitet, und so lag allerdings die Möglichkeit nahe, er könnte dieser Tage nach Jasnaja reiten. Deshalb gab Herr Буланже von Серпуховъ
aus ein Telegramm auf an die Gräfin mit der An-

frage, wo der Graf sich am Freitag befände. Die Antwort sollte telegrafisch an unser Hotel in Tula kommen. Wir erwarteten sie umsonst und fuhren, wie es besprochen war, gestern früh vollkommen unberaten nach Лазарево. Dort fand sich ein Stationsdiener, der uns mitteilte, der Graf hätte gestern Татьяна Львовна zur Bahn begleitet und sei dann mit Gepäck nach Koslowska abgereist. Nun handelte es sich für uns darum, so rasch als möglich (mit einem Warenzuge) nach einem Ort zu kommen, von wo aus *Jasnaja* zu erreichen war. Wir fuhren zurück bis Jasinki, mieteten dort einen Wagen und jagten mit atemlosen Glocken bis an den Rand des Hügels heran, auf welchem die armen Hütten von Jasnaja stehen, zu einem Dorf zusammengetrieben, aber doch ohne Zusammenhang, wie eine Herde, die traurig auf abgebrauchtem Weideland herumsteht. Gruppen von Weibern und Kindern sind nur rote, sonnige Flecken in dem gleichen Grau, das über Boden, Dächern und Mauern liegt, wie eine sehr üppige Moosart, die seit Jahrhunderten ungestört alles überwächst. Dann senkt sich die kaum erkennbare, ewig unter leeren Plätzen hinfließende Straße, und ihr grauer Streifen gleitet sanft in ein grünes, von Wipfeln schäumendes Tal, in welchem links zwei runde, mit grünen Kuppeln überdeckte Türmchen den Eingang des alten, verwilderten Parkes bezeichnen, in dem verheimlicht das einfache Haus von Jasnaja Poljana liegt. Vor diesem Tore stiegen wir ab und gehen leise, wie Pilger, die stille Waldstraße hinauf, bis das Haus immer weißer und länger hervortritt. Ein Diener bringt unsere Karten hinein. Und in einer Weile sehen wir hinter der Tür, im dämmerigen Vorraum des Hauses, die Gestalt des Grafen. Der älteste Sohn öffnet die Glastür, und wir stehen im Flur dem Grafen gegenüber, dem greisen Manne, zu dem man immer wie ein Sohn kommt, selbst wenn man nicht unter der Gewalt seiner Väterlichkeit bleiben will. Er scheint kleiner geworden, gebeugter, weißer, und wie unabhängig von dem greisen Körper erwartet das schattenlos klare Auge die Fremdlinge und prüft sie mit Absicht und segnet sie unwillkürlich mit irgendeinem unsagbaren Segen. Der Graf erkennt Frau Lou gleich und begrüßt sie sehr herzlich. Er entschuldigt sich und verspricht uns, von 2 Uhr ab mit uns zu sein. Wir haben es erreicht, und beruhigt bleiben wir im großen Saal in Gesellschaft des Sohnes zurück, mit ihm durchstreifen wir den weiten, wilden Park und kehren nach 2 Stunden in das Haus zurück. Dort, im Vorraum, ist die Gräfin mit dem Einräumen von Büchern beschäftigt. Ungern, befremdet und ungastlich wendet sie sich einen Augenblick zu uns und erklärt kurz, der Graf sei unwohl ... Nun ist es ein Glück, daß wir sagen dürfen: Wir haben ihn schon gesehen. Das entwaffnet die Gräfin einigermaßen. Sie tritt aber nicht mit uns ein, wirft im Vorraum die Bücher umher und ruft irgend jemandem mit böser Stimme zu: »Eben erst sind wir eingezogen! ...« Dann, während wir in dem kleinen Zimmer warten, kommt noch eine junge Dame an, man hört Stimmen, ein heftiges Weinen, beschwichtigende Worte des alten Grafen, der bei uns eintritt, zerstreut und erregt einige Fragen stellt und uns wieder verläßt. Sie können sich denken, daß wir in viel Angst, zu unrechter Stunde gekommen zu sein, in dem kleinen Zimmer zurückbleiben. Aber in einer Weile tritt der Graf wieder ein, diesmal vollkommen uns zugewandt, aufmerksam, uns mit seinen großen Blicken umspannend. Denken Sie, Софія Николаевна – er schlägt uns einen Gang durch den Park vor. Statt des gemeinsamen Essens, das wir gefürchtet und bestenfalls erhofft hatten, gibt er uns die Möglichkeit, mit ihm allein zu sein in der schönen Landschaft, durch die er die schweren Gedanken seines großen Lebens trug. Er nimmt an den Mahlzeiten nicht teil, weil er, seit zwei Tagen wieder leidend, fast nichts als Milchkaffee nimmt, und so ist dieses die Stunde, die er den anderen leicht entziehen kann, um sie uns wie ein unerwartetes Geschenk in die Hände zu legen. Wir gehen langsam die engumwachsenen langen Wege entlang in reichem Gespräch, das, wie damals, vom Grafen Wärme und Bewegung empfängt. Er spricht russisch, und wo der Wind mir nicht die Worte verdeckt, verstehe ich jede Silbe. Er hat die linke Hand unter seiner Wolljacke in den Gürtel geschoben, die rechte ruht auf der Krücke des Stockes, ohne sich schwer aufzustützen, und er bückt sich von Zeit zu Zeit, um mit einer Bewegung, als wollte er eine Blume mit dem um sie stehenden Duft einfangen, ein Kraut zu pflücken, aus der hohlen Hand trinkt er das Arom und läßt dann im Sprechen die leere Blume achtlos fallen in den vielen Überfluß des wilden Frühlings, der dadurch nicht ärmer geworden ist. – Das Gespräch geht über viele Dinge. Aber alle Worte gehen nicht *vorn* an ihnen vorüber, an den Äußerlichkeiten, sie drängen sich hinter den Dingen im Dunkel durch. Und der tiefe Wert von jedem ist nicht seine Farbe im Licht, sondern das Gefühl, daß es aus den Dunkelheiten und Geheimnissen kommt, aus denen wir alle leben. Und jedesmal wenn in dem Klang des Gesprächs das Nichtgemeinsame bemerkbar wurde, ging irgendwo ein Ausblick auf auf helle Hintergründe tiefer Einigkeit.

Und so war der Weg ein guter Weg. Manchmal im Wind wuchs die Gestalt des Grafen; der große Bart wehte, aber das ernste, von der Einsamkeit gezeichnete Gesicht blieb ruhig, wie unberührt vom Sturm.

Gleich nachdem wir das Haus betraten, nahmen wir Abschied vom Grafen in dem Gefühl kindlichen Dankes und reich von Geschenken seines Wesens. Wir mochten niemanden anderen mehr sehen an diesem Tage. Wir genossen und verstanden, da wir zu Fuß zurück nach Koslowska gingen, das Land von *Tula*, in dem Reichtum und Armut nebeneinander sind nicht wie Gegensätze, sondern wie verschiedene sehr schwesterliche Worte für ein und dasselbe Leben, das sich in hundert Formen jubelnd und sorglos erfüllt.

Nun, liebe, gute София Николаевна, hab ich Ihnen erzählt, wie wunderschön unsere Fahrt begonnen hat. Heute nachmittag fahren wir weiter. Tula gefällt uns sehr gut, sogar das Hotel ist rein und ruhig. Wir haben viel an Sie gedacht; dafür sei dieser Brief ein kleiner Beweis. Frau Lou schreibt Ihnen gleich von Kiew aus und grüßt und küßt Sie sehr innig.

Wir haben, da wir nun 2 Tage hier gerastet haben, vorgestern Ihren Brief an Adelheims mit einigen Worten von uns vorausgeschickt nach Kiew. –

Möchte es Ihnen schon viel besser gehen, und möchten wir bald das Beste hören von Ihrer Gesundheit.

Mit vielen, vielen Grüßen Ihr sehr dankbarer

Rainer

Liebe, liebe Софа! Ich schrieb nur daher nicht, weil ich eilig die Zeit benutzen mußte für meinen Mann, der mich direkt nach Kiew gereist glaubt. Aber wir haben den ganzen gestrigen Tag im Gedanken an Sie durchlebt und Sie bei allem bei uns gewünscht. Die нѣ-забудочки sind in Ясная gepflückt.

Ihre Lou

46. Lou Andreas-Salomé an Sofja N. Schill

Kiew, Alexandrowskaja-Str., Hotel »Florenzija«,
[10. Juni 1900,] *Pfingsten*

[...] Gestern erhielten wir mit der Post Ihre liebe
Karte und das Paket samt zwei Briefen – vielleicht
kommt heute noch ein Schreiben? Ich hätte Ihnen
schon eher geantwortet; doch wir wollten uns erst
ein wenig in Kiew umschauen und das hiesige Leben kennenlernen.

Gleich nach unserer Ankunft begaben wir uns zu
A[delheim]. Dort trafen wir nur den Hausknecht
an, einen groben Kerl, der lebhaft an einige Typen
von Tolstoi erinnerte! Er wollte uns um keinen
Preis ins Haus lassen noch uns sagen, wo A[del-
heim]s Landgut liegt und wohin sie gefahren sind.
Wir sind dann im ⌐Hotel National⌐ abgestiegen;
aber die Zimmer gefielen uns nicht, und noch weniger gefielen uns die Nachbarn – Damen der Halb-
welt. Am nächsten Tag siedelten wir ins gegen-
überliegende *Orion* um. Von da versuchten wir
noch einmal, jemanden bei A[delheim] anzutreffen. Wir fanden dort ein Mädchen, dem wir unsere
Adresse hinterließen. Nun ist es schon eine Woche
her, und noch immer haben wir keinerlei Nachricht. Unterdessen sind wir auch aus dem Orion
ausgezogen: unsere Zimmer lagen zur Sonnenseite
hin, dazu der Lärm und der Staub von der Straße ...
Die Hitze ließ nicht nach, wir sehnten uns nach
Grün und Kühle; es duftete überall so wunderbar
nach weißen Akazien! Wieder gingen wir auf die
Suche, und da entdeckten wir ein bezauberndes
kleines Hotel, auf einer Anhöhe, inmitten weiter
Gärten und Parks. Es zählte früher zu den sehr
teuren, aber heute ist es erschwinglich, denn alle
wollen nur auf dem Krestschatik wohnen. Ich habe

sogar einen Balkon; uns umgeben blühende Bäume. Wir gedenken noch eine Woche zu bleiben. Das Petscherskikloster mit seinen Höhlen und Kirchen haben wir bereits besucht. Es war interessant, doch vieles machte einen abstoßenden Eindruck. Am besten gefiel mir die Sophien-Kathedrale mit ihren wunderbaren alten Fresken, dann die Kirche des heiligen Wladimir, wo Wasnezow so sorgsam das Altertum nachahmt.

Über all das wird Ihnen Rainer berichten. Ich möchte Ihnen nur Grüße senden und für die Briefe danken, unter denen sich ja auch Briefe meines Mannes befanden! [...]

Abends, wenn wir uns auf dem Balkon erholen, denken wir oft an Sie. Könnten Sie doch mit uns am Samowar sitzen. Nach keinem unserer Moskauer Bekannten sehnen wir uns so! Moskau erscheint uns aus dieser Entfernung noch lieber und teurer. Erst jetzt begreifen wir, wie sehr Moskau vom russischen Geist durchdrungen ist und daß eben darin sein ganzer Zauber beruht. Kiew ist weit von diesem Kolorit entfernt, sehr weit. Es ist eine internationale Stadt wie Petersburg, Warschau oder sogar Wiesbaden. Eindrucksvoll sind hier allein die Natur und die malerischen Trachten des Volkes und der Pilger, sie fallen ins Auge, zwischen ihnen und dem städtischen Publikum gibt es nichts Gemeinsames. Hier denkt man eigentlich nicht an Rußland, dafür fühlt man sich in Moskau wie bei einer Mutter; und wie sollte man im Volk und in allen, denen man begegnet, nicht Güte, Kraft, Anmut und Einfachheit schätzen! Hier aber stößt man ständig auf Neugier, Zudringlichkeit und auf jene jämmerliche oberflächliche Kultiviertheit. Reizvoll in Kiew sind die weiten Gärten und Parks, in denen der Frühling herrscht – doch schön sind auch die weißstämmigen Birken und grünen Wie-

sen um Moskau und sein nördlicher Frühling.
[...]

Rainer läßt Sie aufs herzlichste grüßen. Wir
baden jeden Tag im Dnjepr, und am Abend gehen
wir im Mondschein in den Gärten bei unserem
Hotel spazieren und schauen vom Ufer herab auf
die weite Flußlandschaft.

Ihre Sie innig liebende Lou

47.   Rilke an Sofja N. Schill

[Poltawa, den 21. Juni 1900]

Liebe, verehrte Софія Николаевна, ja, der lange
Brief war schon begonnen, aber in etwa 2 Stunden
geht unser Zug, und es gibt noch manches zu tun;
überdies ist der Weg zum Bahnhof 2½ Werst,
so daß es auch eine ganze Reise ist. Die Dniepr-
fahrt war vom Wetter ziemlich begünstigt, nicht
sehr viel an Ausblicken, da das Land gleichmäßig
flach bleibt; aber wir haben sie doch nicht zu be-
reuen, da sie uns nach Poltawa gebracht hat. Bitte,
liebe С[офія] Н[иколаевна], schreiben Sie uns
nach Самара, До востребованія nochmals *genau*
Дрожжин's Adresse und schreiben Sie auch ihm,
daß wir Mitte russ. Juni 8 Tage in einer reinen
schönen Изба in seiner Nähe wohnen möchten. Ob
er das machen könnte! Mit vielen herzlichen Grüßen

Ihr Rainer

48.   Lou Andreas-Salomé an Sofja N. Schill

[Poltawa, den 21. Juni 1900]

Liebe, liebe Софа! Wir wollten Ihnen einen
ganz langen Brief schreiben, aber wir können es
nun erst vom Wolgaschiff aus tun, weil die Reise
uns alle Zeit genommen hat diese Tage. So froh
waren über Ihren lieben, guten Brief und darüber,
daß es Ihnen besser geht! Möchte die Krimm Sie
bald ganz, ganz erholen! Wir sind den Днепръ bis
Krementschug gefahren und dann 2½ Tage im
schönen Poltawa geblieben, jetzt geht es direkt per
Bahn nach Саратовъ. Mit innigem Kuß

Ihre Луиза

49.   Lou Andreas-Salomé an Sofja N. Schill

An der Wolga, zwischen Saratow und
Simbirsk, auf der »*Alexander Newski*«
(»Kawkas und Merkuri«), [25.] Juni 1900,
Montag

[...] Wir müssen Ihnen noch erzählen, wie wir
nach Poltawa gelangt sind. Wir wollten nicht mit
dem Schiff auf dem Don reisen, denn selbst die
Dnepr-Dampfer hatten sich als unbequem und
langsam erwiesen. Wir beschlossen deshalb, lieber
einige Tage in Kleinrußland zu verbringen. Von
Poltawa aus unternahmen wir einige Fußwande-
rungen in die Dörfer und tranken sogar bei einer
Bäuerin Tee.
     Wir kamen in Saratow an und mußten bis zum
nächsten Tag dort bleiben. Stellen Sie sich vor: ein
Pferd ging mit uns durch, unsere Koffer flogen auf

die Straße, und wir selbst haben es kaum heil überstanden. Glücklicherweise kam der Kutscher mit dem Pferd zurecht, doch wir verspäteten uns. Und erst nach 24 Stunden, um ein Uhr nachts, ging der Dampfer ab, auf dem wir jetzt fahren. Wir fühlen uns sehr gut. Es ist so angenehm, sich nach der Eisenbahnfahrt und all unseren Wanderungen in dieser Stille zu erholen und sich an der Landschaft zu ergötzen. In diesem Augenblick, da ich Ihnen schreibe, gleicht sie ganz den Bildern von Lewitan; der breite Fluß glänzt silbergrau, die niedrigen Ufer sind von einem sanften Grün, hier und da liegen Dörfer; kleine Kirchen leuchten weiß... Man könnte Tag für Tag so fahren! Auf dem Dampfer ist eine Menge Volk, doch uns steht nicht der Sinn nach Bekanntschaften. Am interessantesten ist es auf dem Unterdeck. Dort hat sich ein ganzes Lager von Astrachaner Zigeunern niedergelassen.

Schon ab Poltawa bemerkten wir den Unterschied zwischen den Menschen. Je weiter man nach Osten kommt, desto gutmütiger und liebenswerter werden sie; von neuem weht einem der russische Geist entgegen. Wie traurig, daß gerade davon in Kiew nichts mehr zu spüren ist! Wir fanden in der tiefsten Provinz überall Sauberkeit in den Häusern; die kleinen Gasthöfe sind unwahrscheinlich reinlich; selbst Wanzen gab es nirgends!! Rußland muß man einfach liebgewinnen, und ich liebe es wie eine Heimat. [...]

Ihre Sie liebende Lou

50. Lou Andreas-Salomé an Sofja N. Schill

[...] Mir scheint, Jahre seien vergangen, seit ich Ihnen vom Dampfer geschrieben habe. Wir haben seitdem soviel Wunderbares gesehen, man vermag gar nicht zu glauben, daß sich so etwas in ein paar Wochen ereignen kann... Doch auch traurig war mir oft zumute. Traurig, weil wir uns von dem, was sich uns da erschloß, sogleich wieder trennen, für immer verabschieden mußten. Mir war die Wolga so lieb geworden, daß ich zum Schluß nur unter Tränen auf sie blicken konnte. Nie im Leben hat mich eine Landschaft so tief beeindruckt, sie ist mit nichts zu vergleichen, was man in Deutschland, Italien, Frankreich oder in der Schweiz sehen kann. Hier bleibt das Herz eines Menschen nicht unberührt. Sollte es mir niemals mehr möglich sein, die Wolga zu sehen? Nein, nein, ich werde noch einmal zu diesem großen wunderbaren Strom zurückkehren. Doch nicht nur die russische Landschaft hat uns beide überwältigt, auch das Volk, sein Charakter. Besonders tief haben wir das in Jaroslawl erlebt. Wir hatten uns dort für einige Tage in der Umgebung niedergelassen, in einem kleinen Dorf, um das Leben, das wir vom Deck des Dampfers aus beobachtet hatten, noch besser kennenzulernen. Das Dörfchen lag etwa fünf Werst von Jaroslawl entfernt, auf einer Anhöhe unmittelbar an der Wolga. Dort fanden wir zu unserem Glück eine soeben erbaute Hütte. Die Hausfrau nahm uns freundlich auf. Sie überließ uns Strohsäcke, einen Eimer und eine Waschschüssel; sie bewirtete uns mit Eiern und Milch. Wunderbar! Was für ein Glück, sich mit diesen einfachen Leuten zu unterhalten! Wir saßen auf dem kleinen Erdwall unserer

Hütte wie Könige. Nur ungern reisten wir von hier ab.

Doch nun sind wir bereits in Moskau, zwei zu ihrer Mutter heimgekehrte Pilger. Wir wohnen im Nowomoskowskoje Podworje, vom Fenster aus sieht man ganz Moskau mit dem Kreml, alles erstrahlt im Glanz der Sonne. Dies sind unsere letzten Tage! Wir brechen auf zu Droshshin, und danach fahre ich zur Mutter nach Finnland, wohin auch mein Mann kommen will. Rainer kehrt vielleicht für einen Monat nach Moskau zurück. Ich möchte ihn gern überreden, den ganzen Winter hierzubleiben; das wäre für ihn viel besser als Schmargendorf! Ich habe dort mein Nest, aber er, er ist doch frei wie ein Vogel, und er wird sich noch hoch empor schwingen! [...]

Von ganzem Herzen Ihre Lou

51. Sergej I. Schachowskoi an Rilke

[Moskau,] 29. Juni [12. Juli] 1900

Mein Herr, sehr verehrter Herr Rilke!

Ich bedaure zutiefst, daß Sie mich gestern nicht angetroffen haben. Ich war in meine alte Wohnung gefahren, um meine Sachen zu holen. Heute kann ich ebenfalls nicht zu Ihnen kommen, denn in zehn Minuten begebe ich mich nach meinem Dorf und kehre erst spätabends zurück. Sollte ich nicht nach Petersburg fahren, werde ich versuchen, morgen früh bei Ihnen hereinzuschauen.

Ich schicke Ihnen einen Band von Gorki, doch rate ich Ihnen sehr davon ab, den »Foma Gordejew« zu lesen, dagegen kann ich Ihnen in diesem Buch dringend »Sechsundzwanzig und eine« empfehlen. Das ist wahrscheinlich die stärkste Erzählung.

Gestern erhielt ich den beigelegten Brief.

Ich schicke Ihnen noch ein Päckchen mit Platten für Ihren Photoapparat.

Inzwischen bitte ich Sie, meine Grüße entgegenzunehmen und der sehr verehrten Frau Andreas meine Hochachtung zu übermitteln.

Verehrungsvoll
Ihr Sergej Schachowskoi

52.   Rilke und Lou Andreas-Salomé an Spiridon D. Droshshin

Москва, Новомосковское подворье,
Пятницкая улица, 2 [15] июля [1900],
Воскресеніе

Многоуважаемый Спиридонъ Димитревичъ!

Мы очень желаемъ посѣтить Васъ и съ Вами познакомиться; мы будимъ у Васъ во Вторникъ; надеѣмся, что можно устроится въ деревнѣ для несколько дней.

Извините, что плохо по-русски говоримъ! Сердечно Вамъ кланяются Ваши Вамъ незнакомые друзья.

Р. М. Рильке
и Лу Андреасъ-Саломе

[Übersetzung]

Moskau, Nowomoskowskoje Podworje,
Pjatnizkaja
2. [15.] Juli [1900], Sonntag

Sehr verehrter Spiridon Dmitrijewitsch!
Wir würden Sie sehr gern besuchen und kennenlernen; wir werden am Dienstag bei Ihnen sein; wir
hoffen, daß man für einige Tage im Dorfe unterkommen kann.
Entschuldigen Sie, daß wir schlecht russisch sprechen. Herzlich empfehlen sich Ihnen Ihre unbekannten Freunde.

R. M. Rilke
und Lou Andreas-Salomé

53. Rilke und Lou Andreas-Salomé an Spiridon
D. Droshshin

[Москва, 16 июля 1900]

Мы пріѣдемъ въ станцію Завыдово около
12. час. днемъ, в *Сребу*, 5–го [и]юля. Не удалось
уѣхать завтра из Москвы.

Кланяются Вамъ
Р. М. Рильке
Л. Андреасъ-Саломе

170

[Übersetzung]

Wir treffen am Mittwoch, dem 5. [18.] Juli, gegen
12 Uhr mittags auf der Station Sawidowo ein. Es
war uns unmöglich, morgen von Moskau abzureisen.

Es empfehlen sich Ihnen
R. M. Rilke
L. Andreas-Salomé

54. Lou Andreas-Salomé an Sofja N. Schill

Низовка, Freitag, [20. Juli 1900]

Liebe Софія Николаевна!
Heute gehen wir zu dreien über Land und werden dann erfahren, ob nicht an der nächsten Post
von Ihnen ein Brief für uns liegt – sehr sehnen wir
uns, von Ihnen zu hören, und würden Ihnen auch
von dieser letzten Zeit unserer Reise gern viel erzählen. Hier ist es ganz wunderschön! Unser erstes
Gefühl vom russischen Dorfleben, das uns (wie ich
Ihnen schrieb) in Креста bei Ярославль überkam,
ist hier nur vertieft worden; so viel Friede und
Poesie liegt über dem Arbeitsleben dieser Menschen, so viel Kraft des Gemütes und des Leibes,
daß man nur staunen kann und mit Tolstoi sprechen: »Gehe zum Volk und lerne von ihm.«
[Н]Изовка ist ganz fern von aller Eisenbahn, auch
fern von einer пристань, dafür nah bei Wald und
Wasser – ein Ort, wo man gerne sein Leben zu-
bringen möchte. Спир. Дим. und seine Familie
machen uns diese Tage zu sehr reichen, frohen;
wir wohnen bei ihnen und werden ihnen immer tief

dankbar bleiben für die Möglichkeit, so ganz unter ihnen leben zu dürfen. Von hier geht es nun nach Новгородъ am Ilmen, der letzten Reisestation; dann nach Petersburg. Leben Sie von Herzen wohl, liebe, gute Софа! Es küßt Sie innig Ihre

Lou

55.   Rilke an Sofja N. Schill

[Nisowka, 20. Juli 1900]

Liebe, verehrte Софія Николаевна,

wir haben uns schon so sehr einem Brief von Ihnen entgegengefreut, der uns hier bei Спиридонъ Дим. erwarten würde. Wie geht es Ihnen, und wo weilen Sie augenblicklich. Ihre Karte traf uns in Самара nicht an, mußte den Rückweg nach Moskau finden, um uns dort einzuholen. –
Diese letzten Moskauer Tag[e] waren sehr reich und schön. Wir wohnten im Новомосковское подворье, alle Tage und Nächte den Kreml vor uns aufgetan – hell und herrlich und doch so einfach im Ausdruck seiner Pracht. So nur mit dem Kreml vor Augen kann man Moskau in seinem vollen Leben begleiten, kein Lächeln seiner Mienen versäumen und kein ernstes Wort überhören, welches aus seinen großen dunklen Glocken kommt. Wir haben mit niemandem mehr Bekanntschaft gemacht, dafür aber die Galerien Солдатенковъ und Цвѣтковъ kennengelernt, von welchen besonders letztere eine große freudige Überraschung war. Viel werde ich Ihnen, liebe Софія Николаевна, noch davon erzählen. – Jetzt sind wir bei dem lieben Спиридонъ Дим. im Dorfe Низовка und fühlen uns in seiner großen Gastfreundschaft sehr wohl. Wie dankbar sind wir Ihnen für diese Ver-

mittelung. Mit diesen Tagen tun wir einen großen
Schritt auf das Herz Rußlands zu, nach dessen
Schlägen wir schon lange hinhorchen im Gefühl,
daß dort die richtigen Taktmaße sind auch für
unser Leben.

In Dank und Ergebenheit der Ihre

Rainer

56.   Rilke an Spiridon D. Droshshin

С^т Петербургъ, Невскій просп.
уголъ фонтанки, Мебл. комн.
»Централъ«.
16 [29] Іюля 1900

Многоуважаемый Спиридонъ Димитревичъ!

Я хочу толко еще одинъ разъ благодаритъ
Васъ за ети дни, такъ полны всего хорошаго и
любезнаго. Я теперь въ Петербургѣ уже начиналъ читать и работать; на императорскомъ
библіотекѣ я нашелъ прелестную книгу: »До-
машній бытъ русскихъ царей« Забѣлина, въ
которомъ исторія стареи Москвы описанна
такъ ярка какъ на картинахъ Аполлона Васнецова. Потомъ я буду читать много книгъ,
которые занимаются съ періодою первыхъ
годовъ передвижниковъ и вообше съ литера-
тури этого времени.

Какая радость вновъ смотритъ музей Александра III. Теперь уже изданно прекрасній
Каталогъ съ автотипіями, въ которомъ нахо-
дятся самій лучше картини. Завтра я буду
посѣтить нѣкоторыхъ моихъ знакомныхъ; но,
можетъ быть, они теперь все на дачѣ.

Вечеромъ я сижу у моего окна, изъ котораго
есть прелестній видъ на Фонтанку и на Анитш-

кого дворца, и чту ваше стихы до глубокой
ночи. Я читаю громко и въ воображеній слишу
въ каждому слову вашь голось польнь радости
и любви къ вашему краю.

Ну теперь извините это писмо, которое кор-
мить себѣ ошибками – я лучше не могу!

Завтра я пишу Н. А. Толстому на нѣмецкомъ
языкѣ. Будте здоровы!

Вамъ и Вашеи фамиліи всего лучшаго отъ

> Вашего сердечно преданаго
> Р. М. Рильке.

[Übersetzung]

St. Petersburg, Newski-Prospekt, Ecke Fontanka,
Pension »Zentral«, 16. [29.] Juli 1900

Sehr geehrter Spiridon Dmitrijewitsch!

Ich möchte Ihnen nur noch einmal danken für
diese Tage, die so reich waren an Gutem und Lie-
bem. Ich habe jetzt in Petersburg schon zu lesen
und zu arbeiten begonnen; in der kaiserlichen Bibliothek fand ich ein vortreffliches Buch: »Das
häusliche Leben der russischen Zaren« von Sabelin,
worin das alte Moskau so licht beschrieben ist wie
auf den Bildern von Apollon Wasnezow. Danach
werde ich viele Bücher lesen, die sich mit der ersten
Periode der Peredwishniki und überhaupt mit der
Literatur jener Jahre beschäftigen.

Was für eine Freude bereitet es, wieder das Museum Alexander III. zu besuchen. Jetzt wurde ein
wunderbarer Katalog mit Reproduktionen der besten
Bilder herausgegeben. Morgen werde ich einige
meiner Bekannten besuchen. Doch möglicherweise
sind sie jetzt alle in der Sommerfrische.

Abends sitze ich an meinem Fenster, von dem

man einen herrlichen Blick auf die Fontanka und das Anitschkow-Palais hat, und lese Ihre Gedichte bis tief in die Nacht hinein. Ich lese sie laut und höre dabei im Geiste bei jedem Wort Ihre Stimme, die voller Freude und Liebe zu Ihrer Heimat ist.

Nun entschuldigen Sie diesen Brief, der sich von Fehlern nährt. Ich kann es nicht besser!

Morgen schreibe ich an N. A. Tolstoi in deutscher Sprache. Bleiben Sie gesund!

Ihnen und Ihrer Familie alles Gute.

Ihr von Herzen ergebener R. M. Rilke

57.   Lou Andreas-Salomé an Sofja N. Schill

Finnland, Rongas bei Wyborg,
29. Juli/10. [11.] August 1900

[...] Rainer ist in Petersburg, er arbeitet in der Bibliothek. Wir wollen in Kürze zusammen nach Deutschland zurückkehren [...]

Es fällt mir schwer, Rußland zu verlassen, obwohl es mich nach Hause zieht. Ich hoffe, daß ich im nächsten Jahr noch einmal eine Wolgareise unternehmen werde. Dann sehen wir Sie wieder; mir scheint immer, als hätten wir uns mit Ihnen nicht ausreichend unterhalten können!

Wissen Sie, als wir bei Droshshin waren, hatten wir das Glück, ausgezeichnete Menschen kennenzulernen; seine Freunde, dortige Gutsbesitzer, sie heißen ebenfalls Tolstoi. Liebenswerte Menschen, in ihrer Art bemerkenswert schön und sehr interessant. Wir fühlten uns wie bei Verwandten. So erlebten wir noch eine unerwartete Freude. – Von Droshshin fuhren wir mit der Eisenbahn nach

Nowgorod Weliki, und dort schlenderten wir drei Tage umher und besahen uns alles.

Nun kehren wir zurück, übermäßig und unerwartet belohnt durch eine Menge Eindrücke von der Natur, dem Volk, von seinem Leben und Glauben, seinen Freuden und Kümmernissen.

Wir sind allen dankbar, die uns geholfen haben, doch am dankbarsten sind wir Ihnen [. . .]

Von Herzen Ihre Lou

58.   Anatoli I. Kramskoi an Lou Andreas-Salomé

Petersburg, 29. Juli [11. August] 1900

Madame,

meine Mutter hat mich nach Erhalt Ihres geehrten [Schreibens] vom 28. d. M. beauftragt, Ihnen mitzuteilen, daß Sie entzückt wäre, wenn die gegenwärtig in unserem Besitz befindlichen Bilder und Skizzen meines Vaters von irgendwelchem Nutzen für Sie wären. Wenn Sie an diesem Sonntag, dem 30., etwas Zeit erübrigen können, würden Sie uns eine sehr große Freude machen. Zugleich bittet Sie meine Mutter, die Versicherung ihrer großen Dankbarkeit für die bewegenden Worte entgegenzunehmen, die Sie in Ihrem Brief zum Gedenken ihres verschiedenen Gatten geschrieben haben.

Ihr ergebener
An. Kramskoi

P.S. Sie können uns zwischen ein und vier Uhr nachmittags aufsuchen.

59. Friedrich Groes an Rilke

St. Petersburg, den 29. Juli [11. August] 1900

Hochgeehrter Herr Rilke!
Ich kann Ihnen bisher noch keine Bücher senden, da ich erst Montag früh die Schlüssel zu uns.
Bücherschränken erhalte. Zum Sommer schließe
ich uns. Wohnung ab. Die Schlüssel d. Schränke
befinden sich in einer Kiste, die meine Frau selbst
öffnen muß. Dieses soll Montag geschehen.
Inzwischen brennt einer meiner jungen russischen Freunde, Василий Григорьевич Янчевецкий, Ihre Bekanntschaft zu machen. Wir sprachen
von Ihnen bei unserem letzten Wiedersehen, u. daraufhin seine Bitte.
Ich glaube, er kann Ihnen sehr nützlich sein. Er
ist Journalist, der Rußland viel und eifrig durch-
reist hat, Slawist seiner Bildung nach u. ein netter
Kerl: Wollen Sie mit ihm zusammenkommen, so
lassen Sie ihn durch ein paar Worte (wenn auch
deutsch, er spricht deutsch) in die Redaktion der
»Новое Время«, wo er täglich von 4–6 Uhr ist,
wissen, Эртелев 6. Sie können ihn dort auch persönlich sehen. Oder lassen Sie ihm durch Ihre Hotel-
bedienung telephonieren.

Ihr ergebener
Friedrich Groes

60. Nikolai A. Tolstoi an Rilke

Nowinki, 2. [15.] August 1900

Mein Herr Rainer Ossipowitsch!
Gutsangelegenheiten und die Zeit angestrengte-
ster Feldarbeit haben mich bis jetzt gehindert,

Ihnen auf Ihren lieben Brief zu antworten; mit um
so größerem Vergnügen nutze ich jetzt die sonn-
tägliche Ruhepause zu einem Gespräch mit Ihnen.
Ich müßte mit Entschuldigungen beginnen, daß ich
Ihnen nicht auf deutsch antworte, doch Sie verstehen Russisch besser, als ich Deutsch schreibe, und
ich möchte gern mit Ihnen offen und ungehemmt
sprechen. Und noch eins bitte ich Sie mir zu verzeihen, daß ich von Ihnen sprechen will, doch ich
nehme mir diese Freiheit nur, weil meine Gedanken nicht die Frucht eines gefühllosen und eitlen
Urteilens über einen Mitmenschen sind, sondern
weil ich einfach einen aufrichtigen Bericht von
jenem Prozeß geben möchte, der sich nach Ihrer
Abreise in mir vollzog. Ich war überrascht, sowohl
von Ihren wunderbaren Gedichten als auch von
Ihrem sorgfältigen und ernsthaften Studium der
russischen Kunst in all ihren verschiedenen Strömungen. Ihr etwas zu kurzer Aufenthalt ließ mir
nicht die Zeit, mich mit Ihrer gründlichen und
ernsthaften Kenntnis der russischen Schule vertraut
zu machen; glauben Sie mir, es gibt wenige Russen,
die den russischen Genius so vollkommen begreifen
und sich so mühelos zurechtfinden würden in dem
einförmigen und vergleichsweise wenig erschlos-
senen Reichtum der russischen Meisterwerke, die
oft im Gerümpel eines alten tendenziösen Haus-
rates untergehen. In den Gesprächen mit Ihnen
überkam mich jedesmal Verdruß, da sie sich immer
um den Buchstaben W drehten [?], doch zugleich
offenbarten sie, daß es im Alphabet fast keinen
Buchstaben gibt, den wir unterschiedlich betrachten würden; ich weiß nicht, wie Sie denken, ich
kann nur sagen, mir ist selten ein ähnlicher Genuß
widerfahren. Nun zu Ihrer Muse: Ich muß Ihnen
hier wiederholen, ich wüßte nicht, was ihr fehlte.
Sie sind jung, Anerkennung erlangt man erst mit

den Jahren, doch alles in allem ist sie wundervoll! Keine einzige schroffe Wendung, kein einziges un- wichtiges Wort; zarte Anmut und eine bildreiche, tiefe biblische Kraft, ein festes sittliches Funda- ment, eine originelle, völlig heile Weltsicht und das Vermögen, dies alles in klingende Rhythmen und natürliche Strophen zu fassen – das ist ein Schatz! Hüten Sie diese Gabe des Himmels, hau- chen Sie Ihre ganze Seele hinein und – das Feuer. Unvergängliche und nie welkende Leidenschaft und jenes Feuer, in welchem sich die Menschheit stählt und reinigt. Das alles besitzen Sie schon, doch bald werden Sie in sich noch solche Kräfte entdecken, die sowohl Sie selbst in Erstaunen und Begeisterung versetzen als auch jene, die davon be- troffen werden.

Indem ich mich von Ihnen verabschiede, möchte ich Ihnen so gern mit einem festen, zuversichtlichen Händedruck das unschätzbare Geschenk jener stol- zen und unabhängigen Gewißheit übermitteln, deren ich selbst so bedarf und die Sie so verdienen.

Ihr Sie aufrichtig und von ganzem Herzen ach- tender

N. Tolstoi

Ich bat, von dem Brief eine Kopie zu machen, weil ich vermute, daß Sie meine Handschrift schlecht lesen können. [Nachsatz in der Handschrift N. Tol- stois.]

61. Alexander N. Benois an Rilke

[Petersburg, den 20. August 1900]

Sehr verehrter Herr Rilke,
es tut mir so sehr leid, Sie nicht getroffen zu

haben. Ich bin gekommen, Sie für das schöne Gedicht zu danken und dann Sie versichern, daß ich
nicht mehr am Zahnweh leide!

Hoffentlich auf Wiedersehen in Berlin. Ich reise
Mittwoch oder Donnerstag ab.

Жму Вашу руку und verbleibe искренно преданный Вам и глубоко уважающий Вас

Александр Бенуа

62. Rilke an Alexander N. Benois

СПб: 7. [20.] August 1900

Sehr verehrter Herr Benois,
   ziemlich spät abends komme ich nach Hause und
finde Ihre lieben Worte auf meinem Schreibtisch.
Ich hätte Sie so gerne wiedergesehen und bin traurig über dieses Verfehlen. Hätten Sie sich doch mit
einem Wort angekündigt, wie herzlich hätte ich Sie
erwartet.
   Nun: gute Fahrt!
   Ich verlasse Petersburg noch *vor* Ihnen: morgen,
Dienstag. – Ich reise über Berlin und bleibe dort
einen Tag, um nach der Sezessionsbühne zu sehen ... es scheint schon im Gange zu sein; wenigstens ersehe ich aus der Zeitung, daß man »La
mort de Tintagiles« (Maeterlink) eben einstudiert
und den Maler Curt Stöwing (kennen Sie ihn? Am
bekanntesten ist sein Porträt Fr. Nietzsches) als
künstlerischen Beirat für die Inszenierung dieses
schwierigen Versuches gewonnen hat. Also: man
rührt sich wenigstens.
   Ich beneide Sie, d. h. anders: ich gönne Ihnen
von Herzen vieles Bevorstehende, z. B. Rodin. Wissen Sie, er hat eine sehr talentvolle Schülerin in

Moskau, die Голубкина. Leider kann sie, mangels aller Mittel, nicht recht zu arbeiten beginnen ... aber unter dem trotz allem Zustandegekommenen sind geniale und sehr reiche Einfälle ... und mehr als Einfälle; gewisse Notwendigkeiten ihres Wesens haben sich, allen Hemmnissen zum Trotz, ausgesprochen!

Mein Buch sende ich Ihnen nicht nach Paris natürlich, wo es ein Tropfen wird im Überfluß ... Ich sende es Ihnen zu Ihrer Heimkehr oder gebe es Ihnen am liebsten selbst, wenn Sie durchreisen. Wie wäre es, wenn Sie (es macht für russische Verhältnisse keinen Umweg aus) über Bremen (d. h. Worpswede) zurückkämen. Ich habe Vogeler schon von Ihnen geschrieben, und es wäre schön, wenn wir eine Stunde zu dreien feiern könnten. Vielleicht kommt es so.

Im Vertrauen auf viel Gemeinsames in aller Zukunft

Ihr sehr ergebener:
Rainer Maria Rilke

63. Anna K. Benois an Rilke

Petersburg, 27. August 1900

Sehr geehrter Herr,

ich beeile mich, Ihnen sogleich die Adresse meines Mannes in Paris mitzuteilen: 29 Rue Cambon, hoffentlich wird er Ihren Brief dort noch erhalten, weil er 2 Wochen in Paris bleiben wird.

Ich hoffe, daß Sie uns recht bald in Petersburg besuchen werden, und schicke Ihnen den Ausdruck meiner innigsten Sympathie zu.

Besten Gruß
A. Benois

Ворпсведе – Бременъ, (29. Aug. 1900)

Многоуважаемая милая
Софія Николаевна!

Не испугаетесь: Это я! Я начинаю писать вамъ
на русскомъ языкѣ. Сказалъ: начинаю, потому
что не извѣстно могу я подолжать въ этомъ
родѣ до самаго конца. Я, вѣдь, въ какимъ то
страннимъ положеніи; Вдругъ я стался безгра-
мотнымъ. Нѣмецкій мой идіомъ совсѣмъ не
дѣйствуетъ, и по русски я не могу ни говорить,
ни писать, только думать немножко придется.

Такъ если это, т. е. думать самое главное, то
я правъ, писать вамъ этотъ, если можно такъ
сказать – письмо! Я отъ весь мое путешествія
вамъ не строчку не посылалъ изъ которой вы
бы могли узнать какъ все это на меня дѣйст-
вовало, какой, въ концѣ концовъ резултатъ
вышло, и большая – ли сумма моихъ впечат-
леніихъ. Но, какъ вамъ сказать, я объ этомъ
фактѣ не могу говорить, я это не зналъ, и
теперь, какъ непонятно это ни было, – еще
незнаю. Ясно изъ всего только одно, что я
люблю Россію, тайнственную мою родину,
больше, чѣмъ годъ тому назадъ, и что я теперь
лучше понимаю предметъ, которое я люблю,
да слѣдовательно и больше наслаждаюсъ моего
любви къ вашему Краю. Я видалъ большую
часть ея красоты: Москву, и Волгу матушку и
не одинъ изъ своихъ старыхъ городовъ. Ярославль да Нижній, да Новгородъ–Великій. Я,
вѣдь, не чужой земли, которая мнѣ позволяла
смотрить до глубины своей души. Это ужъ
никогда не можетъ перемѣнится. И это словно
я хотѣлъ: дѣлатся близкимъ, пріятелемъ, что

бы могъ спокойно прощатся еще разъ ... и вернутся домой (если гдѣ нибудъ есть какая возможность), чувствуя, что эту новую родину нигдѣ и ни въ какомъ случаиѣ не могу поте-рять ...

Теперь я жилъ около мѣсяца въ Питеръ, чтобы читать нѣсколько русскихъ книгъ; я не думалъ объ нихъ, да не далъ срокъ для нас-лажденія ... только читалъ; читалъ, по уши начитался чтобы имѣть въ далекую зиму чѣмъ кормится. Вѣдь это трудно жить безъ русскихъ. Что такое жизнь. Авось городъ? Нѣтъ. Жизнь, мнѣ кажется, избушкою, избуш-ка съ красными окнами и съ крышою, да ма-ленкую башнею въ которой живетъ какой-то Божій Колоколь. Двери небольшые, комнаты съ иконами и съ лавочкой ... ужъ я такъ хо-рошо знаю, какъ устроена эта избушка! Но отчего говорить такъ объ этой избушкѣ, какъ будто бы сонъ какой фантастическій ... А это такъ просто, что только можно сказать: ну что, избушку устроимъ. Будетъ время, да, можетъ быть, и устроимъ ...

Но прежде всего надо много читать, да пи-сать, да учится для того я и купилъ нѣсколько книгъ, имена которыхъ я вамъ напишу на слѣдующихъ страницахъ. Изъ этого инвен-тара, вы будете узнать, что я занимаюсъ и старымъ русскимъ бытомъ и нѣкоторыми художниками только что прошлого времени. Вы знаете ли письма Крамскаго? – То я не долженъ вамъ сказать, отчего прежде всѣхъ я люблю этого художника, который писалъ (сло-вами и красками) то: что трудно жить на бѣломъ свѣтѣ, потому что мало любви между природы и человѣка, и между человѣка и Бога. Чело-вѣкъ не долженъ любить ни Бога, ни природу, –

но онъ долженъ относится къ Ему, такъ, какъ и она. И этого онъ не можетъ, не любя каждое слово весни и каждую тишину въ осенью. Вѣдь, Крамской не хотѣлъ быть художникомъ, но онъ былъ человѣкомъ и этотъ богатство съ молчаніемъ доносить ему было невозможно. Да, онъ любилъ, и любить больше чѣмъ другіе любятъ, это всегда значитъ: быть художникомъ. Изъ этой причины Крамской такимъ уваженіемъ относился къ Васильеву, потому, что онъ чувствовалъ, что и онъ любитъ каждое движеніе въ природѣ, и, дѣйствительно, они оба сошли въ стремленіи день изо дня лучше, (съ болшою простотою) смотрить на природу, чтобы лучше ее любить.

Вы, я думаю послѣ этого уже знаете, что я еще не формулировалъ, – что я надѣюсь (если не сегодня ночью, то завтра) писать объ этихъ художниковъ отъ которыхъ я теперь видѣлъ картини – такъ, какъ даже былъ у Крамскихъ. Анатолій Ив. Крамской мнѣ показалъ массу прекрасныхъ работъ своего покойнаго отца, между другимъ и такіе сочиненія, которые рѣдко показываются и только пріятелямъ.

Потомъ я, можетъ быть, и объ другихъ впечатленіяхъ буду писать; есть много важнаго въ моихъ воспоминаніяхъ, и то я еще не знаю ясно что именно тамъ шевелится и блѣстить.

Ну я давно уже бы вамъ это сказалъ, только у меня небыло никакого адреса. И – вѣдь, мое первое русское письмо, просто такъ, безъ всякое знаніе: найдетъ – ли васъ или нѣтъ – бросить ... Это бы было – согласитесь! – слишкомъ легкомысленымъ.

И потомъ, какую этотъ письмо имѣетъ цѣну если оно не будетъ причиною отвѣта, въ томъ родѣ, чтобы я скоро узналъ какъ ваше здоровье, и помните—ли Вы еще вашего Райнера Оссиповича. –

Если Вы много пишете, то я по вашему отвѣту такъ хорошо изучаю русск. языка, что скоро слѣдуетъ первое русское стихотвореніе … и какой это будеть стихъ, то вы можете, пожалуйста, заключать изъ этой прозы!

Но всетаки, мнѣ кажется, вы лучше такъ узнайете вѣсть отъ меня, чѣмъ вы бы могли снимать изъ длиннаго нѣмецкаго письма …

Это я, многоуважаемая Софія Николаевна, написалъ еще въ Питерѣ, прежде чѣмъ Madame Lou меня передала ваше милое письмо, на которое нѣсколько словъ прибавить, мнѣ кажется необходымо.

Не полагаете, многоуважаемая Софія Николаевна, что я идеализирую способъ деревѣнской жизни; я очень хорошо знаю, что тамъ много нужды и горя, но мнѣ кажется что это чувство, т. е. чувство нищеты и горести, не гибнетъ гордость и красоту человѣка, который такъ серіозно и искренно смотрить на судбу.

Счастливые ты, которые терпять просто, надъ которимъ лежить голодъ и нужда, и которые незнають страданіе сытихъ людей …

Я не боюсь что русскій народъ могъ умреть отъ голода: вѣдь, Богъ самъ ее кормитъ вѣчной своей любви …

Я скоро опять пишу, когда я знаю какъ долго вы еще будете въ Крымѣ, и куда надо посылать письмо!

Такъ прощаите … извините толпу моихъ ошибокъ.

Я теперь въ Германію … и если я могу писать по русски то я очень, очень радъ …

Madame Lou, теперь уже въ Берлинѣ. Можетъ быть, она и писала вамъ.

Очень спасибо за все, и прошу незабудте Вашево сердечно преданаго

Райнера М. Рильке

Adresse: R. M. Rilke
        bei Herrn Heinrich Vogeler
        in Worpswede bei Bremen

Изъ инвентара моихъ русск. книгъ:
разн. Каталоги Картинъ
  Стихотворенія:
С. Д. Дрожжина,
Ив. Ив. Козлова,
Басни Крылова,
Кобзарь Шевченки,
Ст. Надсона,
А. Кольцова
  Проза:
3 томи Гаршина
Ф. М. Достоевскій, Дневникъ писателя,
Н. В. Гоголь,
Графъ А. К. Толстой,
                    Князь Серебряный.
разн. томовъ изъ классной библіотеки.

— — — — — — — — — — — — — — — —

Художественные:
Сомова, Стасова,
»А. А. Ивановъ« М. Боткина
»Ив. Н. Крамской« Суворина.
      etc.   etc. . . .

Worpswede–Bremen, 29. Aug [ust] 1900

Hochverehrte, liebe Sofja Nikolajewna!
Erschrecken Sie nicht: Ich bin es! Ich beginne
Ihnen russisch zu schreiben. Ich sagte: beginne,
denn ich weiß nicht, ob ich so bis zum Ende fortfahren kann. Ich befinde mich nämlich in einer
seltsamen Lage. Plötzlich bin ich ein Analphabet
geworden. Mein deutsches Idiom wirkt nicht, und
russisch kann ich weder sprechen noch schreiben,
aber ein wenig denken – das muß ich.
Also, wenn dies, das heißt das Denken, die
Hauptsache ist, dann bin ich im Recht, Ihnen diesen, wenn man das so nennen darf – Brief zu
schreiben! Während meiner Reise habe ich Ihnen
nicht eine Zeile geschickt, aus der Sie hätten ersehen können, wie das alles auf mich gewirkt hat, zu
welchem Ergebnis sie endlich führte und wie groß
die Summe meiner Eindrücke ist. Doch wie soll ich
es Ihnen sagen, ich kann nichts darüber sagen, ich
wußte es nicht, und jetzt, so unbegreiflich das auch
sein möge, weiß ich es noch nicht. Klar ist mir aus
alledem nur eins, daß ich Rußland, meine geheimnisvolle Heimat, mehr liebe als vor einem Jahr und
daß ich den Gegenstand meiner Liebe jetzt besser
verstehe, also auch die Liebe zu Ihrem Land mehr
genießen kann. Ich sah einen großen Teil seiner
Schönheit: Moskau und Mutter Wolga und einige
seiner alten Städte: Jaroslawl, Nishni, Nowgorod
Weliki. Nicht fremd ist mir dieses Land, das mir
erlaubt hat, in die Tiefe seiner Seele zu blicken.
Und das kann sich nie mehr ändern. Und gerade das
habe ich mir gewünscht: ein Nächster, ein Freund
werden, damit ich mich beruhigt noch einmal verabschieden . . . und heimkehren kann (wenn irgend-

187

eine Möglichkeit für mich besteht) mit dem Gefühl, diese neue Heimat kann ich nirgends und in keinem Fall verlieren.

Jetzt verbrachte ich ungefähr einen Monat in Piter, um einige russische Bücher zu lesen; ich habe über sie noch nicht nachgedacht und mir auch keine Zeit gelassen, sie zu genießen ... Ich habe nur gelesen; gelesen, bis ich übersättigt war, um für den langen Winter etwas zu haben, wovon ich zehren kann. Es ist doch schwer, ohne Russen zu leben. Was ist das Leben? Vielleicht eine Stadt? Nein. Mir erscheint das Leben als eine Bauernhütte, eine kleine Hütte mit hübschen Fenstern, einem Dach und einem Türmchen, in dem eine Gottesglocke wohnt. Niedrige Türen, Zimmer mit Ikonen und einer kleinen Bank ... ich weiß schon gut, wie diese Hütte eingerichtet ist! Doch warum von dieser Hütte sprechen, als sei dies irgendein phantastischer Traum ... Es ist doch so einfach, man braucht sich nur zu sagen: Was nun, richten wir eine Hütte her. Kommt mal die Zeit, da richten wir vielleicht auch eine her ...

Doch vor allem muß man viel lesen, schreiben, lernen. Deshalb habe ich einige Bücher gekauft, deren Titel ich Ihnen auf den folgenden Seiten nenne. Aus diesem Verzeichnis werden Sie ersehen, daß ich mich mit der alten russischen Lebensweise und einigen Künstlern der jüngsten Vergangenheit beschäftige. Kennen Sie die Briefe von Kramskoi? – So brauche ich Ihnen nicht zu sagen, warum ich vor allem diesen Künstler liebe, der (mit Worten und Farben) ausgedrückt hat, daß es schwer ist, auf dieser Welt zu leben, weil es wenig Liebe zwischen Natur und Mensch und zwischen Mensch und Gott gibt. Der Mensch muß weder die Natur noch Gott lieben – doch er muß sich zu ihm so verhalten wie auch sie. Und das kann er nicht, wenn er nicht jedes Wort des Frühlings und jede Stille im Herbst liebt. Kramskoi wollte ja nicht Künstler sein, er war aber ein Mensch, und diesen Reichtum schweigend zu tragen war ihm unmöglich. Ja, er liebte; und mehr zu lieben als andere bedeutet immer: ein Künstler zu sein. Aus diesem Grunde achtete Kramskoi den Wassiljew so sehr, denn er spürte, daß auch dieser jede Regung der Natur liebt; und wirklich, sie waren beide einig in ihrem Streben, die Natur von Tag zu Tag besser (mit großer Einfalt) zu betrachten, um sie mehr zu lieben.

Ich denke, Sie wissen demnach schon, was ich noch nicht formuliert habe – daß ich hoffe (wenn nicht heute nacht, so morgen!), über diese Künstler zu schreiben, von denen ich jetzt die Bilder gesehen habe, denn ich bin sogar bei den Kramskois gewesen. Anatoli Iw. Kramskoi zeigte mir eine Menge wunderbarer Arbeiten seines verstorbenen Vaters, unter anderem auch solche Werke, die man selten zeigt und nur guten Freunden.

Danach will ich vielleicht auch über andere Eindrücke schreiben; es gibt so viel Wichtiges in meinen Erinnerungen, und noch weiß ich nicht genau, was sich da besonders regt und schimmert.

Nun, ich hätte Ihnen das schon längst gesagt, allein ich hatte Ihre Adresse nicht. Und meinen ersten russischen Brief einfach so abschicken, ohne zu wissen, findet er Sie oder nicht ... das wäre, geben Sie es zu!, gar zu leichtsinnig!

Und dann, welchen Wert hat dieser Brief, wenn er nicht eine Antwort veranlassen kann, aus der ich bald erfahre, wie es mit Ihrer Gesundheit steht und ob Sie sich noch Ihres Rainer Ossipowitsch erinnern.

Wenn Sie viel schreiben, werde ich dank Ihrer Antwort so gut Russisch lernen, daß bald das erste russische Gedicht folgt ... und was das für ein Gedicht sein wird, das können Sie, bitte, aus dieser Prosa schließen!

Aber dennoch, scheint mir, erhalten Sie besser so Nachricht von mir als aus einem langen deutschen Brief ...

Das alles habe ich, hochverehrte Sofja Nikolajewna, noch in Piter geschrieben, bevor mir ⌐Madame Lou⌐ Ihren lieben Brief übergab, dem ich, scheint mir, einige Worte hinzufügen muß.

Glauben Sie nicht, hochverehrte Sofja Nikolajewna, daß ich die dörfliche Lebensweise idealisiere; ich weiß wohl, dort gibt es viel Kummer und Not, doch mir scheint, daß dieses Gefühl, das heißt das Gefühl der Armut und der Bitterkeit, nicht den Stolz und die Schönheit des Menschen tötet, der so ernsthaft und gerecht auf das Schicksal blickt.

Glücklich sind jene, welche einfach dulden, auf denen Hunger und Not lasten und die nicht das Leiden der Satten kennen ...

Ich fürchte nicht, daß das russische Volk Hungers sterben könnte: denn Gott selbst ernährt es in seiner unendlichen Liebe ...

Ich schreibe bald wieder, wenn ich weiß, wie lange Sie noch auf der Krim sein werden und wohin ich meinen Brief schicken muß!

So leben Sie denn wohl ... verzeihen Sie die Menge meiner Fehler.

Ich bin jetzt in Deutschland, und wenn ich mal russisch schreiben kann, bin ich sehr, sehr froh ... ⌐Madame Lou⌐ ist ebenfalls schon in Berlin. Vielleicht hat sie Ihnen auch geschrieben.

Besten Dank für alles, und bitte, vergessen Sie nicht Ihren von Herzen ergebenen

Rainer Maria Rilke

Adresse: R. M. Rilke
        bei Herrn Heinrich Vogeler
        in Worpswede bei Bremen[1]

Aus dem Verzeichnis meiner russischen Bücher:
Verschiedene Gemäldekataloge; *Gedichte*: von
Droshshin, Koslow, die Fabeln von Krylow, »Kob-
sar« von Schewtschenko; Gedichte von Nadson,
Kolzow; *Prosa*: 3 Bände Garschin, Dostojewskis
»Tagebuch eines Schriftstellers«, Gogol, von Graf
A. K. Tolstoi »Fürst Serebrjany«; verschiedenes
aus der Reihe »Russische Schulbibliothek«. Über
bildende Künste: von Somow, Stassow, Botkins
»A. A. Iwanow«, »I. N. Kramskoi« von Suworin,
etc. etc. . . .

65.   Rilke an Alexander N. Benois

                    Worpswede bei Bremen,
                    am 31. Aug[ust] 1900

Sehr verehrter Herr Alexander Benois,
    denken Sie, was mir passiert: also ich bin, wie es
projektiert war, einen Tag in Berlin. Die Sezessionsbühne ist noch im Bau, verspricht aber *sehr
schön* zu werden. Ein ganz einfacher Theaterraum,
ungeheuer vornehm dekoriert, – alles gefällt mir
ausnehmend gut . . . Mit dem Theater ist in enger
Verbindung ein Lesesaal, welchem viele in- und
ausländische Kunstzeitschriften und Literaturblät-
ter ihre Teilnahme versprochen haben. In den Zwischenakten ist, außer diesem Raum, ein Büfett und
ein kleiner intimer Bildersaal dem Publikum offen;
in diesem sollen parallel mit dem momentan ge-
spielten Stück die jeweilige Stimmung fortklingen
und das Milieu der Dramen und die Seelenstim-

mung ihrer Menschen durch die verwandte Kunst anders wiederholt werden; so soll jedesmal ein ganz runder Eindruck erzielt werden, indem man den Leuten Gelegenheit gibt, in den Zwischenakten die Beziehungen zum Stück zu erhalten und zu vertiefen, statt sich durch Gespräche von dem Eindruck des Dramas zu entfernen.

Hinzu kommt, daß dem einen Malerei verständlicher ist, dem anderen die Bühne mehr zu geben vermag. Beide werden sich in ihren vorbereitenden und begleitenden Wirkungen fördern ...

Man wird von Чеховъ, wenn auch vielleicht nicht die »Чайка«, so doch bestimmt etwas von den kleineren Sachen bringen, und ich habe es übernommen, bis zu diesem Termin (etwa bis 15. Oct. neuen Styles) eine Ausstellung russ. Bilder und womöglich auch einiger Plastiken zu vermitteln. Als ich die Möglichkeit einer solchen Ausstellung so nahe sah, geriet ich in solches Entzücken, daß ich ohne weiteres die Vermittelung versprach, ohne alle Schwierigkeiten zu erwägen. –

Sie sind weit, und ich wußte Ihre Adresse nicht; in meiner Bedrängnis habe ich mich an Ihre verehrte Frau Gemahlin gewandt, mit der Bitte um Ihre Pariser Adresse. Und zugleich habe ich an Groes geschrieben in obiger Angelegenheit. Eben empfange ich wirklich Ihre Adresse durch die große Liebenswürdigkeit Ihrer Frau Gemahlin und wende mich sofort an Sie. Groes hat auf meinen Brief hin telegraphiert, ich möchte mich an Diagileff wenden; ich möchte das nicht tun, ohne vorher Ihren Rat eingeholt zu haben. Bitte, deshalb, schreiben Sie mir *gleich* nach Empfang dieses Briefes ein Wort der Bestätigung und eines des Rates, auf daß es nicht zu spät wird.

Ich dachte mir nämlich folgendes: Von den einzelnen Künstlern Arbeiten zu bekommen ist schwer

und zeitraubend. Wie wäre es, wenn »Міръ искусства« die Ausstellung veranstaltete? Der Redaktion
stehen gute Bilder moderner Maler reichlich zur
Verfügung, und durch sie könnten etwa 20 Werke
russ. mod. Meister im Saal der Sezessionsbühne
ausgestellt werden, direkt unter dem Titel Выстав-
[к]а журнала »Міръ искусства«? Dabei kämen
für mein Gefühl vor allem Lewitan, Сѣровъ, Сомовъ, A. Васнецовъ, Рѣпинъ (etwa портретъ:
Горькій) in Betracht; daß Sie nicht fehlen dürfen,
muß ich nicht erbitten. Wenn etwas von den älteren erreichbar wäre zu diesem Zweck (sei es nun:
Крамской oder Ярошенко etc.) – das wäre herrlich. Dann gelüstet mich sehr nach dem Prinzen
Трубецкой und nach dem »Alter« der Голубкина.
Für letztere könnte der Verkauf des »Alters« im
Ausland bedeutsame Folgen haben, da ihr momentan alle Mittel, sich zu entfalten, fehlen. –
Ich will mich gern jeder Mühe unterziehen und,
wenn es not tut, alle Künstler selbst schriftlich ein-
laden – aber da ich nicht russisch schreiben kann
und einige nur flüchtig, andere gar nicht kenne,
scheint es mir besser, wenn ein Zentrum wie »Міръ
искусс[т]ва« die Bilder sammelte, um uns die Ausstellung als solche nach Berlin zu senden. Bedingungen sind die üblichen: freie Lieferung, Angabe
des Preises seitens des Künstlers und (im Falle des
Verkaufes) 10% Abzug für das Unternehmen
Kunstsalon der Sezessionsbühne. Auf Wunsch teile
ich jedem Genaueres mit.
   Also, wenn ich Ihre Güte in so reichem Maße be-
anspruchen darf, bitte schreiben (oder telegraphieren) Sie mir gleich her, was ich zu tun habe. Wenn
Sie doch die Sache vermitteln könnten, lieber Herr
Benois!
   Sehen Sie, ich bin außer mir vor Freude darüber,
daß das, was mir entfernte Hoffnung schien, sich

nun bald erfüllen soll, daß russ. Bilder nach Berlin kommen. In dieser Freude bin ich ungestüm und unbescheiden zu Ihnen gekommen: helfen Sie mir. Ich habe solche Furcht davor, die Sache könnte, wenn ich Diagileff ohne weiteres und »deutsch« schriebe (obwohl Herr Groes zu solchem Vorgehen rät), – ein für allemal ins Wasser fallen.

Für die große Vornehmheit der Sezessionsbühne kann ich nun, da ich alles selbst gesehen habe, voll einstehen; Sie können sich denken, daß bei meiner Meinung von russ. Kunst mir gewiß nicht jedes Institut würdig schien, dieselbe einzuführen!

Außerdem muß ich mich ohnehin an »Мірь искусс[т]ва« dann noch wenden mit der Bitte um regelmäßige Zusendung der Zeitschrift an den Lesesaal der Sezessionsbühne.

Mir ist das Herz recht schwer, solange ich nicht weiß, wieviel ich erreichen werde.

Die Sezessionsbühne wird am 15. September (neuen Styles) mit Ibsens »Komödie der Liebe« eröffnet und bringt am 29. Sept. mein Stück »Ohne Gegenwart« zusammen mit Maeterlinks »La mort de Tintagiles«. Deshalb werde ich vom 15. bis 30. Sept. in Berlin (Schmargendorf) sein, um die Proben zu überwachen.

Wenn Sie doch erst in *dieser* Zeit kämen! Oder wenn Sie früher über Worpswede führen. Es ist sehr schön hier. Buntes dunkles Land unter hohen, sehr bewegten Himmeln, die ganz reine klare Farben haben. Birken, große Kastanien und knorrige Obstbäume mit vielen roten und vollen Früchten. Sommerblumen, Erikaflächen und lachsroter Buchweizen. Dunkle melancholische Hütten mit haubenhaften Strohdächern verstreut unter alten Bäumen und immer ärmer werdend bis an den Rand des Moorlandes. Das Moorland, von vielen schmalen Wassern durchzogen, auf denen Segelkähne mit dunkelrotbraunen Segeln hingleiten ... In diesem Lande ist die Luft das Malerische ... Sie gibt Buntheit und Klarheit der Fläche und Einfachheit der Kontur. –

Sie würden das sehr genießen und sich an Vogeler freuen und seinem lieben weißen Giebelhaus ... Aber ich tu unrecht, daß ich diesen überlangen Brief durch solche Notizen noch mehr ausdehne. Schließlich muß ich auf meine Bitte zurückkommen, als welche lautet: Könnten Sie, sehr verehrter Herr Benois, die Ausstellung von etwan 20 Bildern und Plastiken mod. russ. Künstler vermitteln? (Bis Mitte d. October neuen Styles.) Oder: wenn Sie keine Zeit haben, könnten Sie mir wenigstens bei der Vermittlung helfen und (wenn Sie es selbst nicht können) jemanden (v. »Миръ искусства«) für meinen Plan gewinnen? Dem Prinzen Трубецкой kann ich, wenn es not tut, selbst schreiben.

Verzeihen Sie dieses ganze Durcheinander von Bitten, Hoffnungen und Unbescheidenheiten. Ich hätte Sie in Paris nicht überfallen, wenn die Zeit nicht so drängte ...

Also: »was tun?«

Voll herzlicher Verehrung der Ihre

Rainer Maria Rilke

66.   Friedrich Groes an Rilke

St. P[eters]b[ur]g, d. 19. [31.] Aug[us]t. 1900

Verehrter Herr Rilke.

Ihr Brief traf mich wiederum in einer solch Hetzjagd v. Geschäften, daß ich nicht denselben Tag noch Zeit finden konnte, Djagileff zu sprechen. Erst den folgenden Tag traf ich ihn und fand ihn gerne bereit, eine Ausstellung von 20–30 Werken seiner Gruppe (die alles Talentvolle, Junge in Rußland vereinigt) in Ihrem Berliner Verein zu veranstalten. Wegen der Einzelheiten bat er, sich mit ihm direkt in deutscher Sprache in Verbindung zu setzen; weshalb ich Ihnen auch sofort telegraphierte.

Hoffentlich regelt sich alles nach Wunsch, und Ihre gute Absicht wird von Erfolg gekrönt.

Benois' Adresse in Paris ist unbekannt. Er bleibt höchstens eine Woche dort und muß schon am 1. Sept. wieder zurück sein.

Mit den besten Wünschen Ihr ganz ergebener, zu Diensten stets bereiter

Friedrich Groes

67.   Alexander N. Benois an Rilke

Paris,
22. [21.] VIII./3. IX. 1900

Sehr geehrter Herr Rilke,

soeben habe ich Ihren lieben Brief empfangen und beeile mich, ihn zu beantworten, aber vorerst bitte ich Sie, mein erbärmliches Deutsch zu entschuldigen. Es freut mich ungemein, daß eine Ausstellung russischer Bilder in Berlin und zuwohl in der »Sezession« veranstaltet wird, aber mir ist es doch sehr schwer und jetzt, solange ich in Paris bleibe, eher unmöglich, mich damit zu beschäftigen. Sie haben unrecht, lieber Herr Rilke, ein so großes Mißtrauen für Diagilew zu hegen; er hat sich vielleicht nicht ganz korrekt Sie gegenüber benommen, aber im Grund ist das doch ein ganz netter Mensch und in dem jetzigen Falle ein ganz unumgänglicher, denn nur er allein in dem ganzen ungeheueren Rußland besitzt die nötige Energie und den nötigen

Mangel an Faulheit, um so ein Unternehmen zu gutem Ende zu bringen. Aber auch Diagilew wird kaum etwas verrichten können, denn da ist wirklich zu wenig Zeit, um alle die Werke zusammenzubringen; bedenken Sie nur, wie schwer die Russen »на подъем« sind! Dennoch brauchen Sie nicht zu verzweifeln, denn jetzt ist eben die Rigasche Ausstellung geschlossen, an der wir uns alle beteiligt haben, und gerade diese Sachen könnt Ihr ganz gut haben, weil sie schon ausstellungsfertig sind. Ich würde also Ihnen raten, sich an Diaghilew Сергей Павлович Дягилев (auf deutsch selbstverständlich) zu richten und ihn bitten, die Sache zu übernehmen. Ich bin überzeugt, daß er es mit Vergnügen tun wird, schon damit загладить свое не совсем вежливое обращение с Вами (die deutschen Worte fehlen mir, besonders hier, wo ich eine ganze Woche ausschließlich französisch spreche, gänzlich, aber Sie werden mir das doch wohl gütlichst verzeihen!). Zugleich schreibe ich an ihm auch ein Brief, worin ich ihn inständlich bitte, sich nicht zu weigern. Mir tut es so sehr leid, daß die Ausstellung jetzt gleich sein muß, denn in diesem Falle bin ich genötigt, mit alten Bildern vor das Berliner Publikum zu treten, und ich hätte so gerne die Peterhofer Gärten gezeigt!

Ich bin ganz in die Ausstellung vernarrt und verbringe ganze Tage darin; in kunstgeschichtlich. Beziehung besonders ist das ein Ereignis ersten Ranges, denn nur jetzt in dieser bunten Zusammenstellung der heterogensten Sachen kann man sich irgendeine Idee von der *ganzen* Entwickelung modernen Kunstgefühls und moderner Kunstbedürfnisse machen.

Merkwürdig, daß in der Kunstindustrie Möbel, Dekoration, die Deutschen und Österreicher, auch die Skandinavier bei weitem die Lateiner, ja selbst die Franzosen – превосходят. Wir Russen, im Gegenteil, sehen ganz unglücklich aus: nur Serof, Levitan, Malavin und Trubetzkoy und einziges im Кустарный отдел (Hausindustrie?) поддерживают нашу репутацию, aber diese einzelne Dinge gehen gänzlich verloren in der ungeheuren Masse von Banalität und Geistesarmut. Die schönen Teppiche nach Zeichnungen Herrn Vogelers haben mir ein immenses Vergnügen gemacht. In Berlin werde ich mich nicht aufhalten, wahrscheinlich nur paar Stunden bleiben, es tut mir sehr leid, die Sezessionsbühne nicht zu sehen, aber ich hoffe noch in diesem Jahre Berlin zu besuchen.

Жму Вашу руку und verbleibe Ihr ganz ergebenster

Alexander Benois

68.   Rilke an Anna K. Benois

Worpswede, am 6. Sept[ember] 1900

Gnädigste Frau,

ich bin Ihnen großen Dank schuldig. Heute empfing ich schon die Antwort Ihres Herrn Gemahls aus Paris. Ich wage nicht mehr, ihm dorthin zu schreiben, da er wohl schon im Aufbruch ist. – Es tut mir leid, daß ich ihn jetzt auf der Durchreise nicht sehen werde.

Ich sende Ihnen und ihm mein jüngstes Buch, von welchem ich Ihnen schon gesprochen habe.

Möchten Sie es, gnädigste Frau, mitempfinden als kleines Zeichen von Dankbarkeit und Verehrung

Ihres sehr ergebenen:
Rainer Maria Rilke

(Nachschrift: In Angelegenheit der Bilder schreibe ich heute an Серг. Павл. Дягилевъ.)

69.   Sofja N. Schill an Rilke

Aluschta, 25. August [7. September 1900]

Mein lieber Freund Rainer Ossipowitsch!

Ihr Brief hat zwei Tage bei mir gelegen, da ich nach Kastel auf das Gut meiner Bekannten gefahren war, doch kaum heimgekehrt, habe ich mich sogleich hingesetzt, um Ihnen schnellstens zu schreiben, damit Sie sehen, wie schrecklich ich mich über eine Nachricht von Ihnen gefreut habe. Zunächst hatte ich den Eindruck von etwas Fremdem und Eigenartigem, als wären es nicht Sie, der mit mir spricht; beim zweiten Lesen – als ich aus Ihrem Russisch herausspürte, wie es bei Ihnen deutsch geklungen hätte –, da fand ich Sie wieder. Als wollten Sie Versteck spielen. Wenn Sie um der Übung willen gern Russisch schreiben möchten, werde ich mich künftig auch über russische Briefe freuen, doch, um die Wahrheit zu sagen, es tut mir leid, daß ich Ihr schönes Deutsch nicht höre, das Sie so vollkommen beherrschen. Seien Sie nicht böse, wenn ich so offen zu Ihnen spreche. Ich glaube, der Mensch kann nur eine Sprache gänzlich beherrschen, das heißt die verborgenen Schwingungen ihres Geistes empfinden; in einer anderen bringt er es schon niemals zur Meisterschaft. Nehmen Sie zum Beispiel Turgenjew, wie gut hat er Französisch gekonnt, aber ich meine, ein richtiger Franzose, zum Beispiel ein Provinzbeamter, hätte trotz allem sofort den Ausländer herausgehört. Doch eins kann ich sagen, Ihre Erfolge sind einfach erstaunlich, und sieht man von den Fehlern ab, so muß man der Wahrheit gemäß sagen, Ihr Brief ist stellenweise ausgezeichnet geschrieben... Ich freue mich für Sie von Herzen, daß Ihnen Ihre Reise einen unerschöpflichen Schatz an Erinnerungen geschenkt hat. Es wird schön sein, sie in Mußestunden zu sichten, wenn Ihr Leben wieder ins Geleise kommt. Ich weiß überhaupt nicht, was Sie für den Winter vorhaben. ⌐Frau Lou⌐ schrieb mir, Sie hätten vor, in Moskau zu leben, und ich habe mich schrecklich darüber gefreut. Doch Sie werden, wie mir scheint, wohl in Deutschland bleiben, und das finde ich gut, denn man soll sich immer von einem Bild etwas entfernen, wenn man es ganz begreifen will. So ist das jetzt auch mit Ihren Reiseeindrükken. Mein lieber Freund, ich beneide Sie schrecklich, daß Sie bei den Kramskois waren und so Wertvolles gesehen haben; ich bedaure nur, daß Sie nicht geschrieben haben, ob Sie das letzte, unvollendete Bild gesehen haben, diese grauenhafte Verhöhnung Christi? Ich weiß nicht genau, wieviel Kramskoi noch daran zu arbeiten vermochte und ob es überhaupt existiert. Dann möchte ich noch gern wissen, ob Sie Sofja Kramskaja, seine Tochter, kennengelernt haben; sie besitzt ein großartiges Talent, und sie studiert an der Akademie. Ihr Bücherverzeichnis erscheint mir recht bunt; ich konnte keinen roten Faden finden. Was wollen Sie zum Beispiel mit diesem verdrossenen, liberalen Nadson, den bei uns nur junge Leute mögen, die Ihnen geistig fernstehen, glauben Sie mir. Ja, ich kann schon beinahe sagen, mich hat Nadson niemals berührt, obwohl er mir immer leid getan hat, weil der Ärmste viel Pech im Leben hatte. Von all seinen Jeremiaden gefällt mir lediglich die eine: »Nur der Morgen der Liebe ist schön...« Das gleicht ja nicht seiner sonst hysterischen Leier. Was Sie mit ihm wollen, verstehe ich nicht. Man muß ihn kennen, um die Stimmung der Jugend der achtziger Jahre zu begreifen, also nur als Historie. Aber Sie kennen Fet noch nicht, unseren vortrefflichen Lyriker, der auf dem Höhepunkt der Begeisterung für den »Ideenreichtum« in der Literatur ein Poet zu bleiben vermochte. Beide, sowohl Tjutschew als auch Fet, waren bei uns dem Spott und der Vergessenheit ausgeliefert, beide waren sie Lieblingsdichter Turgenjews und leibliche Söhne des strahlenden Phöbus ... Und wie wunderbar ist es zum Beispiel, auf einem Stein am Meer zu sitzen und laut Verse aus ihren Werken zu deklamieren, sie haben eine so unmittelbare und enge Beziehung zum Leben, sie sind so frisch und aufrichtig. Dagegen ist Nadson am Ufer des Meeres oder auf einer Kahnfahrt nicht zu ertragen ...

Verzeihen Sie, ich habe mich verplaudert – ich liebe unsere Literatur so sehr, daß ich ohne Ende reden kann. –

Jetzt will ich Ihnen von mir erzählen. Ende Juni unseres Kalenders fuhr ich aus dem Sanatorium, in dem Sie mich besuchten, auf die Krim. Zunächst war ich in Feodossija, wo ich mich eine Woche lang erholte, später in Sudak, doch hier fand ich keine bequeme Unterkunft, und so fuhr ich mit dem Dampfschiff weiter nach Aluschta, wo ich schon zwei Sommer hintereinander gewesen bin. Ich habe hier auf einer Datsche ein winziges Zimmer, ganz weiß, und vom Fenster aus blicke ich auf einen großen Berg, der ganz von grünen Weinstöcken übersät ist. Der Garten der Datsche ist so, wie er nur auf der Krim sein kann – Rosen, Zypressen; und von der Laube aus, in der ich zur Zeit sitze und Ihnen diesen Brief schreibe, sieht man das Meer, heute grau und schwermütig, und links ein kleines Tatarendorf auf einem Hügel, dahinter die bezaubernd schönen Umrisse des Berges Demerdshi, bis zu dessen Fuße es 18 Werst weit ist. In den ersten Wochen meines hiesigen Aufenthaltes war ich noch so krank und schwach, daß ich auf alles, was ich so liebe, mit dumpfer Gleichgültigkeit schaute, jetzt komme ich allmählich zu mir und habe bereits wieder gelernt, mich an der Farbe und Stimme des Meeres und an der Schönheit der Berge zu erfreuen. Vor kurzem habe ich drei Tage bei meiner Bekannten am Fuße des Kastel-Berges verbracht, er liegt rund fünf Werst von uns entfernt. Die sogenannte Professoren-Ecke. An einem völlig wilden Ufer stehen auf einem Abhang hin und wieder Datschen, größtenteils von Professoren bewohnt. Stille und Schönheit. Sollten Sie die Krim besuchen, so gebe ich Ihnen die Adresse meiner lieben Bekannten, damit Sie sich bei ihr einquartieren können. – Ich habe vor, Mitte September unseres Kalenders nach Moskau zurückzukehren, in die alte Wohnung; nur ist das Haus verkauft, und Sie müssen an mich wie folgt schreiben: Smolenski Boulevard / Ecke Glasowa, Andrianows Haus. Wenn meine Kräfte es erlauben, halte ich unseren Schülern wieder Vorlesungen über russische Literatur. Man möchte viel, viel tun für sie, doch muß man sich schonen und darf sich nicht hinreißen lassen.

Dieser Tage erfuhr ich von Friedrich Nietzsches Tod und war schrecklich betroffen; mein Lieber, dürfte ich Sie bitten, wenn etwas über seine letzten Tage in den deutschen Zeitungen steht, es mir zu schicken? Was sagt 'Frau Lou' zu seinem Tod? Wie schrecklich, daß ein solcher Geist in einer solchen Umnachtung verloschen ist. Und noch ein Tod hat mich in diesem Sommer zutiefst betroffen – der Tod unseres Philosophen und Metaphysikers Wladimir Solowjow. Denn diese mächtige Gestalt war doch nach Tolstoi die zweite Hauptfigur in unserem Leben. Sein unerschöpflicher geistiger Reichtum und seine Schönheit haben ihn in der Tat zum Übermenschen gemacht. Und er starb mit achtundvierzig Jahren fast ganz ergraut und ohne Lebenswerk. – Unser jetziges Leben erstickte ihn, verdammte ihn dazu, daß all seine Talente weitgehend ungenutzt verkamen.

Nun, mein lieber Rainer Ossipowitsch, ich beende meinen Brief mit herzlichen Grüßen und innigen Wünschen für alles Helle und Fröhliche.

Ihre Freundin Sofja Schill

Erfreuen Sie mich öfter mit Ihren Briefen. Ach!, schreiben Sie nicht »sehr verehrte« an mich, das ist so förmlich, wählen Sie lieber etwas anderes.

70.   Sergej P. Djagilew an Rilke

[Petersburg,] den 1./14. September 1900

Sehr geehrter Herr!

Mit den freundlichen Vorschlägen in Ihrem Brief vom 6. September erkläre ich mich im Prinzip gern einverstanden, würde aber wünschen, über folgende Einzelheiten Aufklärung zu erhalten.

Bitte vor allem um gefällige Benachrichtigung, wann die Ausstellung eröffnet und wann sie geschlossen wird. Ferner: wie groß ist die Ausstellungsraum? Besteht er aus einem oder aus mehrern Zimmern? Werden nur russische oder gleichzeitig auch Künstler anderer Nationen ausstellen? Sind überwiegend Gemälde größeren Umfangs erwünscht, oder sollen kleinere Stücke (Aquarellen, Zeichnungen, eaux-fortes u. dergl.) in der Mehrzahl sein? Sind dekorierte Panneaux zulässig, und

ist Raum genug für solche vorhanden? Wird die
Ausstellung auch tags oder nur während der
Abendvorstellungen geöffnet sein?

Auf meiner Durchreise zur Pariser Weltausstellung hoffe ich im Oktober in Berlin zu sein und
rechtzeitig zur Eröffnung der »Мир искусства«-
Ausstellung kommen zu können.

Empfangen Sie den Ausdruck meiner ausgezeichneten Hochachtung

Serge von Diaghilew

P.S. Der Ausstellungstermin (15. Oktober) ist etwas
kurz bemessen. Müssen die Kunstwerke durchaus
zum 15. Oktober eingesandt werden, oder können
sie etwa eine bis zwei Wochen später zugestellt
werden? Ferner wäre in Betracht zu ziehen, daß
viele der Werke russischer Künstler sich noch auf
der Pariser Weltausstellung befinden. Würde es
daher nicht ratsamer sein, die Kunstausstellung zu
verschieben, und zwar auf den Januar, damit die
russischen Kunstwerke von der Pariser Weltausstellung hinzukommen können?

Hochachtungsvoll
S. D.

71.   Alexander N. Benois an Rilke

[Petersburg, den] 8./20. [21.] IX. 1900

Lieber Herr Rilke,

ich danke Ihnen von Herzen für Ihre schönen
Gedichte, die mit soviel Feingefühl von Ihrem
Freund illustriert sind. Indem ich sie wieder und
wieder lese, lebt in meiner Erinnerung der liebe
Abend auf, den ich in Ihrer geistreichen Gesell-
schaft verbrachte. Möchten doch solche angenehme

Stunden recht bald und oft wiederkehren! Ich hoffe noch im Laufe dieses Jahres wieder auf eine Zeitlang nach Berlin zu kommen und freue mich schon im voraus, einige schöne Tage mit Ihnen zu verbringen.

In der Hoffnung auf ein baldiges Wiedersehen verbleibe ich Ihr ergebener dankbarer

Alexander Benois

72. Sergej P. Djagilew an Rilke

Fontanka 11, St.-Petersbourg,
den 30. Sept[ember] (13. Okt[ober]) 1900

Hochverehrter Herr!

So gern ich Ihrem liebenswürdigen und ehrenvollen Antrag, die Sezessionsbühne mit Werken russischer Künstler zu beschicken, nachgekommen wäre, so muß ich jetzt leider zu meinem größten Bedauern sehen, daß sich meinem lebhaften Wunsche, Ihnen gefällig zu sein, Schwierigkeiten entgegenstellen. Es ist gerade jetzt eine recht ungünstige Zeit. Alle unsere hervorragenden russischen Künstler sind außerstande, über geeignete Kunstwerke zur Beschickung der Ausstellung zu verfügen. Die Arbeiten Sserows sind alle in Paris; auch Korowin kann über keines seiner Kunstwerke verfügen und ist auf der Pariser Weltausstellung beschäftigt. Von Ssomow empfing ich einen Brief, in dem er mir mitteilt, daß er nichts Passendes für die Ausstellung habe.

So bin ich jetzt trotz meines lebhaften Wunsches, Ihnen zu willfahren, außerstande, etwas für die Ausstellung der Sezessionsbühne zu tun, da ich zu meinem aufrichtigen Bedauern über keine Arbeiten russischer Künstler disponieren kann, welche würdig wären, auf der unter Ihrer Mitwirkung veranstalteten Ausstellung die russische Kunst zu repräsentieren.

Empfangen Sie nochmals den Ausdruck meines lebhaften Bedauerns und die Versicherung meiner vorzüglichen Hochachtung.

Serge von Diaghilew

73. Dmitri W. Filossofow an Rilke

[Petersburg,]
den 13./26. Oktober 1900

Sehr geehrter Herr!

Da Herr von Diaghilew gegenwärtig verreist ist, so sind wir nicht in der Lage, näher auf Ihren Plan, den Sie in Ihrem werten Schreiben vom 22. Oktober a.c. entwickeln, einzugehen, können Ihnen aber die Zusicherung geben, daß die Redaktion der »Mir Iskousstwa« im Prinzip durchaus Ihrem Vorschlage zustimmt. Sobald Herr von Diaghilew zurückgekehrt sein wird, werden wir ihm zu weiterer Entscheidung Ihren Brief vorlegen.

Hochachtungsvoll
Dmitri Filosofow,
stellvertretender Redakteur

P.S. Beiliegend der an Sie adressierte Brief der »Vereinigung bild. Künstler Österreichs«, von dem wir die Abschrift abgenommen haben.

74. Rilke an Pawel D. Ettinger

Schmargendorf bei Berlin, am 10. November 1900

Sehr geehrter Herr Ettinger,
von Worpswede aus habe ich Ihnen einen Separatabzug aus dem »Pan« geschickt mit meinem dekorativen Drama »Die weiße Fürstin«. Ich hoffe,
Sie haben diese Drucksache unbeanstandet erhalten. Heute geht endlich mein versprochenes Buch
»Mir zur Feier« an Sie ab. Sie müssen verzeihen:
ich konnte momentan kein Exemplar mit dem vio-
lett-silbernen Umschlag auftreiben, und da ich Sie
nicht noch länger warten lassen will, müssen Sie
sich mit diesem unfeinen Gelb versöhnen.
Auch ein Heft der von mir vor 3 Jahren publizierten »Wegwarten«-Hefte lege ich bei um des
nicht uninteressanten Titelblattes willen, das von
Johannes Cissarz in Dresden stammt.
Ich freue mich darauf, Ihnen einmal ausführlicher zu schreiben, aber ich kann es noch nicht
tun, weil ich eben erst von Worpswede her in mein
Winterquartier gezogen bin und eine Menge kleiner und großer Arbeiten zu erledigen vorfand. Ich
beschränke mich heute darauf, Ihnen, hochgeehrter Herr Ettinger, diesen Gruß zu senden und natürlich (mögen Sie deshalb nicht zürnen!) eine
Bitte. Ich weiß nicht, ob man Nachnahmesendun-
gen von Rußland her empfängt, kann demgemäß
die folgende Bestellung nicht direkt machen und
bitte um Ihre freundliche Vermittelung: die von
Малютинъ illustr. Bücher haben bei meinen
Worpsweder Malerfreunden und auch hier so viel
Entzücken hervorgerufen, daß ich noch einige Exemplare zum Verschenken wie zum Auflegen in
hiesigen Kunstsalons wie auch zu eigenem Besitz
haben möchte, u. zw.:

Царь Салтанъ ... 5 Exempl.
Ай-ду-ду ... 3 ”
Городокъ ... 2 ”

und wenn ein neues von den angezeigten Малю-
тинъ-Büchern erscheinen sollte, je ein Exemplar
der neuen Publikation. Gibt es nirgends einen Aufsatz, daraus man Näheres über Малютинъ erfahren könnte? Sie können sich gar nicht vorstellen,
wie die Worpsweder Maler die Art Малютинъ's
genossen haben!

Sind übrigens die auf dem Umschlag von »Городокъ« angezeigten Romane von Н. Юрьинъ (»Чужая жизнь« und »Искатель новыхъ впечатленій«) interessant? Die Verse in »Городокъ« sind
sehr einfach und klangvoll. Und wer ist Юрьинъ?

Wissen Sie nicht zufällig: liegt in Berlin irgendwo »Міръ искусства« auf? Es ist mir zu kostspie-
lig, um es zu halten, aber ich würde sehr gerne von
Zeit zu Zeit Einblick nehmen dürfen. – Im Salon
Cassirer fand ich einzelne Hefte vor, aber ohne Zusammenhang.

Ich bitte Sie, sehr verehrter Herr Ettinger, glauben Sie mir, daß Sie mir mit allem, was Sie mir
eventuell berichten wollen, eine große Freude machen. Ich werde Gelegenheit suchen, Ihnen dankbar zu sein. – Was gibt es für neue Bücher? Ist
Горкій's Drama schon fertig? Was ist das für ein
neues Drama des Grafen Tolstoi, welches Немировичъ-Данченко soll angenommen haben, wie
man in unseren Zeitungen liest. Ich höre so wenig
von Rußland und habe doch die halbe Seele dort
gelassen.

Wie geht es Ihnen persönlich? Ich weiß momentan noch nicht zu sagen, wie es mir geht, so sehr bin
ich im Tumult des Einrichtens und Anfangens.

Bitte lassen Sie mir also von А. И. Мамонтовъ
die bewußten Hefte und Büchlein zugehen (ent-

weder, wo das geht, per Nachnahme oder indem
Sie die Summe auslegen und mich sofort von Ihren
Ausgaben verständigen). Wollen Sie mir diesen
großen Dienst erweisen?

Ist schon eine Gedichtsammlung des jungen Di-
plomaten Влад. Жуковскій (dessen Verse von
Zeit zu Zeit in der »Новое Время« stehen) erschienen?

Verzeihen Sie dieses Durcheinander von Fragen,
das ich nicht anders abschneiden kann, als indem
ich überhaupt schließe mit dem Gefühle ausgezeichneter Wertschätzung und Ergebenheit

Ihr dankbarer:
Rainer Maria Rilke

Bitte grüßen Sie Herrn Prof. Pasternak auf das
allerherzlichste.

75. Pawel D. Ettinger an Rilke

Moskau, 18. Nov[ember] 1900
No. 15 Warsonofiewsky-Str.

Sehr geehrter Herr Rilke!

Es hat mich sehr gefreut, endlich von Ihnen
einen einigermaßen ausführlichen Brief zu erhalten. Ihre Karte aus Worpswede empfing ich seinerzeit, aber der Abdruck der »Weißen Fürstin«
gelangte leider nicht in meinen Besitz, was ich
natürlich nicht genug bedauern kann. Der Abzug
dürfte verlorengegangen sein, da doch wohl kaum
unsere heilige Hermandad an der Dichtung etwas
auszusetzen hatte. Für die gütigst gesandte Gedichtsammlung vielen & herzlichsten Dank! Ich
habe das Buch seinerzeit bei Herrn Pasternak

durchblättert, jetzt werde ich es jedoch mit Muße durchlesen, und wenn Sie es erlauben, werde ich Ihnen offen meine Meinung über dasselbe sagen. Ich hätte den Umschlag der »Wegwarten« kaum Cissarz zugeschrieben, eher jemandem aus der Jugendgruppe; jedenfalls ist Cissarz' jetzige Manier anders. Ihre Bitte habe ich mit Vergnügen erfüllt, und werden Sie die gewünschten Hefte gleichzeitig mit diesen Zeilen empfangen. Ich benutze die Gelegenheit, um Sie noch einmal zu versichern, daß derartige Aufträge mir durchaus keine Mühe bereiten & daß ich Ihnen stets gern derartiges besorge. Auch die finanzielle Seite bereitet gar keine Schwierigkeit; ich werde Ihnen den Rubelbetrag stets in Mark umrechnen, welche Sie dann einfach in Papiergeld oder Postmarken per recom. Brief bei Gelegenheit expedieren können. Ich habe zu den bestellten Büchern noch ein Heftchen beigefügt, welches Sie vielleicht noch nicht besitzen & welches einige charakteristische Zeichnungen von Sjerow u. Apollon Wassnetzow enthält. Die Zeichnungen auf Seite 1, 2, 6, 10 sind von erstem, die auf Seite 3, 5, 9, 11 von W., die restlichen, welche ganz unverdient in solch gute Gesellschaft geraten sind, von Stepanow. Sonst ist bei Mamontow nichts Neues erschienen, & wie ich hörte, wird sogar zu Weihnachten kein weiteres Büchlein veröffentlicht werden. Wer Юрьин ist, weiß ich [nicht] & habe auch sonst nichts von ihm gelesen. Ich glaube kaum, daß über Maljutin irgendein lesenswerter Aufsatz existiert, wenigstens ist mir nichts Derartiges zu Augen gekommen. In einem diesjährigen Heft der »Мир искусства« waren verschiedene Entwürfe & Zeichnungen M's (allerdings wenig Hervorragendes!) reproduziert, aber leider ohne begleitenden Aufsatz. Das ist ja überhaupt eine der schwachen Seiten dieser Zeitschrift, daß sie so wenig literarische Mitarbeiter hat, wenigstens was Kunst anbetrifft, & daß der bildliche Teil, insofern er Rußland betrifft, meist ohne Text ist. Djagilew selbst schreibt wenig, & nur Alexander Benois (Бенуа) kann als moderner Kunstschriftsteller betrachtet werden. Überhaupt existiert ja einstweilen in Rußland keine Kunstkritik; es ist rein unglaublich, was für Blödsinn dem Publikum unter dieser Rubrik aufgetragen wird!

Aus meinen persönlichen Eindrücken über Maljutin kann ich Ihnen mitteilen, daß er ein kleines, mageres Männchen ist, den Sie für alles andere eher als für einen Künstler halten würden. Er hat ganz den Typus eines etwas verblaßten Kanzleibeamten. Auch sein Heim bestätigt nur diesen Eindruck. Typische Wohnung eines russischen Kleinbürgers, alte schäbige Möbel, eine Schar kleiner Kinder, eine Frau, die man als Wirtschafterin annehmen kann, da der Herr des Hauses sie nicht einmal vorzustellen der Mühe wert hält, und nur ein paar Studien von großem koloristischen Reiz bezeugen, daß hier ein großer Künstler wohnt.

Auch im Gespräch ist M. wenig interessant, er [hat] etwas Kleinliches an sich, & in der Tat wird er von seinen Kollegen zwar geschätzt, aber nicht geliebt. Und doch trotz allem, welch großes Talent, welche Fülle von Phantasie, welch ein großer Kolorist! Man gebe ihm eine gesicherte Existenz, irgendein weites Feld, sich zu betätigen, namentlich auf dekorativem Gebiet, & er würde vielleicht etwas Unsterbliches schaffen. –

Ob der Mir Issk. irgendwo in Berlin ausliegt, weiß ich nicht, aber ich glaube doch, es würde Ihnen nicht schwerfallen, z. B. Cassirer zu einem festen Abonnement zu bereden; 25 Mark sind doch für einen Kunstsalon keine allzu große Summe.

Es wird Sie vielleicht interessieren, daß hier vor

einigen Wochen eine neue Oper von Rimsky-Kor-
sakow, »Царь Салтан«, mit sehr starkem Erfolg
gegeben wurde. Wrubel hat einige prächtige Dekorationen dazu gemalt. Namentlich der Hof Sal-
tans mit einem Stück offenen Meeres & einem blut-
roten Himmel & goldener untergehender Sonne
war so märchenhaft schön, daß anderswo der
Künstler mit einem Schlag ein berühmter Mann
geworden wäre. Hier wurde in den Berichten kaum
sein Name erwähnt, & es kostete mir & einigen
Freunden Mühe genug, ihn während der ersten
Vorstellung vor die Rampe zu rufen.

Herrn Pasternak habe ich Ihren Gruß überge-
ben, & bat er mich, Ihnen seinen Dank zu übermitteln. Seine Illustrationen zur »Auferstehung«
haben in Paris viel Beifall gefunden. – Sie fragen,
was es für neue Bücher gibt? Eigentlich fast gar
keine. Wie Sie wissen, erscheint ja fast die sämtliche russische literarische Produktion in den monatlichen Zeitschriften, & sie sämtlich aufmerksam
zu lesen ist wohl kaum möglich. Jedenfalls etwas
Hervorragenderes ist wohl kaum in letzter Zeit
veröffentlicht worden. Viel geschrieben und noch
mehr geschimpft wurde über ein Drama von
Minsky, »Alma«. Ich bin noch nicht dazu gekommen, es zu lesen, kann also noch nichts darüber sagen. Wie Sie vielleicht wissen, gehört
Minsky zu dem Kreis des Mereschkowsky, Frau
Hyppius-Mereschkowsky etc. – also zur russischen
Moderne.

Und nun zu dem Trio Tolstoi–Gorkij–Tschechow, welches Sie wohl am meisten interessiert.
Über das neue Drama des ersteren kann ich Ihnen
nicht mehr sagen, als Sie schon wissen. Es soll
»Труп« heißen & war dem hiesigen Secessions-
theater – ich glaube, daß man das Aleksejewsche
Theater mit Recht so benamsen kann – verspro-

chen. Nach einer neuern Version soll es jedoch im Kaiserlichen Theater zur Aufführung kommen. Über den Inhalt ist nichts bekannt. Übrigens soll T. noch an einem anderen Drama aus dem modernen Gesellschaftsleben arbeiten.

Gorkij soll sein fast fertiges Drama aus dem traurigen, eintönigen Leben einer kleinen russ. Provinzstadt wieder vernichtet haben. Auch Tschechow hatte der Secessionsbühne ein neues Stück versprochen & sogar einige Akte fertiggeschrieben, dann aber die Arbeit »Три сестры« beiseite gelegt. Vorige Woche war er hier, & während der Vorstellungen der »Чайка« & des »Дядя Ваня«, welche in Tat auf gen. Bühne unvergleichlich gespielt werden, wurden ihm seitens des Publikums geradezu enthusiastische Ovationen veranstaltet. Nun ihn dies zu neuer Arbeit angefeuert habe, und das Drama soll nun doch in dieser Saison fertig sein. Ich gebe Ihnen diesen Zeitungsklatsch wörtlich wieder, wo die Wahrheit beginnt & die Dichtung aufhört, ist schwer zu bestimmen. Die Secessionsbühne hat uns unlängst eine vortreffliche Vorstellung des Ibsenschen »Volksfeind« gegeben, in welcher besonders Aleksejew als Stockmann wirklich prächtig [war]. Ich hatte gefürchtet, daß er die Rolle ins Heroische spielen wird, aber das war durchaus nicht der Fall. Im Gegenteil, er gab eine lebensvolle, in ihrer Einfachheit sympathische Gestalt. Das Drama hat beim hiesigen Publikum ungeheuern Erfolg, ich ziehe den spätern Ibsen der »Gespenster« & der »Hedda Gabler« vor.

Die mit sehr großen Kosten & vieler Mühe vorbereitete »Снегурочка« von Ostrowski fiel dagegen ab. Ich weiß nicht, ob Sie diese wundervolle, hochpoetische dramatische Dichtung kennen. Sie ist sehr lesenswert, aber sie hat keinen eigentlichen dramatischen Lebensnerv & erscheint auf der

Bühne etwas langweilig. Es lag eigentlich gar keine Not vor, die Dichtung auf die Bühne zu bringen, denn es existiert eine gleichnamige Oper Rimsky-Korsakows, in welcher der Text fast unverändert geblieben ist. Die Musik ist wunderbar schön & schmiegt sich den phantastisch-volkstümlichen Themen mit großer Kunst an, so daß man jetzt an manchen Stellen diese Musik gradezu vermißt, wenn man die bloße Dichtung sieht. –

Von einer Gedichtsammlung W. Shukowskis habe ich nichts gehört, werde mich jedoch danach erkundigen.

Nun habe ich wohl Ihre Neugier gestillt, & Sie werden sich über die Kürze meines Briefes wohl nicht zu beklagen haben, nicht wahr?

Auf dem hiesigen Kunstmarkt ist es noch ganz still: keine Ausstellungen, selbst die Tretiakowsche Galerie ist geschlossen. Es erschien vor einigen Tagen eine sehr große unhandliche Mappe mit Reproduktion in Phototypie von 15 Bildern von Victor Wassnetzow (Preis 12 Rubel). Ich bin zwar ein großer Verehrer dieses Künstlers, aber ich muß offen gestehen, daß beim Durchblättern dieser Mappe sehr viel Interessantes – natürlich die Wladimirkirche in Kiew ausgenommen – unter seinen Werken nicht zu finden ist.

Ich möchte Ihnen bei dieser Gelegenheit ein anderes Buch empfehlen, welches für das Studium der alten russ. Kunst sehr nützlich ist. Es ist dies nämlich ein Serienwerk von Tolstoi & Kondakow unter dem Titel »Русские древности в памятниках искусства« herausgegeben. Unlängst ist der 6. Band erschienen, welcher Wladimir, Nowgorod & Pskow, also schon eigentliche russische Kunst, behandelt. Es ist ein sehr gediegenes Werk mit Illustrationen & der Preis sehr gering – Rb. 1.50. –

Ich bitte Sie um Entschuldigung, daß ich so nachlässig schreibe, aber sonst würde diese lange Epistel gar nicht fertig werden.

Nun leben Sie wohl & gedenken Sie hin & wieder Ihres

ergebenen
Paul Ettingers

P.S. Sie waren seinerzeit so freundlich, mir Ihr Exlibris zu versprechen. Darf ich Sie daran erinnern? Sie haben wahrscheinlich auch einige sonstige von Orlik und Ihren Worpsweder Freunden.

76. Rilke an Alexander N. Benois

Schmargendorf bei Berlin,
am 21. Nov[ember] 1900

Sehr verehrter, lieber Herr Benois,

wann darf ich wieder einmal etwas von Ihnen hören? Ich denke oft an unseren Peterhofer Abend, und es gibt Stunden, da ich mit niemandem so gerne sprechen möchte als mit Ihnen. Das kommt von dem Ungesagten und Angefangenen, welches in unseren kurzen Gesprächen sich nicht ausgeben konnte und das bis zu einem Wiedersehen ganz mächtig in mir anwachsen wird. Wie schön mag es jetzt ⟨ist⟩ [in] den großen Peterhofer Parken sein, wenn durch die leeren Bäume hindurch ein Schlößchen von dem anderen erfährt ... Wie gut ließe es sich da auf den breiten Wegen gehen und reden und schweigen und Fernsichten schauen: Parktiefen und Wasserläufe und das Meer, das stille, große Peterhofer Meer ...

Ich bin seit einigen Wochen in Schmargendorf. Das kleine Haus, welches ich in Worpswede auf

dem Grundstück meines Freundes Vogeler gemietet
hatte, mußte ich aufgeben, weil es sich erwies, daß
die Übersiedlung mit allen Büchern für kurze Zeit
zu umständlich gewesen wäre, auch war mir die
Nähe einer größeren Bibliothek für meine Arbeiten, welche sich ja, wie Sie wissen, auf Rußland
beziehen, notwendig. Ich wohne hier wieder sehr
einsam, im Angesicht des Waldes, und komme nicht
allzuoft in die Stadt.

Dort gab es manches Interessante. Bei Schulte hat
Zuloaga ausgestellt, ein wunderbarer Maler (Sie
werden ihn von Paris her kennen), und im Salon
von Cassirer kann man einige Bilder von Cézanne
sehen, die (besonders die Früchte) unvergleichlich
stark und eigenartig gemacht sind. Bei »Keller und
Reiner« (einem anderen Salon) rüstet Heinrich
Vogeler ein Zimmerchen ein und hat dort am 1. Dez.
eine Kollektivausstellung (sie ist jetzt in Bremen)
von ungeheurem Reichtum und voll Beweisen eines
reifen Fortschritts.

Buchschmuck, Radierung, Zeichnung und an 10
größere Ölbilder, darunter Stücke von unbeschreiblicher Feinheit. Einmal sein kleines weißes Giebelhaus, vom ersten Morgenglanz verklärt, während
dahinter die Nacht mit dem letzten Sterne sich zurückzieht... Vogeler hat von R. Alex. Schroeder,
dem Herausgeber der »Insel«, von einigen Ihrer
Bilder sehr viel gehört und hat eine tiefe Zuneigung
zu Ihnen. Es hat ihm sehr leid getan, daß Sie nur
seine beiden Scherrebeck-Teppiche in Paris gesehen
haben, die nicht viel für seine momentane Entwickkelung bedeuten.

Wären Sie doch nach Worpswede gekommen,
lieber Herr Benois!

Die Sezessionsbühne hat neulich »La mort de
Tintagiles« gebracht. Wenngleich die Sezessionsbühne nicht in jedem Sinne hielt, was sie versprach,

so hat sie sich doch durch diese Aufführung recht verdient gemacht. Ich habe im Anschluß daran einige Notizen über »Das Theater des Maeterlinck« geschrieben, die in einer Hamburger Zeitschrift erscheinen und die ich Ihnen (da sie mit unserem Gespräch in Peterhof sich berühren) einsende, sobald sie publiziert sind.

Die Sezessionsbühne hat in bezug auf Ausstattung und schauspielerisches Können nicht ganz meinen Erwartungen entsprochen, auch ihr Bildersaal, den ich nur im Werden sah, ist *nicht* in meinem Sinn durchgeführt worden, so daß ich ganz froh bin, daß die russ. Bilder *nicht* gekommen sind. Dafür möchte ich mit ganzer Kraft mich für jenen anderen Plan einsetzen, der darin besteht, nach dem Mai 1901 in der Wiener »Sezession«, die auch Ihnen als namhafte Vereinigung und durch ihr schönes Haus bekannt sein dürfte, eine große russische Ausstellung von Bildwerken und Plastik zu machen. Ich habe den Vorschlag des Sekretärs Hancke seinerzeit an Herrn v. Diaghilew (dem ich alle Dankbarkeit schulde für sein sehr liebenswürdiges Entgegenkommen) eingesandt, aber eine von Dmitri Filosofow gezeichnete Antwort empfangen im Sinne, daß er von dem betreff. Briefe eine Abschrift genommen habe, mit dem Bescheid aber bis zur Rückkehr des Herrn von Diaghilew, der abwesend sei, warten müsse⟨n⟩. Ist Herr Diaghilew schon zurück? Bitte erinnern Sie ihn an meinen Vorschlag; ich möchte der Sezession gern *bald* Bescheid geben können; es ist für das Zustandekommen dieser Sache so wichtig, daß sie rechtzeitig festgesetzt wird. – Wenn die Ausstellung im Bildersaal der Sezessionsbühne bis zu gewissem Grade gewagt war, weil das Unternehmen jung und für bildende Kunst nicht eigentlich beabsichtigt war, so entfernt der bewährte Name der Sezession jeden Zweifel an dem Erfolge dieses Unternehmens, für welches ich alles tun will. Bitte veranlassen Sie, daß man mich *bald* Bescheid wissen läßt, ich werde Herrn von Diaghilew selbst noch mit einigen Worten an diese Angelegenheit erinnern.

Ich bedaure so unendlich, mit dem Kreis von »Мірь искусства« keine nähere Beziehung gewonnen zu haben, so daß ich nicht einmal Ihre schöne Zeitschrift zu sehen bekomme. Bei Cassirer lag das Augustheft auf mit Vogelers Zeichnung zu meinen »Heiligen drei Königen«. Daraus sehe ich, daß die »Insel«, von welcher ich Ihnen erzählte, bei Ihnen auch Eingang gefunden hat. Mein neues Buch, welches im Verlage dieser »Insel« erscheint, hoffe ich Ihnen noch auf den Weihnachtstisch legen zu können.

Was für Unternehmungen gibt es heuer winters im Kreise des »Мірь искусс[т]ва«? Wenn Sie von einem neuen Prosa- oder Gedichtbuch* aus Ihrem Kreise wissen, das Ihnen übersetzungswert scheint, bitte senden Sie mir doch zu. Ich höre viel zuwenig von Rußland und würde so gerne *sehr viel* hören.

Wie ist es mit Ihrer Arbeit? Sie wissen, daß die Wiener »Sezession« eine Zeitschrift »Ver Sacrum« hat. Wenn die russische Ausstellung in Wien im Frühling 1901 zustande kommt, stehen mir einige Hefte von »Ver Sacrum« zur Verfügung, und ich möchte dort eine große Würdigung Ihrer russischen Kunstgeschichte geben, wenn dieselbe bis dahin erschienen sein sollte. Ich habe ein so tiefes Vertrauen zu Ihrem Werke, von dem ich weiß, aus wie reiner Seele es ersteht, wie streng der Kritiker in Ihnen gegen den Künstler in Ihnen ist und wie doch letzterer das ganze Buch mit Wärme und Liebe

* oder Drama!

erfüllen wird. – Wenn Sie mir, im Falle das Werk noch nicht erscheint, zum Zweck der großen Würdigung in »Ver Sacrum« eine Einsicht in die Korrekturbogen des Buches gestatten wollten, würden Sie mir einen großen Dienst tun. Wenn ich Anfang 1901 jene große Besprechung schreiben soll, müßte ich bald beginnen, mich in Ihr Werk zu vertiefen, und abgesehen davon würden Sie mir damit eine Reihe reicher Stunden schenken, die sich denen in Peterhof würdig anreihen würden.

Haben Sie etwas von Herrn Groes gehört?

Man erzählt von einem Drama Горкій's? Wissen Sie davon? Ist es schon erschienen? Ich möchte so gerne etwas Gutes übersetzen. Verlage und Bühnen stellen an mich dieses Angebot, das selbst meinen lebhaftesten Wünschen entspricht, – aber ich habe zuwenig Verbindungen mit meinem so sehr geliebten Rußland.

Lieber Herr Benois, dies ist ein großer Brief geworden, und ich muß mir Zwang antun, ihn nicht noch länger zu machen, denn ich hätte Ihnen noch viel zu erzählen. Ein nächstes Mal. Bitte schreiben Sie mir, beantworten Sie mir eine oder die andere von meinen vielen unbescheidenen Fragen, (besonders wegen Wien) und wegen Ihres Werkes (ich würde so gern der erste Ausländer sein, der es würdigt), und sagen Sie mir, wie es Ihnen geht. Ihrer verehrten Frau Gemahlin bringen Sie viele Versicherungen herzlicher Ergebenheit und den Kleinen Grüße. Und seien Sie mir nicht böse wegen des Umfanges dieses Briefes, den zu schreiben mich sehr froh machte, weil ich in ihm wieder mal zu Rußland sprach durch eine so liebe und sympathische Vermittelung wie die Ihre, verehrter Herr Benois. Je früher Sie mir schreiben, desto dankbarer bin ich, und ganz besonders, wenn Sie (ich bitte dar-

um) russisch schreiben. Nächstens versuche ich
es auch. Es wäre nicht mein erster russischer
Brief.

Mit viel Herzlichem und Dankbarem in größter
Wertschätzung

Ihr sehr ergebener:
Rainer Maria Rilke

77.   Rilke an Pawel D. Ettinger

Schmargendorf bei Berlin, am 3. Dez[ember] 1900

Sehr geehrter Herr Ettinger,
   wegen viel Arbeit (die sich übrigens alle auf
Rußland bezieht) komme ich erst heute dazu, Ihnen
für alles (d. h. für sehr viel!) zu danken: für die
Übersendung der Mamontowschen Bücher und für
alle Nachrichten Ihres lieben ausführlichen Briefes. Ich habe viel Freude gehabt an den mitgeteil-
ten Begebenheiten und bin um einige Werst näher
an Moskau, seit ich so eingeweiht und vertraut
mich fühlen darf. Ist es ein Dank, wenn ich Ihnen
aufrichtig sage, daß Sie mich sehr erfreut haben,
und ist dieser Dank nicht gleich wieder aufgehoben durch die unbescheidene Bitte, mich von Zeit
zu Zeit mit solchen Nachrichten zu erfreuen? Wenn
das nicht zu unbescheiden ist, werden Sie mir meinen Wunsch gewiß erfüllen, besonders wenn etwas
Interessantes sich ereignen sollte.
   Ich sende Ihnen heute einige Exlibris: 3 Exemplare des meinigen von Orlik, eines von Heinrich
Vogeler, eines von Josef Sattler und ein von einem
Balten stammendes, welches der Graf von Leinin-
gen mir einmal mit anderen zugesandt hat. Außerdem auch das Bücherzeichen des Schriftstellers

Arthur Holitscher, von einem jungen, in Paris lebenden deutschen Maler entworfen, dessen Name mir nicht erinnerlich ist. Der Buchumschlag, welchen Emil Orlik für ein älteres Gedichtbuch entworfen hat, liegt gleichfalls bei. Dann ein Exemplar meines Dramas »Ohne Gegenwart«, welches hier auf der Sezessionsbühne gespielt wird und das der Chefredakteur des »Курьеръ« – Фейгинъ in Moskau eben ins Russische übersetzt, um es einer Aufführung zugänglich zu machen. Ferner meine Schuld.

Trotzdem Sie meine Bitte so vollkommen erfüllt haben (das neue Büchlein ist um Серовъ's und А. Васнецовъ's willen sehr interessant), bin ich so unbescheiden, heute schon neue Bitten auszusprechen. Die erste haben Sie selbst angeregt: ich bitte um Besorgung (zunächst des einen, von Ihnen erwähnten) 6. Bandes von Толстой–Кондаковъ's »Русскія Древности въ памятникахъ искусства« zum Preise von Rubel 1.50 – vielleicht schaffe ich später die anderen Bände an.

Meine anderen Bitten beziehen sich alle auf die Persönlichkeit А. А. Ивановъ's, die ich zum Zwecke einer größeren Arbeit unablässig studiere. In diesem Sinne bitte ich Sie, mir aus der Bibliothek Жизнь замечательныхъ людей. Біографическая библіотека Ф. Павленкова das Bändchen »А. А. Ивановъ« zuzusenden. Ich habe es schon gelesen, aber verloren und brauche es nun zum Nachschlagen für einzelne Stellen. Ist außer Zeitungsaufsätzen irgendein wichtigeres biographisches Werk über Ивановъ erschienen? Wahrscheinlich ist in den 3 Bänden bei Стассовъ das meiste zu finden? Sollte Ihnen indessen etwas dieser Art bekannt sein, so nennen Sie es mir freundlichst mit vollem Titel!

Und noch eines. Ich interessiere mich sehr für

eine ganz frühe Arbeit Ивановъ's, für das Bild
»Аполлонъ, Кипарисъ и Гіацинтъ занимающіеся музыкой« – befindet sich: въ Москве у
наследниковъ А. С. Хомякова. Wenn es möglich ist, würde ich eine Reproduktion dieses Bildes
überaus gerne haben, oder aber, falls keine solche
existiert, würde ich viel dafür geben, das Urteil
eines Sachverständigen zu lesen, eines Kritikers von
Namen oder Ihres oder das des Herrn Prof. Pasternak. Wie ich vermute, gibt es Berührungspunkte
zwischen der Kunst Ивановъ's und derjenigen unseres Anselm Feuerbach, und *das*, glaube ich, wird
dieses Bild besonders bestätigen. – Hat Сергей
Ивановъ später etwas in Moskau gebaut, ist er
ein namhafter Architekt, rührt irgendeine Kirche
oder dergl. von ihm her, und ist er alt geworden?
Sind Nachkommen der Familie Iwanow da?

Erschrecken Sie nicht, geehrter Herr Ettinger;
ich glaube nicht, daß Sie alle diese Fragen beantworten sollen: aber es kann ja sein, daß das eine
oder andere Ihnen bekannt ist von den angeregten
Fragen und daß Sie einmal gelegentlich etwas darüber schreiben.

Bei uns erscheint jetzt eine wöchentliche russ.
Zeitung »Западъ«, deren erste Nummer nichts
Besonderes enthält oder verspricht.

In jenem Doppelheft 15/16 von »Міръ искусства«, von dem Sie bei Gelegenheit Малютинъ's sprachen (Dank für die treffliche plastische
Charakteristik dieses Künstlers!), findet sich auch
die Reproduktion der Zeichnung, die Heinrich Vogeler in der »Insel« zu meinen »Drei Königen« gemacht hat. Haben Sie dieses sehr schöne Blatt
gesehen? H. V. hat jetzt hier eine große Kollektivausstellung, und es haben sich prächtige neue Arbeiten zusammengefunden: an 10 Ölbilder und
viele Radierungen und Zeichnungen und Möbel

und Silbersachen (eine große Silbergarnitur und Leuchter und ein Spiegel in Silber). Er selbst war einige Tage bei mir, und wir haben zusammen alle Dinge betrachtet, welche ich aus Rußland mitgebracht habe.

Meine Arbeiten über A. A. Ивановъ sind so weit vorgeschritten, daß ich noch anfangs 1901 einen kurzen Essay veröffentlichen werde, der die Grundauffassung darstellen soll⟨en⟩, auf welcher ich später eine ausführliche Arbeit aufbauen will. Das im Vertrauen.

Wenn Sie etwas von Горкий's oder Толстой's Drama hören – ich meine: Weiteres, vergessen Sie nicht, daß mich das immer sehr interessiert. Auch was auf dem Theater vorgeht.

Unsere Sezessionsbühne hier ist vor allem durch Maeterlink-Aufführungen verdienstvoll. »Der Tod des Tintagiles«, »Intérieur«, und vielleicht soll auch »Schwester Beatrix« in Szene gehen. Außerdem kam Tschechow »Bär« und »Heiratsantrag« zur Aufführung, ersterer geht schon zum 29. Mal in Szene.

Auf dem deutschen Theater sind Proben für »Michael Kramer«, ein neues Drama von Gerhart Hauptmann, welches noch in diesem Monat, am 21., aufgeführt werden soll. Auch Halbe hat ein neues Stück fertig und ist hier, um es am Lessing-Theater zu inszenieren.

Soviel von uns!

Lieber Ettinger, ich bin Ihnen viel Dank schuldig und muß ihn zunächst schuldig bleiben, ja mich noch in neue Schulden stürzen – aber ich bleibe Ihr ergebener und dienstbereiter

Rainer Maria Rilke

78. Pawel D. Ettinger an Rilke

Moskau, 9. Dez[ember] 1900

Sehr geehrter Herr Rilke!

Vielen & herzlichen Dank für Ihren ausführlichen Brief, die prächtigen Exlibris (das Ihrige ist coloristisch reizvoll!) & Ihr Drama, welches ich in einem Zuge durchgelesen habe. Mes compliments! Sobald es mir möglich sein wird, schreibe ich Ihnen ausführlich & werde inzwischen bemüht sein, das Gewünschte über Iwanow zu erfahren. Seine Biographie sowie das Kondakowsche Buch folgt morgen per Kreuzband. Die gesandte Zeitungsnummer über die neuen Dramen von Tolstoij & Gorkij haben Sie wohl erhalten.

Mit freundschaftlichem Gruß

ergebenst
Paul Ettinger

79. Rilke an Sergej I. Schachowskoi

Schmargendorf bei Berlin, am 22. Dez[ember] 1900

Sehr verehrter und gütiger Fürst,

wir danken Ihnen herzlich, daß Sie mit dem Grafen Tolstoi in betreff des neuen Dramas gesprochen haben; ich werde den Versuch machen und an Tschertkow schreiben; bitte, vor allem vermitteln Sie Lydia Wladimirowna meinen ergebensten Dank und die besten Grüße von Frau Andreas. Ich habe schon längst die Absicht, ihr einmal zu schreiben, und werde es auch sehr bald tun; ich fühle, schuldbewußt, daß ich es schon hätte tun müssen, allein es gab die ganze Zeit so viel Arbeit;

und ich will nicht das zur Entschuldigung anführen, wohl aber, daß diese Arbeit sich ausschließlich auf Rußland bezog und somit auch unseren, mir so kostbaren Beziehungen diente.

Ich hatte, wie Sie, hochverehrter Fürst, sich vielleicht erinnern werden, zunächst die Absicht, mich mit Kramskoi zu beschäftigen, es erwies sich indessen, daß es notwendig sei, weiter zurückzugreifen in der Entwicklung der russischen Malerei und sich mit dem großen Anfänger, mit Alexander Iwanow, zu befassen vor allem. Und so stehe ich eben erst mitten in den Vorarbeiten für eine zusammenfassende Darstellung dieses Vorläufers, dessen Messias gewiß einmal in Rußland kommen wird, wenn die Zeit sich erfüllt hat.

Mir hat die tägliche Beschäftigung mit dieser erhabenen Gestalt, die aus den Briefen und Tagebuchblättern (wie M. P. Botkin sie gesammelt hat) so klar und schlicht aufsteht, unendlich viel gegeben, mehr noch, als meine keineswegs bescheidenen Erwartungen mir versprachen. Alexander Andrejewitsch ist der Unsterblichen einer, und man wird nicht umhinkönnen, auch in Europa auf ihn und sein Werk mit Ehrfurcht zu blicken, bis eine Zeit kommt, wo man in Europa wieder Ehrfurcht kennt, ein Gefühl, das heute im Westen so gut wie vergessen ist. Das konnte man gestern wieder sehen: Gerhart Hauptmann brachte ein neues Drama, »Michael Kramer«, eine sehr bedeutende Arbeit, voll Ernst und Reife und Reichtum, auf die Bühne. Die paar, welche die Dichtung mit Liebe und Aufmerksamkeit empfingen und begleiteten, erkannten die Größe und Macht dieses Werkes und bereiteten dem Dichter einen großen und im tiefsten Sinne wohlverdienten Erfolg, der von einer größeren, gleichgültigen Partei durch verschiedene Äußerungen des Mißfallens bestritten, aber nicht zerstört worden ist. Nach meiner Meinung ist dieser »Michael Kramer« das Größte, was Hauptmann bisher geleistet hat – ein Meisterwerk, eines, das man bei uns vielleicht erst nach Jahrzehnten begreifen und werthalten wird, bis die Zerstreuung und Eitelkeit, welche, besonders in Deutschland, jetzt alle ergriffen hat, vorüber ist und man wieder anfängt, sich für das Wichtige und in bescheidener Art zu interessieren. (Wenn überhaupt so eine Zeit noch mal über Deutschland kommt!)

In Rußland dagegen würde man diesen Künstler, den Michael Kramer (den Mann, der seit sieben Jahren heimlich an einem Christusbild malt), gleich verstehen und würde Gerhart Hauptmann für diese Gestalt lieben wie einen Bruder. Michael Kramer ist ein ernster, stiller Arbeiter, der strenge Anforderungen an sich stellt und dem die Pflicht im Leben als das Höchste gilt. Es kommt (nach ihm) darauf an, daß jeder die Pflicht erkennt, die gerade ihm zukommt; wer die erkannt hat und tut, der tut auch seine Pflicht gegen die anderen. Er hat diese Pflicht für sich in einsamer rastloser Arbeit gefunden, die seit Jahren ein einziges Mal vielleicht unterbrochen wurde, damals, als er seinen Sohn, den neugeborenen, auf erhobenen Armen ins Atelier trug, wie in einen Tempel, um ihn darzustellen vor Gott. Damals dachte er: »Ich nicht – aber du, nicht ich bin es – du – vielleicht ...« Und nun sehen wir diesen Sohn, etwa zwanzigjährig, verwachsen, vor Bitterkeit, in ungeheurer Vereinsamung mit seiner Qual und seiner Sehnsucht, sehen ihn sich fortwerfen, sich fallen lassen: Und er fällt. Der Buckel, sein körperliches Gebrechen, ist wie ein Berg, über den er nicht hinüberkommt, zu sich selbst. Und seine Seele liegt immer im Schatten dieses Berges, hat nie Sonne, kann nie Frühling haben. Von allen Menschen ist er wie durch

Meere getrennt durch sein Mißtrauen, und der einzige Mensch, gegen den er aufgehen möchte, im Gefühl einer ersten Leidenschaft, ist ein leichtsinniges junges Schenkmädchen in einer Gastwirtschaft, die ihn nicht brauchen kann, weil andere, hübschere Herren dort verkehren. Die rohe betrunkene Gehässigkeit dieser »Herren« gibt endlich den Ausschlag, schreckt ihn durch ihre unerträgliche gemeine Häßlichkeit, jagt ihn in den Tod. Im 2. Akt, der vor dieser Katastrophe liegt, lügt er den Vater an, der ihm noch einmal die Hand zur Hilfe bietet, er lügt, und es scheint unerhört schlecht, daß er das vermag, und maßlos verworfen. Aber die Lüge ist sein Stil, solange er lebt. Das Leben, das frei und schön und gut sein will, wird in diesem verwachsenen Körper von selbst zur Lüge, wie Wasser, das die Farbe des Glasgefäßes annimmt, in dem es steht. Aber sobald das Leben von dem Unglücklichen zurückgetreten ist – lügt er nicht mehr. Auf seinem stillen kalten Gesicht steht alle Schönheit und Macht, von der man früher nie gewußt hätte, wenn nicht einige kleine Skizzen und geniale Studien davon erzählt hätten. Aber das, was er gezeigt hat, war wenig im Vergleich zu dem, was er war. Aus allen Zügen seines toten Gesichts tritt jetzt furchtlos seine Seele. Und der Vater erkennt sie wieder: sie war es, die er damals auf seinen entzückten zitternden Armen emporgehoben, ohne sie zu sehen, nur erfüllt von einer Ahnung ihrer Größe: jetzt aber sieht er sie. Sie ist vielleicht nicht gewachsen in diesen 20 Jahren, aber sie ist auch nicht berührt worden von dem Lärm und von der Qual dieses Lebens, sie ist einfach *geblieben*, wie eine Wartende in Geduld und Dunkel. Und daß sie ist, das ist das Ereignis für Michael Kramer, das Ereignis, zu dem er langsam und schwer mit seinem Schmerz ringend, sich hinfindet. Dieser Todesfall, der Verlust seines einzigen Sohnes, wird ein Erlebnis für ihn, das ihn weitsehend macht und wissend und reif, ein überlebensgroßer Schmerz, der alle Dimension verschiebt und ihn unfähig macht, jemals noch etwas Kleines zu erleben nach diesem Großen. So wächst im letzten Akt seine Gestalt, richtet sich auf und findet Worte, die wie Gebärden sind. Man fühlt: wer den Tod nur recht versteht und ihn feiert, der macht auch das Leben groß ... So schließt das Stück.

Ich dachte mir, es würde Sie interessieren, von diesem Werke zu hören, deshalb erzählte ich etwas ausführlicher und versuchte, mehr als die Handlung das, was an eigentlicher Weisheit und Gewalt in dem Werke liegt, anzudeuten.

Es ist sehr traurig, daß man bei uns dieses bedeutende Drama nicht dankbarer aufgenommen hat! Möchte es recht bald ins Russische übersetzt werden. Ich bin überzeugt, es würde, zumal in Moskau, einen großen Erfolg haben und vielen lieb sein.

Doch ich sehe mit Schrecken, daß mein Brief sehr lang geworden ist. Ich will nur noch anfügen, daß ich an Moskau wie an eine Heimat denke und sehr verlange, bald wieder dort zu sein. Das wird sich freilich erst am Anfang des Frühlings ermöglichen lassen: bis dahin hoffe ich, mit meinen Studien über Iwanow so weit vorgeschritten zu sein, daß ich sie bei meinem diesmaligen Aufenthalt in Moskau zum Abschluß bringen kann. Hoffentlich ist dann die Tretjakowsche Galerie wieder geöffnet und komme ich diesmal auch dazu, das Rumjanzow-Museum zu sehen, das so wichtige Werke zur Kenntnis Iwanows enthält.

Nicht minder wichtig ist es mir, Sie, hochgeehrter Herr Fürst, dann wiederzusehen; diesmal werde ich mich im Gespräch mit Ihnen, das mir

immer so viel Wertvolles und Interessantes vermittelte, schon besser freuen können, da ich fort-
während Russisch lese – и я надѣюсь, что я скоро
успѣю вамъ писать по русски, что я очень
желаю. Я весма часто уже думаю по русски, и
думы этого рода очень трудно высказаются по
нѣмецки, потому что въ этомъ языкѣ нѣтъ
ничего простаго, сердечнаго, такъ что моли-
ться съ нѣмецкими звуками кажется, вовсе
нельзя.

In dem Gefühle aufrichtiger, dankbarer Verehrung verharre ich, hochverehrter Fürst, Ihr stets
ergebener

Rainer Maria Rilke

80. Rilke an Wladimir G. Tschertkow

Schmargendorf bei Berlin, Deutschland,
am 22. Dez[ember] 1900

Sehr geehrter Herr Tschertkoff,

mit einer großen Bitte wende ich mich an Sie.
Es handelt sich um folgendes: Die hiesige »Sezessionsbühne« wünscht so bald als möglich das neue
Drama des Grafen Lew Tolstoj »Трупъ« aufzuführen und hat mich um eine Übersetzung desselben gebeten. Sie werden begreifen, daß es der genannten Bühne wichtig ist, von keiner anderen hiesigen Bühne überholt zu werden, daß also für mich
die Notwendigkeit besteht, mich ehestens in den
Besitz des Dramas zu setzen.

Der Graf Tolstoj, an den ich mich gewandt
habe, läßt mir und Frau Lou Andreas-Salomé, die
sich gleichfalls für das Zustandekommen meiner
Übersetzung bei ihm eingesetzt hat, gestern durch
meinen Bekannten, den Fürsten Sergej Iwano-

witsch Schachowskoj, schreiben, ich möchte mich direkt an Sie wenden und Sie bitten, mir noch *vor* der Drucklegung eine Abschrift von »Трупъ« zugehen zu lassen, wenn solches Ihren Intentionen entspricht. Sie würden mich durch diese außerordentliche Liebenswürdigkeit, die ich ohne Befürwortung des Grafen nicht zu erbitten gewagt hätte, sehr verpflichten und in den Stand setzen, dem deutschen Publikum das neue Werk des großen Dichters bald zu vermitteln.

Ich erwarte ehestens Ihre gütige Mitteilung. Ich schrieb deutsch, weil ich mich in dieser Sprache am leichtesten ausdrücke, bitte aber, Ihre Antwort in der Ihnen üblichen Sprache, die mir ja jedenfalls zugänglich ist, zu senden.

Mit dem Ausdruck vorzüglicher Hochachtung

Euer Hochwohlgeboren ergebener
Rainer Maria Rilke

Adresse:
R. M. Rilke. Deutschland
Schmargendorf bei Berlin

81.   Rilke an Alexander N. Benois

Schmargendorf bei Berlin,
am 22. Dez[ember] 1900

Verehrter und lieber Herr Benois,

ich muß Ihnen unverzüglich etwas Wunderschönes erzählen: Gestern war die Premiere von Gerhart Hauptmanns neuem Drama »Michael Kramer«. Man hat es hier nicht verstanden, sonst hätten alle in den jubelnden Beifall einstimmen müssen, den ein Teil des Publikums in Erregung und, geeint von einem mächtigen Eindruck, dem großen Dichter immer wieder kundgab. Mit diesem großen Werke hat Gerhart Hauptmann eine Reife erreicht, die in seinen letzten Werken noch kaum zu ahnen war, deren Ansätze aber in zweien von seinen älteren Dramen zu bemerken sind. Im »Friedensfest« und im »Hannele«. Im ersteren tritt deutlich (aber einseitig) der große Wille zur Wirklichkeit auf, dieses Vertrauen, daß das Leben selbst nicht schwer und häßlich ist und daß selbst seine Verwirrungen voll von melodischen Motiven sind, die zu neuen Harmonien führen. Das »Hannele« hingegen ist von jener unsagbaren Zartheit und leisen lauschenden Hingabe an die flüsternden Stimmen im Halbbewußten, wie sie sonst nur ganz entgegengesetzt gearteten Dichtern eignet. Wo aber diese beiden Extreme, die sich tatsächlich in *einer* Persönlichkeit entwickelt haben, außerhalb ihrer Seele in einem Werke, einem Gewordenen sich vertragen und ausprägen, wo das ungeheuer schöne Todesgeheimnis nicht mehr von Hannele *geträumt,* wo es von einer Gestalt *erlebt* werden würde, da müßte etwas Großes werden, etwas Reifes, Ergreifendes – und, ich darf es nun sagen: es *ist* geworden. Gerhart Hauptmanns »Michael Kramer«, den das deutsche Publikum, das jetzt voll Zerstreuung und Eitelkeit ist, gestern nicht, wie es sich gehört, empfangen hat, wird noch empfangen werden wie ein König. Wenn nicht hier, so anderswo. Wenn nicht früh, so in einer ganz anderen vornehmeren Zukunft. Um Empfänge ist es ihm auch gar nicht zu tun. Doch, denke ich, dem russischen Menschen müßte dieses Künstlerdrama, dessen Träger manchmal wie ein Iwanow spricht, der Worte gefunden hat für seine Mission, der die Einsamkeit preist, aus welcher allein die großen Dinge kommen (wie Iwanow sein: »голосъ изъ кельи«), ver-

ständlich sein, und es ist mir, als sollte gerade dieses
Meisterwerk den Dichter, der bei Ihnen schon viele
Freunde hat, Ihrem Lande auf das innigste annä-
hern.

Im ersten Akte lernen wir den Maler Michael
Kramer, Lehrer an der Kunstschule einer Provin-
zialstadt, nicht selbst kennen. Aber aus dem Gespräch einer erwachsenen Tochter, die ganz besonders nach ihm geraten ist, mit der Mutter erfahren
wir eine ganze Seite seines Wesens, seine Strenge,
Pflichttreue, und dieser Eindruck ergänzt sich dadurch, daß der Maler Lachmann, ein ehemaliger
Schüler von ihm, von dem tiefen Verhältnis spricht,
welches Kramer zu seiner Kunst hat, von der frommen und innigen Auffassung seiner Lebenspflicht
und davon, wie er immer bemüht war, seine Schüler ehrfürchtig und tüchtig zu machen von innen
heraus. So ist der Vater schon fast vor uns, als der
ungeratene Sohn Arnold sich hereinschiebt und
verdrießlich vor dem Spiegel seinen großen Buckel
betrachtet, den er noch höher zieht, um sich das
Aussehen eines Marabu zu geben. Die Mutter
spricht Worte der Besorgnis und des Vorwurfs zu
ihm, fragt ihn, wo er die letzte Nacht wieder verbracht habe, und bittet, beschwört – er aber antwortet in der Pose des Marabu ... Das ist die einzige Ausflucht, die er noch hat, Marabu zu sein,
wenn die andern ihn quälen. Und sie tun nichts
anderes, sie quälen ihn mit ihrer Besorgnis und mit
der verbitterten Güte ihres kleinen Gefühls, und sie
wollen alles wissen von ihm, wohin er geht, woher
er kommt und was er bei Nacht treibt. Und helfen
können sie *doch* nicht. Denn er hat angefangen *sein*
Leben zu leben, das Leben des Verwachsenen, dieses Leben aus Neid und Mißtrauen und Sehnsucht,
ein Leben, in dem Häßlichkeiten unvermeidlich
sind. Und es hat keinen Sinn, jemandem davon zu

erzählen, denn alle Brücken zwischen Arnold und den Seinen sind längst zerbrochen. Aber das Mädchen, dem der junge Mann gern vertrauen möchte, ist eine Kellnerin, die ihn nicht braucht, weil andere, hübschere Herren zu ihr kommen. Und während *die* mit dem Mädchen ihre Scherze treiben, roh betrunken, leer und lüstern, sitzt der Verwachsene, der sie liebhat, in einer Ecke und drängt alles in sich hinein und zeichnet die schreienden Gecken in sein Skizzenbuch, zitternd, mit unerbittlicher gerechter Hand. Denn das kann er. Er hat ein großes, fast ganz ungebrauchtes Talent in sich, das er nicht verwertet, zu dem er nicht kommt, über den Buckel hinüber, in dessen Schatten seine Seele liegt, so daß sie nie Sonne hat, nie blühen kann. Der einzige, der eine Ahnung von diesem Besitz in dem jungen Manne hat, ist der Vater. Er, der nur der Arbeit gehört (er malt seit Jahren ein Christusbild, das nie jemand gesehen hat und für das er Einsamkeit braucht), hat vor Jahren einen Feiertag gehabt, – damals, als er den Neugeborenen auf den Armen ins Atelier brachte wie in einen Tempel, um ihn darzustellen vor Gott. Nun, er ist verkommen, hat sich fallenlassen: fällt, geht endlich in den Tod. Es hat also nichts geholfen, einen Sohn zu haben. Und der alte Mann beleidigt seinen Gott mit seinem Schmerz und Zorn, als er die Nachricht von dem freiwilligen Sterben seiner großen Hoffnung bekommt. Aber als er den Jungen bei sich hat, in seinem Atelier, und eine Nacht bei ihm gewacht hat und einen Tag lang am Sarge gesessen hat, ist alles anders für ihn. Der da liegt, wehrlos und doch so unangreifbar, wie beschützt von unendlich Starkem, ist nicht derselbe, der in der Kneipe saß und bitter und bange war, litt und log. Das Leben, welches groß, sorglos und schön sein will, ward in diesem verwachsenen Körper von selbst anders, lügenhaft, nahm die Form seines Gefäßes an. Aber jetzt, da das Leben von dem Unglücklichen zurückgetreten ist, lügt er nicht mehr. Auf seinem kalten, stillen Gesicht hat sich eine Macht aufgestellt, von der man früher überhaupt nicht gewußt hätte, wenn nicht einige geniale Skizzen und Studien es verraten hätten. Aber *das*, was er gezeigt hat, war wenig im Vergleich zu dem, was er war: aus allen Zügen seines toten offenen Gesichts tritt jetzt, furchtlos, seine Seele. Und der Vater erkennt sie wieder: sie war es, die er damals auf seinen zitternden Armen emporhob, ohne sie zu sehen, gläubig, – jetzt aber sieht er sie. Und sie ist erhabener, als er je zu ahnen gewagt hat. Vielleicht ist sie nicht gewachsen in diesen zwanzig Jahren, aber sie ist auch nicht angerührt worden vom Lärm, von der Unsauberkeit und Leere dieses Lebens, – sie ist *geblieben*, hat gewartet in Geduld und Dunkel. Und daß sie ist, das ist das Ereignis für Michael Kramer. Er erlebt einen Todesfall, den Verlust des einzigen Sohnes, – und es ist nicht das: es ist etwas, was aufklärt, befreit, was ihn weitsehend, wissend und reif macht wie sonst nur die eigene Sterbestunde. Ein überlebensgroßer Schmerz, der alle Maße verändert und der den alten Mann unfähig macht, jemals noch etwas Geringes, Unwichtiges, Zufälliges zu erleben – nach diesem Großen, Glorreichen ...

So ist »Michael Kramer«. Ich habe versucht, mehr die intimen Werte des Stückes zu geben als den Inhalt, und habe die Hoffnung, daß Sie etwas von der Gewalt dieses Werkes verspüren, weil ich unter dem ersten Eindruck schreibe in heftigster Erregung. Lassen Sie dies alle lesen, die Gerhart Hauptmann lieben. Ich wollte es Ihnen gleich schreiben! Möchte der »M. K.« bald übersetzt werden! Ganz der Ihre

Rainer Maria Rilke

82. Pawel D. Ettinger an Rilke

Sehr geehrter Herr Rilke!

Trotz bestem Willen komme ich erst heute dazu, Ihre liebenswürdigen Zeilen ausführlich zu beantworten. Es war mir sehr angenehm, aus Ihrem Briefe zu erfahren, daß meine lange Epistel Ihnen ein gewisses Interesse darbot. Ich bin eine recht expansive Natur – was Sie ja übrigens sicher selbst bemerkt haben –, und es wird für mich kein großes Opfer sein, Sie ein wenig au courant des hiesigen Lebens zu halten. Aber wie das Leben einem doch nur Streiche spielt! Ich bin Pole, und es würde mir natürlich mehr Freude bereiten, Ihnen in bezug auf moderne polnische Literatur nützlich zu sein, aber die Verhältnisse bringen es mit sich, daß ich Ihnen nur über Rußland schreiben muß. Und doch, auch ohne im geringsten Chauvinist zu sein & ohne mein stark entwickeltes kritisch-skeptisches Gefühl beiseitezulassen, kann ich ohne weiteres sagen, daß die moderne polnische Literatur im Kampf mit der russischen leicht den Sieg davontragen würde. In der Poesie kann ja von einem Streit gar nicht einmal die Rede sein, da Rußland momentan keinen einzigen hervorragenden Dichter besitzt, während Polen 3 solche Sterne ersten Ranges besitzt wie Tetmajer, Kasprowicz & die Konopnicka ⟨besitzt⟩. Aber auch in der Belletristik sind ja grade die uns Jungen am nächsten stehenden Żeromski (»Bezdomni«), Rejmont (»Komedjantka«, »Fermenty«), I. Dąbrowski (»Smierć«, »Felka«), Kisilewski (»W Sieci«) im Auslande ganz unbekannt. Ich kann mich nicht enthalten, Sie auf diese Schriftsteller aufmerksam zu machen, obwohl Sie mich ja darum gar nicht gebeten haben. Da Ihnen das Tschechische &

Russische geläufig ist, dürfte Ihnen das Polnische kaum Schwierigkeiten bereiten. Sie werden es kaum bedauern. Ich bitte Sie nochmals, mir zu glauben, daß nicht Chauvinismus aus mir spricht, sondern nur der Wunsch, Sie mit einigen großen Talenten bekannt zu machen.

Doch revenons à nos moutons, vor allem zu dem Sie momentan am meisten interessierenden Iwanow. Die gewünschte kleine Biographie haben Sie wohl zusammen mit Kondakow erhalten. Es existiert auch eine größere Biographie von A. Новицкий: Опыт полной биографии А. А. И. (Москва 1895). Gelesen habe ich das Werk nicht, habe es mir aber Ihretwegen verschafft & flüchtig durchgeblättert. Es ist vielleicht eine sehr fleißige Arbeit und dürfte manches rohe Material enthalten, aber eine kritische Würdigung des Künstlers würden Sie darin vergeblich suchen. Nowitzki ist ein sehr arbeitsamer Herr, aber ohne irgendwelches kritisch-ästhetische Talent, & trotzdem er sogar jetzt eine Geschichte der Russ. Kunst herausgibt, dürfte man ihn schwerlich als Autorität betrachten. In dem erwähnten Werk, das schließlich am meisten aus den Briefen Iwanows schöpft, sind verschiedene zeitgenössische Urteile, diverse Zeitungsartikel etc. angeführt. Natürlich werden Sie bei Stassow manches über I. finden, ebenso in der herrlichen Korrespondenz von Kramskoi (И. Н. Крамской. Его жизнь, переписка и критические статьи. Петербург 1888). In diesen Tagen erscheint der erste Teil einer Geschichte der russischen Malerei von Alexander Бенуа, dem Hauptkritiker der »Mir Iskusstwa«, welcher also sicher auch über Iwanow einiges enthalten wird. Ich bin selbst sehr gespannt, wie der moderne B. sich zu ihm stellen wird. – Über Serg. Iwanow habe ich nichts erfahren können, im großen russischen Lexikon ist er gar nicht aufgeführt.

Und nun zu dem besagten Bilde I.s, welches Sie besonders interessiert. Ich habe darüber mit H. Pasternak gesprochen. Er selbst kann Ihnen momentan nicht antworten, da seine Mutter unlängst gestorben ist & er infolgedessen nicht die nötige Stimmung besitzt. Eine Reproduktion des Bildes existiert nicht. P. sprach mit Nowitzki über dasselbe, & letzterer nannte es eine ganz schülerhafte Arbeit ohne größeren Wert. Es soll auch eine bezügliche Zeichnung in dem in Berlin herausgegebenen großen Album existieren. Dieses kennen Sie ja sicher. Das Thema Iwanow wäre somit erledigt. Zum Schluß nur noch eine rein persönliche Frage. Was hat eigentlich in Iwanow Ihr spezielles Interesse erweckt, der Mensch oder der Künstler? –

Das neue Tolstojsche Drama soll sicher im Januar im Kaiserl. Theater aufgeführt werden, das Tschechowsche – auf der Secessionsbühne. Auf letzterer hatten wir eine recht mißlungene Aufführung von Ibsen letztem Drama. Ein ganz unzulänglicher Rubek mit einem schablonenhaft-genialen Künstlerkopf, dem das Reife gänzlich fehlte, eine leidliche Irene mit häßlichem Organ & eine Maja, welche weder im Äußern noch im Spiel dem Typus gerecht wurde. Nur die Dekorationen von Simow waren prächtig.

Während ich Ihnen schreibe, hat der »Michael Kramer« schon die Feuerprobe bestanden. Wir werden wohl das Stück hier bald zu sehen bekommen. Der Übersetzer hat in den »Русские ведомости« einen ausführlichen Aufsatz über dasselbe veröffentlicht. Im Novemberheft der »Жизнь« beginnt eine neue Erzählung von Gorkij. Einstweilen – Armeleute-Malerei von geringem Interesse. Ich habe unlängst »Renate Fuchs« gelesen, welche ja bei Ihnen großen Erfolg hatte, nicht wahr? Nun, mich hat das Buch etwas enttäuscht. Mir ist das

Tragische in Renate, welche doch ein recht mittel-mäßiges Wesen ist, nicht besonders verständlich, & den Schluß, welcher an Zolas »Germinal« erinnert, finde ich recht geschmacklos. Bin ich vielleicht zu wenig modern? – Ich schätze H. Vogeler sehr, aber grade die Zeichnung zu Ihrem Gedicht, von wel-cher Sie sprachen, hat mir nicht besonders gefallen. Entschuldigen Sie, wenn ich so offen bin – das ist nun einmal mein Fehler –, aber auf mich hat das Blatt sogar einen etwas komischen Eindruck ge-macht. Es ist mir schwer zu erklären, warum, aber der hohe aufgestülpte Hut der einen Figur, der wie angeklebte Bart des alten Königs sind wohl daran schuld. Sie nehmen mir es doch nicht übel, daß ich so frisch von der Leber spreche? Ich kann mich überhaupt mit der »Insel« nicht besonders befreun-den. Vieles darin macht auf mich den Eindruck, als ob es nur geschrieben wäre pour épater le bourgeois. Eben dies macht verstimmt.

Noch einmal besten Dank für die gesandten Ex-libris! Ich brauche Ihnen nicht erst zu sagen, daß Sie mir stets durch irgendeinen Buchumschlag oder ähnliches große Freude machen werden. Ich habe auch für Sie jetzt ein hübsches Blatt zurückgelegt.

Falls Sie von den erwähnten Büchern etwas be-ziehen wollten, so verfügen Sie bitte über mich. Ich stehe Ihnen stets gern zu Diensten. Ich las, daß in kurzem sämtliche Dramen & Lustspiele Tschechows in einem Band erscheinen, das dürfte Sie interessie-ren.

Mit freundschaftlichem Gruß
Ihr
ergebener Paul Ettinger

P.S. Nun hätte ich beinahe das Wichtigste ver-gessen. Pasternak möchte in Berlin seine Illustrationen zur »Воскресение« ausstellen. Würden Sie vielleicht die Güte haben, mit einem der Besitzer Ihrer Privatsalons darüber zu sprechen? Es sind zirka 30 Blätter, gute Reproduktionen davon sind in der englischen Ausgabe enthalten. Ich glaube, daß die Ausstellung nicht ohne Interesse sein dürfte. Am besten wäre es meiner Meinung nach, wenn sich der betreffende Salon direkt an P. wendet, um die Details zu besprechen. Noch eins, die Sachen sind bereits in Privatbesitz.

P. E.

83. Rilke an Sofja N. Schill

[Schmargendorf bei Berlin,] 28. Dez[ember] 1900

Liebe Софія Николаевна!
Am Tage, da gerade ein Jahr vergeht, seit wir Sie kennengelernt haben hier, am Schiffbauerdamm, denke ich dankbar Ihrer und sende aus gesammeltem Gefühl tausend Wünsche für Ihr Weihnachten und für das Jahr 1901, in dem wir uns hoffentlich bald wiedersehen.

Ihr warm ergebener
Rainer Maria Rilke

Liebe Софа! Heute vor einem Jahr saßen wir an Ihrem Bettchen, und Sie hatten auf dem Tisch ein Bäumchen und auf dem Leibe auch ein Bäumchen. Für das neue Jahr wünschen wir uns beide, gesund und froh bald bei Ihnen in Moskau zu sitzen.

Von Herzen Ihre Frau Lou

84.   Anna K. Tschertkowa an Rilke

[Christchurch, Hants,]
28. Dezember 1900

Geehrter Herr,
Ihr wertes Schreiben vom 22. Dez[ember] haben
wir erhalten. Auf Ihre Anfrage können wir Ihnen
folgendes mitteilen:
Das neue Drama des Grafen Lev Tolstoj »Труп«
ist noch nicht druckfertig, folglich können wir noch
keinen Beschluß darüber fassen.
Mit Hochachtung

pro A. Tschertkoff
H. Punga

85.   Rilke an Spiridon D. Droshshin

Шмаргендорфъ–Берлинъ,
29 Декабря 1900

Многоуважаемый Спиридонъ Димитр.!
Незнаю достали – ли – Вы мое письмо которое
я вамъ посылалъ изъ СТ Петербурга. Я тамъ
не досталъ отвѣта отъ Васъ, – и можетъ быть,
я слишкомъ рано уѣхалъ за границу, и вашь
отвѣтъ меня больше на находиль въ мебл. комнатахъ »Централь«. Потомъ я вамъ ещо разъ
писалъ карточку изъ Ворпсwеде – и часто
думалъ вамъ писать письмо, потому что я чуть
не каждый день припомню вашей деревнѣ.
Я ничего не забылъ, ни вашу любезность, ни
гостепріимный вашъ домъ, – ни этотъ вечерь,
когда вы читали стихотворенія превосходнія
и звучнія изъ вашихъ книгъ.
Но время не хватало чтобы писать вамъ.

И даже сегодня въ состояніи вамъ посылать только строчку. Но я приложу мою книгу (извините, что я не раньше ее посылалъ) и фотографію, которую я только потому исполнить велѣлъ, чтобы вамъ подарить ею.

Я надѣюсь, что вы здоровъ, вы и ваше фамилія, и что вы теперь, во время зимы напишите много хорошаго и важнаго.

Отъ меня я вамъ только могу сказать, что я работаю много и все занимаюсь русскими предметами, изучаю жизнь русскихъ художниковъ и читаю Достоевскаго и Гаршина и пр. Теперь я постараюсь писать что то объ А. А. Ивановѣ; который мнѣ кажется самый важнейшый человѣкъ и художникъ–пророкъ Россіи.

Я весной непремѣнно опять поѣду въ Россію, и потомъ уже лучше говорящій и понимающій вашъ языкъ, мы часто будемъ бесѣдовать обо всемъ. Я вашъ и вашей женѣ и матери и дѣтми желаю всего хорошаго къ новому году и я долженъ вамъ сказать тоже сами отъ мадамъ Лу Андреасъ-Саломэ.

Будте здоровы. Сердечно вамъ преданный:

R. M. Рильке

[Übersetzung]

Schmargendorf–Berlin,
29. Dezember 1900

Sehr verehrter Spiridon Dimitr.!

Ich weiß nicht, ob Sie meinen Brief bekommen haben, den ich Ihnen aus St. Petersburg schrieb. Ich erhielt dort keine Antwort von Ihnen – vielleicht war ich zu schnell ins Ausland abgereist, und Ihre

Antwort hat mich nicht mehr in der Pension »Zentral« erreicht. Danach habe ich Ihnen noch einmal eine Karte aus Worpswede geschrieben – und oft gedachte ich, Ihnen einen Brief zu schreiben, denn es vergeht fast kein Tag, da ich mich nicht an Ihr Dorf erinnere. Ich habe nichts vergessen, weder Ihre Liebenswürdigkeit noch Ihr gastliches Haus – noch jenen Abend, da Sie aus Ihren Büchern vortreffliche und klangvolle Gedichte lasen.

Doch die Zeit reichte nicht, Ihnen zu schreiben. Und auch heute vermag ich Ihnen nur ein paar Zeilen zu schicken: aber ich lege mein Buch bei (entschuldigen Sie, daß ich es nicht früher geschickt habe) und eine Photographie, die ich nur deshalb machen ließ, um sie Ihnen zu schenken.

Ich hoffe, Sie sind gesund, Sie und Ihre Familie, und schreiben jetzt während des Winters viel Gutes und Wichtiges.

Von mir gibt es nur zu sagen, daß ich viel arbeite und mich vor allem mit russischen Dingen beschäftige, ich studiere das Leben russischer Künstler und lese Dostojewski, Garschin und anderes. Im Augenblick bin ich dabei, etwas über A. A. Iwanow zu schreiben, der mir der bedeutendste Mensch und der Künstler-Prophet Rußlands zu sein scheint.

Im Frühling reise ich unbedingt wieder nach Rußland, und da ich dann Ihre Sprache schon besser verstehe und spreche, werden wir uns oft über alles unterhalten. Ich wünsche Ihnen, Ihrer Frau, Ihrer Mutter und Ihren Kindern alles Gute zum neuen Jahr, das gleiche soll ich Ihnen auch von Madame Lou Andreas-Salomé bestellen.

Bleiben Sie gesund. Von Herzen ergeben Ihr

R. M. Rilke

86. Wassili G. Jantschewezki an Rilke

[Ende 1900 – Anfang 1901]

Lieber Herr Rilke,

ich bin Ihnen sehr dankbar für Ihren lieben Brief und für Ihr Stück, das ich sehr gern ins Russische übertragen möchte. Wahrscheinlich wird es mir auch gelingen.

Ich reiste jetzt für einige Monate durch Zentralrußland. Voraussichtlich werde ich meine Reisen noch etwa ein ganzes Jahr fortsetzen müssen; ich möchte unsere kulturell bedeutendsten Gouvernements zwischen Pskow und Kasan kennenlernen.

Wann kommen Sie wieder nach Rußland? Wollen Sie nicht mit mir zusammen reisen?

Ich arbeite an meinem Buch »Aufzeichnungen eines Fußgängers«, doch es ist noch nicht fertig.

Woran arbeiten Sie jetzt? Werden Sie etwas über Rußland schreiben? Es wird sehr reizvoll für mich sein, Ihre literarische Tätigkeit zu verfolgen.

Was gibt es Neues in der deutschen Literatur? Ich bin schon seit Monaten ohne Zeitungen, Zeitschriften oder Post, darum habe ich auch Ihren Brief so spät erhalten und antworte Ihnen auch so spät. Verzeihen Sie mir diese Nachlässigkeit, ich hoffe aber, wir werden im Briefwechsel bleiben.

Was sich jetzt in Rußland ereignet? Hier klirren die Fröste, die Bauern in den Dörfern liegen auf den Öfen und kriechen einmal in der Woche, am Sonnabend, herunter, um in der Banja zu schwitzen, sich nackt im Schnee zu wälzen, wieder in die Banja zu schlüpfen und dann von neuem auf den Ofen zu kriechen – wieder für eine Woche.

Unsere gebildete Intelligenz spricht von einer Konstitution, beschimpft die Regierung, die Engländer und Ihren Wilhelm, spielt »Wint«, trinkt »Kasenka« und liest Maxim Gorki.

Die Studenten rebellieren, kommen auf Versammlungen zusammen, fordern von der Regierung »Verwaltungsreformen«, werden dafür verhaftet und nach Hause zu Mama verbannt. Zu Hause halten sie den Provinzfräulein hochtrabende Reden, tragen lange Haare und lesen Marx und Maxim Gorki.

Da haben Sie in Kürze ein allgemeines Bild vom gegenwärtigen Rußland. Alles darüber hinaus wäre schon Individualisierung.

Ich wünsche Ihnen alles Gute und grüße Sie zum neuen Jahrhundert. Viel Glück!

Ihr W. Jantschewezki

87.   Anna K. Tschertkowa an Rilke

[Christchurch, Hants,]
3. Januar 1901

Hochgeehrte[r] R. M. Rilke!

Soeben haben wir von Leon Tolstoj einen Brief erhalten, wo er uns mitteilt, daß er [das] Drama »Труп« *jetzt nicht veröffentlichen wird* und womöglich überhaupt das nicht sobald tun wird.

Somit können wir Ihre Bitte nicht erfüllen.

Mit Hochachtung

für A. Tschertkoff
H. Punga

88. Rilke an Pawel D. Ettinger

Schmargendorf bei Berlin, am 4. Jan[uar] 1901

Lieber verehrter Herr Ettinger,
ich weiß Ihrem lieben Brief herzlich Dank. Sie
glauben gar nicht, wieviel Sie mir mit diesen um-
fassenden Aufzeichnungen geben an Anregung und
Freude. Ich weiß vollkommen Ihre Schätzung Ihrer
heimatlichen polnischen Literatur zu würdigen; von
dem Neuesten kenne ich wenig und bin auch nur
auf Übersetzungen angewiesen, da ich das Polnische
nicht verstehe. Ich kann auch nicht Tschechisch,
weil unsere Familie eine der führenden deutschen
Familien Prags war und es als ein Verbrechen ge-
golten hätte, hätte man mich als Kind die nahe
Nachbarsprache des von mir sehr geschätzten böh-
mischen Volkes lernen und verstehen lassen. Jetzt
bedaure ich diese Unkenntnis oft.
    Ich dank Ihnen für alle Bemühungen, mit denen
Sie meine Arbeit fördern wollen. Den Новицкій
werde ich zunächst nicht anschaffen. Ich habe nach
seiner Kunstgeschichte, welche mir teilweise bekannt ist, nicht viel Sympathie für ihn. Stassow
werde ich mir hier verschaffen, und Kramskojs Aufzeichnungen und Briefe besitze ich. – Alexander
Benois, mit dem mich sehr herzliche Beziehungen
verbinden, hat mir den ersten Teil seiner Kunstgeschichte gesendet und mir viel Freude gemacht. Noch
kann ich nicht darüber urteilen. Die Weihnachts-
woche hat hier viel zu tun gegeben, so daß ich nicht
dazu kam, mich in sein Werk schon zu vertiefen.
    In vielem stimme ich Ihnen bei: die »Renate
Fuchs« ist ein schwaches Buch. Wassermann ist
ein alter Bekannter von mir, und die persönliche
Bekanntschaft mit ihm macht, daß ich für die Vorzüge seines neuen Buches ebenso offene Augen habe

wie für dessen viele Mängel. Immerhin ist W. ein
sehr ehrlicher Arbeiter, einer, der was kann, der
was gelernt hat; denn angeboren ist ihm der Dichter nicht. Er ist im Leben und durch das Leben zu
einem Stück Dichter geworden. Dafür gibt es jetzt
ein ganz großes lit. Ereignis hier in »Michael Kramer« von Gerhart Hauptmann. Das deutsche Publikum erwies sich als vollkommen unreif. Es fiel bei
der Premiere durch. Aber Hauptmann hat etwas
ganz Großes geschaffen – einen Unsterblichkeits-
beweis erbracht. Dieser IV. Akt des »Michael Kramer«, in welchem eine Gestalt vor unseren Augen
an ihrem Schicksal wächst, ins Überlebensgroße
sich auswächst, ist von unendlicher, rührender reiner Gewalt und Größe.

Aber auch heute kann ich nicht ohne Bitte bleiben. In jedem Jahr erscheint als Beilage der »Нива«
ein Werk, das nach Ablauf des Jahres ganz billig
in den Buchhandel kommt. Im ablaufenden Jahre
waren es Gogols sämtl. Werke. Wenn diese Bei-
gabe jetzt abgeschlossen, für sich bei einzelnen Antiquaren zu haben ist (um 3–4 Rubel), wollen Sie mir
sie doch gütigst versorgen! Ich habe bei Antiquaren
in ähnlicher Weise, mit ähnl. Preis die Werke
Белинскій's u. a. gesehen. Wenn nicht in dieser
Ausgabe erhältlich ist, was ich brauche, raten Sie
mir vielleicht zu einer anderen billigen Ausgabe
Гоголь's oder zum Ankauf einer Separatausgabe der
»Переписка друзьями« Гоголь's (wenn eine solche
besteht). Die Aufzeichnungen sind mir jetzt bei
Ивановъ besonders notwendig. Am liebsten wäre
mir freilich eine Gesamtausgabe, wenn sie um den
genannten Preis erhältlich ist. Wollen Sie mir, werter Herr Ettinger, diesen neuen Dienst tun? –

Tolstoj–Kondakow ist so sehr interessant! –

In der Angelegenheit des Prof. Pasternak, dem
ich ergebene Grüße sende, habe ich den vornehm-

sten Kunstsalon, den die »Gesellschaft« vor allem besucht, interessiert. Ich lege beide Briefe, die in dieser Sache gewechselt wurden, bei sowie die Ausstellungsbedingungen von Eduard Schulte, Berlin, Unter den Linden 1. Das wichtigste wäre jetzt, daß Prof. Pasternak dem Salon Schulte oder mir möglichst *umgehend* ein Exemplar der engl. Ausgabe, in welchem ⟨sich⟩ die guten Reproduktionen sich finden, zugehen läßt. Leihweise natürlich. Das müßte aber sofort sein, da Schulte mit Angeboten überhäuft ist und das Eisen nun gerade warm geschmiedet worden ist. Bitte auch um genaue Beantwortung der von Schulte aufgeworfenen Fragen: genaue Größe der Originale und ob gerahmt oder ungerahmt. Wenn Schulte die engl. Ausgabe recht rasch bekommt, wird die Sache wohl zustande kommen für Mai 1901, was mich herzlich freuen würde. – Bitte vermitteln Sie das bei Prof. Pasternak!

Und nun, sehr werter Herr Ettinger, ein recht gutes neues Jahr! Als Neujahrsgruß lege ich eines der schönsten Exlibris bei, welche Heinrich Vogeler bisher gemacht hat. Ich denke, diese feine Radierung wird Ihnen gefallen.

Mit allen Grüßen und in dankbarer Ergebenheit Ihr

Rainer Maria Rilke

89.   Rilke an Sofja N. Schill

[Schmargendorf bei Berlin, Anfang Januar 1901]

Liebe София Николаевна,
   nochmals alles Frohe und Gute zum neuen Jahr. Wir bitten Sie: wollen Sie so gut sein und noch 5 Neujahrsgrüße von uns an ihre Adressen zu befördern? Erstens 4: an Ihre 4 Schützlinge, mit denen

wir bei Ihnen an jenem schönen Nachmittag zusammentrafen, und eine Karte an Mad. Угрюмова, deren Adresse ich nur ungenau weiß. Herzlichen Dank für diese Vermittelung! – Wie geht es mit Ihrer Gesundheit. Neulich war wieder eine uns befreundete Dame in das Sanatorium Sonnenburg geraten und hat auch viel unter der Nachlässigkeit der dortigen Ärzte zu leiden gehabt; wenn das Ihnen ein Trost ist! Hoffentlich fühlen Sie sich jetzt wohl und erzählen in den Kursen recht viel Schönes von den großen russ. Dichtern. Ich schreibe jedesfalls nächstens wieder mal ausführlich, bis ich etwas weniger Arbeit habe. Inzwischen grüßen wir Sie vielmals und herzlich.

Ihr Райнеръ

90.   Pawel D. Ettinger an Rilke

Moskau, 13. Jan[uar] 1901

Sehr geehrter Herr Rilke!

Ich bin von Natur so expansiv, daß ich auf einen empfangenen Brief sofort reagieren muß. Und da ich vorläufig keine Zeit zum ausführlichen Schreiben habe, sende ich Ihnen inzwischen diese Karte mit dem herzlichsten Dank für das wunderbare Exlibris. Den Gogol besorge ich Ihnen in irgendeiner Weise. Daß Sie mit Benois bekannt sind, interessiert mich sehr & komme ich darauf noch zurück.

Prof. Pasternak wird Ihnen & Schulte dieser Tage schreiben.

Also bis auf weiteres!

Mit freundschaftlichem Gruß
Ihr
Paul Ettinger

248

Moskau, Hochschule für Malerei
2. [15.] Januar 1901

Sehr geehrter Herr Rilke!

Mein Freund, P. D. Ettinger, hat Sie sicher davon unterrichtet, daß ich Ihren Brief rechtzeitig erhalten habe, und Ihnen die Gründe mitgeteilt, die es mir nicht gestatteten, mich von ganzem Herzen mit Ihnen zu unterhalten.

Endlich habe ich mich von all den Unannehmlichkeiten ein wenig erholt, im Hause ist wieder alles in Ordnung gekommen, und so kann ich mit Ihnen ganz in Ruhe reden, mit freiem ⌐Gemüth¬!

Ich wünsche Ihnen alles Gute zum neuen Jahr, zum neuen Jahrhundert, vor allem viel Glück!

Hat Ihnen Herr Ettinger gesagt, was für eine angenehme Überraschung Ihr Brief für mich war? Ich traute meinen Augen nicht! In einem Jahr eine solch schwierige Sprache zu lernen und sie so schnell zu beherrschen, daß man auf russisch zu schreiben vermag – das ist derart erstaunlich, daß ich mich bis heute noch nicht genug über Sie wundern kann und bis heute allen meinen Bekannten Ihren Brief zeige, und alle sind überrascht! Ihnen gebührt Ruhm und Ehre! Was vermag ⌐»der Wille«¬!!, der dazu noch mit solch einer zweifellos begabten Natur wie der Ihren verbunden ist und aus der leidenschaftlichen Liebe zum Gegenstand wächst!

Ein Prachtkerl sind Sie, Ihnen gebührt Ruhm und Ehre!

Jetzt zu Ihren Arbeiten.

Ja – unser Iwanow ist ein kolossaler Künstler – es ist schwer, einen ihm ähnlichen in Europa zu finden! Und wieviel hat er gedacht, gelitten, gefühlt! Welch ein Verstand, welcher Philosoph und was für eine Seele! Und wenn Sie ihn begreifen und wahrhaftig schätzen wollen, so genügt es, seine Zeichnungen, Skizzen, Aquarelle zur Heiligen Schrift kennenzulernen. Sie werden dann verstehen, wie groß er ist und wie weit er nicht nur seiner, sondern auch unserer Zeit an Originalität und Gedanken voraus war. Seine Gemälde aber braucht man überhaupt nicht zu kennen, um ihn zu schätzen, und Sie brauchen sich nicht zu beunruhigen, daß Sie das Gemälde bei den Chomjakows nicht gesehen haben – ich habe es selbst auch nicht gesehen, doch von meinen Bekannten gehört, daß es nicht besonders zu seiner Charakterisierung beiträgt. Sicherlich hat Ihnen Herr Ettinger alles übermittelt, was nötig war und was ich ihm zum Teil in bezug auf die Materialien für Sie gesagt habe.

Herzlichen Dank auch für Ihre Aufmerksamkeit und Ihre Mühe: Herr Ettinger hat mir, was ⌜Schulte⌝ betrifft, berichtet, ebenfalls von seinem Brief und seinen Bedingungen für die Ausstellung. Ich bekenne Ihnen, daß ich nach dem Erfolg, den die Kollektion meiner Illustrationen auf der Pariser Ausstellung hatte, mir damit keine Mühe mehr machen möchte, und ich bitte auch Sie, sich nicht zu beunruhigen und wegen dieser Ausstellung Zeit zu vergeuden, und schon gar nicht wegen irgendwelcher Bedingungen, die Herr Schulte vorschreibt oder vorschreiben wird. Er muß eher daran interessiert sein als ich, denn mir obliegt es ja, die Kosten für den Versand zu tragen u. a., wozu ich keine große Lust habe, um so mehr, als ich die ganze Kollektion (33 Zeichnungen) schon an einen hiesigen Sammler verkauft habe.

Doch da Sie Ihre Bereitschaft bekundet haben und so liebenswürdig und gut waren zu helfen, möchte ich Ihnen noch einmal von Herzen für Ihre

Bemühungen danken und Ihnen mitteilen, daß ich meinem Londoner Verleger geschrieben habe (F. R. Henderson, London. Eine wunderschöne Ausgabe), damit er an Ihre Adresse entweder das Büchlein oder eine Serie von Reproduktionen schickt, um sie Herrn Schulte zu zeigen. Ich habe Ihnen deshalb kein Buch geschickt (ich selbst besitze auch nur eins), weil ich es danach nur unter großen Mühen *über die Zensur* zurückbekommen könnte, das hieße, ich müßte wieder eine Eingabe machen usw. usw. *Alle ausländischen* Ausgaben von der »Auferstehung« des Grafen Tolstoi sind von der Zensur verboten.

Seien Sie so gut und teilen Sie Herrn Schulte bei Gelegenheit mit, daß Sie in nächster Zeit die Möglichkeit haben werden, seinem Wunsche nachzukommen und ihm Beispiele meiner Illustrationen zu zeigen. Und seien Sie so gut, ihn gleichzeitig daran zu erinnern, daß ich vor drei Jahren, als ich meine zweite *Goldmedaille auf der internationalen Ausstellung in München* (im Jahre 1897) erhielt, die Ehre hatte, von Herrn Schulte die Bitte entgegenzunehmen, »seinem Salon sowohl dieses Bild als auch alles zu schicken, was sich bei mir findet«. Ich glaube nicht, daß ich mich irre (ich schenkte damals seinen Worten keine Aufmerksamkeit und habe seinen Einladungsbrief zerrissen ... entre nous soit dit). Dann wird er nicht so »ängstlich« sein usw.

Unsere Kunstakademie hat die Kollektion aus Paris (die, das wollte ich noch sagen, sie auf eigene Rechnung für die Pariser Ausstellung gerahmt hat) noch nicht zurückbefördert, und deshalb weiß ich nicht, wie ich sie jetzt bekomme: mit Rahmen oder ohne; und deshalb kann ich auch Herrn Schulte einstweilen noch nicht auf diese Frage antworten. Und wie soll ich ihm eigentlich auf deutsch schreiben, wenn für mich auch ein Geschäftsbrief auf deutsch eine kolossale und unmögliche Anstrengung bedeutet? Ja! Mir fällt ein, bei dem Berliner Verleger, Herrn Fontane (Kennen Sie ihn?), befinden sich 4 Photofaksimiles meiner Illustrationen (ich habe sie ihm zur Probe hingeschickt), holen Sie sich diese in meinem Namen bei ihm ab, und behalten Sie zwei zum Andenken, die übrigen aber schicken Sie mir bitte zurück oder bringen Sie mit, wenn Sie kommen. Oder: Wenn Sie die Serie der Reproduktionen haben, so schreiben Sie mir, von welchen Sie ein Photofaksimile haben möchten (d. h. einen von mir angefertigten Kupferstich), und ich werde sie Ihnen mit Freuden schicken. Nun genug! Sie sind selbst schuld, daß ich Ihnen so viel geschrieben habe! Verzeihen sie meine unleserliche Handschrift!

Ihr L. Pasternak

Herrn Bulanshe habe ich nicht gesehen, und Trubezkoi ist jetzt nicht in Moskau! [Randschrift zu Seite 1]

Ja, freuen Sie sich mit mir über meinen Erfolg – einen größeren weiß ich nicht und werde ich im Leben nicht haben: Mein Bild »Vor dem Examen« (russische Studenten), das auf der Pariser Ausstellung war (es war auch in München im Jahre 1897), wurde *von dem Pariser Luxembourg-Museum* angekauft! Außer meinem Bild wurde eine Büste (des Grafen Tolstoi) gekauft, eine Arbeit von Trubezkoi – weiter nichts aus Rußland. [Randschrift zu Seite 2–3]

Schmargendorf bei Berlin,
am 16. Jan[uar] 1901

Sehr verehrter und lieber Alexander Benois,

heute erst finde ich einen Augenblick Zeit, um Sie zu Ihrem Buch zu beglückwünschen. Sie werden mir glauben, daß ich sehr Gutes von Ihnen erwartet habe; aber ich kann Ihnen in aufrichtiger Freude sagen, daß dieses Buch in seiner vornehmen Auffassung und stillen Gerechtigkeit meine Erwartungen weit überwachsen hat. Sie hatten bei weitem eine schwerere Aufgabe als Muther: um ihn lagen die Dinge gehäuft, die keiner zu sehen verstand wie er. *Sie* mußten suchen und sichten und Werte *begründen,* wo es oft Muthers Sache war, Anerkanntes bloß in seiner Bedeutung zu bestätigen. Sie mußten da noch lieben, wo er schon verurteilte, und auch wiederum verdammen, wo er noch verzeihen durfte. Ich kann Ihnen das eine aufrichtig sagen, – Sie haben, lieber Herr Benois, den richtigen Standpunkt gefunden – den einzigen, von welchem aus sich eine Geschichte der russischen Kunst aufbauen läßt – und es wird sich fortab nur darum handeln, zu ergänzen – nicht umzustürzen, was Sie da geschaffen haben. Es ist eine festliche Grundsteinlegung!

Wie wunderschön haben Sie die Rolle Венеція-новъ's gezeichnet, wie trefflich in aller Kürze einzelne Gestalten (wie z. B. die Тырановъ's) charakterisiert. Wie sehr ist es Ihnen gelungen, das Schwergewicht der Verantwortung von den Schultern Brüllows und Brunis zu heben, um es auf die Zeit zu verteilen, die diese Künstler hervorgebracht hat. Und so könnte ich vieles anführen, was mich gepackt und ergriffen hat – doch verschiebe ich es zu einer persönlichen Aussprache, die doch wohl in einigen Monaten (bis ich nach Rußland komme) uns verbinden wird.

Heute nur eine *dringende* Bitte: Mir scheint nunmehr eine Übersetzung ins Deutsche unerläßlich. Wenn Sie das Vertrauen in mich setzen, bitte übertragen Sie *mir* das Übersetzungsrecht oder lassen Sie mir's vom Verlag übertragen – je nachdem. Aber – falls Sie zusagen, bitte, *sofort telegraphisch.* Die Sache muß gleich in Angriff genommen werden. Ich versuche gleichzeitig, zwei namhafte Verlage für eine deutsche Ausgabe Ihres Werkes zu interessieren, und bedarf auch deshalb sehr einer baldigen Nachricht von Ihnen. Ich schreibe auch Muther darüber.

Also bitte telegraphieren Sie: ja oder nein, damit ich weitere Schritte tun kann.

Bei dieser Gelegenheit die Frage: Erscheint Ihre Zeitschrift schon, und darf ich Ihnen einen Bericht über die beiden wichtigsten Kunstereignisse der letzten Saison (die Bilder J. Zuloagas und Hauptmanns »Michael Kramer«) einsenden? – Und auch sonst wieder berichten, wenn etwas Interessantes sich ereignet?

Wie geht es Ihnen? Haben Sie mein Buch richtig erhalten? – Wie begrüßt man in Rußland Ihr Werk? Lassen Sie von sich hören – und bitte geben Sie gleich Bescheid wegen der Übersetzung. Ich hoffe, ich komme noch nicht zu spät!

Empfehlen Sie mich auf das ergebenste Ihrer Frau Gemahlin und seien Sie tausendmal voll Verehrung und Sympathie begrüßt und bedankt für Ihr mutiges Buch und die lieben Worte der Widmung darin:

Ihr P. M. Рильке

Telegrammadresse: Rilke. Schmargendorf–Berlin.
N. B.: Серг. Павл. Дягилевъ еще ничего не писалъ объ возможнисти выставки въ Вѣнѣ!?

93. Lidia W. Lepeschkina an Rilke

Moskau, 4. [17.] Januar [1901]

Hochgeehrter Herr Rilke,
  soeben aus Swenigorod eingetroffen, habe ich
Ihre liebenswürdigen Glückwünsche fürs neue Jahr
erhalten. Ich bedanke mich von ganzem Herzen für
Ihre Aufmerksamkeit und Ihr hübsches Buch,
welches mir viel, viel Vergnügen gemacht hat. Ich
wollte Ihnen nicht eher schreiben, als ich es gelesen; und außerdem wollte Ihnen Herr Goloucheff,
der Maler, den Sie bei mir gesehen haben, seine
Aufsätze über Iwanoff schicken. Ich warte auf dieselben. Aber eben erhalte ich einen Brief, daß er
erkrankt ist. Der Fürst, der sich sehr, sehr bei
Ihnen für Ihre Glückwünsche zum neuen Jahre
bedankt und wegen seines Schweigen um Verzeihung bitten läßt, wird die Aufsätze abholen, und
ich sende sie Ihnen sofort. Ihren Brief werde ich
selber Storoschenko abgeben, wenn er vom Lande
kommt, was einer dieser Tage geschehen wird. Er
hat mir gesagt, er werde mich besuchen nach seiner
Ankunft. Der Fürst bittet mich noch, Ihnen zu sagen, ob er Ihnen nicht russisch schreiben kann, er
ist nicht der deutschen Sprache mächtig? Ungefähr
den 15ten wird ein neues Drama [von] Tschechow
aufgeführt werden. Ich schicke es Ihnen einer dieser Tage. Gelesen habe ich es nicht, aber man sagt,
es soll viel schwächer sein als seine anderen Werke.
Es tut mir sehr leid wegen Tolstoi Werkes, aber
sowie ich erfahren habe, warum er die Erlaubnis

verweigert, es hier aufzuführen, habe ich mir gedacht, daß es nicht möglich ist, es übersetzen zu lassen – es würde ja bekannt werden. Der Fürst und ich sehen mit Vergnügen dem Frühling entgegen, wenn wir Sie wiedersehen werden. Ich bin nur bange, daß, wenn Sie spät kommen, ich wieder verreist seien werde – meine Gesundheit ist sehr schlecht, und wahrscheinlich werde ich wieder ins Ausland müssen. Ich danke Ihnen nochmals für alles und werde mich freuen, von Ihnen wieder einen Brief zu bekommen. Mit inniger Achtung

L. Lepeschkina

94.   Alexander N. Benois an Rilke

6./19. Januar 1901

ˌLieber Herr Rilke,
    anstatt eines Telegramms ein Brief. Style russe. Das kommt davon, weil ich niemals irgendeinen Entschluß fassen kann, nicht in dem Sinne, daß ich⌐ auch nur eine Minute lang zögern würde, Ihnen das Übersetzungsrecht für mein Buch zu überlassen (oh, natürlich, ganz im Gegenteil), sondern weil ich unsicher bin, ob ich selbst das Recht habe, Ihnen dies zu gewähren. Mit einem Wort, ich habe darüber meinem Verleger geschrieben, nur glaube ich, er trifft gerade Reisevorbereitungen; seine Antwort wird sich zweifellos hinauszögern, und deshalb brauche ich mich mit meiner Antwort nicht zu beeilen. ˌMit einem Worte⌐, ich bin voll einverstanden und geschmeichelt (doch eher bin ich im Zwiespalt, wen kann das in Deutschland interessieren, warum wollen Sie diese Mühe auf sich nehmen!?), aber man muß abwarten, was der

Verleger sagt. Ihm sende ich mit gleicher Post einen Brief. – Was die Wiener Ausstellung anbelangt, so ist Djagilew, der Unglückliche, jetzt so beschäftigt, daß er im wahrsten Sinne des Wortes nicht weiß où donner de la tête. Er bereitet jetzt (unter großen Schwierigkeiten) unsere Ausstellung vor, gibt 2 Zeitschriften heraus, veröffentlicht 2 Bücher und ertrinkt in Geschäften. Doch Sie werden selbst sehen, wenn die Nummer erscheint, daß ich gezwungen bin, nur im Telegrammstil über das künstlerische Leben im Ausland zu berichten. Das erfordert das Programm. Dafür glaube ich, daß Ihre Artikel der »Mir iskusstwa«, die ständig aufmerksam das zeitgenössische künstlerische Leben im Westen verfolgt, außerordentlich dienlich sein können, und deshalb bitte ich Sie inständig, sich dorthin zu wenden und nicht auf die Mitarbeit bei dieser wahrlich guten Edition zu verzichten.

Vielen, vielen Dank für das herrliche und besonders für uns Russen interessante Büchlein. Ich habe es mit großem Interesse gelesen.

Ich drücke Ihnen fest die Hand und bitte Sie, mir zu verzeihen, daß ich russisch schreibe, daß ich so ungereimt schreibe und daß man mit mir nicht zu Stuhle kommen kann. Bin ich auch dem Namen nach Franzose, so doch dem Charakter nach Russe.

Entschuldigen Sie

Ihr Ihnen zutiefst ergebener A. Benois

Was für ein Schmerz und Trauer! Böcklin ist verstorben. [Nachschrift auf Seite 1 des Originals]

Natürlich werde ich ihn an die Ausstellung erinnern, nur, ich fürchte, er wird mich anschreien: Hör auf, jetzt nicht. In zwei Wochen, wenn die Ausstellung schon eröffnet, eins der beiden Bücher

herausgegeben und eine der beiden Zeitschriften
veröffentlicht sein wird, kann man sich mit ihm darüber ernsthaft unterhalten. Ich weiß nur nicht, ob es
dann nicht zu spät ist. Auf alle Fälle bin ich als
Organisator von Ausstellungen völlig untauglich
und lehne das auch ab.

Vielen Dank für Ihr Angebot, an den »Künstlerischen Schätzen Rußlands« mitzuarbeiten. [Nach-
schrift auf Seite 2 des Originals]

95.   Anatoli J. Kramskoi an Rilke

Petersburg, 8. [21.] Januar 1901

Sehr verehrter Herr Rilke,
    entschuldigen Sie, daß ich Ihnen nicht in der
Sprache antworten kann, in der Sie mir so liebe
und teure Dinge geschrieben haben, ich antworte
Ihnen auf russisch. Oft führt der Zufall Menschen
aus zwei verschiedenen Enden der Welt zusammen
und bringt sie, wer weiß warum, einander nahe.
Irgendeine unsichtbare Kraft verbindet sie. Wenn
Sie, der Sie das allgemeine Schaffen und die innere
Überzeugung meines seligen Vaters studiert haben,
den Wunsch äußerten, seinen künstlerischen Nachlaß sowie die ihm nahestehenden Menschen näher
kennenzulernen, und wenn Sie uns danach einer
weiteren Bekanntschaft für würdig halten, so können Sie sich natürlich die Freude und Dankbarkeit
unserer ganzen Familie für Ihren lieben und guten
Brief vorstellen. Der unsichtbare Geist unseres Vaters, der ständig unter uns weilt, läßt Sie, Herr
Rilke, uns allen zu einem nahen und teuren Menschen werden. Verzeihen Sie, daß ich so offen
schreibe, doch Ihr Brief gibt mir ein gewisses Recht
darauf.

Ich möchte Ihnen bei dieser Gelegenheit auch für die Zusendung Ihrer Werke danken, die ich mit riesigem Interesse gelesen habe: einige Dinge haben mich durch ihren inneren Gehalt sehr erschüttert, zum Beispiel vor allem »Das ist der Tag, in dem ich traurig throne« und so weiter.

Erlauben Sie mir, Ihnen noch einmal für Ihre Aufmerksamkeit zu danken und Ihnen alles Gute für das erste Jahr des zwanzigsten Jahrhunderts zu wünschen. In aufrichtiger und tiefer Verehrung

Ihr An. Kramskoi

96. Alexander N. Benois an Rilke

11. [24.] Januar 1901

⌐Lieber Herr Rilke,

endlich ist mein Verleger wieder da.⌐ Wie zu erwarten, hat er nicht nur nichts gegen Ihre Übersetzung, sondern er fühlt sich, genau wie ich, sehr geehrt. Lassen Sie mich Sie nur noch einmal warnen: Ich glaube, mein Buch wird in Deutschland niemanden interessieren. Wer hat schon bei Ihnen eine Beziehung zu unserer Kunst! Auf jeden Fall ist es besser für Sie, dies zu wissen, aber ich bin begeistert, daß Sie es machen, weil in diesem Falle die Übersetzung, natürlich, klassisch sein wird und sogar besser als das Original. Sollte Ihnen irgend etwas Schwierigkeiten bereiten, so wenden Sie sich selbstverständlich an mich. Soweit ich kann, werde ich behilflich sein.

In den nächsten Tagen erhalten Sie die erste Ausgabe meiner Zeitschrift.

Ich drücke Ihnen die Hand und verbleibe Ihr zutiefst ergebener

Alexander Benois

Moskau, 26. Jan[uar] 1901

Sehr geehrter Herr Rilke!

Ich kann noch immer nicht dazu kommen, Ihnen ausführlich zu schreiben, will Sie jedoch betreffs Gogols nicht im ungewissen lassen. Ja, die Niwa-Ausgabe könnte ich antiquarisch für 3,5–4 Rubel erhalten. Allein die Ausgabe ist abscheulich auf schundgemeinem Papier gedruckt, & da nach 2 Jahren eine große Anzahl verschiedener Ausgaben erscheinen wird, möchte ich Ihnen davon abraten. Ich könnte Ihnen die 2 Bände, in welchen die »Переписка« sich befindet, gesondert aus der Niwa-Ausgabe kaufen, was ja für Ihren Zweck vorläufig genügen würde. Falls Ihnen die conveniert, schreiben Sie mir bitte einige Zeilen auf einer Postkarte.

Mit freundschaftlichem Gruß
Ihr
Paul Ettinger

98. Rilke an Alexander N. Benois

Schmargendorf bei Berlin,
am 29. Jan[uar]1901

Sehr lieber und verehrter Herr Benois,

Вы можете себѣ представить какимъ нетерпѣніемъ я ожидалъ ваше письмо. Ну слава Богу! Теперь и издатель согласится и я могу начинать. Не безпокойтесь, если у насъ въ Германій интересуются всѣмъ націямъ, то они непремѣнно будутъ если не сегодня, то завтра навѣрно овратить вниманію и на русск. живопись, которая ничемъ не хуже другихъ, и можетъ быть, еще больше любопытно отъ общечеловѣческой точки зрѣнія. Ну доволно! Auf deutsch weiter: Ja, also besten Dank Ihnen und Ihrem Verleger: ich muß nicht sagen, daß ich mit aller Gewissenhaftigkeit und bestem Können an die Arbeit, die mir so lieb ist, herantrete und nun auch schon um der äußeren Seite der Sache willen nicht mehr bange bin. Der im Kunstgeschichtsfache rühmlichst bekannte, alte Leipziger Verlag von Karl W. Hiersemann will die deutsche Ausgabe übernehmen, was ihr von vornherein ein gutes Weiterkommen sichert und eine gewisse vornehme Ausstattung.

Also nun zu einem *sehr wichtigen* Punkt, der wieder vor allem Ihren Verleger angeht (ich würde ihm direkt schreiben, weiß aber nicht, ob es deutsch möglich ist, und bitte Sie deshalb, die Angelegenheit zu vermitteln). Sehr rasche, eventuell telegraphische Antwort würde mich sehr verpflichten, da ich vor Eintreffen dieser Antwort mit Hiersemann nicht definitiv abschließen kann.

Also es handelt sich um die Klischees. Diese für die Reproduktion bei der Übersetzung zu erhalten ist von *größter Wichtigkeit*; ja damit steht und fällt die Sache sozusagen. Die internationale Sprache, welche die Reproduktionen reden, ist die beste Vermittlerin dem deutschen Publikum gegenüber, die beste Probe auf den Text. Man hat noch so wenig russische Bilder gesehen hier, daß wir ohne zahlreiche Reproduktionen nichts ausrichten können. Bitte, lieber Herr Benois, stellen Sie dies dem Verleger auf das eindringlichste vor und veranlassen Sie ihn, uns die Klischees zu mäßigen annehmbaren Bedingungen (die Herstellung des Werkes kostet ja ohnehin viel) zu überlassen. Darüber möchte ich *möglichst schnellen* Bescheid haben, ob wir die Klischees bekommen und zu welchen Bedingungen, dieses ist die nächste wichtigste Frage.

Die eigentlichste Übersetzungsarbeit beginne ich heute schon.

Können Sie mir schon sagen, wie stark die zweite Lieferung sein wird? Ist der Umfang des ganzen Werkes etwa doppelt so groß wie die erste Lieferung, also etwa 260–270 Seiten? Natürlich wäre es mir lieb, die Lieferung 2, sobald eine Übersendung derselben möglich ist (ev. schon in Korrekturabzügen), zu erhalten. Ich will mich ganz Ihrem schönen Werke widmen und hoffe in 6–8 Wochen den I. Teil durchgearbeitet und übersetzt zu haben. Was mir während der Arbeit eventuell für Bedenken kommen, werde ich Ihnen schreiben und bitte dann gelegentlich um Ihren Rat und Ihre Hilfe bei meiner Arbeit.

Zunächst aber erwarten wir die Antwort betreffs der Klischees dringend.

Dann folgt Weiteres.

Mit herzlichem Dank und vielen Grüßen in größter Ergebenheit

Ihr Rainer Maria Rilke

99. Rilke an Pawel D. Ettinger

Schmargendorf bei Berlin, 30. Jan[uar] 1901

Sehr geehrter Herr Ettinger,

vielen Dank für Ihre freundlichen, bereitwilligen Bemühungen. Durch einen Zufall ist es mir gelungen, bei einem Leipziger Antiquariat eine vollständige Ausgabe Гоголь's zu sehr billigem Preise aufzutreiben, so daß ich Sie mit vielem Dank bitten kann, sich nicht mehr in dieser Sache zu bemühen.

Hingegen höre ich, in meiner Unermüdlichkeit

auf Ihre Güte rechnend, nicht auf, Wünsche zu haben. Angeregt von dem выпускъ VI., würde ich sehr gerne auch den IV. und V. выпускъ von »Русскія древности« (Толстой–Кондаковъ) haben. Wollen Sie mir diese beiden (IV: »Христіянскія древности Крыма, Кавказа и Кіева« и. V.: »Курганныя древности и Клады домонгольскаго періода«) gelegentlich zugehen lassen?

Dann bitte ich Sie, Herrn Prof. Pasternak zunächst in meinem Namen herzlich zu danken. Er hat mir mit seinem langen Brief eine große Freude gemacht. Ich schreibe ihm, sobald die Blätter von dem engl. Verleger eingetroffen sein werden. Die vom hiesigen Verlag von Fontane habe ich schon in Händen (– es sind 5 –) und sende sie demnächst an ihn ab.

Ich freue mich sehr über Prof. Pasternaks Pariser Erfolge und beglückwünsche ihn herzlich zu dem Ankauf des Luxembourg, der eine große Auszeichnung bedeutet! Versichern Sie ihn meiner freudigsten Teilnahme, bitte!

Und nun vielen Dank für alle bisherigen Bemühungen und die Bitte um Entschuldigung dafür, daß ich noch immer nicht Ruhe gebe. Es eilt *nicht* mit den beiden Lieferungen (Кондаковъ–Толстой), besorgen Sie dieselben, wann es Ihnen gerade mal paßt.

Mit den besten Grüßen Ihr dankbarer

Rainer Maria Rilke

(Anbei 3 Exlibris)

100.   Pawel D. Ettinger an Rilke

Moskau, 4. Febr[uar] 1901

Sehr geehrter Herr Rilke!

Vor allem wiederum besten Dank für die schönen Exlibris! Und dann noch einmal die Versicherung, daß mir die kleinen Besorgungen durchaus nicht beschwerlich fallen & daß ich im Gegenteil Ihnen stets mit Vergnügen diese kleinen Dienste erweise. Das liegt einigermaßen in meiner Natur, welche im Kleinen viel Energie offenbart, aber leider großen Aufgaben gegenüber willensschwach ist, und bei meiner Beweglichkeit ist das Opfer wirklich nicht der Rede wert. Ich werde Ihnen die beiden gewünschten Hefte in kurzem zugehen lassen. –

Ich schrieb Ihnen bereits in meiner vorletzten Karte, daß mich Ihre persönlichen Beziehungen zu Alexander Benois lebhaft interessieren, da ich neugierig bin, Ihre Meinung über ihn zu hören. Seine kritische Tätigkeit in »Mir Iskusstwa« hat natürlich meinen vollen Beifall, und ich fühlte mich zu ihm sehr hingezogen. Er schreibt klar, deutlich, urteilt über plastische Kunstwerke von dem einzig richtigen Standpunkt, besitzt viel malerisches Wissen, und seine Aufsätze gereichen jedenfalls der erwähnten Zeitschrift zur Zier. Aber auf einmal bemerkte ich bei ihm gewisse Sympathien & Antipathien, welche fast an Parteilichkeit grenzen & welche mich etwas stutzig machten. Vor allem Pasternak. Er wird von Benois ganz einfach totgeschwiegen. Als seine Zeichnungen zur »Воскресение« in Petersburg ausgestellt waren, machte der »M. I.« nur eine boshafte Bemerkung, daß die Sachen im Original im Vergleich zu den Reproduktionen in der »Niwa« wenig gewinnen.

264

Ohne auf den Wert der Zeichnungen näher einzugehen, war dies doch eine böse Lüge, denn Sie haben ja die verhunzte Wiedergabe in der »Niwa« gesehen. Als ferner Benois aus Paris über die russische Kunstabteilung referierte, hat er in dem sehr ausführlichen Aufsatz nicht einmal Pasternaks Namen genannt, und das zu einer Zeit, wo die »Studenten« bereits vom Luxembourg erworben waren!

Obwohl ich ein Freund P.s bin, gehöre ich durchaus nicht zu seinen Lobhudlern & betrachte auch sein Werk kritisch. Ich begreife also, daß manche ihn vielleicht weniger schätzen wie ich. Aber zum Totschweigen, da ist er doch ein zu ernster & tüchtiger Künstler! Rein psychologisch interessiert mich der Beweggrund dieses Vorgehens, sollte es vielleicht Antisemitismus sein? Ein persönliches Element kann hier nicht vorliegen, da die Herren sich gar nicht kennen.

Und jetzt zum Kapitel der Sympathien. Da ist K. Somow, ein dekoratives Talent, aber einstweilen doch wenig originell & stark von Aubrey Beardsley beeinflußt. Wie sucht ihn doch Benois bei jeder Gelegenheit zu lancieren! Wenn die Rede von Beardsley, Heine & Diez ist, da wird noch »und unser Somow« hinzugefügt. Excusez du peu! Natürlich ist dies weniger schlimm, allein man merkt die Absicht und wird verstimmt.

Überhaupt ist eine gewisse Parteilichkeit, ein Hauch von Cliquenwirtschaft die Schattenseite der »Mir Isk.«! Djagilew ist ja ein sehr energischer Mann, & ich erkenne seine Verdienste vollkommen an, aber sympathisch ist er mir nicht. Ich kann mich manchmal von dem Eindruck nicht befreien, daß es ihm gar nicht so ernst mit der *ganzen* Kunst seiner Heimat ist, wenn er nur seinen Willen durchsetzt & seiner Clique einige Staatsausstellungen verschafft. Und das ist eben schmerzlich, daß man den

Menschen die Sympathie versagen muß, welche man für die Richtung im Herzen trägt.

Ähnliches habe ich seinerzeit auch in meinem Heimatlande empfunden. Da bildeten die polnischen Mitglieder der Wiener Secession, welche Ihnen ja bekannt sind – also Wyspianski, Mehoffer, Stanisławski, Falat, Axentowicz etc. –, in Krakau einen Verein »Sztuka« (Kunst), welche[r] die modernen Elemente der polnischen Kunst konzentrieren sollte. Die ersten 2 Ausstellungen waren sehr gelungen, & ich frohlockte von weitem, daß auch bei uns endlich etwas Leben in die Bude kommt. Aber auch da bildete sich bald eine kleine Clique, welche konkurrierenden Talenten den Zutritt versperrte, & bald war die Herrlichkeit aus. Die Strafe ließ nicht lange auf sich warten, denn infolge dieser Exklusivität konnte die projektierte polnische Ausstellung – und wie hatte ich mich auf dieselbe gefreut! – in der Secession nicht stattfinden; es war einfach zuwenig Material vorhanden.

Sie werden mich vielleicht etwas naiv finden, daß ich da Tränen über Sachen vergieße, welche auch anderorts, ja fast überall, stattfinden. Allein trotz vieler bitterer Enttäuschungen schmerzt es mich immer wieder, wenn ich sehe, wie Künstler ihre kleinen persönlichen Leidenschaften über die Liebe zur Kunst stellen. Die Benoissche Kunstgeschichte habe ich noch nicht zu Ende gelesen & kann also noch kein Urteil abgeben, um so mehr als ich die in den ersten Kapiteln berührten Künstler nicht sehr gut kenne. Jedenfalls hat in Rußland in dieser Weise noch niemand über Malerei geschrieben. Aber ein gewisser chauvinistischer Zug berührt mich an manchen Stellen peinlich, & dann scheint mir vieles etwas oberflächlich, ein wenig publizistisch behandelt. Den gerügten Chauvinismus sehe ich darin, daß B. sich zwar wundert, wie solche

Künstler wie Lewicki & Borowikowski damals in Rußland entstehen konnten, aber darauf nicht näher eingeht, daß dies Kleinrussen mit fast polnischen Namen waren, also doch unter dem Einfluß der damals viel höhern polnischen Kultur aufgewachsen sind. Überhaupt kann ich nicht ganz deutlich erklären, was ich da noch chauvinistisches finde, aber ich fühle es hier & da. –

Hier ist wenig Neues. Nächste Woche soll nun endlich das neue Drama von Tschechoff gespielt werden. Ich berichte Ihnen natürlich umgehend über den Eindruck. Sie haben vielleicht dort gelesen, daß der »Северный курьер« ganz verboten wurde. Es war dies ein sehr fortschrittliches Organ, etwas marxistisch angehaucht, durchaus anständig & wahrheitsliebend, hatte vorzügliche ausländische Korrespondenten & hat mehrmals den Mut seiner Überzeugung bewiesen. Ich bedaure sein Verschwinden, welches übrigens vorauszusehen war, lebhaft, da es eine Zeitung war, welche man ohne Widerwillen in die Hand nehmen konnte. Der Redakteur, Fürst Barjatinski, hat sich vor einigen Tagen tödlich verwundet; die Zeitungen schreiben natürlich von einem unglücklichen Zufall, aber es hat mehr den Anschein eines Selbstmords. Sein Zustand soll übrigens nicht ganz hoffnungslos sein.

Ebenso wissen Sie vielleicht schon, daß in Kiew 200 Studenten wegen Manifestationen ins Militär gesteckt wurden. Nette Gegend, nicht wahr?

Den »Michael Kramer« habe ich schon gelesen. Ja, es ist ein schönes Werk, aber ohne Vorwurf ist es doch nicht. Kramer selbst ist wirklich groß, aber ich finde eben, daß zu diesem Stil der dritte Akt nicht ganz paßt. Mag er an & für sich gut sein, aber das Genrehafte paßt zu dem Pathetischen wenig.

Und dann ist er ja gar nicht nötig, er fügt zur Charakteristik der Hauptpersonen nichts hinzu. Ferner finde ich noch, daß der junge Kramer zu wenig herausgearbeitet ist, das Schöne in ihm müssen wir auf gut Glauben hinnehmen, selbst sehen wir es zu wenig. Seine Szene im ersten Akt ist prächtig, aber die zweite mit dem Vater überzeugt mich nicht ganz. –

Und nun eine Bitte, welche Sie mir nicht übelnehmen wollen. Ich möchte Ihr unlängst erschienenes Novellenbuch sehr gerne lesen, vielleicht werden Sie so gütig sein, mir bei Gelegenheit ein Exemplar zum Durchlesen hersenden, & ich retourniere es Ihnen dann in Bälde? Fassen Sie, bitte, diesen Vorschlag nicht als ein umschleiertes Gesuch um ein Freiexemplar auf, keineswegs. Ich kann das Buch hier nicht bekommen, & meine Finanzen sind gerade momentan nicht ganz glänzend, ich möchte aber auf dies Vergnügen nicht verzichten. Sie nehmen mir hoffentlich meine kleinliche Bitte nicht übel, nicht wahr? –

Vor einigen Tagen sandte ich Ihnen einige Drucksachen in der Meinung, daß Ihnen damit vielleicht gedient ist. Wenn ich nicht irre, sagten Sie, daß Sie derartige Umschläge interessieren. Falls dem so ist, werde ich Ihnen hin & wieder so etwas senden können & mich für Ihre schönen Exlibris revanchieren.

Nun ist's aber genug für heute, meine Hand ist schon ganz steif.

Ich drücke Ihre Rechte freundschaftlich

Ihr ergebener
Paul Ettinger

P.S. Noch eine Bitte. Dr. Leisching hat in einem Aufsatz über Orlik in der »Zeitschr. f. Bücher-

freunde« von einigen sehr interessanten Einladungskarten gesprochen, welche O. für die »Concordia«
in Prag zu verschiedenen Bällen gezeichnet hat.
Vielleicht – nur unter der ausdrücklichen Bedingung, daß Ihnen dies *gar keine* Mühe machen wird –
können Sie bei Gelegenheit das eine oder andere
Blättchen für meine Sammlung erhalten. Ich würde
Ihnen sehr dankbar sein.

P. E.

101.   Rilke an Alexander N. Benois

Schmargendorf bei Berlin,
am 9. Febr[uar] 1901

Sehr geehrter und lieber Herr Benois,
    alles steht gut: Herr Karl W. Hiersemann in
Leipzig hat sich definitiv zur Übernahme des Verlags der deutschen Übersetzung Ihres schönen
Werkes entschlossen.
    Da die bereits erledigten Punkte unseres Über-
einkommens nur in Privatbriefen abgemacht sind,
habe ich dieselben auf beiliegendem Bogen nochmals zusammengestellt. Bitte senden Sie mir das
Schriftstück, mit *Ihrer und des Verlegers Unter-
schrift* versehen, ehestens wieder zu, damit ich dasselbe Herrn Hiersemann als Sicherstellung über-
geben kann. Herr Hiersemann stellt erst dann
meinen Vertrag aus.
    Verzeihen Sie, daß ich Sie nochmals und noch-
mals bemühe! Dann brauche ich zunächst weiter
nichts. Nächstens schreibe ich wieder mehr und per-
sönlicher. Heute nur die besten Grüße Ihres treu
ergebenen:

Rainer Maria Rilke

Я теперь начитаюсь Гоголя. Ахъ какой это
человѣкъ. Рѣчь »О среднихъ вѣкахъ«: прямо
прелесть!

102.   Rilke an Leonid O. Pasternak

Шмаргендорф, 13 февр. 1901

Многоуважаемый госп. профессоръ!
Леонидъ Оссипповичъ!

Три дни тому назадъ я получилъ изъ Лон-
дона (отъ I. R. Henderson'а) снимки вашихъ
прекрасныхъ рисунокъ. И сегодня уже вамъ
могу передать письмо Гна Шульте, изъ котораго вы видите что онъ будетъ очень радъ
если вы ему позволите выставить въ майѣ
мѣс. ваши работы. Кажется, что всѣмъ ху-
дожникамъ, (пригласеннымъ и непригласен-
нымъ) обнадлежить должность платить до-
рогу картинъ до границы. Припишите, пожалуйста, если вы согласитесь этимъ правиламъ
которыя я вамъ здѣсь приложу еще разъ. О
продажа говорить не надо потому что ваши
рисунки уже проданны. Я надѣюсь что вамъ
хочется выставить у Шульте, и что Берлинъ
будетъ познакомнится съ этими важними до-
полненіями сочиненій Толстого.

Снимки Henderson'а я удерживаю у себя
еще нѣсколько дней; мнѣ большое наслаж-
деніе пересмотрить ихъ.

По этимъ пять фотограф., которыя я получилъ отъ госп. Фонтане, отказался странный
случай. Fräulein Ilse Frapan оть которой Фонтане досталъ эти гравюры, огорчилась и тре-
бовала, что-бы я обратилъ назадъ гравюры,
надъ которыхъ я, какъ она сказала, едва

имѣю какое-нибудь право. И то я, не имѣя времени обяснить Frl. Frapan какое это дѣло, посилалъ ихъ обратно гну Фонтане. Пожалуйста если вамъ будутъ надо эти гравіюры, пишите прямо гну Фонтане. Онъ на ваше собственное письмо навѣрно не будетъ больше сомнѣватся!

Можетъ-быть Гсп. Эттингеръ вамъ уже сказалъ, какъ я сердечно сочувствую вашей радости, по тому поводу, что Люксамбурск. муз. купилъ картину »передъ экзаменами«, вѣдь это огромный успѣхъ!

Гну Эттингеръ мой поклонъ. Я получилъ его интерессное письмо, и отвѣчаю на дняхъ. –

Я много работаю, и неслишу ничего, что бы могло бытъ любопыно для вась. И что есть, я вамъ лично лучше разсказиваю будучый въ Москвѣ, можетъ быть уже черезъ 7 или 8 недѣль.

Извините что я опять пишу въ какимъ–то слишкомъ страннымъ языкомъ. Но мнѣ всетаки очень утѣшительно, что этотъ языкъ немножко похожъ на русскій!

Съ глубокимъ уваженіемъ
Вашъ сердечно преданній

R. M. Рильке

[Übersetzung]

Schmargendorf, 13. Febr[uar] 1901

Sehr geehrter Herr Professor!
Leonid Ossipowitsch!

Vor drei Tagen erhielt ich aus London von ⌈J. R. Henderson⌉ Aufnahmen Ihrer herrlichen Zeichnungen. Und schon heute kann ich Ihnen

Herrn Schultes Schreiben übermitteln, aus dem Sie ersehen, daß er sehr froh wäre, wenn Sie ihm gestatteten, im Monat Mai Ihre Arbeiten auszustellen. Es scheint, jedem Künstler (geladen oder nicht) obliegt die Pflicht, die Transportkosten für die Bilder bis zur Grenze selbst zu übernehmen. Schreiben Sie mir bitte, wenn Sie mit diesen Vorschriften einverstanden sind, die ich hier nochmals beilege. Über den Verkauf braucht man nicht zu sprechen, da Ihre Zeichnungen schon verkauft sind. Ich hoffe, daß Sie bei Schulte ausstellen möchten und daß Berlin diese wichtigen Ergänzungen zu den Werken Tolstois kennenlernen wird.

⌐Hendersons¬ Aufnahmen werde ich noch einige Tage bei mir behalten; sie immer wieder anzusehen bereitet mir großen Genuß.

Mit den fünf Photographien, die ich von Herrn Fontane erhalten habe, ereignete sich eine seltsame Geschichte. ⌐Fräulein Ilse Frapan¬, von der Fontane die Gravüren erhielt, fühlte sich gekränkt und verlangte, daß ich die Gravüren zurückgebe, über die ich, wie sie sagte, keinerlei Recht habe. Und da mir die Zeit fehlte, ⌐Frl. Frapan¬ zu erklären, worum es geht, sandte ich sie Herrn Fontane zurück. Sollten Sie diese Gravüren benötigen, so schreiben Sie bitte direkt an Herrn Fontane. Auf Ihr persönliches Schreiben hin wird er bestimmt keinen Zweifel mehr hegen!

Vielleicht hat Ihnen Herr Ettinger bereits gesagt, wie innig ich Ihre Freude darüber teile, daß das Luxembourg-Museum Ihr Bild »Vor dem Examen« gekauft hat; das ist doch ein gewaltiger Erfolg!

Grüßen Sie Herrn Ettinger. Ich habe seinen interessanten Brief erhalten und werde ihn dieser Tage beantworten.

Ich arbeite viel und höre nichts, was für Sie von Interesse wäre. Und was es gibt, erzähle ich Ihnen

lieber später in Moskau, vielleicht schon in 7 oder
8 Wochen.
Entschuldigen Sie, daß ich wieder in solch einer
eigenartigen Sprache schreibe. Trotz allem tröstet
es mich jedoch sehr, daß diese Sprache der russischen ein wenig gleicht!
Mit tiefster Hochachtung
Ihr herzlich ergebener

R. M. Rilke

103.   Pawel D. Ettinger an Rilke

Moskau, 18. Febr[uar] 1901

Sehr geehrter Herr Rilke!
Ich habe Ihnen seinerzeit versprochen, über die
Aufführung der Tschechowschen »Drei Schwestern«
zu berichten, und komme jetzt diesem Versprechen
um so gerner nach, als ich selbst das Bedürfnis
fühle, mir über den empfangenen Eindruck Rechen-
schaft abzulegen.
Das Stück ist eine typische Arbeit Tschechows, in
welchem sein steter Mangel an dramatischer Ge-
staltungskraft noch in verstärktem Maße zum Vorschein kommt. Den Inhalt kennen Sie aus der Ihnen
seinerzeit gesandten Zeitung, & ich bin also dieses
wenig angenehmen Teils meiner Aufgabe enthoben,
um so mehr als es in der Tat ziemlich schwer ist,
eine Handlung wiederzugeben, welche fast gar
nicht vorhanden ist. Ein straffer dramatischer Kno-
ten, ein fortschreitend sich entwickelndes Motiv
fehlt gänzlich, und das Drama entbehrt jeder Spannung. Eine Reihe sehr stimmungsvoller Szenen, in
welchen die Melancholie russischen Provinzlebens
prächtig dargestellt ist, ein Haufen lebenswahrer,
echt russischer Typen, aber ein gemeinsames Rück-

grat, das verbindende psychologische Element sucht man vergebens. Oder soll vielleicht die alles durchdringende Melancholie, der tiefe pessimistische Zug, daß alles Streben nach etwas Höhrem, Beßrem niemals auf Erfolg rechnen kann, die dramatische Basis bilden? Nun, im Laufe des ganzen Abends rieselt diese Melancholie wirklich von der Bühne auf uns herab und frißt sich in unsere verborgensten Seelenwinkel ein.

Mit einer gradezu raffinierten Grausamkeit spielt der Verfasser auf unsern Nerven und zwingt uns seine Lebensbeichte auf, was natürlich von großem Talent zeugt. Aber da und dort protestiert unser gesunder Lebensnerv gegen diese Schwarzmalerei, & sobald man sich klar wird, daß dieser trübe Schleier manche Kriegslist verbirgt, da anfängt auch das Vertrauen zu schwinden. Ein logisches, in den vorgeführten Charakteren & Verhältnissen begründetes Bedürfnis, daß alle bessern Elemente zugrunde gehen müssen, liegt nicht vor. Nein, man könnte mit den gegebenen Faktoren auch eine ganz andere Lösung zustande bringen. Und als der Verfasser sogar einen schablonenhaften Theaterkniff zu Hilfe nimmt und eine Hauptperson im Duell töten läßt, um auch den letzten Lichtblick unmöglich zu machen – da sage ich ihm sogar ganz strikt den Gehorsam auf. »Die Botschaft hör ich wohl, allein mir fehlt der Glaube«, möchte man da ausrufen, & im großen und ganzen bleibt man unbefriedigt. Natürlich, man unterliegt in den meisten Szenen dem Zauber seiner Stimmungsmalerei, einzelnes entzückt im hohen Grade, aber das Große, Bezwingende, die Synthese bleibt aus.

Gespielt wurde wunderbar, & [ich] zweifle, ob irgendwo in Europa ein derartiges Stück besser & stimmungsvoller dargestellt werden könnte. Die Fehler Alexejews wurden hier zu Vorzügen. Seine

Vorliebe für das Detail, für minime Bühneneffekte, das Herausmalen nebensächlicher Momente, welche in breit angelegten Stücken oftmals störend bei ihm wirken, verstärkten für uns die Wirkung. Die einfache Bühnendekoration, die Möbel, die hundert Kleinigkeiten, die Kostüme – alles zeugte von einem liebevollen Eindringen in die Intentionen des Dichters, so daß es schwer zu sagen ist, was dem letztern & was der Regie gehört. Einzelne Szenen waren von so packender, fein abgestimmter Lebenswahrheit, daß deren Eindruck so bald sich nicht verwischen wird.

Alles in allem ein schwaches Drama eines talentvollen Schriftstellers. Neues hat Tschechow hier nicht gegeben, es bleiben die gleichen Motive wie im »Дядя Ваня«, in der »Чайка«, sogar das dramatische Leben ist in jenen Stücken stärker. Es will mir sogar scheinen, daß ohne den starken Erfolg der letztern der Stoff der »Drei Schwestern« wohl eher zu einer Erzählung verarbeitet worden wäre. Denn schließlich ist es auch nur eine auf die [Bühne] versetzte Erzählung. –

Ich weiß nicht, ob bereits jemand auf die Verwandtschaft Tschechows mit Maeterlink als Dramatiker hingewiesen hat, aber mir erscheint dieselbe recht groß. Bei beiden ist es inzwischen allein die Stimmung, die erstrebt wird, die Handlung verschwindet fast gänzlich. Aber Maeterlink ist der größere Dramatiker, bei ihm ist alles Nebenwerk zur Seite geschoben. Alles schreitet straff & bewußt dem Endziel zu. Im »Interieur«, »Intrus«, in den »Blinden« etc. ist einem jeden klar, was der Verfasser will & wozu das Stück geschrieben ist. Der Eindruck ist entsprechend sehr stark auch bei nur mittelmäßiger Aufführung, & man geht befriedigt aus dem Theater, da der Dichter gehalten hat, was er versprach. Bei Tschechow frage ich oft, wozu eigentlich das Stück geschrieben ist: Es hat 4 Akte, könnte aber ebensogut 2 oder 6 haben. Nur um uns in eine trübe Stimmung zu versetzen – dazu würde ja auch ein Akt genügen. Seine Stücke & auch viele seiner letzten Erzählungen enden nicht, weil eben das psychologische Motiv zu Ende entwickelt ist, sondern weil der Verfasser an dieser Stelle sein Finis setzen wollte. Sein großes Talent erkenne ich an, aber es fehlt ihm an einer Lebensauffassung, um auch ein großes Werk zu schaffen.

Nun, mein Brief ist eigentlich über die Grenzen eines solchen hinausgegangen, Sie müssen schon meine Redseligkeit mit in den Kauf nehmen.

Die gewünschten Bücher lasse ich Ihnen dieser Tage zugehen: ich bin bisher noch nicht dazu gekommen.

Leben Sie wohl, werter Herr Rilke, und seien Sie freundschaftlichst gegrüßt von

Ihrem ergebenen
Paul Ettinger

P.S. Hoffentlich haben Sie mir meinen letzten Brief nicht übelgenommen?

104.   Nikolai I. Storoshenko an Rilke

Moskau 7. [20.] Februar [1901]

Da ich mir gewiß bin, daß Sie eifrig Russisch lernen, schreibe ich Ihnen russisch. Erlauben Sie mir vor allem, Ihnen von Herzen zu danken, daß Sie meiner gedacht haben, es hat mich zutiefst gerührt. Nicht minder rührt mich Ihre Liebe zum russischen Volk, doch ich fürchte, die russische Seele wird Sie enttäuschen, wie es vielen Ausländern ergangen ist. Ich freue mich sehr, daß Sie sich mit Iwanow beschäftigen; das ist wahrhaftig ein großer Künstler, groß in seiner Aufrichtigkeit, Demut und erhabenen Stimmung, die an jene italienischen Maler erinnert, die ihre Madonnen auf Knien und ehrfürchtig schweigend malten. Iwanow, der sein ganzes Leben an dem Bild »Christus erscheint dem Volk« arbeitete, ist meiner Meinung nach der Prototyp Michael Kramers, der gleichfalls fern von den Menschen und versunken in seine Träume sieben Jahre lang an seinem »Christus« malte. Obwohl Hauptmanns Drama bereits ins Russische übersetzt ist, wird es doch erst im Herbst aufgeführt. Als Kunstwerk gefällt es mir sehr, aber als Drama ist es ziemlich schwach, und ich glaube nicht, daß es auf der Bühne einen lang anhaltenden Erfolg haben kann, denn es gibt darin weder einen zentralen Konflikt noch eine ⌐Steigerung der Handlung⌐, noch sich klar abhebende Szenen. Der Autor ist mehr Psychologe und Philosoph denn Dramatiker. Was die ⌐Grundidee⌐ anbelangt, die Apotheose des Todes, so stellt sie nach Leopardi, diesem Sänger des Todes, nichts Neues dar. Bei uns wird jetzt ein neues Drama von Tschechow aufgeführt, das von einer ebensolchen trostlosen Stimmung durchdrungen ist, wenn auch weniger tiefgründig. Übrigens kann man über die Frage der gegenwärtigen Stimmung viel reden, und wir werden uns darüber unterhalten, wenn Sie im Frühjahr nach Moskau kommen, aber jetzt erlauben Sie mir, Ihnen alles Gute und Schöne zum neuen Jahr zu wünschen.

Ganz der Ihre
N. Storoshenko

105. Leonid O. Pasternak an Rilke

Moskau, Hochschule für Malerei
17. Februar [2. März] 1901

Sehr geehrter ⌐M[onsi]eur Rilke⌐!
Herzlichen Dank für Ihren lieben Brief. Ich lese
Ihre Briefe immer mit Vergnügen, und für Ihre
Liebenswürdigkeit, Aufmerksamkeit und Bemühungen seien Sie millionenfach bedankt! Verzeihen Sie,
daß ich Ihnen ungewollt soviel Schwierigkeiten bereitet habe! Dank auch für den beigefügten Brief
von Herrn Schulte. Es wird mich sehr freuen, wenn
es gelingen sollte, meine Illustrationen in Berlin zu
zeigen, und ich hoffe, sie im Mai an Schulte zur
Ausstellung abschicken zu können, obwohl ich schon
ein wenig unruhig zu werden beginne: Stellen Sie
sich vor, bis jetzt habe ich sie noch nicht von der
Pariser Ausstellung zurück! Ich erwarte sie tag-
täglich und fürchte, daß der Besitzer und Eigen-
tümer dieser Sammlung deshalb Angst haben wird,
sie wieder ins Ausland zu schicken. Vielleicht wird
es sich trotz alledem einrichten lassen. Was für eine
Frechheit von Frau Frapan! Welches Recht hat sie,
von Ihnen die Zeichnungen zurückzuverlangen! Ich
werde sofort mit diesem Schreiben einen Brief an
Herrn Fontane schicken, damit man Ihnen die
Zeichnungen wieder aushändigt; wählen Sie sich
diejenige aus, die Ihnen am besten gefällt, die übrigen aber (es sind wirklich insgesamt nur 5 und nicht
8, wie ich dachte?! Das heißt, ich habe mich geirrt)
bitte ich Sie bei sich zu behalten, und sollte jemand
von meinen Bekannten nach Berlin fahren, werde
ich sie bitten, die übrigen Faksimiles bei Ihnen ab-
zuholen. Wozu wollen Sie sie schicken? Das macht
zuviel Mühe! Sollten Sie jedoch bald hierherkom-
men – nun dann, wenn es Ihnen keine Schwierig-

278

keiten bereitet –, bringen Sie sie bitte mit! Ich bin
sehr beschäftigt, ich arbeite, war in Petersburg, wo
ich etwas zu erledigen hatte (deshalb – verzeihen
Sie – habe ich Ihren liebenswürdigen Brief nicht
sofort beantwortet). Dank auch für Ihre Freude und
Ihr Mitempfinden wegen des Luxembourg-Museums (das heißt wegen meines Erfolges). Noch einmal herzlichen Dank und von ganzem Herzen alles,
alles Gute.

In aufrichtiger Ergebenheit
Ihr L. Pasternak

P. S. ⌐M[onsi]eur Ettinger¬ läßt Sie herzlichst grüßen.

106.   Alexander N. Benois an Rilke

26. Februar [11. März] 1901

⌐Lieber Herr Rilke¬,
   Sie fragen sich gewiß: ⌐Was soll das eigentlich
alles heißen? – Ich bin selbst im größten¬ Zweifel
und habe den starken Verdacht, bei meinem Herausgeber läuft irgend etwas schief. Bereits vor über
einem Monat habe ich ihm den von Ihnen übersandten Vertrag zur Kenntnisnahme geschickt, und
bis jetzt liegt kein Sterbenswörtchen darüber vor.
Ich weiß nur, Herr Protopopow ist für zwei Monate
nach Rom gefahren, und nehme an, er wird sich
keineswegs beeilen, Ihnen zu antworten, weil der
Vertrag noch bei ihm liegt und von mir nicht unterschrieben ist (ich wollte nach ihm unterschreiben)!
Quel gâchis! – Es ist mir schrecklich peinlich, daß
Sie als Verehrer Rußlands und der Russen unsere
Nachlässigkeit beim Erledigen von Geschäften zu
spüren bekommen und unsere Schlamperei en fla-

grant délit. Ich stelle mir das so vor: Herr Protopopow, ein lieber, aber äußerst unpraktischer Mensch, ist es gewohnt, sich ins Heu zu verkriechen oder sich totzustellen, wenn eine Unannehmlichkeit droht, wie der Vogel Strauß, der den Kopf in den Sand steckt. ⌐Nur still bleiben⌐, vielleicht geht alles vorbei. Das ist seine Psychologie. Und die Unannehmlichkeit besteht darin, daß er, wie mir bekannt ist, mit Punkt vier – über die kostenlose Bereitstellung des Klischees für Hiersemann – nicht einverstanden ist. Die Sache ist so, ich habe ihm damals ein Telegramm folgenden Inhalts diktiert: ⌐clichés stehen Verfügung leihweise *Viertelpreis*⌐. Als er nach Hause kam und seinen Geschäftsführer konsultierte, fand er, der ⌐*Viertel*preis⌐ ist wenig, besser wäre, es für ein *Drittel* des Preises zur Verfügung zu stellen, und unentschlossen in dieser Frage, schickte er ein Telegramm (ohne mich darüber zu informieren) *ohne eine Angabe* des Preises. Sie haben es selbstverständlich so aufgefaßt, daß er das Klischee *umsonst* zur Verfügung stellt, und dementsprechend den Vertrag aufgesetzt. Als er diesen Vertrag von mir erhielt, packte ihn die Verzweiflung, er nahm ihn mit und versprach, in wenigen Tagen eine Antwort zu erteilen. Seit dieser Zeit habe ich ihn nicht mehr gesehen, und nun höre ich, er ist schon in Rom. Über das Schicksal des Vertrages weiß ich nichts, ich weiß auch nicht, ob er Ihnen geschrieben hat oder nicht, doch da ich seinen Charakter kenne, glaube ich eher *nein*. Ich schreibe Ihnen jetzt, lieber Freund, weil ich *mich* nach Möglichkeit rechtfertigen möchte. Ich habe mit alldem nichts zu tun und wasche meine Hände in Unschuld. – Und zu denken, all diese Briefe, die Verstimmung und die Mißverständnisse rühren von diesem dummen Buch her, das keinen roten Heller wert ist. Der Teufel hat Sie geritten, sich mit unsereinem einzulassen!

Ich befürchte, Ihre Sympathie für Rußland und die Russen könnte dank all diesem Blödsinn ins Wanken geraten. Denken Sie daran, wir leben in einem unheimlich großen Tollhaus. Bei Ihnen ist es übrigens nicht besser. Ja, wo ist es heute besser? – Mit gleicher Post schreibe ich Protopopow.

Seien Sie mir nicht böse; und sollte ich an irgend etwas schuld sein, so nur, weil ich Ihnen nicht rechtzeitig erzählt habe, was für ein lieber, guter, empfindlicher, edler, aber bis zum Wahnsinn verdrehter Mann mein Herausgeber ist.

Ich drücke Ihnen die Hand und warte auf Ihre Nachrichten.

Ihr aufrichtig ergebener Alexander Benois

107.   Rilke an Alexander N. Benois

Z. Zt. Bremen, Lübeckerstr. 9,
am 19. April 1901

Sehr verehrter und lieber Herr Benois, alles ist meine Schuld, d. h., ich bin trotzdem daran mitschuldig, wenn ich das Mißgeschick, das mich betroffen hat, und eine Menge gute und böse Umstände verantwortlich machen darf. Im Februar mußte ich in persönlichen Angelegenheiten plötzlich Schmargendorf verlassen und nach Südtirol reisen. Dann kam eine unruhige Zeit. Und als es eben wieder ruhig werden wollte, erkrankte ich am Scharlach. Einer meiner ersten Briefe, die ich schreibe, seit ich wieder außer Bett bin, ist dieser: verzeihen Sie also mein langes Stillschweigen. Zu allen schlimmen kommen gute Ursachen; ich habe mich verlobt, und in etwa 10 Tagen, sobald ich etwas kräftiger bin, ist schon hier, ganz still, die Trauung. Ich werde mit meiner Frau, die Bildhauerin (Rodinschülerin) ist, in Westerwede bei Bremen (das ist neben Worpswede) auf dem Dorf wohnen. In etwa 14 Tagen ist unser Heim fertig, und dann будемъ работать какъ нигдѣ еще не бывало.

Aber nun kommt noch eine traurige Mitteilung; der Umstand, daß die Klischees nicht *umsonst* geliefert werden können (ein Brief von Herrn Protopopoff traf schon im Februar richtig bei mir ein!), hat den Verleger Hiersemann abgeschreckt, so daß er den Verlag *nicht* übernimmt. Ich muß also aufs neue darauf ausgehen, einen Verleger zu finden. Der bekannte moderne Verlag v. Albert Langen (München u. Paris) interessiert sich dafür, und ich sende heute noch die [...]

108.   Rilke an Pawel D. Ettinger

z. Zt. Bremen, Lübeckerstr. 9,
am 19. April 1901

Sehr werter Herr Ettinger, ich bin Ihnen viel Dank für mehrere Briefe (sehr interessante Briefe!), Zeitungsendungen und auch Zusendung der erbetenen Lieferung von Толстой–Кондаковъ schuldig. Und ich schulde Ihnen diesen Dank seit längerer Zeit. Verzeihen Sie. Erst mußte ich plötzlich in wichtigen Sachen verreisen, – dann kam ein großer Umsturz in meinen persönlichen Verhältnissen, der alles auf den Kopf stellte, und dann erkrankte ich an Scharlach, lag 3 Wochen und bin jetzt, erst Rekonvaleszent, allerdings schon für alle Welt vollkommen ungefährlich. Eines der ersten Dinge ist, daß ich Ihnen schreibe. Ihre Mitteilungen haben mich sehr interessiert, und ich danke Ihnen vielmals dafür. Ich werde später auf Ihre beiden Briefe zurückkommen. Bis ich zu meinen Sachen gelange, die

noch in Schmargendorf stehen, suche ich nach Orlik-
schen Einladungskarten, von denen eine oder zwei
in meinem Besitze sein müssen, und sende Ihnen
dieselben dann gleich. Sie müssen sich nur noch ge-
dulden. – Meine neuen Verhältnisse bringen es mit
sich, daß ich heuer *nicht* nach Rußland reise, was
mir leid tut, wie Sie sich denken. Aber ich lese *nur*
Russisch und hoffe, nahe Beziehungen zu erhalten,
wozu Ihre Liebenswürdigkeit viel beitragen kann.
Bitte sagen Sie auch Herrn Prof. Pasternak (dessen
Brief mich sehr erfreut hat) von meiner Krankheit
usw. Ich schreibe auch ihm bald. Adresse zunächst
die obige. Mit den dankbarsten Grüßen Ihr ergebener

R. M. Rilke

109.   Alexej S. Smirnow an Rilke

22. April [5. Mai] 1901

Aufrichtigen Dank, Herr Rilke, für Ihre liebe Aufmerksamkeit und Ihr wohlwollendes Gedenken.
Ihre Grüße konnte mir S. N. Schill nicht mehr dort
übermitteln, wohin sie adressiert waren, sondern
fern vom lieben, dem Herzen nahen Moskau, unter
anderen Bedingungen, in einer neuen Umgebung
und einer neuen Situation. Ein Jahr ist nur vergangen, da Sie in Moskau waren und bei Sofja Nikolajewna Leute getroffen haben, und schon haben
jene Leute so viel, so viel in diesem einen Jahr erlebt und durchgemacht. Im November 1900 wurde
ich zum Wehrdienst eingezogen, und nun diene ich
bereits sechs Monate in der Nowogeorgijewskaja-
Festung, 35 Werst von Warschau (Polen), an der
Weichsel. Ihre Karte habe ich am 10. April dieses
Jahres erhalten, und ich war sehr, sehr froh und

dankbar, ich kann meine Dankbarkeit gar nicht ausdrücken, ich empfinde sehr, sehr tief Ihre Aufmerksamkeit und werde Ihrer immer gedenken. Glauben Sie mir, auch die Russen sind fähig, zu empfinden und zu gedenken, genauso wie andere Menschen in Europa.

Ich wünsche Ihnen von Herzen alles Gute, Schöne, viel Freude, Gesundheit und Kraft.

Ihr Ihnen dankbarer A. Smirnow

Waren Sie schon einmal in Polen? Wenn Sie erlauben, schreibe ich Ihnen wieder.

Meine Adresse: Gouvernement Warschau, Nowogeorgijewskaja-Festung, sechstes Pionierbataillon, erste Kompanie, Alexej Sacharowitsch Smirnow.

110. Rilke an Alexander N. Benois

Westerwede bei Bremen,
(bei Worpswede),
am 6. July 1901

Mein verehrter Herr Benois,

ich hoffe, Sie haben meinen Brief bekommen (er war Ende April d. J. von Bremen abgegangen), in welchem ich Ihnen den Wendepunkt meines Lebens und alle guten und bösen Gründe meines langen Schweigens aufzählte. Ich hoffe auch, daß Sie um der ungewöhnlichen Umstände willen mir die Unterbrechung unseres Verkehrs vergeben haben und mir glauben, wenn ich Sie nun einfach versichere, daß ich in alter Anhänglichkeit und Treue zu Ihnen und dem Land, das Sie lieben, stehe. Я Вамъ еще разъ все это пишу по русскій . . .

Nun, heute bring ich gute Nachrichten: Albert

Langen, der große Münchner Verlag, den Sie jedesfalls kennen, hat sich entschlossen, u. zw. gestern erst, die Übersetzung Ihrer Kunstgeschichte zu verlegen, wodurch für das Buch ein großer Sieg gewonnen ist.

Der Langensche Verlag ist unser vornehmster und derjenige, der zum Teil durch Langens persönliche Beziehungen, zum Teil durch die Vornehmlichkeit seiner Publikationen das meiste Vertrauen genießt. Bei Hiersemann wäre das Buch fast nur auf Fachkreise angewiesen gewesen, so steht es bei den besten Erscheinungen unserer und der nordischen Literatur und wird sich einen breiten Leserkreis schaffen u. erziehen und der russischen Kunst ein Heer von Freunden zuführen, die ihr nicht mehr verlorengehen!

Sie können sich denken, mit welchem guten Gefühl ich nun an die geliebte Arbeit gehe. Ich werde meine beste Kraft und Mühe daranwenden – das dürfen Sie mir glauben.

Ich bin mit meiner jungen Frau eben notdürftig eingerichtet in unserem Bauernhause und kann nach allerhand Umsturz erst wieder an Arbeit und Sammlung denken. Aber wie gern tu ich das jetzt. Ich bin sehr zufrieden – wenn ich ein starkes Heimweh nach Rußland abrechne! O wenn ich doch *mehr* hören könnte von meiner lieben geistigen Wahlheimat. Wenn ich Geld hätte, würde ich eine Zeitschrift halten, die mich im laufenden hält, »Миръ искусства« am liebsten! Wie lange hab ich keine Nummer gesehen. Und auch nirgends Gelegenheit dazu. Was soll man tun? Bitte, lieber Herr Benois, wenn Sie einmal von ein[er] russischen Zeitschrift hören, die etwas von mir brauchen könnte, schreiben Sie mir. Ich bin zu *jeder* Arbeit bereit, die einigermaßen gezahlt wird; wie dankbar bin ich Ihnen für die regelmäßige Zusendung der wunderbaren

»Сокровища« . . . О я зналъ, что Россія богата! Aber daß es soviel schöne Antiken gibt! und die alten Holzschnitzereien. Die Worpsweder warten stets mit Spannung auf eine neue Lieferung. –

Wie geht es Ihnen, lieber Herr Benois, Ihrer verehrten Frau Gemahlin und den Kindern. Bitte vermitteln Sie ergebene Grüße von mir. Ich würde gern von Ihnen hören, viel hören von Ihnen!

Aber zur Abschließung des Kontraktes mit Langen ist es notwendig, daß Sie mir möglichst *sofort* folgende Fragen beantworten:

1. *Wann* erscheint der 2. Teil der Kunstgeschichte. Vielleicht lassen Sie, sobald er erscheint, sofort 1 Exemplar des 2. Teiles an mich und 1 Exemplar an den russ. Vertreter des Langenschen Verlages (Herrn Korfiz Holm, München, Schackstraße 4 (Verlag Langen)) senden.

2. Wie *stark* wird der zweite Teil sein?

3. Ist Herr Protopopoff jetzt wieder zu Hause?

4. Der Verlag Langen ist geneigt, dem Verfasser für die Autorisation ein Honorar von 10% (zehn Prozent) vom Ladenpreis jedes abgesetzten Exemplares zu zahlen. – Sind Sie mit dieser Bedingung einverstanden?

Mir liegt viel daran, lieber Herr Benois, die Antwort auf diese 4 Fragen auf dem raschesten Wege zu erhalten, damit ich den Kontrakt endlich abschließen kann. Aber ich hoffe neben diesen geschäftlichen Angelegenheiten auch bald manches andere wieder von Ihnen zu hören. Man hat Sie in Rußland heuer ja gezwungen, viel Trauriges zu erleben! Wie hab ich gelitten unter allen Mißverständnissen . . . Aber Rußland wird alles überstehen . . . Великая страдальница нѣмая! Bitte gleich Antwort. Verzeihen Sie die Eile. Mit tausend treuen Grüßen

Ihr Rainer Maria Rilke

111. Alexander N. Benois an Rilke

28/VI [11. Juli] 1901 ⌐alt. St.⌐
Oranienbaum, Ecke Ilkowski und
Schweizarskaja, Kudrjawzew-Datsche

⌐Lieber Herr Rilke⌐,

ich grüße Sie herzlich und wünsche Ihnen von
ganzem Herzen eine überaus glückliche Ehe. Ich bin
überzeugt, daß Sie es bei Ihrem hervorragenden
Charakter und bei Ihrer Herzensgüte verstehen
werden, mit Ihrer Frau ein wunderbares Familien-
leben zu führen. Ich bin ein überzeugter Anhänger
der Ehe und freue mich immer innig, wenn unser
Heer verstärkt wird. Bei dieser Gelegenheit möchte
ich erwähnen, daß ich zur Zeit ganz hingerissen
einen anderen überzeugten Anhänger der Ehe lese,
unseren genialen W. W. Rosanow. Kennen Sie ihn?
Sie erinnern sich, als Sie mich einmal fragten, was
Sie aus dem Russischen übersetzen könnten, nannte
ich Ihnen, so scheint mir, neben Mereshkowski
(dessen Artikel über Lew Tolstoi und Dostojewski
meiner Ansicht nach eines der bedeutendsten Zeugnisse des letzten Jahrzehnts ist) Rosanow. Wahrscheinlich ist Rosanow für die Ausländer noch interessanter (obgleich er für die Russen auch sehr interessant ist), weil er ein echt russischer Philosoph ist,
der tief im Volke wurzelt. Von besonderer Bedeutung ist seine Beziehung zum Altjudentum und, in
jüngster Zeit, auch zum Katholizismus. Er kommt
von Dostojewski, doch löste er sich in vielem von
ihm, und zum Verständnis unseres Volksgeistes ist
es zweifellos notwendig, sowohl den einen als auch
den anderen zu kennen. Rosanows Form wirkt kon-
fus, oft unverständlich und äußerst nachlässig. Der
Russe ist fast immer ein Zyniker. Der Inhalt ist
stellenweise ungeheuer klug, stellenweise kindlich

naiv, aber immer fesselnd. Die Mühe, ihn zu übersetzen, ist, denke ich, riesengroß, doch er verdient diese Mühe. Sollten Sie es wünschen, so würde ich mich bemühen, Ihnen einige seiner Werke zuzuschicken.

Jetzt beantworte ich Ihre Fragen:

1. Ich weiß noch nicht genau, wann der zweite Teil erscheinen wird, auf alle Fälle aber nicht vor Oktober oder November, weil der Druck bis jetzt ungewöhnlich langsam vorangeht. Ich schicke dann sowohl Ihnen als auch Herrn ⌐Korfiz Holm⌐ ein Exemplar. 2. Der Umfang des zweiten Teils wird ungefähr so wie der des ersten sein. 3. Unser netter Herr Protopopow ist wiederum abwesend. Seine Adresse: Samara. Postfach 39. 4. Ich rechne überhaupt mit keinem Honorar und finde deshalb jedes Honorar nicht nur ausreichend, sondern direkt überflüssig. So oft (ja sogar immerzu) übersetzen und drucken wir nach, was uns im Ausland gefällt, indem wir die Nichtzugehörigkeit zur Konvention ausnutzen, und so können wir nur betroffen und verblüfft sein, daß es im Ausland so viele anständige Menschen gibt, die keine Repressalien anwenden wollen. Darüber hinaus ist das verächtliche Metall so notwendig (der Teufel soll es holen), daß ich Herrn ⌐Langen⌐ sehr dankbar sein werde, wenn er etwas (egal wieviel) für mein Buch zahlen sollte. Wenn nicht – ist es auch gut. – Ich habe bereits mehrmals die Redaktion von »Mir iskusstwa« gebeten, Ihnen die Zeitschrift zuzuschicken, und jedesmal erhielt ich von H. Djagilew die Zustimmung, doch aus irgendwelchen Gründen schickte man sie Ihnen immer noch nicht. Sobald ich in Petersburg bin, werde ich mich unverzüglich dafür verwenden, daß man es endlich tut. – In diesem Sommer lebe ich in Oranienbaum. Das liegt in derselben Richtung wie Peterhof, nur ungefähr zehn Werst weiter. Hier

gibt es ein wundervolles historisches Schloß, das
Fürst Menschikow gehört hat, und herrliche Gärten und Parks. In einem davon steht das Chine-
sische Schloß, in dem Katharina II. ihre Jugend
verbrachte. Es ist ein Wunder der Kunst, und ich
werde eine Nummer der »Sokrowistscha« diesem
Denkmal widmen. – Sie möchten bei uns irgendwo
mitarbeiten. Das wäre wunderbar, wir brauchen
dringend eine gute, kluge Korrespondenz aus
Deutschland. Doch die Frage ist, wo. Unsere einzige fortschrittliche Zeitschrift »Shisn« wurde unlängst geschlossen. »Mir iskusstwa« wäre ideal für
Sie, und Sie wären ideal für »Mir iskusstwa«, doch
sie zahlt schlecht (und unpünktlich), und ich habe
Ihrem Schreiben entnommen, daß auch für Sie
das verächtliche Metall nicht wertlos ist. In den
»Sokrowistscha« nimmt die Auslandskorrespondenz
einen sehr geringen Raum ein (diese »Chronik« hat
man mir angehängt und ich entledige mich ihrer
sehr oberflächlich) – so daß es sogar lächerlich ist,
darüber zu sprechen. Wahrlich, ich weiß auch
nicht. Unsere geistigen und seelischen ⌐Umstände⌐
sind sehr schlecht. ⌐»Aber Rußland wird alles überstehen . . .«⌐ Gebe es Gott. Leider beansprucht
mich die Zeitschrift voll und ganz, sonst hätte ich
zu gern »unsere zweite Heimat« durchstreift – und
mich ein bißchen erholt. Dann hätte ich Sie auf
alle Fälle besucht und Ihre Gattin kennengelernt;
wenn ich auch noch keine Gelegenheit hatte, ihr
vorgestellt zu werden, bitte ich, ihr meine aufrichtigsten Grüße zu übermitteln. Meine Frau läßt Sie
herzlich grüßen.
  Ich verbleibe Ihr Ihnen tief ergebener

                                    Alexander Benois

112.   Rilke an Alexander N. Benois

Lieber Herr Benois,
   ich danke Ihnen auf das wärmste für Ihren lieben ausführlichen Brief: wie gern höre ich von Ihnen und von allen Ihrigen, und wie freute ich mich
mancher guten Aussicht, welche Ihr Brief mit eröffnet. Ja, Sie müssen auch einmal zu uns kommen
und unser Gast sein; meine Frau und ich, wir laden Sie hiermit ein für alle Mal ein und bitten Sie,
uns nicht zu vergessen, wenn Ihr Weg Sie doch
einmal wieder westwärts führen sollte. Wie schön
haben Sie es jetzt in Oranienbaum. Jeden Sommer
verbinden Sie mit Ihrem Landaufenthalt ein Stück
großer und glänzender Vergangenheit, und was
Ihnen die kleinen heimlichen Schlösser nicht über-
liefern, das erraten Sie aus dem Rauschen der ur-
alten Bäume und aus den Stimmen heller fallender
Fontänen. – Sie müßten ein Buch schreiben: »Peterhof« oder eine Mappe mit einigen radierten Blättern und etwas Text herausgeben: es würde Ihnen
gelingen, die eigentümlichsten Stimmungen dieser
vornehmen Parke zu fassen, wie es Ihnen gelang,
mich auf abendlichen Wegen zu tiefem Verständnis jener Schönheit hinzuleiten.
   Wenn ich Sie doch besuchen könnte in Oranienbaum; aber ich kann während der nächsten zwei
oder drei Jahre nicht daran denken, die große
Reise zu wiederholen, und muß mich hier sparsam
und fleißig einrichten und mich darauf beschränken, alle Mittel aufzuwenden, welche meine Beziehungen mit Rußland aus der Ferne festigen könnten. Und ich bin Ihnen von ganzem Herzen dankbar für jegliche Hilfe, die Sie mir in diesem Sinne

gewähren wollen! Ich las jetzt erst »Что дѣлать«
und hole manches aus der älteren russischen Literatur nach, wobei ich jedesmal überrascht bin von
dem Werte der einzelnen Werke, von der Überlegenheit der Autoren, überlegen aus – я это не могу
сказать по нѣмецкій...: »из простоты«...
ахъ! какъ часто это теперь случится что я на-
прасно ищу какое-нибудъ слово или выраженіе,
и потомъ всегда думаю: какъ трудно для меня,
что я долженъ писать на томъ языкѣ въ которомъ нѣтъ имени того чувста, которое самый
главное чувсто моей жизни: тоска. Что это:
Sehnsucht? Намъ надо гладѣть въ словаръ какъ
переводить: »тоска«. Тамъ разніе слова можемъ
найти, какъ н. пр.: Bangigkeit, Kummer des Herzens bis Langeweile! Но вы будете соглашатся,
если скажу, что, по моему, ни одно изъ десять
словъ не даетъ смыслъ имено »тоски«. И вѣдь,
это потому, что нѣмецъ вовсе не тоскуетъ, и его
Sehnsucht вовсе не то, а совсѣмъ другое сенти-
менталное состояніе души изъ котораго никогда не выидетъ ничего хорошаго. Но изъ
»тоскы« народились величайшые художники,
богатыри и чудотворцы русской земльи. И мнѣ
всегда кажется какъ будто эти три на первомъ
взглядѣ такъ близкія выраженія: langueur,
Sehnsucht, тоска, масштабами глубины на-
родовъ, которымъ онѣ принадлежутъ...
Doch ich bin ziemlich weit vom Wege abgekom-
men, welchen ich mit diesem Briefe habe einhalten
wollen. Verzeihen Sie diese abschweifende Bemerkung und die schlechte Ausdrucksweise; ich lasse
keine Gelegenheit, dieselbe zu verbessern, vorübergehen; aber der Gelegenheiten sind wenige. Ja, wenn
Sie in der Redaktion von »Міръ искусства« nochmals in Erinnerung bringen, daß mir die einzelnen
Hefte regelmäßig sollen zugesendet werden, tun Sie

etwas sehr Gutes und Liebes. Ich würde mich so sehr freuen, den Essay von Herrn Мережковскій über Tolstoj und Dostojewskij zu lesen – deshalb müßten Sie schon so freundlich sein, zu veranlassen, daß mir auch diese früheren Hefte zugesendet werden. Einsicht in »Міръ искусства« ist überdies für alle meine hiesigen Malerfreunde wertvoll, auch bin ich imstande, dadurch, daß ich die Zeitschrift in den mir zur Verfügung stehenden deutschen Blättern von Fall zu Fall würdige und an Aufsätze anknüpfe, die in ihr enthalten sind, meine Dankbarkeit für die liebenswürdige Zusendung einigermaßen zu betätigen. Bitte, veranlassen Sie *bald* die Zusendung, von der Sie schreiben, daß sie im Sinne des Herrn v. Дягилевъ wäre: ich erwarte mit recht viel *Ungeduld* die einzelnen Hefte. –

Ich habe Ihnen, glaub ich, selbst gesagt, wie hoch ich Dostojewski stelle. Die »Insel« bringt demnächst das schöne Bruchstück aus »Бѣдные люди« (die Geschichte des Studenten Покровскій) in meiner Übersetzung, auf welche ich viel Sorgfalt gewendet habe. – Sie können sich denken, wie wertvoll es mir wäre, etwas aus den Schriften B. B. Розановъ's, der mir leider nur dem Namen nach bekannt ist, kennenzulernen! Bitte, lieber Herr Benois, verschaffen Sie mir die Möglichkeit, etwas zu lesen, etwa durch leihweise Überlassung desjenigen seiner Werke, welches am besten geeignet ist, in seinen Geist einzuführen. Ich kann natürlich nicht sagen, ob ich es übersetzen werde: rein philosophische Schriften zu übertragen, fehlt mir der Mut und die Erfahrung, und eine fremde Terminologie zu übersehen und durch die entsprechenden Werte in einer anderen Sprache wiederzugeben, ist eine Aufgabe, die ich mir um so weniger zutraue, als sie eigentlich neben meinem Wege liegt.

Ich bin ohne jegliche philosophische Vorbildung und Erfahrung, habe jede Philosophie, wo sie mir begegnete, wie eine Dichtung behandelt, mit zu viel ästhetischem Bedürfnis und zu wenig Fan[a]-tismus und Gewissenhaftigkeit. Auf diese Weise kenne ich von den meisten Philosophen nur *eine* Wesensseite und erkläre mich vollkommen unfähig, ein System zu überschauen und neben ein anderes zu halten im Vergleich. Wo aus der philosophischen Entwicklung eines einzelnen ein System erwächst, da habe ich das fast betrübende Gefühl einer Beschränkung, einer Absichtlichkeit und versuche jedesmal den Menschen *dort* zu finden, wo die Fülle seiner Erfahrungen noch unzusammengefaßt und gesondert sich auslebt, nicht beeinträchtigt durch die Beschränkungen und Zugeständnisse, welche jede systematische Einordnung verlangt. Das ist jedesmal eine Voreiligkeit, wenn eine Philosophie Religion wird, d. h. mit dogmatischen Ansprüchen an andere herantritt, während sie doch in jedem Fall nur die grandiose Art ist, in welcher der Stifter lebte und mit dem Leben und Sterben rang. Das Leben Jesu Christi und das Dostojewskis sind unvergeßliche Erscheinungen und große Beispiele. Aber das *nicht* dogmatisch gewordene menschliche Wort des letzteren wird für Rußland viel wirksamer sein, als das in großen Systemen eingeschobene Wort des Jesus von Nazareth für Europa war. Man vergißt immer, daß der Philosoph, wie der Dichter, die Träger von Zukünften sind unter uns, also weniger als andere auf die Teilnahme ihrer Zeit rechnen dürfen; sie sind Zeitgenossen weit zukünftiger Menschen und haben, sobald sie davon absehen, den Nachbar aufzuregen, keinen Grund, Ordnungen und Abschlüsse in ihrer Entwicklung zu schaffen, abgesehen von jenen systematischen Zusammenstellungen, die ihnen selbst zur Übersicht ihrer Lage nötig sind, die aber auch immer wieder von ihnen selbst zerstört werden um des eigenen inneren Fortschritts willen. Ist das Errungene einmal systematisiert und ausgesprochen, stehen Schüler, Anhänger und Freunde darauf und stürmen Feinde dagegen an, so hat der Philosoph nicht mehr das Recht, an den Grundlagen des nunmehr bewohnten Systems zu rütteln und die tausend Leben, die sich davon nähren, zu gefährden. Er hat seinen eigenen rücksichtslosen Fortschritt, der vielleicht nur über den Trümmern dieser Ordnung aufstehen könnte, gehemmt, und der noch gestern unumschränkter Herr seiner tausend Entwicklungen war und jeder Nuance seines Willens königlich nachgeben konnte, ist nun nur der oberste Diener eines Systems, das mit jedem Tage über seinen Begründer hinauswächst. Philosophen sollen geduldig sein und abwarten, keine Herrschaft gründen wollen und kein Reich, das mit den Mitteln dieser Zeit sich erhält, sie sind die Könige des Kommenden, und ihre Kronen sind noch eines mit den Erzen, welche die Adern der Gebirge erfüllen ... Darum will ich nicht dazu beitragen, einen Philosophen zu verbreiten, denn das heißt jedesmal: ihn in Gefahr stürzen, in die große Gefahr, Anhänger zu bekommmen, d. h. Gewichte, die ihn, den Leichten, an der Zeit fesseln, der er nicht gehört ... Könnten Sie mit eigenen Augen sehen, wie klein Nietzsche geworden ist in Deutschland, seit jeder Ladenjüngling Nietzscheaner ist! Oder doch sich einbildet, es zu sein. Aber eben diese Einbildung ist gefährlich für den großen heiligen Namen! Ist nicht auch Christus durch die, die sich nach ihm nennen, täglich tausendmal gekränkt worden? – Er hat sich erbarmt und hat geglaubt, was er gewonnen, anderen geben zu können – als Wegstärkung. Aber es ist doch so, daß die Vorgeschrittensten an die Zukunft geben und deshalb gegen die Gegenwart hart sein müssen; sie haben kein Brot für Hungernde – sooft ihnen das auch scheinen mag ... sie haben Steine, die den Zeitgenossen wie Brot und Nahrung scheinen, – aber im Grunde sind das Fundamente und Grundsteine kommender Tage, die sie gar nicht verschenken dürfen. – Denken Sie an die unendliche Freiheit des Ruhmlosen und Unbekannten; *diese* muß sich der Philosoph wahren; er darf jeden Tag ein neuer sein, ein *Widerleger seiner selbst.* War das nicht der echte, wachsende Nietzsche, der sich widersprach – und begann der Abstieg nicht mit dem Moment der Systematisierung seiner selbst? War der Tolstoi der tausend Widersprüche nicht der große unvergleichliche Künstler, der jetzt nur mühsam durch die organische Versteinerung seiner persönlichen Lebensanschauung durchbricht, wie jenes wunderbare Frühlingsgras am Anfang von »Воскресеніе«? –

Ich habe noch nie Anlaß genommen, diese Bemerkungen aufzuzeichnen, und bitte um Verzeihung, wenn ich Ihnen damit lästig geworden bin. – Es spricht sich sehr gut zu Ihnen. – Das Thema lag durch Ihre Erwähnung eines Philosophen, den Sie weiteren Kreisen zugänglich gemacht wissen wollen, nahe, und meine Ansicht brannte mir auf den Lippen. Sie wissen, wie sie zu nehmen ist: daß ich trotzdem und nun erst recht gespannt bin, В. В. Розановъ zu lesen, und daß ich ihn, wenn meine Kraft dazu in einem annehmbaren Verhältnis steht, auch übersetzen werde; daß Sie mir also durch Übersendung seiner Werke eine herzliche Freude verschaffen – wozu Sie in Ihrer Freundlichkeit so gerne bereit sind. (Verlangen Sie auch einmal einen Dienst von mir, sonst fühle ich mich ganz beschämt!) –

Glauben Sie, daß es mir möglich wird, bei »Міръ

искусства« mitzuarbeiten? Ich hätte große Lust dazu und *würde alles mögliche dafür tun.* Aber wird
man nicht jemanden vorziehen, der russische Berichte schreibt? Meine Sachen müßten ja erst noch
übersetzt werden. Ich lebe freilich nun nicht mehr
in Berlin, im Zentrum der Ereignisse, aber Hamburg und Bremen, wo auch manches Interessante
vorgeht, sind in nächster Nachbarschaft, und wenn
ich regelmäßig mitarbeiten könnte, würde ich auch,
da die Honorare gut und pünktlich sind, zu besonders wichtigen Anlässen nach Berlin und Dresden
reisen können, um direkte Berichte einzusenden. Ich
würde natürlich nur vom Wichtigsten mit entspre-
chender Kürze reden! Wollen Sie einmal mit Herrn
v. Diaghilew darüber sprechen? Soll ich *selbst* ihm
schreiben, oder wird er dies als aufdringlich empfinden? Aber abgesehen von den idealen Werten
dieser Mitarbeiterschaft, würde sie für mich geradezu eine Sicherung meiner sehr qualvollen materiellen Lage, wenigstens teilweise, bedeuten. Ich bin
immer noch sehr von meiner Familie abhängig, dadurch in mancher Beziehung beschränkt, und diese
Unfreiheit wird mir jetzt, da ich geheiratet habe,
können Sie sich denken, besonders schwer. Ich
möchte mich allmählich freiarbeiten. Herr v. Diaghilew hat ja selbstverständlich keine Veranlassung,
bei der Wahl eines ausländischen Mitarbeiters auf
dessen persönliche Lage Rücksicht zu nehmen, –
allein, Ihnen, werter Herr Benois, hab ich nicht
Ursache zu verbergen, weshalb eine solche *stetige*
Mitarbeiterschaft, die ich lange anstrebe, für mich
von so großer Wichtigkeit ist. In Deutschland ist
man jetzt viel zu »deutsch«, und der unsympathi-
sche Hurraton, der das Hereinbrechen einer »neuen
deutschen Renaissance« mit aller Gewalt zu beweisen sucht, macht mir fast alle Blätter unmöglich.
Diese Stellung aber ermöglicht mir auch, sine ira et

studio über Vorgänge bei uns an das Ausland zu berichten; über die wenigen Vorgänge, die eines bedächtigen Berichtes wert sind . . .

Wenn sich das doch machen ließe! –

In den nächsten Tagen schicke ich Ihnen auch eine Nummer von »Die Zeit« (Wien), welche erst jetzt leider einen alten Aufsatz von mir (über Васнецовъ) bringt, den ich 1899 nach meiner *ersten* russischen Reise geschrieben habe. *Nur der erste, allgemeine Teil des Aufsatzes gilt mir auch heute noch.* Отъ Васнецова я послѣ втораго путешествованія по Россій уже вовсе не такъ думаю, какъ тогда, а почти совсемъ согласенъ съ вами. – Тогда я видѣлъ только нѣсколько снимокъ внутренности Кіевскаго Владимирскаго собора, но въ прошломъ году я много передумалъ передъ оригиналами! Но *первый* томъ этого статья, мнѣ кажется лучше, и я надѣюсь что онъ Вамъ нравится. Я и это, можетъ быть, теперь писалъ бы иначе, но вы будете все-таки узнать, истинность моей преданности для вашего края. И потому посылаю вамъ номеръ журнала. Это у нась ужъ слышкомъ часто дѣлается: работы лежутъ годъ или два на редакцію и послѣ этого времени напечатаются – когда ужъ не имѣютъ никакой связъ съ авторомъ . . . Sachliche Aufsätze, die nicht wenigstens an einer Stelle die Größe Deutschlands loben und seine Zukunft preisen, haben jetzt überhaupt keine Aussicht, in unseren halbliterarischen Zeitschriften angenommen zu werden!

Такъ у нась!

Da ich jedes Lebenszeichen aus Rußland festlich empfange, hat auch ein kleines Buch, welches mir dieser Tage von dem mir flüchtig bekannten Verfasser zugesandt wurde, mich sehr erfreut, obwohl ich eigentlich noch mehr davon erwartet habe. Ich

meine: die »Записки пѣшехода«, В. Янчевицкаго. Вы знаете эту книгу. Разскази »Счастье«,
»Ходаки«, »Странники« мнѣ кажутся лучш-
ими. – Госп. Янчевицкій меня посѣтовалъ разъ
въ Петербургѣ и я очень интересовался этого
молодаго писателья, который такъ энергично
взялъ на себя всякія неудобства пѣшеходства
чтобы служить своему народу. Можетъ быть я
и изъ этихъ разсказовъ перевожу что-нибудъ
для: »Zukunft« или »Der Lotse« (Гамбургъ). –

Aber, lieber Herr Benois, ich habe ein sehr böses
Gewissen angesichts dieses ins Unermessene ge-
wachsenen Briefes. Meine liebe Frau hat einen großen Spaziergang gemacht, kommt eben zurück, und
ich habe die ganze Zeit geschrieben. Sie sendet
Ihnen freundliche Grüße und Empfehlungen, und
ich werde ihr heute noch viel von unserem Abend
in Peterhof erzählen müssen!

Wollen Sie gut sein, auch Ihrer verehrten Frau
Gemahlin meine ergebensten Grüße zu bringen?
Und mir verzeihen, wenn ich zu allen Bitten, die
in diesem Brief verstreut sind, noch die Hoffnung
füge, recht bald von Ihnen zu hören (wegen »Миръ
искусства« und В. В. Розановъ), aber auch wegen
des herzlichen Bedürfnisses: слышать отъ вась,
что Вы здоровъ и что моя дорогая Россія не
такъ далеко отъ меня, какъ я иногда боюсь!

Вашъ сердечно и искренно преданный
Р. М. Рильке

113.   Pawel D. Ettinger an Rilke

[Moskau,] 1. VIII 1901

Herzlichsten Dank für Ihre liebenswürdige Sendung, welche des Interessanten viel enthält. Ich wartete auf einige Zeilen, jedoch bis jetzt vergebens.

Mit den besten Grüßen

Ihr ergebener
Paul Ettinger

114.   Rilke an Pawel D. Ettinger

Westerwede b[ei] Bremen, am 10. Oct[ober] 1901

Sehr werter Herr Ettinger,
   ich weiß, daß ich Ihnen mehr als einen Brief schulde und daß Sie mich mit Recht für unhöflich halten dürfen.
   Gleichwohl möchte ich versuchen, meine Schweigsamkeit einerseits mit dem immer noch unvollkommenen Hause, das wir bewohnen und in dem es immer noch Arbeit gibt (besonders jetzt angesichts des Winters), zweitens mit viel Arbeit, drittens mit viel Besuch zu entschuldigen. Sie glauben nicht, wie wenig Zeit mir für meine Korrespondenz bleibt und wie sehr ich mich an die notwendigsten Briefe halten muß, die ja keineswegs auch die angenehmsten sind. Mögen Sie mir nun verzeihen oder mich immer noch für schuldig halten, wahr ist jedenfalls, daß ich Ihnen gerade in diesen Tagen schreiben wollte – allerdings wieder als Bittsteller, was die Sache gewiß wieder weniger verdienstlich für mich erscheinen läßt. Trotzdem will ich mich der geradesten Aufrichtigkeit befleißen, um so mehr, als meine

Bitte mir sehr wichtig ist: es ist mir gelungen, sehr bedeutende Fachleute in Dresden und in Bremen für Maljutin zu interessieren. Seine Bücher waren auf einer Dresdner Bilderbuchausstellung durch meine Vermittelung ausgestellt, und nun soll ich noch je 3 Exemplare von jedem seiner Bilderbücher »Царь Салтанъ«, »Городокъ« und »Ай-ду-ду« für Sammlungen und Private beschaffen. Ich könnte sie direkt bestellen, allein da ich nicht weiß, ob nicht seither von Maljutin noch irgendein neues Buch erschienen ist, wollte ich Sie bitten, mir diese Besorgung zu vermitteln und mir von *jedem* der von Maljutin ausgestatteten Kinderbücher 3 Exemplare zukommen zu lassen. Wenn Sie das auch noch von Lodz aus ohne große Mühe besorgen können, geben Sie mir, bitte, auf einer Karte Bescheid. Sie werden ja gewiß mit Moskau in vager Verbindung stehen. Es kommen nur Bücher in Betracht, die von Maljutin allein, ohne Beihülfe anderer, geschmückt sind. Ich möchte diese Bücher möglichst bald haben, deshalb bitte ich Sie, dieselben nicht erst selbst mitzunehmen, sondern womöglich schon früher herzusenden. Ich bin Ihnen ohnehin noch, wie mir scheint, einen kleinen Betrag schuldig, den ich dann bei dieser Gelegenheit mit ordnen kann. Wollen Sie mir diesen freundlichen Dienst erweisen?

Wenn Sie nach Berlin kommen, werde ich leider nicht dort sein. Ich komme jetzt gar nicht mehr hin, ja ich fahre nur ganz selten bis Bremen, da ich mich, hinter allen Störungen, sehr nach Ruhe sehne und mich ganz einwintern und einschneien lassen will.

Herrn Prof. Pasternak schulde ich auch einen Brief, und zwar einen sehr lieben. Das Pasternak-Heft, welches Sie mir geschickt haben, hat mich *sehr* interessiert. Wenn Sie mir Ihre Berliner Adresse seinerzeit schreiben wollen, will ich Ihnen die engl.

Reproduktionen von den Zeichnungen zu »Воскресеніе« sowie die 5 Blätter in Originalgröße, die ich
immer noch besitze, einsenden, damit Sie sie
Herrn Prof. Pasternak, der sie gewiß schon vermißt,
mitbringen können, wenn Sie zurückreisen. Nun
allen Dank für jede Mitteilung (*jede* hat Interesse
für mich) und für die Drucksorten. Ich lege heute
auch wieder einige Exlibris bei. Haben Sie das
Exlibriswerk von zur Westen gesehen? Gute Reise
und viel Erholung und Genuß dabei wünscht Ihnen
Ihr ganz ergebener

Rainer Maria Rilke

Nach Berlin sende ich Ihnen dann auch mein Buch
»Vom lieben Gott«, das Sie immer noch erwarten!

115. Pawel D. Ettinger an Rilke

Lodz, 14. Oct[ober] 1901

Sehr werter Herr Rilke!
    Für unhöflich halte ich Sie nicht und habe auch
keinen Grund, an Ihrem guten Willen zum Schreiben, dessen Sie mich versichern, zu zweifeln. Vielleicht werden die Ursachen, welche so störend in
unsere Korrespondenz eingreifen, sich mit der Zeit
legen, was mir natürlich sehr angenehm sein wird.
An langen Winterabenden denken Sie dann vielleicht an das ebenfalls verschneite Moskau & greifen dann einmal von selbst zur Feder, um nach langer Zeit etwas über Ihre Arbeiten mitzuteilen. Einstweilen werde ich schon hin & wieder dafür sorgen,
daß unser Briefwechsel nicht ganz einschläft.
    Ihre Bitte möchte ich natürlich sehr gern erfül-
len, aber ob dies so schnell, wie Sie es wünschen,

geschehen wird, weiß ich nicht, da man die russische Unzuverlässigkeit & Schreibfaulheit sogar guter Freunde in Betracht ziehen muß. Ich schreibe sofort nach Moskau, um Ihnen die gewünschten 9 Bücher zugehen zu lassen, & will hoffen, daß meine Bitte prompt ausgeführt wird. Neues von Maljutin ist nicht erschienen, & ist seit dem Krach Mamontows diese Art von Publikationen für lange wahrscheinlich verschwunden, wenigstens bisher hat sich noch kein ähnlicher kunstverständiger Verleger gefunden, & von Maljutin, Wrubel, Korowin etc. habe ich schon lange kein Blättchen gesehen. Maljutin ist jetzt überhaupt nicht in Moskau, sondern in Smolensk, wo er an der Spitze einer Kunstgewerbeschule steht. Letztere ist unlängst von dem bekannten Mäzen Fürsten Tenischew errichtet worden. Ob sie prosperiert & welchen Charakter sie trägt, habe ich jedoch nicht erfahren können.

Nächste Woche fahre ich nach meinem lieben Krakau & dann über Wien nach München & Berlin, vielleicht auch Dresden. Alles in allem habe ich 3 Wochen Zeit, dann kehre ich noch für einige Tage hierher zurück, um schließlich in die Moskauer Tretmühle wieder mich einspannen zu lassen. Ich bedaure sehr lebhaft, daß eine Zusammenkunft mit Ihnen, werter Herr Rilke, nicht wird stattfinden können, um so mehr, als Sie ja nicht bald nach Moskau kommen dürften. Soviel ich weiß, wollte Ihnen H. Pasternak ein oder 2 der großen Blätter verehren, es ist also in Ihrem Interesse nicht ratsam, die Sachen jetzt zu retournieren. Ich werde die Sache schon in Moskau besser ordnen. Ich weiß noch nicht, wo ich in Berlin wohnen werde, aber Briefe für mich bitte an H. Dr. S. Rahmer, 9. Blücherstr. zu adressieren.

Ich ⟨sende⟩ [werde] Ihnen wohl noch eine Karte während meiner Reise senden.

Für die gesandten Exlibris meinen innigsten Dank; besonders die Drobnerschen sind reizend.

Das Buch von Zur Westen habe ich noch nicht gesehen, obwohl ich mit dem Verfasser seit Jahren in brieflichem Verkehr stehe. Die hiesigen & Moskauer Buchhändler hatten es noch nicht empfangen. Es dürfte wohl zum großen Teil aus den Aufsätzen in der »Zeitschrift für Bücherfreunde« des gen. Herrn bestehen.

Mit freundschaftlichem Händedruck

Ihr ergebener
Paul Ettinger

Ich erinnere mich nicht, ob Sie mir noch eine Kleinigkeit schuldig. Es scheint mir, daß nicht.

116.   Rilke an Alexander N. Benois

[Westerwede bei Bremen,]
am 15. Nov[ember] 1901

Lieber und verehrter Herr Benois,

я уже такъ долгго ничего не слышалъ отъ Васъ! Ich weiß nicht einmal, ob Sie meinen letzten, ziemlich ausführlichen Brief empfangen haben?

Darin war – wenn Sie sich erinnern – von einem Aufsatz die Rede, den ich in der Zeitschrift »Die Zeit« veröffentlichen wollte. Nun, dieser Aufsatz (von dem ich schon sagte, daß er alt ist und *nur* noch in seinem *ersten Teil* gilt) ist inzwischen erschienen. Ich sende Ihnen denselben beifolgend zu.

Ich habe in der ganzen Zeit nichts weiter von Rußland gehört (auch »Миръ искусства« nicht bekommen noch auch etwas von Розановъ vernommen) – nur die »Сокровища« trafen ein und erfreuten mich ganz besonders durch das Строгановъ-Heft. (Könnten Sie, lieber Herr Benois, nicht veranlassen, daß die Hefte der »Сокр.« *nicht mehr* nach Schmargendorf geschickt werden, *sondern* direkt her, Westerwede bei Bremen! Sie gehen nämlich immer nach Schmargendorf und können bei diesem Umweg leicht mal in Verlust geraten. Sie können bei der Expedition eine Umänderung der Adresse leichter veranlassen als ich.)

Das nebenbei.

Wichtiger ist mir, wieder einmal von Ihnen zu hören ... wie es Ihnen, Ihrer sehr verehrten Frau Gemahlin und den Kindern geht? Schreiben Sie doch wieder einmal einige Worte.

Wann kommt der 2. Teil der Kunstgeschichte? Haben Sie etwas von Protopopoff gehört. Die Sache zwischen ihm und dem Verlag Langen scheint immer noch nicht im reinen zu sein, – denn ich habe mit Langen noch keinen Vertrag machen können. Ich weiß auch gar nicht, wie die Verhandlungen zwischen den beiden Verlagen stehen, obwohl ich so sehr wünschte, daß diese übermäßig ausgedehnte Angelegenheit bald ins reine käme!

Können Sie Protopopoff nicht einmal schreiben, er möchte die Sache mit dem Langenschen Verlag ins reine bringen. Besseren Verlag können wir in ganz Deutschland keinen finden, und deshalb muß da irgendeine Einigung getroffen werden, die beiden Verlagen genehm ist.

Übermorgen kommt Muther zu uns zu Besuch; er spricht zweimal in Bremen, über englische Kunst besonders. Ich freue mich darauf, ihn in meinem Hause zu begrüßen. Sein Prozeß mit Carlo Böcklin, wovon Sie jedenfalls gelesen haben, regt alle Parteien sehr auf. Übrigens stehen alle maßgebenden Stimmen auf Muthers Seite.

Ich werde diesen Winter zwei Theaterpremieren haben: eine in Berlin am Residenztheater und eine am schönen Deutschen Schauspielhaus in Hamburg. Da das Stück, welches in diesen beiden Theatern gespielt werden wird, auch als Buch erscheint, werde ich es Ihnen senden können. Zu Weihnachten, wenn nicht früher.

Bitte lassen Sie mich bald etwas hören – auch in bezug auf die Anfrage in meinem vorigen Briefe.

Noch eines: Professor Max Lehrs, Direktor des kgl. Kupferstichkabinetts in Dresden, wünscht die Bekanntschaft mit den Werken russ. Maler, die Radierer sind oder Originallithographien machen.

Können Sie mich nicht auf einige verweisen? Radiert Бакстъ nicht? Oder Малявинъ? Oder gibt es von Левитанъ nicht Originalradierungen und Originallithographien [?] Bitte, Nachricht! Ich glaube, das Dresdner Kupferstichkabinett würde *sehr gern* russ. Künstler ankaufen!

Bitte, lieber Herr Benois, empfehlen Sie mich auf das herzlichste Ihrer Frau Gemahlin und nehmen Sie alle ergebensten Grüße

Ihres
Rainer Maria Rilke

117.   Rilke an Alexander N. Benois

Westerwede bei Bremen,
am 21. Nov[ember] 1901

Lieber Herr Benois,
nur noch eine kurze Nachschrift zu meinem Briefe vom 15. d. M.

Herr Korfiz Holm (Verlag Langen) schreibt mir soeben, daß Herr Protopopoff auf eine ihm vom Verlage vor längerer Zeit gemachte Proposition noch gar nicht geantwortet hat. Bitte, lieber Herr Benois, *drängen Sie ihn zu einer Entscheidung*. Und zu einer günstigen selbstverständlich. Korfiz Holm schreibt mir, daß der ihm vom Verlag Langen gemachte Vorschlag auch für ihn (Protopopoff) sehr annehmbar gewesen sei; und es muß Herrn Protopopoff doch daran liegen, daß die Kunstgeschichte übersetzt wird, zumal wenn sie in einem so namhaften deutschen Verlage erscheint! Wie gesagt: wenn nicht bald die Gegenäußerung des Herrn Protopopoffs eintrifft, verliert Langen das Interesse, und wir stehen wieder ohne Verleger da! Ich kann Herrn Protopopoff nicht so gut schreiben (weil ich nicht weiß, ob die Adresse »Самара« noch gilt). Tun Sie's bitte, telegraphieren Sie ihm eventuell, er möchte an Verlag Langen, München, sofort Bescheid schicken, und lassen Sie ihn dabei fühlen, wie günstig diese Gelegenheit ist und daß er sie nicht versäumen *darf*.

Bitte tun Sie das, um unserer Sache willen!

Vergangene Woche sprach Muther zweimal vor dem besten Publikum Bremens, und mit lebhaftem Erfolg. Dann war er einen Tag und eine Nacht bei mir zu Besuch und empfing sehr große Eindrücke von den Ateliers in Worpswede.

Er schreibt jetzt ein Buch über englische Malerei.

Sehr herzlich gedachte er Ihrer mit freundlichen Grüßen. Er interessiert sich sehr für Сомовъ; möchte nächstens einmal einen Essay schreiben: Beardsley, Сомовъ, Heinrich Vogeler ... Es soll[en] ja jetzt viel Künstler in Wien sein auf der Sezession? Das würde mich sehr freuen!

Lassen Sie bitte von sich hören. Ich hoffe, ich erhalte auch bald »Міръ искусства«, auf das ich immer noch warte. *Jedenfalls* aber drängen Sie Herrn Protopopoff zu einer raschen Entscheidung. Das ist jetzt das Wichtigste!

Empfehlen Sie mich Ihrer verehrten Frau Gemahlin auf das wärmste und seien Sie sehr herzlich gegrüßt von Ihrem

sehr ergebenen:
Rainer Maria Rilke

118.   Rilke an Pawel D. Ettinger

Westerwede bei Bremen, am 26. Nov[ember] 1901

Lieber Herr Ettinger,

ich beeile mich, Ihnen für die Vermittelung der Maljutinschen Bücher, die so rasch vonstatten ging, herzlich zu danken. Sie sind gut eingetroffen und gehören nun dem königl. Kupferstichkabinett in Dresden, von Professor Lehrs auf das freudigste willkommen geheißen. Sie werden mir immer einen großen Gefallen tun, wenn Sie mir mitteilen, was Sie Neues von Maljutin hören oder sehen! Leider hab ich mich während meines Aufenthaltes in Rußland nicht genug umgesehen, um ihn jetzt zum Gegenstande eines Aufsatzes machen zu können. Aber vielleicht läßt sich dies noch einmal nachholen.

Vergangene Woche war Professor Muther, mit dem ich freundliche Beziehungen habe, bei uns zu Gast, und ich hatte die große Freude, ihn durch die fünf Meisterateliers von Worpswede führen zu können, wo er viele gute Eindrücke empfing! Natürlich haben wir auch von russischer Kunst, die Prof. Muther voriges Jahr in Paris und jetzt in der Wiener Sezession näher kennenlernt, manches gesprochen.

Ich hatte sehr viel zu tun. Eben erscheint ein neues Drama, »Das tägliche Leben«, welches in Berlin und Hamburg zur Aufführung angenommen ist. Sobald die Buchausgabe fertiggestellt ist, bekommen Sie ein Exemplar – diesmal aber *ganz gewiß*! –

Es freut mich, aus Ihrer Karte entnommen zu haben, daß Ihre Reise angenehm verlaufen ist; hoffentlich sind Sie gut zurückgekehrt.

Ich bitte, grüßen Sie Herrn Prof. Pasternak auf das allerwärmste von mir; wenn einmal etwas Zeit ist, schreibe ich ihm auch wieder! Und bitte, teilen Sie mir bald mit, wieviel ich Ihnen für die Maljutin-Bücher schulde.

Jedenfalls freundlichen Dank und Gruß

Ihres ergebenen:
Rainer Maria Rilke

119.   Alexander N. Benois an Rilke

14/27 XI 1901

⌐Lieber Herr Rilke⌐,

ich weiß wirklich nicht, wie ich mich für mein Schweigen bei Ihnen entschuldigen soll. Übrigens, anderthalb Monate meines Schweigens waren bedingt durch die schwere Krankheit meiner älteren Tochter, und ich fand keine Zeit und keine Energie, mich mit etwas anderem zu beschäftigen. Vergeben Sie mir großmütig. Jetzt geht es der Tochter etwas besser.

Protopopow ist wie üblich nicht hier. Wie ich Ihnen schon sagte: Das ist ein netter Mensch, aber ein Kauz und in Geschäften entschieden verdreht. Anstatt froh zu sein, daß Langen mein Buch herausgeben will, feilscht er mit ihm um Nichtigkeiten, feilscht einzig und allein aus Prinzip und Starrsinn, denn gleichzeitig verschleudert er bedenkenlos viel Geld. Solche Typen sind bei uns keine Seltenheit, obwohl Herr Protopopow trotz allem eine Ausnahme darstellt, sowohl im positiven Sinne: er ist ein Mensch von seltenem Adel, als auch im negativen: seine Kauzigkeit grenzt schon an Bösartigkeit. Dessenungeachtet werde ich ein letztes Mal versuchen, ihn zum Einlenken zu bewegen und die Angelegenheit in Ordnung zu bringen.

Den zweiten Teil habe ich bereits abgeschlossen, und er wird gedruckt. Zweifellos ist er blasser als der erste, doch dafür behandelt er mehr Zeitgenössisches und wird, glaube ich, deshalb für das Publikum im Ausland wesentlich interessanter sein.

Mit gleicher Post versuche ich, Ihnen eines der bemerkenswertesten Werke von Herrn Rosanow, diesem erstaunlichen Denker und Poeten, zuzuschicken. Ich weiß nur nicht, ob Sie seine unklare und verworrene Sprache verstehen werden. Sollten Sie daran denken, einen dieser Beiträge zu übersetzen, so schicken Sie mir diesen für alle Fälle zur Durchsicht. »Mir iskusstwa« will Ihnen auch einige Nummern und den ersten Band der wertvollsten Forschungsergebnisse Mereshkowskis über Tolstoi und Dostojewski zusenden. Solch eine Forschung findet man, so meine ich, in der gesamten zeitgenössischen Literatur nicht. Doch überzeugen Sie sich selbst.

Hier bei uns ist eine neue philosophische Gesellschaft im Entstehen. Mehr eine religiös-philosophische. Wie es scheint, ein erster, ernst zu nehmender und edler Versuch, die Vertreter unserer Kirche und die weltlichen Menschen einander näherzubringen. Denken Sie um Gottes willen nicht, dies wäre etwas »Klerikales«. Die Mitglieder dieser Gesellschaft vereint das einzige Ziel: die herangereiften religiösen Fragen zu klären und dabei unser geistliches Leben zu formen, zu ordnen (im höheren Sinne). Mereshkowski, Rosanow, Ternawzew, Bischof Sergij gehören zu den Begründern. Ich bin an dieser Erscheinung außerordentlich interessiert, doch insgeheim bezweifle ich, daß die »Welt« und die »Kirche« zusammenarbeiten können. ⌐Die Kluft⌐, die zwischen ihnen besteht, kann man nicht mit frommen Wünschen überbrücken. Ich drücke Ihnen die Hand, bitte, Ihrer Gattin meine untertänigsten Grüße zu übermitteln, und verbleibe

Ihr ergebener Alexander Benois

120.   Rilke an Alexander N. Benois

Westerwede bei Worpswede
(via Bremen),
6. Dez[ember] 1901

Lieber und verehrter Herr Benois,

я такъ ясно вижу передо мною старшую Вашу дочку, что я вполнѣ могу сочувствовать Вашимъ заботамъ и теперь Вашей радости, что она поправляется!

Ваше любезное письмо было для меня, какъ и всегда, очень интерессно. Благодарю сердечно!

Что касается г. Протопопова, то г. Гольмъ изъ Мюнхена пишетъ, что до сихъ поръ еще никакого отвѣта нѣтъ. А я, прежде чѣмъ получилъ Ваше письмо, самъ еще разъ писалъ въ Самару, гдѣ, кажется, Протопопова больше нѣтъ; но я теперь надѣюсь, что онъ на Ваше письмо уклоняѣтся и что скоро получимъ окончатѣльное его разрѣшеніе.

Съ нетерпѣніемъ жду втораго тома исторіи: и когда получу ее, то ужъ непремѣнно начинаю переводъ, чтобы это дѣло, къ которому я такъ стремлюсь, шло впередъ!

Книги Розанова, которую Вы мнѣ посылали вмѣстѣ послѣднымъ письмомъ, еще здѣсь нѣтъ, и я боюсь, что она – какъ иногда случиться, пропала по дорогѣ; вѣдь, пространство между нами ужѣ слишком широкое!

До сихъ поръ я только первый томъ сочиненія г. Мережковскаго получилъ, и я на дняхъ буду углублятся в эту важную книгу.

Что Вы пишете от этого новаго общества, то я точно какъ и Вы, сомнѣваюсь, будетъ-ли возможно обоимъ партіямъ работать вмѣстѣ? но самая идея прямо превосходная и, какъ бы сказать, полна будущности.

Что мнѣ всегда очень утѣшительно и важно узнать что-нибудь изъ такихъ собитіяхъ, я не долженъ Вамъ отдѣльно сказать.

А какъ: получили-ли Вы фрагментъ изъ журнала »Die Zeit«? Если Вамъ будетъ немножко времени, то скажите мнѣ, пожалуйста, нравиться-ли Вамъ первый, т.е. общій отдѣлъ моего опыта; я безъ Вашего мнѣнія немогу шагать дальше по этой дорогѣ, да и это очень хочется!

Кланяюсь Вашей супругѣ.

Искренно и сердечно преданный Вамъ:

Rainer Maria Rilke

Nachschrift:

Bitte, nennen Sie mir *bald* die Namen einiger modernen russ. Schwarz-weiß-Künstler, die sich mit Originalradierung und Originallithographie beschäftigen. Es handelt sich um derartige Ankäufe,

die Prof. Lehrs für das Dresdner kgl. Kupferstichkabinett machen möchte. Ich weiß nicht, ob Сомовъ
z. B. radiert; Zeichnungen von ihm sind ja wahrscheinlich prächtige vorhanden! –

Ich freue mich, daß mir auch Nummern von
»Міръ искусства« zugehen werden!

Herzlich der Ihre:
RMR

Über Мережковскiй's Werk werde ich jedenfalls
bald schreiben in einem unserer Journale! Sie bekommen dann bald die Besprechung!

[Übersetzung]

⌐Westerwede bei Worpswede
(via Bremen),
6. Dez[ember] 1901

Lieber und verehrter Herr Benois,[1]
ich sehe Ihre ältere Tochter so deutlich vor mir,
daß ich Ihre Sorgen und nun Ihre Freude, daß es
ihr besser geht, völlig nachfühlen kann!

Ihr liebenswürdiger Brief war für mich, wie
immer, sehr interessant. Vielen herzlichen Dank!

Was Herrn Protopopow betrifft, so schreibt mir
Herr Holm aus München, daß bis jetzt immer noch
keine Antwort vorliegt. Und ich selbst habe, bevor
ich Ihren Brief erhielt, auch noch einmal nach
Samara geschrieben, wo Herr Protopopow, wie es
scheint, nicht mehr ist; doch hoffe ich jetzt, daß er
Ihren Brief ernst nehmen wird und wir bald seine
endgültige Genehmigung bekommen werden.

Voller Ungeduld erwarte ich den zweiten Band
der »Geschichte«: und wenn ich ihn erhalte, so beginne ich ganz bestimmt mit der Übersetzung, da-

mit diese Arbeit, die mir so am Herzen liegt, vorankommt!

Das Buch von Rosanow, das Sie zugleich mit dem letzten Brief geschickt haben, ist noch nicht hier, und ich befürchte, daß die Sendung – was manchmal passiert – unterwegs verlorengegangen ist; die Entfernung zwischen uns ist doch gar zu groß!

Bis jetzt habe ich nur den ersten Band des Werkes von Herrn Mereshkowski erhalten, und in den nächsten Tagen werde ich mich in dieses wichtige Buch vertiefen.

Was Sie von dieser neuen Gesellschaft schreiben, so bezweifle ich, genau wie Sie, die Möglichkeit, daß beide Parteien gemeinsam arbeiten können. Die Idee selbst aber ist geradezu vortrefflich und, man kann wohl sagen, zukunftsvoll.

Daß es für mich immer sehr tröstlich und wichtig ist, etwas über solche Ereignisse zu hören, brauche ich Ihnen wohl nicht extra zu sagen.

Haben Sie eigentlich den Ausschnitt aus dem Journal »Die Zeit« erhalten? Sollten Sie ein wenig Zeit haben, so sagen Sie mir bitte, ob Ihnen der erste, das heißt der allgemeine Teil meines Versuches gefallen hat; ohne Ihre Meinung kann ich diesen Weg nicht weiter beschreiten, aber das möchte ich doch so sehr!

Grüßen Sie Ihre Gattin von mir.

In aufrichtiger und herzlicher Ergebenheit Ihr:

⌐Rainer Maria Rilke⌐

Nachschrift:

Bitte, nennen Sie mir *bald* die Namen einiger modernen russ. Schwarz-weiß-Künstler, die sich mit Originalradierung und Originallithographie beschäftigen. Es handelt sich um derartige Ankäufe,

die Prof. Lehrs für das Dresdner Kgl. Kupferstichkabinett machen möchte. Ich weiß nicht, ob Сомовъ
z. B. radiert; Zeichnungen von ihm sind ja wahrscheinlich prächtige vorhanden! –

Ich freue mich, daß mir auch Nummern von
»Міръ искусства« zugehen werden!

Herzlich der Ihre:
R M R

Über Мережковскій's Werk werde ich jedenfalls
bald schreiben in einem unserer Journale! Sie bekommen dann bald die Besprechung!

121.   Pawel D. Ettinger an Rilke

Moskau, 29. [November]/12. Dec[ember] 1901

Bester Herr Rilke!
   Obwohl eigentlich der Dank für die schnelle Besorgung der Bücher diesmal nicht mir gehört, freut
es mich, daß Ihnen das Paket rechtzeitig zugegan-
gen ist. Mit H. Prof. Lehrs habe ich auch einmal
vor Jahren einige Briefe gewechselt, er scheint ein
sehr liebenswürdiger Herr zu sein. Von Maljutin ist
nichts Neues mehr erschienen, & ist auf diesem Gebiet wohl schwerlich von ihm noch etwas zu erwarten. Denn vor allem gehörte zu diesen Büchern ein
Verleger, welcher Interesse & etwas übriges Geld für
derartige Sachen hatte, & mit dem Krach Mamontows ist die Druckerei seines Bruders sehr zurück-
gegangen & mußte sich von ihren künstlerischen
Zielen lossagen. Außer den 3 Ihnen bekannten Büchern existiert noch das Puschkinsche Poem »Ruslan und Ludmila« mit Illustrationen von Maljutin
in Großfolio, kostet aber – 10 Rubel, ein unverhält-

nismäßiger hoher Preis, da Papier & Druck schließlich nicht sehr schön sind. Ich glaube, daß der größte Teil der Auflage wohl unverkauft geblieben ist. Maljutin selbst leitet jetzt eine in Smolensk vom Fürsten Tenischew gegründete kunstgewerbliche Schule. Auf den letzten Ausstellungen war von ihm nichts zu sehen; augenscheinlich malt er jetzt nichts.

Das große Ereignis in hiesigen Künstlerkreisen – ist die bevorstehende Moskauer Secession. Die hiesigen Künstler Wrubel, Korowin, Sjerow, Pasternak, Wassnetzow etc. waren der diktatorischen & etwas einfältigen Tätigkeit Djagilews überdrüssig und beschlossen, ihre eigene Ausstellung hier um Weihnachten zu eröffnen. Später wird sich wahrscheinlich eine ständige Künstlergenossenschaft daraus entwickeln. Die Ausstellung verspricht jedenfalls sehr interessant zu werden.

Von russischer Kunst wird Prof. Muther in Wien nicht besonders viel zu sehen bekommen. List & Bacher sind mit nur geringer Beute aus Rußland zurückgekehrt, bei den meisten Künstlern war eben fast nichts Neues vorhanden. Im allgemeinen malen ja die russischen Künstler herzlich wenig. Lesen Sie jetzt den »Mir Issk.«? Im letzten Heft war ein sehr interessanter – speziell für Sie – Aufsatz von D. Filosofow über Iwanow, eine Polemik gegen Benois, welche meinen Beifall in jeder Beziehung hat. Ferner enthält dasselbe Heft eine Reihe Iwanowscher Entwürfe & Studien. Falls Sie es wünschen, könnte ich Ihnen das Heft besorgen.

Ach ja, beinahe hätte ich vergessen, Ihnen mitzuteilen, daß in den letzten Tagen ein russ. Märchen »Иван-Царевич и серый Волк« mit Illustrationen von Bilibin erschienen ist. Das Büchlein ist sehr sorgfältig von der Expedition der Staatspapiere herausgegeben zum Preise von 75 Kop. Von einem

Vergleich mit Maljutin kann gar keine Rede sein. Bilibin zeichnet besser, ist für Kinder entschieden verständlicher & scheint ausländische Künstler sehr fleißig studiert zu haben, aber eine Individualität ist er bisher nicht & besitzt auch wenig Phantasie. –

Auf Ihr neues Drama bin ich natürlich sehr gespannt, & wird mich das Buch sehr erfreuen. Aber, werter Herr Rilke, ich würde Ihnen nicht gram sein, falls Sie mir das Buch nicht senden werden. Ich weiß ja recht gut, daß die Anzahl der Freiexemplare nicht groß ist & daß Sie wahrscheinlich den größten Teil an weit wichtigere Persönlichkeiten als Unterzeichneten versenden müssen, seien Sie also versichert, daß ich Ihnen eventuell das Nichteinhalten Ihres Versprechens nicht übelnehmen werde. –

Mit meiner Reise bin ich sehr zufrieden gewesen. Ich habe eine Unmasse Schönes gesehen & genossen und sehr vieles gelernt. Man stopft sich hier mit Schriften über Kunst so voll, daß es ein doppelter Genuß war, endlich die Kunst selbst zu genießen. Wie vieles mußte da umwertet werden, wieviel alte Götter wurden gestürzt, um neuen Platz zu machen! Ich war ganz erstaunt, in der Berliner Nationalgalerie so viel hervorragende moderne Bildwerke zu finden. Welch ein wunderbarer Segantini hängt dort jetzt.

Im Theater war ich fast gar nicht. Leider wartete ich sowohl in München als auch in Berlin vergebens auf eine Wagnersche Oper. Sonst wurde buchstäblich nichts gespielt, was mich angezogen hätte. In München war ich bei den Scharfrichtern, & das meiste dort trägt in der Tat einen künstlerischen Charakter. Dagegen ist das unter Liliencrons Fahne in Berlin eröffnete Brettl geradezu gräßlich. Ganz gewöhnlicher Tingl-Tangl ohne Talent!

Hier bei Alexejew wird jetzt »Kramer« gegeben,

ich bin jedoch noch nicht dazu gekommen, hinzu-
gehen. In Vorbereitung ist ein Drama von Nemirowitsch-Dantschenko, »В мечтах«, von dem ich mir
jedoch kaum viel verspreche, aber soll nach Neujahr das Gorkijsche Stück gespielt werden.

Ich begrüße Sie freundschaftlichst

Ihr ergebener
Pawel Ettinger

Für die Maljutinschen Bücher schulden Sie mir
R 3.80 à 46 – M. 8.30. Sie frugen mich unlängst, ob
Sie mir noch etwas schulden, aber ich habe nichts
notiert. Sie müssen dann schon meine früheren
Briefe durchsehen. Soll ich Ihnen das Bilibinsche
Büchlein schicken? Von der erwähnten Secessions-
Ausstellung wird ein illustrierter Katalog erschei-
nen, interessiert Sie derselbe vielleicht?

122.   Rilke an Alexander N. Benois

[Ende Dezember 1901]

Mein lieber und verehrter Herr Benois,

Съ новымъ годомъ... съ новымъ трудомъ...
это мнѣ кажется лучше чѣмъ счастье... Aber
immerhin auch: Glück. Ich hoffe, Ihr Töchterchen
hat sich vollkommen erholt und Sie haben gute
Festtage gehabt!

Bei mir ist eine kleine Tochter angekommen, und
das hat die Weihnachtstage sehr verschönt, wenngleich die schweren Sorgen, die ich habe, dadurch
nicht geschwunden sind. Meine Verhältnisse haben
sich sehr verschlechtert, und ich weiß nicht, wie wir
das nächste Jahr leben sollen. Ich möchte am liebsten ganz nach Rußland übersiedeln und dort eine
Anstellung suchen. Wäre es nach Ihrer Meinung

möglich für mich, eine zu finden? – Von hier aus kann ich, da ich das Russische nur mangelhaft beherrsche, nach Rußland nicht schreiben, von Rußland aus könnte ich für deutsche Blätter alles berichten. Wenn Sie von irgendeinem Platz hören, den ich nach Ihrem Ermessen ausfüllen könnte, denken Sie, bitte, an mich. Morgen sende ich zwei Sachen an Sie ab: 1. Abschriften dreier Aufsätze »Über Kunst«, die ich Sie bitte an »Міръ искусства« anzubringen, wenn es Ihnen möglich scheint. Mir liegt viel daran, diese Mitarbeiterschaft endlich zu erringen. Die Aufsätze sind das Fragment eines Buches »Über Kunst«, an dem ich arbeite. Bitte sorgen Sie für eine rasche Erledigung der Sache bei »Міръ иск«. Soll ich auch direkt an die Redaktion schreiben, wegen der Aufsätze? 2. Mein neues Buch »Die Letzten«. Verzeihen Sie alle Belästigung

Ihrem treu ergebenen R. M. Rilke

Die ergebensten Wünsche zu 1902 auch Ihrer Frau Gemahlin.

123.   Rilke an Pawel D. Ettinger

Westerwede bei Worpswede, am 31. Dezember 1901

Lieber Herr Ettinger,

aufrichtigen Dank für Ihren ausführlichen freundlichen Brief, darin mich alles sehr interessiert hat: das, was Sie über Ihre Eindrücke im Auslande schreiben, sowie das (und das ganz besonders!), was es Neues in Rußland gibt.

Vielen Dank nochmals für Ihre Besorgungen, ebenso wie für Ihre freundliche Bereitwilligkeit, mir auch ferner gütig beizustehen. Das nehme ich sehr dankbar an. Und zwar möchte ich sehr gern den Aufsatz von Filosofow in »Мірь искусства« lesen: versorgen Sie mir, bitte, diese Nummer, ebenso wie den illustrierten Katalog der neuen Moskauer Sezession. Diese Bewegung interessiert mich sehr, schon deshalb, weil eine moderne Künstlergemeinschaft mit dem Zentrum Moskau etwas ganz Eigenartiges zu werden verspricht. Gegen Petersburg als Milieu habe ich ein großes heftiges Mißtrauen, – mögen dort auch sehr bedeutende Künstler wohnen! Wenn Sie mir über die neue Moskauer Sezessionsausstellung ein Wort schreiben wollten, wäre ich Ihnen aufrichtig verbunden. Ist die junge talentvolle Bildhauerin Golupkin, diese junge Bäuerin, die in der Schule Rodins sich zu so frappierender Eigenart entwickelt hat, nicht wieder in Moskau? Stellt sie nicht aus auf der neuen Sezession? Das würde mich sehr interessieren!

Ich kann Ihre interessanten Berichte mit nichts Ähnlichem erwidern; wir leben sehr tief im Moor, ohne anderen Zusammenhang mit der sogenannten Welt, aus der uns nur durch Briefe und dann und wann durch eine Zeitung spärliche Kunde zufließt. Die Rede des deutschen Kaisers gelegentlich der Vollendung der Siegesallee hat manches Für und Wider hervorgerufen, mehr Wider allerdings; und sie verdient es auch. Herr Professor Muther, von den neueren Leuten, hat in der »Zeit« einige Hoffnungen damit verbunden. Unsere Besten leben einsam, abgewandt dem geschmacklosen Leichtsinn und der billigen Phrase Berlins, wo neben den zwei freiherrlichen Überbretteln jetzt noch das Trianon-Theater Otto Jul. Bierbaums entstanden ist ... Gerhart Hauptmann wohnt nicht mehr in Berlin, sondern in seiner Heimat, im Riesengebirge, und sammelt sich in der Stille zu neuen großen Taten. Er ist auch der einzige, von dem ganz Großes zu erwarten ist. Wenn Sie mir irgendeine maßgebende Besprechung der Aufführung des »Michael Kramer« im Alexejewschen Theater senden könnten! Ich würde so gerne wissen, wie die russischen Blätter sich zu diesem großen Werke eines reifen Künstlers stellen. Wenn es Ihnen keine Mühe macht und Sie vielleicht selbst Zeitungsberichte zurückgelegt haben, vertrauen Sie mir einige Ausschnitte, wenigstens leihweise, an.

In Ihren frühern Briefen hab ich bis jetzt kein weiteres Konto gefunden, so daß ich glaube, daß ich Ihnen nur 8 M 30 schulde; ich lasse noch Ihre nächste, heute erbetene Sendung dazu aufsummen; vielleicht macht es dann einen runden Betrag! Und nun Dank für Ihre Neujahrskarte mit Gorkij (auf dessen neues Drama ich sehr gespannt bin), und: frohes gutes neues Jahr!

Ergebene Grüße an Prof. Pasternak, dem ich in diesen Tagen noch selbst schreiben werde.

Mit Dank für alle Freundlichkeit Ihr ergebener

Rainer Mar. Rilke

(Die Buchausgabe meines Dramas ist mir noch nicht zugekommen; ich habe es nicht vergessen!)

124.   Rilke an Pawel D. Ettinger

[In den ersten Januartagen 1902]

Mein werter Herr Ettinger,

und wieder eine Bitte, auf der Wiener Sezession haben die Maljutin-Bücher so großes Aufsehen erregt und so viel Freunde gewonnen, daß ich noch Bestellungen auf 5 Exemplare von jedem der drei Bücher »Царь Салтанъ«, »Ай-ду-ду« und »Го-

родокъ« erhalten habe. Wollen Sie sich nochmals
die Mühe machen, mir dieselben zu versorgen und
baldigst zuschicken zu lassen, samt Konto? Ich bin
ein recht unbescheidener Briefschreiber, der viel
braucht und verlangt und wenig dafür gibt. Aber
vielleicht wird es mal besser. – Ich denke ernsthaft
daran, nach Moskau zu übersiedeln, je eher, je besser. Aber ich müßte dort irgendeine Anstellung
finden, die mir ermöglicht, bescheiden mit den Meinen zu leben. Meine Verhältnisse sind recht traurig,
und ich habe in Deutschland wenig Anschluß und
keine Gelegenheit, etwas zu verdienen; hier weht
ein Wind, der mir unerträglich ist. Was meinen
Sie, könnte eine Stellung gefunden werden? Das
ist nur so eine Frage, die Sie nicht belästigen will! –
Und nochmals gutes Neujahr zum russischen Jah-
reswechsel. – (Meinen jüngsten Brief haben Sie
doch?)

Vielen Dank und Grüße Ihres ergebenen:

RM Rilke

125.   Alexander N. Benois an Rilke

27. XII. 1901 [9. Januar 1902]

⌐Lieber Herr Rilke⌐,

haben Sie Rosanow erhalten? Ich wollte Ihnen so
gern für den ⌐Weihnachtstisch⌐ meinen zweiten
Teil schicken, doch er ist immer noch nicht soweit.
Herr Protopopow bereist ständig seine Güter, und
die Sache zieht sich schleppend hin. – Dieser Tage
schrieb er mir einen Brief, in dem er darum bittet,
daß ich die Verhandlungen mit dem deutschen
Verleger aufnehme. Ihm fällt es nämlich nicht
leicht, von seinen Worten abzugehen, und ich kann

mich auch mit weniger günstigen Bedingungen einverstanden erklären. Wenn Langen und Sie von
der Verzögerung noch nicht genug haben, so werden Sie es nicht ablehnen, die Verhandlungen wiederaufzunehmen, doch diesmal mit mir.

Mehr schreibe ich heute nicht, weil ich in schreck-
licher Eile bin. Die Feiertage und der Beginn des
neuen Jahres.

Ich drücke Ihnen die Hand. Ihrer Gattin meine
aufrichtige Hochachtung.

Ich verbleibe Ihr aufrichtig ergebener

A. Benois

PS: Wann kommen Sie nach Rußland?

126.   Rilke an Leonid O. Pasternak

Westerwede bei Worpswede, am 9. Jan[uar] 1902

Mein verehrter Herr Professor,

das lange Schweigen hat manchen Grund gehabt,
nicht zum wenigsten den, daß es viel Zeit gekostet
hat, unser Bauernhaus, das so einsam in dieser großen nordischen Ebene liegt, wohnlich zu machen;
und jetzt, wo alles eingerichtet ist, will es das Verhängnis, daß ich wahrscheinlich irgendeine Stellung werde annehmen müssen, die mich wieder
von der neuen Heimat trennt. Wenn ich doch in
Moskau irgendeinen Platz fände, eine Stellung mit
einem bescheidenen Einkommen, die mir ermög-
lichte, ruhig und ohne tägliche Sorgen weiterzuar-
beiten! Ich würde keinen Augenblick zögern, dorthin zu übersiedeln, mein Heimweh nach Ihrem
Lande ist ohnehin groß genug! Aber nicht davon
sollte eigentlich heute die Rede sein. Я пришелъ
Васъ поздравлять съ новымъ годомъ; здоро-

вье и счастье и всего лучшаго желаю Вамъ съ искреннимъ чувствомъ! Я отъ любезнаго г. Этингера слышалъ, что у васъ теперь строится новая московская »Sezession«, фактъ, которымъ очень интересуюсь. Von mir schreibe ich noch einmal ausführlich; heute nur dieses. Wegen der Reproduktionen von »Воскресеніе«, die ich sorgfältig aufbewahrt habe, schrieb ich seinerzeit an Herrn Ettinger. Ich hätte sie ihm gerne mitgegeben, als er in Deutschland weilte; er aber schrieb, es hätte keine Eile. Doch sobald Sie dieselben brauchen, stehen sie Ihnen jeden Augenblick zur Verfügung. Viele herzliche Grüße also zu einem recht guten reichen neuen Jahr von Ihrem verehrungsvoll ergebenen:

Rainer Maria Rilke

127.   Rilke an Spiridon D. Droshshin

Вестерведе (Гор. Бременъ),
9 января 1902

1902! Здоровье и счастье!
(Gruß sendet) изъ моего теперешнего края, съ новымъ годомъ сердечно преданный Вамъ

Р. М. Рильке.

[Übersetzung]

Westerwede (Stadt Bremen),
9. Januar 1902

1902! Gesundheit und Glück!
⌐(Gruß sendet)⌐ aus meiner jetzigen Heimat, und alles Gute zum neuen Jahr Ihr Ihnen herzlich ergebener

R. M. Rilke

Westerwede bei Worpswede
(über Bremen)
am 11. Jan[uar] 1902

Mein verehrter Nikolai Alexejewitsch!

Съ новымъ годомъ . . . . . Вы знаете что ска-
жутъ дальше; но счастье не главное: потому я
не продолжаю и кончу этимъ: съ новымъ годомъ! Какъ часто я хотѣлъ вамъ писать, тогда
на примѣръ, какъ я получилъ и читалъ »Донъ –
Жуана«, а потомъ какъ я женился на молодую
скульпторку – и еще позже какъ намъ была
подана милая дочка; это недавно; мы живёмъ
по одиночкому на деревнѣ близъ г. Бременъ, и
совсѣмъ безъ сосѣда и бесѣды работаемъ день
какъ день, каждый по своему. Часто я пред-
ставляюсь, когда вижу передо мною огромную
даль да высокое небо равныны, что мы въ
Россіи: и тогда я почти счастливъ. Можете
себя представить, сердечно уважаемый Николай Алексеѣвичъ, что я очень тоскую по Россіи
и чуть не каждый день вспомню что нибудь
любимаго и милаго покиданнаго мною, тогда
когда я выѣхалъ изъ Россіи . . . Но, извините,
не смотря на то что я много читаю, я еще
слишкомъ плохо выражаюсь на русскомъ
языкѣ, и этимъ только вамъ хочу показать
что я ничего не забылъ, а напротивъ кое-какъ
посовершенствовался . . . понемножко . . . . .

Lassen Sie mich deutsch fortfahren, lieber und
aufrichtig verehrter Nikolai Alexejewitsch, gestatten Sie mir, Sie und die Ihren, Ihre verehrte Frau
Mama, Ihre Gemahlin und die Kinder zum neuen
Jahre auf das wärmste zu begrüßen. Etwas Liebes
und Heimatliches kommt über mich, wenn ich Ihrer

gedenke, und ich werde froh im Gedanken, daß Sie vielleicht auch noch von mir wissen. Ich habe viel erlebt und bin in ganz andere Kreise und Verhältnisse geraten, – bin aber doch ganz derselbe einsame Mensch geblieben, dem Sie so liebes Vertrauen zugewendet haben. Ich wohne in einem stillen Bauernhaus mit meinen Lieben, ganz ohne Zusammenhang mit dem vielen Lauten und Selbstgefälligen, von dem Deutschland jetzt erfüllt ist, das von »Überbrettl'n« und Idealen in demselben Atem spricht. Mein Schmerz ist nur, daß ich mein kaum geschaffenes stilles Heim, durch die Verhältnisse gezwungen, wieder verlassen werde, um Geld zu verdienen; meine Bücher ernähren nicht einmal mich, viel weniger Frau und Kind, und ich muß sehen, irgend etwas zu erwerben, um vor dem Hunger sicher zu sein und meine Lieben, die mir wie ihrem Schicksal vertrauen, davor zu bewahren. Dabei ist in mir das Gefühl immer mehr zur Klarheit gelangt, daß Rußland meine Heimat ist und alles andere Fremde... Könnte ich doch *dort* arbeiten und mir mein bescheidenes Brot dort verdienen: aber das ist wohl ein schwer zu erfüllender Wunsch! Ich bin ja auch jetzt, da ich nicht mehr allein bin, viel gebundener und kann gar nicht sagen, wann ich wieder Ihr geliebtes Land betreten werde. Wenn es aber mal möglich wird, dann komme ich zuerst nach Nowinki und geh nicht wieder von Rußland fort, sondern suche so lange, bis ich einen Platz finde für mich und die Meinen.

Meine Arbeit, die vielleicht manchen kleinen Fortschritt gemacht hat, leidet auch unter den kleinlichen Sorgen, die mich von dem stillen Hause fortreißen werden. Nehmen Sie indessen ein kleines Buch Prosa, das kürzlich erschienen ist, als Neujahrsgruß an. Vielleicht finden Sie manches auf seinen Seiten, was mein Bild bei Ihnen auffrischt:

ich möchte so gerne unvergessen sein in Ihrem lieben Hause.

An Sie und die Ihren denke ich, als hätte ich Sie gestern erst verlassen, und wenn Sie mir eine große Freude machen wollen, schreiben Sie mir einmal Gutes von Ihrem Hause. Empfehlen Sie mich allen auf das herzlichste und nehmen Sie die Versicherung einer unwandelbaren Ergebenheit und Verehrung

Ihres

Rainer Ossipow. Rilke

129. Alexander N. Benois an Rilke

[Januar?] 1902

⌐Lieber Herr Rilke⌐,

Ihr letzter Brief hat mich sehr betrübt. Das ist sehr häßlich, daß ⌐Verhältnisse sich verschlechtern⌐. Was heißt das? Sollte es wahrhaftig besser sein, im 20. Jahrhundert nicht zu heiraten? Ist es auf der Welt zum Leben zu eng geworden? Ich wünsche Ihnen von ganzem Herzen, daß jetzt und so schnell wie möglich ⌐eine Verbesserung der Verhältnisse⌐ eintritt.

Sie wollen sich in Rußland niederlassen. Das ist zu verstehen, einiges spricht *für* dieses Projekt. Wenn Sie einen Verlag finden, für den Sie aus Rußland Korrespondenzen schreiben können, wäre das sogar nicht schlecht. Doch nur eins: Ich sehe es als meine Pflicht an, Sie darauf aufmerksam zu machen, daß das Leben hier bedeutend teurer ist als in Deutschland – annähernd um das Doppelte, wenn nicht das Dreifache. Die Wohnung, das Essen und die Kleidung – all das ist unwahrscheinlich teuer, und Leute zum Beispiel, die im Ausland durchaus komfortabel leben könnten, schlagen sich hier notdürftig durch. Sollte es nötig sein, bin ich auf jeden Fall bereit, Ihnen entsprechende Hinweise zu geben.

Protopopow beunruhigt nun, ob Langen sich jetzt einverstanden erklärt, die Verhandlungen wiederaufzunehmen. Ein großer Kauz. Gott weiß, wann mein Buch erscheinen wird, weil die Typographie sehr langsam arbeitet. Überhaupt muß ich Ihnen ganz ehrlich sagen, daß ich Ihre Begeisterung für unser Vaterland nicht ganz teile. Übrigens, ich muß gestehen, das *Ihre* – besonders seit der Zeit, da die Berliner ⌜Siegesallee⌝ eingeweiht wurde – ist nicht besser.

Die religiös-philosophische Gesellschaft blüht weiter. Sie ist sehr interessant, obwohl es natürlich viel Unsinn gibt. In letzter Zeit wurde die Frage debattiert, ob die Synode kompetent war, Lew Tolstoi aus der Kirche auszuschließen. Ganz sicher würde Sie das sehr interessieren.

Vielen Dank für die Bücher, doch ich muß gestehen, daß in meiner Seele eine große révolte gegen all dies Dekadentum herrscht. Was auch geschehen mag, man muß genesen und, wenn auch voller Verzweiflung, *mutig leben*. Sie wird sich eines Tages an uns rächen – diese unsere Schlappheit. Wir tragen selbst viel Schuld daran. Lassen wir die Menge fett werden und in nuances versinken. Die Erde ist noch gut, und sogar sehr gut, aber man darf nicht vergessen, daß es noch einen Himmel gibt.

Ihr tief ergebener
A. Benois

130.   Pawel D. Ettinger an Rilke

[Moskau, 14. Januar 1902]

[...] Somow, letzter wird jedoch von vielen gar
nicht anerkannt. Die Golubkina hat einige Büsten
gesandt, welche mir jedoch bereits etwas maniert
erscheinen. Alles in allem wenig Hervorragendes;
aber ein recht hohes Niveau. Ich werde Ihnen einige Zeitungsberichte darüber senden. Was die hie-
siege Aufführung des »Michael Kramer« betrifft,
kann ich leider Ihrem Wunsch nicht nachkommen.
Die erste Aufführung fand während meiner Abwesenheit statt, & wäre es recht schwierig, die be-
züglichen Zeitungsnummern jetzt herauszusuchen.
Im allgemeinen hat das Drama weder bei der Kritik noch beim Publikum ⟨k⟩einen sehr großen Beifall gefunden. Ich persönlich kann Ihrer so hohen
Meinung von diesem letzten Werke Hauptmanns
nicht beistimmen. Ich erkenne das Tiefmenschlich-
Originelle der Idee gern an, finde die Gestalt Michael Kramers vorzüglich; aber eine volle Wirkung
könnte das Drama nur erzielen, wenn auch der
Arnold so plastisch herausgearbeitet wäre. In seiner jetzigen Gestalt kann er kaum Sympathie erwecken, & das Große in ihm wird uns mit keinem
einzigen Strich gezeichnet, sondern mit Worten seiner Umgebung. Und dann der ganze 4. Akt! Einen
ganzen Akt hindurch Lebensphilosophie von der
Bühne herab zu hören – und wäre sie auch von
Hauptmann! – macht kalt. Eine Redekanzel wird
die Bühne vom rein künstlerischen Standpunkt niemals sein. Die Aufführung war sehr gut. Alexejew
gab als Kramer einen Typus, Moskwin als Arnold
war etwas melodramatisch, Frau Alexejew als Lisa
Bensch war, einige Übertreibungen abgesehen, vorzüglich.

Vor den Feiertagen wurde das neue Stück von Nemirowitsch-Dantschenko »В мечтах« aufgeführt. Es war eine vollständige Niete von einer Talentlosigkeit sondergleichen, trotz glänzender mise en scène & prächtigen Spiels.

Daß Ihnen Ihr jetziger Aufenthaltsort wenig Material zum Schreiben bietet, ist ja natürlich. Aber wenn Sie über eigene Arbeiten, welche mich ja sehr interessieren, weniger zugeknöpft sein wollten, so wäre auch mehr Material vorhanden.

Obwohl ich den Brief vorgestern begonnen habe, sende ich ihn erst heute, da ich erst heute die gewünschten Bücher sowie das Iwanow-Heft der »Mir Isk.« expedieren konnte. Ich habe dem Paket einige Drucksachen beigelegt, welche Sie vom buchgewerblichen Standpunkt vielleicht interessieren werden.

Und nun leben Sie wohl & lassen Sie recht bald etwas von sich hören.

Mit freundschaftlichem Händedruck

Ihr ergebener
Paul Ettinger

Mir Isk.	Rb.	1,20		
5 Ex[p]l. Gorodok à 75		3,75		
5 Saltan		1,25		
5 Aj-Du-Du		1,00		
Porto		–,85		
	Rb.	8,05	à	46

131. Rilke an Leonid O. Pasternak

Вестерведе (Городъ Бременъ)
21. Jan[uar] 1902

Verehrter Herr Professor,
sofort nach Empfang Ihrer Karte sende ich die
Reproduktionen an die Adresse von Frau Rosenfeld, Berlin, und hoffe, daß Sie dieselben in tadel-
losem Zustande bald erhalten. Ich habe die Blätter,
solang ich sie besaß, oft gesehen und mich immer
sehr daran gefreut. Da Sie es mir so gütig gestatten, mir eines auszuwählen, behalte ich mit *großer
Freude* den »Лихачъ« (von den großen Reprod.,
von denen ich also nur 4 mitschicke), die kleinen,
die Tschertkoff übersandt hat, sind vollzählig.
Viele herzliche Grüße von Ihrem sehr dankbar
ergebenen
Rainer Maria Rilke

Eilig! [Nachschrift am Rande]

132. Rilke an Pawel D. Ettinger

Westerwede, am 6. Febr[uar] 1902

Will Sie, sehr werter Herr Ettinger, nicht länger
warten lassen – deshalb, da ich zu beschäftigt bin,
um zu schreiben, bestätige ich nur Ihre frdl. Sendung und Ihren Brief vom 14. Jan. mit bestem
Dank. Bald mehr.
Ihr ergebener: RMRilke

133. Alexej S. Smirnow an Rilke

Ich fühle, verehrter Herr Rilke, daß ich vor Ihnen sehr, sehr schuldig bin, vor so langer Zeit habe ich Ihre liebe Karte erhalten und bis jetzt noch nicht geantwortet. In den letzten Tagen des November wurde das Bataillon, in dem ich diene, an einen neuen Standort verlegt, in den Flecken Gora Kalwaria, 75 Werst von der Nowogeorgijewskaja-Festung. Der ganze Dezember verging mit dem Einrichten der riesigen Kasernenanlage – viel Energie und Kraft kostete der Dezember, ja, und auch der Januar brachte den Pionieren keine Ruhe. In den ersten Tagen begannen die Inspizierung und die Revisionen der Abrechnungen, und die alltäglichen Winterübungen wurden verschoben und immer mehr zusammengedrängt. Im Februar fingen dann die angespannten Übungen an, man entschied, das Versäumte, das man für den November, Dezember und Januar festgelegt und vorgesehen hatte, in Angriff zu nehmen und abzuschließen, und Mitte Februar sollten die Wintermanöver beginnen – die harten Übungen und die Vorbereitungen zu den Manövern lasteten schwer auf den entkräfteten Pionieren. Der Soldat wird nicht gefragt, ob er die Kraft hat, vier Monate lang übermenschliche Arbeit zu ertragen – ihm wird befohlen, und die Befehle des Vorgesetzten sind für den Soldaten eine heilige Sache! Wie schwer die vier Monate auch waren, sie sind vergangen, geblieben ist nur die Erinnerung an sie und ... die geschwächte Gesundheit, doch Sie wissen, werter Herr Rilke, schwer ist es immer nur, wenn es schwer ist! Ende Februar verlief das Leben wieder normal – Donnerstag war Donnerstag. Jeder langweilte sich, vergnügte sich, trauerte und freute sich auf seine Weise, ebenso wie zuvor in der Festung. In der Butterwoche fielen den Vorgesetzten unsere Strapazen ein, man ließ uns eine Zeitlang das düstere graue Soldatenleben vergessen – die niederen Chargen haben für sich selbst eine Theatervorstellung organisiert, man führte drei Stücke auf. Mir wurde, wie auch im ersten Jahr, das Glück zuteil, an den Aufführungen mitzuwirken, ich spielte die Rolle eines Doktors und zwei Frauenrollen. Alles verlief sehr fröhlich, jeder Mitspieler ging in seiner Rolle auf – zum Lohn erhielten sie Applaus und das »Danke, Prachtjungs« der Vorgesetzten??! Die Aufführung war vorüber und damit die fröhliche Laune ... die tiefen Eindrücke dieser lustigen Tage hörten auf, Eindrücke zu sein, verloren sich im Alltag, und von neuem zogen sich die grauen Tage eintönig und langweilig dahin. Oh!, Herr Rilke!, wie entsetzlich das ist, jahrelang dahinzuvegetieren unter solchen unglücklichen, unterjochten, verschreckten Wesen, mit ihnen Ansichten, Freuden und Kümmernisse zu teilen, wo doch jeder durch sein eigenes Unglück die Fähigkeit verloren hat, das Unglück des anderen zu begreifen.

Das Leben im Flecken, das vieles versprach, hat nichts Erfreuliches gebracht; ich habe mit einer jüdischen Familie Bekanntschaft geschlossen, aber es gelingt uns nicht, in Gedanken und Ansichten einander näherzukommen. Man beginnt zu glauben, daß ein Jude gar keine Eigenschaften hat außer Gewinnsucht – nur Materielles beschäftigt ihn. In letzter Zeit habe ich von Freunden, Bekannten und Verwandten nur wenige Briefe erhalten – fast keine. Anfang Februar erreichte mich aus Moskau ein sehr, sehr trauriger Brief. Sie erinnern sich vielleicht, daß, als Sie dort weilten, zusammen mit anderen Schülern bei Sofja Nikolajewna so ein blasser

Brünetter war, Glebow, mein guter Freund. Im Januar dieses Jahres war er in politische Angelegenheiten verwickelt und zusammen mit vielen Studenten festgenommen und abtransportiert worden, man weiß nicht, wohin – und auf alle meine Anfragen vermag mir keiner zu antworten, wo er sein könnte. Mich hat sein Unglück furchtbar betroffen.

Bis zum nächsten Brief wünsche ich Ihnen alles, alles Gute. Noch und nochmals danke ich Ihnen für Ihr wohlwollendes Gedenken und Ihre liebe Aufmerksamkeit. Von Herzen wünsche ich Ihnen und Ihrer Frau Glück, Gesundheit und Kraft. Ich werde mich sehr freuen und tief, tief bewegt von Ihrer lieben Aufmerksamkeit sein, wenn Sie mir einen Brief schreiben. Oh!, wie glücklich wäre ich, wenn ich eine Photographie von Ihnen hätte, in schwierigen Augenblicken bedrückender Einsamkeit wäre es für mich ein Hochgefühl, auf die Photographie zu schauen, an Sie zu denken und innerlich im Herzen auszurufen: Gott gebe Ihnen Glück und Wohlergehen!!!

Mit Hochachtung
Ihr A. Smirnow

Meine Adresse: Flecken Gora Kalwaria, Gouvernement Warschau, sechstes Pionierbataillon, Kanzlei der ersten Kompanie, Alexej Sacharowitsch Smirnow.

134. Rilke an Alexander N. Benois

Westerwede bei Worpswede
über Bremen,
am 5. März 1902

Mein lieber und verehrter Herr Benois,

ich habe Maeterlincks »Schwester Beatrix« in
Szene gesetzt. Das war keine kleine Aufgabe, und
immer freudiger darf ich sagen, daß sie gut gelungen ist. Das Publikum war ohne Widerstand der
großen Ergriffenheit hingegeben, die aus der Tiefe
dieses Dramas aufstieg und alle überkam. Das
Drama wurde zur Wiederöffnung der umgebau-
ten Kunsthalle (in welcher jetzt eine sehr interessante internationale Kunstausstellung stattfindet)
aufgeführt, – und ein kleines Festspiel, das ich beilege, stellte die Verbindung zwischen dem Drama
und dem Zweck des Hauses dar. Es interessiert Sie
vielleicht ein wenig.

Ich hatte auch einen Vortrag zu halten, und über
allen diesen Dingen kam ich noch nicht dazu,
Ihnen für Ihre beiden Briefe zu danken; der letzte
ist besonders froh von mir begrüßt worden. Ich habe
sofort an Korfiz Holm, den Vertreter Langens, geschrieben und hoffe, daß die Sache mit der Übersetzung nun rasch ins reine kommt. Die Bedingungen sind, soweit ich das beurteilen kann, *sehr* günstig für Langen.

Heute komme ich allerdings mit einer *großen*
Bitte. Beiliegend finden Sie einen für mich *äußerst
wichtigen* Brief an den Besitzer der »Новое время«,
den alten Herrn Alexej Suworin! Ich habe ihn nicht
mit der Post geschickt, weil mir gesagt wurde, daß
er nicht leicht in die Hände Suworins kommt und
daß es besser wäre, wenn ihn jemand *selbst über-
geben* oder doch *auf einem sicheren Weg* (durch

Boten etwa) zu Suworin selbst gelangen ließe. Ich weiß nicht, wie Sie zu A. S. stehen; wenn Sie direkte Beziehungen zu ihm haben, wäre es mir natürlich besonders wertvoll, wenn Sie den Brief selbst abgeben wollten. Sonst senden Sie jemanden Zuverlässigen damit zu A. C.

Ich würde Sie nicht in dieser Weise belästigen, wenn dieser Brief nicht für mein Fortkommen von *größter Wichtigkeit* wäre, so daß ich alles aufbieten möchte, um ihn ehestens und sicher in Suworins Hände gelangen zu lassen! Er enthält eine sehr kostbare Anempfehlung an S., auf die ich große Hoffnungen setze. Wollen Sie mir, lieber Herr Benois, diesen Freundesdienst tun?

Bitte *schreiben Sie mir, ob der Brief richtig in die Hände des Adressaten gelangt ist.* Nur ein Wort auf einer Karte. Hoffentlich macht es Ihnen keine Umstände: Äußerstenfalls durch den Boten mit dem Auftrag »persönlich abzugeben«. Wollen Sie das tun?

Meine Frau grüßt Sie unbekannterweise, und ich sende Ihnen und Ihrer lieben Gemahlin alles Liebe. Und vielen Dank für diesen Dienst. Es hängt viel davon ab.

Nächstens mehr. Ihr sehr ergebener

Rainer Maria Rilke

Da ich doch die nähere Adresse nicht weiß, bitte ich Sie, den Brief an Алекс. Серг. Суворинъ adressieren zu lassen. Vielen Dank!

135. Rilke an Alexej S. Suworin

Westerwede bei Worpswede via Bremen,
am 5. März 1902

Hochgeschätzter Herr, sehr verehrter Alexej Sergejewitsch,

Maximilian Harden* führt mich bei Ihnen ein, und dieser Umstand gibt mir den Mut, zu Ihnen zu reden, und die Hoffnung, daß Sie es nicht ablehnen werden, mich zu hören. Was ich brauche und was Sie mir geben können, sei gleich gesagt: eine Heimat und die Möglichkeit, ihr zu dienen und mich zu entfalten.

Denn das alles fehlt mir. Ich habe mehrere Bücher: Gedichte, Novellen und Erzählungen geschrieben, und es gibt Dramen von mir, die über die Bühne gegangen sind. Ich weiß, daß ich recht habe, wenn ich meiner Kunst lebe, denn sie ist es, die mich erhebt und erhält, von der ich alles empfangen habe und der alles gehört, was ich erwerbe.

Wenn ich reich wäre, könnte ich mit meiner Kunst in irgendeinem entlegenen Winkel Deutschlands oder Österreichs (meiner engeren Heimat) leben, unbekümmert um das, was die Leute tun und preisen: eine Weile lang habe ich so gelebt, obwohl ich arm bin und eine liebe Frau und eine ganz kleine Tochter habe, die mir vertrauen. Kramskoi hat einmal an einer Stelle seiner Briefe gesagt, wie stolz dieses Vertrauen der Seinen ihn gemacht hat: auch ich rühme mich dessen von Herzen. Aber sobald ich um des Erwerbes willen meine Kunst irgendwie fruchtbar machen will, ja sooft ich nur suche, einen Zusammenhang zu finden zwischen allem, was ich denke und fühle, und dem, was die Leute in

* Anbei ein Billet von M. Harden aus Berlin.

336

Deutschland jetzt erfüllt, so erkenne ich klar, daß nicht allein meine Schriften hier niemandem etwas bedeuten können, sondern auch, daß meine Kraft sich nirgends einschalten und gebrauchen läßt in dem Organismus dieser eitlen Zeit, die alle leben, welche eine »deutsche Renaissance« gekommen glauben. Ich bin ein Einsamer und Überzähliger in diesem Lande, in welchem es keine Demut gibt und keinen Gott für Schweigsame und Demütige. Und ich würde glauben, daß ich überall so einsam und verloren und überzählig wäre, wenn ich nicht zweimal (in den Jahren 1899 und 1900) in Rußland gewesen wäre, wo ich erkannte, daß es eine Heimat für mich gibt, ein Erdreich, in dem ich Wurzel schlagen, ein Volk, das ich lieben könnte – das ich – liebe.

Mir fehlen die Worte, Ihnen zu sagen, welches Ereignis es mir war, Moskau zu sehen; meine ganze Kindheit, die, von den Jahren einer bangen und verworrenen Jugend überflutet, mir verlorengegangen war, tauchte wieder auf wie eine versunkene Stadt, und als ich in einer Osternacht mit meiner kleinen Kerze auf dem Kreml stand, da schlug die Glocke auf dem »Iwan Welikij« so gewaltig und groß, daß ich glaubte, das Herz des Landes schlagen zu hören, das auf seine Zukunft wartet von Tag zu Tag. Aber nicht auf so flüchtige Eindrücke beschränken sich meine Erinnerungen. Nach jener ersten Reise kehrte ich nach Berlin zurück und ging daran, die Sprache des Landes zu lernen, das mir wie eine Offenbarung gegeben worden war. Ich las Tolstojs »Казаки« so lange, bis ich jedes Wort verstand, und noch ehe ich meine zweite Reise nach Rußland antrat, übersetzte ich Чеховъ's »Чайка« und las russische Geschichtswerke Пыпинь's und Костомаровъ's. Dann reiste ich. Diesmal war Moskau, wo ich schon mehrere Bekannte hatte, das erste Ziel, und von da ging es nach Tula und zu einem unvergeßlichen Maitage in Ясная, wo es mir vergönnt war, den Grafen Tolstoj, den ich schon von Moskau her kannte, auf einem Spaziergange zu begleiten. Wir gingen in einem großen Frühlingswinde, der über die von Vergißmeinnicht bedeckten Hügel in den alten Bäumen des Parkes kam, und da sah ich den großen Greis neben mir, wie er ruhig und rüstig dahinschritt: sein weißer Bart wehte zurück und schlug immer wieder an seine Schultern, aber sein Gesicht (diese vollendete Arbeit eines großen gewaltigen Lebens) sah, als ob kein Wind wäre, wie umgeben von seiner inneren Stille, geradeaus, während er Worte voll Gleichgewicht und Gerechtigkeit sagte, die ich noch oft höre in stillen und guten Stunden. Wie gesegnet reiste ich weiter. Ich lebte eine Zeitlang in Kiew, besuchte das Höhlenkloster und die umliegenden Einsiedeleien, fuhr dann flußabwärts bis Krementschug, durchquerte das ganze Reich und kam endlich bei Saratow an die große Wolga. Und ich habe nicht Hoffnung, je wieder Tage von solcher Größe zu erleben, wie die waren, während welcher ich diesen Strom aufwärts fuhr. »Was ich bisher sah« (so schrieb ich damals in mein Tagebuch), »war nur ein verkleinertes Bild von Land, Fluß und Welt; *hier* aber ist alles selbst. Mir ist, als hätte ich der Schöpfung zugesehen. Hier sind die Dinge in den Maßen Gott-Vater's« ...

So lernte ich die alten Städte kennen: Казань, Нижній, Ярославль und Тверь. Dann wohnte ich im Dorfe Завидово bei Дрожжинъ, Спиридонъ Дмитр., dem Bauerndichter, und verbrachte reiche Tage voll Anregung bei Николай Толстой auf seinem Gute Nowinki. Endlich war ich noch in »Nowgorod, dem Großen« und kehrte so nach Petersburg zurück, um dort an der öffentlichen Biblio-

thek zu arbeiten. Ich hatte (es war tief im Sommer
zur allgemeinen Remontezeit) wenig Verkehr. Gemeinsame Interessen führten mich mit Алекс.
Бенуа zusammen, (dessen Kunstgeschichte des
XIX. Jahrhunderts ich jetzt ins Deutsche übertrage*). Unvergeßlich vor allem aber bleibt mir ein
Nachmittag bei Анатолій Крамской, der mir
viele Skizzen seines Vaters brachte, den ich so sehr
verehre und liebe. In seinen Briefen ist vieles, was
den Künstlern im Westen wie eine Offenbarung
sein müßte, wenn sie reif und ernst genug wären,
es zu verstehen.

Schwer und ungern ging ich damals von Rußland
fort, und mir war, als ob ich ein Unrecht täte. Helfen Sie mir, verehrter Meister, dieses Unrecht
wiedergutzumachen.

Ich kann nicht genau sagen, was ich von Ihnen
erbitte. Wenn dieser Brief es auch nirgends ausspricht, Sie werden darin gewiß lesen, ob Sie mich
brauchen können und wozu. Und so ist meine Bitte:
Brauchen Sie mich! Lassen Sie mich neben meiner
Kunst, der ich gehöre, etwas tun, was nützlich ist
und was mich und die Meinen ehrlich nährt. Tun
Sie meine Kraft in irgendeinen guten Zusammenhang; ich will sie an jeder von Ihnen bezeichneten
Stelle gerne ansetzen; denn ich vertraue Ihnen.
Verknüpfen Sie mich irgendwie mit Ihrem großen
und zukunftsvollen Lande, an das ich glaube mit
jeder Fiber meines Gefühles. Binden Sie mich an
sich und an Ihre Pläne – und meine Freiheit wird
größer sein als jetzt, da ich an nichts gebunden bin.

Hier sind noch einige sachliche Erklärungen und
Ergänzungen notwendig. Ich bin bisher jeder jour-
nalistischen Tätigkeit weit aus dem Wege gegangen,

---

* (Aus dem Kreis der »N[owoje] W[remja]« lernte ich nur
Вл. Г. Янчевецкій kennen, der mir sehr sympathisch war.)

weil ich in ihr (in der kleinlich-tendenziösen Art, die sie bei uns ohne Ausnahme hat) eine Gefahr für meine stille künstlerische Arbeit und ein Unrecht an ihr – sah. Aber ich habe seit Jahren in Zeitschriften über Bilder und Bücher, über Kunst und Leben geschrieben. In dieser Weise könnte ich weiterarbeiten. Was nun die Sprache anlangt: ich lese das Russische ziemlich leicht, übersetze es recht mühelos und empfinde es so aus seiner Tiefe heraus, daß ich manchmal in einer Stunde der Inspiration russische Verse schreiben kann, aus dem Unbewußten heraus. Das Wohnen im Lande, das Umgebensein von der geliebten wahlverwandten Sprache, würde mich jedenfalls in kurzer Zeit in den Stand setzen, russisch zu schreiben – was ich so sehr wünsche. Ich habe schon öfters russische Briefe geschrieben, und wenn ich es in diesem Falle nicht versucht habe, so geschah's, weil ich vieles zu sagen hatte, was ich deutlicher und besser in der gewohnten Sprache sagen zu können glaubte.

Es ist nun noch eines zu betonen: Sie werden, hochzuverehrender Herr, wohl empfinden, daß in dem Moment, wo ich diesen Schritt tue, meine deutsche Vergangenheit in Flammen aufgeht, so daß ich nicht mehr zu ihr zurückkehren kann. Ich muß also in sichere Verhältnisse kommen, d. h. in eine Lage, die es mir möglich macht, mit meiner Frau und meinem Kind zu leben, und zugleich in eine Stellung, die mir Zeit läßt, meinen künstlerischen Entwicklungen nachzugehen, d. h. etwas zu betreiben, was ihnen nicht widerspricht oder alle Kraft aufsaugt. Sie haben so oft Künstlern und Dichtern geholfen, daß Sie wissen werden, wie ich das meine. In unserem Hause wird übrigens kein Müßiger zu ernähren sein; denn meine Frau ist eine sehr begabte junge Bildhauerin, die bereits manches Bedeutende geschaffen hat; sie hat eine Zeitlang in

Paris bei Rodin gearbeitet. Jetzt leben wir hier in einem einsamen Bauernhaus im Moor, fern von der Welt, die Deutschland heißt, und wollen nur eines: einer dem anderen helfen, ein recht ernstes und großes Leben haben, aus dem eine tiefe und stille Kunst aufsteigt, wie ein Baum, dessen Früchte die Freude Zukünftiger sein werden.

Meine Frau kennt Rußland nicht; aber ich habe ihr viel davon erzählt, so daß sie bereit wäre, ihre Heimat, die ihr auch fremd geworden ist, zu verlassen, um mit mir zu gehen in das Land, welches die Heimat meiner Seele ist.

Könnten wir uns dort ein Leben schaffen!

Ich glaube, daß es möglich ist, weil ich die Liebe habe zu Ihrem Lande und seinen Menschen, zu seinem Leiden und zu seiner Größe – und die Liebe ist Kraft und eine Verbündete Gottes.

Dieses ist die Bitte, welche Ihnen, verehrter Meister, voll Zuversicht sendet

Ihr in großer Verehrung ergebener:
Rainer Mar. Rilke

(Вестерведе–Ворпсведе. Городъ Бременъ)

NB: Ich lege heute nur einen alten Aufsatz über russ. Kunst bei, der nicht mehr ganz meine jetzige Ansicht vertritt, aber im allgemeinen Teil noch richtig ist.

Sollte Ihnen ein Einblick in meine Bücher erwünscht sein, so kann ich Ihnen sofort einige davon senden.

Ich bin 1875 zu Prag geboren (aus einer deutschen Familie), habe 1895 mein erstes Buch veröffentlicht. Im Ganzen bisher 4 Bücher Gedichte, 4 Bücher Novellen und Erzählungen, 3 Dramen und viele Beiträge in Zeitschriften als: »Pan«, »Wiener Rundschau«, »Jugend«, »Insel« etc.

136. Rilke an Alexander N. Benois

Westerwede bei Worpswede,
am 5. August 1902

Mein lieber Herr Benois,
  ich habe Ihnen zuletzt am 5. März geschrieben
(das ist lange her), und seit noch längerer Zeit habe
ich nichts von Ihnen gehört: zunächst wie geht es
Ihnen, Ihrer Frau Gemahlin und den Ihren? Oft
habe ich herzlich Ihrer gedacht: aber die Zeit fehlte,
Ihnen zu schreiben. Denn es ist ein sorgenvolles
Jahr für uns mit allerhand Ungewißheiten, kleinlichen Quälereien und ähnlichem. So daß ich weder
recht ernsthaft zu eigener Arbeit kam noch zum
Schreiben an liebe Menschen – an Sie vor allem,
der Sie mir persönlich so lieb sind und auch besonders lieb als das Stück Rußland, mit dem ich in Beziehung bin. Und glauben Sie mir, lieber Herr
Benois, es ist für mein Leben von größter Wichtigkeit, Rußland nicht zu verlieren und über diese
bösen Jahre weg in Beziehung mit ihm zu bleiben
bis zu der Zeit, da ich mich dort niederlassen darf, –
was das Ziel aller meiner Wünsche ist.
  Ich werde diesen Winter daran arbeiten, meine
Lage äußerlich etwas zu festigen, und mich sogar
von meinen Lieben trennen: meine Frau, die Bildhauerin, geht mit unserer kleinen Tochter Ruth entweder nach Florenz oder nach Paris, wieder zu Rodin,
wo sie schon einmal ein halbes Jahr lang gearbeitet
hat. – Ich werde in Deutschland irgendwie auf mein
Doktorat losarbeiten (wahrscheinlich bei Muther in
Breslau), in der Hoffnung, auf diesem Wege in
irgendeine gesicherte Position zu kommen . . .
  Vorher aber (am 1. September) gehe ich selbst
allein nach Paris um einer Arbeit willen, die mich
dort 4–5 Wochen festhalten dürfte.

Es ist unbescheiden, wenn ich Sie, lieber Herr Benois, frage, ob Sie mir nach Paris irgendwelche Ratschläge, Grüße oder dergleichen mitgeben wollen... besonders an Russen! Ist etwa Сомовъ da oder sonst jemand aus Ihrem Kreise? Bitte, schreiben Sie mir!

Aber das ist immer noch nicht die Hauptbitte dieses Briefes und nicht der Grund, weshalb ich ihn »express« sende. Ich tue dies, um Sie zu bitten, mir *umgehend* den 2. *Teil* der »Исторія« (der, wie ich höre, eben erschienen ist) herzusenden und auch *noch ein Exemplar des 1. Teiles beizufügen.*

Mein Exemplar hat Langen, und ich kann es trotz aller Versuche (Briefe und Telegramme) nicht von ihm zurückerhalten. Auf Langen ist auch in keiner Weise zu bauen; er hat nun, nachdem wir uns so bemüht haben, ihm die Klischeekosten zu erleichtern, auf einmal die Lust verloren, meine Übersetzung der Geschichte der Malerei zu verlegen: denken Sie! Ich habe ihm einen wenig liebenswürdigen Brief geschrieben, – vielleicht, daß er sich doch noch besinnt, wenn ich persönlich in Paris mit ihm spreche. Jedenfalls will ich aber jetzt gleich, noch ehe ich abreise, versuchen, einige andere deutsche Verleger für Ihr Werk zu interessieren, damit wir auf alle Fälle gesichert sind: ich muß es herausbekommen!

Dazu brauche ich *gleich beide* Teile Ihres Werkes! Bitte senden Sie mir dieselben *sofort.* Auch aus einem anderen Grunde. Ich muß bis längstens 25. August eine ausführliche Besprechung Ihrer Geschichte für das neue Tagblatt der »Zeit« (Wien) liefern, wo ich mir einen großen Raum dafür gesichert habe. Dort werde ich jetzt oft Raum haben, über russische Kunst zu sprechen, so daß mir die Zusendung von allerhand Publikationen erwünscht ist. Die »Сокровища«, die mir soviel Freude machen, werden dort auch besprochen werden. Ferner hat mich die Redaktion gebeten, ihr öfters kleine Novellen und Skizzen aus dem Russischen zu übersetzen. Können Sie mir etwas Derartiges anempfehlen?

In Розановъ lese ich oft mit tiefer Freude, doch ist mir eine Übersetzung zu schwierig, die Materie in vieler Beziehung zu fremd ... Auch wünscht die »Zeit« mehr Novellistisches: bitte raten Sie mir, was ich mir etwa zu diesem Zweck kommen lassen sollte!

Aber vor allem gedenken Sie meiner Hauptbitte, mir umgehend *beide Teile* Ihres Werkes zu senden: das ist jetzt das *Wichtigste*.

Wie geht es Ihnen sonst, mein lieber Herr Benois? Mich verlangt herzlich, viel und Gutes von Ihnen zu hören. Ich schreibe dann wieder, bald jedenfalls noch vor Paris.

Am schönsten wäre es, wenn ich *Sie selbst* in Paris finden könnte im September: *ist das nicht möglich?* Das wäre eine Riesenfreude für mich!

Empfehlen Sie mich, bitte, angelegentlichst Ihrer Frau Gemahlin, und seien Sie warm gegrüßt von Ihrem treu ergebenen:

Rainer M. Rilke

Nachschrift
NB. Ich schäme mich, daß die Geschichte mit einem Verlag für die Übersetzung so lächerlich langsam vorwärtsgeht; aber ich muß Ihnen nicht erst versichern, daß ich alles tue, um es durchzusetzen, und ohne Langens Unberechenbarkeit ja auch schon am Ziele wäre. –

Meine jüngste Arbeit ist eine »Monographie Worpswede«, die im Herbst dieses Jahres noch erscheint; ich sende sie Ihnen dann sofort zu; vielleicht werden Sie sich dafür interessieren.

d. I.

4./17. August 1902

ᒥLieber Herr Rilke,

es tut mir wirklich sehr leid, daß Sie sich so viel Sorgen machen mit der deutschen Übersetzung meines Buches. Sie haben wohl jetzt bereits meinen 2ten Teil erhalten, denn ich habe es Ihnen geschickt, bevor ich Ihren letzten Brief erhielt. Jetzt werde ich Protopopow bitten, Ihnen auch den ersten Teil zu senden. –

Ich beneide Sie sehr, daß Sie nach Paris wandern.[1] Rußland ist ein gutes Land, doch aus vielen Gründen ist es einfach und unbedingt notwendig, es manchmal zu verlassen. Paris ist eine herrliche und radikale Medizin gegen die uns überwältigende Langeweile und Säure. Sie können sich nicht vorstellen, wie übersäuert hier die Luft ist. Wahrlich, teilweise liegt es am Wetter: Den ganzen Sommer nur Regen und Kälte. Aber teilweise und *hauptsächlich* hat es andere Ursachen. Man könnte um Hilfe schreien! Ich möchte zu gern, schmerzlich gern, weg von hier, so weit wie möglich weg von unserem im höchsten Maße verlogenen Leben (um vieles verlogener als im Westen!), von unseren wohlklingenden, hohlen Gesprächen, von unserer übelriechenden Trivialität. Und Sie wollen immer noch hierher übersiedeln! Als erwiese sich nach näherem Betrachten ᒥdas liebe Rußlandᒧ gar nicht als ᒥdas gräßliche Rußlandᒧ! Ich fühle, es ist ungerecht, doch ich bin nervlich und geistig schon ziemlich erschöpft. Allein unsere religiösen Philosophen – einfach unerträglich! All das ist ein ungeheuerlicher Dilettantismus und, was die Hauptsache ist, ein kulturloser Leichtsinn des Denkens. Wir haben keine jener Schichten, jener endlosen Wurzeln, die den Gedanken Gewicht und Nahrung geben. Auch das ist ungerecht – doch lassen wir's. Man sollte sich diese Ungerechtigkeit erlauben. Vielleicht wird einem davon leichter ums Herz.

In Paris habe ich jetzt keine russischen Bekannten. Unsere ganze Kolonie ist wieder hier. Doch sollten Sie in Paris mit den Malern Simon, Ménard, La Touche und dem Belgier Léon Frédéric zusammenkommen, so grüßen Sie sie sehr herzlich von mir und sagen Sie ihnen, daß ich mit großem Vergnügen jener Minuten gedenke, die ich mit ihnen verbracht habe. –

Sie fragen, was Sie übersetzen könnten? Ist schon der gesamte Tschechow übersetzt? Vermutlich ja. Und sind die Erzählungen übersetzt, die Dostojewski in sein »Tagebuch eines Schriftstellers« aufgenommen hat? Zum Beispiel »Der Traum eines lächerlichen Menschen« oder »Bobok«? Bei den Neuigkeiten müßte ich Sie auf die Erzählungen von Leonid Andrejew hinweisen, auch wenn sie Ihnen, was sehr wahrscheinlich ist, schon bekannt sind. Es gibt ein interessantes Buch von Bely (Bugajew): »Symphonie«. Leonid Andrejew ist auf alle Fälle ⌐literarisch gut⌐. Es sind vortreffliche kleine Erzählungen. Ich glaube, er ist ein großes Talent. Doch wer weiß das schon? So viele Irrtümer gab's.

Was meinen Sie zu Gorki? Bei uns ist man regelrecht in Rage. Ich muß gestehen, für mich ist das nicht ganz verständlich.

Doch nun habe ich genügend Säure verspritzt. Sie denken am Ende, Sie hätten einen Brief von einem klapprigen Akademiker erhalten, dabei bin ich einfach (und hoffentlich vorübergehend) müde geworden und wünsche mir nur ein *echtes* Lebenswasser. Trösten wir uns, daß ex oriente lux kommt, und warten wir. Kommt es nicht etwa aus Japan?

Entschuldigen Sie bitte diese endlose Jeremiade und gedenken Sie meiner nicht im bösen. Ich verneige mich tief vor Ihrer Gattin. Der Tochter (einen schönen Namen haben Sie ihr gegeben) küsse ich die Hand.

Ihr ergebener
A. Benois

138. Rilke an Leonid O. Pasternak

Berlin W.; Hospiz des Westens,
Marburger Str. 4,
25. März 1906

Mein lieber Herr Professor,

so oft wollte ich Ihnen schreiben, all die Jahre; aber diesmal wird es kein Brief, denn ich bin auf einer Vortragsreise, die mir obendrein durch meines guten Vaters plötzlichen Tod auf das traurigste beeinträchtigt und getrübt worden ist. Darum: ich schreibe Ihnen bald einmal einen wirklichen Brief, heute muß ich mich darauf beschränken, eine Bitte auszusprechen, die rascher Erledigung bedarf.

Ich weiß nicht, ob Sie wissen, wo ich während meiner Moskauer Zeit gewohnt habe. Nun gehen sehr liebe Freunde von mir hin und wünschen, sich in demselben Gasthof, in dem ich damals so sehr zufrieden war, – anzumelden. Dazu müssen sie aber den *genauen Namen des Gasthofs kennen*, um hinschreiben zu können, und der ist mir ebenso wie der Name der Straße entfallen. Könnten Sie, lieber Herr Professor, ohne allzu große Mühe, diesen Namen nach meiner hier folgenden Beschreibung in Erfahrung bringen, so bäte ich Sie, denselben direkt an meine Freundin, Frau Lou Andreas-Salomé, *Berlin* W., Hospiz des Westens, Marburger Straße 4, zu schreiben, da ich selbst schon nicht mehr hier sein werde.

Also: man geht über die Красная площадь, an
Василій-Блаженной links vorbei, die Straße geradeaus weiter über die Brücke. Dann ist es, auf
dem andern Ufer, das erste große neue Eckhaus
links und hieß nach meiner Erinnerung Новомосковское, aber nicht Gostinnitza, sondern »Предворье« oder so ähnlich; könnten Sie Frau Lou Salomé die genaue Adresse dieses Hauses schicken, so
daß sie hinschreiben kann, und zwar womöglich
umgehend? Das wäre ein *sehr* lieber Dienst, den
Sie mir damit tun würden. –

Damals wohnte die junge Bildhauerin Голубкина in dem Hause, in dem es herrliche Zimmer
mit wunderbarer Aussicht gab. – Sie finden es gewiß und können uns diese liebe Gefälligkeit vielleicht tun. –

Bald hörte ich dann gerne mal von Ihnen.

Eben sind die Russen hier, das Художественный
театръ, spielen »Царь Федоръ« – und das ist ein
Triumph und eine rührende Herrlichkeit.

Meine Liebe für Ihr Land und jedes Herz, das
darin schlägt, ist noch immer dieselbe. Und meine
Frau, seit sie den »Царь Федоръ« gesehen hat, be-
greift schon, was ich an Rußland so liebe, und liebt
es mit mir.

Wir denken oft der römischen Stunden in herzlichster Sympathie und Freundschaft

Der Ihre
Rainer Ossipow. *Rilke*

Meine ständige Adresse ist in einigen Tagen wieder:
Meudon-Val-Fleury bei Paris. –
Die Adresse des Gasthofs bitte ich Sie aber direkt
an Frau Lou Andreas-Salomé, Berlin W., Hospiz
des Westens, Marburger Str. 4, zu senden.

[Nachschrift von Clara Rilke]
In großer Sympathie für Sie und Ihr liebes Land und in gutem treuen Gedenken und Festhalten an allem, was wir meinten in den schönen nächtigen gemeinsamen Stunden in der Villa Strohl-Fern in Rom, bin ich immer

Ihre Clara Rilke

139. Rilke an Alexander N. Benois

Meudon-Val-Fleury
(Seine et Oise)
Villa des Brillants, am 5. April 1906

Lieber Herr von Benois,

es ist sehr unbescheiden, daß ich ohne weiters annehme, daß Sie sich noch meiner erinnern; ich gedenke Ihrer so herzlich und in immer gleicher Wärme und Dankbarkeit.

Herr von Goloubeff war es nun, der mir zuerst sagte, daß Sie hier seien; dann mußte ich verreisen, und nun, eben da ich zurückkomme, haben mich Ihre drei Bilder bei den Indépendants auf das sympathischeste an Sie gemahnt.*

Sehr schöne Peterhofer Erinnerungen stiegen auf, und der Wunsch, Sie, Ihre Frau Gemahlin, Ihre schönen Kinder einmal wiederzusehen, läßt sich nicht mehr verschweigen.

Mir wär's sehr viel, Sie um die Teestunde einmal besuchen zu dürfen. Sagen Sie mir ein Wort dazu. Meine Zeit ist arg beschränkt und nicht ganz mein, aber ich würde meiner eigensten Arbeit fortnehmen, die Stunde, die ich Ihnen geben will.

Ich hänge an allen den russischen Menschen

* Wie schön ist das »Bassin de Flore«!

und Dingen, an allem, was mit Ihrer Heimat zusammenhängt, mit derselben Liebe, deren ich Sie einstmals, dunkel und unklar noch, versichert habe.

Sagen Sie Ihrer Frau Gemahlin von meiner Ergebenheit und seien Sie gewiß meiner unveränderten Verehrung.

Ihr Rainer Maria Rilke

140.   Rilke an Alexander N. Benois

29, Rue Casette. Paris VIᵉ,
5. Juni 1906

Sehr lieber Herr v. Benois,

von Arbeit arg beansprucht und in mancher Konfusion, schob ich's immer wieder hinaus, Ihnen zu sagen, daß ich (nun seit etwa vier Wochen schon) von Meudon und von Rodin fort bin und in der Stadt wohne. Allerhand Umstände kamen zusammen, die diese Veränderung herbeiführten, die ja wohl nötig war: denn meine Arbeit war monate- und monatelang zurückgeblieben und hatte Grund, sich zu beklagen. Nun mache ich einige neue Auflagen von Büchern druckfertig und hoffe so allmählich ganz in eigene Arbeit zu kommen.

Ich bin beschäftigt und nun ja auch so viel weiter von Versailles. Das ist der Grund, weshalb ich noch nicht wieder bei Ihnen war. Gewünscht hab ich's oft.

Sie wissen vielleicht: ich bin inzwischen (durch die Liebenswürdigkeit des Herrn v. Golubeff) Mitglied der »Union des Artistes Russes« (Bd Montparnasse 25) geworden; ich war noch nie dort, weil ich niemanden kenne und Herr v. Golubeff, wie ich glaube, nicht in Paris ist.

Sollte dort aber mal ein Zusammenkommen (ich

hörte, es gäbe so etwas wie Tee-Abende) sein, an dem *Sie* teilnehmen (was Sie wohl selten tun?), so schreiben Sie mir: ich würde auch kommen, um Sie zu sehen, vor allem.

Bitte empfehlen Sie mich Ihrer lieben Frau Gemahlin auf das herzlichste und sagen Sie den Kindern Grüße.

(Wie fühlt sich der kleine Affe?)

Seien Sie, lieber Herr v. Benois, aller meiner Grüße, und der besten, versichert.

Ihr immer ergebener:
Rainer Maria Rilke

Das Buch, das ich Ihnen geben wollte, ist noch nicht gekommen; ich vergesse nicht.

Ein naher Bekannter (Maler und Kunstschriftsteller) fragt mich nach einem neuen, wie es heißt, sehr guten englischen Werke über Guardi. Haben Sie etwas davon gehört, und könnten Sie mir den Titel etc. schreiben? Das wäre sehr lieb.

(Wie oben.)

Et la Russie?!

141.   Rilke an Leonid O. Pasternak

[Capri,
Villa Discopoli]
(Italien,)
10. Dez[ember] 1906

Lieber verehrter Professor Pasternak,

es geschieht sehr gegen meinen Willen und gegen mein Gefühl, daß ich Ihren lieben Brief nicht gleich beantwortet habe. Er hat uns so herzlich berührt und so sehr gefreut.

Muß ich noch sagen, daß Ihr Schweigen keinen Augenblick von mir mißverstanden worden ist: wenn wirkliche Beziehungen unabhängig sind von aller Zeit, so gilt gerade russischen Menschen gegenüber dieser Satz doppelt. Da bedarf er keines Beweises und keiner Bestätigung, und wenn Sie mir wenig Zeichen Ihres freundlichen und unveränderten Gedenkens geben, so weiß ich doch nichtsdestoweniger, daß es *besteht,* und ich verlasse mich darauf ganz und von Herzen. Doch bitte: empfinden Sie *meine* Schweigsamkeit ebenso!

Ich kam mit meiner Frau nach mannigfachen Irrfahrten anfangs Oktober nach Berlin; aber da war Ihre Ausstellung schon vorbei; nur das Studio-Heft haben wir gesehen und uns daran erfreut. Auch um die Pariser große russische Ausstellung bin ich gekommen; ich bin nicht mehr mit Rodin beisammen, und meine Hoffnung, wenigstens nach Paris zurückzukehren, konnte sich vorläufig nicht erfüllen. Ich war in Berlin krank, deshalb schrieb ich Ihnen nicht, und schließlich reiste ich hierher, wo ich eine liebe Gastfreundschaft genieße, durch die ich hoffentlich zu einem ruhigen und arbeitsamen Winter kommen werde.

Winter kann man getrost sagen: denn es stürmt auch hier, der ganze Himmel wirft sich im Sturm über die Insel her, und heute konnte gar kein Schiff hier landen, und wir sind ohne Post; aber morgen hoff ich, tritt dieser Brief doch die Reise zu Ihnen an. Sie glauben nicht, wie gerne ich sie mitmachte! Нѣтъ, я не забылъ по русскый, d. h., es ist ja so schwer, russische Bücher zu haben, und äußerlich hab ich wohl viel, viel vergessen; Sprechen geht kaum mehr. Aber Denken. Glauben Sie mir, daß ich oft auf russisch denke; denn ich hänge sehr an Ihrer lieben gequälten Heimat und leide mit ihr.

Wie schade, daß wir uns damals nicht in Berlin

getroffen haben; mein Vortrag wurde verschoben aus einem sehr bangen Grunde: Mein Vater starb damals. Wie gerne hätte ich Ihre Frau Gemahlin und Ihre Kinder begrüßt, wie gerne Sie unter meinen Zuhörern erkannt, da ich von Rodins großer Kunst sprach. Schade!

Nun, denken Sie, ist meine Frau in Berlin geblieben und versucht, obwohl ihr diese Stadt ebenso unsympathisch ist wie mir, dort zu arbeiten und womöglich ein paar Porträts zu machen. Sie hat im letzten Jahr wieder eine Weile bei Rodin gearbeitet und ist jetzt sehr im Reifen. In Bremen hat sie ein sehr schönes Porträt gemacht, das dort anerkannt worden ist, und wie gerne hätte sie Ihnen etwas zeigen mögen.

Nun, man muß abwarten, wie es in Berlin mit den Aufträgen gehen wird. Sie arbeitet so ernst und züchtig und will nichts als das. Es ist ein großes Können in ihr, das ich bewundere und das über ihre Jahre hinausreicht. – Übrigens hat sie auch ein paar Schülerinnen im Modellieren und Zeichnen. Es sind ja jetzt so sehr viele junge russische Männer und Mädchen in Deutschland. Wenn Sie ihr vielleicht einmal einen ernsten Schüler schikken können, so wär's eine Freude für sie, denn sie liebt russische Menschen wie ich und entbehrt sie. Vielleicht hören Sie einmal von jemandem, der in Berlin arbeiten will. Für diesen Fall ist hier die gegenwärtige Adresse meiner Frau (Frau Clara Rilke, Halensee bei Berlin, Westfälische Straße 41, III). Sie grüßt Sie herzlich durch mich, das bat sie mich nicht zu vergessen, wenn ich Ihnen schriebe.

Ja, und auch mir fehlt ein russischer Mensch zu wirklicher tiefer Aussprache manchmal, zum gegenseitigen großen Verstehen! Ich höre, daß *Gorki* hier lebt auf Capri; aber ist er wirklich noch русскый человѣкъ? Ich fürchte, er ist sehr западникъ und verdorben durch den westlichen Ruhm und den internationalen Sozialismus? Was meinen Sie? Würden Sie mir raten, einen Versuch zu machen, ihm zu begegnen? Und wenn ja: könnten Sie mir ein Wort der Einführung geben? Sie kennen ihn ja vermutlich gut –? Sagen Sie mir, bitte, was Sie darüber denken. Ich werde mich nach Ihnen richten.

Ja: wer doch in Moskau sein könnte; so oft denke ich's. Ich lese keine Zeitungen; wie fühlt sich alles aus der Nähe an, wie *lebt* Rußland, das alte große ewige Rußland unter aller Zerstörung? Haben Sie Ruhe zur Arbeit? Ist die Schule im Gang?

Tausend Fragen. Und nun erst die, die sich gar nicht so aussprechen lassen!

Nächster Tage kann ich Ihnen wohl endlich das langversprochene Buch senden, darin so viel von meiner Liebe für Rußland Zuflucht gefunden hat.

Viele gute Empfehlungen unbekannterweise für Ihre Frau Gemahlin, Wünsche für die Ihren und das Herzlichste für Sie selbst von Ihrem

getreuen
Rainer Maria Rilke

142.   Rilke an Alexander N. Benois

Capri, Villa Discopoli
(Italien),
am 14. Dez[ember] 1906

Mein lieber Herr v. Benois:
im Grunde nimmt das Leben doch recht wenig Rücksicht auf das, was wir planen. Es war erst meine Absicht, später meine Hoffnung, recht bald

wieder in Paris zu sein, das ich damals im Sommer so schwer verlassen habe. Fast wäre ich damals nach der Bretagne gegangen (hätt ich's doch getan!), nach A.-Pol-de-Léon plante ich, – aber dann kam's anders, eine Reisezeit kam, allerhand Aufenthalte in Belgien, am Rhein, in Hessen, und jeder brachte eine Verzögerung meiner Rückkehr, bis sie sich schließlich in Berlin, wo ich längere Zeit krank war, an widerlichen Umständen ganz zerschlug, – so daß ich mich nun – nicht ohne einiges Erstaunen – ganz woanders finde. In herzlicher Gastfreundschaft zwar, gut aufgehoben, mit dem Wunsch zu eifrigster Arbeit und gesundheitlich so ziemlich wiederhergestellt, aber doch, wie's nicht anders möglich ist, arg enttäuscht, nicht in Paris zu sein, das meine letzte fleißige Arbeitszeit in so sympathischer, hülfreicher Weise umgeben hat und das ich, schon als Schule und Erziehung, noch eine Weile ehrlich brauche. So hoffe ich nun, daß das Frühjahr mich hin zurückbringt, und dann will ich mich nicht so leicht wieder fortlocken lassen.

Hätte ich geahnt, wie alles kommen würde, so hätte ich Sie nicht so lange ohne Nachricht gelassen, vor allem nicht ohne Dank für Ihr liebes freundschaftliches Schreiben. Aber es kam alles so über mich fort, und zwar immer wieder etwas, und schließlich, in den letzten schlechten Monaten, konnte ich keinen einzigen Brief schreiben. Doch dieser Brief hier ist einer der ersten, mit denen ich wieder zu mir selber komme und zu denen, die mir lieb und nahe sind. Und gerade *Sie*, lieber Herr v. Benois, möcht' ich nur sehr ungern wieder verlieren, nachdem ich die Freude dieses Wiederfindens gehabt habe, die die Probe auf die Dauer und Unveränderlichkeit unserer Beziehung, wie ich fühlte, vollauf bestanden und bestätigt hat.

Lassen Sie mich nach Ihnen, nach Ihrer lieben

Gemahlin, nach den Kindern fragen? Ich wüßte so herzlich gern, daß Ihr Sommer am Meer da oben ein guter und froher war und daß Sie nun wieder in Ihrem stillen Heim, um einige Erinnerungen und Eindrücke und Zusammenhörigkeiten reicher, das Leben fortsetzen, dessen wohltuende einfache und tiefe Wirklichkeit ich einen Abend teilen und genießen durfte.

Ich war ja auch eine Zeitlang mit meiner lieben Frau (die jetzt sehr gegen Neigung in Berlin zu arbeiten und ihre Arbeit zu verwerten versucht) und unserer kleinen Tochter beisammen, – und dieser Teil meines Sommers war schön und voller Freude. Jetzt sind wir wieder ganz auseinandergestreut, jeder in der Einsamkeit, die die Umstände nötig machen und die (immer wieder muß ich mir's eingestehen) zu den dringenden Forderungen meiner sehr eifersüchtigen Arbeit gehört. – Capri ist mir nicht so sehr lieb mit seiner zu preisgekrönten Schönheit und der dummen deutschen Bewunderung, die hier so zudringlich gewirtschaftet hat. Aber ich habe Stille und hoffe zu arbeiten.

Gorki ist hier; ich gehöre nicht zu seinen Bewunderern (wo ist er, an Ihren großen Dichtern – an Dostojewski – gemessen!). Aber wenn er ein russischer Mensch wäre, möcht ich ihn wohl manchmal sehen; denn ich habe Durst, Hunger, mit einem Wort: Heimweh nach russischen Menschen. Но Богъ знаетъ кто онъ, Горкый; онъ живетъ богачемъ, капиталистомъ, соціялистомъ, великимъ художникомъ – но ест-ли он русскый человѣкъ? – Lieber Herr v. Benois, wenn Sie einmal etwas Neues herausbringen, darf ich's haben, wenigstens leihweise? Wie geht es mit Ihrem »золотоё руно«? Alles Herzliche und Liebe für Sie und die Ihren

von Ihrem warm ergebenen R. M. Rilke

Die schöne russische Ausstellung hab ich nun versäumt und werde sie auch in Berlin nicht sehen; ich bleibe den ganzen Winter hier. [Nachschrift auf S. 1 des Originals.]
(Когда Вы пишете, пишете по русскый, пожалуиста, я незабилъ все, много кажется, но я съ чуствомъ понимаю – [Nachschrift auf S. 4 des Originals.]

143. Sofja N. Schill an Rilke

Moskau, 25. März [7. April] 1911
Mariä Verkündigung

Sehr verehrter und werter Rainer Ossipowitsch!
Ich fürchte, Sie haben die russische Sprache schon vergessen und es wird Ihnen schwerfallen, den Brief Ihrer alten russischen Freundin zu lesen. Ich schreibe Ihnen, um Ihnen zu sagen, welch starken Eindruck Ihr neues Buch bei mir hinterlassen hat. Wenn Sie wüßten, wie sehr ich mich über das Erblühen Ihres Talentes freue – gerade so, als sei ich Ihre leibliche ältere Schwester. Ihr Buch spricht von Ihrer Seele – und das ist doch das Wertvollste, was der Mensch und Schriftsteller zu geben vermag. Ich hörte, Sie haben sich jetzt dem Kreis junger süddeutscher Schriftsteller angeschlossen. Mag sein, er ist Ihnen in der künstlerischen Stimmung näher als Berlin. Obwohl in Ihrem letzten Buch zum Beispiel Ihre Bindung an Jacobsen nicht zu bezweifeln ist.
Viel Wasser ist seit dem Tage, da wir uns beim letzten Abschied umarmten, den Fluß hinuntergeflossen. Wir haben eine heldenhafte Zeit des Kampfes durchlebt, und über mich pfiffen auf den stillen Moskauer Boulevards im Dezember 1905 die

Kugeln hinweg. Jetzt herrscht bei uns eine ganz ent-
gegengesetzte Stimmung, und wenn sie auch weniger turbulent ist, so wird sie vielleicht doch frucht-
barer sein. Der Samen der Zukunft muß, wie alles
Heilige, in der Stille reifen. Nun haben wir Tolstoi
begraben, und ich bin überzeugt, Sie haben im vergangenen Herbst oft an Jasnaja Poljana gedacht
und an Ihren Besuch.

Als ich im Sommer des Jahres 1905 in Schweden
war, stieß ich zufällig auf Ihre Spuren. Ich weilte
zusammen mit meiner schwedischen Freundin in
demselben alten, noch von den Dänen erbauten
Schloß bei der Stadt Lund zu Gast, wo Sie ein Jahr
zuvor waren.

Ich würde mich sehr freuen – besser gesagt – es
wäre für mich sehr wertvoll, wenn Sie auf meinen
Brief eingehen würden. Ich schicke Ihnen noch
einige meiner Bücher, vielleicht interessiert Sie
meine Übersetzung von Hofmannsthal.

Meine ständige Adresse ist: *Moskau*, Subowo,
3. Neopalimow-Gasse Nr. 2, Wohnung 6.

Ich drücke Ihnen fest die Hand und wünsche
Ihnen viel Glück.

Ihre Sofja (Nikolajewna) Schill

144.   Spiridon D. Droshshin an Lou Andreas-
        Salomé

Dorf Nisowka, 5. [18.] Januar 1912

Liebe und sehr verehrte Luisa Gustawowna!

Wie erfreute mich die Aufmerksamkeit, die Sie
mir und meiner Familie schenkten, als Sie während
Ihrer Reise durch Rußland mich in meinem kleinen
heimatlichen Wolgadorf Nisowka aufsuchten. Ich

denke immer wieder mit dem Gefühl tiefster Genugtuung daran, und schon oft wollte ich Ihnen schreiben, doch ich wußte nicht, wohin. Heute blätterte ich zufällig in meinem Gästebuch und entdeckte die von Ihnen eingetragene Adresse, und da entschloß ich mich, einen Brief an Sie zu richten, in der Überzeugung, daß Sie mein Schreiben erhalten und mir Antwort zukommen lassen werden. Sind Sie gesund, und wie lebt und fühlt sich Rainer Iossifowitsch Rilke; ich habe ihm nach Berlin geschrieben, doch der Brief wurde mir als nicht zustellbar zurückgeschickt. In den letzten Jahren erfreue ich mich in Rußland großer Popularität, und ich bin Mitglied zahlreicher literarischer Gesellschaften. Meine Gedichte erscheinen in großen Auflagen. Sie wurden mit dem Preis der Kaiserlichen Akademie der Wissenschaften geehrt. Fiedler hat viele von ihnen ins Deutsche übersetzt und im »Petersburger Herold« veröffentlicht. Ich bin 63 Jahre alt geworden, die Kaiserliche Akademie und die Kasse der gegenseitigen Hilfe der Schriftsteller haben mir eine Pension auf Lebenszeit zugesprochen. Schreiben Sie mir, wie Sie leben, was Sie schreiben und was es Neues auf dem Gebiet der deutschen Literatur gibt.

Wir grüßen Sie zum bevorstehenden neuen Jahr. Ich wünsche Ihnen Glück und Gesundheit. Haben Sie nicht vor, erneut Rußland zu besuchen, ich würde mich sehr freuen, Sie bei mir zu sehen.

Mit dem Gefühl höchster Achtung

S. Droshshin

Adresse: Rußland, Poststation *Nowinskaja, Gouvernement Moskau*, Dorf *Nisowka*. Spiridon Dmitrijewitsch Droshshin.

145. Spiridon D. Droshshin an Rilke

Nisowka, 30. Juli [12. August] 1913

Mein lieber Freund Rainer Iossifowitsch!

Ich schreibe Ihnen nach Leipzig an die Adresse
Ihres Verlegers, die ich von F. F. Fiedler erhielt.
Früher an Sie geschriebene Briefe kamen mit dem
Vermerk »nicht ermittelt« zurück. Dreizehn Jahre
sind vergangen, seit Sie bei mir waren, und ich
habe all diese Jahre an Sie gedacht und wollte
Ihnen schreiben und Ihnen meine neuen Bücher
schicken. Jetzt möchte ich Ihnen gern mein letztes
Buch zuschicken, das unlängst in Moskau unter dem
Titel »Lieder eines alten Ackerbauern« erschienen
ist. Doch ich kann mich nicht dazu entschließen,
bevor ich nicht von Ihnen einen Brief mit Ihrer genauen Adresse bekomme. Ich habe Erinnerungen
über Ihren Aufenthalt im Jahre 1900 bei mir zu
Hause und in Rußland geschrieben. Diese Erinnerungen werden im August oder September in der
Moskauer Zeitschrift »Putj« veröffentlicht. Ich will
mich bemühen, Ihnen einen Abdruck oder die Nummer der Zeitschrift zu schicken, in der sie erscheinen.

Die Moskauer literarische Bruderschaft will
im Dezember dieses Jahres mein vierzigjähriges
Literatur- und Dichterjubiläum feiern. Schreiben Sie mir von sich, mein Lieber. Ihre ehren-
volle Berühmtheit in Deutschland und bei uns
in Rußland freut mich sehr. Fiedler schrieb mir,
Sie seien zur Zeit gerade auf Reisen, aber ich
hoffe immerhin, daß mein Brief in Ihre Hände gelangt und ich mit Ihnen im Briefwechsel stehen
kann.

Ich habe auch Luisa Gustawowna an die Adresse
von Professor Andreas geschrieben, doch dieser

Brief kam ebenfalls zurück, mit dem Vermerk
»Adressat unbekannt«.

Grüßen Sie sie.

Ich wünsche Ihnen Gesundheit und Glück auf all
Ihren Wegen.

Ihr ergebener
Spiridon Droshshin

146.   Rilke an Jelena M. Woronina

Hôtel Foyot.
33, rue de Tournon.
Paris VIème
[Ende Januar 1925]

... wird nicht, frag ich mich, unter allen den Fü-
gungen der letzten Jahre, die mir Fortsetzung bedeuten in einer Welt des Unterbrochenseins . . .,
wird nicht diese Fügung mir vor allem lieb und tief
fortsetzend sein, diese ganz und gar wunderbare
Fügung (ich muß das Wort immer wieder wiederholen!), daß ich Sie nicht verloren habe, *Sie*, Hélène
Woronine. Wenn ich mein Leben je *daran* am meisten, am unträglichsten, erkannt habe, daß es keine
eigentlichen Verluste aufkommen läßt, sondern alles
Verlieren, oft über weite Strecken, in rhythmische
Wiederkehr verwandelt, so durfte ich mich unbeschreiblich bestätigt fühlen neulich, als Ihre Frau
Schwester Ihren Namen aussprach, der mir unter
die Namen der Sternbilder geraten war: wie gern,
wie seltsam ergriffen holt ich mir ihn zurück aus
den Himmeln der Erinnerung.

Und nun wollen Sie mir erlauben, Sie wiederzusehen, wiederzufinden! Si j'hésite de vous proposer
le jour, c'est que mes jours sont pleins d'obligations
et de devoirs et que je ne voudrais pas vous donner

une heure de fatigue entre deux rendez-vous, mais l'heure la plus calme, la plus reposée dont je dispose. Lundi et mardi sont comblés, mais j'espère pouvoir être chez vous mercredi prochain (le 4 février) un peu après cinq heures. Je vous enverrai encore un petit pneumatique mardi pour vous avertir si cela reste entendu, à moins que vous ne me disiez de choisir un autre jour. Je sors d'une solitude complète, mais ici, cette fois, le »monde« s'est emparé de moi, je ne m'appartiens pas; auprès de vous cependant je serai à vous de par ma joie et de toute la force de mon souvenir.

R. M. Rilke

147.   Rilke an Jelena M. Woronina

[Paris,] Hôtel Foyot. Rue de Tournon,
ce mercredi
[4. Februar 1925]

Chère Madame,
    heureux et ému à l'idée que je vais vous revoir aujourd' hui-même.. Je serai chez vous à cinq heures!

Rilke

[Übersetzung]

[Paris,] Hôtel Foyot. Rue de Tournon,
Mittwoch
[4. Februar 1925]

Liebe Madame,
    bin glücklich und bewegt bei dem Gedanken, daß ich Sie noch heute wiedersehen werde ... Ich bin um fünf bei Ihnen!

Rilke

148. Rilke an Jelena M. Woronina

Madame et chère Amie,
    rempli du plus sincère désir de donner une suite
à cette première heure passée chez vous et qui me
fit un bien doux et infiniment sensible, je dois, d'un
jour à l'autre, remettre le petit mot qui vous propo-
serai le jour de ma visite: hélas! Aux engagements
parisiens, déjà parisiens, déjà nombreux, s'ajoutent
à tout moment des amis qui, de passage à Paris,
réclament leur droit de me voir. De cette façon, j'ai
trois engagements pour aujourd'hui, deux pour de-
main et un programme déjà très serré pour mercredi. Que faire?! – Ne croyez pas que je vous oublie:
l'heure que je pourrai enfin vous donner me sera
d'autant plus douce après ce tourbillon déconcertant.
    Monsieur Kasitzine avait la bonté de passer au
Foyot l'autre jour: j'ai sincèrement regretté de
l'avoir manqué.
    Rappelez-moi auprès de lui et croyez, chère amie,
à mon très vivant souvenir, actualisé par le senti-
ment de votre présence.

                                                      Rilke

J'ai rouvert ceci pour ajouter un P.S.
    P.S. Pensez, chère Amie, quelle coïncidence: cette
lettre était déjà écrite et même fermée, lorsque votre
petit mot de tout-à-l'heure me fut apporté. Les quel-
ques lignes que vous venez de lire vous disent ma dis-
position d'âme et que rien ne serait plus loin de moi
que l'idée de m'éloigner intérieurement de vous
après vous avoir retrouvée. Seulement, je ne m'appartiens pas. J'espère cependant que cette semaine

ne passera point sans que je puisse m'annoncer
auprès de vous pour cette heure calme et amicale
dont j'ai grand besoin. Merci de l'avoir réclamée,
je vous écrirai un ou deux jours avant.

De tout mon ancien et nouveau dévouement

votre
Rilke

P.S. Je serai probablement à Paris pendant tout le
mois de *mars* encore!

[Übersetzung]

[Paris,] Hôtel Foyot. 33, rue de Tournon, VIème

Madame und liebe Freundin,

vom aufrichtigsten Wunsch erfüllt, diese erste bei
Ihnen verbrachte Stunde fortzusetzen, die mir auf
sanfte und unendlich empfindsame Weise wohl-
getan hat, muß ich das Brieflein, das Ihnen den
Tag meines Besuchs vorschlagen soll, einen Tag
um den andern aufschieben: leider! Zu den Pariser
Verpflichtungen, die ohnehin pariserisch, ohnehin
zahlreich sind, kommen alle Augenblicke Freunde,
die, auf der Durchreise in Paris, ihr Recht, mich zu
sehen, geltend machen. Auf diese Weise habe ich
drei Verabredungen für heute, zwei für morgen
und ein bereits sehr straffes Programm für Mittwoch. Was tun?! – Glauben Sie nicht, daß ich Sie
vergesse: die Stunde, die ich Ihnen endlich werde
widmen können, wird nach diesem verwirrenden
Wirbel um so süßer sein.

Monsieur Kasitzine war so freundlich, unlängst
im Foyot vorbeizuschauen: ich habe es aufrichtig
bedauert, ihn verfehlt zu haben.

Grüßen Sie ihn von mir und seien Sie, liebe

Freundin, meines lebhaftesten, vom Gefühl Ihrer Anwesenheit erneuerten Gedenkens versichert.

Rilke

Ich habe dieses Schreiben noch einmal geöffnet, um ein P.S. anzufügen.

P.S. Denken Sie, liebe Freundin, welches Zusammentreffen: dies war bereits geschrieben und sogar verschlossen, als mir Ihre Nachricht von soeben überbracht wurde. Die wenigen Zeilen, die Sie gerade gelesen haben, sagen Ihnen etwas über meine seelische Verfassung und daß mir nichts ferner läge als der Gedanke, mich innerlich von Ihnen zu entfernen, nachdem ich Sie wiedergefunden habe. Nur, ich gehöre mir nicht selbst. Ich hoffe indes, diese Woche wird nicht vorübergehen, ohne daß ich mich bei Ihnen ankündigen konnte zu dieser stillen, freundschaftlichen Stunde, deren ich so sehr bedarf. Danke, daß Sie es verlangt haben, ich werde Ihnen ein oder zwei Tage vorher schreiben.

Mit all meiner alten und neuen Ergebenheit

Ihr
Rilke

P.S. Ich werde wahrscheinlich noch den ganzen *März* in Paris sein!

149.   Leonid O. Pasternak an Rilke

ᴦBerlin, 8. XII. [19]25

Verehrtester und lieber Herr Rainer Maria Rilke!
Ist es wirklich kein Traum, daß ich noch, dessen Name (Leonid Ossipovitsch Pasternak – Moskau)

Sie sich wohl erinnern werden – mir die Freude gestatten kann, Sie, meinen lieben alten Correspondenten – jetzt die europäische Größe, umarmen und mit dem 50.⟨en⟩ Jubiläumstag herzlichst und beglückwünschen kann![1]

Und erinnern Sie sich, mein lieber Poet, noch der russischen Sprache, in der Sie mir schrieben? Wenn ja – so werde ich auf russisch fortfahren.

Erinnern Sie sich noch an das alte, bezaubernde – jetzt schon zu einer Legende, einem Märchen gewordene Moskau? ... An Tolstoi, sein Haus, an Jasnaja Poljana? Erinnern Sie sich auch noch der wunderbaren, warmen dunklen Nacht in Rom in jener Villa, die der Borghese benachbart war, und unserer Gespräche – unter den vielen – über das »Lied vom Heerzug Igors«? ... Erinnern Sie sich zufällig unserer letzten Begegnung im Gang des Schweizer Waggons, als unter uns die schäumenden Wellen eines reißenden Gebirgsbachs rauschten! Das war unsere letzte Begegnung ...

Seit dieser Zeit ist viel »Wasser dahingeflossen« und überall viel Unerhörtes in der Historie geschehen, für alle – doch besonders für uns ...

In den Jahren unserer Revolution, als wir von Europa und der Kulturwelt getrennt waren, inmitten der bedrückenden Bedingungen unseres russischen Lebens, haben wir – das heißt ich und meine Familie – Ihren Tod, über den Gerücht zu uns gelangte, aufrichtig beweint! ...

Nach dem russischen Aberglauben bedeutet das, daß Sie, mein lieber Jubilar, noch lange, lange leben! Und deshalb werden Sie die ganze Freude meines Herzens verstehen, wenn ich Ihnen hier – in Ihrer Nähe (auch wenn ich nicht genau weiß, wo Sie sind und wie Ihre Anschrift lautet) – meinen herzlichen Gruß übermitteln und Ihnen sagen kann: »Ein langes, langes Leben« dem berühmten Poeten!

366

Wenn Sie wüßten, wie meine Kinder jede Ihrer Strophen, jede Ihrer Zeilen lieben! Besonders mein ältester Sohn Boris – ein berühmt gewordener und in Rußland geachteter junger Poet – ist Ihr glühendster Anbeter, Ihr ernsthaftester und aufrichtigster Verehrer – wohl auch Ihr Schüler und einer der ersten, der Ihr Schaffen propagierte, als man Sie in Rußland noch nicht kannte.

Wie haben wir gejubelt, als wir, im Ausland angelangt, erfuhren, daß Sie Gott sei Dank leben, gesund sind und sich auf der Höhe Ihrer Schaffenskraft befinden.

Wo leben Sie jetzt, wie fühlt sich Ihre Gattin? Als es ab 1921 möglich wurde, legal ins Ausland zu reisen, siedelte ich mit der Frau und den Töchtern nach Berlin über, wo die Töchter ihre Universitätsausbildung abschließen. Und ich arbeite hier, vor allem male ich Porträts*. Meine beiden Söhne sind in Moskau geblieben. Sollten Sie irgendwann einmal in Berlin sein, so informieren Sie mich um Himmels willen, ich würde sehr gern – solange ich noch am Leben bin – Ihr Porträt malen.

Noch einmal – ein langes Leben, und gebe Ihnen Gott noch weiteren Ruhm! Meinen innigsten Gruß an Ihre liebe Gattin und auch ihr – meine herzlichsten Glückwünsche. Ihnen alles, alles Gute!

Ihr Sie liebender L. Pasternak

⌐Berlin. Bayreutherstrasse 17⌐

P. S. Da ich Ihre Anschrift nicht kenne – schicke ich den Brief an den ⌐Insel-Verlag⌐, mit der Bitte, ihn an Sie weiterzuleiten.

* Unter anderem habe ich im vergangenen Jahr in der hiesigen ⌐»Secession«⌐ das Porträt [Profess. Einstein']s ausgestellt.

150.   Rilke an Leonid O. Pasternak

Val-Mont par Glion s[ur] Territet (Vaud)
Suisse
am 14. März 1926

Дорогой мой Леонидъ Оссиповичь Пастернак!

Нѣтъ, я не могу вамъ писать по русски, но
я читалъ Ваше писмо ... und selbst wenn ich
nicht mehr Russisch lesen könnte (ich kann es noch
recht gut, komme nur leider selten dazu ...), aber
selbst wenn ich's nicht mehr könnte, die Freude
und die große Überraschung, Sie, lieber werter
Freund, zu lesen, hätte mir, für einen Augenblick,
alle Kenntnis zurückgegeben: *diesen* guten Brief
würde ich unter allen Umständen, und in allen
Sprachen, verstanden haben. Und nun will ich
gleich versichern, wie die *Ihre* und alles, was das
alte Rußland betrifft (die unvergeßliche heimliche
»сказка«), und wie alles, woran Sie mich in Ihrem
Schreiben erinnern, mir nah, lieb und heilig geblieben ist, für immer eingelassen in die Grundmauern
meines Lebens! Ja, wir haben alle viel Veränderung über uns ergehen lassen müssen, Ihr Land vor
allem: aber wenn *wir* es auch nicht mehr in seiner
Auferstehung erleben werden, das tiefe, das eigentliche, das immer überlebende Rußland ist nur in die
heimliche Wurzel-Schicht zurückgefallen, wie früher einst unter der Татарщина; wer dürfte zweifeln, daß es *da* ist und sich in seinem Dunkel, unsichtbar für seine eigenen Kinder, langsam, mit seiner heiligen Langsamkeit, zu einer vielleicht noch
fernen Zukunft zusammennimmt?! Ihr eigenes Exil,
das Exil von so vielen ihm Getreuesten, nährt diese
gewissermaßen unterirdische Vorbereitung: denn
wie das eigentliche Rußland unter die Erde, in die
Erde sich verborgen hat, so sind Sie alle ja nur

fortgegangen, um seiner augenblicklichen Verborgenheit treu zu bleiben; wie stark, mit wieviel Rührung habe ich das, lieber Леонидъ Оссиповичь Пастернак, voriges Jahr in Paris gefühlt: ich habe dort alte russische Freunde wiedergesehen und neue gefunden, und der junge Ruhm Ihres Sohnes Boris hat mich von mehr als einer Seite her angerührt. Auch war es, dem Datum nach, das letzte, was ich dort zu lesen versuchte, Gedichte von ihm, sehr *schöne* (in einer kleinen Anthologie von Илья Эренбургъ, die ich dann leider an die russische Tänzerin Мила Сируль verschenkt habe; leider: weil ich sie manchmal seither hätte wiederlesen wollen). Nun rührt es mich, zu wissen, daß nicht allein *er*, Boris, der schon erkannte Dichter einer neuen Generation, nicht aufgehört hat, von mir zu wissen und mit meinen Arbeiten Umgang zu haben, sondern daß auch für alle Ihrigen meine Existenz ein Gegenstand des Herzens und der Teilnehmung geblieben ist, daß Sie, lieber Freund, Ihre Erinnerung und Zuneigung zu mir in den Ihrigen haben gedeihen und aufwachsen lassen, ein mir lieb gebliebenes Gut auf diese Weise unendlich vermehrend.

Sie in verhältnismäßiger Normalität lebend und arbeitend zu wissen, umgeben von einem Teil Ihrer Familie, ist mir ein gutes, frohes Bewußtsein! Und sosehr ich gegen das Porträtiertwerden eingenommen bin, wenn es die räumliche Nähe zuläßt und wir uns wiedersehen, so werde ich stolz sein, in der Reihe Ihrer Modelle einen bescheidenen Platz einzunehmen. Aber es ist viel wahrscheinlicher, daß Sie Clara Rilke sehen, die immer in Deutschland wohnt (in der Nähe von Bremen) oder bei unserer Tochter, die in Sachsen auf einem Gute verheiratet ist und mich selber, schon vor etwas mehr als zwei Jahren, durch die Ankunft einer Enkelin zum Großvater gemacht hat!

Sie wissen, daß vor dem Krieg Paris, mehr und mehr, mein ständiger Wohnsitz war; als das Unheil des langen Krieges, 1914, begann, war ich zufällig zu Besuch in München, dort hab ich die fürchterlich langen und fast tödlichen Jahre abgewartet. 1919 übersiedelte ich nach der Schweiz, wo ich nun in dem herrlichen, landschaftlich an Spanien und die Provence erinnernden Canton du Valais (Wallis) überhalb Sierre ein altes Schlößchen – des XIII. Jahrhunderts – bewohne, in vollkommenster Einsamkeit mit meiner Arbeit und den Rosen meines kleinen Gartens beschäftigt. Ab und zu gehe ich von dort für einige Monate nach Paris oder Italien, wenn die übergroße Einsamkeit meines Wohnsitzes, der ich so viel verdanke, droht überlebensgroß zu werden und zur Drohung umzuschlagen. Augenblicklich bin ich nicht zu Hause, sondern, seit Dezember, in diesem Sanatorium von Val-Mont überhalb Territet, wegen gewisser Übelstände meiner sonst immer recht verläßlich gewesenen Gesundheit. Daher meine späte Antwort. (Ich schreibe von hier fast keine Briefe.) Nun aber hoff ich, Sie vergessen über diesen Seiten meine Verspätung und verzeihen sie. Empfehlen Sie mich zu Herzen allen Ihren, und seien Sie mir herzlich und dankbar umarmt.

Вашъ Rilke

Gerade, in ihrer Winternummer, hat die sehr schöne große Pariser Zeitschrift »Commerce«, die Paul Valéry, der große Dichter, herausgibt, sehr eindrucksvolle Gedichte von Boris Pasternak gebracht, in einer französischen Version von Hélène Iswolsky (die ich auch in Paris gesehen habe).

151.   Boris L. Pasternak an Rilke

Moskau, 12. April 1926

Großer, geliebtester Dichter!
Ich weiß nicht, wo dieser Brief endete und wodurch er sich vom Leben unterschiede, gäbe ich
den Gefühlen der Liebe, Bewunderung und Er-
kenntlichkeit, die zwei Jahrzehnte zählen, volle
Sprache.
Ich bin Ihnen mit dem Grundzuge des Charakters, mit der Art meines Geistesdaseins verpflichtet.
Das sind Ihre Schöpfungen. Ich habe Worte für sie,
die man für ferne Geschehnisse hat, die nachher als
Quellen des Geschehens betrachtet werden, das von
dorther zu gehen scheint. Die stürmische Freude,
Ihnen einmal Dichtergeständnisse machen zu dürfen, ist nicht gewöhnlicher bei mir, als wie ich sie
Aischylos oder Puschkin gegenüber fühlte, wäre
der Fall denkbar. Das Gefühl der Schicksalspan-
nung, der Unglaublichkeit, der überwundenen Unmöglichkeit, das mich durchdringt, indem ich Ihnen
schreibe, ist dem Ausdrucke nicht erreichbar. Der
Zauberzufall, daß ich Ihnen unter Augen fiel,
wirkte auf mich erschütternd. Die Nachricht darüber war für mich wie ein elektrischer Seelenkurz-
schluß. Ich war allein im Zimmer, alle Meinen
waren weg, als ich die Zeilen darüber im Briefe
von L. O. las. Ich eilte zum Fenster. Es schneite,
Leute gingen. Ich vernahm nichts umher, ich
weinte. Dann kam der Sohn mit der Wärterin, später noch die Frau. Ich schwieg – stundenlang nachher war ich nicht imstande zu reden.
Bisher war ich Ihnen einen grenzenlosen Dank
schuldig für die breiten, dauernden und bodenlosen
Wohltaten Ihrer Dichtung. Jetzt danke ich Ihnen
für die plötzliche und gesammelte Wohltat, die in

mein Schicksal eingriff und in diesem merkwürdigen Zufall sich zeigt. Dies näher zu erläutern hieße, Ihre Aufmerksamkeit in Anspruch zu nehmen, was ich nie wagen will, bis Sie es mir nicht bewilligen. Das hieße auch, eine Reihe tragischer Dinge der Geschichte zu begreifen und erzählen zu können, was wahrscheinlich meine Kräfte übersteigt.

Eins aber lehrt schon unsere hiesige Lebenserfahrung jeden, der lernen will: daß das Große, wenn es *handelnd* auftritt, am widerspruchsvollsten ist. Daß es, in seiner Wirklichkeit, seiner Größe nach, auch *klein* ist, seiner Aktivität nach *träge*. Eine solche ist unsere Revolution, schon in ihrem Erscheinen ein Widerspruch: ein Bruchstück der gleitenden Zeit in der Form einer unbeweglichen, fruchtbaren Sehenswürdigkeit. Solcherlei sind auch unsere Geschicke, *unbewegliche* zeitliche *Untertane* der finsteren und erhabenen geschichtlichen Rarität, auch im Kleinsten, auch im Lächerlichen tragische. Aber wovon rede ich! Was die Dichtung und den Dichter betrifft, das heißt die besondere Brechung des allgemeinen europäischen Intimitätslichts, der unzähligen zusammenfließenden Geschicksgeheimnisse der Zeitgenossen – was die Dichtung betrifft, so steht es mit ihr wie zuvor. Wie ewig, so auch *hier* und jetzt hängt alles von der Güte des Zufalls ab, der, tief und zu rechter Zeit empfunden, eben die fehlende Brechung gibt. Dann wird alles einfach, dumm, ungeschichtlich und zeitergründend, frei und fatal. Dann wird man von neuem Dichter, nachdem man acht Jahre dieses erschöpfende Glück vermißte. So geschah es mir in diesen letzten Tagen. Vordem war ich tief unglücklich und so gut wie tot, während dieser langen acht Jahre; obwohl ich die erhabene Tragik der Revolution nie, auch im tiefsten Verdrusse, vergaß. Ich konnte gar nicht schreiben, ich lebte aus Inerz. Alles war in den Jahren 1917–1918 bereits geschrieben.

Und jetzt bin ich wie wiedergeboren. Das brachte[n] zwei Zufälle. Über den ersten sprach ich schon. Der macht mich stumm vor Dankbarkeit: wieviel ich davon ⟨nicht⟩ [auch] schriebe, es ist nichts gegen das Gefühl. Erlauben Sie mir, daß ich auch über den anderen spreche, um so mehr, daß ich diese Tatsachen als miteinander verwandte erlebte und daß es eine Dichterin betrifft, die Sie nicht weniger und *nicht anders* liebt als ich und (wie eng oder wie weit man das ⟨nicht⟩ [auch] verstehen wollte) ebenso wie ich selbst als ein Teil Ihrer eigenen Dichter-Geschichte, – Dispansion und Wirkung – betrachtet werden kann. Denselben Tag, wie die Nachricht über Sie, erhielt ich auf den hiesigen Seitenwegen ein Poem, so wahr und echt geschrieben, wie hier in USSR jetzt keiner von uns schreiben wird. Das war die zweite Erschütterung des Tages. Die Dichterin ist Марина Ивановна Цветаева, eine Dichterin von Geburt, ein großes Talent vom Schlage einer Desbordes-Valmore. Sie lebt in der Emigration in Paris. Ich möchte, o bitte bitte verzeihen Sie mir die Kühnheit und die scheinbare Zudringlichkeit, ich möchte, ich dürfte wünschen, daß sie für ihren Teil etwas der Freude Ähnliches erlebte, die sich über mich dank Ihnen ergoß. Ich stellte mir vor, was für sie ein Buch von Ihnen, vielleicht die »Duineser Elegien«, deren Name ich nur vom Hörensagen kenne, mit Ihrer Aufschrift, wäre. O verzeihen Sie bitte mich! Aber in dem gebrochenen Lichte der tiefen, weiten Zufälligkeit, der Blindheit dieses freudigen Zustands darf ich wähnen, daß die Brechung eine Wahrheit ist, daß meine Bitte erfüllbar und irgendwie brauchbar ist. Für wen, wofür? Das könnte ich nicht sagen. Vielleicht für den Dichter, der in der Dichtung enthalten ist und durch die Zeiten verschiedene Namen führt. Sie heißt Марина Ивановна Цветаева und lebt in Paris; 19me arr., 8, rue Rouvet.

Erlauben Sie mir, die Erfüllung der Bitte um die Zwetajewa als eine Antwort von Ihnen zu betrachten, als Zeichen dessen, daß ich Ihnen künftighin schreiben darf. Von einer direkten will ich nicht träumen. Ohnedies nahm ich Ihnen schon viel Zeit durch diesen langwierigen Brief, der gewiß von Fehlern und Absurditäten wimmelt. Als ich anfing, dachte ich, daß es ein richtiger »hommage« sein wird. Die Offenbarung, die Sie für mich sind und ewig bleiben, stand vor mir, zum unzähligsten Male, plötzlich auf. Ich vergaß, daß solcherlei Gefühle, die auf Jahre, Lebensalter, verschiedene Orte und Situationen verbreitet sind, sich nie einer plötzlichen Sammlung in einem Briefe (!) unterwerfen. Gott sei Dank, daß ich es vergaß. Ich schriebe auch diese ohnmächtigen Zeilen nicht. Liegen doch Bogen beschrieben, die ich ihrer Weitschweifigkeit und Unbescheidenheit halber nie Ihnen zukommen lassen wage, liegen doch auch zwei Gedichthefte, die ich im ersten Augenblick instinktiv Ihnen zusenden wollte, als fühlbare Klumpen Siegelerde für den Brief, und liegenlasse, aus Furcht, es käme Ihnen einmal der Gedanke, die Siegelerde zu lesen. Aber alles wird überflüssig, indem ich das erste und letzte sage. Ich liebe Sie, wie die Dichtung geliebt werden will und soll, wie die Kultur im Gange ihre eigenen Höhen feiert, bewundert und erlebt. Ich liebe Sie und kann stolz darauf sein, daß ich Sie durch diese Liebe nicht erniedrige, weder ich noch meine größte und wahrscheinlich einzige Freundin, die ich schon nannte. Wollten Sie auch mich durch Ihr Autograph beglücken, so möchte ich Sie bitten, dieselbe Zwetajewsche Adresse zu benutzen. Man kann nicht sicher sein über Postsendungen aus der Schweiz.

Ihr Борис Пастернак

152. Leonid O. Pasternak an Rilke

⌐Berlin⌐. 30. Apr[il] [19]26
⌐Bayreutherstrasse 17⌐

Mein lieber, berühmter Poet!

Sie können sich gewiß lebhaft vorstellen, welche Begeisterung, welche außergewöhnliche Freude mir und allen meinen Lieben Ihr bezaubernder und herzergreifender Brief bereitet hat! Weil er unerwartet kam, war der Eindruck noch stärker. Ich gebe zu, ich rechnete schon nicht mehr damit, von Ihnen eine Antwort zu erhalten. Und plötzlich – kam der Brief! Hurra! Gott sei Dank, sei Dank – er lebt, unser lieber Poet lebt! Er lebt – und ist nach wie vor *derselbe* – der außergewöhnliche Rilke!! Die Freude über den Brief ergriff uns in der ⌐Bayreutherstrasse⌐ (mich, die Frau und die jüngere Tochter); diese Freude übertrug sich auf meine ältere Tochter in München, wohin der Brief geeilt war; diese Freude entfachte schließlich ein ganzes Feuerwerk aufgewühlter Gefühle in Moskau*, deren deutliche Spuren Sie im Brief meines Sohnes Boris an Sie finden werden, den ich hier beifüge!! Dadurch, das heißt durch das viele Hin- und Hersenden, erklärt sich teilweise auch die gewisse Verspätung meiner Reaktion auf Ihren Brief – wofür ich ebenfalls um Verzeihung bitte.

* Nach Moskau schickte ich dem Sohn nicht das Original des Briefes, sondern nur eine auszugsweise Abschrift, weil ich befürchtete, die Zensur könnte ihn nicht zustellen oder vernichten.

Ich danke Ihnen, mein Lieber, für die uns allen bereitete unendliche Freude, für Ihre herzliche, ergreifende Anteilnahme, für Ihre guten Gefühle! Ist es wirklich wahr, daß Sie auch schon Großvater sind?! ... ⌜Sed fugit fugit interea⌝ das unerbittliche ⌜tempus⌝!! ... Wie gern hätte ich, wie man so sagt, wenigstens einen Blick auf Sie als Einsiedler in Ihrer poetischen Umgebung geworfen – hätte ich Sie nach so vielen Jahren, so schweren Jahren erkannt?! Ja, bestimmt! Doch auf den beiden Porträts, die mir vor kurzem wie absichtlich unter die Augen kamen, ist es recht schwierig, Sie zu erkennen ... und jetzt verstehe ich Sie vollends und teile völlig Ihre Abneigung gegen das »Porträtiertwerden« ...

Das eine Porträt sah ich dieser Tage in der Zeitschrift ⌜»Querschnitt«⌝, an den Maler erinnere ich mich nicht mehr – da gibt es, wie mir scheint, bestimmte Ähnlichkeiten mit Ihnen; auf dem anderen hingegen – von der Hand der recht bekannten (und wohl talentierten) Künstlerin Paula Modersohn – vermochte ich gar nichts zu entdecken, was an Sie, selbst im entferntesten, hätte erinnern können! ... Ist denn so eine Veränderung möglich? – Natürlich ist das ein Mißverständnis oder ein Irrtum in der Bildbezeichnung, das kann sein ... Doch lassen wir das.

Wie freute ich mich, als ich las, daß Sie inmitten der Natur leben, in Einsamkeit. Unendlich froh bin ich, daß das Schicksal Ihnen eine für den Künstler seltene Gunst auf Erden zukommen ließ, ⌜die gesegnete ungestörte Einsamkeit⌝, wo Sie sich Ihrer geliebten Arbeit hingeben können inmitten Ihrer geliebten Rosen, die nichts verlangen, aber selber ewig unvergleichliche Schönheit und Bezauberung verströmen! Ich will hoffen, daß es Ihnen gelungen ist, Ihre Gesundheit wiederherzustellen. Vielleicht – gebe es Gott – werden wir uns plötzlich in Paris

treffen, wohin ich schon seit drei Jahren reisen will.
Vielleicht wird es, wenn es glückt, zu Beginn des
kommenden Juni sein.

⌐Es tut mir so herzlich leid, daß ich nicht so frei
und geläufig deutsch Ihnen schreiben kann und muß
Sie mit dem Russischen bemühen – bitte viele, viele
Male um Verzeihung! Mein Sohn Boris bat mich,
Ihnen seinen Brief übersenden, da ihm Ihre Adresse
unbekannt ist.

Ich umarme Sie, lieber herzlichster Freund,
danke unendlich und sende die besten Wünsche
von uns allen!

Ihr⌐ Leonid Pasternak

153.   Rilke an Marina I. Zwetajewa

Actuellement: Val-Mont par *Glion*
ˢ/Territet (Vaud) Suisse,
am 3. May 1926

Liebe Dichterin,
   ich erhalte in *dieser* Stunde einen mich unendlich
ergreifenden, von Freude, vom strömendsten Gefühl übergehenden Brief von Boris Pasternak. Alles,
was sein Schreiben an Bewegtheit und Dankbarkeit
in mir aufregt, soll, so verstehe ich aus seinen Zeilen, zunächst zu *Ihnen* gehen und über Sie, durch
Ihre Vermittelung, weiter zu ihm! Die beiden Bücher (meine zuletzt erschienenen), die diesem Briefe
folgen, *sind für Sie, sind Ihr Eigentum.* Zwei weitere Exemplare folgen, sowie ich welche habe: diese
späteren sollten dann an Борисъ Пастернакъ wei-
tergehen, wenn die Zensur das zuläßt. Ich bin so
erschüttert durch die Fülle und Stärke seiner Zu-

wendung, daß ich mehr heute nicht sagen kann: aber das beiliegende Blatt schicken Sie dem Freunde von mir nach Moskau zu! Als einen Gruß. Muß ich erzählen? Sie wissen, daß ich Boris' Vater, Leonid O. P., von Moskau her (über 26 Jahre!) zu meinen getreuen Freunden rechnen darf. Nach langer, langer Unterbrechung hat mich in diesem Winter (zu Anfang des Winters) ein seiniger Brief, von Berlin her, gefunden, – und ich habe mit der ganzen Freude, die dieses Einander-Wiederfinden mir bereitet hat, geantwortet. Aber es hätte nicht der Nachricht von Леонидъ Оссиповичъ bedurft, um mir mitzuteilen, daß sein Sohn ein namhafter und starker Dichter geworden war: davon hatten mir Freunde schon (voriges Jahr in Paris) Proben vorgelegt gehabt, die ich mit Rührung und Ergriffenheit gelesen habe (denn ich lese noch Russisch, wenngleich immer erst nach einiger Einfindung und Übung; Briefe immerhin noch leicht!). Ein Aufenthalt in Paris, im vorigen Jahr, durch fast *acht* Monate, hat mich mit russischen Freunden, die ich fünfundzwanzig Jahre nicht gesehen hatte, wieder in Umgang gebracht. Aber warum, so muß ich mich jetzt fragen, – warum ist es mir nicht vergönnt gewesen, *Ihnen* zu begegnen, Марина Ивановна Цвѣтаева? Nach Boris Pasternaks Brief muß ich glauben, daß uns beiden eine solche Begegnung zur tiefsten innersten Freude ausgefallen wäre. Wird sich das jemals nachholen lassen?!

Rainer Maria Rilke

P.S.: Französisch ist mir *ebenso* vertraut wie Deutsch; ich merke das an für den Fall, daß Ihnen diese Sprache, neben der Ihrigen, geläufiger sein sollte.

154. Rilke an Boris L. Pasternak

Val-Mont par *Glion* (Vaud)
[3. Mai 1926]

Mein lieber Boris Pasternak,

Ihr Wunsch ist in derselben Stunde, da Ihr unmittelbarer Brief mich, wie ein Wehen von Flügelschlägen, umgeben hatte, erfüllt worden: die »Elegien« und die »Sonette an Orpheus« sind schon in
den Händen der Dichterin! Dieselben Bücher kommen dann nächstens, in anderen Exemplaren, auch
zu Ihnen. *Wie* soll ich Ihnen danken, daß Sie mich
haben sehen und fühlen lassen, was Sie in sich so
wunderbar vermehrt haben. Daß Sie mir so großen
Ertrag Ihres Gemüts zuwenden können, ist ein
Ruhm Ihres fruchtbaren Herzens. Möge aller Segen
über Ihrem Wesen sein! Ich umarme Sie.

Ihr
Rainer Maria Rilke

155. Marina I. Zwetajewa an Rilke

St. Gilles-sur-Vie, am 9. May 1926

Rainer Maria Rilke!

Darf ich Sie so anrufen? Sie, die verkörperte
Dichtung, müssen doch wissen, daß Ihr Name
allein – ein Gedicht ist. Rainer Maria, das klingt
kirchlich – und kindlich – und ritterlich. Ihr Name
reimt nicht mit der Zeit – kommt von früher
oder von später – von je*her*. Ihr Name hat es gewollt, und Sie haben den Namen gewählt. (Unsere Namen wählen wir selbst, was kommt – das
folgt.)

Ihre Taufe war der Prolog zum ganzen Ihnen, und der Priester, der Sie taufte, wußte wahrlich nicht, was er tat.

————

Sie sind nicht mein liebster Dichter (»liebster« – Stufe), Sie sind eine Naturerscheinung, die nicht mein sein kann und die man nicht liebt, sondern besteht, oder (noch zu wenig!) das verkörperte fünfte Element: die Dichtung selbst, oder (noch zu wenig) das, woraus die Dichtung entsteht, und das größer ist als sie (Sie).

Es handelt sich nicht um den Mensch-Rilke (Mensch: das, wozu wir gezwungen sind!), um den Geist-Rilke, der noch größer ist als der Dichter und der eigentlich für mich Rilke heißt – Rilke von übermorgen.

Sie müssen sich $\begin{rcases} \text{aus} \\ \text{mit} \end{rcases}$ meinen Augen sehen: Ihre Größe durch ihre Größe, wenn ich Sie ansehe: Ihre Größe – durch die ganze Ferne.

Was nach Ihnen ein Dichter noch tun kann? Einen Meister (wie Goethe z. B.) überwindet man, aber Sie überwinden – heißt (würde heißen) die Dichtung überwinden. Ein Dichter ist der, der das Leben überwindet (überwinden soll).

Sie sind eine unmögliche Aufgabe für künftige Dichter. Der Dichter, der nach Ihnen kommt, muß *Sie* sein, d. h., Sie müssen noch einmal geboren werden.

Sie geben den Worten ihren *ersten* Sinn und den Dingen – ihre *ersten* Worte (Werte). Z. B. wenn Sie großartig sagen, sagen Sie von *großer Art*, so wie es gemeint war bei der Entstehung. (Jetzt ist »großartig« nur so ein hohles Ausrufungszeichen.)

Russisch hätte ich Ihnen das alles klarer gesagt, aber ich will Ihnen nicht die Mühe geben, sich hineinzulesen, ich will lieber die Mühe nehmen, mich hineinzuschreiben.

———

Das erste, was mich in Ihrem Brief auf den höchsten Turm der Freude *warf* (nicht – hob, nicht – stellte), war das Wort May, dem Sie mit dem y den alten Adel wiedergaben. Ma*i* mit i – so was vom ersten Mai, nicht dem Arbeiter-Fest, das noch einst schön wird (werden kann) – dem zahmen Bourgeoisie-Mai von Verlobten und (nicht zu arg) Verliebten.

———

Einige kurze biographischen (nur notwendige) Notizen: aus der russischen Revolution (nicht dem revolutionären Rußland, die Revolution ist ein Land mit seinen eigenen – und ewigen – Gesetzen!) ging ich – durch Berlin – nach Prag, Ihre Bücher mit. In Prag las ich zum erstenmal die »Frühen Gedichte«. So gewann ich Prag lieb – am ersten Tag – wegen Ihres Studententums.

In Prag blieb ich von 1922–1925, drei Jahre, in November 1925 ging ich nach Paris. Waren Sie noch da?

Im Fall Sie da waren:

Warum ich nicht zu Ihnen kam? Weil Sie mein Liebstes sind – in der ganzen Welt. Ganz einfach. Und – weil Sie mich nicht kennen. Aus leidendem Stolz, aus Ehrfurcht vor dem Zufall (Schicksal, eins). Aus – Feigheit, vielleicht, um nicht Ihren fremden Blick bestehen zu müssen – auf der Türschwelle Ihres Zimmers. (Nicht fremd konnten Sie mich doch nicht ansehn! Und wenn auch – der Blick wäre ja für jedermann, da Sie mich nicht kannten! – das heißt: *doch* fremd!)

Noch eins: Sie werden mich immer als Russin fühlen, ich – Sie – als rein-menschliche (göttliche) Erscheinung. Das ist die Schwierigkeit von unserer

zu sehr individuellen Nationalität – daß alles, was
in uns *ich* ist, bei den Europäern – Russe heißt.

(Derselbe Fall, bei uns, mit Chinesen, Japanern,
Negern – sehr *weiten* oder sehr *wilden*.)

———

Rainer Maria, es ist nichts verloren, im nächsten
(1927) Jahre kommt Boris, und wir besuchen Sie –
wo Sie auch nur sein mögen. Den Boris kenn ich
sehr wenig und liebe ihn, wie man nur Nie-gesehene
(schon gewesene oder noch kommende: *nach*-kom-
mende) Nie-gesehene oder Nie-gewesene liebt. Er
ist nicht so jung – 33, glaub ich, doch knabenhaft.
Seinem Vater gleicht er nicht mit der mindesten
Augenwimper (das Beste, was ein Sohn tun kann).
Ich glaub nur an Muttersöhne. Sie sind auch ein
Muttersohn. Ein *Mann* nach der *weiblichen* Linie –
darum so *reich*. (Zwiefaltigkeit.)

Der erste Dichter Rußlands ist er. Das weiß ich –
und noch einige, die anderen warten, bis er tot ist.

———

Ihre Bücher erwarte ich wie ein Gewitter, das –
ob ich will oder nicht – kommen wird. Fast wie eine
Operation des Herzens (keine Metaphore! jedes
Gedicht ((Deines)) schneidet ins Herz und schnitzt
es nach *seinem* Wissen – ob ich will oder nicht).
Nichts wollen!

Weißt Du, warum ich Dir Du sage und Dich
liebe und – – und – – und – – weil Du eine *Kraft*
bist. Das seltenste.

———

Antworten brauchst Du mir nicht, ich weiß, was
Zeit ist, und weiß, was ein Gedicht ist. Ich weiß
auch, was ein *Brief* ist. Also.

———

Im Vaud war ich als 10jähriges Mädchen (1903)
in Lausanne und weiß noch viel von dieser Zeit. Im
Pensionat war eine erwachsene Negerin, die Fran-

zösisch lernen sollte. Sie lernte nichts und fraß
Veilchen. Das ist meine grellste Erinnerung. Die
blauen Lippen – Negerlippen sind *nicht* rot – und
die blauen Veilchen. Der blaue Genfersee kommt
nur nachher.

―――

Was ich von Dir will, Rainer? Nichts. Alles.
Daß Du mir es gönnst, jeden Augenblick meines
Lebens zu Dir aufblicken – wie auf einen Berg, der
mich schützt (so ein steinerner Schutzengel!). Bis
ich Dich nicht kannte, ging's, jetzt, da ich Dich
kenne – bedarf es einer Erlaubnis.
Denn meine *Seele* ist gut erzogen.

―――

Aber schreiben will ich Dir – ob Du willst oder
nicht. Über *Dein* Rußland (Zarenkreis und anderes). Über vieles.
Deine russische Buchstaben. *Die Rührung.* Ich,
die wie ein Indianer (oder Indier?) nie weine, ich
hätte fast – –

―――

Ich las Deinen Brief am Ozean, der Ozean las
mit, wir lasen beide. Ob Dich so ein Mitleser nicht
stört? Andere wird es nicht geben – ich bin viel zu
eifersüchtig (*in Dir* – eifrig).

―――

Da meine Bücher – lesen brauchst Du sie nicht –,
leg sie auf Deinen Arbeitstisch und glaub mir aufs
Wort, daß sie vor mir nicht da waren (damit ist die
Welt gemeint, nicht der Tisch!).

―――

10. May 1926
Wissen Sie, wie ich heute (am 10.) Ihre Bücher
erhielt? Die Kinder schliefen noch (7 morgens), ich
stand plötzlich auf und lief zur Türe. Im *selben*
Augenblick – ich hatte schon die Hand auf der

Türklinke – pochte der Briefträger – mir gerad in die Hand.

Ich hatte nur meine Türgeste zu enden und mit derselben, noch pochenden Hand die Bücher – empfangen.

Ich habe sie noch nicht aufgemacht, denn dann geht der Brief heute nicht ab – und er muß fliegen.

_____

Als meine Tochter (Ariadne) noch ganz klein war – zwei, drei Jahre etwa –, fragte sie mich oft vor dem Schlafengehen: »А ты будешь читать Рейнеке?«

Reinecke – so klang bei ihr, in ihrem Kinder-schnell-Gehör – Rainer Maria Rilke. Kinder haben keinen Sinn für Pausen.

_____

Über die Vandée will ich Dir schreiben, meine heroische französische Heimat. (In jedem Land und Jahrhundert mindestens eine – nicht?) Ich bin hier dem *Namen* wegen. Wenn man wie ich weder Geld noch Zeit hat, wählt man das Notwendigste: Unentbehrliche.

_____

Die Schweiz läßt keine Russen hinein. Aber die Berge sollen sich rücken (oder spalten!) – daß der Boris und ich zu Dir kommen!

Ich glaube an Berge. (Die Zeile, in meiner Um-änderung – die schließlich keine ist – denn Berge und Nächte *reimen* – erkennst Du doch?)

Marina Zwetaewa

[Nachschrift]
Ihr Brief für Boris geht noch heute ab – einge-schrieben und allen Göttern befohlen. Rußland ist für mich noch immer so eine Art Jenseits.

Val-Mont par *Glion*
s/Territet (Vaud) Suisse,
am 10. May 1926

Marina Zwetaewa,
sind Sie nicht doch eben hier gewesen? Oder *wo*
war *ich?* Es ist immer noch zehnter May – und seltsam, Marina, Марина, *dieses* Datum schrieben Sie
(vorausgeworfen in der Zeit, vorausgeworfen in
den zeitlosen Augenblick, da ich Sie lesen sollte!)
über die Schlußzeilen Ihres Briefes! Am Zehnten
meinten Sie meine Bücher, im Umwenden der Tür
(wie man in einem Buche umblättert), in Empfang
zu nehmen...; am gleichen Zehnten, heute, im
ewigen Heut des Geistes, heut, Marina, empfing
ich Dich in meinem Gemüt, in meinem ganzen Bewußtsein, das erbebt von Dir, von Deinem Kommen, als wär Dein großer Mit-Leser, der Ozean,
mit Dir, Herzflut, über mich hereingebrochen. *Was*
Dir sagen? Du hast mir die Hände, gebend ab-
wechselnd und wieder gefaltet, hast mir Deine
Hände, Marina, ins Herz gehalten, wie ins Becken
eines fließenden Brunnens: nun geht zu Dir, solang
Du sie drinnen hältst, die verdrängte Strömung
über... Laß Dir's gefallen. *Was* sagen: alle meine
Worte (als wären sie in Deinem Brief gewesen, wie
vor einer Szene), alle meine Worte wollen gleichzeitig zu Dir, keins läßt das andre vorüber. Drängen nicht die Leute deshalb so aus dem Theater,
weil sie, nach so viel angebotener Gegenwart, den
Vorhang nicht ertragen? – so ertrag ich nur schwer
das wieder Verschlossen-Sein Deines Briefs (noch
einmal, noch ein Mal!). Aber, sieh, auch der Vorhang ist tröstlich: neben Deinen schönen Namen,
neben dieses entzückende St. Gilles-sur-vie (survie!)

hat jemand eine große geschmeichelte blaue »Sieben« geschrieben (so: 7!), Sieben, meine segnende Zahl. Der Atlas ward aufgeschlagen (:denn Geographie ist keine Wissenschaft für mich, sondern ein sofort in Gebrauch genommenes Verhältnis), und schon bist Du eingetragen, Марина, in meine innere Karte: zwischen Moskau und Toledo irgendwo hab ich Raum geschaffen für den Andrang Deines Ozeans. In Wirklichkeit aber siehst Du die Ile d'Yeu, mit der Dir zugekehrten Pointe de Corbeau ... Und Ariadne (wie groß mag sie nun sein, wie hoch reicht sie zu Dir auf?) sieht mit Dir hinaus, und ... »Kinder«, sagst Du, »die Kinder«, in der Mehrzahl? Und bist doch, 1903, da ich schon mit Rodin mich auseinandersetzte, erst selber noch ein kleines Mädchen gewesen, das ich nächstens in Lausanne suchen geh. (Ach, die Negerin wird eher zu begegnen sein, wenn man sie mit Veilchen lockt: ich sah sie so, von René Auberjonois gemalt ... Wie *Dich* sehen?)

Dichterin, fühlst Du, wie Du mich überwältigt hast, Du und Dein herrlicher Mitleser, ich schreibe wie Du und gehe wie Du die paar Stufen hinunter aus dem Satz in das Zwischengeschoß der Klammern, wo die Decken so niedrig sind und wo es nach früheren Rosen riecht, die nie aufhören. Marina: *wie* hab ich Deinen Brief bewohnt. Und wie erstaunlich, wenn der Würfel Deines Worts, nachdem der Wurf schon ausgerufen war, noch eine Stufe tiefer fiel, die ergänzende Zahl zeigend, die endgültige (oft noch größere). Eine Naturkraft, Du Liebe, das, was hinter dem fünften Element steht, es erregend und ballend? ... Und mir wieder war, als hätte aus Dir die Natur mir zugestimmt, ein ganzer jasagender Garten um einen Brunnen, um was noch?, um eine Sonnen-Uhr. Wie Du mich überwächst und überwehst mit dem hohen Phlox Deines Wortsommers.

Aber, sagst Du, es handelt sich nicht um den Mensch-Rilke: auch *ich* bin zerworfen mit ihm, mit seinem Körper, mit dem sonst immer so reine Verständigung möglich gewesen war, daß ich oft nicht wußte, *wer* glücklicher dichtet: er, ich, wir beide? (Fuß-Sohlen, selige, wie oft, selig vom Gehen über alles, über Erde, selig vom ersten Wissen, Vorwissen, Mitwissen übers Wissen hinaus!) Und nun Zwie-tracht, doppelte Tracht, Seele anders gekleidet, Körper vermummt, anders. Seit Dezember schon in diesem Sanatorium, aber den Arzt nicht ganz einlassend in das einzige Verhältnis von Sich zu Sich, das keinen Mittler verträgt, (keinen Zwischenträger, der Abstände unwiderruflich machte, keinen Übersetzer, der's in zwei Sprachen auseinanderbräche.) (Geduld, lange, zerrißne, wieder angeknüpfte ...) Mein Wohnsitz, *Muzot* (der mich, nach des Krieges Wirrsal und Verschüttung, gerettet hat), vier Stunden von hier: meine (darf ich Dir wörtlich antworten) ... »meine heroische französische Heimat«. Sieh sie an: Fast Spanien, Provence, Tal des Rhône. Austère et mélodieux; Hügel in wunderbarer Einheit mit dem alten Getürm, das genau so weit noch zu ihm gehört, wie zu dem, der die Steine an Schicksal gewöhnt, übt ...

Rainer Maria

157. Marina I. Zwetajewa an Rilke

St. Gilles-sur-Vie, am 12. May 1926

Das Jenseits (nicht kirchlich, eher geographisch) kennst Du besser als das Hieseits, Diesseits. Du kennst es topographisch, mit allen seinen Bergen und Inseln und Burgen.

Eine Topographie der Seele – das bist Du. Und mit Deinem Buch (ach, es war ja nicht ein Buch, es wurde ein Buch!) von Armut, Pilgerschaft und Tod hast Du mehr für Gott gemacht als alle Philosophen und Prediger zusammen.

Priester sind nur Störer zwischen mir und Gott (Göttern). Du, Du bist der Freund, der die Freude (ob Freude?) einer großen Stunde zwischen zweien (den ewigen Beiden!) *tieft* und höht, ohne den man den andern nicht mehr fühlt und den man, wie man's schließlich machen muß, *einzig liebt.*

Gott. Du allein hast Gott etwas Neues gesagt. Du bist das ausgesprochene Johanni-Jesus-Verhältnis (unausgesprochen beiderseits). Doch – Unterschied – Du bist des Vaters Liebling, nicht des Sohnes, Du bist Gott-Vaters (der keinen hatte!) Johannes. Du hast (Auserwählung – Wahl!) den Vater gewählt, weil er *einsamer* war und – unmöglich zu lieben!

Kein David, nein. Der David hatte die ganze Schüchternheit seiner ganzen Kraft, Du hast Deiner Kraft – ganze Wagnis und Wagsal.

Die Welt war viel zu jung. Es hat *alles* sich ereignen müssen – daß Du kommst.

Du hast es gewagt, den unmenschlichen (*durch*-göttlichen) Gott-Vater *so* zu lieben (zu sagen!), wie der Johannes den durch-menschlichen Sohn es nie gewagt hat! Johannes liebte den Sohn mit den Armen (sich ewig ⟨von⟩ [vor] seiner Liebe in Jesu Brust verbergend), mit den Augen, mit den Taten. Wort – heroïca der Liebe, die immer stumm (rein tätig) sein will.

Ob Du mich wohl in meinem schlechten Deutsch verstehst? Französisch schreib ich fließender, darum will ich Dir nicht französisch schreiben. Von mir zu

Dir darf nichts fließen. Fliegen – ja! Und wenn nicht – lieber stocken und stolpern.

Weißt Du, wie es mir mit Deinen Gedichten geht? Im ersten Augenblick (Augenblitz wäre und klänge besser, wär ich ein Deutscher, ich hätt es umgeändert: der Blitz geht doch schneller wie ein Blick! Und ein Augenblitz geht doch noch schneller wie ein Blitz-einfach. Zwei Schnellen in einer. Nicht?). Also, im ersten Augenblick (denn ein Fremder bin ich) weiß ich alles – dann – Nacht: nichts – dann: Gott, wie klar! – und wie ich's fassen (nicht allegorisch, fast mit der Hand) will – verwischt: nur die gedruckten Zeilen. Blitz auf Blitz (Blitz – Nacht – Blitz), so geht's mir im Dich-Lesen. Es muß Dir so im Dich-Schreiben gehen.

»Rilke ist leicht zu fassen« – so sagen in ihrem eingeweihten Stolze die Anthroposophen und andere mystische Sektanten (hab ja nichts dagegen, besser als Sozialismus – jedoch . . .). »Leicht zu fassen.« Zerstückelt, stückweise: Rilke-Romantiker, Rilke-Mystiker, Rilke-Mythen-grieche, usw. usw.

Doch versucht euch an dem *ganzen* Rilke. Hier kann euer ganzes Hellsehen nichts. Ein Wunder braucht kein Hellsehen. Es ist da. Von jedem Bauern – mit Augen – gesehen, bestätigt. Wunder: unantastbar: unfaßbar.

Zwei Nächte les ich in Deinem »Orpheus«. (Dein »Orpheus« ist ein Land, darum: *in*.) Und eben bekam ich aus Paris eine russische reinliter. Zeitung (unsere einzige im Ausland) mit folgenden Zeilen:

»Daraus (›Dichter über Kritik‹ – Aufzeichnungen, Prosa) erfahren wir, daß Frau Z. noch bis jetzt über den Tod Orpheus' untröstlich ist, und deren Lächerlichkeiten mehr . . .«

Ein Kritiker sprach von Blok: »Die vier Jahre, die uns von seinem Tode trennen, haben uns mit

seinem Tod versöhnt, ja – beinahe über ihn ge-
tröstet.«

Ich parierte: »Wenn vier Jahre genug sind, um
sich über den Tod eines Dichters wie Blok zu trösten, wie steht's mit Puschkin († 1836). Wie steht's
mit dem Orpheus? († ?) Jeder Dichter-Tod, ob
möglichst-natürlich, ist widernatürlich, d. h. *Mord,*
darum unaufhörlich, ununterbrochen, ewig – im
Moment – dauernd. Puschkin, Blok – und um alle
zu nennen – ORPHEUS – kann nie gestorben sein,
weil er jetzt eben (ewig!) stirbt. В каждом любящем – заново, и в каждом любящем – вечно.
Darum – kein Trost, bis wir selber nicht »gestorben
sein« werden. (Ungefähr, russisch war's besser.)

Das gehört natürlich nicht zu der »Literatur«
(belles lettres), darum wurde ich ausgelacht. Wär's
ein Gedicht (ein Dichter ((*ein Narr!*)), der sich in
Prosa schreiben untersteht!), wär's ein Gedicht, so
hätten sie geschwiegen oder sogar – geseufzt. (Die
alte Fabel von Orpheus und den Tieren, zu denen
auch – Schafe gehörten?)

Du verstehst, daß ich unverletzbar bin, weil ich
nicht Frau Z. usw. usw. bin, wie sie's doch meinen.
Doch traurig bin ich: die ewig-wahre und wieder-
kehrende Geschichte von Dichter und Menge, die
man doch so gerne los sein wollte!

Dein »Orpheus«. Die erste Zeile:

Da steigt ein Baum. O reine Übersteigung!

Das ist es ja, die *große Art* (großartig). Und *wie
ich das kenne*! Der Baum ist höher als er selbst,
der Baum übersteigt sich selbst – darum so hoch.
Einer von jenen, die Gott – glücklicherweise – un-
versorgt läßt (besorgen sich selbst!) und die grad
in den Himmel, in den siebzigsten (wir Russen
haben *sieben*!), ⟨wächst⟩ [wachsen]. (Быть на седь-

мом небе от радости. Видеть седьмой сон. Woche – alt-russisch – седьмица. Семеро одного не ждут. Семь Симеонов (Märchen). 7 – eine Russenzahl! Oh, noch vieles: Семь бед – один ответ, vieles.)

Gesang ist Dasein (da sein, wer nicht singt, ist noch nicht da, kommt noch!).

»Schwer sind die Berge, schwer sind die Meere...« (als ob Du ein Kind tröstest, ihm Mut zuredest) ... und – fast lächelnd über seine Unvernunft:

... Aber die Lüfte ... aber die Räume ...

Diese Zeile ist *reine Intonation* (intention), also reine Engelsrede. (Intonation: eine Intention, die Laut wurde. Verkörperte Intention.)

... Wir sollen uns nicht mühn
Um andre Namen. Ein für alle Male
Ist's Orpheus, wenn es singt.

(Wenn es stirbt – unter Dichtern, das, was ich – im Seitenumwenden – meinte.)

––––––

Ist es ein Hiesiger? Und man fühlt schon das kommende (nahende) Nein. O Rainer, ich will nicht wählen (wählen ist wühlen und wüst sein!), ich kann nicht wählen, ich nehm die ersten besten Zeilen, die noch mein Ohr enthält. Ins Ohr schreibst Du mir, mit dem Ohr bist du gelesen.

Dieser Stolz aus Erde (das Pferd, aus der Erde gewachsen). Rainer! Ein Buch folgt »Handwerk« (»Ремесло«), da findest Du einen St. Georg, der fast ein Pferd ist, und ein Pferd, das fast Reiter ist, ich trenn sie nicht und nenne keinen. Dein Reiter! Denn Reiter ist nicht der, der reitet, Reiter ist die beiden zusammen, eine neue Figur, etwas, was frü-

her nicht da war, nicht Ritter und Pferd: Reiter =
Pferd und Pferd = Reiter: REITER.

Deine Blei-Aufzeichnung (ob's so heißt? nein,
Anmerkung wohl!) – die lieben leichten drei Worte:
an einen Hund. Lieber, das setzt mich mittendrinnen in meine elfjähr. Kindheit hinein, also in den
Schwarzwald (mittendrinnen!). Und die Vorstehe-
rin (Fräulein Brinck hieß sie, und gräßlich war sie)
sagt eben: »Man muß diesem Satanskind, der
Marina, alles verzeihen, wenn sie nur: ein *Hund*!
sagt.« (Hund – vor Entzückung und Rührung und
Begierde – heulend – mit drei u – u – u. Rassehunde
waren's nicht, Gassenhunde!)

Rainer, das reinste Glück, Beglücktsein, die
Stirn auf die Hundstirn gedrückt, Aug in Aug,
und der Hund, erstaunt, befremdet und geschmei-
chelt (passiert ja nicht alle Tage!), GROLLT. Und
dann hält man ihm mit beiden Händen das Maul
zu – denn beißen kann er, aus lauter Rührung! –
und küßt. Küßt los.

Hast Du da, wo Du bist, einen Hund? Und wo
bist Du? Val-Mont (Valmont), so hieß der Held des
harten und kalten und klugen Buches: Laclos »Liai-
sons dangereuses«, das bei uns in Rußland – ich
weiß gar nicht warum, das moralischste Buch! –
neben den Memoiren des Casanova (den ich heiß
liebe!) verboten war. Ich hab nach Prag geschrieben, man soll mir meine zwei dramatischen Gedichte (Dramen sind's, glaub ich, nicht) »Abenteuer« (Henriette, weißt Du noch?, sein *schönstes*,
das gar kein Abenteuer war, das einzige, das kein
Abenteuer war) und »Phoenix« – Casanovas Ende
[schicken]. Dux, 75 Jahre, allein, arm, altmodisch,
ausgelacht. Seine letzte Liebe. 75 Jahre – 13 Jahre.
Das mußt Du lesen, das ist leicht zu verstehn (die
Sprache, mein ich). Und – staune nicht – meine

germanische, nicht französische Seele hat es geschrieben.

———

Wir rühren uns. Womit? Mit Flügelschlägen . . .
Rainer, Rainer, das sagtest Du mir, ohne mich zu
kennen, wie ein Blinder (ein Sehender!) aufs Geratewohl. (Die besten Schießer sind die Blinden!)
   Morgen ist Christi Himmelfahrt. Вознесение.
Wie schön! Der Himmel in diesen Worten sieht
gerad wie mein Ozean aus – mit Wogen. Und
Christi – fährt.

Jetzt eben kommt Dein Brief. Es ist Zeit, daß
meiner geht.

Marina

158.   Marina I. Zwetajewa an Rilke

St. Gilles-sur-Vie, Christi Himmelfahrt
[13. Mai] 1926

. . . ihm
Kannst du nicht großtun mit herrlich Erfühltem . . .

Drum: rein-menschlich und sehr bescheiden:
Rilke-Mensch. Wie ich's schrieb, stockt ich. Ich
liebe den Dichter, nicht den Menschen. (Wie Du
es lasest, stocktst Du.) Das klingt ästhetisch, d. h.
seelenlos, unbeseelt (Ästheten sind – die keine
Seele haben, nur fünf (oft weniger) scharfe Sinne).
Darf ich denn wählen? Sobald ich liebe, kann und
will ich nicht wählen (das schale und schmale
Recht!), Du bist schon ein Absolut. Und bis ich
Dich nicht lieb *(weiß)*, darf ich nicht wählen, denn
ich hab zu Dir keinen Bezug (kenne ja Deine Waren nicht!).

Nein, Rainer, ich bin kein Kollektionär, und ⟨der⟩ [den] Mensch-Rilke, der noch größer ist als der Dichter (wie man's wendet – auf eins kommt's: noch größer!) – weil er den Dichter trägt (Ritter und Roß: REITER!), hab ich unzertrennbar vom Dichter lieb.

Mit dem Rilke-Mensch meinte ich den, der lebt, druckt, den man liebt, der schon so vielen gehört, der schon müde sein muß von der vielen Liebe. – Nur die vielen menschlichen Anknüpfungen meint ich! – Mit dem Rilke-Mensch meinte ich *das*, wo es für mich keinen Platz gibt. Darum der ganze Satz von Dichter und Mensch – reiner Verzicht, Entsagen, daß Du nur nicht denkst, daß ich mich in Dein Leben, in Deine Zeit, in Deinen Tag (Arbeits- und Gesellschaftstag) dränge, der ein für allemal geplant und verteilt ist. Ein Verzicht, daß es nachher nicht weh tue: der erste Name, das erste Datum, dran man sich stößt und von denen man verstoßen wird. (*Vor*sicht – Verzicht!)

Lieber, ich bin sehr gehorsam. Wenn Du mir sagst: schreibe nicht, es regt mich auf, ich brauche mich für mich sehr.

Alles werd ich verstehn und bestehn.

———

Ich schreibe Dir auf der Düne, im dünnen Dünengras. Mein Sohn (1 J., 3 M., Georg – zu Ehren unserer weißen Armee. Und der Boris glaubt ein Sozialist zu sein! Glaubst *Du*'s?) – also, mein Sohn sitzt auf mir rittlings (fast auf meinem Kopf!) und nimmt mir den Blei weg (schreib grad ins Heft). Er ist so schön, daß alle alten Frauen (*die* Trachten! wärst Du hier!) nur einen Ausruf haben: »Mais c'est un petit Roi de Rome!« Eine *bonapartische* Vendée – seltsam? Den König haben sie schon vergessen, das Wort Kaiser klingt noch. Unsere Wirten (Fischer und Fischfrau, ein Märchenpaar, zusammen 150 Jahre!) wissen noch viel von dem letzten Kaisertum.

– Kinder in Mehrzahl? Liebster, ich hab lächeln müssen. *Kinder* – das Wort dehnt sich (zwei oder sieben?). Zwei, Liebster, ein 12jähriges Mädchen und ein 1jähr. Junge. Zwei kleine Riesen aus dem Kinder-Walhalla. Prachtkinder wie selten. Die Ariadne wie hoch? Oh, fast höher als ich (bin nicht klein) und zweimal so dick (*nichts* wieg ich). Hier mein Bild – Paßbild – jünger bin ich und heller. Ein besseres folgt, von ganz unlängst, in Paris. Von dem Photographen ШУМОВ, der Deines großen Freundes Werke photographiert hat. – Er erzählte mir viel von ihm. – Ich scheute mich zu fragen, ob er kein Bild von Dir hätte. – Bestellt hätt ich's nie. (Daß ich Dich um Dein Bild – gradaus und ganz ohne Scheu! – bitte, hast Du schon verstanden.)

... Der Kindheit Angst und Blau ...

Das weiß ich noch. Wer bist Du? Germane? Österreicher? (Früher war's doch eins? Nicht sehr gebildet bin ich – bruchweise.) Dein Geburtsort? Wie kamst Du nach Prag? Wie – zum »Szarenkreis«? Das ist doch ein Wunder: Du – Rußland – ich.

– Die vielen Fragen! –

Deine Erdenschicksale gehen mich *noch* inniger an als Deine anderen Wege, denn ich weiß, wie's schwer ist – alles.

———

Bist Du lange krank? Wie lebst Du in Muzot? Die Herrlichkeit. Groß und ernst und hoch. Hast Du eine Familie? Kinder? (Glaub nicht.) Bleibst Du noch lange im Sanatorium? Hast Du dort Freunde?

Boulevard de Grancy, 3 (unweit von Ouchy, glaub ich), da findest Du mich. Kurzes Haar hab

ich (wie jetzt, hab mein Leben lang kein langes ge-
tragen), und einem Jungen gleich ich, einen Rosen-
kranz um den Hals.

———

Heut nacht las ich in Deinen »Duineser Elegien«.
(Am Tag komm ich nie zum Lesen und zum Schreiben, *Tagwerk* bis in die tiefe Nacht hinein, denn
nur meine zwei Hände hab ich. Mein Mann – Frei-
williger sein ganzes junges Leben durch, kaum
31 Jahr alt (ich werde 31 im September), ist sehr
kränklich, und ein Mann kann doch keine Frauen-
arbeit tun, das sieht häßlich aus (für die Frau nämlich) – jetzt ist er noch in Paris, kommt bald. Im
юнкерское училище nannte man ihn zum Spaß
»астральный юнкер«. Schön ist er: eine Leidens-
schönheit. Meine Tochter gleicht ihm, obwohl
glücklich, der Sohn eher mir, doch beide – hell,
helläugig, моя раскраска.
Was Dir von dem Buche sagen? Die letzte Stufe.
Mein Bett wurde zur Wolke.

———

Liebster, *alles* weiß ich schon – von mir zu Dir –
aber für vieles ist es noch zu früh. Etwas muß sich
in Dir noch an mich gewöhnen.

Marina

159.   Rilke an Marina I. Zwetajewa

Val-Mont par *Glion*
s/Territet (Vaud) Suisse,
am 17. May 1926

– »Марина! Спасибо за миръ!« . . .
Daß Dir Deine Tochter *das* hat sagen können,
Marina, und in schwerer Zeit! (Wer, in den Tagen
meiner Kindheit, welches Kind – in Österreich min-

destens, in Böhmen, hätte den innern Andrang des Zustimmens gefunden, *so* zu sprechen?) . . . Meine Tochter, vielleicht, hätte mir's sagen mögen, wenn ihr das Wort und sein Ansprechen dringender gewesen wäre; aber die einzige Zeit eigentlich, die ich wirklich mit ihr war, lag überhaupt *vor* aller Wörtlichkeit, so von ihrer Geburt bis über ihren ersten Geburtstag hinaus: dann schon löste sich, was an Haus, Familie und Gründung, ein wenig gegen meinen Willen, entstanden war, auf; auch die Ehe, obwohl nie gesetzlich aufgehoben, gab mich an mein natürliches Einzelnsein zurück (nach kaum zwei Jahren), Paris begann: das war 1902. Nun ist meine Tochter längst verheiratet, irgendwo auf einem Gut in Sachsen, das ich nicht kenne; und meine Enkelin, Christine, die ich auch nur von vielen kleinen Augenblicksbildern her vermute, hat ihr zweites Jahr seit dem November überschritten, wächst schon weit in ihr drittes hinein . . . Aber das alles ist eine andere Ebene als die, auf der Muzot steht, das ich, seit 1921 (wo die wunderbarsten Umstände, nein, das Wunder selbst, es mich hat finden und festhalten lassen), immer allein bewohne (von Freundes-Besuchen ab und zu abgesehen, die aber selten sind), so allein, wie ich immer gelebt habe, ja noch mehr: in einer oft unheimlichen Steigerung dessen, was Alleinsein heißt, in einer zum Letzten und Äußersten hingerissenen Einsamkeit (: denn früher, Alleinsein in Paris, in Rom, in Venedig – wo ich viel gewohnt habe, ohne es zu sein –, in Spanien, in Tunis, in Algier, in Ägypten, . . . in der eindringlichen Provence . . ., war doch Teilhaben, Einbezogen- und Einerzogen-Sein): Muzot aber, anfordernder als alles, ließ nur die Leistung zu, den Absprung, senkrecht ins Offene, die Himmelfahrt der ganzen Erde in mir . . . Liebe, was muß ich Dir sagen, da Du die »Elegien« in Händen hast,

da Du die »Elegien« in *Deinen* Händen hast und
über Deinem mitwissend an sie anschlagenden Herzen ...

Diese Gedichte waren (1912) in nicht minder
groß gegebener Einsamkeit, an der Adria, in dem
alten (im Krieg zerstörten) Schloß Duino (nahe
Triest) begonnen, in Spanien und Paris später fanden sich Zeilenstücke ein, und alles wäre wohl 1914
in Paris zur Leistung zusammengeschossen, wenn
nicht die große Unterbrechung der Welt eingefal-
len wäre, die mich hatte erstarren und anstehen
lassen. Jahre. Was ich aus diesem langen Wesens-
winter möchte gerettet haben, ich selber wußte es
nicht, als ich endlich (1919) in die Schweiz mich
flüchten konnte als auf einen Boden, wo ein Natürliches und Argloses noch maßgebend war ...; erfuhr es erst 1921, auf Muzot, im ersten dort ein-
heimischen einsamen Jahr, als die durch die Umstände verhaltene Natur meines Gemüts in wenigen
Wochen das unerhörte Wachstum erst des »Orpheus« (jeder Teil in drei Tagen!), dann der »Elegien« in seine vollendete Jahreszeit trieb, gewalt-
sam, mich fast zerstörend durch die Leidenschaft
des Ausbruchs und doch mit so viel Zartheit und
Fügung sich gebarend, daß keine (denk!) nicht eine
*vor*entstandene Zeile nicht in den Platz einbezogen
worden wäre, in dem sie natürliche Stufe war und
Stimme unter den Stimmen. Wie das anheilte, das
Vorige mit schon etwas alternder Bruchstelle dem
Glühenden so innig angelegt, so wieder aufglühend
aus Nachbarschaft und unendlicher Verwandtheit,
so daß nirgends eine Naht sichtbar blieb! Jubel
und Sieg, Marina, ohnegleichen! Und *dazu* war
dieses Übermaß von Einsamkeit nötig in seiner
Tödlichkeit. Aber dann, liegt es daran, daß ich,
über das Geleistete, Bestandene hinaus, die un-
möglichen Bedingungen einer gesteigerten Ab-

geschiedenheit einzuhalten versuchte (nicht aus
Eigensinn oder um dadurch der Gnade ein übriges
abzuringen, sondern weil ja das Hereinlassen des
»Anderen«, das Leben aus ihm und für ihn, sofort
((oder gleich hinter dem Sofort)) Konflikte und
Aufgaben mit sich bringt, die ich fürchten mußte
in einer Zeit, da ich viel zu überaus *alles* vollbracht
hatte, um dann nur einfach die Leistung zu wech-
seln), liegt es daran (: denn die Arbeit selbst, unsere
große hinreißende Arbeit, rächt sich ja nicht; auch
wo sie uns über uns hinausreißt, läßt sie ja nicht
Ermüdete, Erschöpfte zurück, sondern von Lohn
überstürzte), liegt es daran, daß ich, mechanisch,
zu lang die gleichen besonderen Bedingungen der
Abgeschlossenheit, in einer heroischen Talschaft,
unter dem fast sonnenzornigen Himmel eines Wein-
lands ertrug – zum ersten Mal, seit ich lebe, und
auf eine tückische Art hat sich mein eigenes Alleinsein mit einem physischen Stachel wider mich ge-
kehrt, mir das Mit-mir-selber-Sein verdächtig und
gefährlich machend und ängstlich mehr und mehr
durch die körperlichen Störungen, die nun *das*
übertönten, was die mir je und je ursprünglichste
Stille war. Daher mein Hiersein in Val-Mont, zum
dritten Mal jetzt (nach zwei kürzeren Aufenthalten
in 1924 und 1925), daher mein langes Verweilen in
Paris (Januar bis Mitte August 1925), wo ja wirklich das Gegen-Teil und Gegen-Spiel des auf Muzot gebotenen Lebens in allen Erscheinungen und
Wendungen zugelassen schien; daher mein Zögern,
mich mit aller in mich gefallenen und in mir
wuchernden Gefahr wieder in meinen festen Turm
zurückzuziehen... Was die Ärzte meinen? Eine
Erkrankung des Nervs, den man den »Grand Sym-
pathique« nennt, jenes großen schönen Nerven-
baums, der wenn nicht unsere Früchte, so doch
(vielleicht) das blendendste Blühn unseres Wesens

trägt . . . Störungen mehr subjektiver als eigentlich sachlich oder organisch feststellbarer Art (vorläufig wenigstens), Beeinträchtigungen jenes körperlichen Sich-nicht-Fühlens, aus dem der Einklang mit unserer stofflichen Beteiligtheit (an uns) so unwillkürlich hervorgeht; Unzustimmungen des Leibes, die mich um so ratloser machen, als ich mit ihm, seit einer gewissen Wendung meines Daseins (die, um 1899 und 1900, mit meinem Wohnen in Rußland zusammenfiel), ohne Arzt, in einer so vollkommenen Übereinstimmung zu leben gewohnt war, daß ich ihn oft für ein Kind meiner Seele hätte halten können: leicht und brauchbar, wie er war, und mitnehmbar bis ins Geistigste hinein, wie oft aufgehoben, mit Gewicht begabt nur noch aus Courtoisie und sichtbar nur noch, um das Unsichtbare nicht zu erschrecken! So innig *mein*; Freund, wirklich mein Träger, der Hälter meines Herzens; fähig aller meiner Freuden, keine herabsetzend, jede mir eigentümlicher aneignend; sie mir schenkend genau im Durchschnittspunkt meiner Sinne. Als *mein* Geschöpf mir bereit und aufgedient zu meinem Gebrauch; als Vor-geschöpf mich überwiegend mit aller Sicherheit und Herrlichkeit der Herkunft. Genial, von Jahrhunderten erzogen, großartig in der heiteren Unschuld seines Nicht-Ichs, rührend in seiner Lust, dem »Ich« in allen seinen Übergängen und Schwankungen treu zu sein. Einfältig und weise. *Was* verdank ich *ihm*, der mich, auf Grund seiner Wesenheit, bestärkt hat im Entzücken an einer Frucht, am Wind, am Hingehen übers Gras. Ihm, durch den ich verwandt bin mit dem Undurchdringlichen, in das ich nicht einbrechen kann, und mit dem Strömenden, das abfließt von mir. Und noch durch sein Schwersein, sternkundig. Also: ein Kummer, dieses Zerwürfnis mit ihm, und ein zu neuer Kummer, um darin schon versöhnlich zu sein.

Und der Arzt *kann* nicht verstehen, was mich in diesen Hemmungen, die ja, ob sie gleich durch den ganzen Körper hin ihre Filialen haben, erträglich sind, so wesentlich, so zentral betrübt . . .

Alles das von *mir*, Du liebe Marina, verzeih! Und verzeih auch das Gegenteil, wenn ich auf einmal unmitteilsam bleiben sollte, was Dich nicht aufhalten dürfte, *mir* zu schreiben, sooft's Dich ankommt, zu »fliegen«. Dein Deutsch, nein, »stolpern« tut es nicht, es fällt ab und zu schwerer auf, wie die Schritte von einem, der eine Steintreppe von ungleich tiefen Stufen abwärts kommt und nicht ermessen kann, im Herabsteigen, wann sein Fuß ins Aufruhn gerät, jetzt schon oder plötzlich erst weiter unten als er dachte. Welche Stärke Du hast, Dichterin, auch in dieser Sprache Deine Absicht zu erreichen, genau zu sein und Du. *Dein* Gang, der an die Stufen anklingt, Dein Ton, *Du.* Dein Leichtsein, Dein beherrschtes, geschenktes Gewicht.

Aber weißt Du, daß ich mich überschätzt habe? Weil ich Gontscharoff noch vor zehn Jahren, fast ohne Dictionnaire, russisch las und russische Briefe immer noch verhältnismäßig leicht lese und mir einen ab und zu in *das* Licht halte, in dem alle Sprachen *eine* Sprache sind (und diese, Deine, die russische, ist ohnehin so nah, *alle* zu sein!), konnte ich mich überschätzen . . .: Deine Bücher, trotzdem Du mich führst an fremderen Stellen, sind mir schwer, – ich hab zu lange nicht konsequent gelesen, immer nur einzelnes, wie (in Paris) einige Verse von Boris, in einer Anthologie. Könnt ich Dich lesen, Marina, wie Du mich liest! Trotzdem, die zwei kleinen Bücher begleiten mich vom Tisch ans Bett und haben vieles vor den einfach lesbaren voraus.

Daß ich Dir mein Paßbild schicken sollte, davon

hält mich nicht Eitelkeit ab, sondern wirklich die Einsicht in seinen Blitzlichtzufall. Aber ich hab's zu Deinem Bild gelegt: gewöhn Dich vorderhand im Bilde dran: ja?

Rainer

Nächstens muß ich für einen Tag nach Muzot, dort hol ich Dir ein paar kleine ungefähr gültige Bilder aus dem vorletzten Jahr. Ich vermeide alles Photographiert- und Gemalt-Werden: Шумовъ hat kein Bild von mir gemacht.

– Schick mir bald das andere Deinige! –

160. Marina I. Zwetajewa an Rilke

St. Gilles-sur-Vie, am 3. Juni 1926

Vieles, ja alles bleibt im Heft. Dir nur die Worte aus meinem Brief an Boris Pasternak:

»Als ich Dich immer fragte, was wir denn zusammen treiben würden im Leben, antwortetest Du einmal: ›Wir gehen zu Rilke.‹ Und *ich* sag Dir, daß Rilke überbürdet ist, daß er nichts, niemanden braucht. Es geht von ihm die Kälte des Habenden, in dessen Eigentum ich schon eingeschlossen bin. Ich hab ihm nichts zu geben, alles vorweggenommen. Er braucht mich nicht und Dich auch nicht. Stärke, immer anziehend, lenkt ab. Etwas in ihm (wie es heißt, weißt Du) will nicht abgelenkt werden. Darf nicht.

Diese Begegnung ist mir ein Schlag ins Herz (Herz schlägt nicht nur, wird auch geschlagen, – sooft es nur höher schlägt!). Desto mehr, daß er völlig recht hat, daß ich (Du) in unseren besten Stunden dasselbe sind.«

Ein Satz in Deinem Brief: ». . . wenn ich auf einmal unmitteilsam bleiben sollte, was Dich nicht
aufhalten dürfte, *mir* zu schreiben, sooft's . . .«

Gleich wie ich las: – Dieser Satz bittet um Ruhe.
Ruhe geschah. (Du bist doch ein bißchen ausgeruht?)

Weißt Du, was das alles bedeutet: Ruhe, Unruhe, Bitte, Erfüllung usw. Hör, ich glaub plötzlich
ganz recht zu wissen.

Vor dem Leben ist man *immer* und *alles*, wie
man lebt – ist man *etwas* und *jetzt*. (Ist, hat, –
gleich!)

Meine Liebe zu Dir zerstückelte sich in Tage und
Briefe, Stunden und Zeilen. Daher die Unruhe.
(Daher batest Du um Ruhe!) Brief heute, Brief morgen. Du lebst, ich will Dich sehen. Eine Überpflan-
zung aus Immer ins Jetzt. Daher die Pein, das
Tage-Zählen, jeder Stunde Unwert, die Stunde
nur noch als Stufe – zum Brief. Im anderen *sein*
oder den anderen *haben* (oder haben wollen, überhaupt – *wollen*, eins!). Wie ich's merkte, schwieg
ich.

Jetzt ist's vorbei. Mit dem Wollen bin ich schnell
fertig. Was ich von Dir wollte? Nichts. Eher – um
Dich. Vielleicht, einfach – zu Dir. Ohne Brief wurde
schon – ohne Dich. Weiter – ärger. Ohne Brief –
ohne Dich, mit Brief – ohne Dich, mit Dir – ohne
Dich. *In* Dich! Nicht *sein*. – Sterben!

So bin ich. So ist die Liebe – in der Zeit. Undank-
bar und selbstvernichtend. Liebe ehre und liebe ich
nicht.

В великой низости любви –

so eine Zeile von mir. (La grande bassesse de
l'amour, oder – noch besser – la bassesse suprême
de l'amour.)

_____

Also, Rainer, vorbei. Ich will nicht zu Dir. Ich will nicht wollen.

Vielleicht – einmal – mit dem Boris (der von weitem, ohne eine Zeile von mir, alles »gespürt« hat! Dichterohr!) – aber wann – wie . . . Nicht eingreifen!

Und – daß Du mich nicht für niedrig hältst – nicht der Pein wegen schwieg ich, – wegen der Häßlichkeit dieser Pein!

Jetzt ist's vorbei. Jetzt schreib ich Dir.

Marina

161.   Rilke an Marina I. Zwetajewa

Château de Muzot
s/*Sierre* (Valais) Suisse,
am 8. Juny 1926 (abends)

So hat mein kleines Wort, da Du's vor Dir aufrichtetest, diesen großen Schatten geworfen, in dem Du mir unbegreiflich ausbliebst, Marina! Unbegreiflich und nun begriffen. Daß ich ihn schrieb, meinen Satz, kam nicht von einem, wie Du an Boris berichtest, . . . Überbürdetsein, ach, frei, Marina, frei und leicht, nur (das meinst Du ja auch) so unvorsehlich angerufen! Nur so gar nicht unvorwissend. Und seit einer Zeit, vermutlich vom Physischen aus, so ängstlich, es könnte jemand, es könnte ein Liebes Leistung oder Wendung von mir erwarten und ich versagen, hinter dem Erwarteten zurückbleiben. Dabei gelingt mir immer noch das Schwerste ohne Anlauf, aber plötzlich fürcht ich die Notwendigkeit (auch die innere, auch die glückliche) eines Briefs, wie eine steileste Aufgabe vor mir: unüberwindlich.

Ob alles so sein muß, wie Du's einsiehst? Wahrscheinlich. Dieses in uns Vorweggenommene: soll man's beweinen, überjubeln? Ich schrieb Dir heut ein ganzes Gedicht zwischen den Weinhügeln, auf einer warmen (leider noch nicht ständig durchwärmten) Mauer sitzend und die Eidechsen festhaltend mit seinem Aufklang. Du siehst, ich bin zurück. Aber in meinem alten Turm müssen erst Mauerer und andere Handwerker sich ausüben. Keine Ruhe nirgends und Kälte und Nässe in diesem Weinland, das sonst seiner Sonne sicher war.

Nun da wir beim »Nichtwollen« sind, verdienen wir einige Milderung. Hier meine kleinen Bilder. Schickst Du mir »trotzdem« einmal das andere Deine?: ich mag die Freude darauf nicht rückgängig machen.

Rainer

162.   Marina I. Zwetajewa an Rilke

St. Gilles, 14. Juny 1926

Hör, Rainer, von Anfang an, daß Du's weißt. Ich bin schlecht. Der Boris ist gut. Und meiner Schlechtheit wegen schwieg ich – nur so Phrasen über Dein Russentum, mein Deutschtum etc. Und auf einmal die Klage: »Warum schließt Du mich aus? Ich lieb ihn ja ebenso wie Du.«

Was ich fühlte? Reue? Nein. *Nie.* Nichts. Ohne Gefühl zu werden, wurde es zur Tat. Ich schrieb ihm Deine zwei ersten Briefe ab und schickte sie. Was konnt ich mehr? Oh, schlecht bin ich, Rainer, keinen Mitwissenden, wenn es Gott selber wäre.

Ich bin Viele, verstehst du? Unzählige, vielleicht! (Unersättliche Unzahl!) Keiner soll vom anderen wissen, das stört. Wenn ich mit meinem Sohn bin, muß der (die?), nein – das, was Dir schreibt und Dich liebt, nicht dabeisein. Wenn ich mit Dir bin – usw. Ausschließlichkeit und Abgeschlossenheit. Ich will sogar in mir keinen Mitwissenden haben, nicht nur – um mich. Darum bin ich im Leben – verlogen (das heißt verschwiegen und, zum Sprechen aufgefordert, – verlogen), obgleich ich in einem anderen Leben für wahr gelte und es bin. Ich kann nicht teilen.

Und geteilt hab ich (es war zwei–drei Tage vor Deinem Brief). Nein, Rainer, ich bin nicht verlogen, ich bin zu wahr. Wenn ich die einfachen, erlaubten Worte Briefwechsel – Freundschaft – darüber würfe, alles wär ja gut! Aber ich weiß, daß Du nicht Briefwechsel und nicht Freundschaft heißt. Ich will im Leben der Menschen das sein, das nicht weh tut, darum lüg ich – allen, außer mir selbst.

Falsche Lage mein ganzes Leben durch. »Denn dort bin ich gelogen, wo ich gebogen bin.« *Gelogen*, Rainer, nicht verlogen!

Wenn ich einem Fremden die Arme um den Hals leg, ist's natürlich, wenn ich's erzähle, ist's unnatürlich (für mich selbst!). Und wenn ich's bedichte, ist's doch natürlich. Also die Tat und das Gedicht geben mir recht. Das Zwischen beschuldigt mich. Das Zwischen ist Lüge, nicht ich. Wenn ich die Wahrheit (Arme um den Hals) berichte, ist's Lüge. Wenn ich's verschweige, ist's Wahrheit.

Ein inneres Recht auf Geheimhalten. Das geht niemanden an, selbst den Hals nicht, um den sich meine Arme legten. *Meine* Sache. Und bedenk doch, daß ich eine Frau bin, verheiratet, Kinder etc.

Verzichten? Ach, so dringend ist's nie, daß es sich lohne. Zu leicht verzicht ich. Im Gegenteil, wenn ich eine Geste tu, freu ich mich, daß ich eine Geste *noch* tu. Meine Hände wollen so selten!

———

Tief in mich einsenken und nach Tagen oder Jahren – einmal – unversehens – als ein Wasserspiel wiedergeben, die Tiefe zur Höhe geworden, verschmerzt, verklärt. Doch nicht erzählen: hab dem geschrieben, hab den geküßt.

»Freu dich doch, bald genug ist's aus!« – so spricht meine Seele zu meinen Lippen. Und einen Baum umarmen oder einen Menschen – für mich ist's eins. *Ist* eins.

———

Das ist die eine Seite. Jetzt die andere. Der Boris hat Dich mir *geschenkt*. Und kaum *erhalten*, will ich Dich für mich allein *haben*. Häßlich genug. Und schmerzlich genug – für ihn. Darum schickte ich die Briefe.

———

Deine lieben Bilder. Weißt Du, wie Du auf dem großen aussiehst? Auf der Lauer stehend und plötzlich angerufen. Und das andere, kleinere – ein Abschied ist's. Ein Abreisender, der noch einmal, scheinlich flüchtig – die Pferde warten schon – seinen Garten übersieht, wie ein beschriebenes Blatt, bevor es abgeht. Nicht sich losreißend – loslösend. Einer, der eine ganze Landschaft – sanft – fallenläßt. (Rainer, nimm mich mit!)

Helle Augen hast Du, wasserhell – wie Ariadne, und die Furche zwischen den Brauen (senkrecht!) hast Du von mir, die hatte ich schon als Kind – immer die Brauen zusammengezogen, von Denken und Zorn.

(Rainer, ich hab Dich lieb und will zu Dir.)

Deine Elegie. Rainer, mein Leben lang verschenkte ich mich in Gedichten – allen. Dichtern auch. Doch ich gab immer zu viel, ich übertönte immer die mögliche Antwort. Die Antwort erschrak. Ich nahm den ganzen Widerhall vorweg. Darum schrieben mir Dichter keine Gedichte

(schlechte – auch keine, weniger wie keine!) – und
ich lächelte immer: sie lassen's dem, der nach hundert Jahren kommt.

Und, Rainer, Dein Gedicht, Rilkes Gedicht, des
Dichters, der Dichtung – Gedicht. Und, Rainer, –
mein Stummsein. Umgekehrte Lage. Rechte Lage.

Ach, ich lieb Dich, anders kann ich's doch nicht
nennen, das erste beste und doch das *erste* und *beste*
Wort.

––––––

Rainer, gestern abend ging ich noch hinaus,
Wäsche abnehmen, denn Regen kam. Und nahm
den ganzen Wind – nein, den ganzen Nord in die
Arme. Und er hieß Du. (Morgen wird's der Süd
sein!) Nach Haus nahm ich ihn nicht, er blieb auf
der Schwelle. Ins Haus ging er nicht, doch nahm
mich aufs Meer mit, sobald ich einschlief.

––––––

– Zeichengeber, sonst nichts. –

Und das von den Liebenden, von ihrem Einge-
und Ausgeschlossen-Sein (»Von der Mitte des
Immer«) ...

Und die lange leise Mond-Wanderschaft.

Und doch heißt es nicht anders als: ich liebe
Dich.

Marina

Lieber! Ein Wort will ich Dir schenken, vielleicht
kennst Du's nicht.

Weh ist ein wahres Wort, weh ist ein gutes Wort,
weh ist ein gnadenreiches Wort.

(Hl. Kunigunde, XIII. Jahrh.)

Das Bild hab ich noch nicht, sobald ich's bekomme, schick ich's Dir. Schreibe mir von Muzot –
sind die Maurer weg? Und ist die Sonne da? Wir
haben keine sonnige Stunde. Die ganze Sonne möcht

ich Dir zuschicken; an Deinem Stück Landschaft festnageln.

Ja! Rainer! Wenn ich etwas über Dich schrieb, hieß es:

Über dem Berge.

———

Der erste Hund, den Du nach diesem Briefe streichelst, *bin ich*. Paß auf, was er für Augen macht.

163.   Marina I. Zwetajewa an Rilke

St. Gilles-sur-Vie, den 6. Juli 1926

Lieber Rainer,

Goethe sagt irgendwo, daß man nichts Bedeutendes in einer fremden Sprache leisten kann – und das klang mir immer falsch. (Goethe im ganzen klingt immer recht, nur als Summa gültig, darum tu ich ihm jetzt unrecht.)

Dichten ist schon übertragen, aus der Muttersprache – in eine andere, ob französisch oder deutsch, wird wohl gleich sein. Keine Sprache ist Muttersprache. Dichten ist nachdichten. Darum versteh ich nicht, wenn man von französischen oder russischen etc. Dichtern redet. Ein Dichter kann französisch schreiben, er kann nicht ein französischer Dichter sein. Das ist lächerlich.

Ich bin kein russischer Dichter und staune immer, wenn man mich für einen solchen hält und als solchen betrachtet. Darum wird man Dichter (wenn man es überhaupt *werden* könnte, wenn man es schon nicht allem voraus *seie*!), um nicht Franzose, Russe etc. zu sein, um alles zu sein. Oder: man ist Dichter, weil man kein Franzose ist. Nationalität – Ab- und Eingeschlossenheit. Orpheus sprengt die Nationalität oder dehnt sie so weit und breit, daß alle (gewesene und seiende) eingeschlossen sind. Schöner Deutscher – da! Und schöner Russe!

Doch jede Sprache hat etwas nur ihr Gehörendes, was *sie* ist. Darum klingst Du französisch anders als deutsch, – deswegen hast Du doch französisch geschrieben! Deutsch ist tiefer als Französisch, voller, gedehnter, *dunkler*. Französisch: Uhr ohne Nachklang, Deutsch – mehr Nachklang als Uhr (Schlag). Deutsch wird noch einmal, noch immer, unendlich vom Leser nachgedichtet, Französisch ist da. Deutsch – *wird*, Französisch *ist*. Undankbare Sprache für Dichter, – deswegen schreibst Du sie ja. Fast unmögliche Sprache!

Deutsch – unendliche Versprechung (das *ist* doch Gabe!), Französisch – endgültige Gabe. Platen schreibt französisch. Du (»Verger«) schreibst deutsch, d. h. – Dich, den Dichter. Denn Deutsch ist doch der Muttersprache am nächsten. Näher als Russisch, glaub ich. Noch näher.

Rainer, ich erkenne Dich in jeder Zeile, doch klingst Du kürzer, jede Zeile ein abgekürzter Rilke, etwa wie ein Konspekt. Jedes Wort. Jede Silbe.

Grand-Maître des absences –

das hast Du herrlich gemacht. Großmeister würde nicht so klingen! Und – partance – (entre ton trop d'arrivée et ton trop de partance . . .) das kommt von weit her, – darum geht es so weit!) von Maria Stuarts:

Combien j'ai douce souvenance
De ce beau pays de France . . .

Kennst Du diese ihrigen Zeilen:

> Car mon pis et mon mieux
> Sont les plus déserts lieux?

(Rainer, was herrlich französisch klingen würde,
ist
wäre } das Lied vom Fähnrich!)
   Den »Verger« hab ich dem Boris abgeschrieben.

> Soyons plus vite
> Que le rapide départ –

das reimt mit meinem:

> Тот поезд, на который все –
> Опаздывают . . .
>
>   (Vom Dichter)

Und: »pourquoi tant appuyer« mit M-elle de Les-
pinasse: »glissez mortels, n'appuyez pas!«
   Weißt Du, was Neues in diesem Buche ist? Dein
Lächeln. (»Les Anges sont-ils devenus discrets!« –
»Mais l'excellente place – est *un peu trop* en
face . . .«)
   Ach Rainer, die erste Seite meines Briefes könnte
ganz wegbleiben. Heute bist Du:

> . . . Et pourtant quel fier moment
> lorsqu'un instant le vent se déclare
> pour bel pays: consent à la France.

Wär ich Franzose und schrieb ich über Dein Buch,

> »consent à la France« –

so wäre das Epigraph.
Und jetzt – von Dir zu mir:

> Parfois elle paraît attendrie
> qu'on l'écoute si bien, –
> alors elle montre sa vie
> et ne dit plus rien.   (Du, die Natur!)

Doch bist Du *auch* Dichter, Rainer, und von Dichtern will man *de l'inédit*. Darum schnell einen großen Brief, für mich allein, sonst stell ich mich dümmer, als ich bin, und bin »beleidigt«, »in meinen besten Gefühlen betrogen« etc., und Du schreibst mir doch (um Ruhe zu haben! und weil du *gut* bist!).

Darf ich Dich küssen? Es ist doch nicht mehr als umarmen, und umarmen ohne küssen ist doch fast unmöglich!

Marina

[Nachschrift]

> Auf dem Briefeinschlag:
> Env. Muzot s/Sierre (Valais) Suisse.
> Muzot hat Dein Buch gedichtet.
> Darum schickt er es, ohne { Deiner / Dich
> zu erwähnen.

164.   Rilke an Marina I. Zwetajewa

Z. Zt.: Hôtel Hof – Ragaz,
Ragaz (Suisse),
am 28. July 1926

Du wunderbare Marina,

wie in Deinem ersten Brief, so bewundere ich in jedem seither Dein so genaues Suchen und Finden, Deinen unerschöpflichen Weg zu dem, was Du meinst, und, immer, Dein Rechthaben. Du hast recht, Marina, (ist das nicht selten bei einer Frau?) solches Im-Recht-Sein im gültigsten, im sorglosesten Sinn. Dieses Recht-Haben nicht irgendwozu, kaum irgendwoher; sondern so rein bedürfnislos aus dem Ganzen, aus dem Vollzähligen heraus hast Du recht, und dadurch immerfort Recht aufs Unendliche. Sooft ich Dir schreibe, möchte ich schreiben wie Du, *mich sagen auf Du,* mit Deinen gleichmütigen und dabei so fühlenden Mitteln. Wie eines Sternes Spiegelbild ist Dein Aussagen, Marina, wenn es im Wasser erscheint und vom Wasser, vom Leben des Wassers, von seiner flüssigen Nacht gestört wird, unterbrochen, aufgehoben und wieder zugelassen und dann tiefer in der Flut, wie schon vertraut mit dieser Spiegelwelt und, nach jedem Wegschwinden, wieder da noch tiefer in ihr! (Du großer Stern!) Weißt Du den Heimweg des jungen Tyge de Brahê, zur Zeit, da er eigentlich noch nicht Astronomie treiben durfte, sondern von der Universität Leipzig zu den Ferien nach Hause gekommen war, auf eines Oheims Gut . . ., und dort zeigte es sich, daß er den Himmel (trotz Leipzig und Jurisprudenz!) schon so genau kannte, so auswendig wußte (pense: il savait le ciel par coeur!), daß ein einfacher Aufblick seines mehr ausruhenden als suchenden Augs ihm den neuen Stern schenkte, im Sternbild der Leyer: seine erste Entdeckung in der gestirnten Natur. (Und ist's nicht, oder täusch ich mich, eben *dieser* Stern Alpha in der Leyer »visible de toute la Provence et des terres méditerrannées«, der jetzt bestimmt scheint, nach Mistral zu heißen? Genügte das übrigens nicht, uns diese Zeit anzuvertrauen, daß *das* wieder möglich ist: der Dichter unter die Sterne geworfen: Tu diras à ta fille un jour, en t'arrêtant à Maillane: voici »Mistral«, comme il est beau ce soir! Endlich über die Straßentafeln hinaus, der »Ruhm«!)

Aber Dich, Marina, hab ich nicht mit freiem Aug gefunden, Boris hat mir das Teleskop vor meinen Himmel gestellt . . ., erst jagten Räume durchs Aufschaun, und dann, plötzlich, standst Du, rein und stark, mitten im Feld, dort, wo die Strahlen Deines ersten Briefs Dich mir zusammennahmen.

Der jüngste Deiner Briefe ist nun seit dem 9. July bei mir: wie oft hab ich schreiben wollen! Aber mein Leben ist so merkwürdig schwer in mir, oft rück ich's nicht von der Stelle; die Schwerkraft bildet, scheint's, eine neue Beziehung aus zu ihm – seit meiner Kindheit hatt ich kein so unverschiebbares Gemüt; aber damals war die Welt angezogen und drückte auf einen, der selber wie ein irgendwo abgerissener Flügel war, aus dem Federchen um Federchen ins Vague entkam; jetzt bin ich selbst das Schwere, und die Welt ist wie ein Schlaf ringsherum und der Sommer so eigentümlich zerstreut, als dächte er nicht an seine eigenen Dinge ...

Du siehst, ich bin wieder fort aus meinem Muzot: hier, in Ragaz, die ältesten und einzigen Freunde zu sehen, die ich noch von Österreich her zu mir bezogen halte ... (wie lange noch?: den[n] ihr Alter überholt mich bei weitem ...), und mit ihnen kam, unerwartet, eine ihrige russische Freundin, ein russischer Mensch, denk, *wie* mich das anging! Nun sind sie alle fort, aber ich bleibe noch ein wenig um der schönen aquamarin-klaren Heilquellen willen. Und Du?

Rainer

Car mon pis et mon mieux
sont les plus déserts lieux:

[Nachschrift]
Hast Du mir geschenkt; ich schrieb's in mein Taschenbuch.

St. Gilles-sur-Vie, am 2. August 1926

Rainer, Deinen Brief bekam ich an meinem
Namenstag 17./30. July, denn eine Heilige hab ich
auch, obwohl ich mich als Erstling meines Namens
fühle, wie Dich als Erstling des Deinigen. Der Heilige, der Rainer hieß, hieß gewiß anders. *Du* bist
Rainer.

Also an meinem Namenstag das schönste Geschenk – Dein Brief. Ganz unerwartet, wie jedesmal, ich werde mich nie an Dich (wie an mich!) gewöhnen, auch an das Staunen nicht, auch an den
eigenen Gedanken an Dich nicht. Du bist, was ich
heut nacht träumen werde, was *mich* heut nacht
träumen wird. (Träumen oder geträumt sein?) Eine
Unbekannte ich in einem fremden Traum. Ich erwarte Dich nie, ich erkenne Dich immer.

Wenn jemand uns zusammen träumt – dann treffen wir uns.

Rainer, ich will zu Dir auch der neuen mich wegen, der, die nur mit, in Dir entstehen kann. Und
dann, Rainer (»Rainer« – das Leitmotiv zum
Briefe) – sei mir nicht bös, *ich* bin's ja, ich will mit
Dir schlafen – einschlafen und schlafen. Das herrliche Volkswort, wie tief, wie wahr, wie unzwie-
deutig, wie genau das, was es sagt. Einfach – schlafen. Und weiter nichts. Nein, noch: den Kopf in
Deine linke Schulter eingegraben, den Arm um
Deine rechte – und weiter nichts. Nein, noch: und
bis in den tiefsten Schlaf wissen, daß Du's bist. Und
noch: wie Dein Herz klingt. Und – Herz küssen.

Manchmal denk ich: ich muß den Zufall ausnüt-
zen, daß ich noch (doch!) Körper bin. Bald hab ich
keine Arme mehr. Und noch – es klingt wie Beichte
(was ist Beichte? Mit seinen Schwärzen prahlen!

Wer könnte von seinen Leiden sprechen, ohne begeistert, das heißt glücklich zu sein?!) – also, mag es nicht wie Beichte klingen: die Körper langweilen sich mit mir. Sie spüren was und glauben mir (dem meinigen) nicht, obwohl ich alles tu wie alle. Zu ... uneigennützig, vielleicht, zu ... wohlwollend. Auch zutraulich – *zu!* Zutraulich sind Fremde (Wilde), die von keinem Gebrauch und Gesetz wissen. *Hiesige* trauen nicht! Alles dies gehört nicht in die Liebe, Liebe hört und fühlt nur sich selbst, sehr örtlich und pünktlich, *das* kann ich nicht nachmachen. Und – das große Mitleid, wer weiß woher, unendliche Güte und – Lüge.

Ich fühle mich immer älter. Zu ernst – das Kinderspiel, ich nicht ernst genug.

Den Mund hab ich immer als Welt gefühlt: Himmelsgewölbe, Höhle, Schlucht, Untiefe. Ich habe den Körper immer in die Seele übersetzt (*entkörpert!*), die »physische« Liebe – um sie lieben zu können – so verherrlicht, daß plötzlich nichts von ihr blieb. Mich in sie vertiefend, *sie* ausgehöhlt. In sie eindringend, *sie* verdrängt. Nichts blieb von ihr als ich selbst: Seele (so heiß ich, darum das Stauen: Namenstag!)

Liebe haßt den Dichter. Sie will nicht verherrlicht werden (»selbst herrlich genug«!), sie glaubt sich ja ein Absolut, einziges Absolut. Sie traut uns nicht. In ihrem Tiefsten weiß sie, daß sie nicht herrlich ist (darum so herrisch!), sie weiß, daß alle Herrlichkeit – Seele ist, und wo Seele anfängt, endet der Leib. Eifersucht, Rainer, reinste. Dieselbe wie von Seele zu Leib. Ach, ich bin immer auf den Leib eifersüchtig: *so* besungen! Die kleine Episode von Francesca und Paolo. – Armer Dante! – Wer denkt noch an Dante und Beatrice? Auf die menschliche Komödie bin ich eifersüchtig. Seele wird nie so geliebt wie Leib, höchstens – gelobt. Mit tausend

Seelen wird der Leib geliebt. Wer hat sich je um eine *Seele* verdammt? Und wenn einer auch möchte – unmöglich: eine Seele bis zum Verdammnis lieben – heißt schon Engel sein. Um die ganze Hölle sind wir betrogen! (... trop pure – provoque un vent de dédain!)

Warum ich Dir dies alles sage. Aus Angst, vielleicht, – Du hieltest mich für allgemein-leidenschaftlich (Leidenschaft – Leibeigenschaft). »Ich liebe Dich und will mit Dir schlafen«, die Kürze ist der Freundschaft nicht gegönnt. Aber ich sage es mit anderer Stimme, fast im Schlaf, fest im Schlaf. Ich klinge ganz anders als Leidenschaft. Wenn Du mich zu Dir nähmest, nähmest Du zu Dir – les plus déserts lieux. Alles, was *nie* schläft, möchte sich in Deinen Armen ausschlafen. Bis in die Seele (Kehle) hinein – so wäre der Kuß. (Feuerbrand nicht: Untiefe.)

Je ne plaide pas ma cause, je plaide la cause du plus absolu des baisers.

———

Du reisest immer, Du lebst nirgends, und mit Russen triffst Du zusammen, die nicht ich sind. Hör, daß Du's weißt: im Rainerland vertrete ich allein Rußland.

Rainer, was bist Du eigentlich? Kein Deutscher, obwohl – ganz Deutschland! Kein Böhme, obwohl in Böhmen geboren (NB! in einem Lande geboren, das noch nicht da war, – das stimmt), kein Österreicher, denn Österreich *war*, und Du – *wirst*! Ist das nicht herrlich? *Du* – ohne Land! »Le grand poete tchéco-slovaque«, wie es in den Pariser Zeitschriften stand. Rainer, am Ende bist Du Slovake? Ich muß lachen.

Rainer, es wird Abend, ich liebe Dich. Ein Zug heult. Züge sind Wölfe, Wölfe sind Rußland. Kein Zug – ganz Rußland heult nach Dir. Rainer, sei mir nicht bös, bös oder nicht, heut nacht schlaf ich mit Dir. Ein Riß in der Dunkelheit, weil es Sterne sind, schließ ich: Fenster. (Ans Fenster denk ich, wenn ich an Dich und mich denk, nicht ans Bett.) Die Augen weit offen, denn draußen ist es noch schwärzer als innen. Das Bett ist ein Schiff, wir gehen auf Reisen.

> ... mais un jour on ne le vit plus.
> Le petit navire sans voiler,
> Lassé des océans maudits,
> Voguant au pays des étoiles –
> Avait gagné le paradis
> (Kinderlied aus Lausanne)

Antworten brauchst Du nicht – weiterküssen.

M.

[Nachschrift]
Vom Rechthaben (Im-Recht-Sein). »Unnatürlich ist auch Natur« (Goethe), das hast Du wohl gemeint? (Natur: Recht) Die déserts lieux hab ich vom Boris geschenkt und schenke sie Dir.

166.   Marina I. Zwetajewa an Rilke

St. Gilles, den 14. August 1926

Lieber Freund,
    ob Du meinen letzten Brief erhalten hast? Ich frage Dich, weil ich ihn in einen abgehenden Zug warf. Der Briefkasten sah unheimlich genug aus: drei Finger Staub und mit einem riesigen Gefängnis-Schloß. Der Wurf war schon geschehn, als ich es feststellte, die Hand ging zu schnell – der Brief wird wohl liegenbleiben – bis zum Jüngsten Gericht.

Ungefähr vor zehn Tagen. Inhalt? Brief *ist* Inhalt, *hat* also keinen, doch um nicht zu genau zu sein: etwas vom Schlafen, Deinem und meinem (et le lit – table évanouie . . .)

Ein Bett – um Dinge zu ahnen ⎱ Wunder zu sehn ⎰,

einen Tisch – um ⎰ sie zu verwirklichen ⎱ sie zu tun.

Bett: Rücken, Tisch: Ellenbogen. Der Mensch *ist* Bett und Tisch, braucht also keine *haben*.

(Der andere Brief klang ganz anders, und der Zug, der ihn . . . trägt und begräbt – heulte und pfiff ganz anders als ein Passagierzug, wenn ich ihn hörte, wüßt ich gleich, ob der Brief noch drinnen ist.)

Lieber Rainer, der Boris schreibt mir nicht mehr. Im letzten Brief schrieb er: Alles, was in mir nicht Willen ist, ist Dein und heißt Du. – Willen heißt seine Frau und sein Sohn, die jetzt im Auslande sind. Als ich von diesem seinem zweiten Auslande erfuhr, schrieb ich: zwei Briefe aus dem Auslande – laß das sein! Zwei Auslande gibt es nicht. Ausland und Inland – ja. *Ich* bin Ausland! *Bin* und teile nicht.

Mag die Frau ihm schreiben und er – ihr. Mit ihr schlafen und mir schreiben – ja, ihr schreiben und mir schreiben, zwei Brief-Umschläge, zwei Adressen (ein Frankreich!) – durch die Handschrift *verschwistert* . . . Ihn zum Bruder – ja, sie zur Schwester – nein.

So bin ich, Rainer, jede Menschen-Beziehung – Insel, und immer versunken – mit Haupt – und Haut – und Haar.

Mein gehört im Menschen Stirn und etwas Brust, Herz gönn ich leicht. Brust gönn ich nicht. Ich brauche ein Gewölbe zum Klingen, Herz klingt dumpf.

Rainer, schreib mir eine Postkarte, nur zwei
Worte: Zug-Brief erhalten oder – nicht erhalten.
Dann schreib ich Dir einen langen Brief.

Rainer, diesen Winter müssen wir zusammenkommen, irgendwo in der französischen Savoye,
ganz nah an der Schweiz, irgendwo, wo Du noch
nicht warst (ob so ein *nie* vorhanden ist? Zweifle).
In einem kleinen Städtchen, Rainer. So lange Du
willst: so kurz Du willst. Ich schreib es Dir ganz
einfach, weil ich weiß, daß Du mich nicht nur sehr
lieben wirst, sondern Dich meiner sehr *freuen* wirst.
(Freude – anziehend *auch* für Dich.)

Oder im Herbst, Rainer. Oder im Frühjahr. Sage:
ja, daß ich vom heutigen Tag an eine große Freude
hab, etwas zum Danach-ausschauen (umsehen?)*

Weil es sehr spät ist und ich sehr müde bin, umarme ich Dich.

Marina

167. Rilke an Marina I. Zwetajewa

Hôtel Hof – Ragaz,
Ragaz (Canton de H. Gall), *Suisse*,
ce 19 Août 1926

Der Zug, Marina, dieser Zug (mit Deinem vorigen Brief), dem Du nachträglich gemißtraut hast,
ist atemlos auf mich zugefahren; der unheimliche
Briefkasten war alt, wie Kamele und Krokodile alt
sind, von Jugend auf durch Altsein geschützt: zu-
verlässigste Qualität. – Ja und Ja und Ja, Marina,
alle Ja, zu was Du willst und bist, so groß, zusammen, wie das JA zum Leben selbst . . .: aber in dem
sind ja auch alle die zehntausend Nein, die unvor-
sehbaren.

---

* Vergangenheit steht noch bevor . . .

Wenn ich weniger sicher bin, ob dieses uns ineinander gewährt sei, daß wir wie zwei Schichten,
zwei Lagen, dichtzart, zwei Hälften eines Nests
wären (wie gern wüßt ich jetzt wieder, wie Nest
russisch heißt (vergessen!), des Schlaf-Nests, in dem
ein großer Vogel, ein Raubvogel des Geistes (nicht
blinzeln!) sich niederläßt..., wenn ich weniger (als
Du) sicher bin ... (? liegt's an dem eigentümlich
anhaftenden Schweren, das ich durchmache und oft
kaum mehr zu überstehen meine, so daß ich von
den Dingen, die kommen wollen, jetzt nicht sie
selbst, sondern eine genau besondere Hülfe erwarte,
einen Beistand nach Maß?)..., so bin ich doch nicht
minder (nein: erst recht) bedürfend, ein Mal *so* mich
aus dem Tiefsten, aus dem Brunnen der Brunnen
zu er-holen. Aber Angst dazwischen vor den vielen
Tagen, mit ihren Wiederholungen, bis dahin, Angst
(plötzlich) vor den Zufällen, die nichts davon wissen und ununterrichtbar sind.

... Nicht bis in den Winter! ...

...»Antworten brauchst Du nicht...«, schlos-
sest Du. *Konnt* ich nicht, vielleicht: denn wer weiß,
Marina, war mein Antworten nicht *vor* Deinem
Fragen da? In Val-Mont damals schon hab ich sie
auf den Karten gesucht: cette petite ville en Savoye..., nun sprichst Du's aus! – Rück's aus der
Zeit, mach's gewährt, als ob's schon gewesen sei:
dacht ich, da ich Dich las ... Und da schriebst Du
auch schon, rechts an Deinen Briefrand: »Vergangenheit steht noch bevor...« (Magische Zeile, aber
aus so bangem Zusammenhang.)

Nun vergiß, Liebe, blindlings, was da gefragt
war und geantwortet, stell's (was es auch wird sein
dürfen) unter den Schutz, unter die Macht der
Freude, die Du bringst, die ich brauche, die ich
bringe vielleicht, wenn Du des Bringens Anfang
machst (der schon gemacht ist).

Daß der Boris im Schweigen bleibt, kümmert und bekümmert mich; eigentlich war's so doch mein Hinzukommen, das sich quer gelegt hat vor seine große Strömung zu Dir? Und ob ich gleich versteh, was Du von den zwei »Auslanden« sagst (die sich ausschließen), find ich Dich doch streng, beinah hart gegen ihn (und streng gegen mich, wenn Du willst, daß mir Rußland nie und nirgends sei als durch Dich!) Aufgelehnt gegen jede Ausschließung (die aus der Liebeswurzel wächst und verholzt ...): erkennst Du mich so, *auch* so?

Rainer

168.   Marina I. Zwetajewa an Rilke

St. Gilles, 22. August 1926

Rainer, sag nur immer Ja zu allem, was ich will, – so arg wird's doch nicht werden. Rainer, wenn ich Dir sag: ich bin Dein Rußland, sag ich Dir nur (noch einmal), daß ich Dich liebhab. Liebe lebt von Ausnahmen, Absonderungen, Ausschließlichkeiten. Liebe lebt von Worten und stirbt an Taten. Zu klug – ich – um Dir wirklich Rußland sein zu wollen! Redensart. Liebesart.

Rainer, ich heiße anders: alles, was Du bist, was Du *ist.* (*Sein* ist gelebt sein. Etre vécu. Chose vécue. Passiv.)

Glaubst Du, daß ich an die Savoye glaube? Ja, wie Du, wie ans Himmelreich. Einmal ... (Wie? Wann?) Was hab ich vom Leben gesehn? Meine ganze Jugend durch (vom 1917 an) – schwarze Arbeit. Moskau? Prag? Paris? St. Gilles? Gleich. Immer Herd, Besen, Geld (keins). Nie Zeit. Keine Frau von Deinen Bekannten und Freundinnen lebt

so, könnte so leben. Nicht mehr fegen – so heißt
mein Himmelreich. Schlicht genug? Ja, weil mein
Erdreich – schlecht genug! (Rainer, schrieb ich
deutsch: fegen – Fegfeuer (das herrliche Wort),
fegen hier, Fegfeuer da, bis ins Fegfeuer hinein-
gefegt, etc. *So* schreib ich, vom Worte zum Ding,
die Worte nachdichtend. So schreibst Du, glaub
ich.

Also, Lieber, keine Angst, und nur immer ${da \atop ja}$

zu jedem ${gib \atop mein}$ { – ein Bettlertrost, unschuldig,
ohne Folgen. Meistens fällt meine bittende Hand
doch aus – und die Gabe – in den Sand. Was ich
von Dir will? Was ich von der ganzen Dichtung
und von jeder Gedichtszeile will: die Wahrheit
${eines \atop dieses}$ } Augenblicks. Weiter geht Wahrheit nicht.
Verholzt nie – verascht – immer. Nur das Wort,
was für mich schon Ding ist – will ich. Taten?
Folgen?

Ich kenne Dich, Rainer, wie ich mich kenne. Je
weiter von mir – desto weiter in mich. Ich lebe nicht
in mir, außer mir. Ich lebe nicht in meinem Mund,
und der, der mich küßt, trifft *mich* nicht.

Savoye. (Nachdenken): Zug. Fahrkarte. Gasthaus. (Gott gelobt, kein Visum!) Und ... leiser Ekel.
Etwas Vorbereitetes, Erobertes ... Erbetteltes. *Du*
mußt vom Himmel fallen.

Rainer, ganz ernst: wenn Du mich wirklich, mit
Augen, sehen willst, mußt *Du* handeln, d. h. – »In
zwei Wochen bin ich da und da. Ob Du kommst?«
Das muß von Dir kommen. Wie das Datum. Wie
die Stadt. Sieh Dir die Karte an, vielleicht muß es
eine große Stadt sein? Denk nach. Kleine Städte
führen manchmal irre. Ja, noch eins: Geld hab ich
keins, das wenige, was ich erarbeite (meiner »Neu-

heit« wegen nur in »neueren« Monatsschriften gedruckt, und deren, in der Emigration, nur zwei) –
wie erhalten – entschwunden, ob Du für uns beide
genug haben wirst? Rainer, ich schreibe und muß
lachen: ein sonderbarer Gast!

Also, Lieber, wenn Du's einmal wirklich willst,
schreibst Du mir (etwas vorher, denn ich muß jemanden finden, der mit den Kindern bleibt) – dann
komm ich. In St. Gilles bleib ich bis 1.–15. Oktober.
Dann – nach Paris, wo alles von Anfang an: kein
Geld, keine Wohnung, nichts. Nach Prag geh ich
nicht zurück, die Böhmen sind mir böse, daß ich so
viel und heiß über Deutschland geschrieben und so
fest über Böhmen geschwiegen hab. Und 3½ Jahre
lang doch von den Böhmen »subsidiert« (900 Kř.
monatlich). Also, 1.–15. Oktober – Paris. Eher als
im November kommen wir nicht zusammen. Aber –
irgendwo im Süden könnte es doch auch sein?
(Frankreich gemeint.) Wo, wie und wann (vom
Nov. an) Du willst. Dir in die Hände gelegt. Kannst
sie ja auch . . . entzweien. Mehr oder minder lieben
werd ich Dich ja doch nie.

Ich freue mich *sehr* auf Dich, wie ⟨an⟩ [auf] ein
ganzes, *ganz* neues Reich.

Vom Boris. Nein, ich war im Rechten. Seine Antwort war die eines befreiten Atlas. (Der trug ja
einen Himmel samt Einwohnern! Und seiner Bürde
entledigt, glaub ich, *auch* geseufzt!) Jetzt ist er von
mir frei. Zu gut, zu mitleidig, zu geduldig. Der
Schlag *mußte* von mir kommen. (Enden, d. h. töten
will keiner!) Von den zwei Auslanden wußt er
schon. Ich habe nur ausgesprochen, genannt, ent-
zaubert. Jetzt ist alles gut, die Reiche getrennt: ich
im innigsten Innern – äußerstem Ausland – ganz
aus der Welt.

Nest heißt russisch: гнездо (Einzahl – ohne Reim!) Mehrzahl: гнезда (weiches in der Aussprache e, ё, fast o), Reim: звезды – Sterne.

———

Wie lang bleibst Du noch in Ragaz, und wie fühlst Du Dich? Was schriebst Du zuletzt?

Ja, eine große Bitte. Schenke mir eine griechische (deutsche) Mythologie – ohne Philosophie, ganz einfach und ausführlich: Mythen. Ich glaub, in meiner Kindheit hatt ich ein Buch von *Stoll*. Bald erscheint mein Theseus (I. Teil: Theseus und Ariadne, dramatisches Gedicht). Jetzt fang ich die Phädra an (alles als Trilogie gedacht: Ariadne – Phädra – Helene) und brauch eine Mythologie. Aphroditens Haß – das ist das Leitmotiv. Wie schade, daß Du mich nicht lesen kannst! Ich – vor Dir – taubstumm (taub eigentlich nicht, – stumm!).

Schenke mir die Stolls Mythen, und mit Inschrift, daß ich mich von dem Buch *nie* trenne. Willst Du?

Ich umarme Dich

M.

[Randnotiz]
St. Gall – St. Gilles . . .

169.   Marina I. Zwetajewa an Rilke

Bellevue (S. et O.)
près [de] Paris
31, Boulevard Verd
7. November 1926

Lieber Rainer!
Hier leb ich.
– Ob Du mich noch liebst?

Marina

⌐Bellevue⌐
31. Dezember 1926

Boris!

Rainer Maria Rilke ist gestorben. Das Datum weiß ich nicht – etwa vor drei Tagen. Man kam, mich zur Neujahrsfeier einzuladen, und teilte es mir gleichzeitig mit.

Sein letzter Brief an mich (vom 6. September) endete mit dem Ausruf:

⌐»Im Frühling? Mir ist lang. Eher! Eher!«⌐

(Wir sprachen von einem Treffen.) Auf die Antwort habe ich nicht geantwortet, danach schon aus Bellevue, mein Brief an ihn – eine Zeile:

⌐»Rainer, was ist? Rainer, liebst du mich noch?«⌐

[...]

Werden wir uns irgendwann sehen?

– Auf sein neues Jahrhundert, Boris!

M.

Erinnerungen

Spiridon D. Droshshin
Der zeitgenössische Dichter
Rainer Maria Rilke
(Aus Aufzeichnungen und Erinnerungen)

Im Dezember 1899 lernte ich durch I. I. Gorbunow-
Possadow in Moskau die unter dem Pseudonym
Sergej Orlowski schreibende bekannte Schriftstellerin Sofja Nikolajewna Schill kennen. Am 8. März
1900 teilte sie mir aus Petersburg folgendes mit:
»Sie haben unsere flüchtige Bekanntschaft vom vergangenen Jahr sicher vergessen, als I. I. Gorbunow-
Possadow Sie eines Abends mit zu mir brachte und
wir uns so ausführlich über Burns und die englische
Sprache unterhielten. Aber vielleicht erinnern Sie
sich noch an unsere Teestunde, und in der Hoffnung darauf schreibe ich Ihnen. Es geht darum: ich
war diesen Winter in Berlin und lernte dort einen
großen Verehrer von Ihnen und ausgezeichneten
Übersetzer Ihrer Verse kennen. Dieser deutsche
Dichter, Herr Rainer Maria Rilke, möchte Sie unbedingt kennenlernen; er kommt mit seiner Cousine, ebenfalls einer Schriftstellerin, nach Rußland
und wird kurz nach Ostern hier sein. Herr Rilke
bat mich inständig, ihm Ihre Adresse zu geben, und
ich habe ihm diese Bitte erfüllt. Wie es den Anschein hat, möchte er Sie sehr gern mit seiner Cousine besuchen, um den Dichter, der ihn in Entzücken versetzt, persönlich kennenzulernen. Beide
haben gut Russisch sprechen gelernt und lieben
Rußland und alles Russische mehr als alles Deutsche.
   Ich halte es für meine Pflicht, sehr verehrter
Spiridon Dmitrijewitsch, Ihnen diesen Besuch an-
zukündigen. Ich hoffe, diese lieben, guten und einfachen Menschen werden Ihnen keine Umstände

machen und Sie werden ein passendes Nachtlager
für sie finden, wenn sie zu übernachten gedenken.
Sie möchten leidenschaftlich gern ein russisches
Dorf und das gegenwärtige bäuerliche Leben kennenlernen. Ich befinde mich im Augenblick auf der
Durchreise in Petersburg und habe mir von P. W.
Sassodimski Ihre Adresse geben lassen, denn jene,
die Sie mir auf Ihr Büchlein schrieben, liegt in
Moskau, wohin ich bald zurückkehre. P. W. Sassodimski bittet mich, Ihnen Grüße auszurichten. Ich
wünsche Ihnen von Herzen alles Gute und verbleibe hochachtungsvoll Ihre Sofja Schill. Meine
Adresse: Moskau, Smolenski-Boulevard, Nemtschi-
nows Haus, Sofja Nikolajewna Schill.«

Von der bevorstehenden Ankunft meiner ausländischen Gäste verständigte ich auch die Familie
meines neuen, engsten Freundes – des benachbarten
Gutsbesitzers N. A. Tolstoi, der sich mit großer
Freude bereit erklärte, mich beim Empfang der
Gäste und beim Herrichten meiner eben fertig gewordenen Hütte, die damals – wie noch jetzt –
meine Bibliothek beherbergte, zu unterstützen.

Kurz darauf berichtete ich darüber auch Herrn
F. F. Fiedler in Petersburg, dem bekannten Übersetzer von Puschkin, Lermontow und anderen unserer Dichter ins Deutsche; er bat mich in seinem
Antwortbrief, Rilke zu grüßen, und teilte mir mit,
daß beide vor einem Jahr bei ihm gewesen seien.

S. N. Schill schrieb mir erneut, nun bereits aus
Moskau: »Wie Sie schon wissen, wollen Sie Ihr
Übersetzer, der deutsche Dichter Rainer Ossipowitsch Rilke, und seine Reisegefährtin, die bekannte
deutsche Schriftstellerin Andreas-Salomé, besuchen.
Sie baten mich, Ihnen mitzuteilen, daß sie um den
20. dieses Monats bei Ihnen eintreffen werden und
eine Woche in Ihrem Dorf verbringen möchten.
Frau Andreas-Salomé gilt als eine sehr talentierte

Romanschriftstellerin. Sie hat die Züricher Universität absolviert und war mit dem Philosophen Nietzsche befreundet. Ich hoffe, sehr verehrter Spiridon Dmitrijewitsch, Sie werden sich alle Mühe geben und meinen lieben Freunden behilflich sein. Sie *lieben Rußland und alles Russische so leidenschaftlich und innig,* daß es unsere Pflicht ist, ihnen die angenehmsten Eindrücke von unserer Heimat zu vermitteln. Ich würde mich außerordentlich freuen, wenn Sie es nicht vergäßen, mir, wie versprochen, Ihr letztes Büchlein zu schicken. Mit aufrichtiger Hochachtung Sofja Schill.«

Schließlich erhielt ich von Rainer Ossipowitsch selbst aus Moskau einen Brief vom 2. Juli, er schrieb: »Sehr verehrter Spiridon Dmitrijewitsch! Wir würden Sie sehr gern besuchen und kennenlernen; wir werden am Dienstag bei Ihnen sein; wir hoffen, daß man für einige Tage im Dorf unterkommen kann. Entschuldigen Sie, daß wir schlecht russisch sprechen. Herzlich empfehlen sich Ihnen Ihre unbekannten Freunde R. M. Rilke und Lou Andreas-Salomé. Moskau, Nowomoskowskoje Podworje, Pjatnizkaja. Sonntag.«

Danach erhielt ich von demselben Absender aus Moskau auf einer Karte vom 3. Juli eine weitere Nachricht: »Wir treffen am Mittwoch, dem 5. Juli, gegen 12 Uhr mittags auf der Station Sawidowo ein. Es war uns unmöglich, morgen von Moskau abzureisen. Es empfehlen sich Ihnen R. M. Rilke, L. Andreas-Salomé.«

Am Mittwoch, dem 5. Juli, erklangen mittags gegen zwei im Dorf Glöckchen. Ich trat hinaus auf die Außentreppe, da hielt auch schon ein Postwagen mit drei wackeren Pferden vor meinem Haus. Als erster stieg Rainer Rilke aus dem Tarantas. Er trug eine englische Tuchjacke, Schuhe mit bis zu den Knien reichenden schwarzen Strümpfen und einen

Spazierstock. Nach der üblichen Begrüßung führte ich die teuren Gäste in meine für sie vorbereitete und mit den nötigen Möbeln ausgestattete Hütte, die aus zwei Teilen bestand und deren vier Fenster auf meinen kleinen Garten hinausschauten, in dem Himbeer-, Stachelbeer- und Johannisbeersträucher wuchsen. Nachdem wir den Kutscher, der uns die Sachen ins Haus trug, entlassen hatten, setzten wir uns um den Samowar. Wir tranken Tee, und ein gemeinsames Gespräch kam auf. Rilke sprach nicht so korrekt russisch wie die ihn begleitende Frau Andreas-Salomé, doch war er sehr gut zu verstehen. Er überreichte mir Ausschnitte aus dem »Prager Boten« vom April 1900 mit zwei aus meinem Buch »Lieder eines Ackerbauern« von ihm ins Deutsche übersetzten Gedichten: »So nimm mich auf, du gute Heimatgegend ...« und »Im Heimatdorf« (»Derselbe Wald, von ferne blau, dieselben Hänge, Täler, Wiesenländer«). Nach dem Tee und einem Imbiß betrachteten sie mit Neugier meine Bibliothek, danach führte ich sie in den Garten, und von da gingen wir über die gepflügten und bestellten Felder zur Wolga, wo sie länger verweilten und sich an der nach allen Seiten hin weiten Landschaft meiner Heimat ergötzten. Auf dem Rückweg pflückten wir auf der Überschwemmungswiese am Fluß Feldblumensträuße. Bei der Tischwinskaja Kapelle angekommen, ließen wir uns an der Quelle, die durch eine Rinne fließt, nieder, um auszuruhen. Wir besichtigten die Kapelle und gingen dann durch den Wald; unterwegs bat mich Rainer Ossipowitsch, ihm zu zeigen, wo die Moosbeeren wachsen. Ich führte sie daraufhin zu einem Sumpf und zeigte ihnen das niedrige Gesträuch der Pflanze; Rilke betrachtete sie, brach einige Zweige ab und barg sie in seinem Notizbüchlein.

Als wir nach Hause zurückgekehrt waren und zu

Abend gegessen hatten, las ich auf ihren Wunsch hin einige meiner Gedichte vor.

Am nächsten Tag, die Sonne war kaum aufgegangen, der Hirte trieb seine Herde auf die Weide, und ich schlief noch, da standen sie schon auf und begaben sich, nachdem sie die von der Frau bereitgestellte kuhwarme Milch getrunken hatten, barfuß zu der Wiese am Flußufer und liefen dort den ganzen Morgen durch das taufeuchte Gras; sie meinten, wie sie mir hinterher erklärten, dies wäre sehr gesund.

Am dritten Tag beschloß ich, früher als sie aufzustehen, um zusammen mit ihnen spazierenzugehen; da ich jedoch nicht daran glaubte, daß barfuß durch den Tau zu gehen für mich heilsam sei, zog ich hohe Stiefel an; wir spazierten lange über die tauigen Wiesen und pflückten frische Sträuße von verschiedenen Blumen. Nachdem wir nach Hause zurückgekehrt waren, Tee getrunken und gefrühstückt hatten, nahmen wir Körbe und gingen Pilze sammeln. Unterwegs wandte ich mich an Luisa Gustawowna mit der Frage: »Wie gefällt Ihnen meine Heimat?«–»Bei Ihnen hier ist es so wunderbar«, antwortete sie, »daß ich, wäre es möglich, für immer in Ihrem Dorf leben möchte.« Bald waren wir im Wald. Wie freuten sie sich, wenn einer von ihnen einen Champignon oder einen rotköpfigen Speisetäubling fand! Es gab um diese Jahreszeit wenig Pilze, doch sammelten wir zu dritt so viel, daß meine Marja Afanassjewna am Abend in der Bratpfanne ein sehr schmackhaftes Gericht zubereiten konnte. Am vierten Tag, am Sonnabend, dem 8. Juli, begaben wir uns zu meinem neuen Freund, dem benachbarten Gutsbesitzer N. A. Tolstoi. Auf seinem anderthalb Werst von Nisowka entfernt liegenden Gut Nowinki, wo seine ganze Familie uns freundlich empfing, verbrachten wir die Zeit sehr fröhlich, in freundschaftlichen Gesprächen und mit Spaziergängen durch den ausgedehnten Garten und den hundertjährigen Kiefernwald, und auf die inständige Bitte von N. A. Tolstoi und seiner Mutter, Nadeshda Alexandrowna, übernachteten wir bei ihnen. Am nächsten Tag, nach dem Frühstück und abermaligen Spaziergängen, machte N. A. Tolstoi auf der Terrasse zwei Aufnahmen von uns, zuerst eine Gruppenaufnahme mit seiner Mutter und den Kindern, danach photographierte er mich und Rilke auf der Wiese.

Am Montag, dem 10. Juli, als meine lieben Gäste schon zur Abreise nach Petersburg rüsteten, überreichte ich ihnen zur Erinnerung ein Büchlein meiner Gedichte und mein Bild, eine Photographie von P. P. Pawlow in Moskau aus dem Jahre 1898, und bat sie, mir etwas zur Erinnerung in mein Album zu schreiben; ich schlug vor Rilke eine leere Seite auf und reichte ihm die Feder.

»Was soll ich Ihnen hineinschreiben?« fragte mich Rainer Ossipowitsch lächelnd.

»Schreiben Sie mir bitte kurz Ihre Biographie auf.«

Er dachte ein wenig nach, nahm die Feder und schrieb:

»Ich wurde in Prag geboren (Böhmen), im Jahre 1875, am 4. Dezember. Bis zu meinem zehnten Lebensjahr lebte ich im Elternhaus, dann brachte man mich auf eine Offiziersschule, wo ich fünf Jahre blieb. Danach beendete ich zu Hause das Gymnasium.

Mit der Schriftstellerei begann ich als Neunzehnjähriger, ich schrieb zuerst Prosa, danach Dramen und Gedichte. Bis jetzt (1900) habe ich vier Bücher mit Gedichten, drei Bücher mit Prosawerken und drei Bücher mit Dramen geschrieben und herausgegeben.«

Danach fügte er noch folgendes hinzu:

»Ich habe Ihnen mehr als einmal gesagt, daß ich Ihre Gedichte *außerordentlich liebe*. Und nun, da ich die Heimat Ihrer Lieder gesehen habe, Ihr Dorf und Ihr Leben dort, verstehe und liebe ich sie noch mehr. Rainer Iossif. Rilke.«

Nachdem ich Rainer Ossipowitsch für das Geschriebene gedankt hatte, schlug ich eine andere Seite des Albums auf und schob es Luisa Gustawowna hin, mit der Bitte, ebenfalls etwas hineinzuschreiben. Daraufhin schrieb sie fast das gleiche, was sie auf dem Spaziergang zu mir gesagt hatte:

»Ich habe bei Ihnen das russische Dorf kennengelernt und würde gern für immer hier bleiben. Luisa Gustawowna Salomé. 10. Juli 1900.« Als ich Rainer Ossipowitsch um seine Photographie bat, sagte er mir übrigens, er habe sich noch niemals aufnehmen lassen, doch wolle er das unbedingt, sobald er wieder in Berlin sei, nachholen und mir ein Photo schicken. »Aber inzwischen schenke ich Ihnen das hier.« Und er gab mir einen von ihm mit Randbemerkungen versehenen illustrierten Katalog deutscher Bücher mit kurzen Besprechungen; die erste Seite enthielt die Profilaufnahme einer Büste Rainer Ossipowitschs und eine Aufstellung seiner Werke. Unter der Aufnahme stand: »Dorf Worpswede. Deutschland. Hamburg. ⌐Hamburg. Worpswede⌐.«

Bei dieser Gelegenheit möchte ich einige Worte über sein Aussehen sagen. Er hatte eine hohe, breite Stirn, die kurzen blonden Haare trug er ohne Scheitel, zurückgekämmt, er war hager, hatte leicht gerötete Wangen, eine gerade Nase, große dunkelgraue Augen, die tief unter leicht gerunzelten Augenbrauen lagen und einen freundlich von unten her anblickten, auf der etwas vorgewölbten Oberlippe sproß ein kleiner schmaler Schnurrbart und auf dem nicht sehr großen Kinn ein schütteres,

435

rundes Bärtchen, von der gleichen Farbe wie das Haar.

Zu der für die Abfahrt zur Station Sawidowo, Nikolai-Eisenbahn, bestimmten Zeit fuhr eine Teleshka vor, bespannt mit einem Paar Pferden, die N. A. Tolstoi freundlicherweise geschickt hatte. Meine Gäste, zufrieden und dankbar für die russische Gastfreundschaft, stiegen ein und fuhren ab, wobei sie, solange sie in Sicht waren, mir mit Tüchern winkten.

Bald nach ihrer Abreise erreichte mich aus Aluschta ein Brief vom 14. Juli, in dem mir Sofja Nikolajewna unter anderem folgendes schrieb:

»Mit aufrichtiger Freude erfuhr ich von dem Aufenthalt meiner lieben ausländischen Freunde bei Ihnen und von jener herzlichen Aufnahme, die sie bei Ihnen fanden. Ich fürchte nur, sie haben Ihnen vielleicht zuviel Mühe bereitet. Ich bin so froh, daß Sie diese bekannten und sympathischen Persönlichkeiten kennengelernt haben; ich hoffe, Ihre Verbindung zu Ihrem Übersetzer wird auch künftig nicht abreißen. Sowohl Frau Andreas wie auch Herr Rainer Rilke waren bezaubert von Ihrer Güte und dem reizvollen Leben im Dorfe: beide neigen dazu, unsere russische Wirklichkeit ein wenig zu idealisieren.«

Vier Tage nach diesem Brief erhielt ich in einem mit gelbem Siegellack und Originalpetschaft versehenen Kuvert auch einen Brief von Rilke. [...] Im Januar 1901 schickte mir Rilke aus Berlin zur Erinnerung zwei Photographien, von ihm und Andreas-Salomé, mit russischer und deutscher Widmung, einen Band Gedichte, betitelt ⌐»Mir zur Feier. Gedichte von Rainer Maria Rilke«¬, und einen Brief. [...]

Ich erinnere mich nicht mehr so genau, ob ich diesen Brief beantwortet habe. Allein später be-

kam ich einen meiner Briefe zurück, da der Emp-
fänger nicht auffindbar war, und ich machte keinen
Versuch mehr, ihm zu schreiben.

Im Jahre 1904 sandte er mir eine Broschüre in
deutscher Sprache zu, die mir einer meiner Bekannten übersetzte. In der Übersetzung lautete ihr Titel:
»Die Weise von Liebe und Tod des Cornets Otto
Rilke (geschrieben 1899). Rainer Maria Rilke. Sonderdruck der Monatsschrift ›Deutsche Arbeit‹, IV, I.
Verlag Karl Bellmann. Prag. 1904«. Auf dem Umschlag der Broschüre stand eine Widmung des
Autors: »Dem Poeten und Freund Spiridon
D. Droshshin sendet herzliche Grüße und Dank für
das gute Gedenken Rainer Ossipow. Rilke.«

Dorf Nisowka, 9. Juni 1913

Sofja N. Schill
Aus den »Erinnerungen«

Ich lernte R. M. Rilke im Jahre 1900 in Berlin kennen.

Er wohnte damals in einem Vorort, in Schmargendorf, in der Villa 'Waldfrieden'. Unweit der Villa begann der Wald, und Rilke erzählte, daß die Hirsche bis unter sein Fenster nach Futter kommen. Seine nächsten Nachbarn und Freunde waren die bekannte Schriftstellerin Lou Andreas-Salomé und ihr Mann, der Professor für Orientalistik Andreas.

Rilke stand damals im 26. Lebensjahr. Bei uns in Rußland war er noch unbekannt. So ließ Tschechow, bei all seinem Taktgefühl, Rilkes Brief an ihn – den Brief seines ersten Dramenübersetzers – unbeantwortet.

Rainer Rilke und Lou Salomé hegten ein zur damaligen Zeit in Deutschland außergewöhnliches und seltenes Interesse für Rußland und alles Russische. Sie hatten schon das Jahr zuvor Moskau besucht.

Dieses lebendige und warme Interesse für unser Land ging besonders von Luisa Gustawowna aus, und Rainer Ossipowitsch beschäftigte sich schon, von ihr beeinflußt, mit russischen Schriftstellern. Möglicherweise zog ihn auch seine slawische Herkunft zu der verwandten Welt hin; doch dauerte bei ihm eine solche Begeisterung nicht lange an.

Die Reisen nach Rußland waren für die Schriftstellerin nichts Ungewöhnliches. Sie wurde in Petersburg geboren, und ihr Vater hatte als General in der russischen Armee gedient. Als junges

Mädchen war sie nach Deutschland übergesiedelt, aber in ihrem Herzen hatte sie sich die Verbundenheit zu Rußland bewahrt. Unser Leben war oft Thema ihres poetischen Schaffens. Allein die russische Sprache beherrschte sie nicht so gut.

Rainer Ossipowitsch lernte in Berlin Russisch. Mit dem Eifer eines jungen Enthusiasten las er unsere Klassiker, und was noch wichtiger war, er dachte über sie nach, zum Beispiel über Tolstoi. Er hatte bereits beschlossen, Tschechows Stücke zu übersetzen, die in Deutschland noch unbekannt waren.

Wie nah ihm zu jener Zeit auch das russische Wesen schien, wie sehr es in ihm die angeborenen slawischen Elemente weckte – er besaß trotz allem keine feste und echte Kenntnis der russischen Sprache. Oft gefiel ihm in unserer Literatur das Simple und künstlerisch Schwache, nur weil er nicht alles verstand (zum Beispiel Spiridon Droshshin). Und zu meinem größten Bedauern ging er an den wertvollsten Schätzen unserer Poesie gleichgültig vorüber. Er spürte nicht die Unterschiede zwischen Droshshin und dem großen Kolzow. Bei Puschkin berührte ihn allein das Zauberische des Klanges, er sah in ihm nicht den strahlenden Genius Rußlands. Ebenso ging er auch an dem hervorragenden Tjutschew vorüber. Ihm war die Schönheit und Kraft von Tjutschews Sprache noch nicht zugänglich, obwohl sein eigener künstlerischer Weg ihn zu den Bereichen der Poesie und der Gedanken führte, in denen Tjutschew schuf.

Die Bekanntschaft mit einem Menschen aus Moskau war beiden Freunden willkommen. Sie planten für den Frühling eine neue Reise nach Rußland, dieses Mal eine wesentlich längere. Es war ihr Traum, das Stanislawski-Theater in Moskau zu besuchen und dort Tschechow-Aufführungen zu sehen. Sie nahmen sich auch vor, Tolstoi aufzusuchen und eine Schiffsreise auf der Wolga zu machen.

So entstand von den ersten Tagen an eine besondere, nahe Beziehung zwischen uns. Wir sahen uns oft während der sechs Wochen. Unsere geistige Nähe vertiefte sich noch durch die gleichen literarischen Sympathien. Rainer Ossipowitsch brachte mir den seinem Herzen teuren Novalis, ⌐Frau Lou⌐ wiederum die damals neuen philosophischen Bücher Maeterlincks: »Trésor des humbles«, »Sagesse et destinée«. Eine Zeitlang kamen meine neuen Freunde fast jeden Tag nachmittags zum Kaffee, und niemals fehlte es uns an Gesprächsstoff. Lou Salomé bevorzugte von den zwei genannten Werken Maeterlincks »Sagesse«, und Rainer Rilke stimmte, scheint es, mit ihr überein. Ich meine, dies entsprach ihrem deutschen protestantischen Geist, der zur Klarheit des Denkens neigt. Verwunderlich war, daß die Mystik von »Trésor« keinen großen Widerhall in der Seele des jungen Dichters fand. Der Gedanke liegt nahe, daß er sich der Autorität und dem Geschmack seiner älteren Freundin beugte. Aber später, in seinem ⌐»Stundenbuch«⌐, das die Verszyklen über das Leben der Mönche, über Armut, über Leben und Tod enthält, glaubte ich den Rationalismus ebenfalls zu spüren, der unserer russischen Mystik so fremd ist. Unter ihr verstehen wir die Entfaltung des geistigen Überbewußtseins im Menschen außerhalb des Verstandes und des Gefühls, außerhalb der Phantasie und der Wirklichkeit. Eine ähnliche Mystik erfüllt die Seiten des »Trésor des humbles«.

In diesen Tagen gelang es mir auch, mich mit Rilkes Werk selbst vertraut zu machen.

Einmal brachte er mir ein Paket, sein ganzes

poetisches Werk, kein geringes für seine sechsundzwanzig Jahre. Hierzu zählten die ersten Sammelbände, unter denen ⌜»Traumgekrönt«⌝ hervorragt, wo man schon von der Form und der Tiefe des Inhalts her Perlen der lyrischen Poesie findet, die von dem angeborenen Talent des Poeten zeugen, und kleine Gedichtsammlungen der damaligen Jugend, die ⌜»Wegwarten«⌝, die Rilke selbst redigierte. In diesen schmalen Heftchen erstrahlten seine Gedichte durch eine fast vollkommene Schönheit inmitten der Gedichte seiner Gefährten, von denen keiner seinen Ruhm erreichte. Ferner gehörten dazu: ein Büchlein mit Erzählungen ⌜»Am Leben hin«⌝; ein kleines Drama intimen Charakters ⌜»Ohne Gegenwart«⌝ – eine psychologische Etüde, bemerkenswert für den jungen Poeten. Noch ein Drama war dabei, von bereits ganz anderem, klar sozialem Charakter, »In der letzten Zeit«, das im Prager Nationaltheater gespielt wurde. Das alles waren die Anfänge im Schaffen des großen Poeten. Zwei weitere Gedichtbände, ⌜»Larenopfer«⌝ und ⌜»Mir zur Feier«⌝, stellten eine bemerkenswerte literarische Erscheinung dar und rückten Rilke weit nach vorn. Die »Larenopfer« waren, wie der Titel zeigt, eine poetische Gabe an die Heimat, an Prag, diese altertümliche Stadt mit den goldenen Kuppeln, wo die geheimnisvolle Schönheit der Türme, Brücken und Denkmäler in den Kinderjahren die Träume des künftigen Dichters nährte. Diese Gedichte sind in ihrer leichten und lichtvollen Art so voller Zauber, daß sie selbst beim Vergleich mit dem Schaffen des reifen Dichters ihre Bedeutung nicht verlieren. Ein weiterer Schritt auf dem Weg der Entwicklung seines Talentes war der Sammelband »Mir zur Feier«, gerade zu den Weihnachtsfeiertagen erschienen, mit den geschmackvollen Illustrationen des Malers Vogeler. Auf der ersten Seite fand sich ein Gedicht,

in dem der Dichter ein Bekenntnis seines poetischen
Credos ablegt:

DAS IST DIE SEHNSUCHT: wohnen im Gewoge
und keine Heimat haben in der Zeit.
Und das sind Wünsche: leise Dialoge
täglicher Stunden mit der Ewigkeit.

Vor den Lesern lag das Buch eines impressioni-
stischen Dichters, eines Meisters der Verse. Unfaßbar und flüchtig waren die Linien des Daseins,
welche der Künstler in die Zärtlichkeit seiner singenden Worte hüllte. Jünglingshafte Frische atmet
der Zyklus von den Träumereien und Gebeten der
Mädchen. Und in diesem Buch überrascht die Verbindung einer fast kindlichen Einfachheit mit sich
unversehens öffnenden Tiefen. Dort finden wir das
erstaunliche Gedicht, da der *Abend* einem Buch
mit goldenen Spangen und purpurnem Damast-
einband gleicht, das der Dichter ohne Hast mit
kühlen Händen aufschlägt, über das er sich neigt,
um zu lesen und die folgende Seite zu träumen. So
bezauberte auch die Persönlichkeit Rilkes durch
eben diesen Glanz der Weisheit und der frischen
Schlichtheit.

Rilke, der unsere Literatur kannte – wenngleich
nicht sehr eingehend –, wünschte, wie vor ihm Lou
Salomé, näher mit dem russischen Leben vertraut
zu werden, das der Welt so große Schätze der Poesie geschenkt hatte, Schätze, die ihm vorwiegend in
Übersetzungen zugänglich waren. In seiner dichterischen Phantasie erschien Rußland als das Land
prophetischer Träume und patriarchalischer Sitten,
im Gegensatz zum industrialisierten Westen.

Er interessierte sich nicht allein für die Literatur,
sondern auch für die russische Malerei, für die
kirchliche Kunst in ihrer Synthese von architekto-

nischen und ornamentalen Formen – für unsere Altertümer.

Die Rückständigkeit unserer staatlichen und gesellschaftlichen Formen beunruhigte ihn zu jener Zeit nicht. Er meinte, daß diese äußere Hülle keine Bedeutung für das geistige Sein einer Nation habe. Ebenso sah Luisa Gustawowna, die in Petersburg in Militärkreisen aufgewachsen war, kein großes Übel im Zarismus; beide Freunde begeisterte an ihm die Schönheit und die Pracht der alten Sitten. Das war das einzige Thema, wo unsere Ansichten auseinandergingen.

Einander nähergekommen, trennten wir uns in Deutschland im Februar 1900, um uns im Frühjahr in Moskau wiederzusehen.

Damals entspann sich ein Briefwechsel. Rainer Ossipowitsch und Luisa Gustawowna schrieben anfangs nach Petersburg und später nach Moskau. Die übrigen Briefe ergaben sich aus ihrer Reise.

Im April 1900 kamen sie nach Moskau und stiegen unweit des Kremls im Großen Moskauer Hof ab.

Sie bummelten durch die Stadt, manchmal auf meine Empfehlungen hin, aber meist nach eigenem Gutdünken, manchmal aufs Geratewohl, auf der Suche nach neuen, überraschenden Eindrücken. Und wohin es sie nicht überall verschlug! Die beiden Freunde waren schon ein auffallendes Pärchen. Die stattliche, etwas füllige Luisa Gustawowna im selbstgenähten Reformkleid von eigenartiger Farbe – und daneben der schlanke, mittelgroße junge Dichter in einer Jacke mit unzähligen Taschen und mit einem originellen Filzhut. Rainer Ossipowitsch hatte einen weißen, mädchenhaften Teint; das Oval seines Gesichtes und die Nase waren länglich; die großen, leuchtenden Augen blickten klar wie die eines Kindes auf das fremde Leben. Das hellblonde Spitzbärtchen stand ihm vorzüglich.

Die beiden bummelten durch Moskau, über den Arbat, durch Gassen und Gäßchen und hielten sich wie Kinder bei der Hand. Sie zogen Lächeln und Blicke auf sich, doch ließen sie sich davon nicht stören.

Sie gingen oft in die Kneipen der Lastenträger, um Tee zu trinken, ihren Gesprächen zu lauschen und sich zu unterhalten. Morgens verschwanden sie in Bildergalerien und Museen; besuchten die Gottesdienste in den Kirchen, drängten sich auf der Sucharewka, auf dem Smolensker Markt; durchstreiften die finstersten Winkel der Stadt. Und sie sahen über das Grobe, den Schmutz und die Elendshütten hinweg. Überall sprachen sie mit dem Volk, und überall begegneten ihnen – wie sie danach erzählten – gutmütige Bereitschaft zu Offenheit und freundliches Entgegenkommen. Sie suchten allerorts das *echte Antlitz Rußlands*. Je weiter es von der Literatur und dem Europäertum entfernt war, um so besser. Meine Empfehlungen an bekannte Schriftsteller nutzten sie wenig. Dafür zeigten sie ein ungewöhnliches Interesse für meine Zuhörer der Pretschistenski-Kurse für Arbeiter. Einige Male veranstaltete man für sie bei mir Teestunden, und die ausländischen Gäste lauschten den Erzählungen unserer Weber, Setzer ... Es war anregend, diese nicht alltäglichen Zusammentreffen unserer aus der Bauernschaft kommenden Arbeiter mit den Vertretern der raffiniertesten Kultur Europas mitzuerleben. Sie interessierten sich nicht für die ersten Versuche der russischen Arbeiter, aktiv in der Politik aufzutreten, sondern für ihr Sein, ihr ländliches Wesen, die gesunden Wurzeln – für »die Seele des Ackerbauern, die noch nicht endgültig verstümmelt ist durch die Stadt und die Arbeiterkaserne«. Deshalb gefiel ihnen auch ganz besonders einer meiner Freunde, Einrichter in der Weberei Kotow beim Nowo-Dewitschi-Kloster, ein Bauer aus dem Gouvernement Smolensk. Er erzählte ihnen begeistert von den erhebenden und glücklichen Augenblicken am frühen Morgen, wenn alles vom Tau überzogen ist und er allein in frischer, berauschender Luft auf dem Feld pflügt, während am blauen Frühlingshimmel die Lieder der Lerchen ertönen.

Auf ihren Streifzügen durch Moskau machten unsere ausländischen Gäste Einkäufe, vor allem auf der Sucharewka. Hier hatten sie unerschöpfliche Möglichkeiten, etwas Seltenes zu finden, was ihnen tatsächlich auch gelang. So erstand Rainer Ossipowitsch eines Tages für drei Rubel das große silberne Brustkreuz eines Bojaren aus dem 17. Jahrhundert. Der Name des Bojaren war auf der Rückseite eingraviert; die Vorderseite dieses schweren silbernen Kreuzes zierten Bildtäfelchen, »Siegel«, wie man sie auf den Rahmen unserer alten Ikonen findet. Jedes Siegel zeigte in Miniatur eine einziselierte Szene der Tragödie von Golgatha. Von ungewöhnlich hohem künstlerischem Wert waren einige auf der kleinen, fingerbreiten Oberfläche des Kreuzes wiedergegebene subtile und detaillierte Darstellungen der Leiden des Herrn. Rainer Ossipowitsch kam triumphierend mit seinem Erwerb und war bestürzt – warum regte ich mich so auf? Doch er trug das Kreuz an seiner Uhrkette neben anderen Berlocken! Später kaufte er eine silberne Kette und trug das Kreuz auf der Brust über der Kleidung wie unsere Priester. Man sagt, es existiere von ihm ein Porträt mit diesem Kreuz.

Da unsere deutschen Gäste so spät nach Moskau gekommen waren, konnten sie das Künstlertheater nicht mehr besuchen; es spielte nach Ostern in Petersburg. Besonders bedauerte dies Rainer Ossipowitsch, der davon geträumt hatte, durch eine Bühnenaufführung seine negative Meinung über Tschechows dramatisches Schaffen zu revidieren. Dafür breiteten die Tretjakow-Galerie und andere Moskauer Museen vor ihnen die ganze Geschichte der russischen Malerei aus. Am meisten erregte Kramskoi (besonders sein »*Christus in der Wüste*«) ihre Aufmerksamkeit.

Rainer Ossipowitsch bezauberte in jenen Tagen durch eine unbegreifliche, man kann sagen, seraphische Reinheit und Harmonie seiner Seele. Er wirkte geradezu, als sei er nicht von dieser Welt. In seinem ganzen Wesen lag etwas Jungfräuliches; und im Gespräch mit ihm vergaß man, daß er ein sechsundzwanzigjähriger Mann war. Uns Russen fiel es schwer, zu beurteilen, inwieweit die künstlerische Naivität seiner Gedichte »Mir zur Feier« eigenständig war und inwieweit sich in ihnen seine Gemeinsamkeit mit der deutschen Kunst jener Jahre ausprägte. Doch zwischen diesen jungfräulichen Gedichten und seiner lebendigen Persönlichkeit herrschte volle Eintracht. Er hatte etwas von einem Franz von Assisi, wie wir ihn uns in seiner Jugend vorstellen, etwas Schönes und Lichtes, das von hoher geistiger Harmonie durchdrungen war. Nicht umsonst hat später Frankreich diesen schlanken einzigartigen Deutschen so zärtlich geliebt, der so ganz dem ⌜Poverello⌝ glich. In seinem ⌜»Stundenbuch«⌝, das in der Seele des Dichters während dieser Jahre der russischen Eindrücke Gestalt annahm, gibt es einen Abschnitt »Von der Armut«. Dies war noch die Armut allein als literarisches Thema, aber kann man wissen, ob den Dichter nicht unsere Not und grenzenlose Einfachheit des Lebens, die er überall im russischen Volk beobachtete, zu dieser poetischen Konzeption anregte? ... Ihm selbst stand es noch bevor, die wirkliche Armut am eigenen Leibe zu erfahren, die der Gesundheit Verderben bringt, aber die reine Wahrheit über das Leben des Menschen auf Erden offenbart, die Wahrheit darüber, daß er machtlos und nackt ist auf seinem Planeten. An der Schwelle seines Ruhmes mußte Rilke noch erfahren, daß sich nicht dem Reichen, sondern dem Armen die Pforten des Reiches Gottes und der Poesie öffnen.

Das Siegel der Auserwähltheit lag auf allen Worten und Gesten des jungen Dichters, und um so stärker war der Zauber seines so ungewöhnlichen Wohlwollens, seiner Innigkeit und Herzlichkeit gegenüber den Menschen. Es schien, als habe er auf seinem Lebensweg nur Freunde um sich, als sei er durch den hellen Schein seines Wesens gefeit vor jeglicher Feindschaft, vor menschlicher Herzlosigkeit, vor Niedertracht, Undankbarkeit und Gleichgültigkeit.

Ganz versunken in seine schöpferischen Gedanken, schaute er auf die Welt, vertrauensselig wie ein Kind. Unwillkürlich tauchte der Gedanke auf – wie wird er die wirklichen, groben Schläge des Lebens ertragen, die selbst die Starken zu Boden werfen. Eben aus diesem Grunde mochte man vor ihm, wie vor einem Kinde, nicht vom bösen Antlitz des menschlichen Daseins sprechen. So ging er wohl ohne Arg an den wahren menschlichen Tragödien vorüber, nichts ahnend vom Verderben, von stummen Leiden. Seine wunderbare Ausgeglichenheit hatte sogar den Anschein von Einseitigkeit; man hat sich oft gefragt, ob sich dies nicht auf sein Schaffen auswirkte. Doch das Schicksal bereitete ihm einen Schlag, der sein ganzes Wesen erschüttern sollte.

Unsere ausländischen Freunde erlebten die Reise durch Rußland wie einen Festtag des Geistes. Wie sollte man sich nicht über so viel Sympathie freuen? Doch sie suchten und fanden bei uns eine Idylle, als bereits drohende Wolken heraufzogen und die ersten dumpfen Donnerschläge grollten. Sie sahen im Volk nur Reines und Lichtes, und das entsprach der Wahrheit. Aber sie wollten nicht das andere sehen, das ebensosehr der Wahrheit entsprach, daß das Volk in Unrecht, in Elend, in Unwissenheit verkommt; daß in ihm die Laster der Sklaven keimen: Faulheit, Schmutz, Betrug, Trunkenheit. Wenn wir darüber mit tiefer Trauer sprachen, fühlten wir, daß dies unseren Freunden unangenehm war; sie wollten (völlig zu Recht) Freude und wundersame Stille.

Genauso schwer fiel es mir, das poetische Programm Rainer Rilkes in seiner ersten Gedichtsammlung, »Mir zur Feier«, zu begreifen. Ohne Heimat in Raum und Zeit zu leben stellte sich mir als ein riesiges Unglück für ein Volk und eine Persönlichkeit dar. Daß Rilke ein Heimatgefühl fehlte, war mir verständlich; als Tscheche von Geburt und Deutscher der Kultur nach kannte er kein Vaterland. Aber auch unter dem Aspekt der Zeit schien mir das Gelöstsein von der Epoche, das gleichsam außerzeitliche, überirdische Schaffen der Grundlage, des Ecksteins zu entbehren, dem Wesen nach sogar unmöglich zu sein. Ebenso wie Turgenjew meinte ich, daß »nur die Gegenwart, die durch Talente oder Charaktere machtvollen Ausdruck erhält, zur unsterblichen Vergangenheit wird«. Und selbst Rilke, scheint es, irrte, als er seine Zeit seines Schaffens für unwürdig hielt, als er sich außerhalb seiner Zeit in einer überirdischen Einöde wähnte. Aber die mystischen Elemente in der Poesie dieses Künstlers, der nach Goethe und Novalis Bilder der

Schönheit geschaffen hat, gehören zweifellos unserer Zeit an.

Rilke, der geborene Dichter, lebte nur in der Welt der Poesie. Der Alltag war etwas Niederes, auf das er von oben herab blickte; in seinen Gedichten gab er aus Barmherzigkcit »dcn armen unscheinbaren Worten, die im Alltag darben«, eine Zuflucht. Man spürte, er besaß bereits ganz bestimmte, fest angeeignete Ansichten; er bemühte sich, nach seiner Art zu leben, *selon son âme*, wie Maeterlinck sagt. In diesem seinem Streben fand er eine Stütze im Vorbild seiner Freundin Andreas-Salomé. Ihr Einfluß auf den jungen Dichter war offenkundig.

Die russischen Eindrücke – Moskau und danach die tiefe Provinz, die zufälligen Begegnungen mit einfachen Menschen, die Altertümer Kiews, Jaroslawls, Weliki Nowgorods – nahmen sie schon deshalb als etwas Vertrautes auf, weil alles so wunderbar war, still und einfach, so echt, so weit entfernt von allem Lug und Trug der Kultur. Unsere alten Denkmäler ließen vor ihrem geistigen Auge die mittelalterlichen Baumeister mit ihrem heilen Weltbild lebendig werden. Gehörten sie doch selbst auch zu jenen, die in Deutschland ihr eigenes, eifersüchtig gehütetes, abgesondertes Leben lebten, denen das Getümmel der Stadt und die vom Besitzstreben gezeichnete dörfliche Atmosphäre fremd waren. Man kann sich nur wundern, wie Rilke es fertigbrachte, zu Beginn seines Schaffens die Hefte der ⌐»Wegwarten«¬[1] herauszugeben und sogar zu redigieren.

Und so findet diese vorübergehende Begeisterung für Rußland die Erklärung in Rilkes innerer Welt. Mit Sympathie beobachtete er das betriebsame russische Leben des Jahres 1900; er suchte es zu erfassen und zu verstehen, sich daran zu bereichern, es so weit wie möglich als Ganzes in sein schöpferisches Überbewußtsein aufzunehmen.

Nachdem unsere ausländischen Gäste im Laufe eines Monats die Moskauer Eindrücke in sich aufgenommen hatten, begaben sie sich auf die Weiterreise. Diese führte sie zunächst nach Jasnaja Poljana, dann nach Kiew und Poltawa, von dort nach Saratow, auf der Wolga nach Jaroslawl und zurück nach Moskau. Von hier ging es ins Twersker Gouvernement zu Droshshin nach Nisowka, dann nach Nowgorod und schließlich nach Petersburg, wo Rilke beschloß, länger zu bleiben, um sich in der Öffentlichen Bibliothek in russische Bücher zu vertiefen.

Seit dieser Zeit bin ich Rilke nicht mehr begegnet. Auch unser Briefwechsel riß bald ab. Schon während der Reise durch Rußland erfuhr seine Freundschaft zu Lou Andreas-Salomé eine Veränderung, der ein endgültiger und scharfer Bruch folgte. Ihn an seine russischen Tage zu erinnern wäre nicht sehr taktvoll gewesen, er selbst wünschte keine solche Erinnerung.

So blieben sie mir beide im Gedächtnis als pilgernde Freunde, als Wallfahrer des kultivierten Europas auf der Suche nach der Einfachheit und Weisheit des Lebens.

Noch einmal stieß ich auf die Spuren von Rainer Maria Rilkes Leben.

Es war im Sommer 1905, da ich durch Schweden reiste, um die dortigen Bauernhochschulen zu studieren, und einige Zeit in der Umgebung der Stadt Lund verbrachte, in der berühmten Volkshochschule von Hvilans. Die Tochter des Direktors schlug eine Fahrt zu einem nahe gelegenen Schloß vor, zu einem alten Bauwerk aus der Zeit der Dänenherrschaft. Wir blieben dort einige Tage, und bei unseren Gesprächen über Rußland erinnerte ich mich an Rainer Maria Rilkes und Lou Andreas-Salomés Ankunft in Moskau. Die Besitzerin des Schlosses wunderte sich: Wie klein ist doch die Welt! Es erwies sich, daß ein Jahr zuvor, im Jahre 1904, Rilke bei ihnen zu Gast weilte. Doch da war er bereits ein kränklicher Mann, der viel Not und Kummer erlitten hatte. Danach erschien sein Buch über Malte, wo er in unvergeßlichen Szenen das Paris der Armen zeichnete, das Elend in einer Stadt des unbegrenzten Luxus und Frohsinns. Diese Seiten sprechen davon, wie der junge Dichter die schweren, erdrückenden Widrigkeiten des Lebens ertrug.

Rilke bewertete seine russischen Eindrücke hoch und wollte seine Erinnerungen an Rußland aufschreiben. Soweit bekannt ist, gibt es jedoch in seinem Schaffen kein solches Werk. Er hat in jenen Tagen viel Persönliches erlebt, aber in seinem poetischen Schaffen fehlt das Bild Rußlands.

Ein Vers aus dem »Stundenbuch« mutet wie ein dichterischer Ausschnitt aus einem Tagebuch an: Ein Dampfer schwimmt auf der Wolga, inmitten einsamer Ufer. Es dämmert. Er steuert eine kleine Anlegestelle an. Von da erstreckt sich ein menschenleerer, von einsamen Wäldern und Feldern gesäumter Weg. Zwei Passagiere verlassen den Dampfer, auf sie wartet eine einfache Tarantas; man sieht, wie sie mit ihnen abfährt, sie zu einer unbekannten Wohnstätte entführt, während der Dampfer weiterfährt, den abendlichen Fluß hinab. In diesem Gedicht greift der Dichter das Grundproblem des russischen Lebens auf, das der Gelehrte Klujetschewski hervorhob; Rilke vertrat die Meinung, daß die tragische, schwierige Aufgabe des russischen Volkes in seiner Geschichte darin bestand, die riesigen Weiten in Besitz zu nehmen.

Die Zukunft wird Deutschland eine ausführliche

Biographie seines großen Lyrikers der Neuzeit geben. Vorläufig zeichnen nur dürftige und fragmen-
tarische, oft zufällige Abschnitte seines Lebens uns
seinen Weg. [...]
[Es folgen 6 Seiten Biographie Rilkes.]

1927

Leonid O. Pasternak
Begegnungen mit R. M. Rilke

Es war vor mehr als vierzig Jahren, in Moskau. An einem wundervollen Frühlingstag, der nach einem langen, strengen Winter gleichsam alles mit der Ekstase des Sonnenscheins übergoß, stand mir in meinem Atelier ein junger, sehr junger Mann gegenüber, blaß, zerbrechlich, in einem dunkelgrünen Lodenmantel. In den Händen hielt er Empfehlungsbriefe von meinen Freunden aus Deutschland, die darum baten, dem Überbringer beim Kennenlernen von Land und Leuten mit Wort und Tat behilflich zu sein. Sie baten mich auch, soviel ich mich erinnern kann, ihn, wenn möglich, mit Tolstoi bekannt zu machen.

Der Name des fremden Dichters – man nannte ihn in den Briefen Rainer Maria Rilke – sagte mir nichts. Doch die ganze äußere Erscheinung des jungen Deutschen (während ich die Briefe las, bemühte ich mich, ihn unbemerkt zu studieren), der mit seinem kleinen weißen Bärtchen und den großen blauen, kindlich-reinen, fragenden Augen eher einem subtilen russischen Intellektuellen glich, seine edle Haltung, sein lebensfrohes, lebendiges Wesen, seine unbändige, strahlende Freude, ja Begeisterung für alles schon in Rußland Gesehene, für dieses, wie er es ausdrückte, »ihm heilige« Land – das alles bezauberte mich sofort. Und schon nach dem ersten kurzen Gespräch fühlten wir uns wie gute alte Freunde (die wir in der Folgezeit auch blieben).

Rilke war mit seinen Freunden nach Moskau gekommen, mit der Dichterin Lou Andreas-Salomé und ihrem Mann. Sie wollten hier die Karwoche

und die Osterfeiertage verbringen. Das damalige
Moskau mit seinen unzähligen Klöstern, Türmen
und vergoldeten Kirchenkuppeln, mit seinem die
Stadt überragenden weiß-goldenen, in der Sonne
glänzenden Kreml erschien schon aus der Ferne als
ein Bild von märchenhafter Schönheit. Man kann
sich deshalb unschwer vorstellen, wie der ungewöhnlich originelle malerische Anblick Moskaus
auf den so sensiblen Künstler Rilke wirkte. Stellte
doch Moskau während der Kar- und Osterwoche
eine neue und interessante Welt dar – besonders
für einen Fremden, der es sich wie Rilke zum Ziel
gesetzt hatte, die historisch-religiösen Sitten des
Landes zu studieren und das echte, ungeschminkte
Volksleben kennenzulernen. Wie eigentümlich
muteten diese Nächte der Karwoche an, die ge-
heimnisvoll dahinschreitenden Gruppen frommer
Gläubiger, die durch die engen Gäßchen mit bren-
nenden Kerzen aus der Kirche heimkehrten...
Und was für ein originelles (besonders für einen,
der die russischen Volksbräuche studiert), unbe-
schreibliches Bild stellte selbst der Markt zur Karwoche auf dem großen historischen Roten Platz
dar. Was für ein buntes Gemisch von Altrussischem
und Asiatischem, was für ein – diesem Volksfest
eigenes – freudig-fröhliches Gewimmel und Ge-
dränge; und dazwischen – erstaunlich, weil man es
nicht erwartet – die mondänen Equipagen der höheren Gesellschaft und der reichen Kaufmannschaft,
mit herrlichen Pferden, im entzückenden russischen
Gespann – eine Eleganz und ein Luxus, die an einen
prächtigen europäischen »Korso« erinnern.
  Und die von ehrfürchtiger Rührung und Glauben erfüllte feiertäglich-mystische Atmosphäre der
Osternacht im überfüllten Kreml – wie tief und gewaltig muß sie auf die feinfühlige, für religiöse Erlebnisse empfängliche Seele Rilkes gewirkt haben

Nachdem Rilke voller Eindrücke, die er in Rußland empfangen hatte, in seine Heimat zurückgekehrt war, schrieb er mir (gleichzeitig schickte er mir seinen ersten Gedichtband) aus Berlin-Schmargendorf unter anderem folgendes: »Nun muß ich Ihnen zunächst erzählen, daß Rußland mir, wie ich es Ihnen vorausgesagt habe, mehr als flüchtiges Ereignis war, daß ich seit August vorigen Jahres fast ausschließlich damit beschäftigt bin, russische Geschichte, Kunst und Kultur und nicht zu vergessen: Ihre schöne, unvergleichliche Sprache zu studieren ... Und was für eine Freude ist es, Lermontoffsche Verse oder Tolstois Prosa im Original zu lesen. Wie genieße ich das! Das nächste Resultat dieser Studien ist, daß ich mich ungemein nach Moskau sehne, und wenn nichts Besonderes passiert, bin ich auch am 1. russ. April bei Ihnen ...« und weiter: »Diesmal reise ich wohl auch in die Krim und nach Kiew ... Ich fühle mich angesichts dieser Zukunft wie ein Kind vor Weihnachten.« Und am Ende des Briefes fügte er hinzu: »Ich freue mich auf eine Nachricht von Ihnen, verehrter Herr Professor, und schreibe Ihnen bald wieder, wenn Sie erlauben. Und bitte, schreiben Sie russisch!« Und tatsächlich, seit dieser Zeit korrespondierten wir russisch – er hatte es recht gut gelernt, sich in unserer Sprache auszudrücken.

Meine nächste Begegnung mit Rilke war kurz und flüchtig. Er war dieses Mal nach Rußland gekommen, um eine längere Reise zu unternehmen. Wir trafen uns ganz zufällig auf einer Station zwischen Moskau und Tula. Ich fuhr mit der Familie in den Süden. Als ich auf der Station aus dem Waggon stieg, erblickte ich plötzlich Rilke. Nach einer freudigen Begrüßung fragte ich ihn, wohin er reise. Es erwies sich, daß er nach Jasnaja Poljana wollte, doch, so beklagte er sich, könne er nicht in

Erfahrung bringen, ob sich Tolstoi im Augenblick auf seinem Gut aufhalte oder ob er irgendwohin gefahren sei. Ich vermochte ihm in seiner schwierigen Lage zu helfen, denn mit demselben Zug reiste ein naher Freund Tolstois, der die Tolstois sofort durch ein Telegramm verständigte, und auf diese Weise erleichterte ich Rilke den Besuch von Jasnaja Poljana und die Begegnung mit Lew Nikolajewitsch.

Ein bemerkenswerter Zufall war auch, daß mein Sohn Boris, damals ein zehnjähriger Gymnasiast, der sich mit mir auf dem Perron der Station aufhielt, zum ersten- und letztenmal in seinem Leben meinen jungen deutschen Bekannten sah. Und damals träumte es weder ihm noch mir, daß der große deutsche Dichter ihn in Zukunft so stark beeinflussen, daß es ihm, zu seiner Zeit, gegeben sein würde, durch seine Übersetzungen dazu beizutragen, die jungen literarischen Kreise Rußlands mit dem Schaffen Rilkes vertraut zu machen.

Es war im Jahre 1904. Ich weilte zum erstenmal in Italien. Jeder weiß, was der erste Aufenthalt in Italien für einen Künstler bedeutet. Und so war ich in Rom. Hitze. Von all diesen unendlichen Eindrücken, Erlebnissen, von all dem Geschauten, dem unermüdlich Bewunderten in all den Museen und Galerien war ich völlig erschöpft. Ich konnte nicht mehr, war nicht mehr imstande, darin fortzufahren; ich mußte irgendeinen mir nahen Menschen finden, einen Freund, mit dem ich die Eindrücke teilen, dem ich erzählen, dem ich mein Herz ausschütten konnte, aber um mich herum gab es nur Fremde ... Wie ich so ging, wen sah ich plötzlich – wer kam mir entgegen – Rilke. Oh, Wunder Gottes! Mein lieber, mein guter, strahlender Rilke ... Was für eine freudige Begegnung. Und nach so vielen Jahren, wie viel wollte da einer dem anderen erzählen. Und schon sprudelte die Quelle der Unterhaltung, ergoß sich ohne Pause, wie die unweit rauschenden Neptunfontänen. Als er sich verabschiedete, lud er mich ein, bei ihm zu Hause den Abend zu verbringen, sich noch zu unterhalten und alle möglichen Neuigkeiten mitzuteilen; er lebte zu dieser Zeit in Rom.

In der Dunkelheit der stillen, warmen, tiefschwarzen römischen Nacht fand ich nur mit Mühe die Villa Fasole (in der Nähe der Villa Borghese, soviel ich mich erinnere). Es erwies sich, daß er verheiratet war. Er stellte mir seine junge reizende Frau vor, eine talentierte Bildhauerin, eine Schülerin Rodins.

Wie gemütlich war es bei ihnen und wie interessant. Unvergeßlich bleiben mir die Stunden, die ich mit ihnen im angeregten Gespräch verbrachte. Und auch diesmal war das Hauptthema – außer der Kunst – das von ihm vergötterte Rußland und die russische Literatur, die er sehr gründlich studiert hatte. Darüber hinaus, mit welcher Kenntnis und Begeisterung sprach er von den eigentümlichen Schönheiten der altrussischen Poesie, über das »Lied von der Heerfahrt Igors«, das er im Original gelesen hatte, das heißt in der für einen Ausländer sehr schwierigen kirchenslawischen Sprache.

Und noch eine kurze zufällige, diesmal letzte Begegnung mit Rilke in der Schweiz. Wir hatten uns ab und an noch geschrieben. Doch dann kam der Krieg, später die Revolution. Der Briefwechsel mit den deutschen Freunden riß vorübergehend ab. Einige Male verbreitete sich in Moskau das Gerücht, Rilke sei gestorben, doch diese Gerüchte zu überprüfen war unmöglich. Aber sobald ich nach Berlin kam, erfuhr ich zu meiner und meiner ganzen Familie Freude, daß Rilke lebte und gesund war, er arbeitete und wohnte in der Schweiz.

Ich schrieb ihm sofort, und wie immer – auf russisch.

Als Antwort erhielt ich einen langen Brief von ihm, den letzten vor seinem völlig unerwarteten Tod. Er begann ihn, wahrhaftig, noch auf russisch, doch nach den ersten fehlerhaften Zeilen bekannte er, daß er nach so vielen Jahren vergessen habe, russisch zu schreiben; aber er beteuerte, daß Rußland – »diese unvergeßliche heimliche Skaska« – ihm »nah, lieb und heilig geblieben ist, für immer eingelassen in die Grundmauern meines Lebens«. Er schrieb von seinem Aufenthalt in Paris in den letzten Jahren, erzählte von seinem Schlößchen in der Schweiz, wo er sich jetzt niedergelassen hatte, »in vollkommener Einsamkeit« mit seiner Arbeit und den Rosen seines kleinen Gartens. Er schrieb von neuen und alten Pariser Freunden, und zum erstenmal hörte ich von ihm: »...und der junge Ruhm Ihres Sohnes Boris hat mich von mehr als einer Seite her angerührt.«

Weiter teilte er mit, es sei ihm in Paris gelungen, dessen wunderbare Verse zu lesen, und ganz am Ende des Briefes, im Nachsatz, fügte er hinzu: »Gerade, in ihrer Winternummer, hat die sehr schöne große Pariser Zeitschrift ›Commerce‹, die Paul Valéry, der große Dichter, herausgibt, sehr eindrucksvolle Gedichte von Boris Pasternak gebracht in einer französischen Version...«

Diese Zeilen waren die letzten, die ich von ihm empfing. Und unwillkürlich dachte ich dabei an jene Begegnung zwischen Moskau und Tula...

[1931/32]

458

Boris L. Pasternak
Postumer Brief an Rainer Maria Rilke
(Nachwort zum »Geleitbrief«)

Würden Sie leben, ich schriebe Ihnen heute diesen
Brief. Gerade habe ich den »Geleitbrief« beendet,
der Ihnen gewidmet ist, und gestern abend bat mich
die WOKS in einer Angelegenheit zu sich, die Sie
persönlich betrifft. Aus Deutschland hat man für
eine postume Ausgabe Ihrer Briefe das Schreiben
angefordert, in dem Sie mich umarmen und segnen.
Ich hatte es seinerzeit nicht beantwortet. Ich glaubte
an ein baldiges Treffen mit Ihnen. Doch statt meiner fuhren Frau und Sohn ins Ausland.

Ein solches Geschenk wie Ihre Zeilen unbeantwortet zu lassen fiel mir nicht leicht. Doch ich
fürchtete, daß ich für immer auf halbem Wege zu
Ihnen stehenbliebe, würde ich mich mit einem
Briefwechsel begnügen. Und ich wollte Sie unbedingt sehen. Bis dahin versagte ich mir, mich schriftlich an Sie zu wenden. Als ich mich in Sie hineinver-
setzte (denn mein Schweigen konnte Sie nur ver-
wundern), beruhigte ich mich in dem Bewußtsein,
daß die Zwetajewa mit Ihnen im Briefwechsel
steht, denn obgleich ich die Zwetajewa nicht er-
setzen kann, ersetzt sie mich.

Damals hatte ich Familie. Hatte frevelhafter-
weise das gegründet, wozu ich ungenügende Voraussetzungen besitze, und in diesen Versuch ein
zweites Leben hineingezogen, mit dem ich gemeinsam ein drittes zeugte.

Das Lächeln machte das Kinn der jungen Malerin rund wie einen kleinen Brotlaib und übergoß
ihre Wangen und Augen mit Licht ... Und dann
blinzelte sie, wie von der Sonne geblendet – un-

sicher und matt wie Kurzsichtige oder Schwind-
süchtige. Überflutete der Glanz des Lächelns die
herrliche offene Stirn, schwankte das elastische
Antlitz immer mehr zwischen Oval und Rund,
dachte man an die italienische Renaissance. Von
diesem Lächeln erleuchtet, glich sie einem Frauen-
porträt von Ghirlandaio. Man hätte in ihrem Gesicht baden mögen. Und da sie dieses Leuchten
brauchte, um schön zu sein, bedurfte sie des Glücks,
um zu gefallen.

Man wird sagen, so sind alle Gesichter. Verfehlt – ich kenne andere. Ich kenne ein Gesicht, das
sowohl in Leid als auch in Freude gleichermaßen
überrascht und betroffen macht und das um so
schöner wird, je öfter man es in Situationen erlebt,
in denen jede andere Schönheit erloschen wäre.

Ob diese Frau sich emporschwingt, ob sie kopf-
unter stürzt, es schadet ihrem beklemmenden Zauber nicht, und sie braucht, was auf Erden ist, weniger als die Erde sie, denn dies ist Weiblichkeit, ein
grobes Stück unbeugsamen Stolzes aus den Stein-
brüchen der Schöpfung. Und da die Gesetze des
Äußeren die weibliche Harmonie und den weiblichen Charakter am stärksten bestimmen, sind das
Leben, das Wesen, die Ehre und die Leidenschaft
dieser Frau nicht abhängig von diesem Leuchten,
und sie fürchtet Verbitterung nicht so sehr wie die
erste.

Also ich lebte und gehörte damals der Familie. –
Wie gut erinnere ich mich an jenen Tag. Meine
Frau war nicht zu Hause. Sie wollte bis zum Abend
in der Kunsthochschule bleiben. Im Vorzimmer
stand der seit dem Morgen nicht abgeräumte Tisch,
ich saß daran und nahm nachdenklich eine gebra-
tene Kartoffel von der Pfanne, und hinter dem Fenster fiel, so als zweifle er und halte im Fallen inne,
in vereinzelten, spärlichen Flöckchen der Schnee.

Doch der merklich länger gewordene Vorfrühlings-
tag war gleichsam hineingestellt in einen bewegten
graubefransten Rahmen.

In diesem Augenblick klingelte es draußen, ich
öffnete, man überbrachte mir einen Brief aus dem
Ausland. Er war vom Vater, ich vertiefte mich in
seine Lektüre.

Am Morgen jenes Tages hatte ich zum erstenmal
das »Poem vom Ende« gelesen. Man hatte es mir
zufällig gegeben, in einer der handgeschriebenen
Moskauer Abschriften, ohne zu ahnen, wieviel mir
die Autorin bedeutete und wie viele Nachrichten
einer vom anderen empfing und einer zum anderen
aussandte und wie viele auf dem Wege waren.
Doch dieses Poem, ebenso wie den »Rattenfänger«,
den ich später erhielt, kannte ich noch nicht. Und
so war ich, nachdem ich das Poem am Morgen gelesen hatte, ganz benommen von seiner ergreifenden dramatischen Kraft. Als ich darauf mit Rührung Vaters Mitteilung über Ihren fünfzigsten Geburtstag las und von der Freude, mit der Sie seine
Glückwünsche entgegengenommen und beantwortet hatten, stieß ich plötzlich auf den damals für
mich noch dunklen Nachsatz, daß ich Ihnen bekannt sei. Ich wandte mich ab vom Tisch und stand
auf. Das war die zweite Erschütterung des Tages.
Ich ging zum Fenster und weinte.

Ich wäre nicht mehr erstaunt gewesen, hätte man
mir gesagt, man lese mich im Himmel. Ich habe
mir eine solche Möglichkeit während meiner über
zwei Jahrzehnte währenden Verehrung für Sie
nicht vorstellen können, ja sie sogar von vornherein völlig ausgeschlossen, und jetzt zerbrach sie
meine Vorstellungen von meinem Leben und seinem
Lauf. Der Bogen, dessen Enden sich mit jedem Jahr
immer weiter voneinander entfernt hatten und niemals mehr zusammentreffen sollten, schloß sich

plötzlich vor meinen Augen, in einem einzigen Moment. Und wann! Zur unangemessensten Stunde des unangemessensten Tages!

Draußen verdichteten sich die bleichen beredten Dämmerungen des sich neigenden Februar. Zum erstenmal in meinem Leben kam es mir in den Sinn, daß Sie ein Mensch sind und ich Ihnen schreiben könnte, welch übermenschliche Rolle Sie in meinem Dasein gespielt haben. Bis dahin war mir ein solcher Gedanke nie gekommen. Jetzt setzte er sich plötzlich in meinem Bewußtsein fest. Bald darauf schrieb ich Ihnen.

Ich hätte jetzt Angst, auf diesen Brief einen Blick zu werfen, ich erinnere mich nicht mehr, was ich damals schrieb. Ihnen zu sagen, wer Sie sind, das war die leichteste Sache der Welt. Doch wenn ich auch über mich gesprochen habe, das heißt über unsere Zeit, so war ich diesem unausgereiften Thema kaum gewachsen.

Schwerlich hätte ich vermocht, Ihnen, wie es sich gehört, über die ewig ersten Tage aller Revolutionen zu erzählen, wo die Desmoulins' auf den Tisch springen und die Passanten mit einem Toast auf Luftschlösser entflammen. Ich war Augenzeuge. Die Wirklichkeit befreite sich wie eine uneheliche Tochter halbbekleidet aus ihrem Kerker und stellte sich illegal und mittellos von Kopf bis Fuß der gesetzmäßigen Geschichte entgegen. Ich sah einen Sommer auf Erden, der sich selbst nicht zu erkennen schien, natürlich und prähistorisch wie in der Offenbarung. Ich hinterließ über ihn ein Buch. Darin legte ich alles dar, was man über die Revolution an Einzigartigem und Unfaßbarem in Erfahrung bringen kann.

1931

Pawel D. Ettinger
Erinnerungen an Rilke

Wiederholt ist schon an mich die Aufforderung ergangen, meine Erinnerungen an Rainer Maria
Rilke aufzuzeichnen, doch stand der Verwirklichung
dieses Wunsches bisher ein Hindernis im Wege,
das leider auch heute noch nicht beseitigt ist.

Ein einziges Zusammentreffen mit dem Dichter
in Moskau, so lebhaft auch der Eindruck seiner Erscheinung und seines Wesens im Gedächtnis verblieben sein mag, kann natürlich nach einigen dreißig Jahren nicht ausreichenden Stoff zu einem
kommemorativen Aufsatz hergeben. Und wenn
meine Beziehungen zu Rilke überhaupt von Interesse sind, so konzentriert sich dieses vorwiegend
auf seine Briefe, die einer Korrespondenz entstam-
men, welche sich über ein Jahr hinzog. Und nur
der Inhalt dieser wenigen Briefe ist imstande, in
verblichene Reminiszenzen neues Leben zu hau-
chen, vielleicht nicht unwichtige Details aus der
Vergessenheit auftauchen zu lassen.

Durch eine verhängnisvolle Verknüpfung von
Umständen jedoch – »Bosheit der leblosen Dinge«
nannte Fritz Mauthner einst treffend derartige Vor-
kommnisse – konnte ich bisher das Päckchen von
Briefen Rilkes, mit Ausnahme einer einzigen Postkarte, nicht ausfindig machen, wenn es auch keineswegs als ganz verloren zu betrachten ist und
sicher eines Tages unverhofft zum Vorschein kommen wird. Jedenfalls erschien es mir bisher kaum
möglich, ohne Veröffentlichung dieser Briefe das
wenige niederzuschreiben, was ich über meinen Besuch bei Rilke und unseren brieflichen Verkehr zu
sagen hätte.

Und nun, vielleicht mit Unrecht und ohne recht triftigen Grund, geht dieser Entschluß in die Brüche. Aus Berlin erhalte ich die Reproduktion eines postumen Bildnisses Rainer Maria Rilkes, das der russische Maler Leonid Ossipowitsch *Pasternak* auf Grund einiger flüchtiger, seinerzeit nach der Natur ins Skizzenbuch hingeworfener Zeichnungen vor kurzem geschaffen hat. Ich kann nicht sagen, daß mir dieses Porträt ganz entsprechend ähnlich erscheint, es ist vielleicht um einige Grade zu sehr en beau gehalten. Doch erweckte die Photographie verblaßte Erinnerungen, verlieh ihnen neue Farben und rief unbewußt jene Tage wach, als ich durch Freund Pasternak die Bekanntschaft Rilkes machte.

Es sind jetzt genau zweiunddreißig Jahre her, als im Sommer 1900 Leonid Pasternak, welcher mit seiner Frau von einer Reise nach Moskau zurückgekehrt war, mir erzählte, er habe auf der Bahnfahrt einen sehr anziehenden jungen deutschen Dichter kennengelernt, der sich für alles Russische lebhaft interessiere und den er meiner Beachtung empfehle. Rilke kam damals in Gesellschaft von Frau Lou Andreas-Salomé aus Jasnaja Poljana, wo er Lew Tolstoi einen Besuch abgestattet hatte. Ein verabredetes Zusammentreffen mit Rilke bei Pasternak kam nicht zustande, und ich beschloß, den Dichter in seinem Hotel aufzusuchen. Es war kein eigentliches Hotel, sondern jene Art bescheidener »chambres garnies«, deren es zu jener Zeit in Moskau unendlich viele gab. Die von Rilke bewohnten befanden sich auf der Woswdishenka, in nächster Nachbarschaft einer Kirche vom Ende des 17. Jahrhunderts und unweit der Kutafja, jenes Rondells, das vor dem Kremltor gelegen ist. Die »chambres garnies« trugen den pompösen Namen »Amerika«, obwohl da kaum etwas Amerikanisches zu entdekken war.

Glücklicherweise war Rilke zu Hause, und ich traf ihn allein in einem kleinen, einfenstrigen Zimmer. Im Gedächtnis ist mir ein blasses, längliches Gesicht mit vollem, sinnlichem Mund verblieben und reichem aschblondem Haar. Die wasserblauen Augen blickten seltsam traumhaft um sich. Unsere Unterhaltung drehte sich natürlich um die Moskauer Eindrücke Rilkes, er war ganz hingerissen von einer Sammlung alter Ikonen, die er am gleichen Tag besichtigt hatte, und seine Vorliebe für russische Kunst, Literatur und Folklore kam immerfort zum Ausdruck. Ich erbot mich, etwaige Publikationen, Abbildungen und sonstiges aus diesen Gebieten zu beschaffen, was mit Dank entgegengenommen wurde und die Grundlage unseres Briefwechsels bildete.

Als früheste der Episteln Rilkes darf vielleicht die erwähnte, nicht verschwundene Postkarte vom 3. September 1900 aus Worpswede bezeichnet werden, welche mit einer Federzeichnung Otto Ubbelohdes, den Weyerberg darstellend, geschmückt ist. Die Karte enthält die Worte: »Herzlichste Grüße aus Worpswede, Ihren freundlichen Brief habe ich eben erst hier vorgefunden und werde mir bald Zeit suchen, ihm und seiner Liebenswürdigkeit zu erwidern. In besonderer Ergebenheit. Rainer Maria Rilke.«

Wie bereits gesagt, verliere ich die Hoffnung nicht, den dann folgenden Brief sowie auch die weiteren noch einmal zum Druck bringen zu können.

Was ich Rilke an Büchern und Reproduktionen gesandt hatte, kann ich jetzt ohne die betreffenden Briefe nicht mehr feststellen. Als Dank wurden mir verschiedene Gaben zuteil, zumeist Schöpfungen des Dichters. Es kamen die Duodezbüchlein mit den frühen Dramen Rilkes an, dann im November 1900 aus Schmargendorf der bei G. H. Meyer in Berlin verlegte Gedichtband »Mir zur Feier« mit Buchschmuck von Heinrich Vogeler, später, 1901, die Sondernummer »Rainer Maria Rilke« der von Paul Leppin in Prag herausgegebenen lyrischen Flugblätter »Frühling« – alles mit freundschaftlichen Dedikationen in der schönen kalligraphischen Schrift Rilkes. In der Erinnerung ist mir eine für seine sensitive, überfeinerte Natur charakteristische Zeile aus dem Briefe verblieben, welcher die Übersendung von »Mir zur Feier« begleitete. *»Entschuldigen Sie das unfeine Gelb des Umschlags«*, schrieb damals Rilke, auf den Kartonumschlag der Gedichtsammlung verweisend. Eigentümlich war auch die eingetroffene gedruckte Heiratsanzeige, besagend, daß Clara und Rainer Maria Rilke ein gemeinsames Heim errichtet haben.

In der zweiten Hälfte 1901 wurden die Briefe Rilkes seltener, andere Interessen traten bei ihm in den Vordergrund, und allmählich schlief der Briefwechsel gänzlich ein.

1932

Alexander N. Benois
Aus den »Erinnerungen«

[...] Der, den Peterhof wirklich in unbeschreibliche Begeisterung, ja Ekstase versetzte, erwies sich weder als Russe noch als ein naher Freund von mir, sondern als ein zufälliger Gast, ein Ausländer. Es war der liebe Rainer Maria Rilke, ein Dichter, der bereits seinen Aufstieg zum Parnaß begonnen hatte und später Weltgeltung erlangte. Er machte uns nur mit Mühe in Peterhof ausfindig und verbrachte einen ganzen Tag mit uns – einen herrlichen Sommertag. Ich habe ihn danach nie wiedergesehen, obwohl wir eine Zeitlang miteinander korrespondierten, und er schickte mir auch die gerade erschienenen Sammelbände seiner Gedichte und Erzählungen, immer mit einer rührenden Widmung. Wir streiften mit ihm endlos durch die Gärten und Parks von Peterhof, und dieser Tag gehört zu einem der angenehmsten in meiner Erinnerung. Ich will hoffen, er blieb es auch in seiner Erinnerung.

Am Abend stand Rilke auf der Brücke, die vom Schloß zum Meer führte, und blickte auf die Samsonstatue. Das Schloß war vom grünlichen Licht der untergehenden Sonne übergossen – eine der erstaunlichsten Naturerscheinungen in unseren mitternächtlichen Gebieten! In den Fenstern des Schlosses spiegelte sich der nördliche Himmel, und Samson, der Krieger in silberner Rüstung, ragte vor der Zarenresidenz, die schon beinahe märchenhaft und unwirklich erschien. Rilke erstickte fast vor Begeisterung und wandte sich zu mir um. In seinen Augen standen Tränen. »Das ist ja das Schloß der Winterkönigin!« rief er aus. Er versprach, über diesen Abend ein Gedicht zu schreiben, doch ich weiß nicht, ob er sein Versprechen gehalten hat.

30er/40er Jahre

Wassili G. Jantschewezki
Der Gottsucher
(Aus Erinnerungen)

In Petersburg lernte ich den Kunstkritiker der deutschen Petersburger Zeitung, Fjodor Iwanowitsch Groes, kennen. Er übersetzte eine umfangreiche Arbeit eines deutschen Professors für Kunstgeschichte und bat mich, da er die russische Sprache nicht so gut beherrschte, seine Übersetzung zu redigieren. Groes war mit der Tochter des bekannten Musikverlegers Jürgenson verheiratet, und deshalb konnte man in seinem Haus den Herausgeber des »Mächtigen Häufchens«, Mitrofan Beljajew, den Kritiker Wladimir Stassow, die Maler Bakst und Serow sowie viele andere hervorragende Vertreter der Künstlerwelt jener Zeit antreffen.

Groes brachte mich mit einem eben in Rußland angekommenen »Gottsucher«, dem deutschen Dichter und Schriftsteller Rainer Maria Rilke, zusammen, der mich, als er hörte, ich hätte Rußland durchwandert, unbedingt kennenlernen wollte. Rilke meinte, die »Wahrheit« würde aus Rußland kommen. Mühsam und schlecht erlernte er die russische Sprache, doch trotz alledem wollte er Rußland »durchwandern«, eine Zeitlang weilte er in Kasan, danach war er bei Lew Tolstoi.

Daß Christus durch Rußland wandele, davon sprach Rilke wie von etwas völlig Realem. Er sagte davon auch Tolstoi, und Lew Nikolajewitsch antwortete ihm: »Wo denken Sie hin! Wenn Christus in unserem Dorf erschiene, würden ihn die Bauernmädchen verspotten!« ...

Interessant, daß dieser Gedanke von Christus, der durch Rußland wandert, später auch bei einem

anderen bedeutenden Dichter seinen Ausdruck
fand – bei Alexander Blok in den »Zwölf«.

Rilke schrieb ein umfangreiches Poem über einen
Gott- und Wahrheitssucher, einen russischen
Mönch, einen geweihten Eremiten. Rilke las auch
meine Notizen über Rußland, übersetzte und veröffentlichte einige von ihnen in Deutschland. Die
damaligen Gespräche mit ihm erschütterten mich,
so sehr waren seine Worte und seine Persönlichkeit
durchdrungen von einer tiefen, mystischen Kraft,
und seine Suche nach der »Wahrheit« imponierte
mir sehr. [. . .]

Der sowjetische Dichter D. Samoilow erzählte
mir, wie er sich im Jahre 1945, nach der Befreiung
Berlins von den Nazis, mit Genossen in die Deutsche Staatsbibliothek begab und dort alle Biblio-
theksmitarbeiter an ihren Plätzen fand. Sie hatten
die Schätze menschlichen Denkens nicht im Stich
gelassen, als alle anderen deutschen Beamten ge-
flohen waren. Da sie sich an meine Bitte erinnerten,
die letzten bei uns in Rußland nicht herausgegebenen Werke Rilkes mitzubringen, fragten die Freunde
die Bibliothekare, ob Rilkes Bücher erhalten geblieben seien.

Die Bibliothekare führten sie in einen Keller, wo
eine Reihe von Schränken standen, die mit Draht
umwickelt und versiegelt waren. Ein Schrank trug
die Aufschrift »Rilkeana«. In ihm waren die von
Hitler zum Verbrennen verurteilten Bücher Rilkes
aufbewahrt. »Diese Bücher hätten verbrannt werden müssen«, berichteten die Bibliothekare, »doch
wir haben sie aufbewahrt. Sie als Sieger können die
Schränke öffnen. Wir selbst werden das nicht tun.
Wir hoffen, daß wir für die Nachwelt die Werke
unserer besten Dichter gerettet haben.«

[1948/49]

Gedichte

UND DA WAR MIR WIEDER:

. . . daß irgendwo ein nieerlöstes Land
aus meinem Schauen schöner steigen will,
daß irgendwo ein Brauch ist, und ein Brand,
der meine Mauern sich zueigen will,
und irgendwo: ein Spiel ist ausgespannt,
das sein Gesetz aus meinen Geigen will – – –

Und daß ich wandern muß bis an das Meer,
an dem ich einst in dunkler Bucht begann,
und wachsam dorten wohnen muß und dann
empfinden muß, wie jedes Ungefähr
mit jedem Wind zu meiner Seele kann . . .

Berlin-Schmargendorf, 17. April 1899

Die Znamenskaja

Der Madonnenmaler:

So als führte ich ein blondes Kind,
will ich meine goldne Linie führen
um dein Antlitz, wie um Flügeltüren,
hinter welchen hundert Ampeln sind.

Und dann wandern wir noch um dein Kleid,
folgen furchtsam seinen runden Falten
und den Händen, welche wie Gestalten
dir zuseiten sich erhoben halten;
und der Weg um dich wird weit.

Bilden wir dich noch so klein
in dem dunkelnden Ikone,
wenn wir bitten: Komm und wohne, –
geht der Pinsel endesohne,
und der Weg um deine Krone
bringt ihn schon ans Mutlossein.

Glaube nicht, ich will dich grenzen
mit der schwachen, scheuen Spur,
deine großen Gnaden glänzen
über jeglichen Kontur.
Glaube nicht, ich will dich halten
in dem Rand des Mantelblaus,
deine sanften Wunder walten
nicht allein in meinem Haus.
Du bist weithin ausgebreitet
über Allem. Du bist groß.
Und die rote Sonne gleitet
jeden Morgen dir vom Schooß.

Aber, o verzeih, wir glauben:
du kannst klein sein wie die Tauben,
weiß und sanft und zahm wie sie.
Und dann kommst du irgendwie
in die Bilder, wie in Lauben,
und wir finden dich darin;
finden dich wie eingeschlafen
und wir knien (mögst du uns strafen)
und wir küssen dir das Kinn.

Meiningen, 8. August 1899

EHRWÜRDIGER VATER UND METROPOLIT,
erst segnet mich, daß meine Seele sieht.
Ich bin im Kloster, das den Anargyren
geweiht ist, Mönch. Ich weiß kaum, was mir riet,
mit diesen Worten, Herr, euch anzurühren.
Mir ziemt es schlecht, die Feder frei zu führen,
auch weiß ich nichts, was in der Welt geschieht.
Ich sagte mir auch diesmal: oft bezwangst
du deinen Drang und ließest von dem Briefe;
heut aber hilft es nicht: ich habe Angst,
mir ist, als ob uns etwas still entschliefe
wenn wir nicht redeten, – darum verzeiht
und duldet, Herr, die Stimme meiner Tiefe.

Mein Leben ist im Ganzen wie mein Kleid,
und meine Seele ist wie mein Gesicht,
und meines Tages Werke sind geweiht
von einem Willen, der nicht von sich spricht.
Doch liebe ich die Dinge, die im Licht,
auf daß ich immer mehr zu Dir genese.
der Zeit sich zeigen und ihr das verschweigen,
was ihren Wurzeln Wert ist und Gewicht.

Ich lebe fromm. Doch ruf ich kein Gericht,
und mein Gebet, mit dem ich mich erhebe
und das ich manchmal sage, manchmal lebe,
ist: mach mich schlicht,
auf daß ich immer mehr zu Dir genese.
Ich meine da nicht Kämpfe und Askese
und nicht den Traum der heiligen Therese
von dessen Glanz das Abendland erzählt,
ich habe Unbetonteres erwählt.
Ich schau ins Land, ich lausche, bete, lese
und male manchmal einen Nikolaus
oder die Heiligste im Stoglaf-Stile, –

mehr kann ich nicht. Ich heilige mein Haus
und wünsche, Vater, daß ich Dir gefiele.

Doch manchmal sah ich Bücher mit Geschichten,
Madonnen, die die Abendländer dichten,
und schlanke Bilder ihres Kirchenbaus;
nun bin ich nicht gelehrt genug, daraus
auf ihrer Sehnsucht Sinn und Ziel zu schließen,
aber vor einem, den sie Göttlich hießen
(und ein Erzengel heißt wie er)
da fiel mir ein, daß jene Gott genießen
wie einen Festtag, einen Sommer, der
vorüberfließt, wie alle Dinge fließen –
so daß die Hände mir vom Buche ließen
wie von der Sünde; denn *mein* Gott ist schwer . . .
Es giebt nicht Bilder, welche Gott bedeuten
und dennoch sind, daß sie die Zeit erfreuten
mit allen Siegen dieser *einen* Zeit.
Die Bilder sind nur wie das Glockenläuten,
unwandelbar in ihrer Festlichkeit.
Denn, von dem Tanz der Tage mitgerissen,
wie bliebe Gott die Zuflucht der Bedrängten,
wenn arme Zeiten ihn zusammenzwängten
in eine Form aus Furcht und Finsternissen
und reiche Stunden den Vorhergekränkten
mit ihrer besten Herrlichkeit behängten,
wie soll Er bleiben bei den Ungewissen.
Was eine Zeit an Kraft und Schönheit hat,
das soll sie an die vielen Dinge wenden,
die aus Gott steigen und vor ihnen enden,
und drängt der Himmel sich aus ihren Händen
dann male sie ihn dunkel an den Wänden
und gebe jedem Heiligen ein Blatt.
Das ist der Raum, darauf die Zeit sich schriebe
in scheuer herzlicher Bescheidenheit.
So kündet sie: es dauerte die Liebe,
doch in dem täglichen Getriebe

verwandelt sich die Dankbarkeit.
Denn sagt mir, Vater, was sie auch erreichen
in ihrer Kunst und klugen Wissenschaft,
es ist nicht Gott, es ist nicht Seinesgleichen,
es ist nur Frucht, Er aber ist die Kraft.
Nun ist die Frucht ja von der Kraft das Zeichen,
und alle Schönheit, welche einer schafft
bedeutet Ewigkeiten, die entweichen,
vor dem Verrat, der sie zusammenrafft.
Gott flüchtet sich von allem Dargestellten,
das in der Zeit sich seine Farben fand,
in allen Bildern bleibt nur das Gewand,
mit dem die Ungeduldigen ihn umhellten;
Gott dunkelt hinter seinen Welten,
und einsam irrt des Malers Hand.

Ehrwürdiger Vater, weiser schon an Jahren,
bestraft mich zürnend, wenn ich eitel rede.
Sie haben Gott vergeudet, und wir sparen
mit unserm Gotte und wir legen jede
getane Tat und Alles, was uns freute,
in kühle Kästen, glätten jedes Heute
so wie ein Kleid und bergen alle Beute
in dem Gefühl, daß Alles Gott bedeute
was unverraten durch die Hände geht.
Wir wollen Gott im Bild und im Gebet •
nicht so verbrauchen als der Seele Speise,
wir wollen ja nur wissen, daß er leise
sich rührt in Allem, was wir würdig halten.
In einigen Dingen ahnten ihn die Alten,
wir wollen ihn in vielen Dingen schaun,
weil wir den Dingen inniger vertraun
und ihnen näher sind, als die Gestalten
der frommen Väter und der heiligen Fraun.
Ehrwürdiger Vater mit den weißen Haaren.
Ein jedes Volk hat seine Pflicht und Rolle.
Und wenn wir uns um *eine* Fahne scharen

dann ward uns wahrlich eine wundervolle:
Wir müssen dämmernd unsern Gott bewahren.
Wir tun es ja seit vielen hundert Jahren.
Bedenkt, als wir im ersten Christentume
Ihn fast verraten wollten, Ihm zum Ruhme,
da kam die goldne Horde über uns
wie eine Riesenhand, die unsres Munds
vorlaute Liebe dunkel unterdrückte, –
und alles Schicksal, das uns seither bückte,
verpflichtete uns zur Verschwiegenheit.
Wir waren niemals *ganz* in einer Zeit.
Wir blieben immer irgendwo, in Maßen
die breiter sind. Wir saßen
und viele Völker standen auf den Zehen,
um in das immer Künftige zu sehen.
Wir haben immer eine Gegenwart,
der wir gehören. Manchmal war sie hart,
aber wir wollten dennoch nicht uns flüchten,
und blieben stehen, so schienen wir erstarrt.
Wir glänzten nie von Seligkeit und Süchten
und die Antike wurde bei uns welk,
aber wir dauerten wie ein Gebälk
und rauschten immer von Gerüchten . . .

So bitt ich euch, ehrwürdiger Vater, seid
ein Turm an Trotz und wie ein Mann in Mauern
und Gott verleihe euch zu dauern
noch eine Zeit und eine Zeit.
Befreit
nie einen Maler von dem Zwange;
es könnte sein, im Überschwange,
daß er den Gott, den wir so lange
verschwiegen, (sogar im Gesange)
in einer raschen Schönheit schreit.
Und dann beginnt auch uns – die Zeit.
Die andern Völker sind so laut
und alle lachen im Lande;

zu uns hat Gott sich her getraut,
ich fühle wie Er auf uns schaut,
ruhend an seinem Rande.
Drum heißet alle leise sein
in den Häusern und an den Toren,
sonst flieht Er in seinen Wald hinein
und ist auf immer verloren.

Und *das* ist die Angst, von der ich euch sprach,
(und mir zittern im Schreiben die Hände)
nicht für *mich* die Angst, denn ich ginge ihm nach
wohin Er auch immer verschwände –
Aber Er kam, durch die Welt gejagt,
und sie haben ihn alle geblendet,
die Einen haben ihn arm gesagt,
die Andern ihn fürstlich verschwendet, –
und kein Volk, das ihn verschwieg.
Aus Steinen und Stirnen stieg
Er, enttäuscht von Geräuschen, zur Dunkelheit.
»Habt ihr ein Kleid? . .«
Er hat uns gefragt.
Und wir sind fast die Letzten
und wenn auch *wir* Ihn weiterhetzten . . .

O seht meine entsetzten
Worte nicht an. Sie könnten euch anstecken
mit dem bebenden Schrecken
meiner fiebernden Finger.

Ich bin ein Geringer.
Aber ich mußte mich euch entdecken,
weil es so drängt.
Ich fühle man fängt
auch bei uns schon an,
Ihn zu bekennen in falscher Art.
Seid strenge, seid hart

gegen Welt und Wahn.
Ihr müßt befehlen: Gebt an die Dinge,
gebt an die Bilder in eurem Haus
Gott zu bewahren für eine Weile,
wenn ihr die Hände anders braucht
und kehrt wieder von Arbeit und Eile
wennauch verraucht,
um Ihn zu holen, –
aber keiner sage und singe
Ihn in den fremden Wind hinaus.
Wer das tut, der hat Gott uns gestohlen,
und ich muß ihn verfluchen mit meinem ältesten
         Fluch,
auf allen Blättern im Bibelbuch
werd ich die wildesten Worte suchen
und ihn verdammen im dunkelsten Spruch.

Verzeiht mir Vater, der ihr im Geruch
der Heiligkeit und wie in Wolken seid,
daß ich mich in Eifer und Eitelkeit
also vergaß.
Ich maß
meine Worte an meinem Zorn.
Ich hob mein Horn
zu dem rächenden Liede.
Jetzt aber bitte ich euch um Friede.
Ich kehre zu meinem Tage zurück,
wenn ihr mich entlasset mit eurem Segen;
ich werde wieder die Dinge legen
in meine Liebe, Stück um Stück.
Ich werde wieder ein großes Glück
aus allem heben, was klein geschieht,
und werde wieder ein jedes Glied
in einem einzigen Sinne rühren;
ich werde wieder die Stille spüren
die nichts verriet.
Ich bin ohne Angst und doch ganz allein,

aber so *eines* Geistes voll, –
Mein Tag wird wie tausend Tage sein.

Der geringste der Mönche
Apostol.

Im Kloster der heiligen Anargyren,
an S. Charitinas Todestage.
(5. Okt.)

EINE STUNDE VOM RANDE DES TAGES,
und das Land ist zu allem bereit.
Was du sehnst, meine Seele, sag es:

Sei Heide, und, Heide, sei weit.
Habe alte, alte Kurgane
an Deinem letzten Rand,
wenn es Mond wird über das plane,
langvergangene Land.
Gestalte Dich, Stille. Gestalte
die Dinge; es ist ihre Kindheit
sie werden Dir willig sein.
Sei Heide, sei Heide, sei Heide,
dann kommt vielleicht auch der Alte,
den ich kaum von der Nacht unterscheide
und bringt seine riesige Blindheit
in mein horchendes Haus herein.

Ich seh ihn sitzen und sinnen –
nicht über mich hinaus:
für ihn ist Alles innen, –
Himmel und Heide und Haus.
Er hat nur die Lieder verloren,
die er niemehr beginnt;
aus vielen tausend Ohren
trank sie der wandernde Wind.
Und dennoch: mir geschieht,
als ob ich ihm jedes Lied
tief in mir ersparte.
Er schweigt hinterm bebenden Barte.
Er will sich wiedergewinnen
aus allen Melodien . .
Da komm ich zu seinen Knien,
und seine Lieder rinnen
rauschend hinein in ihn.

In alten Chroniken hat der Mönch von den greisen blinden Sängern gelesen, den Kobzars, die vor Zeiten durch die Hütten gingen, wenn es Abend ward über der breiten Ukraine.

Der Mönch aber fühlt: ein überalter Kobzar geht jetzt durch die Lande und zu allen von der Einsamkeit bezeichneten Türen, deren Schwellen überwildert sind und leise von Unbegangensein. Und von denen, welche dahinter wohnen und wachen, holt er seine vielen Lieder zurück, und sie sinken in seine Blindheit wie in einen Brunnen. Denn die Tage sind vergangen, da die Lieder ihn verließen, um in das Licht zu gehen und mit dem Wind. Alles Klingen ist Wiederkehr.

14. Oktober 1899

Göttin der Grazie

Sie steht in tiefeblauen Gründen,
in denen viele Flüsse münden
aus Fernen, welche höher sind.
Ein grauer Fisch trägt sie durch Meere,
beglückt von ihrer schwachen Schwere,
die über seine Flossen rinnt.

Aus seinen Kiemen rauscht erregtes
Ausatmen – sprudelndes Gespül.
Aber in ihre Schönheit kühl
steigt sein in Wellen hinbewegtes,
ewig ebenes Gefühl.

Moskau, Mai 1900 [?]

... VON ALLEN ANDERN WILL ICH ABSEITS GEHN,
mein Leben will ich bauen Stein für Stein,
nicht aus den Trümmern fürstlicher Fassaden,
aus Quadern, welche noch in Wassern baden,
aus Bergen, welche noch in Wiesen stehn ...

Wolgafahrt, vor Kasan,
etwa 28. Juni 1900

... DIE PFERDE KOMMEN IN DEN ROTEN JOCHEN
wie unter vielen roten Toren her,
der Abend glüht, von Glocken angesprochen, –
und alle Hütten stehen wie am Meer ...

Moskau, Mitte Juli 1900

Первая пѣсня

.... Вечеръ. У моря сидѣла
дѣвочка, какъ мать сидитъ
у ребенка. Она пѣла,
и теперь она слышитъ
его сонное дыханіе;
видѣвъ миръ и упованіе
улыбается она:
не улыбка – это сіяніе,
праздникъ своего лица.

Дитя будетъ точно море
трогать даль и небеса, –
гордость твое или горе
шопотъ или тишина.
Берегъ его только знаешь,
и сидить тебѣ и ждать ....
То и пѣсну запѣваешь,
и ничемъ не помогаешь
ему жить и быть и спать.

29 ноября 1900
Шмаргендорфъ

488

2. Пѣсня

Я иду, иду и все еще кругомъ
родина твоя, вѣтренная даль,
я иду, иду и я забылъ о томъ,
что прежде другихъ краевъ зналъ.

И какъ теперь далеко отъ меня
большые дни у южнаго моря,
сладкіе ночи майскаго заката;
тамъ пусто все и весело и вотъ:
темнеетъ Богъ, . . . страдающій народъ
пришелъ къ нему и бралъ его какъ брата.

1 Декабря 1900

489

Пожаръ

Бѣлая усадба спала,
да телѣга уѣхала
въ ночь, куда-то, знаетъ Богъ.
Домикъ одинокъ закрылся,
садъ шумѣлъ и шевелился:
послѣ дождя спать не могъ.

Парень смотрѣлъ ночь и нивы,
то летѣлъ не торопясь,
между нами молчаливый
неоконченный разсказъ.

Вдругъ онъ замолкъ: даль сгорѣла
Вѣдь и небосклонъ горитъ . . .
Парень думалъ: трудно жить.
Почему спасенія нѣтъ? –
Земля къ небесамъ гладѣла,
какъ бы жаждала отвѣтъ.

5 Декабря 1900

Утро

И помнишь ты, какъ розы молодыя
Когда ихъ видишь утромъ раньше всѣхъ,
все наше близко, дали голубыя,
и никому не нужно грѣхъ.

Вотъ первый день, и мы вставали
изъ руки Божья, гдѣ мы спали –
какъ долго – не могу сказать;
Все былое былина стало,
и то что было очень мало, –
и мы теперь должны начать.

Что будетъ? Ты не безпокойся,
да отъ погибели не бойся,
вѣдь даже смерть только предлогъ;
что еще хочешь за отвѣта?
да будутъ ночи, полны лѣта
и дни сіяющаго свѣта
и будемъ мы и будетъ Богъ.

6 Декабря 1900

491

Лицо

Родился-бы я простымъ мужикомъ,
то жилъ-бы съ большимъ просторнымъ
                                лицомъ:
въ моихъ чертахъ не доносилъ-бы я
что думать трудно и чего нельзя
сказать . . .
И только руки наполнились-бы
моею любовью и моимъ терпѣніемъ, –
но днемъ работой-то закрылись-бы,
ночь запирала-бъ ихъ моленіемъ.
Никто кругомъ не бы узналъ – кто я.
Я постарѣлъ, и моя голова
плавала на груди внизъ, да съ теченіемъ.
Какъ будто мягче кажется она.
Я понималъ, что близко день разлуки,
и я открылъ, какъ книгу, мои руки
и оба клалъ на щеки, ротъ и лобъ . . . .

Пустыя сниму ихъ, кладу ихъ въ гробъ, –
но на моемъ лицѣ узнаютъ внуки
все, что я былъ . . . . но всетаки не я;
въ этихъ чертахъ и радости и муки
огромныя и сильнѣе меня:
вотъ, это вѣчное лицо труда.

Nachts, 6. Dez.

Старикъ

Все на поляхъ; избушка, ужъ привыкъ
къ этому одиночеству, дыхастъ
и лаская, какъ няня потушаетъ
плачущаго ребёнка тихій крикъ.

На печкѣ, какъ бы спалъ, лежалъ старикъ,
думалъ о томъ, чего теперь ужъ нѣтъ, –
и говорилъ-бы, былъ-бы какъ поэтъ.
Но онъ молчитъ; дастъ миръ ему Господь.

И между сердца своего и ротъ
пространство, море . . . ужъ темнеетъ кровь
и милая, красавица любовь
идетъ въ груди болш' тысячи годовъ
и не нашла себѣ губы, – и вновъ
она узнала, что спасенія нѣтъ,
что бѣдная толпа усталыхъ словъ,
чужая, мимо проходила въ свѣтъ.

полдень, 7 Декабря 1900

[Zwei Entwürfe vom 11. April 1901]

Я такъ усталъ отъ тяжбы больныхъ дней
пустая ночь безвѣтренныхъ полей
лежитъ надъ тишиной моихъ очей.
Мой сердце начиналъ какъ соловей,
но досказать не могъ свой слова;
теперь молчаніе свое слышу я –
оно растетъ какъ въ ночи страхъ
темнѣетъ какъ послѣдній ахъ
забытаго умершаго ребенка.

Я такъ одинъ. Никто не понимаетъ
молчаніе: голосъ моихъ длинныхъ дней
и вѣтра нѣтъ, который открываетъ
большіе небеса моихъ очей.
Передъ окномъ огромный день чужой
край города; какой нибудь большой
лежитъ и ждетъ. Думаю: это я?
Чего я жду? И гдѣ моя душа?

Nächtliche Fahrt

[*Sankt Petersburg*]

Damals als wir mit den glatten Trabern
(schwarzen, aus dem Orloff'schen Gestüt) –,
während hinter hohen Kandelabern
Stadtnachtfronten lagen, angefrüht,
stumm und keiner Stunde mehr gemäß –,
fuhren, nein: vergingen oder flogen
und um lastende Paläste bogen
in das Wehn der Newa-Quais,

hingerissen durch das wache Nachten,
das nicht Himmel und nicht Erde hat, –
als das Drängende von unbewachten
Gärten gärend aus dem Ljetnij-Ssad
aufstieg, während seine Steinfiguren
schwindend mit ohnmächtigen Konturen
hinter uns vergingen, wie wir fuhren –:

damals hörte diese Stadt
auf zu sein. Auf einmal gab sie zu,
daß sie niemals war, um nichts als Ruh
flehend; wie ein Irrer, dem das Wirrn
plötzlich sich entwirrt, das ihn verriet,
und der einen jahrelangen kranken
gar nicht zu verwandelnden Gedanken,
den er nie mehr denken muß: Granit –
aus dem leeren schwankenden Gehirn
fallen fühlt, bis man ihn nicht mehr sieht.

Paris, August 1907

[Die Sonette an Orpheus, Erster Teil]

XX

Dir aber, Herr, o was weih ich dir, sag,
der das Ohr den Geschöpfen gelehrt? –
Mein Erinnern an einen Frühlingstag,
seinen Abend, in Rußland –, ein Pferd . . .

Herüber vom Dorf kam der Schimmel allein,
an der vorderen Fessel den Pflock,
um die Nacht auf den Wiesen allein zu sein;
wie schlug seiner Mähne Gelock

an den Hals im Takte des Übermuts,
bei dem grob gehemmten Galopp.
Wie sprangen die Quellen des Rossebluts!

Der fühlte die Weiten, und ob!
Der sang und der hörte –, dein Sagenkreis
war *in* ihm geschlossen.

Sein Bild: ich weih's.

Muzot, 2./5. Februar 1922

Abb. 1 Lou Andreas-Salomé, 1897

Abb. 2 Leonid Pasternak, 1893

*Abb. 3 Friedrich Fiedler in seinem Arbeitszimmer,
um 1906*

Abb. 4 Iberisches Tor in Moskau.
Ansichtskarte aus Rilkes Besitz

Abb. 5 Sofja Schill, um 1900

Abb. 6 »Fjodor Fjodorowitsch Fiedler mit einem
Gruß von den Wolgaufern, 22. März 1900.
S. Droshshin«

Самара. — Видъ съ р. Волги

Abb. 7 Blick von der Wolga auf Samara.
Ansichtskarte aus Rilkes Besitz

Abb. 8 In Nowinki, 23. Juli 1900

*Abb. 10 Rilke, Spiridon Droshshin und
Lou Andreas-Salomé mit Angehörigen Nikolai
Tolstois in Nowinki, 23. Juli 1900*

Abb. 9 Rilke und Spiridon Droshshin, 23. Juli 1900

Abb. 11 Pawel Ettinger, um 1900

Abb. 13 Friedrich Groes.
Bleistiftzeichnung von E. O. Wiesel

Abb. 12 Alexander Benois, um 1900

Abb. 14/15 Zeichnungen Sergej Maljutins zu »Aj, du – du!«

Свинка Аксинька,
Боровокъ Максимка:

Кошка Солошка,
Да котъ Агафошка:

Собачка Настюшка,
Да пёсикъ Петрушка;

Селезень Савелій
Съ уткою Лукерьей;

Abb. 16 Wassili Jantschewezki, 40er Jahre

Abb. 17 Alexander Benois mit seiner Familie, 1902

Abb. 18 Leonid Pasternak mit seinem jüngeren Sohn Alexander

*Abb. 19 Der Kunstsammler Viktor Golubjew
in einer Sitzung des künstlerischen Kreises (Paris).
Bleistiftzeichnung von Alexander Benois,
Januar 1906*

Abb. 20 Rilke im Jahre 1906

Abb. 21 Boris Pasternak, um 1923

*Abb. 22 Marina Zwetajewa mit ihrer Tochter
Ariadne, 1924*

Abb. 23 Boris Pasternak liest Rilkes
»Neue Gedichte«, 1933

Abb. 24 Marina Zwetajewa mit ihrer Tochter, 1926

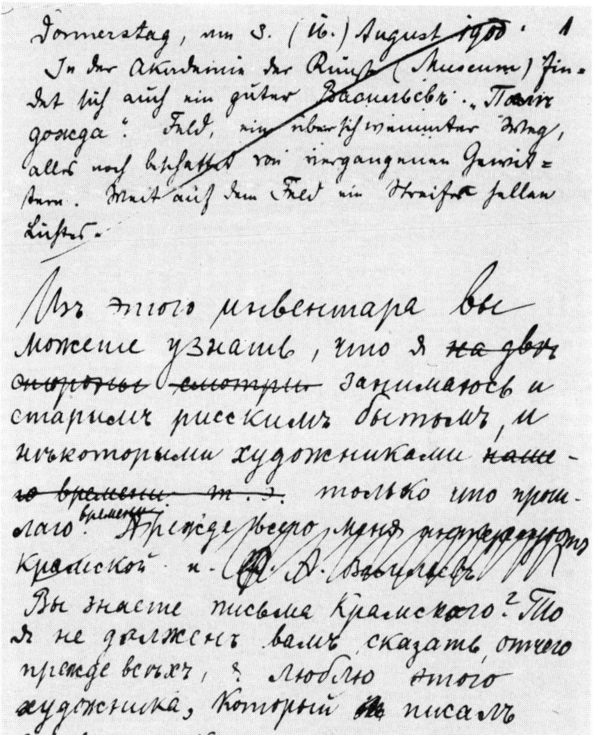

Donnerstag, am 3. (16.) August 1900. 1
In der Akademie der Künste (Museum) findet sich auch ein guter Васильевъ: „Послѣ дождя": Feld, ein überschwemmter Weg, alles noch beschattet von vergangenem Gewittersturm. Weit auf dem Feld ein Streifen hellen Lichtes.

Изъ этого инвентаря вы можете узнать, что я ~~на двѣ стороны смотрю~~ занимаюсь и старымъ русскимъ бытомъ, и нѣкоторыми художниками ~~нашего времени т. е.~~ только что прошлаго времени. ~~Прежде всего меня~~ ... Крамской и ... Васильевъ.
Вы знаете письма Крамского? То я не долженъ вамъ сказать, отчего прежде всѣхъ я люблю этого художника, который писалъ (словами и красками) то: что трудно жить на бѣломъ свѣтѣ потому что мало любви между природы и человѣка и между человѣка и Бога. Человѣкъ не долженъ любить природу но Бога но онъ долженъ относиться

Abb. 25 Seite aus einem Notizheft Rilkes mit einem Vermerk zu einem Bild Wassiljews (oben) und einem Entwurf des Briefes an Sofja Schill vom 29. August 1900

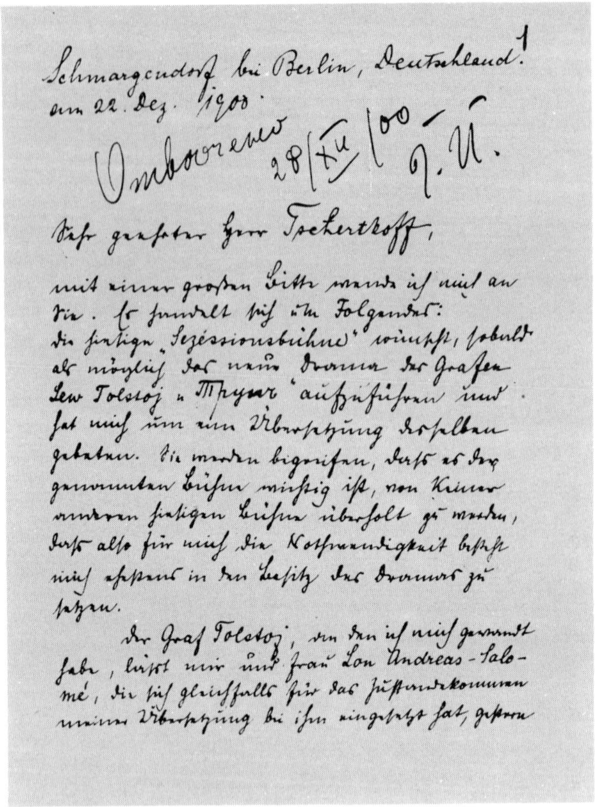

Schmargendorf bei Berlin, Deutschland.
am 22. Dez. 1900.

Отвечено 28/XII/00 В. Ч.

Sehr geehrter Herr Tschertkoff,

mit einer großen Bitte wende ich mich an Sie. Es handelt sich um Folgendes: die hiesige „Sezessionsbühne" wünscht, sobald als möglich das neue Drama des Grafen Lew Tolstoj „Труп" aufzuführen und hat mich um eine Übersetzung desselben gebeten. Sie werden begreifen, daß es der genannten Bühne wichtig ist, von keiner anderen hiesigen Bühne überholt zu werden, daß also für mich die Notwendigkeit besteht, mich ehestens in den Besitz des Dramas zu setzen.

Der Graf Tolstoj, an den ich mich gewandt habe, läßt mir und Frau Lou Andreas-Salomé, die sich gleichfalls für das Zustandekommen meiner Übersetzung bei ihm eingesetzt hat, gestern

Abb. 26 Rilke an Wladimir G. Tschertkow, 22. Dezember 1900

durch meinen Bekannten, den Fürsten Sergej
Iwanowitsch Schachowskoj schreiben, ich möchte
mich direkt an Sie wenden und Sie bitten,
mir, noch vor der Drucklegung, ein Exemplar
von ПРУГ zugehen zu lassen, wenn solches
Ihren Intentionen entspricht. Sie würden mich
durch diese außerordentliche Liebenswürdigkeit,
die ich ohne Befürwortung des Grafen nicht zu
erbitten gewagt hätte, sehr verpflichten und
in den Stand setzen, dem deutschen Publikum
das neue Werk des großen Dichters bald zu
vermitteln.

    Ich erwarte gespannt Ihre gütige
Mitteilung. Ich schreib deutsch, weil ich mich
in dieser Sprache am leichtesten ausdrücke,
bitte aber Ihr Antwort in der Ihnen üblichen
Sprache, die mir ja jedenfalls zugänglich,
zu senden.
    Mit dem Ausdruck vorzüglicher
Hochachtung

            Euer Hochwohlgeboren
              ergebener:

        Rainer Maria Rilke

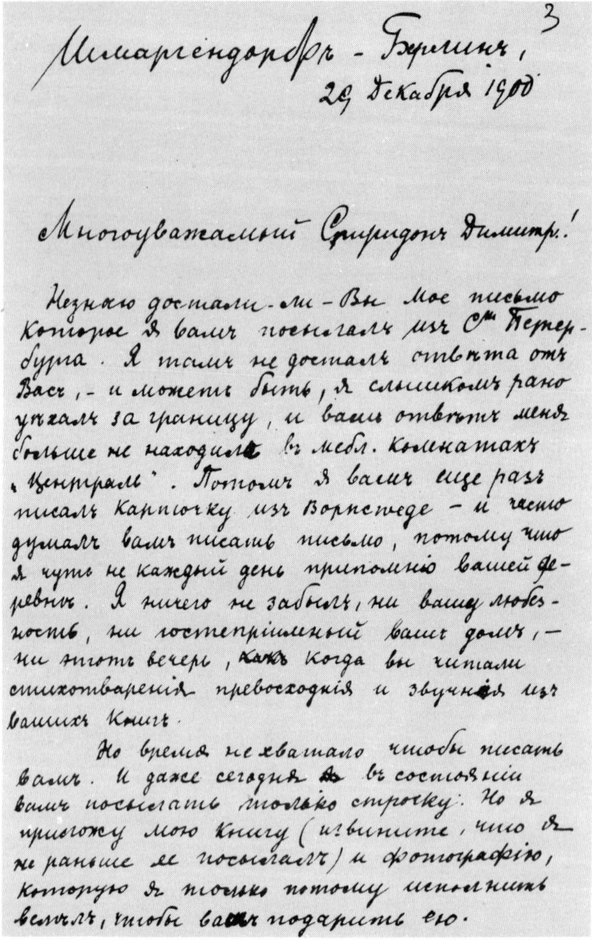

3

Шмаргендорфъ - Берлинъ,
29 декабря 1900

Многоуважаемый Спиридонъ Димитр.!

Незнаю достали-ли - Вы мое письмо которое я вамъ посылалъ изъ Ст. Петербурга. Я тамъ не досталъ отвѣта отъ Васъ, - и можетъ быть, я слишкомъ рано уѣхалъ за границу, и вашъ отвѣтъ меня больше не находилъ въ мебл. комнатахъ "Централь". Потомъ я вамъ еще разъ писалъ карточку изъ Ворпсведе - и часто думалъ вамъ писать письмо, потому что я чуть не каждый день припомню вашей деревнѣ. Я ничего не забылъ, ни вашу любезность, ни гостепріимный вашъ домъ, - ни этотъ вечеръ, когда вы читали стихотворенія превосходныя и звучныя изъ вашихъ книгъ.

Но время не хватало чтобы писать вамъ. И даже сегодня въ состояніи вамъ посылать только строчку. Но я приложу мою книгу (извините, что я не раньше ее посылалъ) и фотографію, которую я пошлю потому исполнить велѣлъ, чтобы васъ подарить ею.

Abb. 27 Rilke an Spiridon D. Droshshin,
29. Dezember 1900

Я надѣюсь, что вы здоровы, вы и ваше фамилія, и что вы теперь, во время зимы
напишите много хорошаго и важнаго.

Отъ меня я вамъ только могу сказать, что я работаю много и все занимаюсь
русскими предметами, изучаю жизнь русскихъ художниковъ и читаю Достоевскаго и Гор-
шина и пр. Теперь я постараюсь писать что
то объ А. А. Ивановѣ; который мнѣ кажется
самый важнейший человѣкъ и художникъ-пророкъ
Россіи.

Я весной непременно опять поѣду въ
Россію, и потому уже лучше говорящій и
понимающій вашъ языкъ, мы часто будемъ
бесѣдовать обо всемъ. Я вамъ и вашей женѣ
и матери и дѣтямъ желаю всего хорошаго
къ новому году и я долженъ вамъ сказать поклонъ
самый отъ мадамъ Лу Андреасъ-Саломэ.
Будьте здоровы. Сердечно вамъ преданный:

Р. М. Рильке

I

Westerwede bei Worpswede   via Bremen, am
               5. März   1902.

Hochgeschätzter Herr, sehr verehrter Alexej Sergejewitsch,

Maximilian Harden führt mich bei Ihnen ein;
und dieser Umstand giebt mir den Muth zu Ihnen zu
reden und die Hoffnung, dass Sie es nicht ablehnen werden, mich zu hören. Was ich brauche und was Sie mir
geben können sei gleich gesagt: eine Heimat und die
Möglichkeit, ihr zu dienen und mich zu entfalten.

Denn das alles fehlt mir. Ich habe mehrere Bücher: Gedichte, Novellen und Erzählungen geschrieben
und es giebt Dramen von mir, die über die Bühne gegangen sind. Ich weiß, dass ich recht habe, wenn
ich meiner Kunst lebe, denn sie ist es, die mich
erhebt und erhält, von der ich alles empfangen habe
und der alles gehört was ich erwerbe.

Wenn ich reiche wäre, könnte ich mit meiner
Kunst in irgend einem entlegenen Winkel Deutschlands oder Oesterreichs (meiner engeren Heimat) leben, unbekümmert um das, was die Leute thun
und preisen: eine Weile lang habe ich so gelebt, obwohl ich arm bin und eine liebe Frau und eine

Abb. 28 Rilke an Alexej S. Suworin, 5. März 1902

ganz kleine Töchter habe, die mir vertrauen. KramsKoi hat einmal an einer Stelle seiner Briefe gesagt, wie stolz dieses Vertrauen der Seinen ihn gemacht hat : auch ich rühme mich dessen von Herzen. Aber sobald ich um des Erwerbes willen, meine Kunst irgendwie fruchtbar machen will, ja soost ich mir suche, einen Zusammenhang zu finden zwischen allem was ich denke und fühle und dem, was die Leute in Deutschland jetzt erfüllt, so erkenne ich klar, daß nichtallein meine Schriften hier niemandem etwas bedeuten können, sondern auch, daß meine Kraft sich nirgends einschalten und gebrauchen läßt in dem Organismus dieser eitlen Zeit, die alle Leben, welche eine deutsche Renaissance gekommen glauben. Ich bin ein Einsamer und Überzähliger in diesem Lande, in welchem es keine Demuth giebt und keinen Gott für Schweigsame und Demüthige. Und ich würde glauben, daß ich überall so einsam und verloren und überzählig wäre, wenn ich nicht zweimal (in den Jahren 1899 und 1900) in Rußland gewesen wäre, wo ich erkannte, daß es eine Heimat für mich giebt, ein Erdreich in dem ich Wurzel schlagen, ein Volk, das ich lieben könnte, — daß ich liebe.

Mir fehlen die Worte, Ihnen zu sagen, welches Ereignis es mir war, Moskau zu sehen; meine ganze Kindheit, die, von den Jahren einer bangen und verworrenen Jugend überfluthet, mir verloren gegangen war, tauchte wieder auf wie eine versunkene Stadt, und als ich in einer Osternacht mit meiner kleinen Kerze auf dem Kreml stand, da schlug die Glocke auf dem Iwan Welikij so ge-

II

waltig und gross, dass ich glaubte, das Herz des Landes schlagen zu hören, das auf seine Zukunft wartet von Tag zu Tag. Aber nicht auf so flüchtige Eindrücke beschränken sich meine Erinnerungen. Nach jener ersten Reise kehrte ich nach Berlin zurück und ging daran, die Sprache des Landes zu lernen, das mir wie eine Offenbarung gegeben worden war. Ich las Tolstoj's "Kasaken" solange bis ich jedes Wort verstand und, noch ehe ich meine zweite Reise nach Russland antrat, übersetzte ich Lexobs' "Lauka" und las das russische Geschichtswerke Тургенев's und Костомаров's. Dann reiste ich. Diesmal war Moskau, wo ich schon mehrere Bekannte hätte, das erste Ziel, und von da ging es nach Tula und zu einem unvergesslichen Maitage in Iasnaia, wo es mir vergönnt war den Grafen Tolstoj, den ich schon von Moskau her kannte, auf einem Spaziergange zu begleiten. Wir gingen in einem grossen Frühlingswinde, der über die von Vergissmeinnicht bedeckten Hügel zu den alten Bäumen des Parkes kam, und da sah ich den grossen Greis neben mir, wie er ruhig und rüstig dahinschritt: sein weißer Bart wehte zurück und schlug immer wieder an seine Schultern, aber sein Gesicht (diese vollendete Arbeit eines grossen gewaltigen Lebens) sah, als ob kein Wind wäre, wie umgeben von seiner inneren Stille, geradeaus, während er Worte voll

Gleichgewicht und Gerechtigkeit sagte, die ich noch oft höre in stillen und guten Stunden. Wie gesegnet reiste ich weiter. Ich lebte eine Zeit lang in Kiew, besuchte das Höhlenkloster und die umliegenden Einsiedeleien, fuhr dann flussabwärts bis Krementschug, durchquerte das ganze Reich und kam endlich bei Ssaratow an die große Wolga. Und ich habe nicht Hoffnung, je wieder Tage von solcher Grösse zu erleben, wie die waren, während welcher ich diesen Strom aufwärtsfuhr. »Was ich bisher sah —« (so schrieb ich damals in mein Tagebuch), war nur ein verkleinertes Bild von Land, Fluss und Welt, — hier aber ist alles selbst. Mir ist, als hätte ich der Schöpfung zugesehen. Hier sind die Dinge in den Maaßen Gott-Vaters.«...

So lernte ich die alten Städte kennen: Казань, Нижний, Ярославль und Тверь. Dann wohnte ich im Dorfe Sawidowo bei Spasskoje, Spiridow Distr., dem Bauerndichter und verbrachte reiche Tage voll Anregung bei Nikolai Toropow auf seinem Gute Nowinki. Endlich war ich noch in Nowgorod, dem Großen« und kehrte so nach Petersburg zurück, um dort an der öffentlichen Bibliothek zu arbeiten. Ich hatte (es war tief im Sommer zur allgemeinen Remontezeit) wenig Verkehr. Gemeinsame Interessen führten mich mit Alexe Benua zusammen, (dessen Kunstgeschichte des XIX. Jahrhunderts ich jetzt ins Deutsche übertrage.) Unvergesslich vor allem aber bleibt mir ein Nachmittag bei Анатолий Крамской, der mir viele Skizzen seines Vaters brachte, den ich so

sehr verehre und liebe. In seinen Briefen ist vieles was
den Künstlern im Westen wie eine Offenbarung sein
müsste, wenn sie reif und ernst genug wären, es zu verstehen.

Schwer und ungern ging ich damals von Russland fort,
und mir war, als ob ich ein Unrecht thäte. Helfen Sie mir,
verehrter Meister, dieses Unrecht wieder gut zu machen.

Ich kann nicht genau sagen, was ich von Ihnen erbitte.
Wenn dieser Brief es auch nirgends ausspricht, Sie werden
darin gewiss lesen, ob Sie mich brauchen können und wozu.
Und so ist meine Bitte : brauchen Sie mich! Lassen Sie mich
neben meiner Kunst, der ich gehöre, etwas thun, was nützlich
ist, und was mich und die Meinen ehrlich nährt. Thun
Sie meine Kraft in irgend einen guten Zusammenhang; ich
will sie an jeder von Ihnen bezeichneten Stelle gerne anstren,
dennich vertraue Ihnen. Verknüpfen Sie mich irgendwie mit
Ihrem grossen und zukunftsvollen Lande, an das ich glaube
mit jeder Faser meines Gefühles. Binden Sie mich an sich,
und an Ihre Pläne, — und meine Freiheit wird grösser
sein, als jetzt, da ich an nichts gebunden bin.

Hier sind noch einige sachliche Erklärungen und
Ergänzungen nothwendig. Ich bin bisher jeder journali-
stischen Thätigkeit weit aus dem Wege gegangen, weil
ich in ihr (in der kleinlich-tendenziösen Art, die sie
bei uns ohne Ausnahme hat) eine Gefahr für meine stille
künstlerische Arbeit und ein Unrecht an ihr — sah.

Aber ich habe seit Jahren in Zeitschriften über Bilder und Bücher über Kunst und Leben geschrieben. In dieser Weise könnte ich weiterarbeiten. Was nun die Sprache anlangt: ich lese das Russische ziemlich leicht, übersetze es recht mühelos und empfinde es so aus seiner Tiefe heraus, dass ich manchmal in einer Stunde der Inspiration russische Verse schreiben kann, aus dem Unbewussten heraus. Da Wohnen im Lande, das Umgebensein von der geliebten wahlverwandten Sprache, – würde mich jedenfalls in kurzer Zeit in den Stand setzen, russisch zu schreiben, – was ich so sehr wünsche. Ich habe schon öfters russische Briefe geschrieben und wenn ich es in diesem Falle nicht vermied habe, so geschah's, weil ich vieles zu sagen hatte, was ich deutlicher und besser in der gewohnten Sprache sagen zu können glaubte.

Es ist nun noch Eines zu betonen: Sie werden, hochzuverehrender Herr, wohl empfinden, dass in dem Moment, wo ich diesen Schritt thue, meine deutsche Vergangenheit in Flammen aufgeht, so dass ich nichtmehr zu ihr zurückkehren kann. Ich muss also in sichere Verhältnisse kommen, d. h. in eine Lage, die es mir möglich macht, mit meiner Frau und meinem Kind zu leben und zugleich in eine Stellung, die mir Zeit lässt, meinen künstlerischen Entwicklungen nachzugehen, d. h. etwas zu betreiben, was ihnen nicht widerspricht oder alle Kraft aufsaugt. Sie haben so oft Künstlern und Dichtern geholfen, dass Sie wissen werden, wie ich das meine. In unserem Hause wird üb-

IV

rigens kein Müssiger zu ernähren sein; denn meine
Frau ist eine sehr begabte junge Bildhauerin, die bereits
manches Bedeutende geschaffen hat; sie hat eine Zeit lang
in Paris bei Rodin gearbeitet. Jetzt leben wir hier in einem
einsamen Bauernhaus im Moor fern von der Welt, die Deutschland heißt und wollen nur eines: einer dem anderen hel=
fen, ein recht ernstes und grosses Leben haben, aus dem eine
tiefe und stille Kunst aufsteigt, wie ein Baum, dessen Früchte die Freude Zukünftiger sein werden.

Meine Frau kennt Russland nicht; aber ich habe ihr
viel davon erzählt, so dass sie bereit wäre, ihre Heimat, die
ihr auch fremd geworden ist, zu verlassen, um mit mir zu
gehen in das Land, welches die Heimat meiner Seele ist.
Könnten wir uns dort ein Leben schaffen!

Ich glaube, dass es möglich ist, weil ich die Liebe
habe zu Ihrem Lande und seinen Menschen, zu seinen
Leiden und zu seiner Grösse, und die Liebe ist Kraft
und eine Verbündete Gottes.

Dieses ist die Bitte, welche Ihnen, verehrter Meister,
voll Zuversicht sendet

Ihr
in grosser Verehrung ergebener:
Rainer Mar. Rilke

(Вестервеdе = Ворпсведе . Городъ Бремень)

Anhang

Anmerkungen

Die zitierten Quellen werden an der Stelle der ersten Nennung vollständig genannt, bei wiederholter Nennung verkürzt.
In den Anmerkungen werden folgende Siglen benutzt:

B   Rainer Maria Rilke, Briefe. Band 1: 1897–1914, Band 2: 1914–1926. Hrsg. vom Rilke-Archiv in Weimar. In Verbindung mit Ruth Sieber-Rilke besorgt durch Karl Altheim. Wiesbaden 1950.

Br   Rainer Maria Rilke, Gesammelte Briefe in sechs Bänden: Briefe aus den Jahren 1892 bis 1904. Leipzig 1939. Briefe aus den Jahren 1902 bis 1906. Leipzig 1929. Briefe aus den Jahren 1907 bis 1914. Leipzig 1933. Briefe aus den Jahren 1914 bis 1921. Leipzig 1937. Briefe aus Muzot 1921 bis 1926. Leipzig 1935. Briefe an seinen Verleger. 1906–1926. Leipzig 1934 (sämtlich hrsg. von Ruth Sieber-Rilke und Carl Sieber).

BrT   Rainer Maria Rilke, Briefe und Tagebücher aus der Frühzeit 1899 bis 1902. Hrsg. von Ruth Sieber-Rilke und Carl Sieber. Leipzig 1931.

Brutzer   Sophie Brutzer, Rilkes russische Reisen. Darmstadt 1969 (Unveränderter reprografischer Nachdruck der Diss. Königsberg in Preußen 1934).

Chr   Ingeborg Schnack, Rainer Maria Rilke. Chronik seines Lebens und seines Werkes. Band 1 und 2, Frankfurt a. M. 1975.

OSP   Oxford Slavonic Papers. Hrsg. von S. Konovalow, 9/1959.

RK   Rainer Maria Rilke. 1875–1975. Ausstellung und Katalog Joachim W. Storck in Zusammenarbeit mit Eva Dambacher und Ingrid Kußmaul. München 1975 (Kataloge zu den Sonderausstellungen im Schiller-Nationalmuseum. Hrsg. von Bernhard Zeller. Katalog Nr. 26).

SW   Rainer Maria Rilke, Sämtliche Werke in zwölf Bänden. Frankfurt a. M. 1976 (Insel Werkausgabe. Die Insel Werkausgabe ist identisch mit der Ausgabe »Rainer Maria Rilke, Sämtliche Werke«.

	Hrsg. vom Rilke-Archiv. In Verbindung mit Ruth Sieber-Rilke besorgt durch Ernst Zinn. Frankfurt a. M. 1955–1966).
T	Rainer Maria Rilke, Tagebücher aus der Frühzeit. Hrsg. von Ruth Sieber-Rilke und Carl Sieber (1942). Frankfurt a. M. 1973.
F	Фонд (Fonds).
GBL	Отдел рукописей Государственной библиотеки СССР имени В. И. Ленина (Москва). Handschriftenabteilung der Staatlichen Leninbibliothek der UdSSR (Moskau).
GMII	Отдел рукописей Государственного музея изобразительных искусств имени А. С. Пушкина (Москва). Handschriftenabteilung des Staatlichen Museums für bildende Kunst Alexander Puschkin (Moskau).
GRM	Отдел рукописей Государственного Русского музея (Ленинград). Handschriftenabteilung des Staatlichen Russischen Museums (Leningrad).
IRLI	Отдел рукописей Института русской литературы (Пушкинский Дом) Академии Наук СССР (Ленинград). Handschriftenabteilung des Instituts für Russische Literatur (Puschkin-Haus) der Akademie der Wissenschaften der UdSSR (Leningrad).
NBMGU	Отдел рукописей Научной библиотеки Московского Государственного университета. Handschriftenabteilung der wissenschaftlichen Bibliothek der Moskauer Staatlichen Universität.
Nr.	Номер (Nummer).
O	Опись (Inventarliste).
ZGALI	Центральный Государственный архив литературы и искусства (Москва). Zentrales Staatliches Literatur- und Kunstarchiv (Moskau).

Einführung

1 Witold Hulewicz, Gespräche mit Rainer Maria Rilke. In: Prager Presse, 30. November 1924.
2 Rilke an Leopold von Schlözer, 21. Januar 1920; Br 5, 292.
3 Rilke an Lou Andreas-Salomé, 15. August 1903. In: Rilke/Lou Andreas-Salomé, Briefwechsel. Mit Erläuterungen und einem Nachwort hrsg. von Ernst Pfeiffer. Zürich – Wiesbaden 1952, S. 109 f.

4 Ю. Л. Сазонова, Письма Р. М. Рильке. (J. L. Sasonowa, Briefe R. M. Rilkes.) In: Новый журнал, Band 5, New York 1943, S. 283.

5 Marina Zwetajewa an Anna Teskova, Третий день Пасхи 1927 г. In: Марина Цветаева, Письма к А. Тесковой. (Briefe an Anna Teskova.) Prag 1969, S. 52.

6 Carl Sieber, René Rilke. Die Jugend Rainer Maria Rilkes. Leipzig 1932.

7 A. Mágr, Die Jugend des Dichters. In: Prager Presse, 13. November 1932. – Rilke lernte Julius Zeyer durch Vermittlung Valerie von David-Rhonfeld (Zeyers Nichte) kennen. Zeyer, ein führender Vertreter der tschechischen Neuromantik, hatte mehrere Reisen nach Rußland unternommen. Einige seiner Werke beruhen auf Stoffen und Motiven der russischen Folklore, z. B. das Versepos »Lied von der Rache für Igor«.

8 Rilke, Die Bücher zum wirklichen Leben. Zuschrift an den Buchhändler Hugo Heller; SW 11, 1021. – Rilke erwähnt auch in Briefen an Alfred Schaer (26. Februar 1924) und Hermann Pongs (17. August 1924), daß Wassermann ihn auf Turgenjew hingewiesen hat. – »Niels Lyhne«: Roman von Jens Peter Jacobsen, der Rilke »noch weit in die Pariser Zeit hinein« »ein Begleiter im Geiste und eine Gegenwart im Gemüt« war.

9 Rilke an Marie von Thurn und Taxis, 24. Mai 1924. In: Rilke / Marie von Thurn und Taxis, Briefwechsel. Besorgt durch Ernst Zinn. Mit einem Geleitwort von Rudolf Kassner. Band 1–2, Zürich–Wiesbaden 1951, Band 2, S. 807.

10 Rilke an Lou Andreas-Salomé, 10. Januar 1912. In: Rilke / Andreas-Salomé, Briefwechsel, S. 253 f.

11 »Das Erlebnis Gott« wurde zu einem grundlegenden Thema ihres Lebens. Mit siebzehn Jahren lehnte sie es ab, sich konfirmieren zu lassen, und brach mit der reformierten Kirche. Im Mai 1880 wurde sie in Holland von Hendrik Gillot konfirmiert. Vgl. Lou Andreas-Salomé, Lebensrückblick. Grundriß einiger Lebenserinnerungen. Aus dem Nachlaß hrsg. von Ernst Pfeiffer. Neu durchgesehene Ausgabe mit einem Nachwort des Herausgebers. 4. Aufl., Frankfurt a. M. 1979 (Insel Taschenbuch 54), S. 9–25, 27–30 sowie 219–224 (Anmerkungen).

12 Nietzsche bekannte: »Erst seit diesem Verkehr war ich reif zu meinem Zarathustra.« (Zitiert nach: E. F. Podach, Gestalten um Nietzsche. Mit unveröffentlichten Dokumenten zur Geschichte seines Lebens und seines Wesens. Weimar 1932, S. 116.)

13 IRLI, F 39, Nr. 851; zitiert nach: С. С. Гречишкин, Архив
Л. Я. Гуревич. (S. S. Gretschischkin, Das Archiv von
L. Ja. Gurewitsch.) In: Ежегодник Рукописного отдела
Пушкинского дома на 1976 год. (Jahrbuch der Handschriftenabteilung des Puschkin-Hauses 1976.) Leningrad
1978, S. 18.
14 Wolynski hielt sich vom 14. Juni bis 16. Juli in Wolfratshausen auf (Chr 2, 1098). Er schrieb an seine Schwester B. L. Pargamin: »Jetzt erhole ich mich in einem
Landhaus unter der fürsorglichen und überaus freundlichen Obhut der deutschen Schriftstellerin Salomé (einer
Gefährtin Nietzsches).« (ZGALI, F 95, Nr. 957.) – Der
Brief ist undatiert; Poststempel 22. Juni 1897.
15 Andreas-Salomé, Lebensrückblick, S. 114.
16 А. Л. Волынский, Русские критики. (A. L. Wolynski,
Russische Kritiker.) St. Petersburg 1896. – Der Band vereint die wichtigsten der im »Sewerny westnik« erschienenen Arbeiten Wolynskis, die sich hauptsächlich gegen
demokratische Kritiker des 19. Jahrhunderts (Belinski,
Tschernyschewski, Dobroljubow, Pissarew) richteten. In
der fortschrittlichen russischen Presse wurde das Buch
deshalb sehr heftig angegriffen. Lou Andreas-Salomé
aber beurteilt den Streit um Wolynski unter ganz anderem Gesichtspunkt. Sie schreibt, sein Buch sei »in gewissen Kreisen seiner Heimat das bestgehaßte Werk, und
seine volle Wirkung, sein tiefster Wert werden sich erst
in zukünftigen Tagen ganz äußern können, wenn alle
Parteistimmen und persönliche Empfindlichkeiten ver-
klungen sind und seiner Objektivität Raum geben«. (Lou
Andreas-Salomé, Russische Dichtung und Kultur. In:
Cosmopolis. Internationale Revue [London – Berlin –
Wien], 9/1897, S. 882.)
17 Ebenda, S. 881 f. und 872.
18 Lou Andreas-Salomé, Russische Philosophie und semitischer Geist. In: Die Zeit. Wiener Wochenschrift für
Politik, Volkswirtschaft, Wissenschaft und Kunst, Nr. 172,
15. Jänner 1898, S. 40.
19 Wolynskis Artikel über Leskow wurden 1897 im »Sewerny westnik« veröffentlicht (Nr. 1–5), ein Jahr später
erschienen sie als Buch: А. Л. Волынский, Н. С. Лесков.
Критический очерк. (A. L. Wolynski, N. L. Leskow.
Kritischer Essay.) St. Petersburg 1898.
20 Lou Andreas-Salomé, Das russische Heiligenbild und sein
Dichter. In: Vossische Zeitung, 1. Januar 1898. – Im Lou
Andreas-Salomé-Archiv, Göttingen, werden die ersten

Blätter dieser Studie »in Rilkes Handschrift ... mit der
Überschrift von Lou A.-S« aufbewahrt. (Vgl. Andreas-
Salomé, Lebensrückblick, S. 269.)

21 Herr Dr. Ernst Pfeiffer, Göttingen, übermittelte uns
freundlicherweise folgende Auszüge aus Lou Andreas-
Salomés Tagesnotizen vom Sommer 1897: 22. Juli: »No-
vellenarbeit«; 26.: »Novelle ›Amor‹ abgeschrieben, nach
mittags mit Rainer gelesen.« 27.: »Novelle ›Amor‹ beendet.« (Lou-Andreas-Salomé-Archiv, Göttingen.)

22 Schriftstellerinnen der Gegenwart. Österreichische Schrift-
stellerinnen (11/1897, S. 28–40); Das Drama des »Jungen
Deutschlands« (2/1898, S. 53–69); Schriftstellerinnen der
Gegenwart. Die deutschen Romanschriftstellerinnen
(3/1898, S. 157–169). Alle drei Aufsätze wurden von
Sofja M. Spielberg nach dem Manuskript übersetzt.

23 Die Novelle wurde von Sofja Spielberg nach dem Manu-
skript übersetzt und erschien im »Sewerny westnik«
(10/1897). Rilke nahm »Alle in Einer« in den Band »Am
Leben hin – Novellen und Skizzen« (Stuttgart 1898) auf. –
Ljubow Gurewitsch trug die Autoren der Zeitschrift, die
aus verschiedenen Gründen kein Honorar erhielten (die
Herausgabe des »Sewerny westnik« war ständig mit
finanziellen Schwierigkeiten verbunden), in ein Buch ein.
Bei jedem Namen stehen Vermerke. Zu Rilke und Lou
Andreas-Salomé lesen wir: »Rilke, M. (Junger deutscher
Schriftsteller, Bekannter. Kann durch Veröffentlichung
dieser Arbeit in deutscher Sprache in Deutschland zu
dem Honorar gelangen.) 21,87 [Rubel]. Salomé, Lou Andreas. (Deutsche Schriftstellerin. Nahe Bekannte, die mit
der Zeitschrift sympathisiert und weitere Zusammenarbeit
wünscht.) [...] – 48,75 [Rubel].« (IRLI, F 89, Nr. 20259,
Blatt 11; zitiert nach: Ежегодник Рукописного отдела
Пушкинского дома на 1976 год, S. 17.)

24 Friedrich Nietzsche, Götzen-Dämmerung oder wie man
mit dem Hammer philosophiert. In: Nietzsche, Gesammelte Werke. Band 10, München 1964, S. 108.

25 Melchior de Vogüé, Le roman russe. Paris 1886, S. 334.

26 Nina Hoffmann, F. M. Dostojewski. Eine biographische
Studie. Berlin 1899, S. 3.

27 Lou Andreas-Salomé, Leo Tolstoi, unser Zeitgenosse. In:
Neue Deutsche Rundschau, 10. Jg., 11/1898, S. 1150.

28 Andreas-Salomé, Das russische Heiligenbild und sein
Dichter. In: Vossische Zeitung, 1. Januar 1898.

29 Andreas-Salomé, Russische Philosophie und semitischer
Geist. In: Die Zeit, 15. Jänner 1898.

30 Rilke, Christus. Elf Visionen. Erste Folge. Der Maler; SW 5, 142.
31 Rilke, Das Florenzer Tagebuch; T 62.
32 Rilke, Über Kunst; SW 10, 429.
33 Rilke, Christus. Elf Visionen. Erste Folge. Die Kinder; SW 5, 137.
34 Rilke, Über Kunst; SW 10, 427.
35 Rilke, Das Florenzer Tagebuch; T 35 und 33.
36 Rilke an Lou Andreas-Salomé, 8. August 1903. In: Rilke / Andreas-Salomé, Briefwechsel, S. 83 und 87.
37 Lou Andreas-Salomé an Rilke, 10. August 1903. Ebenda, S. 91.
38 Lou Andreas-Salomé, Russische Dichtung und Kultur. In: Cosmopolis, 9/1897, S. 574.
39 Andreas-Salomé, Lebensrückblick, S. 117.
40 Rilke an Frieda von Bülow, 22. April 1899; BrT 10 f. – Inspektor der kaiserlichen Theater: Fürst Sergej Michailowitsch Wolkonski.
41 Witold Hulewicz, Gespräche mit Rainer Maria Rilke. In: Prager Presse, 30. November 1924.
42 Der Herausgeber ist Herrn Dr. Ernst Pfeiffer, Göttingen, dankbar für die Genehmigung, aus Lou Andreas-Salomés »Tagesnotizen« von beiden russischen Reisen und ihrer Studie »Rußland, mit Rainer« zitieren zu dürfen.
43 Rilke an die Mutter, 29. April 1899; zitiert nach: Brutzer 48.
44 Lou Andreas-Salomé, Rainer Maria Rilke. Leipzig 1928, S. 19.
45 Pawel (Paolo) Petrowitsch Trubezkoi kehrte 1897 nach Rußland zurück. Er richtete seine Werkstatt zunächst in einem Anbau der Schule für Malerei, Bildhauerei und Architektur, in der die Familie Leonid Pasternaks wohnte, ein. Boris Pasternak erinnert sich: »Ende der neunziger Jahre kam Pawel Trubezkoi, der sein ganzes Leben in Italien verbracht hatte, nach Moskau. Er bekam eine neue Werkstatt mit Oberlicht, die an die Außenwand unseres Hauses angebaut war und unser Küchenfenster aufgenommen hatte. Vorher war das Fenster auf den Hof gegangen, jetzt blickte es in Trubezkois Bildhauerwerkstatt. Aus unserer Küche beobachteten wir seine Bildnerei [...] und auch seine Modelle – angefangen von kleinen Kindern und Ballerinen, die ihm posierten, bis zu zweispännigen Kutschen und Kosaken hoch zu Roß, die einfach durch die breite Tür der hohen Werkstatt ritten.« Борис Пастернак, Люди и положения. Автобиографи-

504

ческий очерк. (Boris Pasternak, Menschen und Situationen. Autobiographischer Entwurf.) In: Борис Пастернак, Воздушные пути. Проза разных лет. (Boris
Pasternak, Luftwege. Prosa aus verschiedenen Jahren.)
Moskau 1982, S. 417. – Rilke traf Pawel Trubezkoi am
12. und 14. Februar 1906 in Paris wieder. Er besuchte
ihn zusammen mit Rodin, dessen lebensgroße Büste Trubezkoi in zwei Sitzungen anfertigte. »[...] ich habe mich
gefreut, Trubezkoi wiederzusehen in seiner ganzen
großen, kindlichen und gradeaus wirkenden Stärke.«
(Rilke an Clara Rilke, 13. und 15. Februar 1906; Br 2,
299.)
46 Rilke an Alexej S. Suworin, 5. März 1902; S. 337.
47 Rilke an Lou Andreas-Salomé, am letzten März 1904. In:
Rilke / Andreas-Salomé, Briefwechsel, S. 139f. – Иванъ
Великій: der Glockenturm »Iwan der Große« im Moskauer Kreml mit 18 Glocken. – Христосъ воскресъ:
Christ ist auferstanden! Russischer Ostergruß, auf den
der Gegrüßte antwortet: Er ist wahrhaftig auferstanden!
48 Rilke an Jelena M. Woronina, 18. Mai 1899; vgl. S. 95.
49 Rilke an Hugo Salus, 19. Mai 1899; BrT 12.
50 Rilke an Franziska Reventlow, 19. Mai 1899; BrT 15.
51 Rilke an Emil Faktor, 3. Juni 1899; Br 1, 68.
52 Rilke an Frieda von Bülow, 7. Juni 1899; BrT 16.
53 Rilke an Jelena M. Woronina, 9. Juni 1899; vgl. S. 99.
54 Zitiert nach: BrT 420.
55 Vgl. Chr 1, 91.
56 Rilke, Die Gebete; SW 5, 360 f.
57 Rilke, Russische Kunst; SW 10, 496.
58 Rilke, Über Kunst; SW 10, 431.
59 Rilke, Das Buch vom mönchischen Leben; SW 1, 254.
60 SW 1, 271.
61 SW 1, 276, 277, 283, 318, 327.
62 SW 1, 260, 264, 268.
63 SW 1, 269.
64 SW 1, 329.
65 Rilke, Von einem, der die Steine belauscht; SW 7, 347.
66 SW 7, 349.
67 Brutzer 71.
68 Rilke, [Marginalien zu Friedrich Nietzsche: »Die Geburt
der Tragödie«]; SW 12, 1175.
69 Rilke, Russische Kunst; SW 10, 495.
70 Rilke, Moderne russische Kunstbestrebungen; SW 10,
613–622.

71 Vgl. dazu: Grigori J. Sternin, Das Kunstleben Rußlands an der Wende vom neunzehnten zum zwanzigsten Jahrhundert. Dresden 1976, S. 258 f. (Fundus-Bücher
42/43).
72 Rilke an die Mutter, 5. Dezember 1899; zitiert nach:
Brutzer 14.
73 Rilke, 2. Dezember 1899; T 173.
74 Lou Andreas-Salomé, Tagesnotizen vom Januar 1900
(Lou-Andreas-Salomé-Archiv, Göttingen).
75 Vgl. Rilkes Briefe an Sofja Schill vom 5. und 16. März
1900, S. 129–132 und S. 138–142.
76 Rilke an die Mutter, 21. Mai 1900; zitiert nach: Brutzer 4 f.
77 Lou Andreas-Salomé notierte in ihrer Studie »Rußland,
mit Rainer« über Lewizki: »Er hat Grafentitel und große
Güter in Südrußland abgelehnt, um ganz dem Volk und
nach Tolstojschen Ideen zu leben. Man nennt ihn hier
seiner Lauterkeit und Selbstlosigkeit halber кристальная
душа [kristallklare Seele]. Er sprach über die Wirkungen
und die Notwendigkeit der Volksaufklärung, die er vertritt. Er nennt den russischen Bauer zum Skeptizismus
geneigt, nicht besonders gläubig hinsichtlich der Dogmen, die für ihn nur bedeuten die мiросозерцанiе [Welt-
sicht] der Kirche, seiner einzigen Schule. Dagegen gibt
er die релiгiозныя настроенiя [religiöse Gemütsstim-
mung] als ganz allgemein vorhanden zu, und zwar vom
Ritual mehr genährt als von den Dogmen.« Lou Andreas-
Salomé merkte dazu an: »Das Ritual ist daher trotz seines
Formalismus auch weiter und schmiegsamer zur Aufnahme individueller Stimmungen der Religion als die
Dogmen.« (Lou-Andreas-Salomé-Archiv.)
78 Sofja N. Schill, Aus den »Erinnerungen«; vgl. S. 444. –
Lou Andreas-Salomé charakterisierte in »Rußland, mit
Rainer« die Arbeiter: »Bewundernswert war an ihnen
allen der natürliche Takt und das fast formgerechte Be-
nehmen bei aller Natürlichkeit ihrer Äußerungen.« (Lou-
Andreas-Salomé-Archiv.)
79 Lou Andreas-Salomé vermerkte über Anna S. Golubkina
in ihrer Studie »Rußland, mit Rainer«: »Von den Frauen,
die es hier gibt, ist die Bildhauerin aus Rjasanj wie eine
überlebensgroße Gestalt.« (Lou-Andreas-Salomé-Archiv.)
80 Andreas-Salomé, Rußland, mit Rainer (Lou-Andreas-
Salomé-Archiv).
81 Rilke an die Mutter, 6. Juni 1900; zitiert nach: Brutzer 6.
82 Rilke an die Mutter, 8. Juni 1900; zitiert nach: Brutzer
104 f.

83 Rilke an die Mutter, 6. Juli 1900; zitiert nach: Brutzer 6.
84 Rilke, Aus einem Brief, St. Petersburg, am 31. Juli; zitiert
   nach: T 195f.
85 Zitiert nach: H. F. Peters, Lou. Das Leben der Lou
   Andreas-Salomé. München 1964, S. 226.
86 Zitiert nach: Brutzer 6.
87 Andreas-Salomé, Lebensrückblick, S. 119.
88 Zitiert nach: ebenda, S. 276.
89 Rilke an die Mutter, 6. Juli 1900; zitiert nach: Brutzer 6.
90 Zitiert nach: Brutzer 6.
91 Andreas-Salomé, Rußland, mit Rainer (Lou-Andreas-
   Salomé-Archiv).
92 Rilke an die Mutter, 25. Juli 1900; zitiert nach: Brutzer
   67f.
93 Rilke an die Mutter, 25. Juli 1900; zitiert nach: Brutzer 9.
   Lou Andreas-Salomé schrieb über den Besuch bei Droshshin: »Das Bauernleben des russischen Dörflers lernt man
   kennen in der изба dieses Poeten, der selbst nur ein
   Bauer ist. Mehr noch ist es zwar seine Frau: nicht so ganz
   singt das Leben... in seinen Liedern, wie es von ihren
   Lippen in schlichter Wiedergabe des Erlebten sich an-
   hört. Er hat noch Freude an den Blumen, am Heuen, weil
   es Appetit weckt – sie arbeitet von Nacht bis in die
   Nacht, ißt in ihrer Übermüdung nicht mehr, ... reizend
   und rührend sind diese Menschen in ihrer Schlichtheit
   und Kraft, in einer Heiterkeit, die in ihrer frohen Er-
   gebung kaum noch von dieser Welt zu sein scheinen. –
   Überhaupt findet man auch hier wieder, wie stark die
   Petersburger – und sogar auch noch Moskauer – Ver-
   kennung des russischen Dorfes ist. [...] Auch Drožin sagt
   aus, daß alles dieses mehr in der Phantasie als in der
   Wirklichkeit existiere. Trunkenheit u.s.w. Seine Mutter
   ›zwölf Kinder hat sie geboren, jetzt geht von den Über-
   lebenden der neben Drožin einzige Sohn nach China in
   den Krieg‹.« »Der Nachtwächter ist hier romantischer als
   in Kresta: er geht mit einer klingelnden Triangel einher,
   an der drei Glöckchen reizend ineinander klingen.« Sie
   empfand den Besuch bei Nikolai Tolstoi, der ihr »Einblick in einen köstlichen Typus russischen Gutslebens«
   gab, »als eine unerwartete Steigerung der ganzen Reise«.
   »Drožin selbst verlor etwas dadurch.« »Was da über ihn
   triumphiert, ist nicht Reichtum und Bildung allein, sondern vor allem die tatsächliche Überlegenheit von Menschen, die sich stark ausgewachsen haben. Auch sie wuchsen sich in einer Enge aus – in der Enge ihres politischen

und religiösen Konservativismus, ihres Wunderglaubens und Patriarchentums; allein dies sind allgemeingültige feste Menschheitsstufen, die denen, die auf ihnen fußen, Sicherheit geben, während Drož., trotz seiner aufrichtigen, tiefen Freudigkeit am Dorf, das Dorf innerlich dennoch ... verließ – –« »Die sichere Originalität der Tolstojs ... nebst ihren Kindern ist mir ein unvergeßlicher Eindruck gewesen, der stärkste, den ich nach dem Einblick in die Moskauer selbstlosen liberalen Volksaufklärer haben konnte.« (Lou Andreas-Salomé, Rußland, mit Rainer. Lou-Andreas-Salomé-Archiv.)

94 Rilke, 1. September 1900; T 199.
95 Marie von Thurn und Taxis-Hohenlohe, Erinnerungen an Rainer Maria Rilke. Frankfurt a. M. 1966, S. 13 f.
96 Vgl. Chr 1, 106 f., sowie Rilkes Verzeichnis russischer Bücher, S. 191.
97 Rilke an Lou Andreas-Salomé, 4. August 1900. In: Rilke / Andreas-Salomé, Briefwechsel, S. 39.
98 Ebenda, S. 37.
99 Andreas-Salomé, Lebensrückblick, S. 146.
100 Rilke, 1. September 1900; T 196.
101 Rilke, 1. September 1900; T 197.
102 Rilke, 1. September 1900; T 198.
103 Andreas-Salomé, Lebensrückblick, S. 72.
104 Richard Muther, Studien und Kritiken. Band 2, Wien 1901, S. 317.
105 Rilke an Paula Becker, 18. Oktober 1900; zitiert nach: Chr 1, 112.
106 Rilke, Der Morgen; SW 8, 962.
107 Andreas-Salomé, Rainer Maria Rilke, S. 90.
108 Rilke, [Ich bin so allein ...]; SW 8, 964.
109 Rilke an die Mutter, 23. Oktober 1900; zitiert nach: Brutzer 7.
110 Rilke an die Mutter, 16. Februar 1901; zitiert nach: Brutzer 7.
111 Vgl. dazu insbesondere: Chr 1, 133–135.
112 Vgl. Benois an Rilke, 17. August 1902; S. 345.
113 Rilke an eine junge Freundin, 17. März 1926; Br 5, 370.
114 Rilke an Lou Andreas-Salomé, 8. August 1903. In: Rilke / Andreas-Salomé, Briefwechsel, S. 89 f.
115 Rilke, Das Buch von der Pilgerschaft; SW 1, 327.
116 Rilke, August Rodin; SW 9, 145.
117 Rilke betont in einem Brief an Witold Hulewicz vom November 1925, daß er seine späten Werke (bis hin zu den »Duineser Elegien«) »für eine weitere Ausgestaltung

jener wesentlichen Voraussetzungen« hält, »die schon im ›Stundenbuch‹ gegeben waren«. (Br 5, 332.)

118 Rilke an Lou Andreas-Salomé, 15. August 1903. In: Rilke / Andreas-Salomé, Briefwechsel, S. 104 f.

119 Rilke, Das Buch von der Armut und vom Tode; SW 1, 343 und 344.

120 SW 1, 356.

121 Rilke an Lou Andreas-Salomé, 15. August 1903. In: Rilke / Andreas-Salomé, Briefwechsel, S. 110.

122 Rilke an Lou Andreas-Salomé, 17. März 1904. Ebenda, S. 135.

123 Rilke an Lou Andreas-Salomé, 16. August 1904. Ebenda, S. 183.

124 Rilke an Lou Andreas-Salomé, 17. März 1904. Ebenda, S. 136.

125 Rilke, Die Aufzeichnungen des Malte Laurids Brigge. [Ursprünglicher Schluß der Aufzeichnungen: Tolstoi. Erste Niederschrift]; SW 11, 967.

126 SW 11, 970.

127 Vgl. Rilke an Ellen Key, 18. April 1907. In: Rainer Maria Rilke, Briefe aus den Jahren 1906 und 1907. Hrsg. von Ruth Sieber-Rilke und Carl Sieber. Leipzig 1930, S. 251 f., sowie Rilke an Karl von der Heydt, 3. Mai 1907; ebenda, S. 253 f.

128 Rilke widerruft die »Fünf Gesänge« u. a. in dem Brief an Karl und Elisabeth von der Heydt vom 6. November 1914: »[...] jetzt ist mir längst der Krieg unsichtbar geworden, ein Geist der Heimsuchung, nicht mehr ein Gott, sondern eines Gottes Entfesselung über den Völkern.« (Br 4, 25.)

129 Rilke an Katharina Kippenberg, 31. August 1917. In: Rainer Maria Rilke / Katharina Kippenberg, Briefwechsel. Hrsg. von Bettina von Bomhard. Wiesbaden 1954, S. 244.

130 Rilke an Katharina Kippenberg, 17. Dezember 1917. Ebenda, S. 257.

131 Rilke schreibt darüber u. a. in einem Brief an Clara Rilke vom 7. November 1918 (Br 4, 206–209).

132 Zitiert nach: RK 234.

133 Rilke an Lou Andreas-Salomé, 13. Januar 1919. In: Rilke / Andreas-Salomé, Briefwechsel, S. 398.

134 Rilke an Aline Dietrichstein, 6. August 1919; B 2, 138–140.

135 Rilke an Anni Mewes, 12. September 1919; B 2, 156.

136 Rilke an Reinhold von Walter, 6. April 1921; zitiert nach: RK 230.

137 Vgl. Andreas-Salomé, Lebensrückblick, S. 142 und 276.
138 Diese Angaben übernahmen wir aus Ingeborg Schnacks Rilke-Chronik (Chr 2, 635).
139 Thurn und Taxis-Hohenlohe, Erinnerungen an Rainer Maria Rilke, S. 59.
140 Klaus W. Jonas, Rilke und Clothild Sacharoff. Ein unveröffentlichter Briefwechsel. In: Monatshefte für deutschen Unterricht, deutsche Sprache und Literatur, Madison, Wisc., Band 58, 1966, Heft 1, S. 3.
141 Rilke an Sophie Liebknecht, 2. Juli 1919; zitiert nach: Chr 2, 562.
142 Rilke an Marie von Thurn und Taxis-Hohenlohe, 19. August 1920; B 2, 179.
143 Rilke, Das Testament. Faksimile der Handschrift aus dem Nachlaß. Im Anhang Transkription der Handschrift, Erläuterungen und Nachwort von Ernst Zinn. Die Edition besorgte Ernst Zinn. Frankfurt a. M. 1974, S. 91.
144 К. Сапаров, Р. М. Рильке о повести И. А. Бунина »Митина любовь« (K. Saparow, R. M. Rilke über I. A. Bunins Erzählung »Mitjas Liebe«). In: Вопросы литературы (Fragen der Literatur), Moskau, 9/1966, S. 247 bis 249.
145 Zitiert nach: Maurice Betz, Rilke in Frankreich. Wien – Leipzig – Zürich 1938, S. 289 und S. 137.
146 Rilke schrieb am 3. Dezember 1926 an die Fürstin Gagarina, Jewgenija Tschernoswitowa habe ihm Rußland vergegenwärtigt. (Vgl. Chr 2, 1088.)
147 Boris Pasternak an M. Aucouturier, 4. Februar 1959. In: Cahiers du monde russe et soviétique (Paris), 1974, Band 15, Nr. 1–2, S. 232. (Der Brief ist in französischer Sprache geschrieben.) Boris Pasternak versuchte sich bereits in jungen Jahren an der Übersetzung von Rilke-Gedichten; in seinen Studienheften aus den Jahren 1911 bis 1913 finden sich Rohübersetzungen einzelner Gedichte aus dem »Buch der Bilder«. Bald nach Rilkes Tod übersetzte er das »Requiem für eine Freundin« [Paula Modersohn-Becker] und das »Requiem für Wolf Graf von Kalckreuth« und um 1957 mehrere Gedichte aus dem »Buch der Bilder«. Seine Übersetzungen gehören zu den gelungensten Übertragungen Rilkescher Werke ins Russische.
148 Oskar Maria Graf, An manchen Tagen. Reden, Gedanken und Zeitbetrachtungen. Frankfurt a. M. 1961, S. 188 f.
149 »Im Sommer 1926, nachdem er irgendwo mein ›Poem vom Ende‹ gelesen hatte, war Boris wie von Sinnen und

wollte zu mir kommen – ich wies ihn ab...« (Marina
Zwetajewa an Anna Teskova, 20. März 1931. In: Цветаева, Письма к А. Тесковой, S. 91.)
150 Marina Zwetajewa schrieb über Deutschland: »Meine
Leidenschaft, meine Heimat, Wiege meiner Seele...«
Marina Cvetaeva, Несобранные произведения. Ausgewählte frühe Gedichte im Neudruck sowie verstreut er-
schienene Werke im Nachdruck von Einzelausgaben und
Zeitschriftenveröffentlichungen. Mit einem Nachwort und
Literaturangaben hrsg. von Günther Wytrzens. München
1971, S. 469.
151 Marina Zwetajewa an Anna Teskova, 15. Januar 1927.
In: Цветаева, Письма к А. Тесковой, S. 48.
152 Marina Zwetajewa an Charles Vildrac, [Meudon 1930].
In: Новый мир, 4/1969, S. 204.
153 Marina Zwetajewa an Boris Pasternak, 11. Februar 1923.
In: Марина Цветаева, Неизданные письма. (Marina
Zwetajewa, Unveröffentlichte Briefe.) Paris 1972, S. 277.
154 Marina Zwetajewa an Anna Teskova, 12. Dezember
1927. In: Цветаева, Письма к А. Тесковой, S. 57.
155 Marina Zwetajewa an Wera Bunina-Muromzewa, 4. Mai
1926. In: Цветаева, Неизданные письма, S. 399.
156 Marina Zwetajewa an Rilke, 9. Mai 1926; vgl. S. 379.
157 Marina Zwetajewa an Rilke, 3. Juni 1926; vgl. S. 403.
158 Marina Zwetajewa an Rilke, 2. August 1926; vgl. S. 416.
159 Marina Zwetajewa an Boris Pasternak, 10. Juli 1926. In:
Цветаева, Неизданные письма, S. 311 und 313.
160 Marina Zwetajewa an Anna Teskova, 23. Mai 1938. In:
Цветаева, Письма к А. Тесковой, S. 159.
161 Marina Zwetajewa an Rilke, 2. August 1926; vgl. S. 416.
162 Марина Цветаева, После России. (Marina Zwetajewa,
Nach Rußland.) Paris 1928, S. 11.
163 Marina Zwetajewa an Rilke, 22. August 1926; vgl. S.
423.
164 Марина Цветаева, Никто ничего не отнял (Marina
Zwetajewa, Es hat niemand etwas genommen; 1916).
165 Marina Zwetajewa an Rilke, 22. August 1926; vgl. S. 423.
Aus diesem Brief und dem vom 14. August geht hervor,
daß Marina Zwetajewa dennoch ernsthaft über Möglichkeit, Ort und Zeitpunkt einer Begegnung mit Rilke nach-
dachte.
166 Marina Zwetajewa, Briefe an A. Steiger. In: Опыты
(Versuche), München, 5/1955, S. 47.
167 Worte Napoleons, die Marina Zwetajewa einem Abschnitt ihres 1910 in Moskau erschienenen ersten Gedicht-

bandes »Вечерний альбом« (Abendliches Album) als
Motto voranstellte.
168 Vgl. Anastassija Zwetajewa, Erinnerungen. Leipzig 1979.
169 Marina Zwetajewa an Juri Ivask, 8. März 1935. In:
Русский литературный архив. (Das russische Literatur-
archiv.) New York 1956, S. 108.
170 Rilke, Elegie an Marina Zwetajewa-Efron; SW 3, 271 bis
273.
171 Marina Zwetajewa an Anna Teskova, 14. November
1936. In: Цветаева, Письма к А. Тесковой, S. 145.
172 Rilke, Elegie an Marina Zwetajewa-Efron; SW 3, 272.
173 Marina Zwetajewa an Rilke, 14. Juni 1926; vgl. S. 408.
174 Vgl. Rilke an Marina Zwetajewa, 19. August 1926;
S. 420–422.
175 Marina Zwetajewa an Jewgenija Tschernoswitowa,
[Januar 1927]. Zitiert nach: Rainer Maria Rilke. Marina
Zwetajewa. Boris Pasternak. Briefwechsel. Hrsg. von
Jewgenij Pasternak, Jelena Pasternak und Konstantin
M. Asadowskij. Aus dem Russischen übertragen von
Heddy Pross-Weerth. Frankfurt a. M. 1983, S. 252.
176 Marina Zwetajewa an Boris Pasternak, 23. Mai 1926.
In: Цветаева, Неизданные письма, S. 303.
177 Aus handschriftlichen Annotationen Marina Zwetajewas
zu ihrem Aufsatz »Rainer Maria Rilke« (Cahiers de
l'étoile [Paris], 10/1929). Zitiert nach: RK 333. Marina
Zwetajewa sandte dieses Exemplar Nanny Wunderly-
Volkart, Rilkes engster Vertrauten aus den Schweizer
Jahren, mit der sie Anfang 1930 in Briefwechsel trat.
178 Marina Zwetajewa an Anna Teskova, 2. Januar 1937.
In: Цветаева, Письма к А. Тесковой, S. 148.
Rilkes Tod erschütterte Marina Zwetajewa sehr, er war
für sie ein Schlag, den sie nie verwinden konnte. Als
wollte sie den Tod selbst bezwingen, versuchte Marina
Zwetajewa ihr Gespräch mit Rilke fortzusetzen. Am
31. Dezember 1926 schrieb sie ihm einen letzten (»postumen«) Brief (auf deutsch), den sie an Boris Pasternak
sandte. Einzelne Passagen dieses Briefes fanden ihren Nie-
derschlag im Poem »Новогоднее. На смерть Рильке«
(Neujahrsgedicht. Auf den Tod Rilkes), das sie Anfang
Februar 1927 vollendete. In diesen Versen nimmt Marina
Zwetajewa nochmals Abschied von dem geliebten Dichter, beweint ihn und dankt ihm. Später übersetzte sie sieben von Rilkes »Briefen an einen jungen Dichter« ins
Russische und versah sie mit interessanten und ausführlichen Anmerkungen.

179 Rilke an Lou Andreas-Salomé, 13. Dezember 1926. In:
Rilke / Andreas-Salomé, Briefwechsel, S. 505. – »Прощай, Дорогая моя« – Lebewohl, meine Liebe.

Briefe

1. Rilke an Jelena M. Woronina
Original: IRLI, F 619, Nr. 1.
Erstdruck: OSP 149–151.

85 *Woronina* – Tochter des bedeutenden russischen Bota-
nikers Michail S. Woronin, lernte Rilke im Mai 1898 in
Viareggio kennen; sie korrespondierte mit ihm zwischen
dem 30. Mai und dem 17. September 1898; während Rilkes erstem Aufenthalt in Petersburg mehrere Begegnungen; letzte Begegnung im Februar 1925 in Paris, wohin
sie mit ihrem Mann emigriert war. Vgl. Brief 144–146,
S. 361–365, sowie die erste Anm. zu S. 364.
Woronin – Der Familienname in der Anrede und im
Text wurde von Jelena Woronina gestrichen; der Erstdruck hat dementsprechend Auslassungspunkte.
nach St. Petersburg – Die Reise führte von Berlin über
Warschau und Moskau (27. April–2. Mai).
Denn in unserem Schauen ... unbesorgtes Besitzen! –
Diese Passage findet sich mit geringfügigen Änderungen
in Rilkes Tagebuch. Vgl. T 152.
87 *Und ich sage mir ... Zukunft!* – Wörtlich ins Tagebuch
übernommen. Vgl. T 152.

2. Rilke an Jelena M. Woronina
Original: IRLI, F 619, Nr. 1.
Erstdruck: OSP 151.

88 *Adresse der Frau Generalin* – Offenbar die Postadresse;
Rilke wohnte in einem Hotel.

3. Rilke an Leonid O. Pasternak
Xerokopie: Archiv der Familie Pasternak, Moskau, im folgenden Pasternak-Archiv. Die Originale von Rilkes Briefen
an Leonid Pasternak befinden sich im Archiv der Familie
Pasternak, Oxford (ausgenommen Brief 102).

88 *Pasternak* – Russischer Maler und Graphiker; seit 1894
Professor an der Hochschule für Malerei, Bildhauerei
und Architektur in Moskau; 1905 Mitglied der Petersburger Akademie der Künste; verließ 1921 die Sowjet-
union; war mit Lew Tolstoi befreundet, den er mehrfach
zeichnete; schuf u. a. Illustrationen zu dessen Roman
»Auferstehung«.

4. Lou Andreas-Salomé an Friedrich F. Fiedler
Original: ZGALI, F 1348, O 1, Nr. 792.

89 *Fiedler* – Bedeutender Übersetzer und Sammler, der seine
Wohnung in Petersburg zu einem berühmt gewordenen
»literarischen Museum« machte; übertrug zahlreiche russische Klassiker ins Deutsche, u. a. Puschkin, Lermontow,
Nekrassow, A. K. Tolstoi, Fet, ferner die sogenannten
»Bauerndichter« Kolzow, Surikow, später Droshshin;
stellte die Anthologie »Der russische Parnaß« (Dresden
1899) zusammen. In seinem Tagebuch hielt er Gespräche
mit dem Literarhistoriker Semen A. Wengerow und dem
Schriftsteller Potapenko sowie dessen Frau über Lou
Andreas-Salomé detailliert fest. Wengerow hatte Lou
1897 in Petersburg kennengelernt; seine Schwester Sinaida
übersetzte ihr Nietzsche-Buch ins Russische. Er erzählte
Fiedler u. a.: »Sie ist sehr interessant und geistreich, etwa
35, mit Spuren einstiger Schönheit. Sie ist in Petersburg
geboren, heißt Louise (daher Lou) Salomé u. hat einen
gewissen Andreas geheiratet. Während der 15 Jahre, die
sie in Deutschland lebt, hat sie das Russische ganz ver-
lernt.« (Aus der Litteratenwelt. Charakterzüge und Urteile, gesammelt durch Fiedler. Elftes Heft: Vom 24. November 1896 bis zum 26. Dezember 1898 incl.; IRLI,
F 649, O 1, Nr. 3, Blatt 62 f.) Das Ehepaar Potapenko
war Lou Andreas-Salomé 1894 in Paris begegnet. Marja
A. Potapenko berichtete: »Ihren Mann (Andreas) habe
sie ohne Liebe geheiratet, nur weil er gedroht habe sich
zu erschießen, wenn sie nicht seine Frau wird. Ein paar
Monate im Jahr lebt sie mit ihm, dann verläßt sie ihn
plötzlich und erscheint bald in Wien, Paris oder der
Schweiz an der Seite eines Mannes, mit dem sie
in Ideenehe lebt; so war es mit *Nietzsche*, und Marja
A[ndrejewna] hat eigenäugig ein Porträt gesehen, auf
welchem N[ietzsche] die Lou in einem Handvollwagen
fährt. Und dabei sei sie groß, fleischig und plump wie

514

eine Karyatide (wie überhaupt alle deutschen Frauen, fügte M. A. in Klammern hinzu), habe jedoch einen hübschen Hals und feine Füße. Ihr russischer Wortschatz sei sehr arm, aber sie könne sich doch verständlich machen. Mit Frauen führe sie keine Gemeinschaft, nur mit Männern, denen sie sogar die Wäsche flickt; doch urplötzlich verläßt sie dieselben, um nach Berlin zu eilen und dort eine Zeitlang ihren verlaßnen Gatten zu pflegen.« (IRLI, F 649, O 1, Nr. 3, Blatt 67 f.)

89 *Übersetzung der Gedichte Nadsons* – Fiedler hatte Lou Andreas-Salomé und anderen deutschen Schriftstellern Mitte November 1898 einen Band mit Gedichten Nadsons, die er übersetzt hatte, gesandt. Lou Andreas-Salomé antwortete am 24. November 1899. (IRLI, F 649, O 1, Nr. 3, Blatt 338.)

5. Lou Andreas-Salomé an Friedrich F. Fiedler
Original: ZGALI, F 1348, O 1, Nr. 792.

89 *am Sonnabend* – Fiedler hatte Lou Andreas-Salomé »mit ihrem Rilke« für Sonnabend oder Montag zwischen zwei und drei Uhr eingeladen. (Vgl. Aus der Litteratenwelt. Zwölftes Heft: 29. Dezember 1898 bis 6. November 1899 incl.; IRLI, F 649, O 1, Nr. 4, Blatt 188 f.)

6. Rilke an Jelena M. Woronina
Original: IRLI, F 619, Nr. 1.
Erstdruck: OSP 151 f.

7. Rilke an Jelena M. Woronina
Original: IRLI, F 619, Nr. 1.
Erstdruck: OSP 152 f.

91 *Volkstheater* – Eins der vom Petersburger Städtischen Fürsorgekomitee eröffneten Theater.
Taurischer Garten – In den achtziger Jahren des 18. Jahrhunderts von William Good angelegter Park um das Taurische Palais (erbaut 1782 von dem Architekten I. E. Starow für den Fürsten G. A. Potjomkin-Tauritscheski, einen Favoriten Katharinas II.); taurisch: nach dem antiken Namen der Halbinsel Krim.

8. Rilke an Friedrich F. Fiedler
Original: ZGALI, F 518, O 1, Nr. 192.

92 *mit Ihren ... Übersetzungen* – Rilkes Besuch am 6. Mai
beschreibt Fiedler wie folgt: »Leider konnte gestern die
Lou infolge einer Erkältung nicht kommen (sie weilt in
Peters[burg] mit ihrem Mann), doch es kam ihr Page,
Raimund Maria *Rilke*, ein sehr sympathischer 23jähriger
Jüngling mit Kenntnissen der Literatur und Kunst. Er
raucht nicht und trinkt nichts und ist so nervös, daß er
gar keine großen Gesellschaften besucht und nur wenige
deutsche Schriftsteller persönlich kennt. *Jensen* sei sehr
beliebt in München; von *Bahr* sei alles zu erwarten (ich
erzählte ihm von den Erfahrungen, die ich mit ihm bezüglich Potapenkos ›Alt und Jung‹ gemacht). Kürzlich
hatte er in Gemeinschaft mit dem Ehepaar Andreas-
Salomé *Tolstoi* in Moskau besucht; derselbe spreche
deutsch wie ein Deutscher und flechte nur selten ein fran-
zösisches Wort ein.« (Aus der Litteratenwelt; IRLI F 649,
O 1, Nr. 4, Blatt 191.)

93 *Potapenko* – Fiedler fügte der Abschrift des Briefes in
seinem Tagebuch die Bemerkung hinzu: »Potapenkos
Adresse und Empfangsstunde (obschon er keine solche
hat; ich meine: wann er am sichersten anzutreffen ist,
1–2) schrieb ich, doch waren die Leute bis jetzt nicht da.
Der ›große Kreis‹ bezieht sich auf Lichatschows Jubi-
läum, dem beizuwohnen ich sie aufforderte. Über die
Besuche anderer Schriftsteller behielt ich mir vor, münd-
lich Rücksprache zu nehmen.« (IRLI, F 649, O 1, Nr. 4,
Blatt 208 f.)

9. Rilke an Friedrich F. Fiedler
Original: ZGALI, F 518, O 1, Nr. 192.

10. Rilke an Jelena M. Woronina
Original: IRLI, F 619, Nr. 1.
Erstdruck: OSP 153.

11. Rilke an Jelena M. Woronina
Original: IRLI, F 619, Nr. 1.
Erstdruck: OSP 153 f.

95 *Galerien ... (Semenow oder Stroganoff)* – Privatgalerie
des Geographen und Staatsmannes Pjotr P. Semenow
Tjan-Schanski und Ende des 18. Jahrhunderts von
Alexander S. Stroganow gegründete Familiensammlung
(damals eine der besten Gemäldegalerien in Rußland).
bei Repin – Laut Lou Andreas-Salomés Tagesnotizen
kam es am 31. Mai zu einem weiteren Besuch; Charakter
und Verlauf der Begegnungen werden weder von Rilke
noch von Lou Andreas-Salomé geschildert. Rilke trug in
eines seiner Studienhefte Notizen zur Biographie Repins
ein, die er der Zeitschrift »Пчела« (Biene), Jg. 1875/76,
entnahm, und Auszüge aus Briefen des Künstlers, die
dessen Weltanschauung erhellen. Vgl. Brutzer 24 f.

12. Rilke an Jelena M. Woronina
Original: IRLI, F 619, Nr. 1.
Erstdruck: OSP 154 f.

13. Rilke an Friedrich Fiedler
Original: ZGALI, F 518, O 1, Nr. 192.

97 *Dienstag ... zu Ihnen kommen* – Fiedler notierte am
23. Mai in seinem Tagebuch: »Soeben ist die Lou
Andreas-Salomé mit *Rilke* (die beiden duzen sich) von
uns gegangen. Sie sah wenig ästhetisch aus: ohne Kra-
gen, im schlotternden Kleide, das ihre Schenkel hervor-
treten ließ – doch sonst nichts dekadentisch-symbolisch
Überspanntes. Gegen die Vierzig; im Abwelken begriffen. Ein ganz klein wenig schnippisch. Sie erkundigte
sich nach Flexers Adresse. Als ich antwortete, ich wüßte
sie nicht, wie auch schwerlich irgendein hiesiger russischer Schriftsteller, da F. der bestgehaßte Mann im literarischen Petersburg sei, meinte sie eifrig protestierend:
›Wie alle bedeutenden Männer... Seine „Russischen
Kritiker" habe ich mit hohem Genuß gelesen.‹ Ich fragte
sie, was es für eine Bewandtnis mit der Novelle ›Amor‹
habe, die sie zusammen mit Fl. verfaßt. ›Ach, das ist eine
ziemlich unangenehme Geschichte! Während meines
Hierseins hatten wir das Thema verabredet, und er schlug
mir vor, es zu bearbeiten. Ich verwarf einige Details, die
er vorschlug, und sagte, ich würde die Erzählung vielleicht schreiben. Und ich schrieb sie und schickte sie in
den ›Ssew[erni] Westnik‹, wo sie von *Flexer* übersetzt

und mit jenen von mir abgelehnten Details versehen erschien, und zwar mit Namensnennung beider Verfasser, was ich erst später erfuhr und was mich nicht wenig ärgerte. Zudem – zwei Verfasser einer solchen Nullität! ...‹ [...] Die Portraits der russischen Schriftstellerinnen ließ sie sich von der Wand reichen und betrachtete sie stumm, wobei ein mühsam verhaltenes Lächeln um ihren breiten Mund spielte. Sonderbarerweise fand sie Ähnlichkeit (den Bildern nach geurteilt) zwischen *Lugowoj* und Korolenko, *Potapenko* und Polonskij. Letzteren (Polonskij) kennt sie gar nicht (wie überhaupt fast alle nicht). Lugowoj hat sie einmal gesehen und Potapenkos hat sie in Paris kennenlernen. Sie interessierte sich nur für *Korolenko* und *Minskij*; zu ersterem gab ich ihr eine Empfehlungskarte, zu letzterem nicht – weil er verreist sein soll. Zu *Wengerow* wollte sie nicht: ›Ich hab ihn kennenlernen: er macht sich über die Symbolisten lustig. Mit seiner Schwester Sinaide aber möchte ich gern Bekanntschaft machen, doch ist sie jetzt in Berlin.‹ Morgen oder übermorgen will das Paar (d. h. sie und Rilke) für ein paar Tage nach Moskau; dann werden sie (vermutlich) die Puschkin-Feier hier miterleben und gegen Mitte Juni wieder heim in Schmargendorf sein. – Russisch sprach sie kein Wort; nur übersetzte sie den Namen unseres Hundes ›Drjanj‹ Rilke wie ›Schund‹, ›Dreck‹.
Ich vergaß zu notieren, daß die *Andreas-Salomé* sich mit größter Hochachtung über die *Ljubow Gurewitsch* aussprach.« (Aus der Litteratenwelt; IRLI, F 649, O 1, Nr. 4, Blatt 205–209.)
Auszüge aus Fiedlers Tagebuch hat Leonid Tschertkow veröffentlicht (vgl. Čertkov, Rilke in Rußland. Auf Grund neuer Materialien. Wien 1975, S. 7–9). – Zu Fiedlers Kontakt mit Rilke vgl. auch: Heinz Pohrt, Leben und Wirken Friedrich Fiedlers als Übersetzer russischer Literatur. Diss. Berlin o. J.; Heinz Pohrt, Friedrich Fiedler und die russische Literatur. Aus dem Leben und Wirken des Übersetzers 1878–1917. In: Zeitschrift für Slawistik (Berlin), 5/1970, S. 694–718. Das folgende Rilke-Gedicht, das dieser 1899 in Petersburg in Fiedlers Stammbuch schrieb, wird bei Pohrt erstmals zitiert:

Im fremden Land ein freudiges Begegnen
mit den vertrauten und verehrten Schriften
hat mich in diesem Buche überrascht.
Es ist ein großes Netz, bald breit gemascht,

bald eng gewoben mit den stillern Stiften
und seine Garne faßten in entlegnen
und nahen Meeren die verborgnen Kronen
und halten sie!

(ZGALI, F 518, O 2, Nr. 13, Blatt 272. Zitiert nach: Zeitschrift für Slawistik, 5/1970, S. 707.)

14. Rilke an Jelena M. Woronina
Original: IRLI, F 619, Nr. 1.
Erstdruck: OSP 155–157.

97 *wie die Владимирская sich von jener von Smolensk
unterscheide* – Die berühmte Ikone »Gottesmutter von
Wladimir« (byzantinische Arbeit aus der ersten Hälfte
des 12. Jahrhunderts, befand sich in der Uspenski-Kathedrale im Moskauer Kreml, heute Tretjakow-Galerie)
unterscheidet sich u. a. durch Geste, Gebärde, Mimik,
Physiognomik von Ikonen des Typs der Smolensker Odigitria, die unter der Bezeichnung »Gottesmutter von
Smolensk« oder »Gottesmutter Odigitria von Smolensk«
große Verbreitung fanden. Die »Gottesmutter von Wladimir« neigt ihren Kopf zum Kind, das sie in ihrem
rechten Arm hält; Bildnisse der Odigitria (Wegführerin)
zeigen eine Gottesmutter, deren rechte Hand zum seg-
nenden Christus weist, den sie auf dem linken Arm trägt.
Das Urbild der Odigitria befand sich in der Hodegon-
kirche in Konstantinopel (5. Jahrhundert), bis 1941
wurde eine aus Byzanz stammende Odigitria (11. Jahrhundert) in der Uspenski-Kathedrale in Smolensk aufbewahrt.
Bände des Werkes von Ровинскiй – Русские народные
картинки. Собрал и описал А. Ровинский. Атлас. (Russische volkstümliche Bilder. Gesammelt und beschrieben von
D. Rowinski. Mappe.) Band 1–4, Petersburg 1881–1893.
Kunstakademie – Russische kaiserliche Akademie der
Künste, 1757 gegründet, heute Akademie der Künste der
UdSSR.
Kunstgeschichte von Гнѣдичъ – П. П. Гнедич, История
искусств. Зодчество, живопись, ваяние. (P. P. Gneditsch,
Geschichte der bildenden Kunst. Architektur, Malerei,
Plastik.) Band 1–3, Petersburg 1897. – Der Literat und
Kunsthistoriker ist auch Autor des Bandes История
искусства с древнейших времен. (Geschichte der Kunst
seit ihren Anfängen.) Petersburg 1885.

98 *Kunstgeschichte von Новицкий* – История русского искусства с древнейших времен. Сост. А. Новицкий. (Geschichte der russischen Kunst seit ihren Anfängen. Verfaßt von A. Nowizki.) Band 1–2, Moskau 1899–1903. Das Werk erschien in 12 Auflagen.

99 *Madonna von Kasan* – Ikone der Gottesmutter von Kasan, befand sich von 1811 bis Ende der zwanziger Jahre unseres Jahrhunderts in der Kasaner Kathedrale in Petersburg.

der heilige Sergei – Sergij Radoneshski, einer der am meisten verehrten Heiligen der russisch-orthodoxen Kirche, gründete mehrere Klöster (u. a. um 1337 in Sagorsk das Dreieinigkeits-Sergius-Kloster).

heilige Warwara – Nach der Legende aus Nikomedia gebürtig, starb als Christin den Märtyrertod von der Hand ihres Vaters, gilt als Patronin der Krieger, Bergleute und aller von einem schnellen Tod Bedrohten; ihre Reliquien wurden im 12. Jahrhundert von Konstantinopel nach Kiew überführt. Die Heilige wurde in Rußland besonders verehrt.

100 *auf kleinem Umweg nach Schmargendorf* – Rilke hielt sich vor der Rückkehr nach Berlin vom 18. bis 27. Juni in Danzig-Langfuhr (bei Johanna Niemann, einer Freundin Lou Andreas-Salomés) und in Oliva auf.

Abdruck aus dem »Pan« – Im April 1899 veröffentlichte die bibliophile Berliner Jugendstil-Zeitschrift 13 Gedichte aus dem Gedichtkreis »Lieder der Mädchen«, den Rilke in die Sammlung »Mir zur Feier« aufnahm. »Pan« erschien 1895–1900; Herausgeber waren Caesar Flaischlen (Literatur) und Richard Graul (Kunst), zum Ausschuß gehörten u. a. Wilhelm Bode, Eberhard von Bodenhausen, Harry Graf Kessler, Ludwig von Hofmann, Alfred Lichtwark und Max Liebermann.

»Миръ Искусства« – »Mir iskusstwa« (Welt der Kunst); Organ der 1890 gegründeten gleichnamigen Künstlervereinigung, erschien vom November 1898 bis 1904 in Petersburg; Herausgeber: Marja K. Tenischewa und Sawwa I. Mamontow; das Profil der graphisch hervorragend gestalteten Zeitschrift wurde maßgeblich von Sergej P. Djagilew (ständiger Redakteur), Dmitri W. Filossofow (verantwortlich für den Literaturteil) sowie Alexander N. Benois und Igor I. Grabar (führende Kritiker des Journals) bestimmt. »Mir iskusstwa« propagierte systematisch das Schaffen junger russischer Künstler, die nach neuen Formen suchten, kritisierte den Aka-

demismus und das Peredwishnikitum; veröffentlichte religiös-philosophische Artikel (in den ersten Jahren zählten Dmitri S. Mereshkowski, Sinaida Hippius, Nikolai M. Minski und Wassili W. Rosanow zu den engsten Mitarbeitern), theoretische und literaturkritische Arbeiten (u. a. von Brjussow und Bely), Artikel über Theateraufführungen und das Musikleben. Zum Programm der Zeitschrift vgl.: Sternin, Das Kunstleben Rußlands, S. 238–274.

15. Rilke an Jelena M. Woronina
Original: IRLI, F 619, Nr. 1.
Erstdruck: OSP 157.

100 *vor der Abreise* – Rilke und das Ehepaar Andreas-Salomé reisten am 17. Mai aus Petersburg ab.

16. Rilke an Jelena M. Woronina
Original: IRLI, F 619, Nr. 1.
Erstdruck: OSP 157–160.

100 *von Schmargendorf abreise* – Rilke und Lou Andreas-Salomé hielten sich vom 29. Juli bis 12. September auf dem Bibersberg bei Meiningen auf, wo sie als Gäste Frieda von Bülows ihre russischen Studien fortsetzten.
101 *Толпу духовъ . . . я дамъ* – Aus dem Poem »Der Dämon«:

> Der Geister Scharen, mir ergeben,
> Halt ich vor Deinen Fuß gebannt;
> Als Sklavinnen werd ich Dir geben
> Geschöpfe zaubrisch und gewandt;

(zitiert nach: Michail Lermontow, Gedichte und Verserzählungen. Übersetzung Johannes von Guenther. Potsdam 1950, S. 169).
102 *Kapelle der Иверская* – Kapelle der Iberischen Gottesmutter, befand sich auf dem Woskressenski-Platz (heute Swerdlow-Platz) gegenüber vom Großen Moskauer Hof, in ihr bewahrte man eines der größten Moskauer Heiligtümer auf – die Ikone der Iberischen Gottesmutter, die im 17. Jahrhundert aus Afon gebracht worden war.
Знаменская – Kirche der Erscheinung der Heiligen Jungfrau, 1679–1684 erbaut, gehörte zum gleichnamigen Männerkloster auf der Warwarka (heute Rasin-Str.) im Moskauer Stadtteil Kitai-Gorod.

102 *Isaakskathedrale* – Die Isaak-Kathedrale wurde 1819 bis
1858 im Stil des spätrussischen Klassizismus vom Architekten A. A. Monferran in Petersburg erbaut.
Kirche, die Васнецовъ in Abramtzow gebaut – 1882 im
Stil der altrussischen Nowgoroder Architektur errichtet,
neben Wiktor Wasnezow waren Sawwa I. Mamontow
und W. D. Polenow beteiligt; nach Entwürfen Wasnezows wurde später (über der Grabstätte Mamontows) eine
kleine Kapelle hinzugebaut. Im Heft 9 der »Mir iskusstwa« (März 1899) finden sich zahlreiche Abbildungen der
Kirche. – Abramzewo – Dorf im Rayon Sagorsk bei
Moskau, seit 1870 Landsitz des bekannten Mäzens Sawwa
I. Mamontow, der dort Werkstätten baute, die die Entwicklung der angewandten Kunst in Rußland maßgeblich bestimmten; zu den zeitweilig in Abramzewo lebenden Künstlern gehörten u. a. Ilja E. Repin, Walentin A.
Serow, Wiktor M. Wasnezow, Michail A. Wrubel, Michail W. Nesterow.
103 *in Село Останкино* – Gemeint ist die 1678–1683 auf dem
Besitztum des Fürsten Tscherkasski erbaute Dreieinig-
keitskirche, eine pfeilerlose Fünfkuppelkirche mit zwei
Kapellen.
3 Bogatyrs von Wasnetzow – »Die Recken«, Ölgemälde
Wiktor Wasnezows (1898 beendet) mit den drei Haupt-
gestalten der russischen Bylinen: Ilja Muromez, Dobrinja
Nikititsch und Aljoscha Popowitsch; die Fototypie der
»Recken« in der »Mir iskusstwa« war die erste Publikation dieses Gemäldes in der Presse.
wieder aufgelegt werden soll – Anfang 1899 hatte die
Redaktion der »Mir iskusstwa« mehrmals die zweite Auflage der ersten fünf Hefte der Zeitschrift angekündigt.
Грусъ, Федоръ Ивановичъ – Friedrich Iwanowitsch
Groes.
106 *»Lieder der Mädchen«* – Vgl. die zweite Anm. zu S. 100.
Ungeschwärzt? – Gemeint ist: Wurde von der Zensur
nichts gestrichen?

17. Jelena M. Woronina an Rilke
Original: IRLI, F 619, Nr. 11.

107 *Ihr Geschenk* – Vgl. die zweite Anm. zu S. 100.
»Евгений Онегин« – »Eugen Onegin«.
»Jugend« – Jugend. Münchner illustrierte Wochenschrift
für Kunst und Leben. Herausgeber: Dr. Georg Hirth,

Redakteur: Fritz von Ostini. München und Leipzig
1896–1940.
107 *»Богатыри«* – Bogatyri; vgl. die zweite Anm. zu S. 103.
neues Kleid – Ab Heft 13/14 (Juli 1899) erschien »Mir
iskusstwa« mit einem von Maria W. Jakuntschikowa entworfenen Umschlag.
108 *Die »Fische«* – Bis Heft 12 war auf dem Umschlag der
»Mir iskusstwa« Konstantin A. Korowins Graphik
»Fische« abgebildet.

18. Rilke an Lew N. Tolstoi
Original: Staatliches L.-N.-Tolstoi-Museum, Moskau,
F L. N. Tolstoi, Briefwechsel 235/127.
Erstdruck: Br 1, 71 f.

108 *an jenem bedeutenden Abende in Moskau* – Vgl. Einführung, S. 21.
109 *die Babi's* – Persische Sekte, die den Islam zu reformie-
ren suchte und Mitte des 19. Jahrhunderts grausamen
Verfolgungen durch die Regierung ausgesetzt war.
Broschüre – F. C. Andreas, Die Babisten in Persien, ihre
Geschichte und ihre Lehre. Leipzig 1896.
ihr letztes Buch – Lou Andreas-Salomé, Menschenkinder.
Novellenzyklus. Stuttgart 1899.
kleines Buch – R. M. Rilke, Zwei Prager Geschichten.
Stuttgart 1899.

19. Lew N. Tolstoi an Rilke
Text nach: Lew Tolstoi, Briefe. Band 2: 1886–1910. Berlin
1971, S. 319 f. (Gesammelte Werke in zwanzig Bänden. Hrsg.
von Eberhard Dieckmann und Gerhard Dudek, Band 17).
Erstdruck: Л. Н. Толстой, Полное собрание сочинений.
(L. N. Tolstoi, Sämtliche Werke.) Band 72, Moskau 1933,
S. 569. Der Brief ist in französischer Sprache geschrieben.

20. Rilke an Jelena M. Woronina
Original: IRLI, F 619, Nr. 1.
Erstdruck: OSP 160 f.

110 *von Meiningen zurückgekehrt* – Vgl. die letzte Anm. zu
S. 100.
112 *in Viareggio* – Vgl. die erste Anm. zu S. 85.

21. Rilke an Lew N. Tolstoi
Original: Staatliches L.-N.-Tolstoi-Museum, F L. N. Tolstoi,
Briefwechsel 235/127.
Erstdruck: Br 1, 75.

112 *Leiden* – Tolstoi war im November 1899 schwer erkrankt.
mit Wünschen – Dem Brief lag eine von Rilke, Lou Andreas-Salomé und F. C. Andreas unterzeichnete Visiten-
karte bei.

22. Rilke an Sofja N. Schill
Original: Rilke-Archiv, Gernsbach.

112 *Sofja N. Schill* – Schriftstellerin (Pseudonym: Sergej
Orlowski); Tochter des Architekten Nikolai Nikolaje-
witsch Schill und Nichte des bekannten Wirtschaftswis-
senschaftlers Jossif Nikolajewitsch Schill (die Familie
war deutscher Herkunft); absolvierte in Petersburg die
Pädagogischen Hochschulkurse für Frauen, setzte im
Ausland ihre Bildung fort; schrieb Aufsätze, Essays,
Gedichte, Erzählungen sowie zahlreiche Novellen und
Märchen für Kinder (erstes Buch – 1894); ihr 1896 in
Petersburg erschienenes Buch »Из жизни наших писа-
телей. Литературные очерки« (Aus dem Leben unserer
Schriftsteller. Literarische Skizzen) enthielt Studien über
Lomonossow, Nowikow, Shukowski, Puschkin, Gogol,
Belinski, Turgenjew, Tjutschew und Lew Tolstoi; mit
Turgenjews Schaffen beschäftigte sie sich besonders ein-
gehend, 1910 wurde ihr populärer Essay über Leben und
Werk Turgenjews publiziert und 1926 in Prag das Buch
»Лирика молодого Тургенева. Опыт описания« (Die
Lyrik des jungen Turgenjew. Versuch einer Beschrei-
bung). Neben anschaulichen Berichten über ihre häufigen
Reisen wie »Путешествие по Норвегии« (Reise durch
Norwegen), Moskau 1903, veröffentlichte sie auch eine
Broschüre über die Wiener Volksuniversität (1903) und
Aufsätze über das Volksbildungssystem in Schweden.
Prinzipien und Methoden der Volksbildung in westeuro-
päischen Ländern interessierten sie besonders, da sie –
angeregt von den volkstümlerischen Bestrebungen eines
gewissen Teils der russischen Intelligenz – viele Jahre Lite-
raturvorlesungen an der Abendschule für Arbeiter auf
der Pretschistenka hielt. Für diese Tätigkeit opferte sie

viel Zeit und seelische Kraft. »Mit den Kursen steht es gottlob verhältnismäßig günstig, es ist alles wie bisher, ich lebe dort seelisch auf und kann nicht anders, als unsere Sache mit jeder Faser meines Herzens zu lieben«, schrieb sie im Winter 1901/02 (der Brief trägt kein Datum) an ihre Freundin L. A. Kolomijzewa-Rubakina, die Frau des bekannten russischen Schriftstellers und Bibliographen N. A. Rubakin (GBL, F 358, Karton 258, Nr. 18). Noch Jahre danach sprachen ehemalige Schüler voller Dankbarkeit über Sofja Schill. »Angeborenes Lektortalent, große Belesenheit, aufrichtige Begeisterung für ihr Lehrfach und ein liebevolles Verhältnis zu ihrem Auditorium – das machte die Kraft von Sofja Schill aus«, erinnert sich E. M. Tschemodanowa. »An Feiertagen«, erzählt S. D. Fomin, »kamen wir in ihrer Wohnung zusammen und führten schöpferische Gespräche [. . .] Mehrere von uns, die später eine literarische Laufbahn eingeschlagen haben, verdanken Sofja Nikolajewna viel.« Zitiert nach: Пречистенские рабочие курсы. Первый рабочий Университет в Москве. (Die Arbeiterkurse auf der Pretschistenka. Die erste Arbeiteruniversität in Moskau.) Moskau 1948, S. 37 und 218 f. Im Herbst 1899 hielt sich Sofja Schill in Wien auf, einen Teil des Winters verbrachte sie in Berlin, wo sie in den letzten Dezembertagen Rilke und Lou Andreas-Salomé kennenlernte.
112 *София Николаевна* – Sofja Nikolajewna.

23. Rilke an Leonid O. Pasternak
Xerokopie: Pasternak-Archiv.
Erstdruck: Br 1, 75–78.

113 *mein neues Buch* – Mir zur Feier. Gedichte von Rainer Maria Rilke. Verlegt bei Georg Heinrich Meyer. Berlin 1899.
заказное – eingeschrieben.
Heinrich Vogeler – Vogeler schuf zu mehreren Rilke-Gedichten Illustrationen und gestaltete Einbände seiner Bücher. Von den Worpsweder Künstlern stand er neben Paula Modersohn-Becker Rilke am nächsten. Außer dem Beitrag in der Monographie »Worpswede« schrieb Rilke über ihn eine begleitende Studie »Heinrich Vogeler« (in: Deutsche Kunst und Dekoration. Illustrierte Monatshefte zur Förderung deutscher Kunst und Formensprache in neuzeitlicher Auffassung aus Deutschland . . . Hrsg. und

redigiert von Alexander Koch. [Darmstadt], 5. Jg., 1902, Heft 7: Heinrich Vogeler). Im Herbst 1900 regten Rilke Skizzenblätter Vogelers zu Mariengedichten an; 1912 schrieb er ein »Marien-Leben«, das er Vogeler widmete.

113 *Lermontoffsche Verse* – Vermutlich übertrug Rilke in dieser Zeit einige Lermontow-Gedichte: »Молитва I«, »Молитва II« (Gebet I, Gebet II); die Entwürfe befinden sich im Rilke-Archiv, Gernsbach.

Tolstois Prosa – Sophie Brutzer vermerkt, Rilke habe von Tolstois Werken zuerst »Die Kosaken« im Original gelesen und in eines seiner Russisch-Übungshefte größere Abschnitte der Erzählung eingetragen. (Vgl. Brutzer 49.)

114 *Wiener Sezessionisten* – Vereinigung bildender Künstler Österreichs; 1897 gegründet.

»Ver Sacrum« – Organ der Wiener Sezessionisten. Literarischer Beirat: Hermann Bahr und Dr. Max Eugen Burckhard (1898–1903). Rilke konnte in der dem »Pan« nahekommenden Jugendstil-Zeitschrift um die Jahrhundertwende mehrere Gedichte und kleine Arbeiten veröffentlichen, u. a. den Aufsatz »Über Kunst« (Jg. 1, 1898, Heft 11, Jg. 2, 1899, Heft 1 und 5), »Drei Spiele« (»Vorfrühling«, »In herbstlichen Alleen«, »Winter-Seele«), (Jg. 4, 1901, Heft 11).

съ благодарностю! – Mit Dankbarkeit!

dem Prinzen – Pawel Petrowitsch Trubezkoi, vgl. die Anm. 45 zur Einführung.

115 *И прошу, пишите по русский!* – Und bitte schreiben Sie russisch!

Dr. Andreas – F. C. Andreas nahm an der zweiten Rußlandreise nicht teil.

24. Leonid O. Pasternak an Rilke
Original: IRLI, F 619, Nr. 19.

25. Sofja N. Schill an Rilke
Original: IRLI, F 619, Nr. 26.

116 *Чехов* – Anton Pawlowitsch Tschechow.

ein Buch über Крамской – И. Н. Крамской. Его жизнь и художественная деятельность (1837–1887). Биографический очерк А. Цомакион. (I. N. Kramskoi. Sein Leben und künstlerisches Schaffen [1837–1887]. Biographischer Abriß von A. Zomakion.) Petersburg 1891.

116 *»Слово о Полку«* – Слово о Полку Игореве« (Lied
von der Heerfahrt Igors); bedeutendstes Werk der altrussischen Literatur aus dem Ende des 12. Jahrhunderts.
Тютчев – Fjodor Iwanowitsch Tjutschew.

117 *Тургенев* – Iwan S. Turgenjew war einer der ersten russischen Schriftsteller, den Rilke im Original las, insbesondere beschäftigten ihn die »Aufzeichnungen eines
Jägers« (vgl. Brutzer 45).

»Декабристам« – An die Dekabristen (1827), Gedicht
Fjodor I. Tjutschews, aus dem eine ablehnende Haltung
gegenüber dem Aufstand der Dekabristen am 14. Dezember 1825 spricht.

Übersetzung von Чехов – Rilke hatte durch Sofja Schill
ein handschriftliches Exemplar von Anton Tschechows
Drama »Die Möwe« (entstanden im Herbst 1895, über-
arbeitet 1896) erhalten und im Januar mit der Übersetzung
zung begonnen. Dieser Brief ist der früheste Beleg für
Rilkes Interesse an Tschechow.

Жизнь – »Shisn« (Das Leben); Wochenschrift für Politik
und Literatur, erschien von 1897 bis 1901 in Petersburg;
ab Ende 1899 Organ der »legalen Marxisten«; den literarischen Teil der Zeitschrift, die sich unter der demo-
kratischen Intelligenz großer Popularität erfreute, leitete
Gorki.

neue Erzählung – Anton P. Tschechow, В овраге (Die
Schlucht). In: Жизнь, 1/1900, S. 201–234.

дворник – Hausmeister.

118 *Перов* – Wassili Grigorjewitsch Perow.

Kunstausstellung – Zweite Gemäldeausstellung der Zeitschrift »Mir iskusstwa« im Museum der Stieglitz-Kunst-
schule; u. a. waren Arbeiten von W. A. Serow,
M. A. Wrubel, K. A. Korowin, K. A. Somow, A. N. Benois,
I. I. Lewitan zu sehen sowie Werke der angewandten
Kunst von A. I. Golowin, M. A. Wrubel, S. W. Maljutin.

26. Rilke an Sofja N. Schill
Original: Rilke-Archiv, Gernsbach.

120 *Маша* – Mascha; Gestalt aus Tschechows »Möwe«.
der Verleger – Albert Langen, München.
»Чайка« – »Die Möwe«.
Czumikow – Wladimir A. Czumikow übersetzte Lew
Tolstoi und Tschechow ins Deutsche, letzterer hatte ihn

ausdrücklich autorisiert (vgl. Tschechow an Olga L. Knipper, 20. März 1902. In: Tschechow, Briefe 1879–1904. Berlin 1968, S. 445).

27. Rilke an Sofja N. Schill
Original: Rilke-Archiv, Gernsbach.
Erstdruck: BrT 24–28.

121 *С. Д. Дрожжинъ* – Rilke bezieht sich auf: С. Д. Дрожжин, Песни крестьянина. (S. D. Droshshin, Lieder eines Bauern.) Moskau 1898.
einiges übersetzt – Rilke übersetzte folgende Gedichte Droshshins: »Прими меня, сторонушка родная« (Nimm mich auf, mein Heimatfleckchen), »В родной деревне« (Im Heimatdorf), »Молитва« (Gebet) und »Сила песни« (Die Macht des Liedes); die Übertragung der ersten zwei Gedichte erschien in der Osterbeilage des »Prager Tageblatts« vom 15. April 1900, die der anderen liegt in Rilkes Handschrift vor.
»Пѣсни о горе и радость« – Lieder von Leid und Freud, Teil des Bandes »Песни крестьянина«.

122 *»Gesellschaft«* – »Die Gesellschaft«; Monatsschrift (ab 14. Jg. Halbmonatsschrift für Literatur, Kunst und Sozialpolitik [1895–1902]). Herausgeber: Michael Georg Konrad und Ludwig Jacobowski. Im September 1899 veröffentlichte die Zeitschrift Rilkes Gedicht »Sturmnacht«.
»Onkel Wanja« – Drama; entstand aus einer grundlegenden Überarbeitung des Dramas »Der Waldteufel«; 1897 Erstveröffentlichung in einem Sammelband Tschechowscher Stücke und Uraufführung in Serpuchow.
Verleger – Albert Langen.
einen russisch-baltischen Herrn – Korfiz Holm.
das »Слово« – Gemeint ist das Igorlied. Vgl. die dritte Anm. zu S. 116.

123 *Sorin* – Pjotr N. Sorin, Gestalt aus Tschechows »Möwe«; bezeichnet sich als »Mensch, der wollte«: »Früher einmal, da habe ich mir zwei Dinge sehnlich gewünscht; ich wollte heiraten, und ich wollte Schriftsteller werden, aber geglückt ist mir beides nicht . . .«
Фофановъ – Konstantin Michailowitsch Fofanow.
Весна и ночь! – Frühling und Nacht! – Nach Sophie Brutzer hat sich die anfänglich verlorengeglaubte Übersetzung im Rilke-Archiv gefunden (Brutzer 57). »Весна и ночь« ist veröffentlicht in: Стихотворения К. М. Фо-

фанова. Часть четвертая. Майский шум. (Gedichte
K. M. Fofanows. Vierter Teil: Maigeflüster.) Petersburg
1896.

28. Sofja N. Schill an Rilke
Original: IRLI, F 619, Nr. 26.

124 *Чумиков* – Wladimir A. Czumikow.
125 *an den Autor* – Vgl. Brief 31, S. 132f.
   Суриков – Iwan Sacharowitsch Surikow.
   Кольцов – Alexej Wassiljewitsch Kolzow.
   ярче и свежее – Klarer und frischer.
126 *Харьков* – Charkow.

29. Rilke an Leonid O. Pasternak
Xerokopie: Pasternak-Archiv.

127 *ein Verlag* – Verlag Albert Langen, München.

30. Rilke an Sofja N. Schill
Original: Rilke-Archiv, Gernsbach.
Erstdruck: Br 1, 82–86.

130 *Die Buchausgabe ist den beiden Sachen ja wohl ziemlich gewiß* – Rilkes Übersetzung der »Möwe« wurde nicht
   publiziert, das Manuskript ging verloren. »Onkel Wanja«
   hat er offensichtlich gar nicht übertragen. (Vor der zweiten Rußlandreise war ihm keine Ausgabe zugänglich, und
   nach der Rückkehr ist von einer Übersetzung des Dramas nicht mehr die Rede.) Beide Stücke wurden in
   Deutschland erstmals 1902 veröffentlicht: Anton Tschechow, Dramen. Einzig autorisierte Ausgabe. Aus dem
   Russischen übersetzt von Wladimir Czumikow. (Drei
   Schwestern, Onkel Wanja, Die Möwe.) Leipzig, Jena
   1902. (Anton Tschechow, Gesammelte Werke, Band 3.)
   dem Verleger – Albert Langen.
131 *Dr. Zickel* – Martin Zickel war seit 1900 mit Rilke bekannt, er inszenierte im Dezember 1901 im Residenztheater Berlin Rilkes Drama »Das tägliche Leben«. Rilkes Pläne einer Aufführung der »Möwe« und des »Onkel
   Wanja« in seiner Übersetzung unter Zickels Regie zer-
   schlugen sich.

131 *Buch über Kramskoi* – Vgl. die zweite Anm. zu S. 116.
   Der Brief – Kramskois Antwortschreiben vom 16. [28.]
   Februar 1878 auf Garschins Brief vom 14. [26.] Februar
   1878. Kramskoi hat diesen Bekenntnisbrief ohne Unter-
   schrift abgeschickt.
   Гаршинъ – Wsewolod Michailowitsch Garschin.
   »Христосъ въ пустынѣ« – »Christus in der Wüste«;
   Titel von Kramskois erstem Christusbild (1872).
   ».. . Христосъ ли это?« – »...Ist das Christus?« Rilke
   sah in diesem Christus »einen verlassenen Nachdenker,
   dem die Gedanken in die Wüste gefolgt sind«. Über
   Kramskois Christusdarstellungen heißt es weiter: »[...]
   für Kramskoi ist das kein ›Stoff‹ mehr, sondern ein Weh,
   ein tiefes, leidvolles Erlebnis, das er der Malerei anver-
   traut. Sein Schmerz ist größer als seine Kunst.« (Moderne
   russische Kunstbestrebungen; SW 10, 617 f.)
   Broschüre über А. А. Ивановъ – И. С. Орловский, Ху-
   дожник Александр Андреевич Иванов. (Биогр. очерк.)
   (I. S. Orlowski, Der Künstler Alexander Andrejewitsch
   Iwanow. [Biogr. Abriß].) Petersburg 1899.
132 *2 Übersetzungen Дрожжинъ'scher Gedichte* – Vgl. die
   zweite Anm. zu S. 121. Rilke schickte die Übertragungen
   von »Прими меня, сторонушка родная« und »В родной
   деревне«.
   Былины и Пѣсни – Bylinen und Lieder.
   Милая – Geliebte.
   Васъ цѣлуетъ ваша – Es küßt Sie Ihre.

31. Rilke an Anton P. Tschechow
Original: GBL, F 331, Karton 57, Nr. 24.
Erstdruck: Вестник истории мировой культуры (Kultur-
geschichtlicher Bote), Moskau, 2/1961, S. 105.

Der Originaltext lautet:

> Schmargendorf près Berlin,
> le 5 Mars 1900

Très honoré Monsieur Tchechoff,
je viens de traduire votre »Чайка« et j'ai l'espérance non seulement que ma traduction paraîtra ici mais aussi que la pièce
même sera jouée. En faisant ma traduction je n'ai pu me ser-
vir que d'une copie manuscrite, maintenant j'ai bien besoin
d'un exemplaire imprimé parce que j'ai l'intention de traduire
aussi. Comme toutes mes démarches pour me procurer l'édition
imprimée de vos œuvres dramatiques ont été en vain, je

prends la liberté de m'adresser à vous même et de vous prier
d'avoir la bonté de m'envoyer un exemplaire de vos drames
et de me mettre ainsi à même d'executer mon intention sans
délai.

Agréez, très honoré Monsieur Tchechoff, l'expression de mes
hommages respectueux avec laquelle je suis

Votre
très dévoué
Rainer Maria Rilke

Allemagne, Berlin, Schmargendorf
Villa Waldfrieden

132 *nicht nur als Buch erscheinen, sondern ... aufgeführt
werden* – Vgl. die erste Anm. zu S. 130.
133 *»Onkel Wanja« übersetzen möchte* – Vgl. die erste Anm.
zu S. 130.

32. Sofja N. Schill an Rilke
Original: IRLI, F 619, Nr. 26.

133 *Ihr lieber Brief* – Vgl. Brief 30, S. 129–132.
Belokamennaja – Epitheton für das alte Moskau: (Stadt)
aus weißem Stein.
Gemäldeausstellung ..., die Djagilew veranstaltet – Vgl.
die zweite Anm. zu S. 118.
Lewitans Bilder – Isaak I. Lewitan war auf der zweiten
Gemäldeausstellung der »Mir iskusstwa« mit mehreren
Landschaftsstudien vertreten.
134 *Vorlesung* – Der Philosoph, Dichter und Kunsttheoretiker
Wladimir S. Solowjow sprach am 26. Februar [9. März]
1900 im Saal des Petersburger Stadtrates zum Thema
»Das Ende der Weltgeschichte«.
Aufführung des Künstlertheaters – Die Inszenierung der
»Möwe« im Moskauer Künstlertheater unter der Regie
von Nemirowitsch-Dantschenko (Premiere: 17. [29.] Dezember 1898) wurde ein triumphaler Erfolg für das Ensemble und das Stück.
135 *durchgefallen* – Die Uraufführung der »Möwe« am
17. [29.] Oktober 1896 im Petersburger Alexandra-Thea-
ter war ein eklatanter Mißerfolg.
136 *Moral ... hervortritt* – Tolstoi notierte am 27. Januar
[9. Februar] in seinem Tagebuch: »Habe mir ›Onkel
Wanja‹ angesehen und war empört.« (Tagebücher. Zweiter Band: 1885–1901. Berlin 1978, S. 372.)

136 *Zusendung Ihrer Droshshin-Übersetzung* – Vgl. die erste
Anm. zu S. 132.
ungekürzte Londoner russische Ausgabe – Die erste vollständige Ausgabe des Romans »Auferstehung« erschien
in Tschertkows Verlag Свободное слово (Das freie
Wort): Л. Н. Толстой, Воскресение. Роман. Изд. Владимира Черткова. (L. N. Tolstoi, Auferstehung. Roman.
Hrsg. von Wladimir Tschertkow.) Purleigh, Maldon,
Essex, England 1899. In Rußland wurde der Roman (in
einer von der Zensur stark gekürzten Fassung) zuerst in
der Petersburger Zeitschrift »Нива« (»Niwa«), Nr. 11–25,
27–29, 31–37, 49–50, 52, 1899 veröffentlicht.

33. Sofja N. Schill an Lou Andreas-Salomé
Original: IRLI, F 619, Nr. 32.

34. Rilke an Sofja N. Schill
Original: Rilke-Archiv, Gernsbach.
Erstdruck: Br 1, 86–90.

138 *Ihre Briefe* – Vgl. Brief 32 und 33, S. 133–137.
Левитанъ – Isaak Iljitsch Lewitan.
die Ausstellung – Vgl. die zweite Anm. zu S. 118.
der Eindruck, den Sie schildern – Vgl. Brief 32, S. 134 f.
141 *nach der einzigen vollständ. deutschen ... Übersetzung* –
Anfang des Jahres 1900 gab es in Deutschland bereits
mehrere Übersetzungen des Romans, z. B.: Auferstehung.
Übersetzt von W. Lange. Vollständige unverkürzte Ausgabe. Berlin 1899; Auferstehung. Übersetzt von A. Holl-
mann und K. Walter. Band 1–4 (in einem Band). Stuttgart 1899; Auferstehung. Roman. Übersetzt von E. Lok-
kenburg. Leipzig 1899; Auferstehung. Übersetzt von
W. Czumikow. Ungekürzte Ausgabe. Leipzig 1899; Auferstehung. Roman. Erste vollständige im Auftrag des
Verfassers hergestellte Übersetzung von W. Tronin und
I. Frapan. Berlin 1900.
vollst. Londoner Ausgabe (russ.) – Vgl. die dritte Anm.
zu S. 136.
Большая гостиница – Gemeint ist der Große Moskauer
Hof. Vgl. S. 20.
Иверская – Vgl. die erste Anm. zu S. 102.

35. Leonid O. Pasternak an Rilke
Original: IRLI, F 619, Nr. 19.

142 *deshalb an Tschechow geschrieben* – Lewitan fragte
Tschechow in seinem Brief vom 14. [27.] März 1900:
»Hast Du nicht ein Exemplar der ›Möwe‹ oder des ›Onkel
Wanja‹? Man benötigt sie für einen Deiner Übersetzer
ins Deutsche (seinen Namen habe ich jetzt vergessen),
er möchte übrigens diese beiden Stücke in München zur
Aufführung bringen. Falls Du keine hast, sag mir, wo
ich welche bekommen kann.« (И. И. Левитан, Письма,
документы, воспоминания. [I. I. Lewitan, Briefe, Dokumente, Erinnerungen.] Moskau 1956, S. 103.) Tschechow
ging auf Lewitans Ersuchen nicht ein.

36. Sofja N. Schill an Rilke
Original: IRLI, F 619, Nr. 26.

143 *Ich schrieb über Sie ... Droshshin* –. Vgl. Spiridon
D. Droshshin, Der zeitgenössische Dichter Rainer Maria
Rilke, S. 429 f.

144 *»Zar Fjodor«* – Mit der Inszenierung von Alexej K. Tolstois Drama »Zar Fjodor Joannowitsch« (1868) war das
Moskauer Künstlertheater am 14. [26.] Oktober 1898 eröffnet worden.

145 *Georg Simmels Essay* – Gemeint ist Simmels Rezension
in der Deutschen Litteratur-Zeitung (Leipzig) vom 13. Januar 1900 (21. Jg., Nr. 3), S. 230 f. zu: Maurice Maeterlinck, Weisheit und Schicksal. Übertragen von Friedrich
von Oppeln-Bronikowski. Leipzig 1899. Titel der Origi-
nalausgabe: »La Sagesse et la Destinée« (Paris 1898).
Am 14. [27.] April 1900 schrieb Sofja Schill aus Moskau
an N. K. Michailowski, der mit W. G. Korolenko die
Redaktion der in Petersburg erscheinenden Volkstümler-
Zeitschrift »Русское богатство« (Russischer Reichtum)
leitete: »Hochverehrter Nikolai Konstantinowitsch, aus
dem Ausland kommend, habe ich auf der Durchreise in
Petersburg Wladimir Galaktionowitsch Korolenko meinen Aufsatz über Klinger ›Künstler und Denker‹ über-
geben. Bis jetzt weiß ich nicht, ob Sie ihn abdrucken
werden [...] Zusammen mit diesem Brief sende ich Ihnen
meine Übersetzung der bemerkenswerten Einführung von
Simmel (dem bekannten Philosophen und Soziologen) zu
Maeterlincks bemerkenswertem Buch ›Sagesse et destinée‹.

Ich sprach mit Wladimir Galaktionowitsch über dieses Buch, er schlug mir vor, eine Kompilation zu machen, aber mir scheint es besser – vorausgesetzt, daß Simmels Einführung Ihre Anerkennung findet –, einige Kapitel des Buches, die von allgemeinem Interesse und überhaupt die besten sind, auszuwählen und mit diesem Vorwort zu veröffentlichen. Dieses Buch ist in einer wundervollen künstlerischen Sprache geschrieben und ein Musterwerk der neuzeitlichen stoischen Philosophie. Es enthält die gleiche Lehre von der Unabhängigkeit des Menschen von der Umwelt, wie wir sie bei den Stoikern finden, und gleichzeitig die Erkenntnis der Unanfechtbarkeit der Weltgesetze, die uns die heutige Wissenschaft gibt. Gewöhnlich übersetze ich nicht – ich schreibe selbst alles mögliche –, aber das Buch von Maeterlinck oder Auszüge daraus werde ich mit größter Bereitwilligkeit und Sorgfalt übersetzen.« (IRLI, F 181, O 1, Nr. 775.) In der »Russkoje bogatstwo« wurde keine der genannten Arbeiten veröffentlicht.

145 *Fortsetzung von jenem Artikel* – Georg Simmel, Zu einer Theorie des Pessimismus. In: Die Zeit (Wien), 1900, Nr. 277. Fortsetzung unter dem Titel: Sozialismus und Pessimismus. In: Die Zeit, 1900, Nr. 279.

37. Rilke an Sofja N. Schill
Original: Rilke-Archiv, Gernsbach.

147 *Literarisches Theater* – Gemeint ist das Moskauer Künstlertheater.
»Дядя Ваня« – »Onkel Wanja«.
jetzt gewiß auch dieses Stück übersetzt – Vgl. die erste Anm. zu S. 130.
noch nicht geantwortet – Tschechow hat Rilkes Brief nicht beantwortet. An Olga Knipper schrieb er am 15. [28.] November 1901: »Überhaupt lassen mich diese Übersetzungen kalt, denn ich weiß, daß man uns in Deutschland nicht braucht und nicht brauchen wird, wie man uns auch übersetzt.« Zitiert nach: А. П. Чехов, Полное собрание сочинений и писем в тридцати томах. Письма. Т. 10. Апрель 1901 – июль 1902. (A. P. Tschechow, Sämtliche Werke und Briefe in dreißig Bänden. Briefe. Band 10: April 1901–Juli 1902.) Moskau 1981, S. 115.
Verleger – Albert Langen.

147 *Дрожжинъ schon von mir weiß* – Vgl. Brief 36, S. 143 f.
Die beiden übersetzten Gedichte – Vgl. die zweite Anm.
zu S. 121.

38. Rilke an Leonid O. Pasternak
Xerokopie: Pasternak-Archiv.

148 *Левитанъ ... an Чеховъ* – Vgl. die Anm. zu S. 142.
149 *dieses Drama ... zu sehen!* – Vgl. Brief 36, S. 145.
   Ф. А. Васильевъ – Während der Vorbereitung des Essays
   über Fjodor A. Wassiljew, einen der bedeutendsten
   russischen Landschaftsmaler, interessierten Rilke besonders dessen Briefe an den Freund und Mentor Iwan
   Kramskoi, die 1899 in Heft 4–6 der Zeitschrift »Вестник
   изящных искусств« (Bote der Schönen Künste) erschienen waren. Er schrieb (offensichtlich im August
   1900) aus folgenden Briefen Auszüge, die er kurz in
   deutscher Sprache kommentierte, in ein Studienheft:
   14. [26.] Januar, 2. [14.] Februar, 1. [13.] März 1872. Auf
   dem Umschlag des Heftes vermerkte Rilke: »Aus Briefen Ф. А. Васильева« (IRLI, F 619, Nr. 7). Vgl. auch die
   folgende Notiz: »Donnerstag, am 3. [16.] August 1900.
   In der Akademie der Künste (Museum) findet sich auch
   ein guter Васильевъ: »Послѣ дожда« [Nach dem Re-
   gen]. Feld, ein überschwemmter Weg, alles noch beschattet von vergangenen Gewittern. Weit auf dem Feld
   ein Streifen hellen Lichtes.« (IRLI, F 619, Nr. 5, Blatt 1.)
   Zu Rilkes Aufzeichnungen über Wassiljew vgl. Brutzer
   40 f.

39. Sofja N. Schill an Lou Andreas-Salomé
Original: IRLI, F 619, Nr. 32.

151 *der Brief* – Vgl. Brief 37, S. 146–148.
   der Artikel von Simmel – Vgl. beide Anm. zu S. 145.
152 *»Halbthier«* – Roman von Helene Böhlau (1899). Helene
   Böhlau setzte sich in vielfältiger Weise für die Emanzi-
   pation der Frau ein. Im Mittelpunkt ihrer Romane und
   Novellen stehen meist Frauengestalten, denen Gleichbe-
   rechtigung und ein natürliches, von Güte und Schönheit
   erfülltes Leben versagt bleiben. Isolde Fray, die Heldin
   des Romans »Halbtier!«, tötet ihren Mann, da sie sich
   nicht damit abfinden kann, von ihm wie ein »niederes«

seelenloses Wesen behandelt zu werden und ausschließlich »tierische« Funktionen zu erfüllen.

152 *Ihrem Porträt* – Diese Vermutung gründet sich vor allem darauf, daß Lou Andreas-Salomé Ende der neunziger Jahre mehrere Artikel über die Geschlechterproblematik, Liebe und Erotik sowie die Befreiung der Frau veröffentlichte und für viele Zeitgenossen den Typ einer unabhängigen emanzipierten Frau verkörperte.

40. Alexej P. Maltzew an Rilke
Original: IRLI, F 619, Nr. 19.

152 *Alexej P. Maltzew* – Seit 1886 Vertreter der russischen Kirchengesandtschaft in Berlin. 1892/93 gründete er in der Berliner Vorstadt Tegel das »Haus der Brüderlichkeit«, zu dem eine Kirche, Werkstätten sowie ein »Alexanderwäldchen« (benannt nach Alexander III.) gehörten. Im »Haus der Brüderlichkeit« befanden sich eine russische Bibliothek und ein historisches Museum.

153 *Museum Alexander III.* – Heute Staatliches Russisches Museum; ehemals Palast des Großfürsten Michail, 1819–1825 von Karl Rossi errichtet.
Archimandrit Pawel – Pjotr P. Glebow.

41. Rilke an Leonid O. Pasternak
Xerokopie: Pasternak-Archiv.

153 *Воздвиженка, Мебл. комн. »Америка«* – Wosdwishenka, möbl. Zimmer, »Amerika«.
противъ дома Морозова – Gegenüber dem Haus von Morosow.
nach einigen Irrfahrten – Rilke und Lou Andreas-Salomé gaben ihr Quartier im Großen Moskauer Hof bereits nach wenigen Tagen wegen Ungeziefers auf und zogen am 15. Mai ins Haus »Amerika« um.
ob wir Левитанъ (und ... Сѣровъ) besuchen dürfen – Über eine persönliche Begegnung zwischen Rilke, Lou Andreas-Salomé und Isaak I. Lewitan oder Walentin A. Serow, der neben Porträts, Landschaften und historischen Kompositionen Grafiken und Illustrationen schuf, ist nichts bekannt. Lewitan starb drei Monate später. Rilke schrieb am 18. August aus Petersburg an seine Mutter: »Dabei war Lewitan erst in der Mitte der Dreißig.

Das Schicksal vieler russischer Künstler, zu sterben, ehe
sie das, was sie eigentlich sagen wollten, gesagt haben.«
(Zitiert nach: Brutzer 24.)
153 *Передвижники* – Die Wanderer; Kurzbezeichnung für
die »Товарищество передвижных художественных
выставок« (Genossenschaft für Wanderausstellungen),
die von 1870 bis 1923 bestand und in der sich fortschrittliche russische Maler und Bildhauer realistischer und
sozialkritischer Richtung zusammenschlossen. Sie organi-
sierten 48 Ausstellungen, die in den wichtigsten russischen Städten gezeigt wurden, und widmeten sich besonders der Genre-, Landschafts- und Historienmalerei.
Leiter der Genossenschaft war Kramskoi (nach dessen
Tod Jaroschenko), zu den Mitgliedern gehörten u. a.
Apollon und Wiktor Wasnezow, Isaak Lewitan, Ilja
Repin, Walentin Serow.
dort … die neuen Bilder von Левитанъ – In der
XXVIII. Ausstellung der Wanderer, die vom 23. April
bis 7. Mai 1900 in den Sälen der Moskauer Hochschule
für Malerei, Bildhauerei und Architektur gezeigt wurde,
hingen sechs Landschaften von Lewitan: »Bach, Frühling«, »Alpen, ewiger Schnee«, »Heuschober, Dämmerung«, »Sommerabend«, »Dämmerung«, »Mondnacht«.

42. Rilke an Pawel D. Ettinger
Original: GMII, F 29, O 10, Nr. 2003.

Erstdruck: Сообщения Государственного музея изобрази-
тельных искусств имени А. С. Пушкина (Mitteilungen des
Staatlichen Museums für bildende Kunst Alexander Puschkin),
Moskau, 5. Lieferung 1975, S. 126.

154 *Ettinger* – Russischer Sammler, Bibliograph und Kunstwissenschaftler polnischer Abstammung; beherrschte die
deutsche Sprache perfekt, publizierte in deutschen Zeitschriften Artikel und Chroniken, in denen er sich mit der
zeitgenössischen Kunst befaßte. Rilke lernte Ettinger im
Mai 1900 kennen. Vgl. Pawel D. Ettinger, Erinnerungen
an Rilke, S. 464 f.
»Wenn man an das künstlerische Leben Moskaus in den
zwanziger bis vierziger Jahren zurückdenkt, erinnert man
sich auch der farbigen Gestalt Pawel Dawydowitsch
Ettingers. Nicht groß, mit akkurat gestutztem Bart und
schwarzem Akademikerhut, so war er auf allen Vernis-

sagen anwesend, so nahm er unmittelbaren Anteil an
den schöpferischen Abenden und Diskussionen als ein
Mensch, für den Kunst das Leben war, die Luft, die er
atmete, und das Künstlermilieu – eine lärmende große
Familie.« (А. Гончаров, Павел Эттингер – критик и
коллекционер [A. Gontscharow, Pawel Ettinger – Kritiker und Sammler.] In: Искусство (Kunst), Moskau,
7/1967, S. 65–66.) Vgl. ferner: А. А. Демская, Павел
Давыдович Эттингер. 1866–1948. (A. A. Demskaja, Pawel Dawydowitsch Ettinger. 1866–1948.) In: Сообщения
Государственного музея изобразительных искусств
имени А. С. Пушкина (Mitteilungen des Staatlichen
Museums für bildende Kunst Alexander Puschkin), Moskau, 6. Lieferung 1980, S. 183–190.

43. Sergej I. Schachowskoi an Rilke
Original: IRLI, F 619, Nr. 25.

155 *Schachowskoi* – Fürst, Gutsbesitzer im Gebiet Serpuchow;
Literat, Mitarbeiter der Moskauer Tageszeitung »Русские
ведомости« (Russische Nachrichten) und der Moskauer
Monatsschrift für Politik und Literatur »Русская мысль«
(Der russische Geist); naher Bekannter Tschechows; leitete Anfang 1899 im Wolgagebiet eine Gruppe, die Hilfe
für die Hungernden organisierte. Schachowskoi veröffentlichte Berichte über seine Arbeit »während des Hungers«
in den »Petersburger Nachrichten« und in den »Russischen Nachrichten«. E. Schmurlo schreibt in »Голодный
год« ([Das Hungerjahr]. 1898–1899. Moskau 1900) über
Schachowskoi: »In seiner Person haben wir es nicht nur
mit einem Aristokraten von Geburt zu tun, sondern auch
mit einem Aristokraten des Geistes und der Gesinnung.
In dem schweren Jahr nationaler Katastrophe, zu jener
Zeit, da viele bereit waren zu verzweifeln, in einer wirklich schweren und unerträglichen Zeit, verfaßte Fürst
Schachowskoi als einer der ersten seinen wohltätigen
Aufruf.« (S. 197. – Rilke hat dieses Buch in Rußland erworben.) Rilke lernte Schachowskoi durch Sofja Schill
im Mai 1900 in Moskau kennen. Lou Andreas-Salomé
vermerkte in ihren Tagesnotizen vom Mai und Juli mehrere Begegnungen: 15. [...] Fürst Шаховской; 18. [...]
mit Шаховской im Кустар[ный] Му[зей]; 25. Morgens,
Шаховской bei uns; 7. A.-'s Brief durch Шаховской;
14. Tagsüber Visiten bei Цвѣтковъ, Солдатенковъ,

Шаховской [...]; 16. Abends Шаховской erwartet;
17. [...] Шаховской bei uns.« – Der Fürst stellte die
Reiseroute für Rilke und Lou Andreas-Salomé auf und
unterstützte sie bei den Vorbereitungen.

44. Rilke an Pawel D. Ettinger
Original: GMII, F 29, O 10, Nr. 2000.
Erstdruck: Сообщения Государственного Музея изоб-
разительныхъ искусств имени А. С. Пушкина, 5. Lieferung
1975, S. 126 f.

156 *Reise nach dem Sergei-Troitzki-Kloster* – Rilke und Lou
Andreas-Salomé besuchten das Kloster am 28. Mai. Am
27. Mai hatte Rilke der Mutter über das berühmte 1337
gegründete Kloster mitgeteilt: »Vom heiligen Sergius
gegründet, enthält es jetzt an 20 Kirchen und Kathedralen, ist eine Stadt für sich, mit Festungsmauern umgeben,
so daß es sich zur Zeit der polnischen Invasion strate-
gisch verteidigen konnte. Diese Hauptklöster oder Law-
ren sind Zielpunkte aller Pilger [...]« (Zitiert nach:
Brutzer 5.)
Die Wolfschen »Известія« – Известия книжныхъ мага-
зинов товарищества М. О. Вольфа по литературе,
наукам и библиографии (Kataloge der Buchhandlungen
der Gesellschaft M. O. Wolfs; Sachgebiete: Literatur,
Wissenschaften, Bibliographie). Dieses illustrierte biblio-
graphische Journal erschien in Petersburg 1898–1916.
Büchlein über russ. Architektur – И. Е. Забелин, Русское
искусство. Черты самобытности в древнерусском зод-
честве. (I. E. Sabelin, Russische Kunst. Zu den Eigentümlichkeiten der altrussischen Architektur.) Moskau 1900. –
Sabelin war Historiker und Archäologe.
meines jüngsten ... Buches – »Mir zur Feier«. Vgl. die
erste Anm. zu S. 113.

45. Rilke an Sofja N. Schill
Original: Rilke-Archiv, Gernsbach.
Erstdruck: Das Inselschiff (Leipzig), 10. Jg., 1928, Nr. 4,
S. 260–264.

157 *Пастернакъ* – Leonid Ossipowitsch Pasternak.
Буланже – Pawel Alexandrowitsch Bulanshe.
Лазарево – Lasarewo.

157 *Obolenskijs* – Tulaer Gutsbesitzer.
    Пирогово – Pirogowo.
    Gräfin – Sofja A. Tolstaja, geb. Behrs.
    Серпуховъ – Serpuchow.
158 *Татьяна Львовна* – Tatjana L. Tolstaja.
    Der älteste Sohn – Sergej L. Tolstoi.
161 *нѣ–забудочки* – Vergißmeinnicht.
    Ясная – Jasnaja.

46. Lou Andreas-Salomé an Sofja N. Schill
Übersetzung der Adressatin: NBMGU, F S. N. Schill,
Nr. 1004.

162 *Krestschatik* – Kiews Hauptstraße.
163 *Petscherskikloster* – Ende des 11./Anfang des 12. Jahrhunderts im Stadtteil Petschersk gegründetes Höhlenkloster, heute Museum. Vgl. Rilkes Schilderung des Klosters, S. 41.
    Sophien-Kathedrale – Um 1037 errichtet; eine der wichtigsten Kulturstätten der Kiewer Rus.
    Kirche des heiligen Wladimir – 1852–1896 erbaut, von
    W. M. Wasnezow, M. W. Nesterow, M. A. Wrubel, P. A.
    Swedomski und W. A. Kotarbinski ausgemalt.
    Hier denkt man eigentlich nicht an Rußland – Rilke
    teilte diesen Eindruck. Vgl. S. 41.

47. Rilke an Sofja N. Schill
Original: Rilke-Archiv, Gernsbach.

164 *Самара, До востребованія* – Samara, postlagernd.
    schreiben Sie auch ihm – Droshshin zitiert Sofja Schills
    Brief vom 11. [24.] Juni in seinen Erinnerungen. Vgl.
    S. 430 f.
    Изба – Bauernhütte.

48. Lou Andreas-Salomé an Sofja N. Schill
Original: Rilke-Archiv, Gernsbach.
Brief 47 und 48 wurden auf einen Briefbogen geschrieben.

165 *Днепръ* – Dnepr.
    2½ Tage im schönen Poltawa ... nach Саратовъ [Saratow] – »18. Um 3 Nachm. vom Schiff nach Крем. [Kre-

mentschug]. Fahrt durch die Stadt; gegen 6 Uhr nach
Poltawa durch die Украйнская ночь [ukrainische Nacht].
Ankunft 1 Uhr nachts, Fahrt nach Europahotel durch die
schönen Vorstädte. Helles Wetter. 19. Sich umgesehen,
Umzug ins Worobjeff-Hotel, Fahrt nach Корбановка
[Gorbanewka, Dorf unweit von Poltawa]. 20. Der Die-
ner. Gang in die Нижнiй Млины [Niedere Mühlen,
Dorf bei Poltawa], unterwegs im kleinruss. Bauernhaus.
Abends im Grand-Hotel die Нива [»Niwa«]. Gew.
schwül. 21. Abfahrt von Poltawa um Mittag in общiй
[3. Klasse] nach Харьковь [Charkow] und Воронежъ
[Woronesh]. 22. Coupé-Tag; von Woronesh nach Коз-
ловъ [Koslow] nachgeschlafen im eignen Coupé, in
Козловъ Spaziergang; Nachts sehr gut bis Саратовъ«.
(Aus Lou Andreas-Salomés Tagesnotizen vom Juni 1900.)
165 *Луиза* – Lou.

49. Lou Andreas-Salomé an Sofja N. Schill
Übersetzung der Adressatin: NBMGU, F S. N. Schill,
Nr. 1004.

165 *»Kawkas und Merkuri«* – Dampfer-Schiffsgesellschaft.

50. Lou Andreas-Salomé an Sofja N. Schill
Übersetzung der Adressatin: NBMGU, F S. N. Schill,
Nr. 1004.

167 *in einem kleinen Dorf* – Kresto-Bogorodskoje; vgl. S. 43 f.
168 *Rainer kehrt vielleicht ... nach Moskau zurück.* – Nach
dem Aufenthalt bei Droshshin reisten Rilke und Lou
Andreas-Salomé nach Petersburg. Vgl. S. 47.

51. Sergej I. Schachowskoi an Rilke
Original: IRLI, F 619, Nr. 30.

168 *Band von Gorki* – Максим Горький, Очерки и рассказы. т. 2. (Maxim Gorki, Skizzen und Erzählungen.
Band 2.) Petersburg 1898.

52. Rilke und Lou Andreas-Salomé an Spiridon D. Droshshin
Original: ZGALI, F 176, O 1, Nr. 1036.
Erstdruck: Путь, 12/1913, S. 30.

53. Rilke und Lou Andreas-Salomé an Spiridon D. Droshshin
Original: ZGALI, F 176, O 1, Nr. 1036.
Erstdruck: Путь, 12/1913, S. 30.
Postkarte; auf der Vorderseite die Adresse (russisch): Dem
hochgeehrten Herrn Spiridon Dmitrijewitsch Droshshin. Sa-
widowo, bei der Stadt Twer.

54. Lou Andreas-Salomé an Sofja N. Schill
Original: Rilke-Archiv, Gernsbach.
Brief 54 und 55 wurden auf einen Briefbogen geschrieben.

171 *wie ich Ihnen schrieb* – Vgl. Brief 50, S. 167.
    Креста – Kresta.
    Ярославль – Jaroslawl.
    [Н]Изовка – Nisowka.
    пристань – Anlegestelle.
    diese Tage zu sehr reichen, frohen – Vgl. S. 432–436.
172 *Новгородъ* – Nowgorod.

55. Rilke an Sofja N. Schill
Original: Rilke-Archiv, Gernsbach.
Erstdruck: BrT 36 f.

172 *Новомосковское подворье* – Neumoskauer Hof.
    Солдатенковъ – Kosma T. Soldatenkow.
    Цвѣтковъ – Iwan W. Zwetkow.

56. Rilke an Spiridon D. Droshshin
Original: ZGALI, F 176, O 1, Nr. 1035.
Erstdruck: Путь, 1913, Nr. 12, S. 33.

174 *kaiserliche Bibliothek* – Kaiserliche Öffentliche Biblio-
    thek, heute Staatliche Öffentliche Saltykow-Schtschedrin-
    Bibliothek.
    Buch ... von Sabelin – И. Е. Забелин, Домашний быт
    русских царей в XVI–XVII веках. (I. E. Sabelin, Das
    häusliche Leben der russischen Zaren im 16. und 17. Jahr-
    hundert.) Moskau 1862; derselbe, Домашний быт рус-
    ских цариц в XVI–XVII веках. (Das häusliche Leben
    der russischen Zarinnen im 16. und 17. Jahrhundert.)
    Moskau 1869. – Rilke trug Details aus beiden illustrierten
    Monographien in seine Studienhefte ein. Vgl. Brutzer 20 f.

174 *Museum Alexander III.* – Vgl. die erste Anm. zu S. 153.
175 *Anitschkow-Palais* – 1741–1751 von Bartholomeus Ra-
strelli nach M. G. Semzows Entwurf als Adelssitz im Stil
des russischen Barock gebaut; seinen Namen erhielt er
nach dem Namen eines Hauptmanns der Brückenwache.
Heute Leningrader Pionierpalast.

Ihre Gedichte – Nach Brutzer erhielt Rilke von Droshshin zwei Gedichthefte mit eigenhändiger Widmung
vom 10. [23.] Juli 1900: Избранные стихотворения.
(Ausgewählte Gedichte.) St. Petersburg 1900, und Год
крестьянина (Das Jahr eines Bauern.) Moskau 1890;
vgl. aber die zweite Anm. zu S. 434, sowie die dritte
Anm. zu S. 191.

N. A. Tolstoi – Vgl. S. 45 f., sowie die letzte Anm. zu
S. 177.

57. Lou Andreas-Salomé an Sofja N. Schill
Übersetzung der Adressatin: NBMGU, F S. N. Schill. Nr. 1004. •

175 *Wie bei Verwandten* – Vgl. S. 45, sowie Anm. 93, S. 507 f.
Dies ist der letzte Brief Lou Andreas-Salomés, dessen
Übersetzung von Sofja Schill in deren Archiv erhalten
geblieben ist. Die Korrespondenz wurde jedoch auf jeden
Fall im Herbst 1900 und in der ersten Hälfte des Jahres
1901 fortgesetzt. 1927 erklärte Sofja Schill, sie besitze
11 Briefe Rilkes und 16 Briefe Lou Andreas-Salomés
(vgl. Čertkov, Rilke in Rußland, S. 36).
Über die späteren Briefe der Lou Andreas-Salomé läßt
sich einiges aus Sofja Schills Brief vom 1. [14.] Mai 1901
an ihre Freundin L. A. Kolomijzewa-Rubakina entnehmen. So erfährt man von ihrer Absicht, im Sommer 1901
erneut nach Rußland zu kommen, um die Krim zu besuchen und bei der Familie Rubakin zu logieren: »⌐Ma-
dame Lou⌐ ist mit ihrem Mann nach Wiesbaden gefahren und wird gewiß im Sommer, im Juli, nach Rußland
kommen. Es ist traurig, daß sie sich mit Rainer entzweit
haben. Das fällt ihr nämlich nicht leicht, sie schreibt
mir immerzu und rechtfertigt sich. Wie aber wird ihm
zumute sein, wenn er die Freundschaft und Unterstützung
einer solchen Frau entbehrt. In letzter Zeit hat sie sich
sehr mit ⌐Hauptmann⌐ angefreundet, er lebte ebenfalls
in Schmargendorf, und sie schrieb einen Aufsatz über
sein letztes Drama ⌐Michael Kramer, Ein Dank an einen
Dichter⌐, wo etwa folgender Satz steht: ⌐⌐Ein Dank soll

es sein, nicht mehr und nicht weniger‹' – und auch alles andere in solchen Begeisterungsausbrüchen. Ich kann nicht sagen, warum, aber »Kramer« hat mir nicht besonders gefallen, die »Drei Schwestern« jedoch über alle Maßen. Und so denke ich, der arme Rainer ist zwischen 'Herrn Andreas' und 'Herrn Hauptmann' in rechte Bedrängnis geraten. Er hat sie doch schließlich geliebt. Ich weiß nicht, ob sie für länger zu Ihnen kommen. Sie brauchen für sie nicht extra Zimmer freizuhalten.« (GBL, F 358, Karton 258, Nr. 18.) Der Artikel »Ein Dank an einen Dichter. Zur Würdigung des ›Michael Kramer‹ von Gerhart Hauptmann« erschien in der Hamburger Wochenschrift »Der Lotse« (2. Jg., Heft 1, 20. April 1901, S. 71–79).

58. Anatoli I. Kramskoi an Lou Andreas-Salomé
Original: IRLI, F 619, Nr. 29.
Der Brief ist in französischer Sprache geschrieben.

176 *Kramskoi* – Sohn Iwan Kramskois, Mathematiker.

59. Friedrich Groes an Rilke
Original: IRLI, F 619, Nr. 12.

177 *Groes* – Kaufmann, auch als Übersetzer und Kunstkritiker tätig, schrieb für die Petersburger deutsche und russische Presse; hatte Kontakte zu zahlreichen Künstlern (u. a. zu Mitgliedern der Gruppe »Mir iskusstwa«); im Mai 1899 erste Begegnung mit Rilke. Dank Groes' Vermittlung lernte Rilke Alexander N. Benois kennen. Der Empfehlungsbrief an Benois ist erhalten:

S.P.b. 2. [15.] August 1900
Lieber Alexander Nikolajewitsch!
Mein junger Freund Rainer Maria Rilke, ein aus Österreich stammender begabter Schriftsteller, der in der Nähe von Berlin wohnt und bereits das zweite Mal durch Rußland reist, brennt darauf, Ihre Bekanntschaft zu machen. Er interessiert sich für russische Malerei, speziell für Kramskoi und Wassiljew und hat von Ihnen als Künstler und Kritiker viel gehört. Letzteren möchte er unbedingt kennenlernen, ersteren kennt er bereits. Sie werden es doch nicht abschlagen, ihm ein, zwei Stunden

zu widmen. Er ist übrigens eine interessante Persönlichkeit, so daß Sie sich nicht langweilen werden; ein bemerkenswert origineller und geistreicher Kopf.

Wenn Sie einverstanden sind, mit ihm zusammenzutref-
fen, so teilen Sie mit, wo dies stattfinden kann. Erlauben
Sie ihm, auf Ihre Datsche zu kommen, oder wünschen
Sie, ihn irgendwo in der Stadt zu treffen. Schreiben Sie
das entweder ihm oder mir. Meine Anschrift lautet:
B. Konjuschennaja 31. Seine: Möblierte Zimmer Zentral.
Ecke Newski / Fontanka. [. . .]
P. S.: Er reist Anfang kommender Woche ab. Rilke ist
Mitarbeiter von '»Pan«, »Insel«¹ und ein Freund von
Vogeler und 'Hoffmannsthal'.
(GRM, F 137, Nr. 906, Blatt 11–12.)

177 *meine Frau* – Emilia Ossipowna Groes.

Василий Григорьевич Янчевецкий – Vgl. die erste
Anm. zu S. 243.

»Новое Время« – »Nowoje wremja« (Die neue Zeit);
Petersburger literarische und politische Tageszeitung
(1868–1917); zunächst liberal, nach Übernahme durch
Alexej S. Suworin (1876) propagierte sie Antisemitismus
und großrussischen Chauvinismus.

Эртелевъ – Ertelgasse.

60. Nikolai A. Tolstoi an Rilke
Original: IRLI, F 619, Nr. 22.

177 *Tolstoi* – Gutsbesitzer im Gouvernement Twer; zeichnete
und schrieb Gedichte. Einige seiner Werke veröffentlichte er in den ersten Jahren des 20. Jhdts.: Три сестры.
Сказка в стихах для всех возрастов. Рисунки и
заставки автора. (Drei Schwestern. Ein Märchen in
Versen für alle Altersstufen. Mit Zeichnungen und
Vignetten des Autors.) St. Petersburg 1904; »Обо всем и
о прочем« (Questions and reasons). (»Über alles mögliche und alles übrige« [Questions and reasons].) Moskau
1905. (Dieses Buch enthält Aufsätze und Gedichte.)
Дон Жуан. Повесть в стихах. I, II, III, IУ, У с про-
логом. (Don Juan. Erzählung in Versen. 1.–5. Gesang
mit einem Prolog.) Moskau 1901. Während des Aufenthaltes in Toledo erinnerte sich Rilke an die »Abende in
Новинки und des guten Ник. Толстой spanisches Tagebuch so lebhaft«, daß er ihm einen Gruß schickte, den
dieser herzlich erwiderte. (Rilke / Andreas-Salomé, Brief-

wechsel, S. 286 und 585 [Anmerkungen]). Tolstois Antwortbrief vom 15. [28.] November 1912 (in französischer Sprache) ist erhalten (IRLI, F 619, Nr. 22).

61. Alexander N. Benois an Rilke
Original: IRLI, F 619, Nr. 9.

179 *Benois* – Russischer Maler und Illustrator, Kunstkritiker und -historiker; Autodidakt, bildete sich auf zahlreichen Auslandsreisen (1896–1898, 1905–1907 Aufenthalte in Frankreich); einer der geistigen Inspiratoren der Bewegung »Mir iskusstwa« und einer der Hauptautoren des gleichnamigen Journals. Benois malte Szenen aus dem französischen und russischen Hofleben des 18. Jahrhunderts, schuf u. a. Illustrationen zu Puschkins »Ehernem Reiter« und betätigte sich jahrelang als Bühnenbildner. Seit 1926 lebte er in Paris.

180 *Жму Вашу руку ... Бенуа.* – Ich drücke Ihre Hand und verbleibe Ihr aufrichtig ergebener und Sie tief verehrender Alexander Benois.

62. Rilke an Alexander N. Benois
Original: GRM, F 137, Nr. 1953.

180 *Sezessionsbühne* – Das Theater zur Förderung der neuen Kunst wurde im Herbst 1899 von Martin Zickel und Paul Martin gegründet, um »einige Stücke zur Darstellung zu bringen, denen ihre Eigenart den Zutritt zu den Berliner Bühnen verwehrt« (Bühne und Welt. Zeitschrift für Theaterwesen, Literatur und Musik, 2. Jg., 1. Halbjahr, Oktober 1899–März 1900, S. 214). Spielstätte war zunächst das »Neue Theater« am Schiffbauerdamm; Äußeres und Interieur des eigenen Hauses (Architekt: B. Bleyer) am Alexanderplatz (im ehemaligen Quargs-Vaudeville-Theater) sollten entsprechend dem Geist der modernen Kunst dem Bestreben dienen, Literatur, Theater und bildende Kunst nicht mehr voneinander zu isolieren (vgl. Brief 65, S. 191 f.). Die Sezessionsbühne führte u. a. Ibsen, Hamsun, Maeterlinck, Hofmannsthal und Tschechow auf, konnte sich jedoch nicht durchsetzen und mußte schon Anfang 1901 schließen.
»La mort de Tintagiles« ... eben einstudiert – Premiere 12. November 1900.

180 *Porträt Fr. Nietzsches* – Das 1894 entstandene Gemälde
befand sich in der Nationalgalerie Berlin.
181 *Mein Buch* – Mir zur Feier. Gedichte. Berlin: Georg
Heinrich Meyer 1899.

63. Anna K. Benois an Rilke
Original: IRLI, F 619, Nr. 10.

64. Rilke an Sofja N. Schill
Original: Rilke-Archiv, Gernsbach.

189 *erste russische Gedicht* – »Первая песня« (Erstes Lied);
am 29. November 1900 entstanden, vgl. S. 488.
191 *Verzeichnis meiner russischen Bücher* – Von Rilke an-
gefertigte Liste; auf dem Umschlag des Heftes vermerkte
er handschriftlich »St. P. 1900« (IRLI, F 619, Nr. 6).
Verschiedene Gemäldekataloge – Verzeichnet sind folgende Kunstkataloge (die bibliographischen Angaben
sind bei Rilke meist unvollständig): Каталог художественных произведений городской галлереи Павла и
Сергея Третьяковых. (Katalog der Kunstwerke aus der
städtischen Galerie von Pawel und Sergej Tretjakow.)
12. Aufl., Moskau 1899; Каталог художественного
отдела Русского Музея императора Александра III
с автотипиями. (Katalog des kunsthistorischen Kabinetts
des Russischen Museums »Kaiser Alexander III.« mit
Abbildungen.) St. Petersburg 1899; Иллюстрированный
каталог художественного отдела Всероссийской выставки в Москве 1882 г. Составил Н. П. Собко. Издал
М. П. Боткин. (Illustrierter Katalog des kunsthistorischen
Kabinetts der Allrussischen Ausstellung in Moskau 1882.
Verfaßt von N. P. Sobko. Hrsg. von M. P. Botkin.)
St. Petersburg 1882; Иллюстрированный каталог кар-
тин, рисунков и гравюр покойного И. Н. Крамского
(1837–1887). Сост. и изд. Н. Собко. (Illustrierter Kata-
log der Bilder, Zeichnungen und Stiche des verstorbenen
I. N. Kramskoi [1837–1887]. Verfaßt und hrsg. von
N. Sobko.) St. Petersburg 1887; Каталог Радищевского
музея ... (Katalog des Radischtschew-Museums ...)
Saratow 1900.
Droshshin – Vier Bücher Droshshins sind wie folgt notiert: Песни крестьянина. (Lieder eines Bauern.) Moskau 1898; Избранные стихотворения. (Ausgewählte

Gedichte.) St. Petersburg 1900; Год крестьянина. (Das
Jahr des Bauern.) Moskau 1890; Жизнь поэта-кресть-
янина. (Das Leben eines dichtenden Bauern.) St. Petersburg 1900.

191 *Koslow* – Ив. Ив. Козлов, Три поэмы. Чернец.
Н. Б. Долгоруков. Безумная. (Iw. Iw. Koslow, Drei
Poeme. Der Klosterbruder. N. B. Dolgorukow. Die Wahn-
sinnige.) Moskau 1900.

Fabeln von Krylow – Rilke notierte: »Басни Крылова.
(книжка коп[ейка]). 2 тетрадки« (Fabeln von Krylow.
[Kopeken-Büchlein]. 2 Heftchen). Gemeint sind zwei
dünne Bändchen der Fabeln Krylows, die 1900 in Petersburg in der billigen Serie »Книжка-копейка«, Nr. 4 und
6, erschienen.

»Kobsar« von Schewtschenko – Т. Г. Шевченко, Кобзарь в
переводе русских писателей. С биографическим очерком и портретом. Под редакцией И. А. Белоусова.
(T. G. Schewtschenko. Der Kobsar in der Übersetzung russischer Schriftsteller. Mit einem biographischen Abriß und
einem Porträt. Hrsg. von I. A. Beloussow.) Moskau 1900.

Gedichte von Nadson – Стихотворения С. Я. Надсона.
С портретом, факсимиле и биографическим очерком.
(Gedichte von S. Ja. Nadson. Mit einem Porträt, Faksi-
mile und einem biographischen Abriß.) 18. Aufl.,
St. Petersburg 1900.

Kolzow – Rilke notiert: »А. Кольцовъ Стихотворенія
Москва, А. Я. Панафидина 1900«. Gemeint ist die Ausgabe: Стихотворения А. В. Кольцова, с двумя статьями
о нем П. Смирновского. Изд. А. Я. Панафидина. (Gedichte von A. W. Kolzow, mit zwei Aufsätzen über ihn
von P. Smirnowski. Hrsg. von A. Ja. Panafidin.) Moskau
1900.

3 Bände Garschin – В. М. Гаршин, Рассказы. (W. M. Garschin, Erzählungen.) St. Petersburg 1882; Вторая книжка рассказов. (Erzählungen. Zweites Bändchen.) St. Petersburg 1885; Третья книжка рассказов. С прило-
жением 2-х портретов и биографии, написанной
А. М. Скабичевским. (Erzählungen. Drittes Bändchen.
Mit einer Beilage von zwei Bildnissen und einer von
A. M. Skabitschewski verfaßten Biographie.) St. Petersburg 1891.

Dostojewskis »Tagebuch eines Schriftstellers« – Dosto-
jewski führte sein 1873 veröffentlichtes »Tagebuch eines
Schriftstellers« mit größeren Unterbrechungen weiter.
Er publizierte 1876/77 und 1881 monatlich erscheinende

Hefte unter dem gleichen Titel, die außerdem jahrgangs-
weise zusammengefaßt als Broschüre erschienen. Rilke
notierte: »Дневник писателя« за 1876 г. (»Tagebuch
eines Schriftstellers« für das Jahr 1876.) Kasan 1878;
»Дневник писателя« за 1877 г. (»Tagebuch eines Schriftstellers« für das Jahr 1877.) St. Petersburg 1877.

191 *Gogol* – Verzeichnet sind 5 Erzählungen Gogols, die in
den neunziger Jahren des 19. Jhdts. in Einzelausgaben
erschienen (einige sogar mehrfach bei der bekannten
Petersburger Verlagsbuchhandlung A. F. Marks): »Вий«
(Der Wij); »Вечер накануне Ивана Купала« (Der
Abend vor dem Johannistag); »Сорочинская ярмарка«
(Sorotschinsker Jahrmarkt); »Страшная месть« (Furcht-
bare Rache); »Старосветские помещики« (Gutsbesitzer
alter Zeiten).
»Fürst Serebrjany« – Граф А. Толстой, Князь Сере-
бряный, повесть времен Иоанна Грозного. (Graf
A. Tolstoi, Fürst Serebrjany. Eine Erzählung aus der
Zeit Iwan des Schrecklichen.) St. Petersburg 1900 (Sämt-
liche Werke des Grafen A. Tolstoi, Band 4).
»Russische Schulbibliothek« – »Русская классная библиотека, издаваемая под редакцией А. Н. Чудинова.
Пособие при изучении русской литературы« (Russische
Schulbibliothek. Hrsg. von A. N. Tschudinow. Lehrmittel
zum Studium der russischen Literatur). In der seit 1891
in Petersburg erschienenen Reihe wurden vor allem Werke
der altrussischen Literatur und der Dichter des 18. Jahrhunderts veröffentlicht. Rilkes Liste enthält 7 Titel dieser
Reihe: Былины. (Bylinen.) St. Petersburg 1893; Домо-
строй... (Domostroi...) St. Petersburg 1891; Летопись
Нестора. (Die Nestorchronik.) St. Petersburg 1893; Житье
и хоженье Данила... (Die Vita des Daniel...) St. Petersburg 1896; Григорий Котошихин, Текст сочинения
»О России в царствование Алексея Михайловича«.
(Grigori Kotoschichin. Text des Traktats »Über Rußland
unter dem Zaren Alexej Michailowitsch«.) St. Peters-
burg 1891; Слово о полку Игореве. (Lied von der Heer-
fahrt Igors.) St. Petersburg 1898; М. В. Ломоносов,
Избранные сочинения (M. W. Lomonossow, Ausgewählte
Werke.) St. Petersburg 1892.
Somow – А. Сомов, Карл Павлович Брюллов. (A. Somow,
Karl Pawlowitsch Brüllow.) St. Petersburg 1899.
Stassow – В. В. Стасов, Иван Николаевич Крамской.
(W. W. Stassow, Iwan Nikolajewitsch Kramskoi.) St. Pe-
tersburg 1887.

191 »*A. A. Iwanow*« – Александр Андреевич Иванов. Его
жизнь и переписка 1806–1858 г. г. Издал Михаил Боткин. (Alexander Andrejewitsch Iwanow. Sein Leben und
Briefwechsel. 1806–1858. Hrsg. von Michail Botkin.)
St. Petersburg 1880.
»*I. N. Kramskoi*« – Иван Николаевич Крамской. Его
жизнь, переписка и художественно-критические статьи
1837–1887. Издал Алексей Суворин. (Iwan Nikolajewitsch Kramskoi. Sein Leben, Briefwechsel und kunst-
kritische Aufsätze. 1837–1887. Hrsg. von Alexej Suworin.) St. Petersburg 1888.

65. Rilke an Alexander N. Benois
Original: GRM, F 137, Nr. 1953.

192 *etwas von den kleineren Sachen* – Die Sezessionsbühne
spielte in dieser Saison die Einakter Tschechows »Der
Heiratsantrag« – Premiere am 12. November mit Maeter-
lincks »Der Tod des Tintagiles« – und »Der Bär«.
193 *Выстав[к]а журнала »Мiръ искусства«* – Ausstellung
der Zeitschrift »Mir iskusstwa«.
Сомовъ – Konstantin Andrejewitsch Somow.
А. Васнецовъ – Apollinari Michailowitsch Wasnezow.
Рѣпинъ ... портретъ: Горькiй – Repin ... Porträt:
Gorki.
Ярошенко – Nikolai Alexandrowitsch Jaroschenko.
Трубецкой – Pawel Petrowitsch Trubezkoi.
194 »*Ohne Gegenwart*« – Die Aufführung kam nicht zustande.

66. Friedrich Groes an Rilke
Original: IRLI, F 619, Nr. 12.

67. Alexander N. Benois an Rilke
Original: IRLI, F 619, Nr. 9.

197 »*на подъем*« – In Bewegung zu bringen (Idiom).
Сергей Павлович Дягилев – Sergej Pawlowitsch Djagilew.
загладить ... с Вами – seinen nicht sehr höflichen Umgang mit Ihnen auszugleichen.
Peterhofer Gärten – Im Sommer 1900 entstandene Peterhofer Ansichten, überwiegend Aquarelle.

197 *Ausstellung* – Pariser Weltausstellung; die russische Abteilung umfaßte über 400 Werke der Malerei, Bildhauerei
und Grafik. »Mir iskusstwa« veröffentlichte Ende 1900
Benois' »Письма со Всемирной выставки« (Briefe von der
Weltausstellung) und Anfang 1901 den Artikel »Фран-
цуское искусство на Всемирной выставке« (Französische Kunst auf der Weltausstellung), Band 4, S. 105–110,
156–161, 200–207.
198 *превосходят* – übertreffen.
Кустарный отдел ... репутацию – Abteilung Handwerk ... bestätigen unseren Ruf.
Жму Вашу руку – Ich drücke Ihre Hand.

68. Rilke an Anna K. Benois
Original: GRM, F 137, Nr. 1953.

198 *mein jüngstes Buch* – »Mir zur Feier«.

69. Sofja N. Schill an Rilke
Original: IRLI, F 619, Nr. 26.

200 *Verhöhnung Christi* – Vgl. Rilkes Ausführungen zu Kram-
skois unvollendetem Gemälde »Gelächter« im Aufsatz
»Moderne russische Kunstbestrebungen« (SW 10, 617 f.).
202 *Nietzsches Tod* – Nietzsche starb am 25. August 1900 in
Weimar. – Auf Seite 1 dieses Briefes findet sich folgen-
de Notiz Rilkes, die offensichtlich an Lou Andreas-
Salomé gerichtet ist: »Vielleicht erfüllst Du Schillchens
Bitte Niet[z]sche betreffend. Ich habe keine Zeitungen!«

70. Sergej P. Djagilew an Rilke
Original: IRLI, F 619, Nr. 14.

203 *Djagilew* – Kunsttheoretiker und -organisator; Theater-
fachmann; Begründer und Leiter der Petersburger Vereinigung »Mir iskusstwa«; Herausgeber und Redakteur
der von ihm, Alexander N. Benois u. a. gegründeten
gleichnamigen Zeitschrift (1899–1904); Gründer (1909)
und Leiter der »Ballets russes« in Paris, die großen Einfluß auf die Entwicklung der modernen Ballettkunst aus-
übten.

71. Alexander N. Benois an Rilke
Original: IRLI, F 619, Nr. 9.

204 *Ihre schönen Gedichte* – »Mir zur Feier«.
Ihr Freund – Heinrich Vogeler.

72. Sergej P. Djagilew an Rilke
Original: IRLI, F 619, Nr. 14.

73. Dmitri W. Filossofow an Rilke
Original: IRLI, F 619, Nr. 23.

206 *Filossofow* – Russischer Publizist, Literatur- und Kunstkritiker; einer der aktivsten Mitarbeiter der Zeitschrift
»Mir iskusstwa« (bis 1901), deren Literaturteil er damals
leitete; treuer Freund und Gehilfe Djagilews. Später trat
er Sinaida Hippius und Dmitri Mereshkowski nahe. 1920
emigrierte er nach Warschau.
Brief der »Vereinigung ... Österreichs« – Der Brief lautet:
[Wien,] 8. Oktober 1900
Sehr geehrter Herr!
Gestern hatte ich Gelegenheit, Ihren geehrten Brief
v. 29. vor[igen] M[ona]ts unserem Arbeitsausschuß vor-
zulegen. Die Vereinigung sagt Ihnen für Interesse ver-
bindlichen Dank. Wir haben mit großer Freude von der
russischen Collection Kenntnis genommen, für welche
wir uns lebhaft interessieren, und bitten Sie, die Angelegenheit für uns wärmstens zu betreiben. Zunächst
wären wir für freundliche Mitteilung des Programms
dankbar, welches für die russische Collection vorgesehen
ist.
Unser Winterprogramm ist folgendes:
  1) November–Dezember 1900
     Aquarelle – Pastelle – Kunstgewerbe
  2) Januar–Februar 1901
     Nachlaß Segantini und einige kleinere gewählte
     Collektionen
  3) März–Mai 1901
     Österreichische Ausstellung.
In der Ausstellung sub No 2 könnten wir noch zwei
oder drei nicht große Bilder allererster Qualität placie-
ren. Für eine importante russische Collection, die uns,
wie gesagt, sehr interessiert, wäre ein späterer Termin

daher vorzuziehen. Wir denken, daß es ebenso in Ihrem wie in unserem Sinn wäre, wenn die russische Collektion, die zum ersten Male hier wäre, durch Plastik und Architektur erweitert würde, so daß man ernst von einer national-russischen Ausstellung sprechen könnte. Nur dafür müßte der Termin doch längere Zeit vorher festgelegt werden.

Aus unserem Programm ersehen Sie, daß die Angelegenheit für uns nicht ganz leicht ist; aber wir legen den größten Wert darauf, daß sie im günstigen Sinn festgelegt wird.

Für Ihr Anerbieten, die russische Ausstellung durch einen Aufsatz im »Ver Sacrum« zu begleiten, sagen wir Ihnen besten Dank und werden von demselben mit Vergnügen Gebrauch machen. Zugleich erlauben wir uns, Ihnen den jährigen Jahrgang unserer Zeitschrift zu widmen; die bisher erschienenen Hefte gehen gleichzeitig zur Zeit an Ihre W[orpsweder] Adresse ab, die späteren folgen nach.

Mit vorzüglicher Hochachtung
Franz Hancke.

(Original: IRLI, F 619, Nr. 23.)

Die Ausstellung in Wien konnte, wie auch andere »russische« Pläne Rilkes aus dieser Zeit, nicht realisiert werden. Vgl. dazu: К. М. Азадовский, Р.-М. Рильке и А. Н. Бенуа. Переписка 1900–1902 г. (K. M. Asadowski, R. M. Rilke und A. N. Benois. Briefwechsel 1900–1902.) In: Памятники культуры. Новые открытия. Письменность. Искусство. Археология. Ежегодник 1976. (Kulturdenkmäler. Neue Entdeckungen. Literatur. Kunst. Archäologie. Jahrbuch 1976.) Moskau 1977, S. 79–85.

74. Rilke an Pawel D. Ettinger
Original: GMII, F 29, O 10, Nr. 1994.
Erstdruck: Сообщения Государственного Музея изобразительных искусств имени А. С. Пушкина, 5. Lieferung 1975, S. 127 f.

207 *Separatabzug* – Sonderdruck des Dramas »Die weiße Fürstin. Eine Scene am Meer« (Pan, 5. Jg., 1899/1900, Heft 4, S. 199–203).

»Mir zur Feier« – Die Widmung lautet: »Rainer Maria Rilke Herrn P. D. Ettinger mit Grüßen und voll dankbaren Gedenkens. Schmargendorf bei Berlin, im Nov.

1900« (Wissenschaftlich-bibliographisches Archiv der
Akademie der Künste der UdSSR, Leningrad, F 32, O 1,
Nr. 98).

207 *Heft* – René Maria Rilke und Bodo Wildberg, Wegwarten III. Deutsch-moderne Dichtungen. (Zwangloses Erscheinen.) München, Dresden: Wegwarten-Verlag [1896].

Малютинъ – Sergej Wassiljewitsch Maljutin.

208 *Царь Салтанъ* – А. С. Пушкин, Сказка о царе Салтане,
о сыне его славном и могучем богатыре князе Гвидоне
Салтановиче и о прекрасной царевне Лебеди. Рисунки
С. В. Малютина. Издание А. И. Мамонтова. (A. S. Puschkin, Märchen vom Zaren Saltan, von seinem Sohne, dem
berühmten und mächtigen Recken Fürst Gwidon Saltanowitsch, und von der wunderschönen Schwanenprinzessin.
Zeichnungen von S. W. Maljutin. Gedruckt bei
A. I. Mamontow.) Moskau 1898.

Ай-ду-ду – Ай, ду-ду! Сборник русских народных
сказок, песенок, прибауток и побасенок. Рисунки
С. В. Малютина. Издание А. И. Мамонтова. (Aj, dudu! Sammlung russischer Volksmärchen, Lieder, Wortspiele und Anekdoten. Zeichnungen von S. W. Maljutin.
Gedruckt bei A. I. Mamontow.) Moskau 1898.

Городокъ – Н. Юрьин, Городок. Сказка. Рисунки
С. Малютина. Издание А. И. Мамонтова. (N. Jurjin,
Kleine Stadt. Ein Märchen. Zeichnungen von S. Maljutin.
Erschienen bei A. I. Mamontow.) Moskau 1898.

Н. Юрьинъ – Nikolai Nikolajewitsch Jurjin.

»Чужая жизнь« – Ein fremdes Leben (Petersburg 1900).

»Искатель новыхъ впечатленій« – Auf der Suche nach
neuen Eindrücken (Petersburg 1896).

neues Drama – Der lebende Leichnam (1900 entstanden.
Erstveröffentlichung: Русское слово (Das russische
Wort), Nr. 218, 23. September 1911; Uraufführung am
23. September 1911 im Moskauer Künstlertheater.

Немировичъ-Данченко – Wladimir Iwanowitsch Nemirowitsch-Dantschenko.

А. И. Мамонтовъ – Anatoli Iwanowitsch Mamontow.

209 *Влад. Жуковскій* – Wladimir Grigorjewitsch Shukowski. – Im Rilke-Archiv befand sich ein Ausschnitt
aus der »Nowoje wremja« vom 23. Juli [5. August] 1900
mit Gedichten Shukowskis unter der Überschrift »Auf
dem Dorfe« (vgl. Brutzer 69).

»Новое Время« – »Neue Zeit«.

209 *Hermandad* – Bruderschaft; Selbstbezeichnung der Bünd-
nisse spanischer Städte gegen den Adel während des
Mittelalters, seit dem 12. Jahrhundert in León und
Kastilien, im 14./15. Jahrhundert in ganz Spanien. –
Heilige Hermandad – 1476 gegründete Vereinigung aller
Hermandads von Spanien; mitunter Bezeichnung für
Polizei und Inquisition.

210 *Heftchen* – Картины из русской природы и быта. Изд.
А. И. Мамонтова. (Bilder aus der russischen Natur und
dem russischen Alltag. Gedr. bei A. I. Mamontow.) Moskau 1898.

212 »*Царь Салтан*« – »Märchen vom Zaren Saltan«.
Illustrationen zur »Auferstehung« – Pasternaks Illustrationen zu Lew Tolstois Roman »Auferstehung« waren
auf der Pariser Weltausstellung im Jahre 1900 zu sehen.
»*Alma*« – Nikolai M. Minskis Tragödie »Альма« wurde
im Jahre 1900 in Petersburg gedruckt.
»*Труп*« – »Der Leichnam«; ursprünglicher Titel des
Dramas »Der lebende Leichnam«.
Aleksejewsches Theater – Moskauer Künstlertheater,
1898 gegründet; Leiter und Gründer Konstantin S. Stanislawski (eigentlich Alexejew) und Wladimir I. Nemirowitsch-Dantschenko.

213 *Drama aus dem modernen Gesellschaftsleben* – »И свет
во тьме светит« (Und das Licht scheint in der Fin-
sternis; 1902).
fast fertiges Drama ... wieder vernichtet – In einem
Brief an Tschechow (zweite Augusthälfte 1900 alten Stils)
teilt Gorki mit: »Ich möchte Sie, lieber Anton Pawlowitsch, hiermit davon in Kenntnis setzen, daß das Drama
von M. Gorki, nachdem dieser es im Schweiße seines
Angesichts bis zum dritten Akt gebracht hat, seelig verschieden ist [...] Nachdem ich es in kleine Fetzchen zerrissen hatte, seufzte ich erleichtert auf, und ich bin dabei, aus ihm eine Erzählung zu machen.« (Горький, Собрание сочинений в тридцати томах, т. 28. [Gorki, Gesammelte Werke in dreißig Bänden. Band 28.] Moskau
1954, S. 126 f.) Gorki meint seine Erzählung »Drei Menschen«. Etwas später, im Herbst 1900, hat er die erste
Fassung seines Dramas »Die Kleinbürger« vernichtet.
»*Три сестры*« – »Drei Schwestern« (Ende 1900 entstanden, 31. Januar [13. Februar] 1901 Uraufführung im

Moskauer Künstlertheater. Vgl. die zweite Anm. zu
S. 274.
213 *Aleksejew* – Konstantin S. Stanislawski.
»*Снегурочка*« – »Schneeflöckchen« (1873), Märchenspiel
Alexander N. Ostrowskis.
214 *Mappe* – В. Васнецов. Картины: из Лермонтова,
ковер-самолет, Аленушка, Иван-царевич на сером
волке, Три царевны подземного царства и др. 15 кар-
тин в лист. (W. Wasnezow. Bilder nach [Motiven von]
Lermontow, Der fliegende Teppich, Aljonuschka, Iwan
Zarewitsch auf dem grauen Wolf, Drei Zarentöchter aus
der Unterwelt u. a. 15 Bilder in Folio.) Moskau 1900.
»*Русские древности в памятниках искусства*« – Рус-
ския древности в памятниках искусства, изд. графом
И. Толстым и Н. Кондаковым. Выпуск шестой. Памятники Владимира, Новгорода и Пскова. (Altrussische
Kunstdenkmäler. Hrsg. vom Grafen I. Tolstoi und
N. Kondakow. 6. Lieferung: Denkmäler Wladimirs,
Nowgorods und Pskows.) Petersburg 1899.
215 *Orlik* – Der Prager Maler und Grafiker Emil Orlik war
ein Jugendfreund Rilkes im »Verein deutscher bildender
Künstler in Böhmen«. Er schuf in diesen Jahren mehrere
Karikaturen und 1917 eine Zeichnung Rilkes; ferner ent-
warf er den Umschlag für den Gedichtband »Advent«
(1898). Rilke schrieb über ihn den Artikel »Ein Prager
Künstler« (erschienen 1900 in der Wiener Zeitschrift
»Ver Sacrum«, vgl. SW 10, 469–475).

76. Rilke an Alexander N. Benois
Original: GRM, F 137, Nr. 1953.

216 *Schulte* – Eduard Schulte Kunsthandlung, Berlin. Düssel-
dorf. Köln a. Rh., An- und Verkauf von Werken erster
Meister, ständige Kunstausstellungen, Berlin, Unter den
Linden 1.
»*Keller und Reiner*« – Kunstsalon, Berlin, Potsdamer
Straße 122. Permanente Ausstellung für Kunst und
Kunstgewerbe, Moderne Malerei und Skulptur, Kunst-
gewerbe, Abteilung für Wohnungseinrichtung, Modernes
Mobiliar, Eigene Werkstätten. Vgl. dazu Rilkes anläßlich
der Wiedereröffnung des Salons entstandenen Aufsatz
»Die Neue Kunst in Berlin« (SW 10, 442–446).
217 *Notizen* – »Das Theater des Maeterlinck« (Erstdruck:
Der Lotse. Hamburgische Wochenschrift für Deutsche

Kultur. Redaktion: C. Mönckeberg und Dr. Heckscher. 1. Jg., Heft 14, 5. Januar 1901, S. 470–472). Vgl. zu diedem Aufsatz auch Rilkes Tagebuchaufzeichnungen [vom 13. November 1900] in: BrT, 383–385.

217 *Vorschlag* – Vgl. die zweite Anm. zu S. 206.

218 *Augustheft* – Mir iskusstwa, Nr. 15–16/1900, S. 26 f. Außer der Zeichnung zu Rilkes Gedicht »Die Heiligen Drei Könige« (beides veröffentlicht im Märzheft der »Insel«) wurde ein von Vogeler geschaffenes Deckblatt der »Insel« reproduziert.
die »Insel« – Monatsschrift mit Buchschmuck und Illustrationen. Hrsg. von Otto Julius Bierbaum, Alfred Walter Heymel, Rudolf Alexander Schröder; Redaktion des ersten Jahrgangs A. W. Heymel; das erste Heft erschien im Oktober 1899.
Mein neues Buch – Vom lieben Gott und Anderes. An Große für Kinder erzählt von Rainer Maria Rilke. Geschmückt von E. R. Weiß. Berlin und Leipzig 1900.
»Ver Sacrum« – Vgl. die zweite Anm. zu S. 114.
Ihrer russischen Kunstgeschichte – А. Н. Бенуа, История живописи в XIX веке. Русская живопись. (A. N. Benois, Geschichte der Malerei des 19. Jahrhunderts. Russische Malerei.) St. Petersburg 1901.

219 *Drama Горкіи̌'s* – Gorkis Drama »Kleinbürger« (beendet 1901).

77. Rilke an Pawel D. Ettinger
Original: GMII, F 29, O 10, Nr. 2001.
Erstdruck: Сообщения Государственного Музея изобразительных искусств имени А. С. Пушкина, 5. Лieferung 1975, S. 128–130.

221 *älteres Gedichtbuch* – Rilke, Advent. Einbandzeichnung von Emil Orlik. Leipzig: P. Friesenhahn. 1898.
auf der Sezessionsbühne gespielt – Die Aufführung kam nicht zustande.
»Курьеръ« - Фейгинъ – Jakow A. Fejgin, Redakteur der Moskauer Zeitung »Kurier« (1897–1904). Rilke lernte den Theaterkritiker und Übersetzer im Mai 1900 in Moskau kennen, später korrespondierte er mit ihm. Der Briefwechsel ging verloren. Im »Kurier« erschien am 4. [17.] Juni 1900 Rilkes Erzählung »Die Flucht«.
Aufführung – »Ohne Gegenwart« wurde in Rußland nie aufgeführt.

221 *das neue Büchlein* – Картины из русской природы и
быта (vgl. die Anm. zu S. 210).
Толстой-Кондаковъ – Iwan Iwanowitsch Tolstoi und
Nikodim Pawlowitsch Kondakow.
*Жизнь замечательныхъ людей. Біографическая библіо-
тека Ф. Павленкова* – Lebenswege bedeutender Persönlichkeiten. F. Pawlenkows Biographische Bibliothek.
»А. А. Ивановъ« – А. А. Иванов. Его жизнь и художественная деятельность. Биограф. очерк А. И. Цомакион. С портр. А. А. Иванова и грав. с его Картины
»Явление Христа народу«. (Жизнь замечательных
людей. Биогр. библиотека Ф. Павленкова.) (A. A. Iwanow. Sein Leben und sein künstlerisches Schaffen. Biographischer Abriß von A. I. Zomakion. Mit einem Porträt A. A. Iwanows und einer Gravüre seines Gemäldes
»Christus erscheint dem Volke«. (Reihe »Lebenswege bedeutender Persönlichkeiten«. F. Pawlenkows Biographische Bibliothek.) St. Petersburg 1894.
Стассовъ – Wladimir Wassiljewitsch Stassow. – Rilke
meint hier die drei ersten Bände der »Gesammelten Werke
in vier Bänden« von Stassow (Собрание сочинений
В. В. Стасова). Sie erschienen 1894 in Petersburg und
enthalten fast alle Arbeiten aus den Jahren 1847–1886
(u. a. über A. A. Iwanow und seine Epoche).
222 *»Аполлонъ, Кипарисъ и Гіацинтъ занимающіеся музыкой«* – »Apoll, Kyparissos und Hyazinth musizierend«. –
Iwanow schuf dieses Gemälde, das eine Allegorie der
freien Kunst darstellt, 1831–1834. Es befindet sich in der
Tretjakow-Galerie.
въ Москве ... А. С. Хомякова – In Moskau bei
A. S. Chomjakows Erben.
Сергей Ивановъ – Sergej Andrejewitsch Iwanow. –
Rilkes Interesse an Alexander Iwanows jüngerem Bruder konnte u. a. durch die 3 Folgen »Architektonische
Studien« von S. A. Iwanow geweckt werden, die in Berlin vom Archäologischen Institut in russischer und deutscher Sprache herausgegeben wurden (der erste Teil
erschien 1892, der zweite 1895 und der dritte 1898).
»Западъ« – »Sapad« (Der Westen), literarisch-wissen-
schaftliche und politische Wochenzeitschrift, erschien seit
dem 1. Oktober 1900 in Berlin.
Reproduktion – Vgl. die erste Anm. zu S. 218.
223 *»Bär« und »Heiratsantrag«* – »Der Bär« (1888) und »Der
Heiratsantrag« (1889–1890), Einakter Tschechows.

78. Pawel D. Ettinger an Rilke
Original: IRLI, F 619, Nr. 27.

224 *Ihr Drama* – »Ohne Gegenwart«. Das Exemplar trägt folgende Widmung: »Herrn Paul Ettinger mit herzlichen dankbaren Grüßen Rainer Maria Rilke« (Wissenschaftlich-bibliographisches Archiv der Akademie der Künste der UdSSR, Leningrad, F 32, O 1, Nr. 106).

79. Rilke an Sergej I. Schachowskoi
Original: GBL, F 218, Karton 39, Nr. 6.
Erstdruck: Rigasche Rundschau, Nr. 3, 5. Januar 1927.

224 *neues Drama* – »Der lebende Leichnam«.
225 *Botkin sie gesammelt hat* – Vgl. die vorletzte Anm. zu S. 191.
»*Michael Kramer*« – Die Premiere fand am 21. Dezember 1900 im Deutschen Theater Berlin statt. Zwei Tage vorher hatte Rilke zusammen mit Lou Andreas-Salomé die Generalprobe gesehen (vgl. BrT 409). Daß die Aufführung ihn tief bewegte, verwundert nicht, fielen doch die Kunstanschauungen des dargestellten Künstlers (»Kunst ist eine Religion«) fast völlig mit damaligen Auffassungen Rilkes zusammen. Vgl. Rilkes Brief an Gerhart Hauptmann vom 16. Dezember 1901 (BrT 131–133). Das begeisterte Echo auf dieses Drama ist auch im Tagebuch Rilkes bewahrt (vgl. die ausführliche Notiz vom 19. bis 22. Dezember 1900). Einige Abschnitte aus Rilkes Briefen an Sergej I. Schachowskoi und Alexander N. Benois (beide vom 22. Dezember) sind wörtliche Wiedergaben der Tagebucheintragungen (BrT 409–418).
228 *Rumjanzow-Museum* – Außer Alexander A. Iwanows Hauptwerk »Christus erscheint dem Volke« befanden sich im Rumjanzew-Museum auch Skizzen zu diesem Gemälde sowie eine Sammlung von Zeichnungen und Kompositionen des Künstlers.
229 *и я ... вовсе нельзя* – Und ich hoffe, daß ich Ihnen bald russisch schreiben kann, was ich sehr wünsche. Ich denke schon sehr oft russisch, und Gedanken dieser Art lassen sich kaum auf deutsch aussprechen, gibt es doch in dieser Sprache nichts Einfaches, Herzliches, so daß mit deutschen Lauten zu beten mir ganz unmöglich scheint.

80. Rilke an Wladimir G. Tschertkow
Original: ZGALI, F 552, O 1, Nr. 2408.

229 *Tschertkow* – Ehemaliger Gardeoffizier, naher Freund
und Anhänger Tolstois, Gründer und Leiter des Volks-
verlags »Posrednik« (Vermittler); 1895 emigrierte er
nach England, wo er sich speziell mit dem Druck und
der Verbreitung in Rußland verbotener religiöser Literatur (vor allem der Werke Tolstois) befaßte. Tschertkow war Mitherausgeber der »Sämtlichen Werke« Tolstois und schrieb Bücher und Aufsätze über ihn.

81. Rilke an Alexander N. Benois
Original: GRM, F 137, Nr. 1953.

231 *»Friedensfest«* – »Das Friedensfest«. Drama, 1890.
»Hannele« – »Hanneles Himmelfahrt«. Traumspiel,
1896.
»Голосъ изъ кельи« – »Stimme aus der Klosterzelle«.

82. Pawel D. Ettinger an Rilke
Original: IRLI, F 619, Nr. 27.

235 *Żeromski* (»Bezdomni«) – Stefan Zeromski, »Die Heimat-
losen«. 1900 (Roman).
Rejmont (»Komedjantka«, »Fermenty«) – Wladyslaw
Stanislaw Reymont, »Die Komödiantin«. 1896 (Roman);
»Fermente«, deutsch »Die Herrin«. 1897 (Roman).
I. Dąbrowski (»Smierć«, »Felka«) – Ignacy Dąbrowski,
»Der Tod« (1893); »Felka«, deutsch »Die Kartoffel« (1894).
Diese Erzählungen sind Dąbrowskis bekannteste Werke.
Kisilewski (»W Sieci«) – Jan August Kisielewski, »Im
Netz« (1899), Drama.
236 *А. Новицкий: Опыт полной биографии А. А. И. (Моск-
ва 1895)* – A. Nowizki, Versuch einer vollständigen
Biographie A. A. Iwanows (Moskau 1895).
Geschichte der russischen Malerei – Vgl. die letzte Anm.
zu S. 218.
237 *besagtes Bilde I.s* – »Apoll, Kyparissos und Hyazinth«;
vgl. die erste Anm. zu S. 222.
neue Tolstojsche Drama – »Der Leichnam«.
Ibsens letztes Drama – »Wenn wir Toten erwachen«;
das 1899 entstandene Stück hatte am 28. November

[11. Dezember] 1900 im Moskauer Künstlertheater Premiere. Rybek: W. I. Katschalow; Maja: Olga L. Knipper; Irene: M. T. Sawizkaja.

237 *»Русские ведомости«* – »Russische Nachrichten«; von 1863 bis 1918 in Moskau erscheinende liberale Zeitung, ab 1868 Tageszeitung; nach der Revolution von 1905 propagierte sie die Anschauungen der Kadettenpartei.
ausführlichen Aufsatz – Вл. Саблин, Новая пьеса Гауптмана »Michael Kramer« (Wladimir Sablin, Hauptmanns neues Stück »Michael Kramer«). In: Русские ведомости, Nr. 328, 25. November [8. Dezember] 1900. – Der Artikel wurde vor der Publikation des Stückes und vor der Premiere im Berliner »Deutschen Theater« geschrieben.
neue Erzählung von Gorkij – »Трое« (»Die Drei«).
»Renate Fuchs« – Jakob Wassermann, Die Geschichte der jungen Renate Fuchs. Berlin 1901 [1900].

238 *Ihr Gedicht* – »Die Heiligen Drei Könige« (vgl. die erste Anm. zu S. 218).

83. Rilke an Sofja N. Schill
Original: Rilke-Archiv, Gernsbach.

84. Anna K. Tschertkowa an Rilke
Original: IRLI, F 619, Nr. 24.

240 *Anna K. Tschertkowa* – Frau Wladimir G. Tschertkows, Tolstojanerin.

85. Rilke an Spiridon D. Droshshin
Original: ZGALI, F 176, O 1, Nr. 1035.
Erstdruck: Путь, 1913, Nr. 12, S. 34 f.

241 *meinen Brief* – Vgl. Brief 56, S. 173 f.
242 *mein Buch* – Rilke sandte seinen Gedichtband »Mir zur Feier« mit folgender Widmung: »С. Д. Дрожжину к новому году 1901. На добрую память и сердечно Р. М. Рильке. Шмаргендорф–Берлин. Декабрь 1900«. (Für S. D. Droshshin zum Neujahr 1901. Zur guten Erinnerung und herzlichst R. M. Rilke. Schmargendorf-Berlin. Dezember 1900.) Zitiert nach: Л. Ильин, Из материалов бывшей личной библиотеки С. Д. Дрож-

жина. (L. Iljin, Aus den Materialien der ehemaligen Privatbibliothek S. D. Droshshins.) In: Родной край (Heimatland), Kalinin, 11/1959, S. 147. Das Exemplar scheint verschollen.

86. Wassili G. Jantschewezki an Rilke
Original: IRLI, F 619, Nr. 28.

243 *Jantschewezki* – Russisch-sowjetischer Schriftsteller (Pseudonym: Wassili G. Jan), absolvierte 1898 die Historisch-Philologische Fakultät der Petersburger Universität; schrieb Gedichte, Feuilletons und Novellen, die er in Petersburger und Reweler (heute Tallin) Periodika veröffentlichte. Auf Wanderungen und Reisen durch weite Gebiete Rußlands und alte Kulturzentren Mittelasiens fand er vielseitiges Material für seine späteren historischen Erzählungen und Romane. Er arbeitete auch als Korrespondent in der Levante und auf dem Balkan, nach 1917 als Lehrer, Journalist und Redakteur. Bekannt wurde er insbesondere durch eine aus drei Teilen bestehende Romanepopöe über den Einfall der Mongolen Mitte des 13. Jahrhunderts in Rußland: »Чингизхан« (1939, Dschingis-Khan), »Батый« (1941, Batu-Khan), »К последнему морю« (1951, Bis zum letzten Meer).
Ihr lieber Brief – Rilkes Briefe an Jantschewezki gelten als verloren.
Ihr Stück – Vermutlich »Ohne Gegenwart«.
»Aufzeichnungen eines Fußgängers« – В. Г. Янчевецкий, Записки пешехода. Band 1, Rewel 1901.
244 *Wint* – Beliebtes Kartenspiel.
Kasenka – Vor der Revolution Bezeichnung für amtlich zugelassene Schenken und Wodka, den man dort verkaufte.

87. Anna K. Tschertkowa an Rilke
Original: IRLI, F 619, Nr. 24.

244 *»Tрyn« jetzt nicht veröffentlichen wird* – Eine Zeitungsnotiz informierte über Einzelheiten des Dramas, und der Held dieses Falles suchte Tolstoi auf, um ihm seine Geschichte zu erzählen. Tolstoi beendete daraufhin das Stück nicht, mit dem Hinweis, das könne Literatur nicht leisten, was über dieses Schicksal zu erzählen wäre.

88. Rilke an Pawel D. Ettinger
Original: GMII, F 29, O 10, Nr. 1996.
Erstdruck: Сообщения Государственного Музея изобрази-
тельных искусств имени А. С. Пушкина, 5. Lieferung 1975,
S. 131f.

245 *Wassermann ist ein alter Bekannter* – Rilke lernte Jakob
Wassermann in den ersten Wochen des Münchner Aufenthalts kennen. Wassermanns strenges Urteil hat den
jungen Dichter stark beeindruckt, er wies Rilke auf wichtige Bücher hin, u. a. auf Werke Jens Peter Jacobsens.

246 *Beilage der »Нива«* – »Niwa« (Die Flur); illustrierte
Familienzeitschrift für Literatur und Politik, erschien
von 1870 bis 1918 im Verlag von A. F. Marks in Peters-
burg, veröffentlichte in ihrer monatlichen Beilage Werke
russischer und westeuropäischer Klassiker.
Белинскій – Wissarion Grigorjewitsch Belinski.
»Переписка друзьями« Гоголь's – Н. В. Гоголь, Выбран-
ные места из переписки с друзьями. (N. W. Gogol,
Eine Auswahl aus dem Briefwechsel mit Freunden.)
Petersburg 1847.

89. Rilke an Sofja N. Schill
Original: Rilke-Archiv, Gernsbach.

247 *4 Schützlinge* – Junge Arbeiter, die die Abendkurse auf
der Pretschistenka besuchten, wo Sofja Schill unterrich-
tete. Mit einem, Alexej S. Smirnow, blieb Rilke in Kontakt (vgl. Brief 109, S. 283f., und 133, S. 331–333).

248 *Mad. Угрюмова* – Maria Pawlowna Ugrjumowa; Moskauer Freundin Sofja Schills, die sie im Mai mit Rilke
und Lou Andreas-Salomé bekannt machte. Maria Ugrjumowa war damals Lehrerin in einer Moskauer Sonntagsschule, die Rilke und Lou Andreas-Salomé am 20. Mai
besuchten: »Mit der Угрюмова in die Воскресная школа«
(Sonntagsschule), lesen wir in Lou Andreas-Salomés
Tagesnotizen, und am 23. Mai: »Abends bei M. Pavl.
Угрюмова«. Maria Ugrjumowas Mann – M. K. Ugrju-
mow – verwaltete die Kassen der Arbeiterkurse auf der
Pretschistenka und war daher mit S. A. Lewizki,
N. A. Golzewa und Sofja Schill bekannt. Im Brief vom
12. [25.] März 1901 schrieb Sofja Schill an Rilke: »Mein
guter Freund Rainer Ossipowitsch! Ich schreibe Ihnen im
Auftrag meiner und Ihrer Bekannten, Maria Pawlowna

Ugrjumowas. Sie hat erfahren, daß Sie diesen Winter
in Moskau verbringen wollten, es sich jedoch anders
überlegt haben; möglicherweise haben Sie aber für das
kommende Jahr einen solchen Aufenthalt noch im Auge?
Wenn Sie wirklich beabsichtigen, im Herbst nach Moskau zu fahren, schlägt Ihnen M. P. vor, bei ihr abzu-
steigen, ganz gewiß für die allergeringste Bezahlung.
Sie werden dort in einer gebildeten, lieben russischen
Familie sein [...]« (IRLI, F 619, Nr. 26.)

90. Pawel D. Ettinger an Rilke
Original: IRLI, F 619, Nr. 27.

248 *den Gogol* – Vgl. die letzte Anm. zu S. 246.

91. Leonid O. Pasternak an Rilke
Original: IRLI, F 619, Nr. 19.

252 *Herr Fontane* – Friedrich Fontane, jüngster Sohn Theo-
dor Fontanes; in seinem Verlag erschienen seit 1890
Fontanes Werke. 1901 hatte der Verlag folgende Anschrift: Verlags-Buchhandlung Fr. Fontane & Co., Berlin W 35, Lützowstr. 84b.

92. Rilke an Alexander N. Benois
Original: GRM, F 137, Nr. 1953.

253 *Ihr Buch* – История живописи в XIX веке. Русская
живопись.
Muther – Richard Muther, Kunsthistoriker, seit 1895
Professor in Breslau, redaktioneller Leiter der Abteilung
Kunst in der Wiener Wochenschrift »Die Zeit«. Er ver-
anlaßte Rilke, für diese Zeitschrift über russische Kunst
zu schreiben, als dieser ihn am 28. Dezember 1899 in
Breslau aufsuchte. Muther ist Autor der »Geschichte der
Malerei im 19. Jahrhundert« (München 1893/94), für die
Benois das Kapitel über russische Kunst schrieb.
Венеціяновъ – Alexej Gawrilowitsch Wenezianow.
Тырановъ – Alexej Wassiljewitsch Tyranow.
254 *Ihre Zeitschrift* – »Художественные сокровища России«
(Die Kunstschätze Rußlands); illustrierte Monatsschrift,
erschien 1901–1907 in Petersburg; hrsg. von der Gesell-

schaft zur Unterstützung der Künstler; Benois war der Initiator der Zeitschrift und von 1901–1903 ihr Redakteur und Hauptautor.

255 *Серг. Павл. Дягилевъ ... Вѣнѣ!?* – Serg. Pawl. Djagilew hat sich über die Möglichkeiten einer Ausstellung in Wien noch nicht geäußert!?

93. Lidia W. Lepeschkina an Rilke
Original: IRLI, F 619, Nr. 17.

255 *Lidia W. Lepeschkina* – Lebensgefährtin des Fürsten Sergej I. Schachowskoi; ihre Mutter Minna Karlowna Gorbunowa (in zweiter Ehe Kablukowa) war eine Deutsche (geb. Lehmann) und ist vor allem durch ihren Briefwechsel mit Friedrich Engels bekannt geworden. Lidia Lepeschkina übersetzte deutsche Literatur (u. a. Richard Dehmel und Jakob Wassermann), ihre Übertragung der »Aufzeichnungen des Malte Laurids Brigge« erschien 1913 in Moskau unter dem Pseudonym Gorbunowa.
der Fürst – Sergej I. Schachowskoi.
neues Drama [von] Tschechow – »Drei Schwestern«.
Tolstois Werk – »Der lebende Leichnam«.

94. Alexander N. Benois an Rilke
Original: IRLI, F 619, Nr. 9.
Erstdruck: Памятники культуры. Новые открытия, S. 86.

256 *mein Buch* – История живописи в XIX веке. Русская живопись.

95. Anatoli I. Kramskoi an Rilke
Original: IRLI, F 619, Nr. 15.

259 *Das ist der Tag* – In: Mir zur Feier (SW 1, 150).

96. Alexander N. Benois an Rilke
Original: IRLI, F 619, Nr. 9.
Erstdruck: Памятники культуры. Новые открытия, S. 87.

259 *mein Buch* – История живописи в XIX веке. Русская живопись.

259 *meine Zeitschrift* – Художественные сокровища России;
vgl. die Anm. zu S. 254.

97. Pawel D Ettinger an Rilke
Original: IRLI, F 619, Nr. 27.

260 *Niwa-Ausgabe* – Vgl. die letzte Anm. zu S. 246.

98. Rilke an Alexander N. Benois
Original: GRM, F 137, Nr. 1953.

260 *Вы можете ... Ну доволно!* – Sie können sich vorstellen, mit welcher Ungeduld ich Ihren Brief erwartet habe.
Nun Gott sei Dank! Jetzt ist auch der Verleger einverstanden, und ich kann beginnen. Ich möchte Sie beruhigen: wenn man sich bei uns in Deutschland für alle
Nationen interessiert, dann wird man unbedingt, wenn
nicht heute, dann morgen, die Aufmerksamkeit auch auf
die russische Malerei richten, die nicht schlechter und
wahrscheinlich, allgemeinmenschlich gesehen, noch bemerkenswerter als andere ist. Nun genug!

99. Rilke an Pawel D. Ettinger
Original: GMII, F 29, O 10, Nr. 1995.
Erstdruck: Сообщения Государственного Музея изобрази-
тельных искусств имени А. С. Пушкина, 5. Lieferung 1975,
S. 132 f.

263 *выпуск* – Lieferung.
»*Христіянскія древности Крыма, Кавказа и Кіева*« –
Christliche Altertümer der Krim, des Kaukasus und
Kiews.
»*Курганныя древности и Клады домонгольскаго
періода*« – Altertümer aus den Kurganen und Schätze
aus der Zeit vor dem Mongolensturm.

100. Pawel D. Ettinger an Rilke
Original: IRLI, F 619, Nr. 27.

265 *Benois ... über die russische Kunstabteilung referierte* –
Бенуа, Письма со Всемирной выставки. In: Мир
искусства, Band 4/1900, S. 105–110, 156–161, 200–207.

266 *»Sztuka«* – »Die Kunst«, Vereinigung polnischer Künstler, 1897 in Krakow gegründet.
267 *neues Drama von Tschechoff* – »Drei Schwestern«.
   »Северный курьер« – »Sewerny Kurier« (Der nördliche Kurier); liberale Tageszeitung, erschien in Petersburg vom 14. [26.] bis 16. [28.] Mai 1899 und vom 1. [14.] November bis 22. Dezember 1900 [4. Januar 1901].
268 *Ihr ... Novellenbuch* – Vom lieben Gott und Anderes. An Große für Kinder erzählt von Rainer Maria Rilke.
   Aufsatz über Orlik – Julius Leisching, Emil Orlik als Buchkünstler. In: Zeitschrift für Bücherfreunde, 4. Jg., 1900/1901, Band 1, Heft 4, S. 153–157.
269 *»Concordia«* – Vereinigung österreichischer Journalisten (1859–1918, Neugründung 1958 in Wien).

101. Rilke an Alexander N. Benois
Original: GRM, F 137, Nr. 1953.

269 *Ihr schönes Werk* – Vgl. die Anm. zu S. 256.
   der Verleger – Wsewolod Dmitrijewitsch Protopopow.
270 *Я теперь ... прямо прелесть!* – Jetzt vertiefe ich mich völlig in Gogol. Was für ein Mensch. Die Vorlesung »Über das Mittelalter«: einfach wunderbar!

102. Rilke an Leonid O. Pasternak
Original: Pasternak-Archiv.

271 *Ihre herrlichen Zeichnungen* – Leonid Pasternaks Illustrationen zu Tolstois Roman »Auferstehung«.
272 *Ilse Frapan* – Pseudonym von Ilse Levien; übersetzte den Roman »Auferstehung« für den Verlag Fleischel und Fontane (Auferstehung. Roman. Erste vollständige im Auftrag des Verfassers hergestellte Übersetzung von W. Tronin und I. Frapan. Berlin 1900). In Nachauflagen ist nur I. Frapan als Übersetzer vermerkt.

103. Pawel D. Ettinger an Rilke
Original: IRLI, F 619, Nr. 27.

273 *Aufführung der ... »Drei Schwestern«* – Tschechows Drama hatte am 31. Januar [13. Februar] 1901 im Moskauer Künstlertheater Premiere.

274 *»Die Botschaft hör ich wohl ...«* – Worte Fausts aus dem
ersten Teil der Tragödie Goethes.
Gespielt wurde wunderbar – An dieser Aufführung waren
die besten russischen Schauspieler und Schauspielerinnen
beteiligt: A. R. Artem (Tschebutykin), A. L. Wischnewski
(Kulygin), W. W. Lushski (Prosorow), W. I. Katschalow
(Tusenbach), K. S. Stanislawski (Werschinin), M. F. An-
drejewa (Irina), O. L. Knipper (Mascha), M. G. Sawizkaja (Olga).
275 *»Interieur«* – »Intérieur« (1894).
»Intrus« – »L'Intruse« (1890, deutsch »Der Ungebetene«).
»Blinde« – »Les Aveugles« (1890).

104. Nikolai I. Storoshenko an Rilke
Original: IRLI, F 619, Nr. 21.

276 *Storoshenko* – Russischer Gelehrter, arbeitete über die
Geschichte der westeuropäischen Literatur, Professor an
der Moskauer Universität; Vorsitzender der »Gesellschaft der Liebhaber der romanischen Literatur«, 1894 bis
1901 Vorsitzender der Gesellschaft der Freunde der russischen Literatur an der Moskauer Universität, 1893–1902
Hauptbibliothekar des Rumjanzew-Museums. Vgl. Крат-
кий очерк научно-литературной и общественной дея-
тельности Н. И. Стороженка. (Kurzer Abriß der wissen-
schaftlich-literarischen und öffentlichen Tätigkeit
N. I. Storoshenkos). In: Под знаменем науки. (Unter
der Flagge der Wissenschaft.) Moskau 1902; Памяти
Николая Ильича Стороженка. Общество любителей
российской словесности. (Dem Gedenken Nikolai
Iljitsch Storoshenkos. Gesellschaft der Freunde der russischen Literatur.) Moskau 1909.
Storoshenkos Haus genoß damals den Ruf eines »literarischen Zentrums« von Moskau. Rilke und Lou Andreas-
Salomé lernten den Gelehrten entweder durch Vermittlung Lidia W. Lepeschkinas oder R. M. Chins kennen.
Wie aus Lou Andreas-Salomés Tagesnotizen hervorgeht,
besuchten sie ihn am Abend des 25. und 28. Mai 1900
(das erste Mal »vergeblich«).
Storoshenko war in einer ukrainischen Gutsbesitzer-
familie aufgewachsen und besaß ein Gut in der Ukraine
(Gouvernement Poltawa). Er hatte in Kiew studiert, liebte
die ukrainische Kultur und erforschte vor allem Leben
und Werk Taras G. Schewtschenkos. Vor der Reise

nach Kiew übergab er Lou Andreas-Salomé und Rilke zwei Empfehlungsschreiben. Eines (vom 29. Mai) war an L. I. Linnitschenko, Witwe des bekannten Literaturhistorikers Professor A. I. Linnitschenko, gerichtet, das andere (vom 30. Mai) an einen Verwandten, den Direktor des vierten Knabengymnasiums der Stadt Kiew, N. W. Storoshenko. »Diesen Brief«, so heißt es darin, »übergibt oder übersendet Ihnen meine gute Bekannte, die bekannte deutsche Schriftstellerin (außer Romanen schrieb sie auch eine Biographie Nietzsches) 'M-me Andreas-Salomé'. Sie reist in Begleitung des jungen deutschen Dichters Rilke, um das russische Leben kennenzulernen; sie spricht gut russisch, doch ihr Gefährte versteht es nur. Nachdem sie sich zwei Wochen in Moskau aufgehalten und alle Sehenswürdigkeiten betrachtet haben, begeben sie sich mit dem gleichen Ziel nach Kiew, wo sie eine Woche zu bleiben gedenken. Seien Sie so liebenswürdig, geben Sie ihr einen guten Rat hinsichtlich der Stadtbesichtigung [...]« (IRLI, F 619, Nr. 31.) Offenkundig haben weder Rilke noch Lou Andreas-Salomé während ihres Aufenthaltes in Kiew diese Empfehlungen genutzt.

277 *im Herbst aufgeführt* – In Moskau fand die erste Aufführung von Hauptmanns Drama »Michael Kramer« am 27. Oktober [9. November] 1901 im Künstlertheater statt. *neues Drama von Tschechow* – »Drei Schwestern«.

105. Leonid O. Pasternak an Rilke
Original: IRLI, F 619, Nr. 19.

106. Alexander N. Benois an Rilke
Original: IRLI, F 619, Nr. 9.
Erstdruck: Памятники культуры. Новые открытия, S. 88 f.

279 *mein Herausgeber* – Wsewolod Dmitrijewitsch Protopopow.
280 *seine Psychologie* – W. A. Posse, einer der Organisatoren der Gesellschaft »Snanie«, nennt in seinen Erinnerungen Protopopow einen »nervösen jungen Mann, gescheit und rechtschaffen, der jedoch nichts mit sich anzufangen wußte« (Поссе, Мой жизненный путь. [Posse, Mein Lebensweg.] Moskau–Leningrad 1929, S. 137).

107. Rilke an Alexander N. Benois
Original: GRM, F 137, Nr. 1953.

281 *nach Südtirol reisen* – Rilke reiste vom 5. bis um den
12. März nach Arco, wo er wie alljährlich seine Mutter
besuchte, nach Torbole und Riva.
meine Frau – Ende März 1901 fand Rilkes Verlobung
mit Clara Westhoff, einer jungen Bildhauerin, Tochter
des Bremer Kaufmanns Friedrich Westhoff und Johanna
Westhoffs, geb. Hartung, statt und am 29. April 1901 die
Eheschließung. Im Benois-Archiv befindet sich auch die
»Vermählungs-Anzeige«: »Rainer Maria Rilke und Clara
Westhoff haben ihr Heim gegründet in Westerwede bei
Bremen, im April 1901.«

282 *будемъ работать . . . не бывало* – Wir werden arbeiten
wie noch nie zuvor.

108. Rilke an Pawel D. Ettinger
Original: GMII, F 29, O 10, Nr. 1997.
Erstdruck: Сообщения Государственного Музея изобрази-
тельных искусств имени А. С. Пушкина, 5. Lieferung 1975,
S. 133.

282 *verreisen* – Clara Westhoff hatte Rilke am 16. Februar
gebeten, nach Westerwede zu kommen; vgl. auch die
erste Anm. zu S. 281.
Umsturz – Am 26. Februar hatte Lou Andreas-Salomé
mit ihrem »Letzten Zuruf« die Trennung von Rilke be-
siegelt; vgl. auch die zweite Anm. zu S. 281.

109. Alexej S. Smirnow an Rilke
Original: IRLI, F 619, Nr. 20.

283 *Smirnow* – Arbeiter, nahm an den Kursen auf der Pretschistenka teil; später Soldat der russischen Armee. Rilke
lernte ihn im Mai 1900 bei Sofja Schill kennen. Möglicherweise war A. S. Smirnow jener »Lagerarbeiter in
der Kotow-Weberei«, von dem Sofja Schill in ihren Erinnerungen erzählt (vgl. S. 445). Rilke verfolgte das
Schicksal des jungen Arbeiters mit herzlicher Anteilnahme. In einem Brief an Lou Andreas-Salomé schreibt
er am 17. März 1904 (im Zusammenhang mit dem Aus-
bruch des russisch-japanischen Krieges): »Ich denke an

den jungen Smirnoff, den einen der Arbeiter, den wir bei Schillchen kennen gelernt haben. Ich bekam später noch zwei Briefe von ihm; er war in Warschau Soldat. Vielleicht ist auch er dort unter den Auserwählten, leidet und denkt, denkt, versucht zu verstehn.« (Rilke / Andreas-Salomé, Briefwechsel, S. 135)

110. Rilke an Alexander N. Benois
Original: GRM, F 137, Nr. 1953.

284 *я Вамъ еще разъ ... по русскій!* – Ich schreibe Ihnen dies alles noch einmal auf russisch!
285 *Ihre Kunstgeschichte* – История живописи в XIX веке. Русская живопись.
unser *Bauernhaus* – Rilke und seine Frau bewohnten ihr »Heim« in Westerwede, dem Nachbardorf Worpswedes, ab Ende Mai (vgl. Chr 1, 125).
»Сокровища« – »Художественные сокровища России« (Die Kunstschätze Rußlands), vgl. die erste Anm. zu S. 254.
О я зналъ, ... богата! – Oh ich wußte, daß Rußland reich ist!
286 *Великая страдальница нѣмая!* – Das große stumme leidgeprüfte Land! – Rilke meinte die Hungersnot in einem Teil Zentralrußlands im Frühjahr 1901.

111. Alexander N. Benois an Rilke
Original: IRLI, F 619, Nr. 9.
Erstdruck: Памятники культуры. Новые открытия, S. 91 f.

287 *Oranienbaum* – [heute Lomonossow] – In der Stadt am Finnischen Meerbusen, 40 km von Leningrad entfernt, befindet sich eine der schönsten Schloß- und Parkanlagen des 18. Jahrhunderts.
Rosanow – Russischer Publizist und religiöser Philosoph, der die Orthodoxie an die Gegenwart anzupassen suchte und eine Lösung der sozialen Probleme in kirchlicher Religiosität finden wollte; predigte die Heiligung der Familie. Marxisten haben Rosanows Ideen scharf kritisiert.
Artikel über Lew Tolstoi und Dostojewski – Mereshkowskis (religiös-idealistischer Schriftsteller, Philosoph, Literaturkritiker, einer der Begründer der russischen

Dekadenz) zweibändiges Werk »Л. Толстой и Достоевский. Жизнь и творчество« ([L. Tolstoi und Dostojewski. Leben und Werk.] St. Petersburg 1901) wurde zuerst in der »Mir iskusstwa« publiziert. In dieser Arbeit werden die Werke der beiden großen russischen Schriftsteller in religiösem Geist interpretiert.

289 »*Aber Rußland ... überstehen ...*« – Zitat aus Brief 110 (S. 286).

112. Rilke an Alexander N. Benois
Original: GRM, F 137, Nr. 1953.

290 *Вестерведе – Бременъ* – Westerwede – Bremen.
291 »*Что дѣлать*« – Н. Г. Чернышевский, Что делать? (N. G. Tschernyschewski, Was tun?). Erstdruck 1863 in der Petersburger Zeitschrift »Sowremenik«, Nr. 3 (S. 5–142), Nr. 4 (S. 373–526), Nr. 5 (S. 55–197). Sophie Brutzer vermerkt, daß der Roman sich mit folgender Eintragung Rilkes in dessen Nachlaß befindet: »Читалъ 10. до 25. июлья 1901 Вестерведе.« (Vom 10. bis 25. Juli 1901 in Westerwede gelesen.) (Brutzer 53.)
я это ... принадлежутъ – Das kann ich nicht deutsch sagen...: aus »Schlichtheit«... Ach! Wie oft geschieht es mir jetzt, daß ich vergeblich nach einem Wort oder einem Ausdruck suche und immer denke: wie schwer ist es mir doch, in einer Sprache schreiben zu müssen, die keinen Namen hat für das Gefühl, das für mich das Grundgefühl meines Lebens ist: »toska«. Was ist ʽSehnsuchtʼ!? Wir müssen ins Wörterbuch schauen, wie »toska« zu übersetzen ist. Da lassen sich verschiedene Wörter finden, wie zum Beispiel ʽBangigkeit, Kummer des Herzens bis Langeweileʼ! Aber Sie werden mir zustimmen, wenn ich meine, daß unter zehn Wörtern kein einziges den Sinn von »toska« wiederzugeben vermag. Und das kommt daher, daß der Deutsche überhaupt nicht »toskujet« und seine Sehnsucht beileibe nicht dieser, sondern ein ganz anderer sentimentaler Seelenzustand ist, aus dem niemals etwas Gutes werden kann. Aber aus der »toska« sind die größten Künstler, Helden und Wundertäter der russischen Erde herausgeboren. Und mir scheint immer, als wären diese drei auf den ersten Blick einander so ähnlichen Begriffe: ʽlangeur, Sehnsuchtʼ, toska Maßstäbe für die Tiefe jener Völker, von denen sie geprägt werden.

292 *»Бѣдные люди«* – »Arme Leute«; Rilke las diesen Roman Dostojewskis zum erstenmal Ende des Jahres 1899 (vgl. BrT 240). Die Übersetzung wurde nicht publiziert und gilt als verloren. Rilke schrieb am 3. April 1912 aus Duino an N. N.: »[...] fangen Sie an mit den ›Armen Leuten‹ (seiner ersten Arbeit, die er achtzehnjährig schrieb; ich habe die schönste Episode daraus vor Jahren übersetzt, aber das Manuskript liegt in Paris, sonst würde ichs Ihnen schicken; die vorhandenen Übersetzungen sind nicht gut –, immerhin beginnen Sie, wenn Sie sichs verschaffen können, damit).« (Br 3, 222.)

297 *einen alten Aufsatz* – »Russische Kunst«, entstanden im Januar 1900, Erstdruck: Die Zeit (Wien), 29. Band, Nr. 368, 19. Oktober 1901, S. 42–44, vgl. SW 10, 493 bis 505 und SW 12, 1382–1385 [Anmerkungen].

Отъ Васнецова ... съ авторомъ – Über Wasnezow denke ich nach der zweiten Reise durch Rußland schon gar nicht mehr so wie damals, jetzt bin ich fast völlig Ihrer Meinung. – Damals hatte ich nur einige Aufnahmen vom Innern der Kiewer Wladimir-Kathedrale gesehen, aber im vergangenen Jahr habe ich vor den Originalen vieles überdacht! Doch der *erste* Teil des Aufsatzes scheint mir besser zu sein, und ich hoffe, er gefällt Ihnen gut. Auch das würde ich vermutlich jetzt anders schreiben, doch werden Sie immerhin daraus ersehen, wie aufrichtig meine Liebe für Ihre Heimat ist. Darum schicke ich Ihnen auch ein Exemplar der Zeitschrift. Es kommt bei uns recht häufig vor, daß die Arbeiten ein oder zwei Jahre in der Redaktion liegen und erst dann zum Druck gelangen, wenn zwischen Werk und Autor kaum noch eine Beziehung besteht ...

Такъ у насъ! – So ist es bei uns!

298 »*Записки пѣшехода«, В. Янчевицкаго ... (Гамбургъ).* – »Aufzeichnungen eines Fußgängers«, W. Jantschewezki. Kennen Sie das Buch. Die Erzählungen »Glück«, »Bittsteller«, »Pilger« scheinen mir die besten zu sein. – Herr Jantschewezki besuchte mich einmal in Petersburg, und ich hatte ein besonderes Interesse an diesem jungen Schriftsteller, der so energisch alle Mühen des Wanderns auf sich nahm, um seinem Volk zu dienen. Vielleicht werde ich etwas von diesen Erzählungen für die »Zukunft« oder den »Lotsen« (Hamburg) übersetzen. – Rilke übersetzte die Erzählung »Ходоки« (Bittsteller), die am 5. Januar 1902 in der Beilage der deutschsprachigen Prager Zeitung »Bohemia« unter dem Titel

»Die Bittschrift« erschien. Der Band »Aufzeichnungen
eines Fußgängers« findet sich mit folgender Widmung
Jantschewezkis in Rilkes Nachlaß (Archiv der Familie
Beyer, Weimar): »Г. Рейнару–М. Рильке на светлое
воспоминание нашего мимолетного знакомства с ве-
рой в осуществление литературных идеалов В. Янчевецкий СПБ., июль 1901 года«. (Herrn Reinar-
M. Rilke zur hellen Erinnerung an unsere flüchtige Bekanntschaft und im Glauben an die Verkörperung der
literarischen Ideale W. Jantschewezki St. P[etersburg],
Juli 1901.)

298 *слышать от вась ... Р. М. Рилвке* – Von Ihnen zu
hören, daß Sie gesund sind und daß mein teures Rußland
nicht so weit von mir entfernt ist, wie ich manchmal
fürchte! Ihr von Herzen und aufrichtig ergebener R. M.
Rilke.

113. Pawel D. Ettinger an Rilke
Original: IRLI, F 619, Nr. 27.

114. Rilke an Pawel D. Ettinger
Original: GMII, F 29, O 10, Nr. 2004.
Erstdruck: Сообщения Государственного Музея изобразительных искусств имени А. С. Пушкина, 5. Lieferung 1975,
134 f.

300 *Pasternak-Heft* – Альбом художественных иллю-
страций Л. О. Пастернака к роману Л. Н. Толстого
»Воскресение«. (L. O. Pasternaks Illustrationen zu
L. N. Tolstois Roman »Auferstehung«. Ein Album.)
Christchurch, Hants 1901.

301 *Exlibriswerk von zur Westen* – Walter von und zur
Westen, Exlibris. Bucheignerzeichen. Bielefeld 1901.

115. Pawel D. Ettinger an Rilke
Original: IRLI, F 619, Nr. 27.

302 *bekannter Mäzen Fürst Tenischew* – Gemeint ist Fürst
Wjatscheslaw Nikolajewitsch Tenischew, Kammerherr,
Ingenieur und Wissenschaftler. In der Tat hat seine Frau
Maria Klawdijewna Tenischewa die Künstler des Kreises
»Mir iskusstwa« unterstützt und die Herausgabe der

gleichnamigen Zeitschrift subsidiert. 1900 verpflichtete
sie Maljutin für den Bau eines Theaters im russischen
Stil auf ihrem Gut Talaschkino (bei Smolensk). Während
seines dreijährigen Aufenthalts richtete Maljutin dort
Kunstwerkstätten ein, in denen nach seinen Zeichnungen
und Entwürfen Möbel, Hausrat und andere Gegenstände
im Stil russischer Volkskunst angefertigt wurden.
302 *S. Rahmer* – Sigismund Rahmer, Berliner Arzt, Sammler und Literat, veröffentlichte u. a. Arbeiten über Heine
und Kleist, korrespondierte 1898–1909 mit Ettinger
(GMII, F 29, O 10, Nr. 1878–1925).
303 *Drobner* – Gustav Drobner, Leipziger Sammler, der sich
besonders für Exlibris interessierte.

116. Rilke an Alexander N. Benois
Original: GRM, F 137, Nr. 1953.

303 *Я уже ... Вась!* – Ich habe schon lange nichts von
Ihnen gehört!
304 *Prozeß mit Carlo Böcklin* – Der jüngste der drei Söhne
Arnold Böcklins, ebenfalls Maler, arbeitete Ende der
neunziger Jahre gemeinsam mit seinem Vater. Die postume Arnold-Böcklin-Ausstellung in Venedig gab
Muther Anstoß zu der Behauptung, daß eine Reihe Ölbilder Carlo Böcklin gemalt habe. Auf Carlo Böcklins
Initiative kam es zu einem Gerichtsprozeß, in dessen
Verlauf Muthers Beschuldigungen als unbegründet zu-
rückgewiesen wurden.
305 *zwei Theaterpremieren* – Die Uraufführung des Dramas
in zwei Akten »Das tägliche Leben« (1900) fand am
20. Dezember 1901 im Berliner Residenztheater statt
(Regisseur: Martin Zickel). Wegen des Mißerfolgs wurde
die geplante Inszenierung im Hamburger Schauspielhaus abgesetzt. Die Buchausgabe (Verlag Albert Langen)
wurde Ende des Jahres 1901 ausgeliefert.
Max Lehrs – Kunstwissenschaftler, der 1896–1904 das
Kupferstichkabinett leitete, dankte Rilke in einem (unveröffentlichten) Brief vom 7. November 1901 für den
Empfang von Büchern mit Illustrationen Maljutins und
erkundigte sich nach russischen Kupferstechern und
Lithographen (IRLI, F 619, Nr. 16).
Бакстъ – Lew Samoilowitsch Bakst.
Малявинъ – Filipp Andrejewitsch Maljawin.

117. Rilke an Alexander N. Benois
Original: GRM, F 137, Nr. 1953.

306 *bei mir zu Besuch* – Muther hielt sich am 20. November
in Westerwede auf, und Rilke begleitete ihn durch die
Worpsweder Ateliers (vgl. Chr 1, 129).
Сомовъ – Konstantin Andrejewitsch Somow.
in Wien – Über die russische Abteilung auf der Sezession in Wien schrieb Muther: »Man sieht in der russischen Abteilung Bilder von Purwit und Ryloff, auch die
Friese des Korowin, die den Pavillon der Pariser Ausstellung schmückten. Doch länger fesseln die Werke
zweier anderer Meister. Constantin Somoff ist ein gro
ßer, ganz wunderherrlicher Künstler, unter den Romantikern der Biedermeierzeit – Beardsley, Eichler, Vogeler – die allerfeinste Erscheinung. Und der Pan des
Wrubel ist Rußland: nicht der hellenische Pan, sondern
der Pan der Steppe; der arme besoffene, russische Bauer
mit dem blödtraurigen, fuselgetrübten Auge, der seine
Rohrpfeife wie eine Schnapsflasche hält. Das ganze Land,
das über dem russischen Bauer lastet, ist in dem einzigen
Werk enthalten.« (Die Ausstellung der Sezession. In:
Die Zeit, Nr. 374, 30. November 1901, S. 138.)

118. Rilke an Pawel D. Ettinger
Original: GMII, F 29, O 10, Nr. 2005.
Erstdruck: Сообщения Государственного Музея изобразительных искусств имени А. С. Пушкина, 5. Lieferung 1975,
S. 135.

307 *willkommen geheißen* – Vgl. die erste Anm. zu S. 305.
gute Eindrücke empfing – Muthers Besuch bei den
Worpsweder Malern wurde zum Anlaß für seinen Aufsatz »Worpswede«, der mit den Worten schließt: »Ich
wollte den Worpswedern, auch meinem lieben Freund
Rilke, nur für die unvergeßlichen Stunden danken, die
ich in ihrer fernen schönen Welt verlebte.« (Der Tag,
Berlin, 27./28. November 1901.)
»Das tägliche Leben« – Vgl. die erste Anm. zu S. 305.
308 *Ihre Reise* – Ettinger hielt sich im Oktober und November 1901 in Deutschland auf.

119. Alexander N. Benois an Rilke
Original: IRLI, F 619, Nr. 9.
Erstdruck: Памятники культуры. Новые открытия, S. 94f.

309 *Werke von Herrn Rosanow* – In Rilkes Bibliothek befanden sich folgende Bücher Rosanows: Литературные
очерки. (Literarische Skizzen.) St. Petersburg 1899 und
Природа и история. (Natur und Geschichte.) St. Petersburg 1900. Nach Sophie Brutzer (S. 58) war dieser Band
unaufgeschnitten, bis auf einen kleinen Aufsatz »О чу-
десном в мире« (Vom Wunderbaren in der Welt).
neue philosophische Gesellschaft – Die religiös-philoso-
phischen Versammlungen begannen am 29. November
1901 in Petersburg im kleinen Saal der Geographischen
Gesellschaft (auf der Fontanka). Wie viele Kulturschaf-
fende seiner Zeit brachte Benois diesem Ereignis großes
Interesse entgegen und besuchte sogar die Versammlungen. Seine späteren Briefe an Rilke belegen, daß seine
Haltung zu den Veranstaltungen zunehmend kritischer
wurde.

120. Rilke an Alexander N. Benois
Original: GRM, F 137, Nr. 1953.

313 *Ausschnitt aus ... »Die Zeit«* – Erstdruck des Aufsatzes
»Russische Kunst« (vgl. die erste Anm. zu S. 297).
Ankäufe – Vgl. die zweite Anm. zu S. 305.

121. Pawel D. Ettinger an Rilke
Original: IRLI, F 619, Nr. 27.

314 *»Ruslan und Ludmila«* – А. С. Пушкин, Руслан и Люд-
мила. Рисунки С. В. Малютина. Издание А. И. Мамонтова. (A. S. Puschkin, Ruslan und Ludmila. Zeichnungen von S. W. Maljutin. Gedruckt bei A. I. Mamontow.)
Moskau 1899.
315 *kunstgewerbliche Schule* – Vgl. die erste Anm. zu S. 302.
Moskauer Secession – Im Dezember 1901 wurde in der
Stroganow-Schule die Ausstellung »36 Maler« eröffnet,
in der neben Moskauer Künstlern (Mitgliedern der Gesellschaft der Peredwishniki) auch Mitglieder der »Mir
iskusstwa« ihre Arbeiten ausstellten. Aus der Gruppe
der »36 Maler« entwickelte sich später tatsächlich »eine

ständige Künstlergenossenschaft«, der Verband russischer
Künstler. (Vgl. Grigori J. Sternin, Das Kunstleben Rußlands zu Beginn des zwanzigsten Jahrhunderts. Dresden
1980, S. 229 f.)

315 *in Wien* – Vgl. die dritte Anm. zu S. 306.

List & Bacher – Wilhelm List und Rudolf Bacher, Wiener Sezessionisten, Mitglieder der »Vereinigung österreichischer Künstler«, reisten 1901 nach Rußland und
Finnland, um Arbeiten für die Sezessionsausstellung in
Wien auszuwählen.

über Iwanow – Иванов и Васнецов в оценке Александра Бенуа. (Iwanow und Wasnezow im Urteil Alexander Benois'.) In: Мир искусства, Band 4/1900, Heft 10,
S. 217–233.

»Иван-Царевич и серый Волк« – Сказка об Иване-
царевиче, жар-птице и сером волке. Рисунки
И. Я. Билибина. (Märchen vom Iwan-Zarewitsch, vom
Feuervogel und vom Grauen Wolf. Zeichnungen von
I. Ja. Bilibin.) St. Petersburg 1901.

316 *Ihr neues Drama* – »Das tägliche Leben«, vgl. die erste
Anm. zu S. 305.

Segantini – Der junge Rilke interessierte sich für das
Werk des italienischen Malers und schrieb eine Besprechung zu dem Band »Giovanni Segantini. Sein Leben
und sein Werk« (Wien 1902; SW 10, 549–552, und SW 12,
1406–1411 [Anmerkungen]).

Scharfrichter – Elf Scharfrichter, Anfang 1901 in Mün-
chen von Achille Georges d'Ailly-Vaucheret und Leo
Greiner gegründeter Künstlerbund, dem Maler, Zeichner,
Musiker, Schauspieler, Kritiker und Dichter angehörten;
zu den bekanntesten Mitgliedern zählte Frank Wedekind.
Die Gruppe spielte Kabarett, näherte sich teilweise auch
dem dramatischen Theater, löste sich jedoch nach kurzer
Zeit wieder auf.

Brettl – Vgl. die letzte Anm. zu S. 319.

317 *»В мечтах«* – Wladimir I. Nemirowitsch-Dantschenkos
Stück »In den Träumen« erschien 1902; die Urauffüh-
rung fand am 21. Dezember 1901 [3. Januar 1902] im
Moskauer Künstlertheater statt.

das Gorkijsche Stück – »Kleinbürger« (1902 erschienen
und im Moskauer Künstlertheater inszeniert).

illustrierter Katalog – Der Katalog der »Выставка работ
36-ти художников« (Ausstellung der Sechsunddreißig)
erschien in Moskau Ende 1901/Anfang 1902.

122. Rilke an Alexander N. Benois
Original: GRM, F 137, Nr. 1953.

317 *Съ новымъ годомъ* ... *счастье* – Alles Gute zum neuen
Jahr ... für die neue Arbeit, ... das scheint mir besser
als Glück.
Tochter angekommen – Rilkes Tochter Ruth wurde am
12. Dezember 1901 in Westerwede geboren.

318 *drei Aufsätze »Über Kunst«* – Über Kunst I–III (Erst-
druck: I: Ver Sacrum, 1. Jg., Heft 9, November 1898,
S. 22 f.; II: Ver Sacrum, 2. Jg., Heft 1, Januar 1899,
S. 10–12; III: Ver Sacrum, 2. Jg., Heft 5, Mai 1899,
S. 23 f.; vgl. SW 10, 426–434, sowie SW 12, 1358–1362
[Anmerkungen]).
Fragment eines Buches »Über Kunst« – Der Plan, die
Aufsätze »Über Kunst« fortzuführen und als Buch zu
veröffentlichen, wurde nicht verwirklicht (vgl. SW 12,
1359).

123. Rilke an Pawel D. Ettinger
Original: GMII, F 29, O 10, Nr. 1999.
Erstdruck: Сообщения Государственного Музея изобрази-
тельных искусств имени А. С. Пушкина, 5. Lieferung 1975,
S. 135 f.

319 *Aufsatz von Filosofow* – Vgl. die fünfte Anm. zu S. 315.
Rede des deutschen Kaisers – Anläßlich der Einweihung
der Siegesallee im Dezember 1901 in Berlin hielt Kaiser
Wilhelm II. eine von nationalistischem Geist durch-
drungene Rede.
Siegesallee – Südlich vom Tiergarten führte die Siegesallee durch den östlichen Teil des Tiergartens. Sie war
mit 32 Standbildern brandenburgisch-preußischer Herr-
scher geschmückt, die Kaiser Wilhelm II. 1898 bis 1901 in
Marmor ausfertigen ließ. Hinter jedem Standbild stand
eine halbrunde, im Stil der Zeit verzierte Marmorbank,
auf der sich zwei Porträtbüsten von Zeitgenossen mit
pfeilerartigem Schaft erhoben.
Muther ... in der »Zeit« – Vgl. Richard Muther, An
Kaiser Wilhelm. In: Die Zeit, Nr. 378, 28. Dezember
1901, S. 203 f.
zwei freiherrliche Überbretteln – Am 18. Januar gründete Ernst von Wolzogen in Berlin das Kabarett »Überbrett'l«, dessen »literarischer Oberleiter« zeitweilig Det-

lev von Liliencron war. Gespielt wurde in der Manier
des französischen Kabaretts – zunächst erfolgreich im
Haus der »Sezessionsbühne«; im neuen eigenen Haus im
Berliner Osten konnte sich das Unternehmen nur kurze
Zeit behaupten. Zur Gruppe »Die Brille« (entstanden
um die Jahrhundertwende, später nannte sich der Kreis
»Schall und Rauch«) gehörten u. a. Martin Zickel, Max
Reinhardt, Richard Vallentin und Friedrich Kayßler sowie Christian Morgenstern. Ulk und Parodien der jungen Mitglieder bezogen sich von Anfang an häufig auf
die Theatersphäre. Im Oktober 1902 führte »Schall und
Rauch« im Kleinen Theater unter den Linden Strind-
bergs Drama »Rausch« auf; die folgenden Inszenierun-
gen (»Salome« von Oscar Wilde und Wedekinds »Erd-
geist«) wurden zu Theaterereignissen. Vgl. Rilkes Aufsatz
»Das Überbrett'l Gastspiel« (SW 10, 523–526, und SW 12,
1394–1396 [Anmerkungen]).

124. Rilke an Pawel D. Ettinger
Original: GMII, F 29, O 10, Nr. 2002.
Erstdruck: Сообщения Государственного Музея изобрази-
тельных искусств имени А. С. Пушкина, 5. Lieferung 1975,
S. 130 f.

125. Alexander N. Benois an Rilke
Original: GRM, F 137, Nr. 1953.

321 *meinen zweiten Teil* – А. Бенуа, История русской
живописи в XIX веке. (A. Benois, Geschichte der russischen Malerei im XIX. Jahrhundert.) Petersburg 1902
(erschienen im Sommer 1902).

126. Rilke an Leonid O. Pasternak
Xerokopie: Pasternak-Archiv.

322 *Я пришелъ ... интересуюсь.* – Ich kam, um Ihnen zum
neuen Jahr zu gratulieren; Gesundheit und Glück und
alles Gute wünsche ich Ihnen mit aufrichtigem Gefühl.
Ich hörte von dem liebenswürdigen Herrn Ettinger, daß
bei Ihnen eine neue Moskauer ﹐»Sezession«﹐ im Werden
ist, ein Umstand, der mich sehr interessiert.

127. Rilke an Spiridon D. Droshshin
Original: ZGALI, F 176, O 1, Nr. 1035.

128. Rilke an Nikolai A. Tolstoi
Original: IRLI, F 619, Nr. 4.
Der Brief hat den Adressaten vermutlich nicht erreicht.

324 *Съ новымъ годомъ ... понемножко* – Ein gutes neues
Jahr wünsche ich Ihnen und viel... Sie wissen, was
folgt; doch das Glück ist nicht das wichtigste: deshalb
fahre ich nicht fort und ende damit: Ein gutes neues
Jahr! Wie oft wollte ich Ihnen schreiben, damals zum
Beispiel, als ich den »Don Juan« erhalten und gelesen
hatte, und später, als ich eine junge Bildhauerin heiratete – und noch später, als uns eine liebe Tochter geboren wurde; das war unlängst; wir wohnen einsam in
einem Dorf in der Nähe Bremens, und wir arbeiten tagaus, tagein, ganz ohne Gespräch und Gesellschaft, jeder
auf seine Art. Wenn ich vor mir die endlose Weite und
den hohen Himmel des Flachlands sehe, stelle ich mir oft
vor, wir wären in Rußland: und dann bin ich fast glücklich. Sie können sich vorstellen, herzlich verehrter Nikolai Alexejewitsch, daß ich große Sehnsucht nach Rußland
habe, und fast jeden Tag denke ich an etwas Angeneh-
mes und mir Liebevolles, was ich verlassen habe – damals
als ich aus Rußland weggefahren bin... Aber entschuldigen Sie: Obwohl ich viel lese, drücke ich mich russisch
schlecht aus, und damit will ich Ihnen eigentlich zeigen,
daß ich nichts vergessen, ja ganz im Gegenteil, mich mit
Mühe und Not ein wenig... vervollkommnet habe.
325 *Überbrettl'n* – Vgl. die letzte Anm. zu S. 319.
ein kleines Buch Prosa – Die Letzten. Im Gespräch. Der
Liebende. Die Letzten. Berlin: Axel Juncker, 1901.

129. Alexander N. Benois an Rilke
Original: IRLI, F 619, Nr. 9.
Erstdruck: Памятники культуры. Новые открытия, S. 97 f.

326 *Verhältnisse sich verschlechtern* – Zitat aus Rilkes Brief
vom Dezember 1901 (S. 317).
327 *'Siegesallee'* – Vgl. die dritte Anm. zu S. 319.
religiös-philosophische Gesellschaft – Vgl. die zweite
Anm. zu S. 309.

130. Pawel D. Ettinger an Rilke
Original: IRLI, F 619, Nr. 27.
Der Beginn des Briefes ist nicht erhalten; Datierung nach
Rilkes Brief vom 6. Februar 1902 (S. 330). Im ersten Teil berichtet Ettinger offensichtlich über die Ausstellung der »Sechsunddreißig«, an der u. a. A. S. Golubkina und K. A. Somow
beteiligt waren.

329 *Iwanow-Heft* – Vgl. die fünfte Anm. zu S. 315.

131. Rilke an Leonid O. Pasternak
Xerokopie: Pasternak-Archiv.

330 *»Лихачъ«* – Der rasende Kutscher.

132. Rilke an Pawel D. Ettinger
Original: GMII, F 29, O 10, Nr. 1998.
Erstdruck: Сообщения Государственного Музея изобрази-
тельных искусств имени А. С. Пушкина, 5. Lieferung 1975,
S. 137.

133. Alexej S. Smirnow an Rilke
Original: IRLI, F 619, Nr. 20.

134. Rilke an Alexander N. Benois
Original: GRM, F 137, Nr. 1953.

334 *Wiederöffnung* – Die von Eduard Gildemeister erbaute
Kunsthalle in Bremen wurde am 15. Februar 1902 eingeweiht.
kleines Festspiel – »Zur Einweihung der Kunsthalle«
(SW 5, 403–409, sowie SW 6, 799 f. [Anmerkungen]). Die
im Januar entstandene Szene wurde auf der Freitreppe
der Kunsthalle gesprochen, den Gästen wurde ein Privat-
druck überreicht (vgl. Chr 1, 137).
einen Vortrag – Am 9. Februar 1902 sprach Rilke im
Kunstsalon des Herrn von Holem in Bremen über »Maurice Maeterlinck« (SW 10, 527–549). Der Vortrag wurde
für den Abdruck in der Berliner Zeitung »Der Tag«
(16., 19. und 20. März 1902) redigiert (vgl. SW 12, 1396 f.
[Anmerkungen]).

334 *äußerst wichtigen* – Diesen und allen weiteren Kursivie-
rungen entspricht im Original eine Unterstreichung mit
Rotstift.

335 *Sie zu A. S. stehen* – Diese Worte Rilkes zeigen ein übri-
ges Mal, wie wenig er die konkrete gesellschaftspolitische
Lage in Rußland kannte. Die liberal gesinnte Intelligenz
jener Zeit, zu der auch Benois gehörte, lehnte Suworin
scharf ab und sah in ihm einen Stützpfeiler der rechten
Publizistik, ganz zu schweigen von Ausfällen gegen die
Vereinigung »Mir iskusstwa« gerade auf den Seiten der
»Nowoje wremja«.
Da ich doch – Der weitere Text ist mit Rotstift geschrie-
ben.
Алекс. Серг. Суворинъ – Alexej Sergejewitsch Suworin.

135. Rilke an Alexej S. Suworin
Original: ZGALI, F 459, O 1, Nr. 3958.

336 *Suworin* – Journalist und bedeutender Herausgeber, seit
1876 Besitzer der »Nowoje wremja«.

337 *»Казаки«* – »Die Kosaken«.
Пыпинъ – Alexander Nikolajewitsch Pypin.
Костомаровъ – Nikolai Iwanowitsch Kostomarow.

338 *Казань* – Kasan.
Нижній – Nishni.
Тверь – Twer.

339 *Анатолій Крамской* – Anatoli Kramskoi.

341 *bei Rodin* – Clara Westhoff lebte von Januar bis August
1900 in Paris; sie arbeitete in dieser Zeit bei Auguste
Rodin.
Вестерведе–Ворпсведе. Городъ Бременъ – Westerwede–Worpswede. Stadt Bremen.

136. Rilke an Alexander N. Benois
Original: GRM, F 137, Nr. 1953.

342 *nach Paris* – Rilke reiste am 26. August 1902 aus Westerwede nach Paris, um eine Monographie über Rodin zu
schreiben. Der erste Aufenthalt in Paris dauerte bis Ende
Juni 1903. Die Rodin-Monographie, geschrieben im No-
vember/Dezember 1902 in Paris, erschien 1903 als
Band 10 der von Richard Muther herausgegebenen Sammlung illustrierter Monographien »Die Kunst«.

343 *den 2. Teil* – Бенуа, История русской живописи в XIX веке.
1. Teil – Бенуа, История живописи в XIX веке. Русская живопись.

344 *»Monographie Worpswede«* – Rilke hat den Auftrag zur »Abfassung« des Buches, einer Brotarbeit, wie er wiederholt betonte, von Gustav Pauli, dem Direktor der Bremer Kunsthalle, erhalten. Die Monographie erschien Anfang 1903.

137. Alexander N. Benois an Rilke
Original: IRLI, F 619, Nr. 9.
Erstdruck: Памятники культуры. Новые открытия, S. 101.

138. Rilke an Leonid O. Pasternak
Xerokopie: Pasternak-Archiv.

347 *plötzlicher Tod* – Joseph Rilke starb am 14. März 1906 in Prag.
Frau Lou ... zu schreiben – Leonid Pasternak lebte damals mit seiner Familie in Berlin. Wie aus seinem Brief an Pawel Ettinger vom 15. April 1906 hervorgeht, hat 'er Rilkes Bitte entsprochen und sich mit Lou Andreas-Salomé in Verbindung gesetzt: »Wir haben .vergessen, Ihnen mitzuteilen, daß zu der Plejade von Berühmtheiten, die Sie einmal so erschreckt hat, noch Frau Andreas-Salomé hinzuzufügen wäre. Sie war zweimal bei uns, ist uns sehr vertraut geworden, besonders Rosalia Isidorowna [...]« (GMII, F 29, O 1, Nr. 3326.) Eine für den März vorgesehene Begegnung mit Rilke hat jedoch nicht stattgefunden (vgl. Brief 141, S. 352), obwohl Pasternak rechtzeitig von Rilkes Berlinbesuch erfuhr und ein Treffen beabsichtigte. Er schrieb im März an Ettinger: »Bald wird hier (in einigen Tagen) ʼReiner Maria Rilkeʼ über ʼRodinʼ eine Vorlesung halten. Ich werde zusehen, ihn zu treffen.« (GMII, F 29, O 1, Nr. 3341.)

348 *Красная площадь* – Roter Platz.
Василий-Блаженной – Wassili-Blashenny-Kathedrale (Maria-Schutz-Kathedrale »Am Graben«); 1555–1561 auf dem Roten Platz durch die Baumeister Barma und Postnik als Denkmalskirche zu Ehren der Eroberung Kasans 1552 durch Iwan IV. und zu Ehren der in dieser Schlacht gefallenen Krieger erbaut. In ihr wurde der zu

seiner Zeit im Volke verehrte Wassili Blashenny, der
»Gottesnarr«, begraben, und 1588 errichtete man über
seinem Grab eine Kapelle.
348 *Новомосковское* – Neumoskauer.
»*Предворье*« – Gasthof.
Художественный театръ – Künstlertheater. Die Moskauer Bühne gastierte im Deutschen Theater mit Gorkis »Nachtasyl«, Alexej Tolstois »Zar Fjodor« und
einigen Stücken von Tschechow. Rilke sah am 28. Februar
»Zar Fjodor« mit I. M. Moskwin in der Hauptrolle.
»*Царь Федоръ*« – »Zar Fjodor Joannowitsch« (1867).
römische Stunden – Leonid Pasternak war Rilke während seines Italienaufenthalts in Rom auf der Straße begegnet und verbrachte mit ihm und Clara Rilke »unvergeßliche Stunden« in der Villa Strohl-Fern. (Vgl. Leonid
Pasternak, Begegnungen mit R. M. Rilke, S. 456 f.)

139. Rilke an Alexander N. Benois
Original: GRM, F 137, Nr. 1953.
Brief 139 und 140 sind auf schwarzumrandete Bogen ge-
schrieben.

349 *Goloubeff* – Wiktor W. Golubjew, russischer Kunstwissenschaftler und Sammler antiker Kunstwerke des
Ostens, schrieb über Malerei und Bildhauerei Chinas,
Persiens und Indiens; lebte ständig in Paris, begründete
das Musée Guimet. Rilke war ihm im November 1905
begegnet: »Und gestern... denk Dir, die liebe Russin,
deren Büste im Salon d'Automne steht, kannte und liebte
alle meine Sachen seit lange, zufällig ergab sich das.
Nun waren wir gestern, Rodin und ich, bei ihr beim
Tee. Eine liebe feine stille Stunde im Dufte russischen
Tees und in der Gegenwart ihrer langsamen, sehr russischen Schönheit und Größe. (Der Marmor gleicht ihr viel
mehr als der Gips, der nur das Leichtere ihres Wesens
gibt.) Ihr Mann, Monsieur de Goloubew, der richtige
junge russische Edelmann, aber voll geistiger Beweglichkeit und mit einer sehr schönen Sammlung (denk
nur:) von alten Livres d'heures – besitzt größte Länder-
eien und Schloß und Park in der Ukraine und ein Gestüt, in dem er arabische Pferde zieht. Er hat mir seine
schöne russische Bibliothek zur Verfügung gestellt, aber
mir fehlt es an Zeit, so sehr an Zeit.« (Rilke an Clara
Rilke, 13. November 1905; Br2, S. 270 f.) Am 23. November

1905 schreibt Rilke an Lou Andreas-Salomé: »Meine russischen Freunde hier haben große Güter in der Ukraine, von denen ich mir viel erzählen lasse.« (Rilke / Andreas-Salomé, Briefwechsel, S. 217.)

349 *Indépendants* – »Die Unabhängigen«. Diese Vereinigung französischer Maler (1884 in Paris entstanden) veranstaltete jährlich Frühjahrsausstellungen. Auf der 22. (vom 20. März bis 30. April 1906) waren auch drei Arbeiten Benois' zu sehen.

besuchen – Rilke und Benois trafen sich am 8. April im Park von Versailles; ein Bericht über diese Begegnung findet sich in Rilkes Brief vom 8. April an seine Frau (Br 2, 307). Am 12. April teilt Rilke Lou Andreas-Salomé mit: »Sonntag war ich in Versailles bei Alexander Benois, der wieder wie vor Jahren den Park malt.« (Rilke / Andreas-Salomé, Briefwechsel, S. 224.)

»Bassin de Flore« – Gouache Benois' aus der Serie »Ansichten von Versailles«.

140. Rilke an Alexander N. Benois
Original: GRM, F 137, Nr. 1953.

350 *»Union des Artistes Russes«* – Russischer Kunstzirkel in Paris (entstanden im Frühling 1903), zu dessen Vorsitzenden Wiktor W. Golubjew Anfang 1906 gewählt wurde.

141. Rilke an Leonid O. Pasternak
Xerokopie: Pasternak-Archiv.
Erstdruck: Rilke, Briefe aus den Jahren 1906 und 1907, S. 114 bis 117.

352 *nach Berlin* – Rilke hielt sich vom 5. Oktober bis 24. November 1906 in Berlin auf.

Ihre Ausstellung – Der Salon Eduard Schulte (Unter den Linden) hatte im September eine Ausstellung Leonid Pasternaks mit Bildern und Zeichnungen eröffnet.

Studio-Heft – Das Heft der englischen Kunstzeitschrift »Studio« enthielt neben einem Artikel Pawel Ettingers über Leonid Pasternak Reproduktionen von sechs Arbeiten des Künstlers (vgl. Ettinger, The dranings of L. Pasternak. In: The Studio. An Illustrated Magazine of Fine and Applied Arts, 1906, Band 37, Nr. 155, S. 306–313).

Pariser große russische Ausstellung – Vgl. die erste Anm. zu S. 357.

352 *Gastfreundschaft* – Vom 4. Dezember 1906 bis zum 20. Mai 1907 bewohnte Rilke als Gast von Alice Faehndrich das »Rosenhäusl« im Garten ihrer Villa Discopoli auf Capri. *Нѣтъ, я не забылъ по русскый* – Nein, ich habe das Russische nicht vergessen.

353 *русскый человѣкъ* – Russischer Mensch.

западникъ – Westler. – Ähnliche Gedanken über Gorki finden sich auch in anderen Briefen Rilkes vom Dezember 1906 (vgl. Rilke, Briefe aus den Jahren 1906 und 1907, S. 121 und 127, sowie Brief 142, S. 356). Rilkes Verhältnis zu dem berühmten russischen Schriftsteller war zwiespältig: Einerseits entsprach Gorki, der, aus dem Volke hervorgegangen, zu einem großen Künstler geworden war, vollkommen Rilkes Vorstellung vom russischen Menschen. Andererseits flößten ihm die sozialistischen Anschauungen Gorkis, seine gesellschaftspolitischen Aktivitäten Mißtrauen ein. Das Treffen mit Gorki am 12. April 1907 hat seine Zweifel nicht beseitigt. Vgl. insbesondere Rilkes Brief an Karl von der Heydt vom 3. Mai 1907: »Vielleicht amüsiert es Sie, daß ich inzwischen Gorki gesehen habe. Eines Abends hab ich oben bei ihm gesessen um einen runden Tisch herum [...] Wir verständigten uns erst auf russisch, wovon mir im Zwange des Augenblicks einiges wiederkam, später sprach ich deutsch, und Madame Gorki übersetzte [...] Er spricht als Demokrat auch von der Kunst, als Unzufriedener, eng und schnell Urteilender; mit Urteilen, in denen die Irrtümer ganz aufgelöst sind, so daß man sie nicht herausfischen kann. Dabei ist er von einer großen, rührenden Güte (jener Güte, die es den großen Russen immer wieder unmöglich macht, Künstler zu bleiben), und es ist sehr rührend, auf einem völlig unvorbereiteten Gesicht die Spuren sehr großer Gedanken zu finden und ein seltenes Lächeln, das daraus hervorbricht, mühsam, als hätte es eine harte, unverständige Oberfläche von tief her zu durchdringen.« (Rilke, Briefe aus den Jahren 1906–1907, S. 253 f.) Vgl. auch: E. Salgaller, Strange Encounter. Rilke and Gorki on Capri. In: Monatshefte für deutschen Unterricht, Sprache und Literatur, Madison/Wisconsin, Nr. 1, Januar 1962, S. 11–21, sowie: Konstantin M. Asadowski/Leonid N. Čertkov, R. M. Rilke und A. M. Gorki. In: Blätter der Rilke-Gesellschaft, 1982, Heft 9, S. 7–17.

354 *das langversprochene Buch* – »Das Stunden-Buch«, im Dezember 1905 im Insel-Verlag erschienen. Rilke trug folgende Widmung ein: »Unserem lieben Леонидъ

Оссипов. Пастернакъ mit den herzlichsten Weihnachts-
grüßen. Rainer Maria Rilke und Clara Rilke 1906.« (Das
Exemplar befindet sich im Pasternak-Archiv.

142. Rilke an Alexander N. Benois
Original: GRM, F 137, Nr. 1953.

356 *beisammen* – Rilke verbrachte August und September mit
Clara und Ruth. Vgl. Chr 2, 248–252.
Gorki – Vgl. die zweite Anm. zu S. 353.
Но Богъ ... человѣкъ? – Doch Gott weiß, wer er wirklich ist, Gorki; er lebt im Reichtum wie ein Kapitalist,
lebt wie ein Sozialist, ein großer Künstler, ist er aber –
ein russischer Mensch?
356 *»золотоё руно«* – »Solotojo runo« (Das Goldene Vlies);
Zeitschrift für Kunst und Literaturkritik, die 1906 bis 1909
monatlich in Moskau erschien; eines der führenden
Organe des russischen Symbolismus. Benois war Mitarbeiter; in der zweiten Nummer wurde sein Artikel
»Künstlerische Irrlehren« veröffentlicht, der eine erbitterte Polemik nach sich zog.
357 *Die schöne russische Ausstellung* – Von Sergej Djagilew
initiierte und organisierte Ausstellung russischer Malerei,
die am 6. Oktober 1906 in Paris eröffnet wurde. Sie prä-
sentierte 750 Werke (von Ikonen aus dem 15. Jahrhundert
bis zu modernen Meistern, u. a. ehemalige Mitglieder
der »Mir iskusstwa« und junge Moskauer Symbolisten).
Die Exposition förderte das Bekanntwerden russischer
Kunst in Westeuropa stark und hatte auch in Berlin im
Salon Schulte (Eröffnung am 15. November 1906) großen
Erfolg.
Когда ... понимаю – Wenn Sie schreiben, so schreiben
Sie bitte russisch, ich habe nicht alles vergessen, vieles
aber wohl, scheint es, jedoch ich verstehe gefühlsmäßig.

143. Sofja N. Schill an Rilke
Original: IRLI, F 619, Nr. 26.

357 *Ihr neues Buch* – Die Aufzeichnungen des Malte Laurids
Brigge. Leipzig 1910.
358 *in Schweden* – Rilke lebte vom 25. Juni bis Anfang September 1904 in Borgeby gård (bei Lund) als Gast von
Hanna Larsson und Ernst Nordlind.

358 *Übersetzung –* Гуго фон Гофмансталь, Драмы. Перевел
Сергей Орловский. (Hugo von Hofmannsthal, Dramen.
Übersetzt von Sergej Orlowski.) Moskau 1906. – In das
Buch wurden fünf von Sofja Schill übersetzte Dramen
Hofmannsthals aufgenommen: »Der Tod des Tizian«,
»Der Tor und der Tod«, »Die Frau am Fenster«, »Die
Hochzeit der Sabeide«, »Der Abenteurer und die Sänge-
rin«. In einer Rezension dieser Ausgabe schrieb der
Dichter und Übersetzer Wladimir O. Nilender, die Über-
setzung sei »nicht mehr als eine farblose Wiedergabe, an-
gefüllt mit banalen Ausdrücken und Wendungen der
Übersetzerin« (Золотоё руно, Heft 11/12, 1906, S. 156).

144. Spiridon D. Droshshin an Lou Andreas-Salomé
Original: ZGALI, F 176, O 1, Nr. 764.

359 *Fiedler hat viele … übersetzt –* Ende 1906/Anfang 1907
veröffentlichte das »Feuilleton-Beiblatt des St. Peters-
burger Herolds« 13 Gedichte Droshshins in der »autori-
sierten Verdeutschung im Versmaß des Originals von
Friedrich Fiedler« (24. Dezember 1906 [6. Januar 1907],
Nr. 322, S. 1; 31. Dezember 1906 [13. Januar 1907],
Nr. 328, S. 1; 7.[20.] Januar 1907, Nr. 7, S. 1; 14. [27.]
Januar 1907, Nr. 14, S. 1; 21. Januar [3. Februar] 1907,
Nr. 21, S. 1).

145. Spiridon D. Droshshin an Rilke
Original: IRLI, F 619, Nr. 13.

360 *Adresse Ihres Verlegers –* Friedrich F. Fiedler schickte
Droshshin die Adresse des Insel-Verlages Leipzig am
21. Juli [3. August] 1913 aus Pawlowsk. (ZGALI, F 176,
Nr. 1070, Blatt 7.)
Früher an Sie geschriebene Briefe – Bisher wurde nur
ein Brief vom 1. August 1909 gefunden (IRLI, F 101, O 1,
Nr. 59).
Erinnerungen – Spiridon D. Droshshin, Der zeitgenös-
sische Dichter Rainer Maria Rilke, S. 429–437.

146. Rilke an Jelena M. Woronina
Original: IRLI, F 619, Nr. 1.
Erstpublikation: OSP 162.

361 *Hôtel Foyot* – Rilkes Quartier während seines letzten
Parisaufenthaltes (7. Januar–18. August 1925).
Ihren Namen aussprach – Jelena Woroninas Schwester
hatte Rilke wiedererkannt, als er ihr von der Familie, in
der sie Unterricht gab, vorgestellt wurde, und ihm mitgeteilt, daß Jelena in Paris lebe.
Si j'hésite . . . de mon souvenir. – Wenn ich zögere, Ihnen
den Tag vorzuschlagen, so darum, weil meine Tage voll
sind von Verpflichtungen und Pflichten und ich Ihnen
nicht eine Stunde der Müdigkeit zwischen zwei Verabredungen schenken möchte, sondern die stillste, ausgeruh-
teste Stunde, über die ich verfüge. Montag und Dienstag
sind belegt, aber ich hoffe, am nächsten Mittwoch
(4. Februar) kurz nach fünf Uhr bei Ihnen sein zu können. Ich gebe Ihnen am Dienstag per Rohrpost noch Bescheid, ob es dabei bleibt, sofern Sie mich nicht einen
anderen Tag wählen heißen. Ich komme aus einer vollständigen Einsamkeit, aber hier hat sich diesmal die
»Welt« meiner bemächtigt, ich gehöre mir selbst nicht;
bei Ihnen indes werde ich aus Freude und mit der ganzen Kraft meiner Erinnerung Ihnen gehören.

147. Rilke an Jelena M. Woronina
Original: IRLI, F 619, Nr. 1.
Erstpublikation: OSP 162.

148. Rilke an Jelena M. Woronina
Original: IRLI, F 619, Nr. 1.
Erstpublikation: OSP 162f.

364 *Monsieur Kasitzine* – Dmitri A. Kasitzin, vor der Revolution hoher Beamter im russischen Finanzministerium
und im Petersburger Magistrat; Jelena Woronina hat
den Namen ihres Mannes im Original gestrichen, in der
Erstpublikation dementsprechend Auslassungspunkte.
Nach der Begegnung mit Jelena Woronina schrieb Rilke
am 5. März 1925 an Nanny Wunderly-Volkart: »Ich
habe hier nach und nach all meine *Russen* von einst wiedergefunden, nicht nur die junge Frau, die ich in Bex
wiederzuerkennen glaubte (es war nicht sie!), sondern
auch die arme Hélène Woronine, die ich vor 26 Jahren
verloren hatte, da sie, als sie nach meiner Abreise aus
St. Petersburg heiratete, mir ihren neuen Namen nicht

hatte nennen wollen ... Zur Zeit ist sie mit ihrem Mann hier, unter den Flüchtlingen, arm (sie, die seit ihrer Kindheit an Reichtum als etwas ganz Natürliches gewöhnt war), arm, krank und alt, und wie alle Russen hier hat sie keinerlei Zukunft.« (Rilke, Briefe an Nanny Wunderly-Volkart. Im Auftrag der Schweizerischen Landesbibliothek und unter Mitarbeit von Niklaus Bigler besorgt durch Rätus Luck. Band 1–2, Frankfurt a. M. 1977, Band 2, S. 1047 f.) In der Nachschrift zu seinem Brief vom 25. März 1925 an Nanny Wunderly-Volkart heißt es: »Liebe: wenn es mein größter Wunsch wäre, bestätigt zu werden in einer wiederbelebten Fortsetzung früherer Freundschaften, so kann ich sagen, daß mir nichts ermangelt, um dieses Bedürfnis zu erfüllen. Bedenken Sie, dieser fast unglaubliche Glücksfall, daß ich Hélène Woronine wiedersehen konnte, die russische Freundin, die ich durch ihre Heirat vor 26 Jahren verloren hatte! (Übrigens habe ich sie nur ein einziges Mal wiedergesehen: was kann ich ihr geben in ihrer gegenwärtigen Trübsal, in diesem Leben, das die hierher verschlagenen Russen führen, eine kümmerliche Gegenwart und keine Zukunft?)« (Ebenda, S. 1052. Im Original französisch.)

149. Leonid O. Pasternak an Rilke
Original: Rilke-Archiv, Gernsbach.
Erstdruck: Rilke/Zwetajewa/Pasternak, Briefwechsel, S. 57–59.

366 *unsere letzte Begegnung* – Vgl. Leonid O. Pasternak, Begegnungen mit R. M. Rilke, S. 457.
367 *Boris ... Ihr Schaffen propagierte* – Vgl. Čertkov, Rilke in Rußland, S. 25 f. und S. 31–34.
mit der Frau und den Töchtern – Rosa I. Pasternak (geb. Kaufmann), Josephine und Lydia.
meine beiden Söhne – Alexander und Boris.

150. Rilke an Leonid O. Pasternak
Xerokopie: Pasternak-Archiv.
Erstdruck: Br 5, 363–366.

368 *Дорогой ... Ваше письмо ...* – Mein lieber Leonid Ossipowitsch Pasternak! Nein, ich kann Ihnen nicht russisch schreiben, aber gelesen habe ich Ihren Brief ... Vgl. Brief 149, S. 365–367.

368 *»сказка«* – Märchen.
     Татарщина – Tatarenjoch.
369 *voriges Jahr in Paris* – Vgl. die erste Anm. zu S. 361.
     russische Freunde – Rilke hat neben Jelena Woronina
     Georg Pitojew und Alexander Sacharow in Paris wieder-
     gesehen; zu seinen neuen Freunden zählte vor allem
     Julia Sasonowa und ihre Gruppe. Vgl. Rilke, Briefe an
     Nanny Wunderly-Volkart, Band 2, S. 1048, 1052 u. a.
     Anthologie von Илья Эренбургъ – Ilja Ehrenburgs
     Sammlung »Портреты русских поэтов« (Porträts russi-
     scher Dichter), Berlin 1922, enthielt u. a. Gedichte von
     Anna Achmatowa, Alexander Block, Andrej Bjely,
     Sergej Jessenin, Ossip Mandelstam, Wladimir Maja-
     kowski, Fjodor Sologub, Marina Zwetajewa; Boris Paster-
     nak war mit folgenden Texten repräsentiert: »Не как
     люди, не еженедельно« (Nicht wie Menschen und nicht
     jede Woche), »Памяти демона« (Zum Gedenken an den
     Dämon), »Сложа весла« (Mit ruhenden Rudern), »Обра-
     зец« (Das Muster), »Из суеверья« (Aus Aberglauben).
     Мила Сируль – Mila Sirul.
     Clara Rilke … Nähe von Bremen – Rilkes Frau lebte
     seit 1917 in Fischerhude bei Bremen.
     Tochter – Ruth Rilke hatte am 18. Mai 1922 Carl Sieber
     geheiratet; beide lebten damals auf dem Gut der Familie
     Sieber in Alt-Jocketa bei Liebau.
     Enkelin – Christine Sieber-Rilke.
370 *nach der Schweiz* – Rilke reiste am 11. Juni 1919 aus
     München ab.
     ein altes Schlößchen – Château de Muzot; Rilkes Wohn-
     sitz von Juli 1921 bis zu seinem Tode.
     Italien – Rilke war Ende August 1925 einige Tage in
     Italien (Chr 2, 922); der letzte längere Aufenthalt
     (in Venedig) währte vom 11. Juni bis 13. Juli 1920.
     seit Dezember – Rilke blieb vom 20. Dezember 1925 bis
     1. Juni 1926 im Sanatorium Val-Mont.
     »Commerce« – Dreimonatshefte, veröffentlicht unter Lei-
     tung von Paul Valéry, Léon Paul Fargue und Valéry
     Larbaud (Paris 1924–1932).
     Gedichte von Boris Pasternak – Im Heft 6 der Zeitschrift
     »Commerce« wurden Pasternaks Gedichte »Душная
     ночь« (Schwüle Nacht) und »Отплытие« (Ein Schiff legt
     ab) veröffentlicht.
     Hélène Iswolsky – Die in Paris lebende Dichterin und
     Übersetzerin Jelena A. Iswolsky war Anfang der dreißi-
     ger Jahre eine nahe Bekannte Marina Zwetajewas.

151. Boris L. Pasternak an Rilke
Original: Rilke-Archiv, Gernsbach.
Erstdruck: Марина Цветаева, Несобранные произведения,
S. 681–683.

371 *Großer, geliebtester Dichter!* – Vgl.: Pasternak, Postu-
mer Brief an Rainer Maria Rilke, S. 459–462; sowie:
Čertkov, Rilke in Rußland, S. 25 f. und S. 31–34.
Gefühl ... der überwundenen Unmöglichkeit – Boris
Pasternak schrieb am 12. März 1956 Selma F. Ruoff, Ver-
fasserin der bisher nur im Manuskript vorliegenden
Monographie »B. Pasternak und R. M. Rilke« (GBL):
»Ich hatte mir nicht vorstellen können, daß die Post als
Brücke zu einer unzulänglichen, so vollkommen anderen
Welt dienen könnte, einer Welt, mit der ich nur durch
meine Verehrung verbunden war. Und plötzlich zeigte
sich, daß diese Brücke durch weite Zufälligkeit ohne
mein Wissen geschlagen worden war. Jetzt kam mir zum
ersten Mal der Gedanke, ich könnte ihm schreiben.« (Vgl.
Rilke / Zwetajewa / Pasternak, Briefwechsel, S. 75.)
Zeilen ... im Briefe von L. O. – Leonid Pasternak unter-
richtete seinen Sohn über den Empfang des Rilke-Briefes
am 17. März (vgl. Rilke / Zwetajewa / Pasternak, Briefwechsel, S. 62 f.). Eine Abschrift des Briefes erhielt Boris
Pasternak erst am 3. April.
373 *aus Inerz* – Aus innerem Impuls (russisch по инерции).
ein Poem – Марина Цветаева, »Поэма конца« (Marina
Zwetajewa, Poem vom Ende).
374 *zwei Gedichthefte* – Pasternaks 1917 entstandener Zyklus
»Сестра моя – жизнь« (Meine Schwester, das Leben),
Moskau und Berlin 1922, und sein 1918 abgeschlossener
Band »Темы и вариации« (Themen und Variationen),
Moskau und Berlin 1923.

152. Leonid O. Pasternak an Rilke
Xerokopie: Pasternak-Archiv.
Erstdruck: Rilke / Zwetajewa / Pasternak, Briefwechsel, S. 81 f.

376 *Sed fugit fugit ... tempus!* – Sed fugit interea, fugit ir-
reparabile tempus! (Aber inzwischen enteilt unwieder-
bringlich die Zeit! – Vergil, Georgica. 3. Buch, Vers 284.)
Das eine Porträt – Im Zusammenhang mit André Ger-
mains Artikel »Drei deutsche Dichter in Paris« (Fritz
von Unruh, Carl Sternheim, Rilke) wurde im »Quer-

schnitt« (12/1925) Loulou Albert-Lazards 1916 in München geschaffenes Ölgemälde »Rainer Maria Rilke« reproduziert.
376 *auf dem anderen* – Vgl. zu Paula Modersohn-Beckers unvollendetem Ölgemälde »Rainer Maria Rilke« (Paris 1906): H. W. Petzet, Das Bildnis des Dichters (Frankfurt a. M. 1976, S. 125): »Fände man das Bildnis von Rainer Maria Rilke einst, ohne Überlieferung und Namen, wieder auf, so würde man es nicht anders benennen können als: ›Der Dichter‹. Es gleicht dem Haupt des Orpheus, das – heil aus der Zerstückelung der Mänaden hervorgegangen – dahintreibt auf der Flut der Zeit.«

153. Rilke an Marina I. Zwetajewa
Original: Pasternak-Archiv.
Erstdruck: Rilke / Zwetajewa / Pasternak, Briefwechsel, S. 103.

377 *Brief von Boris Pasternak* – Vgl. Brief 151, S. 371–375.
Die beiden Bücher – »Die Sonette an Orpheus«, »Duineser Elegien«.
Ich bin so erschüttert ... einen Gruß. – Wurde von Marina Zwetajewa Rilkes Zeilen an Boris Pasternak hinzugefügt und mehrfach fälschlich als Teil jenes Briefes veröffentlicht. Vgl. Br 5, 355.
378 *Brief, von Berlin* – Vgl. Brief 149, S. 365–367.
Proben – Vgl. die dritte Anm. zu S. 369.
mit russischen Freunden – Vgl. die zweite Anm. zu S. 369.
nicht vergönnt gewesen, Ihnen zu begegnen – Marina Zwetajewa kam erst im November 1925 nach Paris.

154. Rilke an Boris L. Pasternak
Original: Pasternak-Archiv.
Erstpublikation: Br 5, 355.
Boris Pasternak erhielt diesen Brief am 18. Mai. Nach seinem Tode fand er sich neben anderen Papieren in einem Umschlag mit der Aufschrift »Das Teuerste« in seiner Brieftasche.

379 *Ihr unmittelbarer Brief* – Vgl. Brief 151, S. 371–375.

155. Marina I. Zwetajewa an Rilke
Xerokopie: Privatarchiv Konstantin M. Asadowski, Leningrad. Die Originale der Briefe Marina Zwetajewas an Rilke

befinden sich im Rilke-Archiv der Schweizerischen Landes-
bibliothek, Bern.
Erstdruck: Zeitschrift für slavische Philologie (Heidelberg),
Band 41, 1/1980, S. 148–152.

379 *9. May 1926* – Dem Poststempel nach zu urteilen, wurde
der Brief am 7. Mai begonnen, am 8. Mai beendet
und abgeschickt. Marina Zwetajewa setzte den Tag
des voraussichtlichen Eintreffens ein. Vgl. Brief 156,
S. 385.

381 *durch Berlin* – Marina Zwetajewa lebte von Mai bis
Ende August 1922 in Berlin.
Frühe Gedichte – Zweite, überarbeitete Ausgabe des Bu-
ches »Mir zur Feier« (1899), die unter dem Titel »Die
frühen Gedichte von Rainer Maria Rilke« 1909 im Insel-
Verlag erschienen war.

382 *mit Chinesen, Japanern, Negern* – »Meine geliebtesten –
Chinesen und Neger. Die verhaßtesten – Japaner und
Franzosen.« (Marina Zwetajewa an Wera N. Bunina,
28. April 1934. In: Цветаева, Неизданные письма,
S. 467.)
33, glaub ich – Boris Pasternak war 1926 sechsunddreißig
Jahre alt.
Ihre Bücher – »Die Sonette an Orpheus«, »Duineser Elegien«.
weil Du eine Kraft bist – »Für mich ist jede Kraft sünd-
los (Unschuld der Natur)«. (Marina Zwetajewa an Dmitri
A. Schachowskoi, 8. März 1926. In: Цветаева, Неизданные письма, S. 359.)
in Lausanne – Vgl. Anastassija Zwetajewa, Erinnerungen, S. 168–197.

383 *meine Bücher* – Стихи к Блоку. (Gedichte an Block.)
Berlin 1922; Психея. Романтика. (Psyche. Romantik.)
Berlin 1923.

384 *»А ты будешь читать Рейнеке?«* – Und du wirst wieder
Reinecke lesen?
Vandée ..., meine heroische französische Heimat – In
der Vendée brach 1793 ein konterrevolutionärer Aufstand unter der Führung des Adels aus. Eine völlige
Unterwerfung des Gebietes gelang erst im Februar 1800.
Marina Zwetajewa gab der Vendée diese Bezeichnung,
da sie in ihrer Jugend die französischen Royalisten glü-
hend verehrte.
Umänderung – Marina Zwetajewa bezieht sich auf die
letzte Zeile des Gedichts »Du Dunkelheit, aus der ich

stamme« (SW 1, 258 f.) aus dem »Buch vom mönchischen
Leben«: »Ich glaube an Nächte.«
384 *Ihr Brief für Boris* – Vgl. Brief 154, S. 379.

156. Rilke an Marina Zwetajewa
Original: Pasternak-Archiv.
Erstdruck: Neue deutsche Literatur (Berlin), 10/1979, S. 127
bis 128.

386 *Ile d'Yeu* – Insel vor der westfranzösischen Küste.
nächstens in Lausanne – Vgl. Brief 155, S. 382.
René Auberjonois – Rilke hatte am 17. April 1926 eine
Ausstellung des Malers in Lausanne besucht. Auberjonois
lebte seit 1914 zurückgezogen in der Schweiz, vorher
hatte er sich vorwiegend in Paris aufgehalten. Seine Bilder zeichnen sich durch Farbenpracht und dekorative
Malweise aus. Vgl. Rilke an Nanny Wunderly-Volkart,
25. April 1926. In: Rilke, Briefe an Nanny Wunderly-
Volkart, Band 2, S. 1125 und 1302 (Anmerkungen).
387 *Austère et mélodieux* – Streng und melodisch.

157. Marina I. Zwetajewa an Rilke
Xerokopie: Privatarchiv Konstantin Asadowski, Leningrad.
Erstdruck: Zeitschrift für slavische Philologie, 1/1980, S. 152
bis 156.

388 *Priester* – »Im Priester sehe ich immer eine Rechtsan-
maßung. Wer hat ihn denn über mich gestellt? (Zwischen
Gott und mich, zwischen alles und mich). Er ist ein Vermittler, aber ich bin unmittelbar. Ich brauche solche wie
R[ilke], wie Sie, wie Pasternak. In Gott, aber irgendwie
ohne Gott, ohne dieses Wort Gott, ohne diese Wand
(zwischen mir und den Menschen) – Gott.« (Marina
Zwetajewa an Anna Teskova, 22. Januar 1929. In:
Цветаева, Письма к А. Тесковой, S. 70. Zitiert nach:
Rilke / Zwetajewa / Pasternak, Briefwechsel, S. 286.)
389 *russische reinliter. Zeitung* – »Возрождение« (Wiederge-
burt); Tageszeitung (von 1936 bis 1940 Wochenzeitung)
russischer Emigranten, die seit 1925 in Paris erschien.
»Daraus (›Dichter über Kritik‹ ...) ...« – Zitat aus:
П. Б. Струве, О пустоутробии и озорстве (P. B. Struwe,
Über Unfruchtbarkeit und Unart). In: Возрождение,
6. Mai 1926. In diesem Artikel aus der Reihe »Заметки

писателя« (Schriftstellernotizen) äußerte sich Struwe mit
beißender Ironie über Marina Zwetajewas Aufsätze
»Цветник« (Blütenlese) und »Поэт о критике« (Ein
Dichter über Kritik), die in der Zeitschrift »Благонамеренный. Журнал русской литературной культуры« (Der
Wohlgesinnte. Zeitschrift für russische literarische Kultur), Paris, Heft 2 und 3–4/1926, erschienen waren und
sich insbesondere gegen Georgi Adamowitsch richteten.
Um die literarische Hilflosigkeit dieses Lyrikers, Essay-
isten und Kritikers zu beweisen, hatte Marina Zwetajewa
in »Цветник« Zitate aus Adamowitschs Artikel »Литературные беседы« (Literaturgespräche) zusammengestellt
und kommentiert. Beide Aufsätze hatten erbitterte An-
griffe auf sie und glühende Verteidigungen des tonange-
benden Literaten unter den Exilrussen zur Folge; u. a.
trat der angesehene Schriftsteller und Journalist Michail
Ossorgin mit seinem Artikel »Дядя и тетя« (Onkel und
Tante) in der Zeitung »Последние новости« (Neuste
Nachrichten), Paris, 23. April 1926, für Adamowitsch
ein. Struwe zog gegen ihr Gedicht »Старинное благого-
вение« (Altehrwürdige Andacht) zu Felde und bezeichnete es als inhalts- und gegenstandslos.

389 »*Die vier Jahre*...« – Zitat aus: Г. В. Адамович, Литературные беседы. G. W. Adamowitsch, Literaturgespräche. In: Звено (Das Bindeglied), Paris, 1925.

390 *† 1836* – Puschkin starb 1837.
В каждом любящем... вечно. – In jedem Liebenden –
aufs Neue, in jedem Liebenden – ewig.
russisch war's besser – Im Original heißt es:
»О Блоке
Четыре года, прошедшие со дня смерти Блока – 7 ав-
густа 1921 г., успели уже приучить нас к этой потере,
почти примирить с ней [Worte Adamowitschs – K. A.].
Плохо же тогда обстоит дело с Пушкиным († 94 года
назад), не лучше с Шенье († 133 года назад), совсем
безнадежно с Орфеем († ?).
Смерть поэта – вообще незаконца. Насильственная
смерть поэта – чудовищна. Пушкин (собирательное)
будет умирать столько раз, сколько его будут любить.
В каждом любящем – заново. И в каждом любящем –
вечно.« (Благонамеренный, Nr. 2/1926, S. 132.)
Da steigt ein Baum. – Ungenaues Zitat; vgl. den Beginn
des Sonetts I aus dem ersten Teil der »Sonette an Orpheus«: »Da stieg ein Baum. O reine Übersteigung.«
(SW 2, 731.)

390 *sieben* – Marina Zwetajewa bezieht sich hier auf Rilkes
Brief vom 10. Mai: »Sieben, meine segnende Zahl.«
(S. 386.) In der Folgezeit verband sie diese magische
Zahl mehrfach mit Rilkes Namen. So datiert sie ihr Poem
»Новогоднее« auf den 7. Februar 1927, und sie erwähnte
immer wieder, Rilke habe ihr sieben Briefe geschrieben
(vgl. Marina Zwetajewa an Boris Pasternak, 31. Dezem-
ber 1926, S. 426). Anna Teskova gestand sie in einem
Brief am 7. Februar 1938: »Ich liebe diese Zahl – Rilkes
Lieblingszahl.« (Цветаева, Письма к А. Тесковой,
S. 158.)
Быть на седьмом небе ... один ответ – Vor Freude im
siebenten Himmel sein. Den siebenten Traum träumen.
Woche – altrussisch – die Siebentägige. Sieben nicht har-
ren auf einen Narren. Sieben Simeons (Märchen). 7 –
eine Russen-Zahl! O, noch vieles: Siebenmal Unglück,
eine Antwort. (Russische Idiome und Sprichworte.)

391 *Gesang ist Dasein* – Aus dem Sonett III des ersten Teils
der »Sonette an Orpheus« (SW 2, 732).
»Schwer sind...« – Aus dem Sonett IV des ersten Teils
der »Sonette an Orpheus« (SW 2, 733).
Aber die Lüfte... – Letzter Vers des Sonetts IV des
ersten Teils der »Sonette an Orpheus« (SW 2, 733).
Wir sollen ... es singt. – Aus dem Sonett V des ersten
Teils der »Sonette an Orpheus« (SW 2, 733).
Ist es ein Hiesiger? – Ungenaues Zitat; vgl. den Beginn
des Sonetts VI aus dem ersten Teil der »Sonette an Or-
pheus«: »Ist er ein Hiesiger?« (SW 2, 734).
Dieser Stolz aus Erde – Aus dem Sonett XI des ersten
Teils der »Sonette an Orpheus« (SW 2, 737).
»Ремесло« – Марина Цветаева, Ремесло. (Marina
Zwetajewa, Handwerk.) Berlin und Moskau 1923. Der
Band findet sich nicht in Rilkes Nachlaß.

392 *an einen Hund* – Vermerk Rilkes im Marina Zwetajewa
übersandten Exemplar der »Sonette an Orpheus« neben
dem XVI. Sonett des ersten Teils. Vgl. dazu Rilkes
Schilderung der Begegnung mit einer Hündin in Cor-
doba im Brief vom 17. Dezember 1912 an Marie von
Thurn und Taxis (Rilke/Marie von Thurn und Taxis,
Briefwechsel, Band 1, S. 248) sowie Anmerkungen des
Dichters zu den »Sonetten an Orpheus« (SW 2, 772).
Schwarzwald – Marina Zwetajewa lebte mit Mutter und
Schwester vom Sommer 1904 bis Mitte des Jahres 1905
in verschiedenen Orten des Schwarzwaldes. Vgl. Ana-
stassija Zwetajewa, Erinnerungen, S. 206–227.

392 *»Abenteuer«* – »Приключение«, 1919 in Moskau ent-
standenes dramatisches Poem, Erstpublikation: Воля
России (Der Wille Rußlands), Prag, Nr. 18 und 19/1923;
wieder veröffentlicht in: Марина Цветаева, Избранные
произведения. (Marina Zwetajewa, Ausgewählte Werke.)
Moskau 1965, S. 578–625. – Als Quelle dienten Marina
Zwetajewa die Memoiren Casanovas.
»Phoenix« – »Феникс. Конец Казановы« (Phönix. Casanovas Ende.) Moskau 1922. »Von dem Buch mit diesem
Titel, das irgendwelche Spitzbuben an sich gebracht und
1922 in Moskau dilettantisch gedruckt haben, distanziere
ich mich ganz öffentlich«, schrieb Marina Zwetajewa, als
sie 1926 einen Fragebogen ausfüllte (maschinenschr. Kopie im Pasternak-Archiv).
393 *Wir rühren uns . . .* – Erste Zeile der Widmung, die Rilke
in Marina Zwetajewas Exemplar der »Duineser Elegien«
geschrieben hatte (vgl. Rilke / Zwetajewa / Pasternak,
Briefwechsel, S. 105).

158. Marina I. Zwetajewa an Rilke
Xerokopie: Privatarchiv Konstantin Asadowski, Leningrad.
Erstdruck: Zeitschrift für slavische Philologie, 1/1980, S. 156
bis 159.

393 *ihm Kannst du nicht großtun . . .* – Aus der Neunten Elegie (SW 2, 719).
394 *»Mais c'est un petit Roi de Rome!«* – »Das ist ja ein
kleiner König von Rom!«
395 *ein 12jähriges Mädchen* – Ariadna Efron war 1926
14 Jahre alt. Da Marina Zwetajewa in diesem Brief ihr
Alter um drei, das ihres Mannes um zwei Jahre verrin-
gert, ändert sie auch das Alter der Tochter entsprechend.
Deines großen Freundes – Auguste Rodin; Rilke hatte
ihm der »Neuen Gedichte anderen Teil« (1908) gewidmet: »A mon grand ami Auguste Rodin.« (SW 2, 556.)
Der Kindheit . . . – Aus dem Gedicht »Selbstbildnis aus
dem Jahre 1906« (»Neue Gedichte«, SW 2, 522).
Boulevard de Grancy, 3 – Adresse der Pension Lacase,
in der Marina Zwetajewa von Frühjahr 1903 bis Sommer 1904 mit ihrer Schwester lebte. Vgl. Anastassija
Zwetajewa, Erinnerungen, S. 168–197.
Ouchy – Vorort von Lausanne.
396 *Mein Mann* – Sergej Jakowlewitsch Efron.
юнкерское училище – Kadettenkorps.

396 *»астральный юнкер«* – Der Sternenschimmernde.
моя раскраска – Ganz und gar meine Farbe.

159. Rilke an Marina I. Zwetajewa
Original: Pasternak-Archiv.
Erstdruck: Rilke / Zwetajewa / Pasternak, Briefwechsel, S. 122
bis 126.

396 *»Марина! Спасибо за миръ!«* – Erste Zeile des 1918
entstandenen Gedichts: »Марина! Спасибо за мір! /
Дочернее странное слово. / И вот – расступился эфир /
Над женщиной светлоголовой. [...]« (Marina! Danke
für die Welt! / Eigenwilliges Tochterwort! / Und siehe –
es teilte sich der Himmel / Über dem hellschöpfigen
Weibe [...] Марина Цветаева, Психея, S. 10, Abschnitt
»Стихи к дочери«.)

401 *so nah, alle zu sein!* – Diese Worte verknüpft Marina
Zwetajewa im Brief an Anna Teskova (Третий день
Пасхи 1927) mit einer Bemerkung Rilkes aus dem Brief
vom 19. August (vgl. S. 421): »Im vorletzten Brief seine
Frage: Wie heißt ›'Nest – in Deiner Sprache, die so nah
ist, alle zu sein'‹...«
trotzdem Du mich führst – Marina Zwetajewa hatte in
den Bänden »Стихи к Блоку« und »Психея. Романтика«
für Rilke Hinweise eingetragen und einige Worte und
Redewendungen ins Deutsche übersetzt. Vgl. Felix Philipp Ingold, M. I. Cvetaevas Lese- und Verständnishilfen
für R. M. Rilke. Unbekannte Marginalien zu »Stichi k
Bloku« und »Psicheja«. In: Die Welt der Slaven (München), 24. Jg., 2/1979, Neue Folge 3, S. 352–368.
einige Verse von Boris – Vgl. die dritte Anm. zu S. 369.

160. Marina I. Zwetajewa an Rilke
Xerokopie: Privatarchiv Konstantin Asadowski, Leningrad.
Erstdruck: Zeitschrift für slavische Philologie, 1/1980, S. 159
bis 161.

402 *»Als ich Dich immer fragte...«* – Paraphrase eines Ab-
schnitts aus Marina Zwetajewas Brief an Boris Pasternak vom 22. Mai 1926 (Rilke / Zwetajewa / Pasternak,
Briefwechsel, S. 134).
403 *В великой низости любви* – In der großen Niedertracht
der Liebe. Letzte Zeile des im März 1919 geschriebenen

Gedichts »Та же молодость, и те же дыры« (Dieselbe
Jugend und dieselben Löcher), das Marina Zwetajewa der
ihr befreundeten Schauspielerin Sonja Holliday widmete
(Марина Цветаева, Сочинения в 2-х томах. [Marina
Zwetajewa, Werke in zwei Bänden.] Moskau 1980,
Band 1, S. 125).
403 *La grande bassesse de l'amour* – Die große Niedertracht
der Liebe.
la bassesse suprême de l'amour – Die höchste Niedertracht der Liebe.

161. Rilke an Marina I. Zwetajewa
Original: Pasternak-Archiv.
Erstdruck: Neue deutsche Literatur, 10/1979, S. 133–136.

405 *ein ganzes Gedicht* – »Elegie für Marina«. Rilke hatte
dem Brief die Handschrift beigefügt, die einige unbedeu-
tende Abweichungen vom Entwurf aufweist. Vgl. dazu
die dem Entwurf folgende Publikation in: SW 3, 271 bis
273, und die Veröffentlichung der Elegie in: Цветаева,
Письма к А. Тесковой (S. 146 f.), der Marina Zwetajewas
Abschrift von Rilkes Handschrift zugrunde liegt.

162. Marina I. Zwetajewa an Rilke
Xerokopie: Privatarchiv Konstantin Asadowski, Leningrad.
Erstdruck: Zeitschrift für slavische Philologie, 1/1980, S. 161
bis 163.

405 *»Warum...«* – Pasternak hatte Marina Zwetajewa am
23. Mai 1926 geschrieben: »Ich habe das Gefühl, als
schöbest Du mich ein wenig von Rilke fort.« (Rilke /
Zwetajewa / Pasternak, Briefwechsel, S. 136.) In seinem
Brief vom 10. Juni heißt es, daß ihn ihr Schweigen »in
letzter Zeit niederdrückte«. »Ich fürchtete, daß Du ihn
[Rilke] nicht genug liebst.« (Ebenda, S. 168.)
406 *»Denn dort...«* – Diesen Vers aus Rilkes Gedicht »Ich
bin auf der Welt zu allein und doch nicht allein genug«
aus dem »Buch vom mönchischen Leben« (SW 1, 260)
zitierte Marina Zwetajewa auch in Briefen an andere.
407 *Einer, der ... sanft – fallenläßt.* – Marina Zwetajewa
bezieht sich vermutlich auf die beiden letzten Verse des
Gedichts »Herbst« aus dem ersten Buch (zweiter Teil)
des »Buchs der Bilder«: »Und doch ist Einer, welcher

dieses Fallen / unendlich sanft in seinen Händen hält.«
(SW 1, 400.)

408 *Zeichengeber, sonst nichts.* – Aus der »Elegie für Marina«,
vgl. SW 3, 273.
»Von der Mitte...« – Aus der »Elegie für Marina«, vgl.
SW 3, 273.
Und die lange leise Mond-Wanderschaft. – Vgl. die fünf
letzten Zeilen der »Elegie für Marina«, SW 3, 273.

163. Marina I. Zwetajewa an Rilke
Xerokopie: Privatarchiv Konstantin Asadowski, Leningrad.
Erstdruck: Zeitschrift für slavische Philologie, 1/1980, S. 164
bis 166.

410 *Darum klingst Du französisch anders* – Bezieht sich auf
Rilkes Gedichtsammlung »Vergers suivi des Quatrains
Valaisans« (Paris 1926), die Marina Zwetajewa mit fol-
gender Widmung am 2. Juli erhielt:

Marina: voici galets et coquillages
ramassés récemment à la française plage
de mon ètrange cœur ... (J'aimerais que tu connusses
toutes les étendues de son divers paysage
depuis sa côte bleue jusqu'à ses plaines russes.) (SW 4,
678 f.)

»Es ging nicht um das Deutsche, es ging um das Mensch-
liche. Der Drang zum Französischen erwies sich als
Engelsbegierde, jenseitig. Mit dem Buch ›Vergers‹ sprach
er sich in Engelssprache aus.« (Marina Zwetajewa an
Boris Pasternak, 1. Januar 1927. In: Rilke / Zwetajewa /
Pasternak, Briefwechsel, S. 246.)
Platen schreibt französisch. – Marina Zwetajewa war seit
ihrer frühen Jugend mit Platens Dichtungen vertraut,
schätzte sie und nannte ihn den »Edelsten der Dichter«
(Марина Цветаева, Проза. [Marina Zwetajewa, Prosa.]
Haarlem 1969, S. 177). 1938 gestand sie Juri Ivask, sie
habe Platen »von A bis Z« gelesen (vgl. Марина Цветаева, Лебединый стан. Перекоп. [Marina Zwetajewa,
Schwanenlager. Perekop.] Paris 1971, S. 30–31.) Marina
Zwetajewa vertrat die Auffassung, Platens Werke ent-
sprächen nicht völlig dem Geist der deutschen Sprache;
sie wären häufig plastisch »kalt geraten«, da er stets be-
strebt gewesen sei, ihnen eine »klassische« Form zu verleihen.

410 *(»Verger«)* – Zyklus von 7 Gedichten aus der Sammlung »Vergers«.

Grand-Maître des absences – Schluß des Gedichts »Nul ne sait, combien ce qu'il refuse« (»Vergers«, SW 4, 519).

entre ton trop d'arrivée et ton trop de partance Vor letzter Vers des Gedichts »Eau qui se presse...« (»Vergers«, SW 4, 524.)

Combien j'ai douce ... de France ... – Die beiden ersten Zeilen der Romanze »Lebewohl, teures Frankreich«, die Maria Stuart zugeschrieben wird.

411 *das Lied vom Fähnrich* – »Die Weise von Liebe und Tod des Cornets Christoph Rilke« (SW 1, 233–248).

Soyons plus vite ... départ – Schluß des Gedichts »Puisque tout passe, faisons« (»Vergers«, SW 4, 538).

Тот поезд... – Aus dem Zyklus »Поэты« (»Poeten«). In: Цветаева, Избранные произведения, S. 231–232.

»pourquoi tant appuyer« – Freies Zitat aus dem Gedicht »Vers quel soleil gravitent« (»Vergers«, SW 4, 532).

M-elle de Lespinasse – Dem Kreis der Enzyklopädisten nahestehende Schriftstellerin. Ihre heute noch bekannten »Briefe« an ihren Geliebten J. A. Guibert (ein Denkmal der unbezwingbaren Leidenschaft) waren eines der Lieblingsbücher Marina Zwetajewas. Sie schrieb am 9. September 1928 an Anna Teskova: »Haben Sie, liebe Anna Antonowna, einmal die Briefe von M-lle de Lespinasse (18. Jh.) gelesen? Wenn nicht, dann gestatten Sie mir, sie Ihnen zu schenken. Was bin ich – vor dieser Liebenden! (Wenn ich keine Gedichte schriebe, wäre ich sie – und noch mehr! Und vielleicht bin ich doch eine – ꞌGeliebteꞌ, nur von *nicht*-Menschen!)« (Цветаева, Письма к А. Тесковой, S. 66.)

»glissez mortels...« – Kein Zitat von Julie de Lespinasse, sondern aus einem Vierzeiler Charles de Roys (zum Stich »Le Patinage«), der im Französischen zu einem geflügelten Wort wurde.

(»Les Anges ... discrets!«) – Erster Vers eines Gedichts aus »Vergers« (SW 4, 528).

»Mais l'excellente...« – Aus dem zweiten Gedicht des Zyklus »Printemps« (»Vergers«, SW 4, 543).

Et pourtant ... à la France. – Aus dem Gedicht »Le Drapeau« (»Vergers«, SW 4, 548).

»consent à la France« – Frankreich ergeben.

412 *Parfois ... plus rien.* – Zweite Strophe des Gedichts »Au ciel, plein d'attention« (»Les Quatrains Valaisans«, SW 4, 571).

412 *de l'inédit* – Unveröffentlichtes.

ohne $\dfrac{Deiner}{Dich}$ *zu erwähnen* – In Rilkes Absendervermer-
merken fehlte bisweilen sein Name.

164. Rilke an Marina I. Zwetajewa

Original: Pasternak-Archiv.
Erstdruck: Rilke / Zwetajewa / Pasternak, Briefwechsel, S. 229
bis 231.

412 *Du hast recht, … Sinn.* – Diesen Satz gibt Marina Zwetajewa in ihrem Brief an Anna Teskova vom 22. Januar
1929 wie folgt wieder: »R[ilke] hatte mir einst gesagt:
ʿIch will nicht sagen, Du hast Recht: Du bist im Rechtʿ,
im Recht – sein, im Guten – seinʾ […]« (Цветаева,
Письма к А. Тесковой, S. 71.)
413 *den neuen Stern* – Tycho Brahe entdeckte 1572 einen
neuen Stern in der Kassiopeia (nördlicher Sternhimmel).
»visible de toute …« – Von der gesamten Provence und
den Mittelmeerländern aus zu sehen.
Tu diras … ce soir! – Wenn Du Dich eines Tages in
Maillane aufhalten solltest, wirst Du Deiner Tochter
sagen: Da ist der »Mistral«, wie schön ist er heute abend.
(Bezug auf Frédéric Mistral: französischer Dichter aus
der Provence, der in der zweiten Hälfte des 19. Jahrhunderts die provenzalische Sprache und Dichtkunst neu zu
beleben suchte.)
414 *Ragaz* – Rilke hielt sich vom 20. Juli bis 30. August in
Bad Ragaz auf.
die ältesten und einzigen Freunde … von Österreich her –
Marie und Alexander von Thurn und Taxis erwarteten
Rilke bereits in Ragaz, wo sie bis zum 27. Juli blieben.
eine ihrige russische Freundin – Fürstin Maria D. Gagarina, die Rilke am 22. Juli im Kreis der Fürstin Thurn
und Taxis kennenlernte und im Hinblick auf ihre Lektüre beriet (Chr 2, 1062). Er korrespondierte später mit
ihr.

165. Marina I. Zwetajewa an Rilke

Xerokopie: Privatarchiv Konstantin Asadowski, Leningrad.
Erstdruck: Zeitschrift für slavische Philologie, 1/1980, S. 166
bis 168.

416 *Episode von Francesca und Paolo* – Vgl. Dante »Die
göttliche Komödie« (»Von der Hölle«).
Dante und Beatrice – Vgl. ebenda (»Von dem Paradiese«).
417 *trop pure – provoque un vent de dédain!* – Freies Zitat
aus Rilkes Gedicht »Combien le pape au fond de son
faste« (»Vergers«, SW 4, 528).
Je ne plaide ... des baisers. Ich trete nicht für mich
ein, ich trete ein für den vollkommenen Kuß.
418 *mais ... le paradis* – Aus dem französischen Volkslied
»Il était un petit navire«.
»Unnatürlich ist auch Natur« – In Goethes Aufsatz »Die
Natur« (1782) heißt es: »Auch das Unnatürliche ist
Natur.«

166. Marina I. Zwetajewa an Rilke
Xerokopie: Privatarchiv Konstantin Asadowski, Leningrad.
Erstdruck: Zeitschrift für slavische Philologie, 1/1980, S. 169f.

419 *(et le lit ...)* – Letzter Vers aus »Combien a-t-on fait
aux fleurs« (»Vergers«, SW 4, 518).
Alles ... heißt Du. – Paraphrase aus Pasternaks Brief
vom 30./31. Juli 1926 an Marina Zwetajewa (vgl. Rilke/
Zwetajewa/Pasternak, Briefwechsel, S. 222f.).
seine Frau und sein Sohn ... im Ausland sind – Jewgenija und Jewgeni Pasternak besuchten vom Juli bis
September 1926 Boris Pasternaks Eltern und Schwestern
in Deutschland.
zwei Briefe aus dem Auslande ... Bin und teile nicht. –
Freies Zitat aus einem (nicht erhaltenen) Brief an Pasternak.
zwei Adressen (ein Frankreich) – Boris Pasternak hatte
Marina Zwetajewa geschrieben, seine Frau werde auch
nach Paris fahren; die Reise kam jedoch nicht zustande.
420 *Vergangenheit steht noch bevor ...* – In »Ich bin derselbe noch, der kniete« (»Das Buch von der Pilgerschaft«)
heißt es: »Vergangenes steht noch bevor« (SW 1, 309).
Vgl. auch: Marina Zwetajewa an Wera Bunina, 4. Mai
1928: »(Wissen Sie denn, wie jener Vers von Rilke vollständig lautet?)

ꞌVergangenheit steht noch bevor,
Und in der Zukunft liegen Leichen ...ꞌ

Ich will nicht – Leichen (Entwürfe).« (Цветаева, Неизданные письма, S. 400.) Marina Zwetajewa sprach mehr-

fach davon, daß die Vergangenheit in der Zukunft
wiederkehre. An Leonid Pasternak schrieb sie am 11. Oktober 1927: »Ich gehöre mit allen meinen Wurzeln der
Vergangenheit [...] Et ce n'est que le passé qui fait
l'avenir.« (Ebenda, S. 252.)

167. Rilke an Marina I. Zwetajewa
Original: Pasternak-Archiv.
Erstdruck: Rilke/Zwetajewa/Pasternak, Briefwechsel, S. 236 f.

422 *Daß der Boris ... bekümmert mich* – Pasternak interpretiert diese Worte in seinem Brief vom 12. Mai 1956
an Selma F. Ruoff: »Er beklagte sich bei ihr, daß ich ihm
nicht mehr schriebe und daß ihn das schmerze und be-
kümmere. ʽ(›B's Schweigen kümmert und bekümmert
mich.‹)¹ Aber ich wollte den Wunsch, ihn zu sehen (ich
träumte davon, zu ihm zu fahren) nicht verschachern und
an einen Briefwechsel verschwenden, dessen ich mich bewußt enthielt. Und plötzlich starb er.« (Вопросы литературы, 9/1972, S. 171.)
find ich dich doch streng, beinah hart – Vgl. Marina
Zwetajewa an Boris Pasternak, [Ende Oktober 1935]:
»Alle, die mir nahestanden – ihrer waren wenige – waren unendlich weicher als ich, selbst Rilke schrieb mir:
›Du hast recht, doch Du bist hart‹ – und das tut mir
weh, weil ich nicht anders sein kann [...]« (Новый мир,
[Neue Welt], Moskau, 4/1969, S. 197.)

168. Marina I. Zwetajewa an Rilke
Xerokopie: Privatarchiv Konstantin Asadowski, Leningrad.
Erstdruck: Zeitschrift für slavische Philologie, 1/1980, S. 170
bis 172.

424 *Seine Antwort* – Marina Zwetajewa bezieht sich hier auf
Pasternaks Briefe vom 30. und 31. Juli 1926, denen eine
halbjährige Unterbrechung in ihrem Briefwechsel folgte.
(Vgl. Rilke/Zwetajewa/Pasternak, Briefwechsel, S. 222
bis 227.)
425 *eine griechische (deutsche) Mythologie* – Marina Zwetajewa hatte bereits am 8. Juni 1926 Anna Teskova gebeten, per Eilpost eine in der Tschechoslowakei zurück-
gelassene »dicke deutsche Mythologie [...] Gustav
Schwab, ›Die schönsten Sagen des klassischen Altertums‹«

606

zu schicken, da sie diese für den zweiten Teil des »Theseus« brauche. »Es steht auch mein Name drin und der Zusatz: ein Buch für's ganze Leben.« (Цветаева, Письма к А. Тесковой, S. 40.) Da Anna Teskova das Buch nicht fand und Rilkes Antwort ausblieb, bat sie am 16. September 1926 Wladimir B. Sossinski, die Mythologie unter ihren in Paris aufbewahrten Sachen zu suchen (Цветаева, Неизданные письма, S. 231). Rilke hatte Marina Zwetajewas Bitte nicht vergessen; er ließ die Mythologie durch Jewgenija Tschernoswitowa besorgen, und Marina Zwetajewa erhielt sie nach seinem Tode (vgl. Rilke / Zwetajewa / Pasternak, Briefwechsel, S. 251–253).

425 *»Theseus und Ariadne«* – Unter dem Titel »Theseus« publiziert in: Версты (Wersten), Paris, 2/1927.
»Phädra« – Dezember 1927 beendet, publiziert in: Современные записки (Blätter zur Gegenwart), Paris, 36–37/1928.
alles als Trilogie gedacht ... »Helene« – Der Plan zur Trilogie »Theseus« (ursprünglicher Titel »Гнев Афродиты« [Der Zorn der Aphrodite]) geht auf das Jahr 1923 zurück; der dritte Teil – »Helene« – wurde nicht realisiert.

169. Marina I. Zwetajewa an Rilke
Xerokopie: Privatarchiv Konstantin Asadowski, Leningrad.
Erstdruck: Zeitschrift für slavische Philologie, 1/1980, S. 173.
Marina Zwetajewa sandte als Postkarte eine photographische Ansicht von Bellevue (F. Festard, Photo-Editeur, Paris) nach Muzot.

170. Marina I. Zwetajewa an Boris L. Pasternak
Maschinenschriftliche Abschrift: Pasternak-Archiv.
Erstdruck: Цветаева, Неизданные письма, S. 316.

426 *vor drei Tagen* – Rilke starb am 29. Dezember 1926.
Sein letzter Brief an mich (vom 6. September) – Ein vom 6. September 1926 datierter Brief Rilkes an Marina Zwetajewa wurde bisher nicht gefunden. Mitte Januar 1927 schrieb Marina Zwetajewa an Jewgenija Tschernoswitowa, daß Rilke ihren letzten Brief aus der Vendée (vom 22. August 1926) und ihre Postkarte aus Bellevue (vom 7. November 1926) nicht beantwortet habe. (Vgl. Rilke / Zwetajewa / Pasternak, Briefwechsel, S. 252.) In einem Brief an Anna Teskova vom Frühjahr 1927 bezeichnete

sie jedoch Rilkes Schreiben vom 19. August als sein »vor-
letztes«. Vgl. die erste Anm. zu S. 401.
426 *Im Frühling?* ...« – Offensichtlich greift Marina Zwetajewa hier Rilkes Ausruf »Nicht bis in den Winter!«
(Brief 167, S. 421) auf.
»... *Rainer, liebst Du mich noch?*« – Vgl. Brief 169,
S. 425.

Erinnerungen

Spiridon D. Droshshin, Der zeitgenössische Dichter Rainer
Maria Rilke
Original: IRLI, F 101, O 1, Nr. 8.
Erstdruck: Путь, Nr. 12, 1913, S. 30–35.
Deutsche Erstpublikation: Das Inselschiff, 10. Jg., 3/1929,
S. 225–233.

430 *berichtete ich ... Fiedler* – Droshshin schrieb am 29. März
[11. April] 1900 an Fiedler: »Zu Ostern will mich Złato-
wratski besuchen und nach Ostern ein deutscher Dichter – Rainer Rilke –, der meine Gedichte übersetzt. Er
kommt mit seiner Cousine, die auch eine Schriftstellerin
ist, von Berlin nach Rußland und möchte, wenn sich eine
Gelegenheit böte, das russische Dorf kennenlernen. Davon schrieb mir eine russische Reisende, die ihn in Berlin
traf.« (IRLI, F 649, O 3, Nr. 45.)
431 *Brief vom 2. Juli* – Vgl. Brief 52, S. 169.
Karte vom 3. Juli – Vgl. Brief 53, S. 170.
434 *Montag, dem 10. Juli* – In Droshshins Tagebuch heißt
es: »5. Juli. Heute sind die erwarteten ausländischen
Gäste bei mir eingetroffen. Die deutsche Romanistin
Luisa Gustafowna Andreas-Salomé und der junge
deutsche Dichter und mein Übersetzer Rainer Maria
Rilke. Am 10. Juli fuhren sie ab.« (ZGALI, F 176, O 1,
Nr. 9.)
Büchlein meiner Gedichte – Im Archiv Klaus und
Josepha Beyers, Weimar, findet sich der Band »Жизнь
поэта крестьянина« mit folgender Eintragung Drosh-
shins: »Собрату по оружию Райнеру Мария Оси-
повичу Рильке на добрую память. С. Дрожжин. дер.
Низовка 1900 г.« (Meinem Waffenbruder Rainer Maria
Ossipowitsch Rilke zur guten Erinnerung. S. Droshshin.
Dorf Nisowka 1900.) Vgl. auch die zweite Anm. zu
S. 175.

434 *»Ich wurde ... Rainer Iossif. Rilke.«* – Im Original:
Родился въ Прагъ (Богемія) 1875 году, 4. декабра
мѣсацъ. До 10. возрасту я былъ дома потомъ я про-
былъ 5 лѣть въ офицерскомъ военомъ училище. Послѣ этого я учился гимназій дома. –
Я начиналъ писатъ въ девятомъ году моего жизни.
У меня вмѣстѣ было отъ первое начальe Проза и
драматическая и лирическая сочиненія. –

> До сіихъ поръ я написалъ
> 4 книгъ **стихотворенія**
> 3 книгъ Проза
> 3 драматическіе произведенія

Я Вамъ часто сказалъ: Я Ваше стихотворенія очень,
чрезвичаино люблу, и теперъ еще болше понимаю и
люблу ихъ, когда я видалъ родину Вашихъ пѣсенъ и
Вашіи жизни!
                            Вашь
                                Райнеръ Јосеф. Рильке

435 *»Ich habe ... 10. Juli 1900«* – Im Original: Познакоми-
лась у Васъ съ русской деревни и – захотѣлось остат-
ся на всегда
                            Луиза Густавовна
                            Андреасъ-Саломе

10. VII. 1900
Droshshin fügte diesen Eintragungen hinzu:
Немецкий поэт Рильке и немецкая писательница
Андреас=Саломэ. Гостили у меня в Низовке с 5-го
по 11/VII. 1900 г.
                                С. Дрожжин.

(Der deutsche Dichter Rilke und die deutsche Schriftstellerin Andreas-Salomé. Besuchten mich in Nisowka vom
5. bis 11. 7. 1900.
S. Droshshin. [Ebenda, Blatt 99.])
Vgl. folgenden Ausschnitt aus Droshshins »Autobiographie«, die 1913 entstand: »In den ersten Julitagen besuchten mich im Dorf der damals durch Rußland reisende
junge deutsche Dichter Rainer Jossifowitsch Rilke und
die deutsche Schriftstellerin Louisa Andreas-Salomé.
Rilke hatte zu jener Zeit zwei meiner Gedichte ins Deutsche übersetzt, die im ›Prager Journal‹ abgedruckt wurden. Er gab mir den Zeitungsausschnitt mit diesen Gedichten. Ich machte sie mit dem Haus des benachbarten
Gutsbesitzers N. A. Tolstoi bekannt, der uns mit seinem
Apparat photographierte, einmal als Gruppe mit seinen
Kindern und mich und Rilke einzeln. Sie sind fünf Tage

bei mir geblieben, und auf meine Bitte hin schrieben sie etwas auf russisch in mein Album: Rilke seine kurze Biographie und Andreas-Salomé einige Worte. Die Gäste waren von meiner Heimat bezaubert, und als sie mit einem Paar Bauernpferden wegfuhren, winkten sie lange mit Tüchern.« (IRLI, F 377, O 1, Nr. 1148, Blatt 19 f.)

436 *Brief von Rilke* – Vgl. Brief 56, S. 173 f.

schickte mir Rilke – In seiner »Autobiographie« bestätigt Droshshin, daß er von Rilke 1901 neben einem Gedichtband und Photographien auch einen »Autobiographischen Abriß« erhielt (vgl. IRLI, F 377, O 1, Nr. 1148, Blatt 19 f.). Diese Dokumente wurden bisher nicht gefunden.

einen Brief – Vgl. Brief 85, S. 240 f.

Sofja N. Schill, Aus den »Erinnerungen«
Original: NBMGU, F S. N. Schill, Nr. 1004.
Als Sofja Schill vom Tod des Dichters erfuhr, begann sie sofort, ihre Erinnerungen an die Bekanntschaft mit Rilke und Lou Andreas-Salomé für die Veröffentlichung vorzubereiten. Die Entstehung dieses Textes läßt sich dank der Briefe Sofja Schills an den Literaturwissenschaftler Ja. S. Tschernjak genauer verfolgen. Tschernjak arbeitete damals in der Redaktion der bekannten Moskauer Zeitschrift »Petschat i rewoljuzija« (Presse und Revolution). Anfang 1927 wurde in dieser Zeitschrift (Nr. 2, S. 230) eine kurze Notiz über den Tod Rilkes veröffentlicht. In diesem Zusammenhang schrieb Sofja Schill an Tschernjak am 12. Mai 1927:
»Sehr geehrter Jakow Sacharowitsch,
[...] Ich las in dieser Nummer, die Sie mir liebenswürdigerweise zuschickten, die traurige Nachricht vom Tod des großen deutschen Dichters Rainer Maria Rilke.
In allen Zeitschriften Europas erscheinen jetzt seine Biographie, Artikel über ihn und Erinnerungen; besonders in französischen – ›Nouvelles littéraires‹, ›Mercure de France‹, ›Nouvelles Revue‹ usw. –, nicht zu sprechen von den deutschen: dort immerzu! Rilke ist Goethes Nachfolger am Parnaß der deutschen Lyrik: das ist die einhellige Meinung.
Er ist der größte Lyriker der letzten 25 Jahre.
In meiner Jugend war ich mit ihm befreundet. Ich besitze wertvolle Schätze – seine Briefe und die Briefe seiner Freundin Lou Andreas-Salomé. Sie stammen alle aus dem Jahre 1900; wie durch ein Wunder blieben sie 27 Jahre unversehrt, auch während der Revolution, als ich meine ganze Habe ver-

lor. Sie zeugen von der Reise der beiden Freunde durch Rußland.
Die russischen Eindrücke waren mit die entscheidendsten in
Rilkes Schaffen. Sein Leben lang wollte er Erinnerungen an
seine Reise im Jahre 1900 schreiben [...] Es gab einige
schwerwiegende Gründe, die ihn davon abhielten.
Die Briefe Rilkes und Salomés sind wohl das einzige, was sich
aus dieser Lebensperiode Rainer Ossipowitschs erhielt. Er
kannte die russische Sprache, aber erst in Deutschland übersetzte er die Stücke Tschechows. Seine Briefe zeugen vom
Vorrang unserer Literatur des 19. Jahrhunderts. Sie enthalten eine Würdigung Tschechows als Dramatiker (negativ),
Droshshins, Lewitans, Kramskois, Fofanows, Tolstois (Besuch in Jasnaja Poljana, Brief von 8 Seiten, wunderbar),
Rußlands, Moskaus, des russischen Dorfes ... Gedanken über
das Wesen des Dramas, über das Häßliche als Thema in der
Kunst, über die Übersetzertätigkeit ... usw. ... usw.
Die Briefe der Lou Andreas-Salomé, parallel zu den Briefen
Rilkes geschrieben, schildern all die Eindrücke, die sie gemeinsam aufnahmen. Dazu habe ich jetzt einen kleinen kom-
mentierenden Artikel geschrieben. Im Augenblick beende ich
die Übersetzung der Briefe. Sie haben vielleicht gehört, daß
in der Akademie der Künste ein Rilke-Zirkel eröffnet werden
soll, zu seinem Studium.
Ich habe einige seiner Gedichte übertragen und besitze alle
seine Werke bis zum Jahre 1900. Möglicherweise solche, die
in Deutschland bibliophilen Wert haben, zum Beispiel das
Jugenddrama ›Jetzt und in der Stunde unseres Absterbens‹
(soziales Thema).
Nun, wie ist es: Nehmen Sie für ›Presse und Revolution‹ mein
Material? Die Kommentare umfassen ca. ¼ Bogen oder
3 Seiten, die Briefe Rilkes und Salomés (mit Auslassungen
der Stellen persönlichen Charakters) ca. einen ¾ Bogen. Man
muß alles in Druckbogen rechnen.
Wenn Sie das Material nicht wollen, unternehme ich irgend
etwas, um es ins Ausland zu schicken – dort nehmen sie es
mir mit Freuden ab. Es wäre nur schade, alle Briefe sind vol-
ler Gedanken über russische Literatur und das russische
Leben, sie strotzen von Namen russischer Schriftsteller und
Künstler.
Das kleine Drama des jungen Rilke will ich übersetzen. Es
wurde im Prager Nationaltheater aufgeführt, und seinem
Inhalt nach eignet es sich für unsere kleinen Klubbühnen.
Vielleicht nehmen Sie es für die ›Rote Niwa‹? [...]
Sie müssen jedoch in Betracht ziehen, daß Rilke kein Marxist

ist, sondern, im Gegenteil, ein reiner Künstler, in jenen Jugendjahren sogar mit mystischer Färbung.« (ZGALI, F 2208, O 2, Nr. 500, Blatt 1 f.)

Am 2. Juni teilt Sofja Schill Tschernjak mit: »Ich habe die Briefe Rainer Ossipowitschs schon übersetzt und sogar die seiner Reisegefährtin, der berühmten Schriftstellerin L. Andreas-Salomé.« Sie betont noch einmal: »Mit großen Kürzungen, nur über Rußland und über die russische Kunst [...] Mein Material ist deshalb so außerordentlich wertvoll, weil Rainer Ossipowitsch seine Rußlandreise als entscheidend für seine geistige Welt hält und weil er es nicht geschafft hat, Erinnerungen zu schreiben.« (Ebenda, Blatt 3.)

Im Brief vom 14. Juni wiederholt Sofja Schill ihre Absicht, Rilkes Drama »Jetzt und in der Stunde unseres Absterbens« für die Zeitschrift »Rote Niwa« zu übersetzen.

»Man müßte sämtliche Spuren Rilkes in Rußland sammeln, dann könnte man dies alles in einem Buch herausgeben, zusammen mit einer guten ausführlichen Biographie«, vermerkt sie abschließend (ebenda, Blatt 5).

Aus ihrem letzten Brief an Tschernjak (6. Oktober 1927) geht hervor, daß sie ihre Arbeit bedeutend erweiterte: »Was Rainer Ossipowitsch betrifft, so habe ich viel über ihn für die Einzelausgabe ›Rilke in Rußland‹ geschrieben, und Ihnen habe ich daraus einen kurzen Auszug gemacht [...]« (Ebenda, Blatt 7.)

Die Redaktion der Zeitschrift »Petschat i rewoljuzija« lehnte die Veröffentlichung der Materialien ab.

Neben den an sie gerichteten Briefen Rilkes und Lou Andreas-Salomés übersetzte Sofja Schill einige andere Werke Rilkes. Diese Übertragungen sind bis heute nicht veröffentlicht. (Ihre Übersetzung des Dramas »Jetzt und in der Stunde unseres Absterbens« befindet sich in: NBMGU, F S. N. Schill.)

Im Januar 1928 wollte Sofja Schill in Moskau im Haus der Wissenschaftler während einer Abendveranstaltung des Literaturkreises »Kamena« über »Rilke und Rußland« sprechen. Das Programm verzeichnet auch zwei von ihr übertragene Gedichte: das XXIII. Sonett aus dem ersten Teil der »Sonette an Orpheus« und ein Gedicht aus dem Band »Larenopfer«. Das Programm hat Leonid Tschertkow im ZGALI (Fond des Professors P. N. Sakulin) entdeckt. Vgl. dazu: Čertkov, Rilke in Rußland. Auf Grund neuer Materialien, S. 36.

440 *geistige Nähe* – Sofja Schill schrieb an ihre nahe Bekannte L. A. Kolomijzewa am 9. [22.] November 1901 aus Aluschta: »Ich empfand diese Freude der Stille und

der auserwählten Gesellschaft nur ein Mal im Leben für eine Woche, und zwar während der Woche in Berlin, als Schwarz mir nach der Operation ein teures und elegantes Zimmer mietete und jeden Tag 'Madame Lou und Rainer' bei mir saßen [...] Mir scheint, diese glückselige Woche werde ich niemals vergessen.« (GBL, F 358, Karton 258, Nr. 18, Blatt 12 f.)

441 *»In der letzten Zeit«* – »Jetzt und in der Stunde unseres Absterbens«. Scene. Wegwarten. II (erschienen am 1. April 1896); Uraufführung am 6. August 1896 im Sommertheater des Deutschen Volkstheaters in Prag.

442 *Das ist die Sehnsucht* – SW 1, 145.

444 *Arbat* – Eine der Hauptstraßen Moskaus.
Sucharewka – Großer Sucharewsker Markt (bis 1932).

448 *»nur die Gegenwart...«* – Satz aus Turgenjews Rezension der russischen Übersetzung von Goethes »Faust«, die 1844 in Petersburg erschien (vgl. И. С. Тургенев, Сочинения. Том 1. [I. S. Turgenjew, Werke. Band 1.] Moskau – Leningrad 1960, S. 239).

449 *»gab er aus Barmherzigkeit...«* – Paraphrase der ersten Strophe des Gedichts »Die armen Worte, die im Alltag darben« aus dem Band »Mir zur Feier«.

450 *Bauernhochschulen zu studieren* – Sofja Schill schrieb nach ihrer Reise mehrere Essays über die Volksbildung in Schweden, die zunächst in der Zeitschrift »Westnik wospitanija« (Pädagogischer Bote) veröffentlicht wurden und später als Buch erschienen: С. Орловский, Очерки Швеции. Выпуск первый. Высшая народная школа в Швеции. (S. Orlowski, Schwedische Skizzen. Erste Lieferung. Die Volkshochschule in Schweden.) Moskau 1911.
Volkshochschule von Hvilans – Hvilans folkshödskola, eine der Volksuniversitäten Schwedens, 1868 in Okarp (Bezirk Malmö) gegründet. Erster Rektor war Leonard Holmström, dessen Familie Sofja Schill im Juni 1905 aufnahm.

451 *Besitzerin des Schlosses* – Hanna Larsson, vgl. die erste Anm. zu S. 358.

Leonid O. Pasternak, Begegnungen mit R. M. Rilke
Quelle: Р. М. Рильке, Ворпсведе. Огюст Роден. Письма. Стихи. (R. M. Rilke, Worpswede. Auguste Rodin. Briefe. Gedichte.) Moskau 1971, S. 421–427.
Deutsche Erstpublikation: Max Osborn, Leonid Pasternak. Warschau 1932, S. 94–100.

455 *»Nun muß ich … russisch!«* – Vgl. Brief 23, S. 113–115.
457 *Ich schrieb ihm* – Vgl. Brief 149, S. 365–367.
458 *Brief von ihm* – Vgl. Brief 150, S. 368–370.

Boris L. Pasternak, Postumer Brief an Rainer Maria Rilke (Nachwort zum »Geleitbrief«)
Quelle: Борис Пастернак, Воздушные пути. Проза разных лет, S. 479–481.

459 *»Geleitbrief«* – Autobiographischer Text, den Boris Pasternak dem Gedächtnis Rilkes widmete; erste vollständige Einzelausgabe 1931, das erste Kapitel erschien 1929 im Heft 8 der Zeitschrift »Swesda« (Stern). Pasternak nannte den »Geleitbrief« eine »Skizze seiner Einsichten in das Wesen der Kunst«. Indem er von seiner Jugend erzählt, beantwortet er die Frage, was Dichtung eigentlich sei, für sich selbst und für Rilke, dem er sich in alldem verpflichtet weiß.

459 *WOKS* – Всесоюзное общество культурных связей с заграницей (Gesellschaft für kulturelle Verbindungen mit dem Ausland).

461 *»Poem vom Ende«* – Марина Цветаева, »Поэма Конца« (1926).
»Rattenfänger« – Марина Цветаева, »Крысолов«. Marina Zwetajewa nannte dieses 1925/26 in der Prager Zeitschrift »Wolja rossija« veröffentlichte Poem eine »lyrische Satire«.

Pawel D. Ettinger an Rilke
Quelle: Prager Presse, Nr. 215, 7. August 1932, S. 10 [Erstdruck].

463 *Briefe Rilkes* – Karl Sieber, Herausgeber der Briefe Rilkes, schrieb am 11. Februar 1931 aus Weimar an Ettinger: »Wir bereiten jetzt einen Band Briefe aus den Jahren 1897–1902 vor, und in diese Zeit fallen ja auch Ihre Briefe. Da wir sehr wenig Material über die Beziehungen Rilkes zu Rußland haben, wäre es uns eine ganz besondere Freude, Ihre Briefe zu empfangen.« (GMII, F 29, O 10, Nr. 2006.) Ettinger hat sich offensichtlich bemüht, die erbetenen Dokumente zu finden.
464 *en beau gehalten* – Ettingers Urteil über sein Rilke-Porträt traf Leonid Pasternak hart. Im Brief vom 12. Sep-

tember 1932 an Ettinger kommentiert er diese Äußerung seines alten Freundes ausführlich:

»Es war mir eine Freude zu hören, daß Ihnen – nach Ihrem letzten Brief und dem beigelegten Aufsatz zu urteilen – die von mir übersandte Abbildung meines 'Rilke'-Porträts 'Anregung' brachte [...] Andererseits tut es mir sehr leid, daß ich Sie durch die Zusendung dieser Abbildung ungewollt der Versuchung und Verführung anheimfallen ließ, so daß Sie, ohne es zu wollen – dessen bin ich gewiß –, nicht mir, sondern 'Rilkes' Familie Peinlichkeiten bereiteten, das heißt seiner Witwe und der Tochter, indem Sie öffentlich (mir gegenüber hätten Sie brieflich jegliche Ihnen genehme Mißbilligung über die ›Ähnlichkeit und Überzeugungskraft‹ des Porträts zum Ausdruck bringen können) seine Vorzüge anzweifelten (im Sinne der Überzeugungskraft für Sie). Als ich mir nämlich vornahm, von Rilke ein Bild zu malen (ich hatte bisher nichts Brauchbares oder ihm Ähnliches – so wie ich ihn kannte – gefunden), im Gespräch mit der Witwe brachte ich meine Absicht, ein richtiges Porträt der Zeit zu malen, zum Ausdruck – übrigens bat ich sie und Lou Andreas, mir das gesamte verfügbare Material zu seiner Ikonographie zu überlassen. Unter den mir übergebenen Materialien fand sich nichts Brauchbares, dieses Wenige kannte ich auch früher schon, und es befriedigte mich nicht – im Gegenteil, es schockierte mich – [...] Und so machte ich mich daran, sein Porträt so zu malen, wie ich ihn kannte, und selbstverständlich würden die kompetentesten Kritiker seine Verwandten sein, also die Witwe, ihr Bruder – der Künstler – und die Tochter, die ihm nach den Worten der Mutter, des Onkels u. a. am ähnlichsten ist. [...] Nach der Beendigung der Arbeit am Bild zeigte ich es zuallererst der Witwe – Sie können sich meine Erregung vorstellen, als sie beim Anblick des Porträts ihre Tränen nicht zurückhalten konnte (und sie ist offensichtlich eine starke Natur!..) – ganz zu schweigen von den Begeisterungsausbrüchen und Lobeshymnen, den mir häufig vorgebrachten Zustimmungen hinsichtlich vollkommener Ähnlichkeit, Lebensnähe (von der Schönheit der gelungenen Malerei, Komposition usw. will ich gar nicht reden). [...] Sie bat dann die Tochter, aus Weimar zu kommen [...] Und stellen Sie sich meine Begeisterung und meine Freude vor – als ich sie erblickte und diese Augen und diesen Mund sah ... – der leibhaftige Rilke, wie er sich mir eingeprägt hatte.

[...] Und schließlich die Ausstellung. Die größte Presse hatte mein Rilke. Es war gut, daß ich die Ausstellung rechtzeitig besuchte, wenige Tage nach der Eröffnung, und erfuhr, daß ihn sehr gern ein großer Rilke-Verehrer erwerben wollte, der eine wahre Rilke-Sammlung besitzt, ihn gut kannte usw. Dieser bekannte Professor – möglicherweise hörten Sie von ihm, Mises (von) [...] Dann meldete sich noch ein dritter [...] Rilkes Familie wollte nichts davon hören und machte (ich habe [im Preis] etwas nachgelassen) ihre Ansprüche geltend; vor dem Professor mußte ich mich herauswinden [...] Sie waren nun der erste, der obendrein noch in gedruckter Form seine ›Unzufriedenheit‹ zum Ausdruck brachte, und dies in einer Zeitung, die von der Familie, besonders von der Tochter, ganz sicher gelesen wird (ich weiß, daß auch dieser Professor diese Zeitung liest: er zeigte sie mir – in ihr stand etwas über Borja und Rilke . .), und ich bin zutiefst davon überzeugt, daß Sie ihnen Peinlichkeiten bereiteten (dem Aufsatz zufolge sind Sie ein Mensch, der ihn in jener Zeit kannte, und Sie sind offenbar bekannt, da man Sie um Erinnerungen an ihn bat) [...] (GMII, F 29, O 1, Nr. 3473.)

465 *Postkarte vom 3. September 1900* – Privatarchiv, Leningrad. Ettinger zitiert wörtlich.

466 *Sondernummer* – Frühling. Moderne Flugblätter. Hrsg. von Paul Leppin. 4. Heft, April 1901, Sondernummer: R. M. Rilke. Aufschrift: »Herrn P. D. Ettinger mit den besten Grüßen.«
alles mit freundschaftlichen Dedikationen – Alle von Ettinger erwähnten Bücher werden im Archiv der Akademie der Künste der UdSSR, Leningrad, (F 32, O 1, Nr. 95, 98, 106) aufbewahrt.
Heiratsanzeige – GMII, F 29, O 10, Nr. 1999a; vgl. die zweite Anm. zu S. 281.

Ettinger schrieb auch in anderen Aufsätzen über Rilke. So hatte z. B. die »Prager Presse« am 3. Januar 1932 (Nr. 3, Abteilung Germanoslavia) seinen Bericht »Neue russische Rilke-Übersetzungen« veröffentlicht, in dem eine Abendveranstaltung des Übersetzerzirkels der »Föderation der Vereine sowjetrussischer Schriftsteller« beschrieben wird, die in Moskau anläßlich des 5. Todestages Rilkes stattfand. Boris Pasternak, »jetzt zweifellos die frappanteste Figur am russischen Dichterhimmel«, las dort seine Übertragung des »Requiems für eine

Freundin« [Paula Modersohn-Becker] und des »Requiems
für Wolf Graf von Kalckreuth«. »[...] Pasternak, der
bei dieser Gelegenheit wiederum hervorhob, daß neben
Tolstoi Rilke seinen dichterischen Werdegang am in-
tensivsten beeinflußt habe, trug die beiden Dichtungen
mit einer so temperamentvollen Vehemenz und so tiefer
Verinnerlichung vor, daß man unter dem Eindruck einer
ganz kongenialen Leistung stand und fast vergaß, daß
es sich um eine Übersetzung handelt. Das Vulkanische,
das an manchen Stellen zum Ausdruck kam, mag ja im
Original nicht zu finden sein, jedoch ist Pasternak der
Natürlichkeit des Rilkeschen Wortlauts, seinem fließenden Rhythmus überall gerecht geworden.«

Alexander N. Benois, Aus den »Erinnerungen«
Quelle: А. Н. Бенуа, Мои воспоминания. (A. N. Benois, Meine Erinnerungen.) Band 2, Teile IV–V. Moskau 1980, S. 310 f.

467 *Samsonstatue* – Genaue Bezeichnung: »Samson, den Ra-
chen des Löwen aufreißend«; vergoldete Skulpturen-
gruppe aus Bronze, 1800–1802 vom russischen Bildhauer
Michail Iwanowitsch Koslowski geschaffen und im großen
Peterhofer Park aufgestellt. Die Statue wurde während
des zweiten Weltkrieges geraubt, 1947 fertigte man eine
genaue Kopie an.

Wassili J. Jantschewezki, Der Gottessucher (Aus Erinnerungen)
Original: Archiv M. W. Jantschewezki, Moskau.

469 *Tochter des Musikverlegers Jürgenson* – Emilia Ossipowna Groes, Tochter des Leningrader Musikverlegers
und Musikalienhändlers Jossif Iwanowitsch Jürgenson.
Sie war offensichtlich mit Rilke persönlich bekannt. Max
Halbe berichtet ihr auf einer Postkarte vom 25. August
1913 aus Krummhübel (Riesengebirge): »Rainer M. Rilke
ist immer noch nicht erschienen, und ich fürchte, auch
ich werde ihn nicht mehr hier erleben.« (Handschriftenabteilung der Staatlichen Öffentlichen Saltykow-Stsche-
drin-Bibliothek, Leningrad, F 1353, Nr. 258.)
Groes brachte mich ... mit ... Rilke zusammen – »Im
Herbst 1900 fand im Hause W. Jan's ein interessantes
Treffen mit dem österreichischen Dichter R. M. Rilke

statt, später entspann sich ein Briefwechsel. (Rilke, der auch meinte, daß ›die Wahrheit aus Rußland käme‹, unternahm ebenfalls den Versuch, ›sich Rußland zu erwandern‹.) In Deutschland brachte Rilke seine Übersetzung von W. Jan's Erzählung über die Bittsteller bei Väterchen Zar heraus.« (М. Янчевецкий, »Хождение по России«. Картины жизни и времени В. Яна, записанные с его слов. [M. Jantschewezki, »Wege durch Rußland«. Bilder aus dem Leben und der Zeit W. Jan's, nach seinen eigenen Berichten notiert.] In: Детская литература 1972. [Kinderliteratur 1972.] Moskau 1972, S. 294–318.)

Gedichte

Und da war mir wieder
Quelle: SW 6, 639.

Die Znamenskaja. Der Madonnenmaler
Quelle: SW 6, 657 f.

Ehrwürdiger Vater und Metropolit
Quelle: SW 5, 360–368.

Eine Stunde vom Rande des Tages
Quelle: SW 1, 300 f.

In alten Chroniken
Quelle: SW 5, 373.

Göttin der Grazie
Quelle: SW 6, 686.

... von allen andern will ich abseits gehn
Quelle: SW 6, 686.

... Die Pferde kommen in den roten Jochen
Quelle: SW 6, 686 f.

Первая пѣсня
Quelle: SW 8, 947 f.

2. Пѣсня
Quelle: SW 8, 948.

Пожаръ
Quelle: SW 8, 949.

Утро
Quelle: SW 8, 950.

Лицо
Quelle: SW 8, 951.

Старикъ
Quelle: SW 8, 952.

[Zwei Entwürfe vom 11. April 1901]
Quelle: SW 8, 959.

Nächtliche Fahrt. St. Petersburg
Quelle: SW 2, 601 f.

[Die Sonette an Orpheus, Erster Teil.] XX
Quelle: SW 2, 743 f.

Übersetzungen der russischen Gedichte

Erstes Lied [zu S. 488]

... Abend. Am Meer saß ein Mädchen, wie eine Mutter beim
Kind sitzt. Es sang, und jetzt hört es sein schläfriges Atmen;
es sieht den Frieden und die Zuversicht und lächelt; es ist
kein Lächeln, – das ist ein Strahlen, ein Fest seines Angesichts.
   Das Kind wird genau wie das Meer die Ferne und den
Himmel berühren, – der Stolz ist das Deine oder der Kummer (oder: (dein?) Stolz oder (dein?) Kummer), Flüstern oder
Stille. Du kennst nur seinen Strand und mußt sitzen und
warten. ... So stimmst du auch ein Lied an und hilfst ihm
durch nichts, zu leben und zu sein und zu schlafen.
                                   Sommer 1900, Schmargendorf

Zweites Lied [zu S. 489]

Ich gehe, gehe, und immer noch ist ringsum deine Heimat,
die windige Ferne, ich gehe, gehe und ich habe vergessen, daß
ich früher andere Länder kannte.

Und wie fern sind jetzt von mir die großen Tage am südlichen Meer, die süßen Nächte des Mai-Sonnenuntergangs; dort ist alles leer und heiter, und siehe da: es dunkelt Gott, ... das leidende Volk kam zu ihm und nahm ihn wie einen Bruder auf.

1. Dezember 1900

Die Feuersbrunst [zu S. 490]

Das weiße Gutshaus schlief, und der Bauernwagen war fortgefahren in die Nacht, irgendwohin, Gott weiß es. Das einsame Haus hat (hatte?) sich geschlossen (verhüllt? versteckt?), der Garten rauschte und regte sich: nach dem Regen konnte er nicht schlafen.

Der Bursche blickte in die Nacht und auf die Felder, da flog ohne Hast zwischen uns eine schweigsame, unvollendete Erzählung.

Plötzlich verstummte er: Die Ferne verbrannte, auch der Horizont brennt ja... Der Bursche dachte: es ist schwer zu leben. Warum gibt es keine Rettung (Heil? Erlösung?)? – Die Erde schaute zum Himmel hinauf, als dürstete sie nach einer Antwort.

5. Dezember 1900

Der Morgen [zu S. 491]

Und du erinnerst dich, wie die jungen Rosen sind, wenn du sie morgens früher als alle siehst, alles, was unser ist, ist nah, die blauen Fernen, und niemand bedarf der Sünde. Das ist der erste Tag, und wir erhoben uns aus der Hand Gottes, wo wir schliefen, – wie lange, – vermag ich nicht zu sagen; Alles Vergangene ward zur Sage, und, was gewesen, ist sehr wenig, (oder: auch das, was sehr wenig gewesen ist,) – und wir müssen jetzt beginnen.

Was wird geschehen? Mache dir keine Sorge, und fürchte den Untergang nicht, auch der Tod ist ja nur ein Vorwand (?); was willst du noch für eine Antwort? es mögen Nächte sein, voll des Sommers, und Tage voll strahlenden Lichtes und wir werden sein und Gott wird sein.

6. Dezember 1900

Das Antlitz [zu S. 492]

Wäre ich als einfacher Bauer geboren, dann lebte ich mit einem großen, geräumigen Gesicht: in meinen Zügen verriete ich nicht, was schwer zu denken und unmöglich ist zu sagen (oder: daß es schwer ist zu denken und was unmöglich ist zu sagen) ...

Und nur die Hände würden sich füllen mit meiner Liebe und meiner Geduld, – tags aber würden sie sich mit Arbeit bedecken, die Nacht würde sie im Beten verschließen. Niemand ringsum würde erfahren, – wer ich bin. Ich bin alt geworden, und mein Kopf schwamm auf der Brust hinab, mit der Strömung. Er scheint weicher zu sein. Ich verstand, daß der Tag der Trennung nahe ist, und ich öffnete meine Hände wie ein Buch und legte beide auf Wangen, Mund und Stirn ...

Leer werde ich sie abnehmen, und ich lege sie in den Sarg, – doch an meinem Gesicht werden die Enkel alles erkennen, was ich war ... aber dennoch bin ich es nicht; in diesen Zügen sind sowohl Freuden als auch Qualen, gewaltig und stärker als ich: ja, das ist das ewige Antlitz der Arbeit.

Nachts, 6. Dezember 1900

Der Greis [zu S. 493]

Alle sind auf den Feldern; die Hütte, schon gewohnt an dieses einsame Dasein, atmet und dämpft zärtlich wie eine Amme den leisen Schrei des weinenden Kindes.

Auf dem Ofen lag wie schlafend der Greis, dachte an das, was jetzt schon nicht mehr ist, – und er würde sprechen, wäre er ein Dichter. Aber er schweigt: der Herr gebe ihm Frieden.

Und zwischen seinem Herzen und seinem Mund ist ein Raum, (das? mein?) Meer ... schon wird das Blut dunkel und die holde Schöne, die Liebe, geht in der Brust mehr als tausend Jahre und hat keine Lippe für sich gefunden, – und hat wieder erfahren, daß es keine (Rettung?, Erlösung?) gibt, daß die arme Schar müder Worte, die fremde, in die Welt (in das Licht?) vorüberging.

Mittags, 7. Dezember 1900

Zwei Entwürfe vom 11. April 1901 [zu S. 494]

(Ich wurde so müd ...)
Ich wurde so müde von der Last der kranken Tage,
Die leere Nacht windloser Felder
Liegt auf der Stille meiner Augen.
Mein Herz begann wie eine Nachtigall,
Aber es konnte seine Worte nicht aussprechen.

Jetzt lausche ich seinem Schweigen –
Es wächst wie das Grauen des Nachts,
Dunkelt wie das letzte Ach
Eines vergessenen gestorbenen Kindes.

(Ich bin so allein . . .)
Ich bin so allein, niemand versteht
Das Schweigen: Stimme meiner langen Tage,
Und es gibt keinen Wind, der aufschließt
Die großen Himmel meiner Augen.
Vor den Fenstern ein ungeheurer fremder Tag,
Der Rand der Stadt; irgendein Großer
Liegt und wartet. Ich denke: bin ich es?
Worauf warte ich? Und wo ist meine Seele?

Quelle: SW 8, 960–964.

Literaturhinweise

Andelson, Robert V.: The Concept of Creativity in the Thought of Rilke and Berdyaev. In: The Personalist, Los Angeles, 1962, Vol. 43, Nr. 2 (April), S. 226–232.

Andreas-Salomé, Lou: Rainer Maria Rilke in Rußland. In: Russische Blätter, Wernigerode im Harz, Nr. 1, Oktober 1928, S. 14–17.

Asadowski, Konstantin M.: Briefe nach Rußland. S. W. Maljutin im Briefwechsel zwischen Rilke und Ettinger. In: Rilke-Studien. Zu Werk und Wirkungsgeschichte. Berlin und Weimar 1976, S. 197–208. Dasselbe in: Советское искусствознание (Sowjetische Kunstwissenschaft.) Lieferung 19, Moskau 1985, S. 353–361.

Азадовский, Константин М.: Р. М. Рильке – переводчик »Слово о полку Игореве« (Asadowski, Konstantin M.: R. M. Rilke als Übersetzer des »Lieds von der Heerfahrt Igors«). In: Культурное наследие Древней Руси. Истоки. Становление. Традиции. (Das Kulturerbe der Alten Rus. Quellen. Werden. Traditionen.) Moskau 1976, S. 217 bis 224.

[*Азадовский*, Константин М.:] Рильке и Дягилев ([Asadowski, Konstantin M.:] Rilke und Djagilew). In: Сергей Дягилев и русское искусство. (Sergej Djagilew und die russische Kunst.) Band 2. Moskau 1982, S. 58 und 376–379.

Азадовский, Константин М. / *Чертков*, Леонид Н.: Русские встречи Рильке (Asadowski, Konstantin M. / Tschertkow, Leonid N.: Rilkes russische Begegnungen.) In: Райнер Мария Рильке. Ворпсведе. Огюст Роден. Письма. Стихи. (Rainer Maria Rilke. Worpswede. Auguste Rodin. Briefe. Gedichte.) Moskau 1971, S. 375–385.

Blech, Hermann: Rilke, Rußland und die slawische Melodie. In: Rainer Maria Rilke. Stimmen der Freunde. Ein Gedächtnisbuch. Hrsg. von Gert Buchheit. Freiburg im Breisgau 1931, S. 35–42.

Böhme, Marion: Rilke und die russische Literatur. Neue Beiträge mit besonderer Berücksichtigung der Rezeption Rilkes in Rußland. Diss., Wien 1966.

Brodsky, Patricia P.: The russian source of Rilke's »Wie der Verrat nach Rußland kam«. In: The Germanic Review, New York, Band 54, 1979, Nr. 2, S. 72–77.

Brodsky, Patricia P.: Russia in Rilke's »Das Buch der Bilder«. Comparative Literature, Oregon, Vol. 29, 1979, Nr. 4, S. 313–327.

Brodsky, Patricia P.: Rilke's relation to Russian painting. In: Literatur und die anderen Künste. Band 3. Innsbruck 1979, S. 143–148.

Brodsky, Patricia P.: On daring to be a poet: Rilke and Marina Cvetaeva. In: Germano-Slavica III, 1980, Nr. 4, S. 261 bis 269.

Butler, Elisabeth M.: Rilke and Tolstoy. In: The Modern Language Review, London, Vol. 35, 1940, Nr. 4, S. 494 bis 505.

Emerson, C.: Rilke, Russia and the Igor Tale. In: German Life and Letters, Oxford, 1979/1980, Nr. 3, S. 220–233.

Epp, George K.: Rilke und Rußland. Frankfurt a. M. – Bern – New York 1984 (Europäische Hochschulschriften. Reihe 1. Deutsche Sprache und Literatur. Band 726).

Franck, Marga: Rilke und Rußland. In: Aufbau, Berlin, 3/1945, S. 303–305.

Franck, Simon: Rainer Maria Rilke und die russische Geistesart. In: Germano-Slavica, Brünn – Prag – Leipzig – Wien, 2. Jg., 1932/33, Heft 4, S. 481–497.

Gronicka, André von: Rilke and the Pasternaks. A biographical note. In: The Germanic Review, New York, Band 28, 1952, Nr. 4, S. 260–271.

Gronicka, André von: Rainer Maria Rilke's translation of the »Igor-Song« (Slovo). In: Russian Epic Studies. Philadelphia 1949, S. 179–202. (Memoirs of the American Folklore Society, Band 42). Dasselbe in: Rilke heute. Beziehungen und Wirkungen. Frankfurt a. M., 1975, S. 130–153.

Hasty, Olga P.: Marina Cvetaeva's encounter with Rainer Maria Rilke. Phil. Diss., Yale University, 1980.

Ingold, Felix Philipp: Rilkes Rußland. In: Neue Zürcher Zeitung, Nr. 278, 29./30. November 1975, S. 59–60.

Ingold, Felix Philipp: Zur Rezeption Rainer Maria Rilkes in der UdSSR. Sowjetische Veröffentlichungen zum 100. Geburtstag des Dichters. In: Osteuropa. Zeitschrift für Gegenwartsfragen des Ostens. Hrsg. von der Gesellschaft für Osteuropakunde, Berlin – Stuttgart, 1976, Heft 7, S. 1058 bis 1063.

Ingold, Felix Philipp: Rilke, Rußland und die »russischen Dinge«. In: Zwischen den Kulturen. Festgabe für Georg Thürer zum 70. Geburtstag. Hrsg. von Felix Philipp Ingold. Mit einem Geleitwort von Hans Siegwart. Bern 1978, S. 63–85.

Iwanow, Wjatscheslaw: Vom Igorlied. In: Corona, München – Berlin – Zürich, 7. Jg., 1937, Heft 6, S. 661–669.

Jonas, K. W.: Rilke und Clotilde Sacharoff. In: Börsenblatt für den deutschen Buchhandel, Frankfurter Ausgabe, 29. Jg., 1973, Beilage »Aus dem Antiquariat«, S. 313–321.

Livingstone, Angela: Пастернак и Рильке. (Pasternak und Rilke.) In: Boris Pasternak 1890–1960. Colloque de Cerisy-la-Salle (11. – 14. 9. 1975). Bibliothèque Russe de l'Institut d'Études Slaves 47. Paris 1970, S. 431–439.

[*Mágr*, Antonin S.]: Rilke und Rußland. In: Prager Presse, Prag, 1931, Nr. 214, 9. August (Beilage »Dichtung und Welt«).

Merks, Robert: Lou Andreas-Salomé und Rainer Maria Rilke in Rußland. Oosterbeek 1979.

Nagy, Bela: Rilke und Gorki. Dokumente einer Begegnung. In: Studi Germanici, Roma, Nova Series, 1976, Nr. 39/40, S. 297–314.

Pachmuss, Temira: Dostojewskij und Rainer Maria Rilke. The alienated man. In: Canadian-Americ Slavic Studies, 12. Jg., 1978, S. 392–401.

Pätynen, Galina: Анализ философско-эстетических концепций Райнера Рильке и Марины Цветаевой. (Das philosophisch-ästhetische Konzept Rainer Rilkes und Marina Zwetajewas. Eine Analyse). Diss., Helsinki 1972.

Пеленський, Евгеній Ю.: Райнер Марія Рільке і Украïна. (Pelenski, Ewgeni Ju.: Rilke und die Ukraine.) Lwow 1935.

Raab, Harald: Rilke und die Welt der Slawen. In: Neue Deutsche Literatur, Berlin, 9/1957, S. 96–106.

Rogalski, Alexander: Rilke i Rosja. In: Zycie i mysl, Warszawa, 11–12/1959, S. 31–44.

Rothe, Daria A.: Rilke and Russia. A re-Evaluation. Diss., Universität of Michigan 1980.

Рудницкий, Михаил: Русские мотивы в »Книге Часов« Рильке. (Rudnitzki, Michail: Russische Motive in Rilkes »Stundenbuch«.) In: Вопросы литературы, 7/1968, S. 135 bis 148.

Зайденшнур, Элеонора И.: Р. М. Рильке у Толстого. (Saidenschnur, Eleonora I.: R. M. Rilke bei Tolstoi.) In: Литературное наследство (Literarisches Erbe), Band 37–38, Moskau 1939, S. 708–712.

Sieber, Karl: Rilke in Rußland. In: Der Deutsche im Osten, Danzig, 3. Jg., 1940, Heft 5, S. 307–315.

Soloveitchik, Samson / *Gladding*, Everett Bushnell: Rilke's Original Russian Poems. In: Modern Language Notes, Baltimore, Band 62, 1947, Nr. 8, S. 514–522.

Stahl, August: ».. . und es war die Znamenskaja«. Rilke und
die Kunst der Ikonenmaler. In: Blätter der Rilke-Gesellschaft, 1980–1981, Heft 7–8, S. 84–91.

Чечельницкая, Гитель Я.: Русская литература в творчестве
Р. М. Рильке (Tschetschelnitzkaja, Gitel Ja.: Zur Bedeu-
tung der russischen Literatur im Schaffen R. M. Rilkes.)
Diss., Leningrad 1948.

Wunderlich, Eva C.: Slavonic Traces in Rilke's Geschichten
vom lieben Gott. In: The Germanic Review, New York,
Band 22, 1947, Nr. 4, S. 287–297.

Zarncke, Lilly: Rilke und Dostojewskij. Ein Beitrag zur
Frage »Rilke und Rußland«. In: Theologische Blätter, Leipzig, 11. Jg., 1932, Heft 4, Spalte 103–111.

Zu dieser Ausgabe

Der Text der Dokumente folgt den Quellen wort- und laut-
getreu. Vorsichtig normierende Eingriffe beschränken sich
auf Groß- und Kleinschreibung, Getrennt- und Zusammen-
schreibung, auf vereinheitlichende Schreibung einzelner Wörter sowie auf die Interpunktion. Nur eindeutige geringfügige
Schreib- oder Druckfehler wurden stillschweigend korrigiert.
Die deutsche Schreibung von Namen, Orten, Kunstwerken
u. ä. wurde grundsätzlich belassen, die heutigen Versionen finden sich in den Anmerkungen oder im Register. Kyrillische
Textstellen in Rilkes Briefen entsprechen der Vorlage; kyrillische Textstellen in deutsch abgefaßten Briefen der Korrespondenzpartner Rilkes werden dagegen in heutiger Schreibung widergegeben.

Orts-, Datums- und Wohnungsangaben wurden an den
Kopf der Briefe gestellt. Zusätze auf Briefrändern erscheinen
jeweils am Briefschluß. Die Datierung der Briefe folgt den
Vorlagen. Sofern sie dem Julianischen Kalender folgt, wurde
die Datierung nach dem Gregorianischen Kalender ergänzt.

Mit Ausnahme der Einführung sind alle Textauslassungen
durch [...] gekennzeichnet. Hinzufügungen des Herausgebers
stehen in [ ]. Deutsche Wörter in russischen Textpartien sind
durch ⌐ ⌐ kenntlich gemacht.

Die Titel von literarischen Werken, Zeitschriften und Zeitungen wurden in Anführungszeichen gesetzt. Alle echten
Hervorhebungen des Textes (Unterstreichungen, Sperrungen,
nicht dagegen Hervorhebung von Namen durch Versalien
oder von Fremdwörtern durch Wechsel der Schreibschrift)
werden durch Kursivierung gekennzeichnet.

Für mannigfache Hilfe und Förderung, für Unterstützung
bei der Suche nach Dokumenten sowie für die Genehmigung
zu deren Abdruck sei ausdrücklich gedankt:
Herrn Christoph und Frau Hella Sieber-Rilke, Gernsbach;
Herrn Dr. Joachim Storck, Marbach; Frau Jelena und Herrn
Jewgeni Pasternak, Moskau; Herrn Dr. h. c. Ernst Pfeiffer,
Göttingen; Herrn Klaus und Frau Josepha Beyer, Weimar;
dem Institut für Russische Literatur der Akademie der Wis-
senschaften der UdSSR, Leningrad; der Staatlichen Lenin-
Bibliothek der UdSSR, Moskau; dem Staatlichen Museum für

bildende Kunst Alexander Puschkin, Moskau; dem Staatlichen Russischen Museum, Leningrad; dem Zentralen Staatlichen Archiv für Literatur und Kunst, Moskau; der Wissenschaftlichen Bibliothek der Staatlichen Lomonossow-Universität, Moskau; der Staatlichen Öffentlichen Saltykow-Schtschedrin-Bibliothek, Leningrad; der Schweizerischen Landesbibliothek, Bern.

Herzlicher Dank für fachkundige Beratung und Unterstützung bei der Drucklegung gebührt Herrn Dr. Bernd Funck, Berlin, und Frau Maria Hermann, der Lektorin im Aufbau-Verlag Berlin und Weimar, die das Projekt dieses Buches über lange Jahre mit persönlichem Engagement zuverlässig betreute.

Ulrike Hirschberg übersetzte aus dem Russischen die Briefe 24, 32, 33, 35, 36, 39, 43, 46, 49, 50, 51, 52, 53, 56, 57, 60, 64, 69, 85, 86, 91, 94, 95, 96, 102, 104, 105, 106, 109, 111, 119, 120, 125, 127, 129, 133, 137, 143, 144, 149, 152 und 170; ferner die Erinnerungen: Spiridon D. Droshshin, Der zeitgenössische Dichter Rainer Maria Rilke; Sofja N. Schill, Aus den »Erinnerungen«; Leonid O. Pasternak, Begegnungen mit R. M. Rilke; Boris L. Pasternak, Postumer Brief an Rainer Maria Rilke; Alexander N. Benois, Aus den »Erinnerungen«; Wassili G. Jantschewezki, Der Gottessucher.

Joachim Meinert übersetzte aus dem Französischen die Briefe 31, 58, 146, 147 und 148.

Bildnachweis

Archiv der Familie Pasternak, Moskau: 2, 18, 21, 23; Bibliothek der Staatlichen Lomonossow-Universität, Moskau, Handschriftenabteilung: 5; Institut für Russische Literatur (Puschkin-Haus) der Akademie der Wissenschaften der UdSSR, Leningrad, Handschriftenabteilung: 4, 7, 25; Museum des Instituts für Russische Literatur (Puschkin-Haus) der Akademie der Wissenschaften der UdSSR, Leningrad: 3, 6, 12, 16; Staatliches Museum für bildende Kunst Alexander Puschkin, Moskau, Handschriftenabteilung: 11; Staatliche Öffentliche Saltykow-Schtschedrin-Bibliothek, Leningrad, Handschriftenabteilung: 13; Staatliches Russisches Museum, Leningrad: 19.

Personen- und Werkregister

Das Register bezieht sich auf die Einführung und den Textteil, nicht auf den Anhang. Korrespondenzpartner Rilkes, die bereits in den Anmerkungen erläutert werden, erscheinen im Register nur mit den Lebensdaten. Rilkes Übersetzungen aus dem Russischen sind unter dem jeweiligen Autor vermerkt.

Lessewitsch, Wladimir Wiktorowitsch (1837–1905), russ. Philosoph 11

Levien, Ilse (Pseud.: Frapan), Erzählerin und Übersetzerin 272 278

Lewitan, Isaak Iljitsch (1860–1900), russ. Maler 47 49 50 133 138 142 147 148 153 166 193 198 305

Lewizki, Dmitri Grigorjewitsch (1735–1822), russ. Bildnismaler 51 267

Lewizki, Sergej Alexandrowitsch 38 39

Liebknecht, Sophie, geb. Ryss (1884–1964), Frau Karl Liebknechts 70

Liliencron, Fritz, Freiherr von, genannt Detlev (1844–1909), Dichter 316

Lilina, Marija Petrowna (1866–1943), russ. Schauspielerin, Frau K. S. Stanislawskis 328

List, Wilhelm (1864–1918), Maler und Graphiker 315

Lopatin, Lew Michailowitsch (1855–1920), Professor für Philosophie in Moskau, Psychologe 11

Maeterlinck, Maurice (1862–1949), belg. Dramatiker, Essayist und Lyriker franz. Sprache 37 135 145 180 194 223 275 334 440 449

  La mort de Tintagiles 180 194 216 f. 223

  Sagesse et destinée 145 440

  Intérieur 223 275

  L'Intruse 275

  Les Aveugles 275

  Schwester Beatrice 223 334

  Trésor des humbles 440

Mágr, Antonín Stanislaw (geb. 1887), tschech. Literat, Redakteur der »Prager Presse« 6

Makarowna (Bäuerin) 43

Maljawin, Filipp Andrejewitsch (1869–1940), russ. Maler 198 305

Maljutin, Sergej Wassiljewitsch (1859–1937), russ. Porträt- und Genremaler, Illustrator und Kunsthandwerker 51 207 f. 210 f. 222 300 302 307 f. 314–316 317 320

Maltzew, Alexej Petrowitsch (1854–1915) 152 f.

Mamontow, Anatoli Iwanowitsch (1840–1905), Besitzer einer Druckerei und einer Buchhandlung in Moskau, Bruder S. I. Mamontows 208 210 220 314

Mamontow, Sawwa Iwanowitsch (1841–1918), russ. Großindustrieller, Bildhauer und Sänger, Mäzen 110 302 314

Maria Stuart (1542–1587), Königin von Schottland 410 f.

Marx, Karl (1818–1883) 244

Mauthner, Fritz (1849–1923), Schriftsteller, Philosoph und Theaterkritiker 463

Mehoffer, Józef (1869–1946), poln. Maler und Graphiker 266

Menard, René (1862–1930), franz. Maler 346

Menschikow, Alexander Danilowitsch (1673–1729), russ. Fürst, Staatsmann und Feldherr 289

Mereshkowski, Dmitri Sergejewitsch (1866–1941), russ. Romancier, Essayist und Kritiker 10 54 212 287 292 309f. 313 314
L. Tolstoi und Dostojewski. Leben und Werk 54 287 292 309 313 314

Mewes, Anni (geb. 1895), Schauspielerin 67

Meysenbug, Malwida von (1816–1903) 8

Michailowski, Nikolai Konstantinowitsch (1842–1904), russ. Literaturkritiker 10

Michelangelo Buonarroti (1475–1564) 17 19 24 31 f. 63

Minski (eigtl. Wilenkin), Nikolai Maximowitsch (1855–1937), russ. Lyriker, Dramatiker, Publizist und Übersetzer, Theoretiker des Symbolismus 10 212
»Alma« 212

Moskwin, Iwan Michailowitsch (1874–1946), russ. Schauspieler, einer der Gründer des Moskauer Künstlertheaters 328

Muther, Richard (1860–1909), Kunsthistoriker, Professor in Breslau 50 55 253 254 304 306 307 315 319 342
An Kaiser Wilhelm 319

Nadson, Semjon Jakowlewitsch (1862–1887), russ. Lyriker 89 191 200 201
Gedichte von S. Ja. Nadson. Mit einem Porträt, Faksimile und einem biographischen Abriß 191
Nur der Morgen der Liebe ist gut 200

Napoleon Bonaparte (1769–1821), Kaiser der Franzosen 17

Nekrassow, Nikolai Alexejewitsch (1821–1878) 36 62

Nemirowitsch-Dantschenko, Wladimir Iwanowitsch (1858 bis 1943), russ. Regisseur, Theaterkritiker und -leiter 208 317 329
In den Träumen 317 329

Nesterow, Michail Wassiljewitsch (1862–1942), russ. Maler 41

Nietzsche, Friedrich (1844–1900), Philosoph und Dichter 8 13 32 105 107 202 294
Also sprach Zarathustra 8
Die Geburt der Tragödie 32

Nikolaus I. (1796–1855), russ. Zar 7

Nikolaus II. (1868–1918), letzter russ. Zar 148 149 151

Nishinsky, Waclaw (1890–1950), russ. Tänzer im Ballett Djagilews und Choreograph 69

Reventlow, Franziska, Gräfin zu (1871–1918), Schriftstellerin und Übersetzerin 24

Rilke, Clara, geb. Westhoff (1878–1954), Bildhauerin, seit 1901 Rilkes Frau 49 54 55 281 285 287 290 298 310 322 324 325 333 336 340 341 342 347–349 352 f. 367 369 457 466

Rilke, Josef (1838–1906), Vater Rilkes 347

Rilke, Ruth s. Sieber-Rilke, Ruth

Rilke, Sophie, geb. Entz (1851–1931), Mutter Rilkes 21 35 37 41 42 44 54

Rimski-Korsakow, Nikolai Andrejewitsch (1844–1908), russ. Komponist 212

 Schneeflöckchen 213

 Zar Saltan 212

Rodin, Auguste (1840–1917), franz. Bildhauer 17 56 58 f. 69 70 180 282 319 341 342 350 352 353 386 395 457

Rosanow, Wassili Wassiljewitsch (1856–1919), russ. Schriftsteller, Philosoph, Publizist und Kritiker 287 292 295 298 303 309 f. 313 321 344

Rosenfeld 330

Rowinski, Dmitri Alexandrowitsch (1824–1895), russ. Kunsthistoriker, von Beruf Jurist 97 120

 Russische volkstümliche Bilder. Gesammelt und beschrieben von D. Rowinski 97

Sabelin, Iwan Jegorowitsch (1820–1908), russ. Historiker und Archäologe 47 156 174

 Das häusliche Leben der russischen Zaren im 16. und 17. Jahrhundert 174

 Das häusliche Leben der russischen Zarinnen im 16. und 17. Jahrhundert 174

 Russische Kunst. Zu den Eigentümlichkeiten der altrussischen Architektur 156

Sablin, Wladimir Michailowitsch (um 1873–1916), russ. Übersetzer und Journalist 237

 Gerhart Hauptmann, Michael Kramer (Übers.) 237

Sacharow, Alexander (1886–1963), russ. Maler, seit 1910 Tänzer 69 f.

Sacharow, Clotilde, geb. von der Planitz (1892–1974), Tänzerin, Frau A. Sacharows 69 f.

Salomé, Gustav (1804–1879), Vater Lou Andreas-Salomés, General 7

Salomé, Louise von, geb. Wilm (1823–1913), Mutter Lou Andreas-Salomés 88 89 168

Salus, Hugo (1866–1929), Frauenarzt in Prag, Schriftsteller 23

648

Walther, Reinhold von (1882–1965), Schriftsteller und Übersetzer baltischer Herkunft 67

Wasnezow, Apollinari Michailowitsch (1856–1933), russ. Landschafts- und Historienmaler, Graphiker und Archäologe, schuf zahlreiche historische Landschaften vom mittelalterlichen Moskau, Bruder V. M. Wasnezows 174 193 210 221

Wasnezow, Viktor Michailowitsch (1848–1926), russ. Maler 23 33 f. 39 f. 41 47 50 103 f. 163 214 297 315

Wassermann, Jakob (1873–1934), Romanschriftsteller 6 f. 245 f.
Die Geschichte der jungen Renate Fuchs 237 245

Wassiljew, Fjodor Alexandrowitsch (1850–1873), russ. Landschaftsmaler 33 47 50 52 184 189

Wedenski, Alexander Iwanowitsch (1856–1925), russ. Philosoph 11

Wenezianow, Alexej Gawrilowitsch (1779–1847), russ. Maler 51 253

Weresai, Ostap (um 1803–1890), ukrain. Volkssänger 33 34 42

Weressajew, Wikenti Wikentjewitsch (1867–1945), russ. Arzt und Schriftsteller 35

Wilhelm II. (1859–1941), Deutscher Kaiser 244 319

Wilenkina, Ludmila Nikolajewna (1873–1920), russ. Schriftstellerin und Übersetzerin, Frau N. M. Minskis 10

Wolf, Mawriki Ossipowitsch (1825–1883), russ. Verleger 156

Wolkonski, Sergej Michailowitsch (1860–1937), russ. Fürst, Schriftsteller, Ende des 19. Jahrhunderts Direktor der Kaiserlichen Theater in Petersburg 20

Wolkow-Moromzew, Alexander Nikolajewitsch (1844–1928), russ. Fürst, Maler und Botaniker, lebte seit 1880 ständig im Ausland 69

Wolynski (eigtl. Flexer), Akim Lwowitsch (1863–1926), russ. Schriftsteller und Kritiker 9–12
Leonardo da Vinci 10 12
Russische Kritiker 11

Woronina, Jelena Michailowna (1870–1954), 23 26 85–87 90–108 110–112 361–365

Woronina, Wera Michailowna, s. Schatjko, Wera Michailowna

Wrubel, Michail Alexandrowitsch (1856–1910), russ. Maler, Graphiker und Bildhauer 156 212 302 315

Wyspiański, Stanisław (1869–1907), poln. Maler, Graphiker, Bühnenbildner und Dichter 266

Register der erwähnten Werke Rilkes

Inhalt

Erinnerungen

Gedichte

Anhang